Materialien

zur Lehre von der

Rehabilitation.

Im Auftrage der
Internationalen Kriminalistischen Vereinigung

gesammelt und herausgegeben

von

Dr. jur. Ernst Delaquis
Berlin

und

Dr. jur. Janko Polec,
Auskultant am k. k. Landesgericht
Laibach.

Berlin 1905.
J. Guttentag, Verlagsbuchhandlung,
G. m. b. H.

Unsern lieben Vätern

Herrn Kaufmann AUGUSTE DELAQUIS

in Alexandrien

und

Herrn Landesgerichtsrat JULIUS POLEC

in Laibach

in Verehrung und Dankbarkeit

zugeeignet.

Préface.

Il n'est pas douteux que le système actuel des peines, loin de faciliter au condamné sa rentrée dans la société, la rend plus ardue et favorise ainsi la récidive. — La réhabilitation nous apparait comme étant à la fois une amélioration de ce système et un moyen de séparer le délinquant dont l'amendement semble prochain du criminel incorrigible. — Notre travail, qui s'inspire d'une proposition formulée par M. le professeur von Liszt, a pour objet de contribuer à la réalisation pratique de cette institution.

A plusieurs reprises déjà, la question de la réhabilitation a été signalée dans le Bulletin de l'Union internationale de Droit pénal, sans cependant y avoir jamais été traitée séparément.

Elle fut mentionnée une première fois à l'occasion des relations à établir entre le traitement des mineurs et le casier judiciaire. — M. Löffler, professeur de droit pénal à Vienne, examina, à ce sujet, la question de la réhabilitation (VIe volume du Bulletin) en renvoyant à une lettre, adressée par un libéré à M. le professeur von Liszt [1]). — D'autre part, la réhabilitation est mentionnée dans les chroniques relatives à la législation pénale [2]).

Néanmoins et bien que, dans les dernières années, la réhabilitation n'ait été envisagée, dans la littérature allemande, que

[1]) Bulletin de l'union internationale de droit pénal t. I p. 129.

[2]) Cfr. Bulletin, t. VI — Chronique belge. I Législation, par M. Prins — p. 203 et t. XII — Législation pénale. A. France, p. M. Tixier — p. 86 à 97.

dans ses rapports avec le traitement des jeunes délinquants, nous partageons l'avis de M. Krohne, qui, au XXVIIe Congrès des juristes allemands, tenu à Innsbruck en 1904, déclarait qu'il était préférable de traiter cette question séparément, en l'envisageant non seulement quant aux délinquants mineurs, mais également quant aux adultes. — [1] [2]

A cet égard, un examen superficiel des différentes législations prouve combien l'idée de la réhabilitation manque de précision et combien les applications en sont variées. Cela nous a obligés à considérer non seulement la forme la plus parfaite de cette institution, telle qu'elle se rencontre dans la réhabilitation de droit, du droit français, mais également la réhabilitation judiciaire. — Quant à la réhabilitation gracieuse, nous ne l'avons mentionnée que pour autant qu'elle se trouve liée à une procédure; on peut y voir, comme dans la réhabilitation administrative, des formes de transition, dont les règles intéressent quelque peu la procédure.

Notre étude appartient avant tout à la politique criminelle; toutefois, pour lui conserver un caractère dogmatique, elle empiète sur certains domaines limitrophes et englobe certaines mesures qui, dans divers états, portent le nom de réhabilitation alors qu'elles ne correspondent pas à l'idée que l'on se fait d'ordinaire de cette institution. Pour le même motif, nous avons tenu compte de la législation ancienne, dans la limite où celle-ci nous était accessible à Berlin.

Il va sans dire que nous avons abordé le droit pénal militaire; quant au droit commercial, notamment en ce

---

[1]) Verhandlungen des 27. deutschen Juristentages. Bd. IV — Abteilung 2 — S. 392.

[2]) La discussion qui s'éleva sur cette question et à laquelle prirent part M. M. Gerland, Krohne, Löffler, Ofner et Scherer, se clôtura par l'adoption de la motion suivante de M. Löffler:

«La mention de la condamnation doit être rayée du casier judiciaire des délinquants mineurs, lorsqu'ils se sont conduits d'une manière irréprochable pendant un temps correspondant au délai de la prescription, ce temps devant s'élever à deux ans au moins et six ans au plus. Cette motion n'est pas exclusive des mesures analogues à prendre en faveur des adultes.»

(Cfr. loc. cit.: p. 379, 384 à 394; Gerichtssaal. t. LXV, p. 144; Allgemeine österreichische Gerichtszeitung du 26 septembre 1904. 55e Année. Nos. 39, 40, 41, p. 352.)

qui concerne la faillite, nous en avons parlé à cause de l'homogénéité qui existe entre les conséquences qu'entraine la faillite et celles qui suivent la condamnation répressive. — Quant aux constitutions, nous les avons régulièrement citées en note, pour les points qui touchent à la réhabilitaiton.

Quoique le système des peines infamantes soit nécessairement en relation avec la réhabilitation, nous n'avons pu traiter en détail cette relation, pas plus que l'arrangement préventif de certains systèmes de droit, lequel est souvent la cause de l'absence de la réhabilitation commerciale.

Nous avons essayé d'être complets, autant qu'il était possible; mais ce but n'a pu être entièrement réalisé. D'invincibles obstacles, nous ont souvent empêchés d'obtenir communication de la législation et de la littérature étrangères, surtout en ce qui concerne le droit pénal militaire. — Aussi sommes-nous très satisfaits d'avoir pu réunir et étudier presque tous les matériaux relatifs à la France, à l'Italie et à la Suisse; il était particulièrement précieux de consulter les éléments français, puisque c'est dans ce pays que la réhabilitation a trouvé jusqu'à présent la forme la plus perfectionnée.

A cet égard, pour ce qui concerne la France, il importe de remarquer que la loi sur la réhabilitation y est inséparable de celle sur le casier judiciaire: il est impossible de comprendre la première, sans connaître la seconde en détail; c'est ce qui nous a conduits à prendre en sérieuse considération la législation et la littérature françaises, sur le casier judiciaire.

Quant aux autres pays, l'union des deux institutions n'est pas aussi étroite; aussi, dans les ouvrages que nous avons cités et qui sont relatifs à ces pays, n'avons nous renseigné la littérature concernant le casier judiciaire que pour autant qu'elle fut en rapport avec la réhabilitation. — C'est ainsi que nous n'avons pas cité, notamment, les ouvrages allemands sur le casier judiciaire de:

Marchand H., Das Strafregister in Deutschland unter besonderer Berücksichtigung Preufsens nebst einer Zusammenstellung der im Auslande bestehenden Einrichtungen. Berlin, Guttentag, 1900;

v. Marck et Klofs, Die Staatsanwaltschaft bei den Land- und Amtsgerichten in Preufsen. Berlin 1901. Cfr. § 130: «Das Strafregister» ainsi que: les pages 565 et 618;

Müller H., Die Preufsische Justizverwaltung. II. Band, Berlin, Reinhold Kühn, 1901;

les «Verhandlungen des 27. deutschen Juristentages». Cfr. Bd. IV, Abteilung 2, Seite 384 ff.[1]);

ainsi que la

Zusammenstellung der Bestimmungen über die Einrichtung von Strafregistern, die wechselseitige Mitteilung der Strafurteile und die Herstellung einer Statistik der Strafrechtspflege (Zählkarten). Eschweiler, Verlag von Friedrich Schneider, 1890.

Les sources françaises officielles, tant pour la France proprement dite, que pour les colonies, antérieures à l'année 1880, n'ont pu être invoquées avec autant d'abondance que celles qui sont postérieures à cette date, parce que nous n'y avons pas eu accès. Il n'a pas été possible de relater en détail les discussions du Sénat et de la Chambre des députés, non plus que les exposés des motifs des propositions de loi; nous croyons avoir rapporté l'essentiel en citant les diverses propositions elles-mêmes. — Enfin, les renvois d'une proposition à l'autre n'ont pu être établies sur un plan uniforme, par suite de l'impossibilité de nous servir à la fois de tous les matériaux.

Il n'y a aucune règle relative à la réhabilitation entre autres dans les Codes des pays suivants, examinés par nous:

1. Australie (Western-Australia): Anno primo et secundo Edwardi VII. Regis. No. XIV. An act to establish a Code of Criminal Law. (Assented to, 19th February 1902).

2. Corée: Le Code pénal de la Corée. Tai Han Hyeng Pep. — Ouvrage contenant: 1°. La traduction et l'analyse des 672 articles du-dit code; 2°. l'indi-

---

[1]) V. supra: note 2, page VIII.

cation des textes de législation comparée puisés dans le code pénal de la Chine (Code des Tsing) et dans le code Annamite; 3°. des notes explicatives sur les institutions, us et coutumes de la Corée; 4°. l'exposé des réformes pénales soumises au Grand Conseil Coréen; 5°. une table alphabétique et raisonnée des matières. Par Laurent Crémazy, Ancien Avocat à la Cour d'Appel de Paris. Premier président de Cour honoraire. Conseiller légiste à Séoul. — Séoul. The Seoul Press — Hodge & Co. — Printers. — VIIIe année Koang Mou. 1904. (Cfr. spécialement pag. 168: Réhabilitation.)

3. Cuba et Porto Rico: Código penal para las islas de Cuba y Puerto Rico anotado con la jurisprudencia del Tribunal Supremo y seguido de varios apéndices que contienen la legislación penal especial. Madrid. Centro Editorial de Góngora. San Bernardo 50. 1886.

4. Egypte: Code pénal du 14 février 1904 et Code d'instruction criminelle du 14 février 1904. Cfr. Lois du Gouvernement égyptien. Année 1904. Le Caire, Imprimerie Nationale, 1904. Loi No. 3, p. 18 et s.; Loi No. 4, p. 99 et s.

5. Finlande: Das Strafgesetz vom 19. Dezember 1889. (J. Guttentag, Berlin 1891.)

6. Queensland: Anno sexagesimo tertio Victoriae Reginae. No. 9. An Act to establish a Code of Criminal Law. (Assented to, 28th November 1899.) (= «The Criminal Code Act 1899.»)

7. Soudan:
   a) The Sudan penal code. 1899. (Cairo, National Printing office, 1899.)
   b) The Sudan Code of criminal procedure. 1899. (Cairo, National Printing office, 1899.)

8. Suisse:
   a) Vorentwurf zu einem schweizerischen Strafgesetzbuch. Allgemeiner Teil. Im Auftrage des Bundesrates

ausgearbeitet von Carl Stoofs. — Avant-projet de code pénal suisse. Partie générale. Traduit par mission du département fédéral de justice et police par Alfred Gautier. Basel und Genf. 1893.

b) Schweizer. Strafgesetzbuch. Vorentwurf mit Motiven, im Auftrage des schweizerischen Bundesrates ausgearbeitet von Carl Stoofs. — Code pénal suisse. Avant-projet de code pénal et motifs à l'appui de l'avant-projet. Traduits par mission du département fédéral de justice par Alfred Gautier. Bern, Buchdruckerei Stämpfli & Cie. 1894.

c) Vorentwurf zu einem schweizerischen Strafgesetzbuch nach den Beschlüssen der Expertenkommission. Avant-projet de code pénal suisse modifié d'après les décisions de la commission d'experts. Bern, Buchdruckerei Stämpfli & Cie. 1896.

ainsi que dans le droit du Monténégro et de la Chine.

L'Union ayant un caractère international et la traduction exacte des lois offrant de grandes difficultés, nous avons cité celles-ci dans le texte original; nous n'avons traduit que les lois de langue Slave et Scandinave, ces langues étant peu connues.

Quant à la méthode que nous avons suivie pour les citations, on voudra bien noter que, sous la rubrique «Littérature», les noms des auteurs qui figurent en caractères gras sont ceux dont les travaux étaient en notre possession. — Nous avons renseigné immédiatement après ces noms, les sources tirées de leurs ouvrages mêmes. — Les chiffres indiquent les pages des ouvrages généraux où la question qui nous intéresse est traitée ainsi que (d'après la citation qu'en faisaient les sources où nous les avons trouvés renseignés) les pages des ouvrages dont nous ne connaissions pas le rapport avec la question de la réhabilitation; enfin, nous avons indiqué par des chiffres les passages des auteurs qui, tout en traitant du droit d'un pays déterminé, citent cependant aussi les législations étrangères.

Il faut noter également que le terme français correspondant au mot allemand: «Absatz» est «paragraphe».

Une table par noms d'auteurs, placée à la fin du volume, renvoie aux pages de celui-ci où les œuvres sont citées avec leur titre entier.

Au cours de l'impression de notre travail, a paru la monographie de M. Schiller: «Die Rehabilitation Verurteilter im schweizerischen Recht». Cette remarquable étude n'a pu, par conséquent, être citée qu'à partir de la page 225.

Les plus grands services nous ont été rendus par les bibliothèques du Ministère impérial de la Justice, de la Cour suprême militaire de l'Empire et du Séminaire de droit pénal. Quand à la bibliothèque du Ministère des affaires étrangères, dont l'accès nous avait été permis, grâce à l'amabilité de M. le Sous-Secrétaire d'Etat de Mühlberg, elle n'a pu nous servir parce que, par suite de travaux officiels, les Codes qui s'y trouvaient et que nous aurions désiré consulter n'ont pu nous être communiqués. C'est pour ce motif que nous n'avons pu citer les Codes pénaux de Saint-Domingue, du Honduras et de Nicaragua.

Nous adressons ici tous nos remerciements à Leurs Excellences: M. M. le général de cavalerie von Massow, Président de la Cour suprême militaire de l'Empire; O. de Mühlberg, sous-secrétaire d'Etat au Ministère impérial des affaires étrangères et à M. de Tischendorf, conseiller intime au Ministère impérial de la Justice, grâce à qui nous avons pu utiliser les bibliothèques précitées.

Nous remercions également: M. Maas, bibliothécaire de la Bibliothèque de la Cour suprême militaire; M. Seiffert, secrétaire de la Bibliothèque du Ministère impérial de la Justice et M. O. Schuchardt (de la maison J. Guttentag) pour leur prévenance à notre égard.

Nous témoignons enfin toute notre gratitude à M. M. les professeurs Stoofs et Löffler (de Vienne), Zürcher (de Zurich), Beale jr. (de Cambridge, Law School of Harvard University), Hall (de Chicago), à M. le Conseiller intime Gescher, conseiller à la Cour d'appel du tribunal mixte d'Alexandrie, à M. M. les docteurs Neubecker (de Berlin), Hafter (de Zurich), Rosenfeld et Rothe (à Berlin), Hazeltine (à Berlin) et von Vegesack (à Riga) et, avant tout à M.

Scheie (de Kristiania) pour le concours qu'ils nous ont prêté dans l'assemblage des matériaux.

Mais surtout nous remercions de tout cœur en l'assurant de notre inaltérable affection et de notre dévouement notre vénéré Maitre, M. le professeur von Liszt qui nous a apporté son aide précieuse dans l'édification de notre travail.

Berlin-Charlottenbourg, le 8 février 1905.

Delaquis. Polec.

(Traduit de l'allemand par M. le docteur Henri Jaspar, avocat près la Cour d'Appel, Bruxelles).

Vorwort.

Es unterliegt keinem Zweifel, dafs das heutige Strafensystem dem Verurteilten den Wiedereintritt in die bürgerliche Gesellschaft nicht nur nicht erleichtert, vielmehr erschwert und durch die Straffolgen den Rückfall vielfach begünstigt. Eine Verbesserung und Fortbildung dieses Systems sehen wir in der Rehabilitation, zugleich ein Mittel den besserungswilligen Verbrecher vom unverbesserlichen zu scheiden. — Der praktischen Ausbildung dieses Institutes wollte unsere Arbeit dienlich sein, welche der Anregung des Herrn Geheimrats Prof. Dr. von Liszt ihr Entstehen verdankt.

Mehrmals ist schon die Frage der Rehabilitation in den Mitteilungen der Internationalen Kriminalistischen Vereinigung gestreift worden, ohne bisher selbständige Behandlung gefunden zu haben.

Die Berührung der Frage ergab sich einerseits aus der Verknüpfung, in welche die Behandlung Jugendlicher mit der Einrichtung der Strafregister gebracht wurde. In diesem Zusammenhange erwähnt der Wiener Strafrechtslehrer Prof. Löffler schon im VI. Bd. der M.I.K.V. (S. 393 ff.) die Frage im Anschlusse an einen an Professor von Liszt gerichteten Brief eines Verurteilten.[1]) Andererseits ist die Rehabilitation in den Berichten über die ausländische Gesetzgebung behandelt worden.[2])

---

[1]) M.I.K.V. Bd. I, S. 129.

[2]) Vgl.: M.I.K.V. Bd. VI: Chronique Belge. I. Legislation. Par M. A. Prins. S. 203 und M.I.K.V. Bd. XII: Législation pénale. A. France. Par M. Tixier, S. 86—97.

Allein, wenn in den letzten Jahren die Rehabilitation in der deutschen Literatur ausschliefslich in Verbindung mit der Frage nach Behandlung der Jugendlichen berührt wurde, so schliefsen wir uns der Ansicht des Geheimrats Krohne vollkommen an, der auf dem siebenundzwanzigsten Deutschen Juristentage zu Innsbruck betonte, «dafs sie am besten besonders behandelt wird, und zwar nicht blos für Jugendliche, sondern auch für Erwachsene.» [1] [2]

Dabei wird ein auch nur oberflächliches Eingehen auf die verschiedenen Gesetzgebungen die mannigfache Unbestimmtheit und Verschiedenartigkeit des Begriffes der Rehabilitation zeigen. Aus diesem Grunde mufsten nicht allein die bisher fortgeschrittensteForm dieses Instituts berücksichtigt werden, die uns in der réhabilitation de droit des französischen Rechtes entgegentritt, sondern auch jene Formen, die der réhabilitation judiciaire zu unterstellen sind. Die réhabilitation gracieuse ist soweit herangezogen, als ein gerichtliches Verfahren deren Voraussetzung bildet. Darin, sowie in der réhabilitation administrative mögen Übergangsstufen gesehen werden, deren Bestimmungen auch bezüglich des Verfahrens mancherlei Interesse bieten.

Hat die Arbeit zunächst auch kriminalpolitische Zwecke im Auge, so wurde auf die dogmatische Bearbeitung insoweit Rücksicht genommen, als auch Grenzgebiete und solche Regelungen einbezogen wurden, die in den einzelnen Staaten den Namen Rehabilitation tragen, ohne dafs sie dem der herrschenden Ansicht entsprechenden Begriffe unterstehen.

---

[1]) Verhandlungen des siebenundzwanzigsten Deutschen Juristentages. Bd. IV, Abteilung 2, S. 392.

[2]) Die Diskussion über diese Frage, an der sich Gerland, Krohne, Löffler, Ofner und Scherer beteiligten, schlofs mit der Annahme des Antrages Löffler:

«Die Strafe der Jugendlichen soll aus den Strafregistern gelöscht werden, wenn sie während einer Zeit, welche der Verjährungsfrist entspricht und mindestens 2, höchstens 10 Jahre beträgt, sich tadellos verhalten haben. Damit soll nicht ausgeschlossen sein, dafs ähnliche Mafsregeln auch für Erwachsene ergriffen werden.»

(Vgl. darüber ebenda: S. 379, 384—394; dann Gerichtssaal Bd. LXV, S. 144 und Allgemeine österreichische Gerichtszeitung vom 26. September 19C4, 55. Jahrgang, No. 39, 40, 41, S. 352.)

Der gleiche Grund veranlafste auch die Einbeziehung der älteren Gesetzgebung; dieser nur insoweit als sie uns hier zugänglich war.

Die Berücksichtigung des Militärstrafrechtes ist selbstverständlich, jene des Handels- bezw. Konkursrechtes rechtfertiget sich durch die Gleichartigkeit der Folgen von Konkurs und Strafe. Was die Verfassungen anlangt, so sind sie regelmäfsig in den Anmerkungen soweit zitiert, als sie sich auf die Rehabilitation beziehen.

Obwohl das System der Ehrenstrafen in notwendigem Zusammenhang mit der Rehabilitation steht, konnte dieses wegen des sonst übermäfsigen Anwachsens der Arbeit im einzelnen ebensowenig Berücksichtigung finden als der Präventivakkord mancher Rechtssysteme, welcher vielfach den Grund des Mangels der handelsrechtlichen Rehabilitation bildet.

Vollständigkeit ist nach Möglichkeit angestrebt; ganz war sie nicht zu erreichen. Der Erlangung der auswärtigen Gesetzgebung und Literatur, namentlich bezüglich des Militärstrafrechtes, stellten sich öfters unüberwindliche Hindernisse entgegen. Es gereichte uns daher zu ganz besonderer Befriedigung, die Materialien Frankreichs, Italiens und das geltende Recht der Schweiz in fast erschöpfender Weise sammeln zu können, da namentlich Frankreich die Rehabilitation in ihrer bisher ausgebildetsten Form aufweisen kann.

Bezüglich Frankreichs mufs bemerkt werden, dafs die Rehabilitation untrennbar mit der Gesetzgebung über das casier judiciaire verbunden ist. Das Verständnis der ersteren ist nicht möglich ohne näheres Eingehen auf das letztere.

Wir haben dieser Überzeugung dadurch Rechnung getragen, dafs Literatur und Gesetzgebung über das casier judiciaire Berücksichtigung fanden. — Bei den übrigen Staaten ist eine so enge Verknüpfung nicht vorhanden, weshalb die be zügliche Literatur nur insoweit angeführt wurde, als sie in den benutzten Schriften über Rehabilitation mit dieser in Beziehung gebracht wurde. Deswegen führten wir u. a. die einschlägigen deutschen Werke von:

Marchand H., Das Strafregister in Deutschland unter besonderer Berücksichtigung Preufsens nebst einer Zusammenstellung der im Auslande bestehenden Einrichtungen. Berlin, Guttentag, 1900;

v. Marck und Klofs, Die Staatsanwaltschaft bei den Land- und Amtsgerichten in Preufsen. Berlin 1901. Vergl. § 130: „Das Strafregister" und weiterhin: Seite 565 und 618;

Müller H., Die Preufsische Justizverwaltung. II. Band, Berlin, Reinhold Kühn, 1901;

sowie die

„Verhandlungen des 27. deutschen Juristentages". Vergl. Bd. IV, Abteilung 2, Seite 384 ff.[1]);

und die

Zusammenstellung der Bestimmungen über die Einrichtung von Strafregistern, die wechselseitige Mitteilung der Strafurteile und die Herstellung einer Statistik der Strafrechtspflege (Zählkarten). Eschweiler, Verlag von Friedrich Schneider, 1890.

nicht an.

Die amtlichen Materialien Frankreichs vor dem Jahre 1880 konnten nicht in demselben Ausmasse wie jene der späteren Jahre benutzt werden, da sie uns zumeist nicht zugänglich waren. Das Gleiche gilt von der Gesetzgebung der französischen Kolonien.

Die in den Verhandlungen der französischen Kammer und des Senates enthaltenen Vorschläge und die Begründung der Propositionen konnten wir im einzelnen nicht anführen. Wir dürfen annehmen, durch Anführung der einzelnen Propositionen die Entwicklung im wesentlichen wiedergegeben zu haben. Eine einheitliche Verweisungsmethode innerhalb der einzelnen Propositionen konnte infolge der Unmöglichkeit, sämtliche Materialien gleichzeitig zu benutzen, nicht durchgeführt werden

Keine Bestimmung über Rehabilitation enthalten u. a. folgende von uns eingesehene Gesetze von

1. Ägypten: Code pénal du 14 février 1904 und Code d'instruction criminelle du 14 février 1904. Vergl. Lois du Gouvernement égyptien. Année 1904. Le Caire, Imprimerie Nationale, 1904. Loi No. 3, p. 18 et s.; Loi No. 4, p. 99 et s.

---

1) Vergl. oben Anmerkung 2 Seite XVI.

2. Cuba und Puerto Rico: Código penal para las islas de Cuba y Puerto Rico anotado con la jurisprudencia del Tribunal Supremo y seguido de varios apéndices que contienen la legislación penal especial. Madrid. Centro Editorial de Góngora. San Bernardo 50. 1886.

3. Finnland: Das Strafgesetz vom 19. Dezember 1889. (J. Guttentag, Berlin 1891).

4. Korea: Le Code pénal de la Corée. Tai Han Hyeng Pep. — Ouvrage contenant: 1°. La traduction et l'analyse des 672 articles du-dit code; 2°. l'indication des textes de législation comparée puisés dans le code pénal de la Chine (Code des Tsing) et dans le code Annamite; 3°. des notes explicatives sur les institutions, us et coutumes de la Corée; 4°. l'exposé des réformes pénales soumises au Grand Conseil Coréen; 5°. une table alphabétique et raisonnée des matières. Par Laurent Crémazy, Ancien Avocat à la Cour d'Appel de Paris. Premier président de Cour honoraire. Conseiller légiste à Séoul. — Séoul. The Seoul Press — Hodge & Co. — Printers. — VIIIe année Koang Mou. 1904. (Vergl. namentlich pag. 168: Réhabilitation.)

5. Schweiz:

a) Vorentwurf zu einem schweizerischen Strafgesetzbuch. Allgemeiner Teil. Im Auftrage des Bundesrates ausgearbeitet von Carl Stoofs. — Avant-projet de code pénal suisse. Partie générale. Traduit par mission du département fédéral de justice et police par Alfred Gautier. Basel und Genf. 1893.

b) Schweizer. Strafgesetzbuch. Vorentwurf mit Motiven, im Auftrage des schweizerischen Bundesrates ausgearbeitet von Carl Stoofs. — Code pénal suisse. Avant-projet de code pénal et motifs à l'appui de l'avant-projet. Traduits par mission du département fédéral de justice par Alfred Gautier. Bern, Buchdruckerei Stämpfli & Cie. 1894.

c) Vorentwurf zu einem schweizerischen Strafgesetzbuch nach den Beschlüssen der Expertenkommission. Avant-projet de code pénal suisse modifié d'après les décisions de la commission d'experts. Bern, Buchdruckerei Stämpfli & Cie. 1896.

6. Sudan: a) The Sudan penal code. 1899. (Cairo, National Printing office, 1899.)
   b) The Sudan Code of criminal procedure. 1899. (Cairo, National Printing office, 1899.)

7. Queensland: Anno sexagesimo tertio Victoriae Reginae. No. 9. An Act to establish a Code of Criminal Law. (Assented to, 28th November 1899.) (= «The Criminal Code Act 1899.»)

8. West-Australien. Anno primo et secundo Edwardi VII. Regis. No. XIV. An act to establish a Code of Criminal Law. (Assented to, 19th February 1902),

die aufserdem in der Zusammenstellung keine Berücksichtigung finden. Das gleiche gilt von dem in China und Montenegro geltenden Rechte.

In Berücksichtigung des internationalen Charakters der Vereinigung und des Umstandes, dafs genaue, den Sinn des Gesetzes vollkommen getreu wiedergebende Übersetzungen besonderen Schwierigkeiten unterliegen, wurden in der Regel nur die Gesetze der slavischen und der nordischen Staaten nicht in der Ursprache wiedergegeben, da deren Verständnis ein weniger verbreitetes ist.

Was die Zitiermethode in der Rubrik «Literatur» anlangt, ist bei Werken, die von uns eingesehen werden konnten, der Name des Autors fett gedruckt. Die aus diesen Werken entnommene Literatur wurde unmittelbar unter dem Quellenwerke zitiert. Seitenzahlen sind bei solchen Schriften angeführt, die einen allgemeinen Inhalt haben, und — nach den Zitaten der Quellenwerke — bei solchen, deren Verhältnis zur Rehabilitation uns nicht näher bekannt wurde; weiter auch bei jenen Autoren, die das Recht eines einzelnen Staates behandelnd, auch andere Gesetzgebungen berücksichtigen, soweit diese anderen Legislationen in Betracht kommen.

Bemerkt sei noch, dafs die französische Bezeichnung für Absatz allgemein «paragraphe» lautet.

Ein Verzeichnis der Schriftsteller am Schlusse der Arbeit weist auf jene Seite hin, wo das Werk des einzelnen Autors mit vollem Titel zitiert ist.

Während des Druckes erschien Dr. Walter Schillers Monographie: «Die Rehabilitation Verurteilter im schweizerischen Recht». Diese beachtenswerte Schrift konnte deswegen erst von Bogen 15 an berücksichtigt werden.

Grofse Dienste leisteten uns bei der Arbeit die Bibliotheken des Reichsjustizamtes, des Reichsmilitärgerichtes und des Kriminalistischen Seminars. Die Bibliothek des Auswärtigen Amtes, welche uns durch die ausnehmende Güte Seiner Exzellenz des Herrn Unterstaatssekretärs Otto von Mühlberg zugänglich gemacht wurde, konnten wir leider nicht benutzen, da die gewünschten Gesetzbücher, welche sich nur in dieser Bibliothek befinden, aus dienstlichen Rücksichten nicht entbehrlich waren. Deswegen mufste die Berücksichtigung der Strafgesetzbücher von S. Domingo, Honduras und Nicaragua unterbleiben.

Zu besonderem Danke fühlen wir uns für die gütige Erlaubnis zur Benutzung der genannten Bibliotheken verpflichtet: Ihren Exzellenzen den Herren General der Kavallerie von Massow, Präsidenten des Reichsmilitärgerichtes, Unterstaatssekretär im Auswärtigen Amte Otto von Mühlberg, sowie dem Herrn Geheimen Oberregierungsrate von Tischendorf, Vortragendem Rat im Reichsjustizamt.

Herrn Bibliothekar im Reichsmilitärgericht Dr. iur. Georg Maas und Herrn Sekretär Seiffert in der Bibliothek des Reichsjustizamtes, wie nicht minder Herrn O. Schuchardt, in Firma J. Guttentag, danken wir ganz besonders für ihr überaus freundliches Entgegenkommen.

Aufrichtigen Dank den Herren Universitätsprofessoren Stoofs und Löffler (Wien), Zürcher (Zürich), Beale jr. (Cambridge, Law School of Harvard University), Hall (Chicago), Herrn Geheimrat Gescher, Rat am gemischten Appelhof in Alexandrien, den Herren Privatdozenten Dr. Neubecker (Berlin) und Dr. Hafter (Zürich), den Herren

Gerichtsassessoren Dr. Rosenfeld (Berlin) und Dr. Rothe (Berlin, Reichsjustizamt), dann den Herren Dr. Hazeltine (Berlin) und Dr. von Vegesack (Riga), vor allem aber Herrn Universitätsdozenten Scheie (Kristiania) für die freundliche Mithilfe bei der Sammlung des Materials!

Herzlichsten Dank sagen wir in unwandelbarer Treue und Ergebenheit unserem hochverehrten Lehrer Herrn Geheimen Justizrat Professor Dr. Franz von Liszt für die gütige Anregung und Unterstützung unserer Arbeit.

Berlin-Charlottenburg, den 8. Februar 1905.

Delaquis, Polec.

Verzeichnis der Abkürzungen.*)

A.; Anm.	= Anmerkung.
Abs.	= Absatz.
a. a. O.	= am angeführten Orte.
a. o. a. O.	= am oben angeführten Orte.
Art.; art.	= Artikel.
Bd.	= Band.
B. G.	= Bundesgesetz.
Bull. off.	= Bulletin officiell.
C. i. cr.	= Code d'instruction criminelle.
C. pén.	= Code pénal.
C. proc. pén.	= Code de procédure pénale.
Ch.; Chap.	= Chapitre.
Circ. chanc.	= Circulaire de la chancellerie.
D. H.	= Die Herausgeber.
Décr.	= Décret.
Doc.	= Documents.
G.Bl.; Ges.Bl.	= Gesetzblatt.
G. S.	= Der Gerichtssaal.
H.	= Heft.
H. G. B.	= Handelsgesetzbuch.
J. des P.	= Journal des Parquets.
J. cr.	= Journal du droit criminel.
J. off.	= Journal officiel.
K. M. R.	= Kriegs-Ministerial-Reskript.
K. M.Vf.	= Kriegs-Ministerial-Verfügung.
K. St. G.	= Kriminalstrafgesetz.
Ldb.	= Landsbuch.
M. I. K. V.	= Mitteilungen der Internationalen Kriminalistischen Vereinigung.
Mon. off.	= Moniteur officiel.
N. F.	= Neue Folge.
P.; p.; pag.	= pagina.
Rec. off.	= Recueil officiel.
R.G.B.; R.G.Bl.	= Reichsgesetzblatt.
S.	= Seite.

*) Werden Werke der benutzten Literatur abgekürzt zitiert, so ist die Abkürzung und deren Sinn aus dem Verzeichnis der Schriftsteller ersichtlich.

S. L.	=	Sirey, Jurisprudence (Lois).
Sect.	=	Section.
Sess. extr.	=	Session extraordinaire.
Sess. ord.	=	Session ordinaire.
s. l. et a	=	sine loco et anno.
St. G. B.	=	Strafgesetzbuch.
St. P. O.	=	Strafprozeſsordnung.
T.; t.	=	Tome.
V.	=	voir.
vo.; Vo;	=	verbo.
Z.	=	Ziffer.

Errata.

S. 13 Zeile 8 ist zu lesen: Serna statt: Serma.

S. 40 Zeile 1 ist zu lesen: Tillaeg A statt: Tillaeg St.

S. 52 A. *) ist zu lesen: Vgl. über dieses Gesetz wie **) pag. 51 unserer Arbeit .... p. 504ff. statt: Vgl. über dieses Gesetz wie *) p. 504ff.

S. 89 lies: Wiek statt: Wieck.

S. 125 ist der Titel: b) Chambre des députés. hinter: 2e Délibération sur la proposition..... etc. zu setzen und vor: Proposition de loi du 20 mai 1884 statt vor: 2e Délibération .... etc.

S. 125 Zeile 9 ist zu lesen: Sénat, Débats 1884 etc. statt: Chambre, Débats 1884 etc.

S. 129 Zeile 13 ist zu lesen: (unten p. 129) statt: (unten p. . . . . .)

S. 130 Zeile 1—6 [d. h. der Absatz: Discussion de la proposition etc. 17 juillet 1885] ist an den Schluſs der Rubrik: d) Chambre des députés auf S. 131 zu setzen statt auf S. 130 a. a. O.

S. 235 Zeile 28 lies: Berthélemy statt: Barthélemy.

S. 262 Zeile 23 ist zu lesen: (G. et D. I, No. 1407) statt: (G. et I, No. 1407).

S. 371 A. *) ist zu lesen: Kocher, Die Strafgerichtsorganisation etc. statt: Kocher, Die Straforganisation etc.

Inhaltsverzeichnis.

2. Cuba und Puerto Rico: Código penal para las islas de Cuba y Puerto Rico anotado con la jurisprudencia del Tribunal Supremo y seguido de varios apéndices que contienen la legislación penal especial. Madrid. Centro Editorial de Góngora. San Bernardo 50. 1886.

3. Finnland: Das Strafgesetz vom 19. Dezember 1889. (J. Guttentag, Berlin 1891).

4. Korea: Le Code pénal de la Corée. Tai Han Hyeng Pep. — Ouvrage contenant: 1°. La traduction et l'analyse des 672 articles du-dit code; 2°. l'indication des textes de législation comparée puisés dans le code pénal de la Chine (Code des Tsing) et dans le code Annamite; 3°. des notes explicatives sur les institutions, us et coutumes de la Corée; 4°. l'exposé des réformes pénales soumises au Grand Conseil Coréen; 5°. une table alphabétique et raisonnée des matières. Par Laurent Crémazy, Ancien Avocat à la Cour d'Appel de Paris. Premier président de Cour honoraire. Conseiller légiste à Séoul. — Séoul. The Seoul Press — Hodge & Co. — Printers. — VIIIe année Koang Mou. 1904. (Vergl. namentlich pag. 168: Réhabilitation.)

5. Schweiz:
   a) Vorentwurf zu einem schweizerischen Strafgesetzbuch. Allgemeiner Teil. Im Auftrage des Bundesrates ausgearbeitet von Carl Stoofs. — Avant-projet de code pénal suisse. Partie générale. Traduit par mission du département fédéral de justice et police par Alfred Gautier. Basel und Genf. 1893.
   b) Schweizer. Strafgesetzbuch. Vorentwurf mit Motiven, im Auftrage des schweizerischen Bundesrates ausgearbeitet von Carl Stoofs. — Code pénal suisse. Avant-projet de code pénal et motifs à l'appui de l'avant-projet. Traduits par mission du département fédéral de justice par Alfred Gautier. Bern, Buchdruckerei Stämpfli & Cie. 1894.

Ägypten.

Gesetzgebung.

I. Gemischte Gerichte.

Handelsrecht.

Codes des tribunaux mixtes d'Egypte précédés du Règlement d'organisation judiciaire.

(Alexandrie, Imprimerie générale L. Carrière 1896.)

Code de commerce.

Chapitre III.

De la faillite.

Section XIII. — De la réhabilitation.

416.*) — Le failli qui aura intégralement acquitté en principal, intérêts et frais toutes les sommes par lui dues, pourra obtenir sa réhabilitation. Il ne pourra l'obtenir, s'il est l'associé d'une maison de commerce tombée en faillite, qu'après avoir justifié que toutes les dettes de la société ont été intégralement acquittées en principal, intérêts et frais, lors même qu'un concordat particulier lui aurait été consenti. (Code de commerce français. art. 604.)

417. — Toute demande en réhabilitation sera adressée à la Cour d'appel. Le demandeur devra joindre à la requête les quittances et autres pièces justificatives. — Com. fr. art. 605.

418. — Expédition de la requête et des pièces annexées sera communiquée, par le ministère public, au président du tribunal de commerce qui a prononcé la faillite et à celui du domicile du demandeur. — Com. fr. art. 606.

419. — Le parquet et le président du tribunal de commerce recueilleront tous les renseignements qu'ils pourront se procurer sur la vérité des faits exposés. — Com. fr. art. 606.

420. — La copie de ladite requête restera affichée pendant un delai de deux mois, tant au tableau des publications judiciaires, qu'en tous autres lieux déterminés par le règlement du tribunal, et elle sera insérée par extrait dans les journaux. — Com. fr. art. 607.

421. — Tout créancier qui n'aura pas été payé intégralement de sa créance en principal, intérêts et frais, et toute autre partie

*) Ohne Artikelbezeichnung.

intéressée, pourra former opposition à la réhabilitation par une requête adressée au tribunal de commerce qui a prononcé la faillite, en l'appuyant des pièces justificatives. Le créancier opposant ne pourra jamais être partie dans la procédure de réhabilitation. — Com. fr. art. 608.

422. — Après l'expiration de deux mois, le parquet et le président du tribunal de commerce transmettront, chacun de leur côté, à la Cour d'appel, les renseignements qu'ils auront recueillis, et les oppositions qui auront pu être faites. Ils y joindront aussi leur avis. — Com. fr. art. 609.

423. — La Cour d'appel, à la requête du ministère public, rendra arrêt motivé portant admission ou rejet de la demande en réhabilitation qui devra être accordée, si la preuve du payement intégral des créances est faite et le débiteur libéré. Si la demande est rejetée, elle ne pourra être reproduite qu'après une année d'intervalle. — Com. fr. art. 610.

424. — L'arrêt portant réhabilitation sera transmis au tribunal de commerce, qui en fera à l'audience la lecture publique, et en ordonnera l'affiche et la transcription sur les registres du tribunal. — Com. fr. art. 611.

425. — Ne seront point admis à la réhabilitation les banqueroutiers frauduleux, les personnes condamnées pour vol, escroquerie ou abus de confiance, les stellionataires ni les tuteurs et administrateurs ou autres comptables qui n'auront pas rendu et soldé leurs comptes en retard. Pourra être admis à la réhabilitation le banqueroutier simple qui aura subi la peine à laquelle il aura été condamné. — Com fr. art. 612.

426. — Le failli pourra être réhabilité après sa mort. — Com. fr. art. 614.

427. — La réhabilitation pourra être prononcée en instance ordinaire dans les cas suivants:

1° Lorsque avant l'expiration des délais pour la vérification et l'affirmation des créances, le failli aura, même avec les deniers d'un tiers, remboursé effectivement les créances en principal, intérêts et frais, pourvu que le tiers ne se fasse pas subroger en tout ou partie des créances et ait fourni les fonds à titre entièrement gratuit;

2° Lorsque la réalisation de l'actif par les soins des syndics aura suffi pour payer intégralement les créanciers. —

(Vgl. auch Alexander, Konkursgesetze aller Länder, p. 398/99.)

II. Einheimische Gerichte.

Strafrecht und Handelsrecht.

Hervorzuheben ist, dafs eine Rehabilitation in den **aegyptischen** Gesetzbüchern nur vorkommt, wo es sich um die

Rehabilitierung eines Falliten handelt. Diese geschieht durch ein besonderes gerichtliches Verfahren. Im **aegyptischen** Strafrecht kennt man ein solches Verfahren nicht. Als im Jahre 1895 die Einrichtung der casiers judiciaires bei den Tribunaux indigènes getroffen wurde, ist hinsichtlich der Rehabilitation nichts bestimmt worden.

(Nach freundlichen Mitteilungen des Herrn Geheimrat C. Gescher, Rat am Appelhof des gemischten Gerichts zu Alexandrien).

Bezüglich des Casier judiciaire vgl. Ducaud, Cap. VIII p. 148 u. Gescher (Jahrbuch der internat. Vereinigg. für vergleich. Rechtswissenschaft u. Volkswirtschaftslehre). II. 1896. S. 554.

Argentinien.

A. Zivilstrafrecht.

Gesetzgebung.

Código penal.*)

Libro primero.

Seccion segunda.

Titulo II.

Clases de penas, su duracion, ejecucion y efectos.

Art. 75. La pena de inhabilitacion absoluta importa:

1. La pérdida del empleo ó cargo público que ejercia el penado, aunque provenga de eleccion popular.

2. La privacion de todos los derechos políticos, activos y pasivos, durante el tiempo de la condena.

3. La incapacidad para obtener cargos y empleos públicos, igualmente por el tiempo de la condena.

Art. 76. La inhabilitacion especial para empleo ó cargo público, produce la privacion del cargo ó empleo sobre que recae y la incapacidad para obtener otro del mismo genero durante la condena.

La inhabilitacion especial para derechos políticos, produce la incapacidad de ejercer, durante la condena, aquellos sobre que recae.

*) Aus: Códigos y leyes usuales de la República Argentina. Quinta edicion corregida y aumentada. Buenos Aires. Felix Lajouane, editor 51. — Calle del Perú — 53, 1889. (Mit sehr wertvollen rechtsvergleichenden Anmerkungen zu den einzelnen Artikeln.)

B. Handelsrecht.

1. Gesetzgebung.

a) Handelsgesetz*)

vom 10. September 1862.

Buch IV.

Von der Zahlungsunfähigkeit der Handelsleute.

Titel XII.

Von der Rehabilitation.

Art. 1717. Die Rehabilitation mufs von dem Handelsgerichte, welches die Konkurserklärung machte (Art. 1521 und 1522) nachgesucht werden.

Art. 1718. Das Urteil der Rehabilitation kann zur Zeit der Bestätigung des Akkords ausgesprochen werden (Art. 1623), wenn der Konkurs nicht als ein verschuldeter oder betrügerischer bezeichnet worden ist.

In dem Falle, dafs die Fonds der Masse zur vollen Deckung der Forderungen hinreichen, kann die Wiedereinsetzung von amtswegen verfügt werden.

Art. 1719. Der Gemeinschuldner, dessen Konkurs als ein verschuldeter erklärt worden ist, kann erst dann wieder eingesetzt werden, nachdem er die Strafe, zu welcher er verurteilt ist, verbüfst hat.

Art. 1720. Die Gemeinschuldner, deren Konkurs als ein betrügerischer erklärt worden ist, die wegen Unterschlagung, Betruges oder Vertrauensbruches verurteilten Personen, die des Stellionats schuldig Befundenen und die Vormünder und anderen Verwalter fremder Sachen, welche keine Rechnung unter Zahlung des betreffenden Saldos vorgelegt haben sollten, können nicht rehabilitiert werden.

Jedoch können sie in fünf Jahren, nachdem sie die ihnen auferlegte Strafe verbüfst haben, rehabilitiert werden, wenn bewiesen wird, dafs sie sich während dieser Zeit untadelhaft geführt haben.

Art. 1721. Das Gesuch zur Rehabilitation mufs von dem Quittungsscheine und den Originaldokumenten begleitet sein, welche die volle Zahlung an die Gläubiger oder die Erfüllung aller durch den Akkord auferlegten Verpflichtungen beweisen.

Wenn die Quittungen irgend welcher Gläubiger fehlen sollten, so kann dieser Mangel durch eine gerichtliche Aufforderung oder einen öffentlichen Aufruf, dafs jene Gläubiger sich zum Zwecke ihrer Bezahlung melden, ersetzt werden.

---

*) Aus: Borchardt: Die Handelsgesetze des Erdballs, Bd. I., Berlin 1883, pag. 294.

Art. 1722. Das Gesuch zur Rehabilitation mufs zur öffentlichen Kenntnis vermittels Aufrufe, welche man an die passenden Orte anheftet, und in die Zeitung oder Zeitungen einrücken läfst, welche das Gericht dazu bezeichnet, gebracht werden.

Art. 1723. Jeder Gläubiger hat die Befugnis, sich der Rehabilitation während der auf das Datum des in den Zeitungen veröffentlichten Aufrufes folgenden zwei Monate zu widersetzen (Art. 1722).

Der Einwand mufs schriftlich vorgebracht werden und kann sich nur auf die Verfügung der Art. 1719 und 1720 oder auf die unterlassene Erfüllung der Vorschriften des Art. 1721 von seiten des Gemeinschuldners oder seiner Erben gründen.

Art. 1724. Nach Verlauf der im vorigen Artikel bezeichneten Frist von zwei Monaten wird das Gericht, mag ein Einwand vorgelegen haben oder nicht, die Wiedereinsetzung bewilligen oder verweigern, nachdem es vorher die Meinung der Staatsanwaltschaft entgegengenommen hat.

Art. 1725. Gegen das Urteil der Bewilligung oder Verweigerung der Rehabilitation kann in ersterem Falle von dem Gläubiger und im zweiten von dem Gemeinschuldner oder einem Erben appelliert werden.

Art. 1726. Nachdem das Urteil der Rehabilitation rechtskräftig geworden ist, wird es in öffentlicher Gerichtssitzung vorgelesen und seine Veröffentlichung in denjenigen Zeitungen verfügt werden, welche von dem Rehabilitierten oder seinen Erben bezeichnet werden.

Art. 1727. Mit der Wiedereinsetzung des Gemeinschuldners hören alle Verbote auf, die eine Folge der Konkurserklärung waren. (Art. 1533.)

b) Handelsgesetz*)

vom 5. Oktober 1889.

Buch IV.

Von den Fallimenten.

Titel XV.

Von der Rehabilitation.

Art. 1572. Die Rehabilitation mufs vor dem Handelsgericht, welches die Fallimentserklärung bewirkt hat, beantragt werden.

Art. 1573. Die Entscheidung über die Rehabilitation kann in der nämlichen Verhandlung über Bestätigung des Akkordes verkündet werden, sofern die Vorgänge des Falliments keine Anzeichen von Verschulden, Arglist oder Betrug ergeben.

Im Fall, dafs die Mittel der Masse zur vollen Bezahlung der Forderungen hinreichen, kann die Rehabilitation von amtswegen verfügt werden.

---

*) Aus Borchardt: Die Handelsgesetze des Erdballs. Nachtrag. Bd. II. Berlin 1895. pag. 344.

Art. 1574. Der Fallit, welcher auf Grund eines Verschuldens dem zuständigen Verfahren unterliegt, kann nur rehabiliert werden, nachdem er die Strafe verbüfst hat, zu welcher er verurteilt war.

Art. 1575. Nicht zur Rehabilitation zuzulassen sind die Falliten, welche der Strafjustiz wegen Arglist oder Betruges unterliegen, die wegen Diebstahls, Prellerei (estafa) oder Vertrauensmifsbrauches bestraften Personen, die Stellionatare, ebensowenig die Vormünder oder andere Verwalter einer fremden Sache, welche nicht unter Zahlung des betreffenden Saldos Rechnung gelegt haben.

Dessenungeachtet können sie die Rehabilitation fünf Jahre nach Verbüfsung der Strafe erhalten, zu welcher sie verurteilt waren, wenn feststeht, dafs sie während dieser Zeit sich vorwurfsfrei geführt haben.

Art. 1576. Der Antrag auf Rehabilitation mufs mit der Quittung oder den Originalurkunden, welche die völlige Zahlung an die Gläubiger oder die Erteilung aller Verbindlichkeiten des Akkordes beweisen, eingebracht werden.

Wenn die Quittungen von Gläubigern fehlen, so kann dieser Mangel durch eine gerichtliche Aufforderung oder einen öffentlichen Aufruf, dafs jene Gläubiger sich behufs ihrer Befriedigung melden mögen, behoben werden.

Art. 1577. Der Rehabilitierungsantrag mufs zur öffentlichen Kenntnis durch Bekanntmachungen gebracht werden, welche an den üblichen Stellen anzuheften und in den Zeitungen, die das Gericht bezeichnet, zu veröffentlichen sind.

Art. 1578. Jeder Gläubiger hat die Befugnis, der Rehabilitation innerhalb zweier Monate nach dem Datum der Publikation der Bekanntmachungen zu widersprechen.

Der Widerspruch ist schriftlich zu formulieren und kann nur auf die Bestimmung der Artikel 1574 und 1575, oder, bei mangelnder Erfüllung seitens des Falliten oder seiner Erben, auf die in dem Art. 1576 enthaltenen Vorschriften gestützt werden.

Art. 1579. Nach Ablauf der in dem vorstehenden Artikel festgesetzten Frist hat das Gericht, mag ein Widerspruch inzwischen erhoben sein oder nicht, die Rehabilitation zu gewähren oder zu versagen.

Art. 1580. Die Entscheidung, welche die Rehabilitation gewährt oder versagt, unterliegt in tatsächlicher Beziehung der Berufung.

Art. 1581. Nachdem die Entscheidung über die Rehabilitation in Rechtskraft übergegangen, ist sie in öffentlicher Sitzung des Gerichtes zu verlesen, und es ist die Veröffentlichung in den Zeitungen, welche der Rehabilitierte oder seine Erben bestimmen, anzuordnen.

Art. 1582. Durch die Rehabilitation des Falliten hören alle gesetzlichen Beschränkungen auf, welche durch die Fallimentserklärung hervorgerufen waren.

Art. 1583. Bei dem Rehabilitationsverfahren bildet einen wesentlichen Teil die Staatsanwaltschaft[1]).

---

[1]) Bemerkungen hierzu bei Borchardt a. o. a. O. pag. 345.

2. Literatur.

J. Alexander: Konkursgesetze aller Länder der Erde. Berlin 1892. pag. 411.

Bregeault Julien: La nouvelle réhabilitation de faillis. Paris 1904. pag. 12.

Belgien.

A. Zivilstrafrecht.

1. Gesetzgebung.

Code d'instruction criminelle*).

Livre II.

Titre VII.

Chapitre IV. — De la réhabilitation des condamnés.

Art. 619. Tout condamné à une peine afflictive ou infamante qui aura subi sa peine pourra être réhabilité.

La demande en réhabilitation ne pourra être formée, par les condamnés aux travaux forcés à temps ou à la reclusion, que cinq ans après l'expiration de leur peine; et par les condamnés à la peine du carcan, que cinq ans à compter du jour de l'exécution de l'arrêt.

Art. 620. Nul ne sera admis à demander sa réhabilitation, s'il ne demeure depuis cinq ans dans le même arrondissement communal, s'il n'est pas domicilié depuis deux ans accomplis dans le territoire de la municipalité à laquelle sa demande est adressée, et s'il ne joint à sa demande des attestations de bonne conduite qui lui auront été données par les conseils municipaux et par les municipalités dans le territoire desquelles ils aura demeuré au résidé pendant le temps qui aura précédé sa demande.

Ces attestations de bonne conduite ne pourront lui être délivrées qu'à l'instant où il quitterait son domicile ou son habitation.

---

*) Aus: Les Codes Belges contenant dans le texte les modifications apportées jusqu'a ce jour et en note la concordance des articles de codes et les textes du droit antérieur utiles a leur interprétation Édition annotée par J. Servais. V. Code d'instruction criminelle. Bruxelles 1886.

Les attestations exigées ci-dessus devront être approuvées par le sous-préfect et le procureur impérial ou son substitut, et par les juges de paix des lieux où il aura demeuré ou résidé.

Art. 621. La demande en réhabilitation, les attestations exigées par l'article précédent, et l'expédition du jugement de condamnation, seront déposées au greffe de la cour impériale dans le ressort de laquelle résidera le condamné.

Art. 622. La requête et les pièces seront communiquées au procureur général impérial: il donnera des conclusions motivées et par écrit.

Art. 623. L'affaire sera rapportée à la chambre criminelle.

Art. 624. La cour et le ministère public pourront, en tout état de cause, ordonner de nouvelles informations.

Art. 625. La notice de la demande en réhabilitation sera insérée au journal judiciaire du lieu où siège la cour, qui devra donner son avis, et du lieu où la condemnation aura été prononcée.

Art. 626. La cour, le procureur général impérial entendu, donnera son avis.

Art. 627. Cet avis ne pourra être donné que trois mois au moins après la présentation de la demande en réhabilitation.

Art. 628. Si la cour est d'avis, que la demande en réhabilitation ne peut être admise, le condamné pourra ce pourvoir de nouveau après un nouvel intervalle de cinq ans.

Art. 629. Si la cour pense, que la demande en réhabilitation peut être admise, son avis, ensemble les pièces exigées par l'article 620, seront, par le procureur général impérial, et dans le plus bref délai, transmis au grand juge ministre de la justice, qui pourra consulter le tribunul qui aura prononcé la condamnation.

Art. 630. Il en sera fait rapport à Sa Majesté par le grand juge, dans un conseil privé, formé aux termes de l'article 86 de l'acte des constitutions de l'empire, du 16 thermidor an X.

Art. 631. Si la réhabilitation est prononcée, il en sera expédié des lettres où l'avis de la cour sera inséré.

Art. 632. Les lettres de réhabilitation seront adressées à la cour qui aura délibéré l'avis: il en sera envoyé copie authentique à la cour qui aura prononcé la condamnation; et transcription des lettres sera faite en marge de la minute de l'arrêt de condamnation.

Art. 633. La réhabilitation fera cesser, pour l'avenir dans la personne du condamné, toutes les incapacités qui resultaient de la condamnation.

Art. 634. Le condamné pour récidive ne sera jamais admis à la réhabilitation.

Diese Bestimmungen wurden derogiert durch den Art. 87 des Code pénal vom 8. Juni 1867 [1]):

Les incapacités prononcées par les juges ou attachées par la loi à certaines condamnations cessent par la remise que le roi peut en faire, en vertu du droit de grâce.

Gegenwärtig in Geltung:

Loi du 25. Avril 1896. sur la réhabilitation en matière pénale.* [1])

Art. 1. Tout condamné à une peine criminelle, correctionelle ou de police peut être réhabilité, moyennant les conditions suivantes:

1. La peine pécuniaire ou privative de liberté doit avoir été subie ou remise en vertu du droit de grâce ou être comme non avenue par suite de condamnation conditionnelle;

2. Le condamné doit être libéré des restitutions, des dommages-intérêts et des frais auxquels il a été condamné et, s'il est banqueroutier frauduleux, il doit être libéré du passif de la faillite, en principal, intérêts et frais;

Toutefois la Cour peut affranchir de cette condition le condamné qui justifie s'être trouvé dans l'impossibilité de se

---

[1]) Aus: Gustav Beltjens: Les Codes Belges annotés. Code penal. Bruxelles 1882.

*) Aus: Annuaire de législation étrangère. Publié par la société de législation comparée contenant le texte des principales lois votées dans les pays étrangères en 1896. Vingt-sixième année Paris 1897. Pag. 468.

[1]) Materialien hierzu: *Pasinomie. Collection complète des lois, décrets, arrêtés et règlements généraux, qui peuvent été invoqués en Belgique. Quatrième série, mise en ordre et annotée à partir de 1886 par P. de Paepe. Bruxelles 1896.* Pag. 111 bis 124.

Vgl. auch die Fufsnoten im Annuaire a. o. a. O.

libérer, soit à raison de son indigence, soit à raison de toute autre cause qui ne lui est pas imputable;

Elle pourra aussi, dans ce cas et sans préjudice aux droits des créanciers, fixer la partie des restitutions, des dommages-intérêts, des frais de justice et du passif dont le condamné doit être libéré avant qu'il puisse être admis à la réhabilitation;

3. Cinq ans doivent s'être écoulés, soit depuis la condamnation conditionnelle, si celle-ci, prononcée seule, est comme non avenue, soit, dans les autres cas, depuis l'extinction de la peine, conformément au numéro 1;

Toutefois ce délai est porté à dix ans si le condamné est en état de récidive légale en matière criminelle ou correctionelle;

4. Pendant ces délais, le condamné doit avoir été de bonne conduite et avoir eu une résidence certaine;

Durant les deux dernières années, il doit avoir eu cette résidence dans la même commune, à moins qu'il n'ait été contraint d'en changer à raison des nécessités de sa position;

5. Le condamné doit n'avoir pas déjà joui du bénéfice de la réhabilitation.

Art. 2. Le condamné adresse sa demande en réhabilitation, avec les pièces à l'appui, au procureur du roi de l'arrondissement dans lequel il réside, en lui faisant connaître la date de la condamnation et les lieux où il a résidé depuis lors.

Art. 3. Le procureur du roi provoque des attestations des bourgmestres des communes et des juges de paix des cantons où le condamné a résidé, faisant connaître l'époque et la durée de sa résidence dans chaque commune, sa conduite et ses moyens de subsistance pendant le même temps.

Ces attestations doivent contenir la mention expresse qu'elles ont été rédigées en vue de la demande en réhabilitation.

Le procureur du roi se fait en outre délivrer:

1. Une expédition de l'arrêt ou du jugement de condamnation;

2. Un extrait du casier judiciaire du condamné;

3. Un extrait du registre de la comptabilité morale du condamné tenu pendant son incarcération.

Il transmet les pièces, avec son avis, au procureur général.

Art. 4. Le procureur général prend en outre toutes informations qu'il juge nécessaires et en joint le résultat au dossier.

Dans les deux mois de la réception de la demande, il soumet la procédure, avec ses réquisitions, à la chambre des mises en accusation.

Celle-ci fixe le jour pour entendre le procureur général et le condamné.

Si, après la comparution, la cour juge une enquête nécessaire, elle désigne les témoins et fixe jour pour leur audition.

Immédiatement après l'audition des temoins, le procureur général et le condamné sont entendus à nouveau.

La cour statue dans la huitaine.

Le condamné doit comparaître en personne à chaque audience, sauf à celle où l'arrêt est prononcé. Il peut toujours être assisté d'un conseil.

S'il fait défaut, sans justifier d'une excuse légitime, la cour rejette sa demande.

S'il justifie de pareille excuse, la cour passe outre, après audition du conseil ou remet la cause.

Le condamné comparaît sur citation à lui donnée à la requête du procureur général, au moins huit jours à l'avance.

Les témoins sont appelés à la diligence du procureur général. Leur comparution, leur audition et leurs indemnités seront réglées comme celles des témoins en matière correctionnelle.

Art. 5. Si la cour rejette la demande, celle-ci ne peut être renouvelée avant l'expiration des deux années depuis la date de l'arrêt.

Si la cour prononce la réhabilitation, un extrait de l'arrêt est, à la diligence du procureur général, transcrit en marge des arrêts ou jugements définitifs prononcés à charge du condamné.

Le réhabilité peut se faire délivrer une expédition de l'arrêt de réhabilitation.

Art. 6. Les frais de la procédure en réhabilitation sont à charge de l'Etat. Ils seront réglés comme en matière correctionnelle.

Art. 7. La réhabilitation fait cesser, pour l'avenir, dans la personne du condamné, tous les effets de la condamnation, sans préjudice des droits acquis aux tiers.

Notamment:

Elle fait cesser dans la personne du condamné les incapacités qui résultaient de la condamnation;

Elle empêche que la condamnation serve de base à la récidive, fasse obstacle à la condamnation conditionnelle ou soit mentionnée dans les extraits du casier judiciaire;

Elle ne restitue pas au condamné les titres, grades, fonctions, emplois et offices publics dont il a été destitué;

Elle ne relève pas le condamné de l'indignité successorale;

Elle n'empêche ni l'action en divorce ou en séparation de corps ni l'action en dommages-intérêts fondées sur la condamnation.

2. Literatur.

Haus J. J.: Principes généraux du droit pénal Belge. Troisième édition. Revue, corrigée et augmentée. Tome second. Gand 1879. pag. 265—267.

Bulletin de la société de législation comparée. Tome onzième 1881—1882. Paris 1882. pag. 341.

Nypels J. S.: Le code pénal Belge. Interprété principalement au point de vue de la pratique. Nouvelle édition par J. Servais. Bruxelles 1896.

Annuaire de législation étrangère. Paris 1897. (Einleitung zum Gesetze vom 25. April 1896 [Notice et notes par M. A. Le Poittevin, professeur à la Faculté de droit de Paris.]) pag. 468.

F. Thiry: Cours de Droit criminel No. 342.

Jahrbuch der Internationalen Vereinigung für vergleichende Rechtswissenschaft und Volkswirtschaftslehre zu Berlin. III. Jahrgang 1897. Berlin 1898. pag. 280—283.

Pierre Sarraute: Traité théorique et pratique de la réhabilitation des condamnés en matière criminelle, correctionelle et disciplinaire. Paris 1884. pag. 31, 52, 59.

Albert Brasseur: De la réhabilitation en droit Romain et en droit français. Paris 1887. pag. 201, 202 (Anmerkung 1).

Henry Lasserre: De la réhabilitation des condamnés. Paris 1889. pag. 218.

Maurice Chonez: De la réhabilitation des condamnés. Paris 1898. pag. 43, 44, 49, 110, 131, 134, 135, 136, 163, 174, 181.

F. Magescas: Da la réhabilitation des condamnés. Bordeaux 1899. pag. 207.

F. Reutenauer: De la réhabilitation en matière pénale et disciplinaire. Paris 1900. pag. 138ff.

Alexis Guitteau: De la réhabilitation des condamnés. Poitiers 1901. pag. 115.

Gaston Frézouls: De la réhabilitation etc. Toulouse 1902. pag. 126.

Franz von Liszt und **Georg Crusen:** Die Strafgesetzgebung der Gegenwart in rechtsvergleichender Darstellung. II. Band. Berlin 1899. pag. 523.

D. Alejandro Groizard y Gómez de La Serma: El Código penal de 1870. Tomo II. Segunda edición. Madrid. 1903 (!) pag. 306. (Dieser führt noch die bereits im J. 1867. derogierten Bestimmungen des Code d'instruction criminelle und von diesen gar nur die verstümmelten Art. 619, 633, 634 als geltendes Recht an!)

B. Handelsrecht.

1. Gesetzgebung.

Handelsgesetz*).

Buch III.

Von den Fallimenten, Bankerotten und Fristbewilligungen.

(Gesetz vom 16. April 1851.)

Titel III.

Von der Rehabilitation.

Art. 586. Der Gemeinschuldner, welcher Kapital, Zinsen und Kosten der von ihm geschuldeten Summen bezahlt hat, kann die Rehabilitation erlangen. Er kann sie jedoch, wenn er zu den Gesellschaftern einer in Konkurs geratenen Firma gehört, erst erlangen, nachdem er den Nachweis von der Abtragung sämmtlicher Schulden der Gesellschaft an Kapital, Zinsen und Kosten geführt hat, auch wenn ihm ein Privatvergleich bewilligt wurde.

Gemeinschuldner dürfen nach ihrem Tode rehabilitiert werden.

Art. 587. Rehabilitationsgesuche sind an die Appellationsgerichte der Bezirke zu richten, wo der Gemeinschuldner seinen Wohnsitz hat; der Gesuchsteller hat seinem Gesuche Quittungen und sonstige Nachweise beizufügen.

Art. 588. Der Oberstaatsanwalt beim Appellationsgericht richtet, auf die Mitteilung des Gesuches zur Kenntnisnahme hin, eine beglaubigte Abschrift desselben, an den Staatsanwalt und den Vorsitzenden des Handelsgerichts am Wohnsitz des Gesuchsstellers, sowie, falls dieser nach dem Konkurse seinen Wohnsitz verlegt hat, an den Staatsanwalt und den Handelsgerichtsvorsitzenden des Bezirks, wo der Konkurs erklärt wurde, mit dem Auftrage auf Einziehung von Erkundigungen über die Wahrheit des Vorgebrachten.

---

*) Aus: Borchardt: Die Handelsgesetze des Erdballs. Berlin 1883, I. Bd. pag. 390.

Art. 589. Zu diesem Behufe wird eine Abschrift des Gesuchs auf Betreiben des Staatsanwalts und des Handelsgerichtsvorsitzenden zwei Monate lang in den Terminzimmern eines jeden Gerichts wie auf der Börse und im Rathause angeschlagen, auch wird das Gesuch auszugsweise in den Zeitungen bekannt gemacht.

Art. 590. Gläubiger, deren Forderungen an Kapital, Zinsen und Kosten nicht vollständig beglichen wurden, sowie die sonstigen Beteiligten dürfen während der Anschlagezeit, gegen die Rehabilitation durch ein einfaches, durch Beweisstücke unterstütztes Schreiben an die Gerichtsschreiberei Einspruch erheben. Der widersprechende Gläubiger darf im Rehabilitationsverfahren niemals als Partei auftreten.

Art. 591. Nach Ablauf von zwei Monaten überweisen der Staatsanwalt und der Handelsgerichtsvorsitzende einzeln dem Oberstaatsanwalt beim Appellationsgericht die eingezogenen Erkundigungen und etwa erhobene Einsprüche zugleich mit ihrem Gutachten über das Gesuch.

Der Oberstaatsanwalt beim Appellationsgericht veranlafst eine Entscheidung über Zulassung oder Verwerfung des Gesuchs.

Wird es verworfen, so kann es erst nach einem Jahre erneuert werden.

Das Rehabilitationserkenntnis wird den Staatsanwälten und den Handelsgerichtsvorsitzenden, die das Gesuch entgegennehmen, übermittelt. Diese Gerichte veranlassen ein öffentliches Verlesen derselben, sowie dessen Eintragung in ihre Register.

Rehabilitationsunfähig sind die betrügerischen Bankerottierer, die wegen Diebstahls, Betruges oder Vertrauensmifsbrauches Verurteilten, die schwindlerischen Verkäufer, sowie die Vormünder, Pfleger und sonstigen mit Vermögensverwaltung betrauten Personen, welche nicht Rechnung ablegten.

Zur Rehabilitation kann der einfache Bankerottierer zugelassen werden, welcher die ihm zuerkannte Strafe abgebüfst hat.

Art. 592. In Konkurs geratene Kaufleute dürfen erst nach erlangter Rehabilitation die Börse besuchen oder Parteien als Beirat oder Bevollmächtigte vor dem Handelsgericht vertreten.

2. Literatur.

Maxime Lecomte: Étude comparée des principales législations Européennes en matière de faillite. Paris 1879. pag. 71.

J. Alexander: Konkursgesetze aller Länder der Erde. Berlin 1892. pag. 18.

Ch. Lyon-Caen e L. Renault: Traité de droit commercial. 2e édition. Tome huitième. Paris 1899. pag. 260.

Bregeault Julien: La nouvelle réhabilitation des faillis. Commentaire de la loi du 30 décembre 1903. Paris 1904. pag. 12.

Bolivia.

A. Zivilstrafrecht.

Gesetzgebung.

Código penal*).

Libro primero.

Titulo 2.

De las penas.

Capitulo IV.

De la rebaja de las penas y de las rehabilitaciones.

Art. 100. Por medio del arrepentimiento y de la enmienda pueden los reos rematados sin distincion de clase y fuero conseguir la rebaja de las penas á que han sido condenados, despues de haber sufrido al menos una tercera parte de ellas. Al reo á quien se le hubiese impuesto una pena mayor de dos años de duracion y que no llegue á cuatro, se le podrà rebajar de la sexta á la quinta parte de ella: al que se le hubiere impuesto una pena de cuatro años ó mayor de cuatro años y que no llegue á seis, podrá rebajársele de la quinta à la cuarta parte de ella: al que se hubiere condenado á una pena de seis años ó mayor de seis y que no llegue à ocho, se le podrá rebajar de la cuarta hasta las dos terceras partes de ella; y al que se le hubiere impuesto una pena de ocho años de duracion ó mayor de ocho años, se le podrà rebajar la tercera parte de ella.

Art. 101. Por los mismos medios podràn tambien conseguir su rehabilitacion: Primero el condenado á inhabilitacion perpétua para obtener todo cargo ó empleo público, despues de seis años de haber sufrido esta pena: Segundo el condenado á infamia y á otra pena cualquiera, despues de haber sufrido esta ó conseguido su rebaja: Tercero el reo condenado á infamia solamente despues de haberla sufrido por seis años.

*) Aus: »Código penal. Santa Cruz. Para el réjimen de la república Boliviana edicion con notas y suplemento, publicada con licencia del supremo gobierno. Por el Dr. Horacio Zamorano. Sucre 1888. Tipografia de »La libertad«.

Art. 102. No se les concederà rebaja alguna: Primero á los reincidentes: Segundo á los reos que antes de cumplir su condena cometan otro delito ó culpa: Tercero á los que por el Gobierno ó por la suerte se les hubiere conmutado la pena de muerte: Cuarto á los condenados por traicion, á los cómplices, fautores ó encubridores de los delitos de parricidio y asesinato: Quinto á los reos á quienes se les hubiere impuesto una pena que no pase de dos años de duracion.

Gesetz vom 18. November 1887 *).

Art. 1. La rebaja de las penas á que alude el artículo 100 del Código penal, se pedirá por el reo, ya sea por sí ó mediante procurador ante el mismo juzgado que pronunció la sentencia condenatoria de primera instancia, con el testimonio de dicha sentencia y con los certificados del alcaide de la cárcel, espresados en el artículo 431 del Procedimiento Criminal [1]) para los efectos del artículo 44 del Código Penal [2]).

Art. 2. Los que hubiesen sido condenados á las penas de inhabilitacion o privacion perpétua para obtener cargo ó empleo; asi como á estrañamiento, confinamiento ó destierro perpétuo, y haber sido declarados indignos del nombre boliviano ó de la confianza nacional, podrán pedir la rebaja de la tercera parte de estas penas despues de haberlas sufrido por tres años cuatro meses, por cuanto no teniendo ellas tiempo determinado en su duracion, se consideran equivalentes á diez años de penalidad. [3])

---

*) «Código penal» a. a. O. pag. 28.

1) Das «Procedimiento Criminal» (Strafprozeſsordnung) war nicht erhältlich.

2) **Art. 44.** (Código penal a. a. O.) Las penas que tengan tiempo determinado, se empezerán à contar desde el dia en que se notifique al reo la sentencia que cause ejecutoria, pero el tiempo de su prision le sera contado como parte de la pena, en esta forma: cada seis meses de arresto ó prision se graduará por igual tempo de prisión, de arresto, de confinamiento y de destierro temporal; por cinco meses de reclusion, por cuatro de obras públicas y por tres de presidio. Los dias de arresto, reclusion ó de otra pena temporal seràn completos de veinticuatro horas, los meses de treinta dias cumplidos, los años tambien completos de doce meses.

3) **Art. 55.** (Código penal a. a. O.) El cadáver del reo quedarà espuesto al público en el mismo sitio hasta puesto el sol, y despues será sepultado sin pompa por sus parientes y amigos, á quienes podrá ser entregado, ó por disposicion de las autoridades. Esceptúanse de la entrega los cadàveres

Art. 3. Los reos comprendidos en el artículo 102 del Código Penal, no podrán pedir rebaja alguna: solicitada ella será rechazada.

Art. 4. La demanda será admitida con noticia fiscal, debiendo señalarse dia y hora la audiencia, á fin de que pruebe su buena conducta durante su condena y el ministerio público, los motivos que tuviese para oponerse á la rebaja.

Art. 5. Pasada la audiencia, el juez de partido, pronunciará sentencia, segun el resultado de las pruebas; concediendo la rebaja cuando hubiere lugar á ella, en conformidad á los artículos 55 [1]) y 100 del Código Penal y artículo 2. de esta ley.

Art. 6. De la sentencia espresada en el articulo 5 hay lugar á los recursos de apelacion ante la Corte Superior y de nulidad ante la Corte Suprema. El demandante y el fiscal podrán hacer uso del recurso de apelacion en el término perentorio de tres dias y del de nulidad en el de ocho. Si no se interpusiere el recurso de apelacion por el ministerio público, el juez elevará en consulta á la Corte Superior la sentencia que hubiese pronunciado.

Art. 7. La rebaja de las penas impuestas en primera instancia por la Corte del Distrito se solicitará ante ella misma. Del auto que pronunciare, podrán el fiscal y la parte interponer el recurso de nulidad ante la Corte Suprema en el término perventorio de ocho dias. Si la sentencia en primera y única instancia, se hubiese pronunciado por la Corte Suprema, la rebaja se solicitará ante ella, sin otro recurso.

Art. 8. La rehabilitacion como á bolivianos ó como á ciudadanos respectivamente, à los que hubiesen perdido estas calidades, no podrá concederla el Senado, sinó en los casos siguientes: 1. cuando el que se hubiese naturalizado en pais estranjero, manifieste por escrito ante el Senado, su voluntad de volver à la communidad boliviana: 2. cuando el que hubiese admitido empleos, funciones ó condecoraciones de un gobierno estranjero sin especial permiso del Senado, los hubiese

---

de los traidores y de los parricidas, á los cuales se enterrará en el campo fuera de los cementerios públicos, sin pompa ni señal que denote el sepulcro. Los que infrinjieren cualquiera parte de este artículo serán castigados con un arresto de un mes á un año.

[1]) Ningun delito está castigado en este Código con estrañamiento, confinamiento ó destierro perpétuo.

renunciado y declarado por escrito ante la Cámera de Senadores, no haber sido su intencion renunciar su nacionalidad: 3. cuando el declarado en quiebra fraudulenta, acompañase los documentos que acrediten haber pagado á sus acreedores en su totalidad: 4. cuando en los casos de condenacion judicial por los Tribunales competentes, á penas corporales compruebe el interesado con el testimonio de las sentencias condenatorias de la rebaja en su caso, haber cumplido la condena en su integridad ó prescrito la pena conforme á las leyes: 5. cuando el reo hubiese sido perdonado conforme a la ley debiendo acompañar á la solicitud de su rehabilitacion, el decreto de indulto ó amnistia. Además en los casos 4. y 5., se acompañarán las pruebas de buena conducta y el certificado que acredite el pago de costas, daños y perjuicios, siempre que no esté prescrita la responsabilidad civil. Fuera de estos casos, y sin las condiciones espresadas, no podrá conceder el Senado la rehabilitacion.

Art. 9. Quedan abrogados el artículo 2, título 4, libro 3 del Código Mercantil, el capitulo 4, titulo 7 del Procedimiento Criminal y el articulo 101 del Código Penal.

Art. 10. El reo que solicite indulto acreditará su buena conducta, posterior á la perpetracion del delito y haber sufrido siquiera una tercera parte de la pena que se le impuso por los tribunales de justicia.

B. Handelsrecht.

Gesetzgebung.

Handelsgesetz*)

vom 12. November 1834.

Buch III.

Vom Konkurse.

Titel IV.[1])

Abschnitt II.

Von der Rehabilitation.

Art. 692. Die zur 1. oder 2. Klasse gehörigen Bankerotteure können die Rehabilitation verlangen und ebenso die von der 3. Klasse, wenn sie ihre Korrektionsstrafe verbüfst haben.

*) Aus: Borchardt, Die Handelsgesetze des Erdballes, I. Bd. Berlin 1883, pag. 478.

[1]) Derogiert durch Art. 9 des vorzitierten Gesetzes vom 18. November 1887.

Art. 693. Um diese Wiedereinsetzung zu erlangen, müssen die Kridare nachweisen, dafs sie den mit ihren Gläubigern vereinbarten Vergleich in allen Teilen erfüllt haben; ist kein Vergleich vorhanden, so sind sie verpflichtet zu beweisen, dafs alle ihre Verpflichtungen mit der Konkursmasse oder durch nachträgliche Zahlungen völlig gedeckt worden sind.

Art. 694. Der Kridar, welcher seine Wiedereinsetzung in die früheren Rechte beansprucht, hat seinem Gesuche die Dokumente hinzuzufügen, woraus die Befriedigung der Gläubiger hervorgeht, und das Gericht wird nach Anhörung des Kommissars und ohne weiteres erklären, ob dieselbe statthaft ist oder nicht.

Art. 695. Die Wiedereinsetzung der Kridare in ihre früheren Rechte steht ausschliesslich dem Gerichte zu, bei welchem der Konkurs angebracht worden ist, und kann erst nach Bestätigung der Bezeichnungsverfügung angeordnet werden.

Art. 696. Durch die Wiedereinsetzung in die früheren Rechte kehren die Kridare in den Stand zurück, welchen sie vor dem Erlass der Konkurserklärung gegen sie inne hatten, und alle gesetzlichen Verbote, welche letztere mit sich bringt, bleiben selbstverständlich aufgehoben.

Art. 697. Weder die Kridare der 4. oder 5. Klasse[1]), noch diejenigen, welche ihre Güter abgetreten haben, können in die frühren Rechte wieder eingesetzt werden.

---

[1]) **Art. 488.** Es gibt fünf verschiedene Arten von Kridaren und zwar:
1. infolge Zahlungseinstellung;
2. infolge zufälliger Zahlungsunfähigkeit;
3. infolge selbstverschuldeter Zahlungsunfähigkeit;
4. infolge betrügerischer Zahlungsunfähigkeit;
5. infolge Bankrotts unter Flucht des Kridars.

Bosnien und Hercegovina.

Siehe: Österreichisch-Ungarische Monarchie.

Brasilien.

A. Zivilstrafrecht.

Gesetzgebung.

Codigo penal.*)

(Strafgesetz 1890.)

Libro I.

Titulo VI.

De extincção e suspensão da acção penal e da condemnação.

Art. 86. A rehabilitação consiste na reintegração do condemnado em todos os direitos que houver perdido pela condemnação, quando for declarado innocente pelo Supremo Tribunal Federal em consequencia de revisão extraordinaria da sentença condemnatoria.[1])

§ 1. A rehabilitação resulta immediatamente da sentença de revisão passada em julgado;

§ 2. A sentença de rehabilitação reconhecerá o direito do rehabilitado a uma justa indemnisação, que será liquidada em execução, par todos os prejuizos soffridos com a condemnação.

A Naçao, ou Estado, são responsaveis pela indemnisação.

Strafprozeſsordnung.**)

Parte segunda.

Titulo VIII.

De extincção da pena.

Capitulo V.

Da rehabilitação.

Art. 434. A rehabilitação resulta immediatamente da sentença de revisão passada em julgado, quando o condemnado for declarado

*) Aus: Codigo penal dos Estados Unidos do Brazil. Annotado segundo a legislação vigente para o uso dos Juizes e Jurados, com a graduação das penas por. Manoel Godofredo de Alencastro Autran.

5a. Edição corrigida e augmentada de un indice alphabetico multo minucioso. Laemmert & C. — Editores Rua do Ouvidor 66 — Rio de Janeiro. Rua 15 de Novembro, 32 — S. Paulo. 1904.

[1]) A rehabilitação é um dos meios de extincção da condemnação (art. 72, n. 3). — Consulte-se — João Barbalho — *Const. Federal Brasileira* — Art. 81, nota á pag. 348; Macedo Soares. — *Cod. Penal* — nota 125; e João Vieira. — *Revisão dos processos penaes.*

**) Aus: Consolidaçao das leis referentes á Justiça Federal a que se refere o decreto n. 3084 desta data. Decreto N. 3084 — de 5 de novembro de 1898. (Amtliche Ausgabe; ohne Erscheinungsort und Erscheinungsjahr.)

pelo Supremo Tribunal Federal innocente e reintegrado em todos os direitos que houver perdido pela condemnação.

N'este caso, a requerimento da parte, o Tribunal reconhecerá o direito do rehabilitado a uma justa indemnisação, que será liquidada na execução por todos os prejuizos soffridos com a condemnação,

A União ou o Estado, cuja justiça tenha condemnado o rehabilitado, é responsavel pela indemnisaçao.

Art. 435. Quando já for fallecida a pessoa, cuja condemnação tiver de ser revista, o tribunal nomeará um curador para allegar o que for a bem da defesa, e si pelo exame do processo reconhecer o erro ou injustiça da condemnação, rehabilitará a memoria do condemnado.

Art. 436. . . . .

B. Handelsrecht.

1. Gesetzgebung.

a) Handelsgesetz*.)

(vom 25. Juni 1850.)

Teil III.

Von den Fallimenten.

Titel VI.

Von der Wiedereinsetzung des Kridars in den vorigen Stand[1].

Art. 893. Der Kridar, welcher von seinen Gläubigern vollständige Quittung erhalten hat, kann das Handelstribunal, welches den Konkurs erklärt hat, um Wiedereinsetzung in den vorigen Stand ersuchen[2].

Art. 894. Dem Gesuch ist die Quittung der Gläubiger und das Zeugnis über die verbüfste Strafe, falls eine solche auferlegt worden ist, beizufügen. Ist jedoch der Konkurs als verschuldet qualifiziert worden, so kann das Tribunal die ihm geeignet erscheinenden Erkundigungen einziehen, und die Wiedereinsetzung bewilligen oder abschlagen.

Art. 895. Ein betrügerischer Kridar kann niemals wieder in den vorigen Stand eingesetzt werden.

Art. 896. Gegen ein die Wiedereinsetzung bewilligendes oder ablehnendes Urteil gibt es keinen Rekurs. Doch kann das ablehnende Urteil nach 6 Monaten reformiert werden, wenn neue Beweise vorgebracht werden, welche die gute Führung des Kridars dartun.

---

*) Aus: Borchardt: Die Handelsgesetze des Erdballs. Bd. I. 1883. pag. 620.

[1]) Vgl. hierzu die Bemerkung: Borchardt a. a. O. Nachtrag. Bd. III. S. 29.

[2]) Die Restitution ist nicht auf matrikulierte Kaufleute beschränkt. Verordnung vom 9. Juli 1857. (Borchardt a. o. a. O.)

Art. 897. Ist der Kridar durch Erkenntnis des zuständigen Tribunals wieder eingesetzt, so hören alle gesetzlichen Verbote, welche der ausgebrochene Konkurs notwendig gemacht hatte, auf.

b) Fallimentsdekret*)

vom 24. Oktober 1890.

Titel III.

Von den auf die Fallimentserklärungen folgenden Akten und dem Akkorde.

Art. 47. Der erfüllte Akkord bewirkt für den Falliten Quittung und daraus folgende Rehabilitation, wenn er nicht im strafrechtlichen Verfahren verurteilt wird.

Titel VIII.

Von der Rehabilitation des Falliten.[1])

Art. 86. Ist der Akkord erfüllt oder von den Gläubigern volle Quittung erlangt, so kann der Schuldner, dessen Falliment als zufällig qualifiziert oder der von der Anklage des schuldbaren oder betrügerischen Falliments oder wegen eines demselben gleichstehenden Aktes freigesprochen worden ist, bei dem zuständigen Handelsrichter auf Grund einer (vom Strafrichter) beglaubigten Abschrift des freisprechenden Urteils seine Rehabilitation nachsuchen.

§ 1. Der verurteilte Fallit, welcher in Gemässheit des Art. 86 des Strafgesetzbuches (Dekret No. 847 vom 11. Oktober 1890) als unschuldig erklärt ist, kann ebenfalls seine Rehabilitation nachsuchen.

§ 2. Die Verbüssung der Strafe wegen schuldbaren Falliments oder einer demselben gleichstehenden Handlung hindert nicht die Rehabilitation des Falliten, sofern er sich einer solchen würdig zeigt.

§ 3. Der wegen betrügerischen Falliments oder einer demselben gleichstehenden Handlung verurteilte Fallit kann erst fünf Jahre nach verbüsster Strafe seine Rehabilitation nachsuchen und erhalten, wenn er nachweist, dass er Kapital und Zinsen und alle seine Gläubiger tatsächlich gezahlt hat.

Art. 87. Das Gesuch um Rehabilitation ist mittelst Anschlages während 30 Tagen und durch die Zeitungen, wo solche sind, bekannt zu machen; der Aufsichtskurator mufs gehört werden.

Einz. §. Jeder Gläubiger oder Geschädigte kann gegen die Rehabilitation mittelst Gesuchs Widerspruch erheben.

Art. 88. Gegen das Erkenntnis, welches die Rehabilitation nicht gewährt, ist Berufung mit nur einer Wirkung statthaft.

§ 1. Der Fallit, auf den die Bedingungen des Art. 86 prinzipiell zutreffen, ist für rehabilitiert zu erklären. In den übrigen Fällen bleibt es dem einsichtigen Ermessen des Richters überlassen, die Rehabilitation zu gewähren.

---

*) Aus: Borchardt, Das Brasilianische Falliments-Dekret vom 24. Okt. 1890. Berlin 1895.

[1]) Bemerkungen hierzu: Borchardt, a. a. O., pag. 57.

§ 2. Das Erkenntnis, welches die Rehabilitation versagt, beschreitet nicht die Rechtskraft.

Art. 89. Ist der Fallit für rehabilitiert erklärt, so ist das Erkenntnis in der nämlichen Form, wie dies mit der Fallimentserklärung geschah, bekannt zu machen und den nämlichen Behörden mitzuteilen.

Einz. §. In dem Firmenregister ist die erforderliche Eintragung von amtswegen zu bewirken.

Art. 90. Die Rehabilitation macht jeder Unfähigkeit und allen Interdiktionen, welche durch die Fallimentserklärung hervorgerufen sind, ein Ende.

2. Literatur.

J. Alexander, Konkursgesetze aller Länder der Erde. Berlin 1892. pag. 416.

Bulgarien.

A. Zivilstrafrecht.

1. Gesetzgebung.

Strafgesetz.*)

(Vom 2. Februar 1896.)

Buch I.

Kapitel IX.

Wiedereinsetzung in Rechte (Rehabilitation).

Art. 88. Jeder zur Entziehung von Zivilrechten Verurteilte, der die Strafe verbüfst hat oder begnadigt wurde, kann in seine Rechte wieder eingesetzt werden.

Art. 89. Der Antrag auf Wiedereinsetzung in Rechte kann erst fünf Jahre nach dem Tage der Entlassung aus der Strafanstalt oder dem Tage der Begnadigung des Verurteilten gestellt werden. Diese Frist wird für die zu Gefängnis Verurteilten auf drei Jahre herabgesetzt. Für Rückfällige und

*) Aus: Sammlung aufserdeutscher Strafgesetzbücher in deutscher Übersetzung. Herausgegeben von der Redaktion der Zeitschrift für die gesamte Strafrechtswissenschaft. XII. Das bulgarische Strafgesetz vom 2. Februar 1896. Berlin. J. Guttentag 1897.

solche, die nach erhaltener Wiedereinsetzung einer neuen Verurteilung zu Zuchthaus verfielen, beträgt die Frist zehn Jahre, bei nur zu Gefängnis Verurteilten sechs Jahre.

Art. 90. Bei einem zu Zuchthaus Verurteilten wird der Antrag auf Rehabilitation nur angenommen, wenn er mindestens drei Jahre in demselben Bezirke gewohnt hat, und zwar die zwei letzten in derselben Gemeinde.

Verurteilte, welche diese Zeit ganz oder zum Teile unter der Fahne verbrachten und diejenigen, deren Beruf zu Wohnsitzveränderung nötigt, können von dieser Vorschrift ausgenommen werden, wenn sie durch glaubwürdige Zeugnisse ihrer militärischen Vorgesetzten, letztere solche ihrer Dienstherren, sich über gute Aufführung ausweisen.

Solche Zeugnisse müssen nach den Bestimmungen in Art. 93 ausgestellt sein.

Art. 91. Der Verurteilte übergibt sein Rehabilitationsgesuch dem Staatsanwalte am Bezirksgerichte unter Vermerk

1. des Datums seiner Verurteilung,
2. der Orte, an denen er nach seiner Entlassung gewohnt hat.

Art. 92. Der Antragsteller ist, ausgenommen Verjährung, zum Nachweise verpflichtet, dafs er die Gerichtskosten, Geldstrafen und den Schadenersatz gezahlt hat oder dafs diese ihm erlassen wurden.

Mangels eines solchen Nachweises mufs er dartun, dafs er statt dessen Schuldhaft im Exekutionsverfahren erlitten hat oder dafs der Verletzte auf diese Vollzugsart verzichtet hat.

Wegen betrügerischen Bankerotts Verurteilte müssen nachweisen, dafs sie ihre Schulden nach Kapital, Zinsen und Kosten zahlten oder dafs diese Verbindlichkeit ihnen erlassen wurde.

Weist der Antragsteller nach, dafs er zu Zahlung der Gerichtskosten nicht im stande ist, so kann das Gericht ihm Rehabilitation gewähren, obgleich diese Kosten nicht bezahlt oder nur teilweise bezahlt sind. Bei solidarisch Verurteilten bestimmt das Gericht, welchen Teil der Summe der Antragsteller zu bezahlen hat.

Ist der Verletzte nicht aufzufinden oder verzichtet er auf Empfangnahme, so ist die Schuldsumme durch einen Notar in der Bulgarischen Volksbank niederzulegen. Meldet sich binnen fünf Jahren der Verletzte nicht zum Empfange der Schuldsumme, so wird diese auf einfaches Gesuch dem Deponenten zurückgegeben.

Ist der Verletzte unbekannt abwesend, so erfolgt Veröffentlichung durch eines der Lokalblätter und den Staatsanzeiger.

Art. 93. Der Staatsanwalt am Bezirksgericht zieht von den Ortsvorstehern der Orte, wo der Verurteilte gewohnt hat, Mitteilungen darüber ein

1. wie lange und von wann bis wann er dort gewohnt hat;
2. wie seine Aufführung während dieser Zeit gewesen;
3. womit er seinen Unterhalt erworben hat.

Diese Mitteilungen müssen die Angabe enthalten, dafs sie zum Zwecke der Rehabilitation dienen. Der Staatsanwalt zieht Mitteilungen auch von den Friedensrichtern und Amtsleuten der Umgebungen des Ortes ein, wo der Verurteilte gewohnt hat.

Der Staatsanwalt verschafft sich auch noch:

1. Auszüge aus dem Urteil,
2. Auszug aus den Gefängnisregistern über das Betragen des Verurteilten.

Art. 94. Alle diese Schriftstücke sendet der Bezirksstaatsanwalt mit seinem Gutachten an den Staatsanwalt am Appellationsgericht, in dessen Bezirk der Verurteilte wohnt.

Eine Erklärung mufs binnen zwei Monaten nach Empfang der Schriftstücke bei dem Appellationsgericht durch den Staatsanwalt erfolgen. Letzterer reicht hierzu einen schriftlich motivierten Antrag ein. Er kann jederzeit, und das Gericht von Amtswegen, weitere Ermittelungen anordnen. Die Angelegenheit darf in jedem Fall höchstens um sechs Monate verschoben werden.

Art. 95. Das Appellationsgericht entscheidet über den Antrag in einer Plenarsitzung, sobald es den Antrag des Antragstellers oder seines Verteidigers und den des Staatsanwaltes kennt. Im Fall der Verwerfung des Antrags kann ein neuer Antrag erst nach zwei Jahren gestellt werden.

Art. 96. Wird die Rehabilitation bewilligt, so wird der Bescheid durch den Staatsanwalt am Appellationsgericht dem erstinstanzlichen Gerichte, das den Antragsteller beurteilte, behufs Eintragung im Originalurteile und in den Registern des

Gerichtshofes mitgeteilt. Der Rehabilitierte kann unentgeltlich Abschrift des Bescheides und Auszug aus den Registern des Gerichtshofes erhalten.

Art. 97. Die Rehabilitation tilgt die Verurteilung und beseitigt für die Zukunft alle Rechtsentziehungen, welche die Folge dieser Verurteilung waren. Die Bedingungen für Rehabilitation von Kaufleuten sind im besonderen Handelsgesetzbuch geregelt.

2. Literatur.

M. St. Schischmanov: „Bulgarien", in dem Jahrbuch der Internationalen Vereinigung für vergleichende Rechtswissenschaft und Volkswirtschaftslehre zu Berlin. II. Jahrg., 1896, pag. 199.

Oswald Markuse: Die Ehrenstrafe. Eine rechtsvergleichende Darstellung nebst Kritik unter besonderer Berücksichtigung des geltenden deutschen Rechtes. Breslau 1893, pag. 45.

B. Handelsrecht.

Gesetzgebung.

Handelsgesetz.*)

(1898.)

Livre deuxième.

De la faillite.

Chapitre VII.

De la répartition entre les créanciers et de la réhabilitation du failli.

Art. 775. Le failli qui prouve qu'il a intégralement acquitté en capital, intérêts, et frais, toutes créances admises dans la faillite, pourra obtenir sa réhabilitation.

Art. 776. La demande en réhabilitation sera adressée au tribunal qui a rendu le jugement déclaratif de la faillite. Le président du tribunal à la réception de cette demande ordonnera qu'une copie en soit affichée pendant deux mois à la porte du tribunal, à la Bourse et à la chambre de commerce, et qu'elle soit insérée deux fois dans les deux mois dans le journal de l'Etat (Officiel).

Art. 777. Tout créancier qui n'a pas été intégralement payé en capital, intérêts et frais, et toute autre personne intéressée, pourra s'opposer à la réhabilitation par une demande adressée au tribunal

---

*) Aus: Loi commerciale bulgare. Traduite en français par N. A. Pavlitis. Docteur en droit de la faculté de Paris, Avocat à Philippopolis. Traduction approuvée par le Ministère de la Justice de Bulgarie. Philippopolis. Imprimerie Commerciale. 1898.

appuyée des pièces justificatives. Le créancier opposant ne pourra jamais être partie dans la procédure relative à la réhabilitation.

Art. 778. Le tribunal, au jour fixé pour l'examen de cette demande vérifiera en premier lieu si les formalités susénoncées ont été observées; après quoi, le failli entendu et après avoir vérifié les pièces sur lesquelles la demande est fondée ainsi que les contestations écrites des créanciers, s'il y en a, le tribunal pourra admettre la demande.

Le jugement qui rejette la réhabilitation n'est susceptible d'appel que de la part de failli dans un délai du 15 jours à partir de son prononcé. Si la demande en réhabilitation est définitivement rejetée, le failli ne peut en former une nouvelle qu'après une année á partir de la date du jugement.

Art. 779. Le failli peut sur la demande de ses héritiers être réhabilité même après son décès.

Art. 780. Ne seront point admis à la réhabilitation les banqueroutiers frauduleux, les commerçants condamnés pour faux, vol, abus de confiance, appropriation indue, escroquerie ou tromperie ni ceux qui ont malversé les deniers d'État.

Les banqueroutiers simples ne pourront être réhabilités qu' après avoir purgé la peine à laquelle ils auront été condamnés.

Chile.

A. Zivilstrafrecht.

1. Gesetzgebung.

Strafgesetz*)

Erstes Buch.

Titel III.

Art. 42. Die aktiven und passiven politischen Rechte, auf welche sich die vorigen Artikel beziehen, sind: die Fähigkeit Wähler zu sein, die Fähigkeit Stellen durch Volkswahl zu erlangen und die Fähigkeit Geschworener zu sein. Wer dieser Rechte beraubt ist,

---

*) Aus: Sammlung Aufserdeutscher Strafgesetzbücher in deutscher Übersetzung. Herausgegeben von der Redaktion der Zeitschrift für die gesamte Strafrechtswissenschaft. XV. Strafgesetzbuch der Republik Chile. Berlin, J. Guttentag, 1900.

kann nur in der durch die Verfassung[1]) vorgeschriebenen Form in ihre Ausübung wieder eingesetzt werden.

Art. 43. Wenn die Unfähigkeit zu öffentlichen Ämtern, Stellungen und betitelten Berufen Zusatzstrafe ist, so begreift der Nachlafs der Hauptstrafe jene nicht ein, wofern er nicht ausdrücklich auf sie ausgedehnt wird.

Art. 44. Der Nachlafs der Dauer der zeitlichen oder dauernden Unfähigkeit zu öffentlichen Ämtern, Stellungen und betitelten Berufen setzt den Bestraften in die Ausübung der letzteren wieder ein, jedoch nicht derjenigen Ehren, Stellen, Berufe und Pflichten, deren er beraubt worden ist. Dieselbe Wirkung ruft die Abkürzung der Verurteilung zu zeitlicher Unfähigkeit hervor.

Titel V.

. . . .

Art. 105. Die gesetzlichen Unfähigkeiten, die aus Verbrechen oder Vergehen herrühren, dauern nur die für die Verjährung der Strafen erforderliche Zeit, wobei nach der Art gerechnet wird, wie sie die Artikel 98, 99 und 100 anordnen. Diese Regel ist nicht anwendbar auf die Unfähigkeiten zur Ausübung der politischen Rechte.

. . . . . .

2. Literatur.

Robustiano Vera: Código penal de la República de Chile comentado. Santiago de Chile. Imprenta de P. Cadot i Ca., Huérfanos 25. 1883. (Zu den angeführten Artikeln.)

---

[1]) Die Verfassung (Constitución política de la Republica de Chile) enthält nur folgende Bestimmung:

Art. 11. Se pierde la ciudadanía:

1. Por condena á pena aflictiva ó infamante.
2. Por quiebra fraudulenta.
3. Por naturalización en pais extranjero.
4. Por admitir empleos funciones, distinciones ó pensiones de un Gobierno extranjero sin especial permisso del Congresso.
5. (Aufgehoben durch das Gesetz vom 13. August 1874). Los que per una de las causas mencionadas en este artículo hubiesen perdido la calidad de ciudadanos, podrán impetrar rehabilitación del Senado. (Anibal Echeveria y Reyes — Abraham Del Rio. Ministerio del Interior; Recopilación de leyes y decretos de interés general vigentes en 21 de mayo de 1888. Santiago de Chile. Imprenta nacional Moneda 112. 1888.)

B. Handelsrecht.

1. Gesetzgebung.

Handelsgesetz*)

(vom 23. November 1865.)

Buch IV.

Vom Konkurse.

Titel XI.

Von der Rehabilitation.

Art. 1526. Jeder Gemeinschuldner kann rehabilitiert werden mit Ausnahme jener, denen das Gesetz diese Wohltat verweigert.

Art. 1527. Es können nicht rehabilitiert werden: der betrügerische Gemeinschuldner, die wegen Stellionats, Unterschlagung oder Vertrauensbruches verurteilten Personen und die Vormünder, Kuratoren und Verwalter von fremdem Vermögen, welche nicht ihre Rechnungen unter Zahlung der Saldos ablegen.

Jedoch können die von der Rehabilitation wegen eines Vergehens ausgeschlossenen Personen in fünf Jahren, nachdem sie ihre Strafe verbüſst haben, in ihre früheren Rechte wiedereingesetzt werden, wenn sie nachweisen, daſs sie sich während dieser Zeit tadellos geführt haben, und daſs sie ihre Schulden in der im folgenden Artikel angegebenen Weise bezahlt haben.

Art. 1528. Um die Rehabilitation zu erlangen, muſs der Gemeinschuldner die volle Zahlung seiner Schulden und zwar des Kapitals, der Zinsen und Kosten beweisen.[1])

Der strafbare Gemeinschuldner muſs auſser der vollen Zahlung seiner Schulden nachweisen, daſs er die Strafe, zu welcher er verurteilt worden ist, verbüſst hat.

Art. 1529. Das Gesuch um Rehabilitation muſs bei dem Handelsgericht eingereicht und mit den nötigen Quittungen, Zahlungsscheinen und den übrigen Belegen unterstützt werden.

Das Gesuch wird im Auszuge zwei Monate hindurch in zwei von dem Handels-Gerichte bezeichneten Zeitungen veröffentlicht werden, und wo keine Zeitung vorhanden sein sollte, ist es vermittels anzuheftender Anschlagszettel an drei der öffentlichen Punkte zu veröffentlichen.

Art. 1530. Über das Rehabilitationsgesuch ist unter Vernehmung der Staatsanwaltschaft in der im Gesetzbuche über das Zivil-Instructionsverfahren für Handelssachen vorgeschriebenen Form zu verfahren.

---

*) Aus: Borchardt: Die Handelsgesetze des Erdballs. Bd. I. Berlin 1883. pag. 856.

[1]) Alinea 1 ist durch das Gesetz vom 11. Januar 1879 aufgehoben. (Borchardt a. a. O.)

Art. 1531. Die Gläubiger, die nicht voll bezahlt worden sind, sowie irgend welche andere Interessenten können gegen das Gesuch um Rehabilitation binnen der beiden im Art. 1529 angegebenen Monate schriftlichen Einspruch erheben.

Derjenige, welcher den Einspruch erhebt, muss seinem Schriftstücke die Urkunden, welche denselben rechtfertigen, beifügen, aber in keinem Falle ist er als Partei im Rehabilitationsverfahren anzusehen.

Art. 1532. Wenn das Rehabilitationsgesuch verworfen worden ist, kann es erst nach Ablauf eines Jahres wiederholt werden.

Das Erkenntnis, nach welchem die Rehabilitation bewilligt wird, ist in den von dem Gemeinschuldner bezeichneten Zeitungen zu veröffentlichen und, wo solche nicht vorhanden sind, muss dies vermittelst an drei der öffentlichen Punkte angehefteter Anschlagszettel geschehen.

Art. 1533. Die Rehabilitation des Gemeinschuldners setzt allen Untersagungen, welche die Konkurserklärung bereitet, ein Ende.

Die Bestimmungen dieses Artikels erstrecken sich nicht auf den falliten Kaufmann, dessen Konkurs nicht als ein betrügerischer oder strafbarer erklärt worden ist, oder der sich nicht der einfachen Vergehen schuldig gemacht hat, auf welche sich der erste Absatz des Art. 1527 bezieht. Seine Rehabilitation erfolgt von Rechtswegen auf Grund des Erkenntnisses, durch welches der Konkurs als ein zufälliger erklärt wird, und er geniefst die Wohltat der Befugnis, welche in No. 6 des Art. 1626 des Zivilrechtes dem insolventen Schuldner gewährt wird, trotz der Bestimmung im Art. 1477 dieses Gesetzbuches.[1])

2. Literatur.

J. Alexander, Konkursgesetze aller Länder der Erde. Berlin 1892. pag. 427.

Bregeault Julien, La nouvelle réhabilitation des faillis. Paris 1904. pag. 12.

---

[1]) Das Schluss-Alinea ist durch das Gesetz vom 11. Januar 1879 hinzugefügt.

Columbia.

A. Zivilstrafrecht.

Gesetzgebung.

Código penal*)
(vom 18. Oktober 1890.)

Libro primero.

Titulo tercero.

Capítulo cuarto.

Rehabilitación.

Art. 90. El reo condenado á la inhabilitación perpetua para ejercer empleo, profesión ó cargo público, si hubiere de sufrir unicamente esta pena, podrá obtener su rehabilitación después de haberla sufrido por espacio de ocho años, si en todo este tiempo ha observado buena conducta.

Ma si la pena de inhabilitación perpetua se le ha impuesto con otra, deberá además sufrir ésta, antes de obtener la rehabilitación.

Lo proprio se observará cuando el reo haya sido privado perpetuamente de los derechos políticos.

Art. 91. Los demás reos que por la naturaleza de las penas hayan quedado privados de los derechos políticos, podrán obtener rehabilitación para ejercerlos después de cumplidas sus condenas, y transcurridos cuatro años más, siempre que hayan observado buena conducta.

Libro tercero.

Titulo tercero.

Capítulo tercero.

Disposiciones comunes á los robos y á los hurtos.

Art. 804. Todo el que sea condenado por robo ó hurto quedará inhabilitado perpetuamente para obtener empleo ó cargo público. Para obtener rehabilitación, bien por esta pena,

*) Aus: Codigo penal de la Republica de Colombia. Edicion oficial. Bogota. Imprenta de »La Nación« 1890. (Ley 19 de 1890).

bien por la de pérdida de derechos políticos, anexa á la corporal, necesita, fuera de la demás prevenciones de la ley, dar fianza de buena conducta.

Titulo final.

Disposiciones varias y generales.

Art. 913. Los artículos .... 90,91 .... se imprimirán en carteles que se fijarán en los establecimientos de castigo, y se leerán una vez al mes, por lo menos, á los reos.

B. Handelsrecht.

Der Titel VI »Von der Rehabilitation« Art. 616—626 des in Columbien geltenden Handelsgesetzes entspricht dem bei Panama angeführten Titel V (Art. 174—181) des Handelsgesetzes von Panama.[1])

Costa-Rica.

A. Zivilstrafrecht.

1. Gesetzgebung.

Strafgesetz*)

Libro primero.

Titulo II.

Capitulo I.

De las penas, de su gradnacion y de su ejecucion.

Art. 72. Acerca de la inhabilitacion temporal ó perpétua, para obtener empleo ó cargo público en general ó en clase

---

[1]) Vgl. Borchardt: Die Handelsgesetze des Erdballs. II. Bd. Berlin 1884. pag. 83 und 1 (einleitende Bemerkung).

*) Aus: Código general de la República de Costa-Rica emitido en 30 de julio de 1841; segunda edicion anotada, adicionada, revisada y corregida conforme a las leyes vigentes posteriores hasta el 31 de diciembre de 1857. Con aprobacion del Supremo Gobierno bajo la administracion del excmo señor capitan general Presidente Don Juan Rafael Mora, por Don Rafael Ramirez, ex-regente de la Corte Suprema de Justicia. Comisionado especialmente al efecto. Nueva-York: Imprenta de Wynkoop, Hallenbeck y Thomas, 113 Fulton. 1858. Materia penal. Libro primero.

determinada, ó para ejercer alguna profesion ú oficio, se estará á lo que la ley ordena en los casos respectivos.

Capitulo IV.

De la rebaja, de las penas y de las rehabilitaciones.

Art. 100. Por medio del arrepentimiento y de la enmienda, pueden los reos rematados, sin distincion de clase y fuero, conseguir la rebaja de las penas á que han sido condenados, despues de haber sufrido al menos una tercera parte de ellas. Al reo á quien se la hubiese impuesto una pena mayor de dos años de duracion y que no llegue á cuatro, se le podrá rebajar de la sexta á la quinta parte de ella: al que se hubiere impuesto una pena de cuatro años, ó mayor de cuatro años y que no llegue á seis, podra rebajarsele de la quinta á la cuarta parte de ella: al que se hubiere condenado á una pena de seis años, ó mayor de seis y que no llegue á ocho se le podrá rebajar de la cuarta hasta la tercera parte de ella; y al que se le hubiese impuesto una pena de ocho años de duracion, ó mayor de ocho años, se le podrá rebajar la tercera parte de ella. Las rebajas de las penas deben ser determinadas y concedidas, en los casos de la ley, por el Tribunal que hubiere pronunciado la sentencia que se esté ejecutando.

Art. 101. Por los mismos medios podran tambien conseguir su rehabilitacion: 1. el condenado á inhabilitacion perpetua para obtener todo cargo ó empleo público, despues de seis años de haber sufrido esta pena: 2. el condenado á infamia, y á otra pena cualquiera, despues de haber sufrido esta ó consequido su rebaja; 3. el reo condenado á infamia, solamente despues de haberla sufrido por seis años.

Art. 102. Nose les concederá rebaja alguna:

1. á los reincidentes; 2. á los reos que antes de cumplir su condena, cometan otro delito ó culpa; 3. á los que por el Gobierno, ó por la suerte se les hubiere conmutado la pena de muerte; 4. á los condenados por traicion, á los cómplices, fantores y encubridores de los delitos de parricidio y asasinato: 5. á los reos á quienes se les hubiere impuesto una pena que no pase de dos años de duracion.

Libro tercero.

Titulo III.

Capítulo II.

De los hurtos.

Disposiciones comunes á robos y hurtos.

Art. 627. Todo el que sea condenado por robo ó hurto, sufrirá tambien la pena de quedar puesto por uno á cinco años, despues de sufrir el castigo corporal, bajo la vigilancia de las autoridades; y aun complidos, no podrá ser rehabilitado para ejercer los derechos de ciudadano, si no diere fiador de su buena conducta . . .

Zivil- und Strafprozefsordnung.*)

Libro tercero.

Titulo III.

Capitulo VIII.

Del cumplimento de las penas, de la rebaja de ellas, y de las rehabilitaciones.

. . . .

Art. 936. Las rebajas de las penas deben ser determinadas y concedidas, en los casos de la ley, por el tribunal que hubiese confirmado la sentencia que se esté ejecutando; y las rehabilitaciones, solicitadas por los que hayan perdido el derecho de ciudadania, por el Supremo Poder Ejecutivo.

Art. 940. El delincuente á quien se hubiere impuesto pena de infamia, y que con arreglo al Código penal pueda pedir la rehabilitacion, tambien hará la súplica por escrito, como de pura gracia, al tribinal que lo hubiere condenado, y si resultare su enmienda y constante buena conducta despues de la sentencia, por la copia certificada de los asientos, y por el informe de los gefes del establecimiento en que hubiese sufrido la condena, por la exposicion de las antoridades de los pueblos en que desques hubiere residido, y por las noticias que tenga por oportuno pedir el tribunal, con presencia de la causa primitiva y audiencia fiscal, extenderá su informe al Gobierno, quien en tal caso concederá la rehabilitacion.

---

*) Aus: Código general a. o. O.

Art. 941. Los demás reos que despues de haber cumplido sus condenas corporales ó infamatorias, soliciten la rehabilitacion para volver á ejercer los derechos de ciudadanía, la pedirán y obtendrán en los mismos casos y terminos expresados en el artículo precedente.

Art. 942. Si no hubiere mérito paca conceder la rehabilitacion de que tratan los dos últimos artículos, se suspenderá la resolucion hasta que el reo dé mejores pruebas de merecerla.

Art. 943. Todas las resoluciones concediendo rebajas de penas en los casos expresados, se publicarán en los establecimientos donde se hallaren los reos respectivos. Todas las de rehabilitacion, se publicarán tambien en el pueblo en que residen los rehabilitados.

2. Literatur.

Rafael Orozco: Elementos del Derecho penal de Costa-Rica. Procedidos de un prologo del Antonio Zambrana. Primera edicion. San Jose. Costa-Rica. — Centro-America. 1882. Imprenta Nacional. pag. 149.

B. Handelsrecht.

Gesetzgebung.

Handelsgesetz*).

Buch IV.

Von dem Konkurse.

(Gesetz vom 3. Oktober 1865.)

Kapitel XVI.

Von der Rehabilitation des Falliten.

Art. 290. Die Folgen, welche sich aus dem Falliment für den Falliten ergeben, bestehen fort, so lange er seine formelle Rehabilitation nicht erlangt hat.

Art. 291. Die Rehabilitation des Falliten steht dem Gerichte zu, welches das Falliment geleitet hat.

Art. 292. Bis zum definitiven Schlusse des Verfahrens behufs Qualifikation des Falliments ist der Antrag des Falliten bezüglich seiner Rehabilitation nicht zulässig.

*) Aus: Borchardt: Die Handelsgesetze des Erdballs. Bd. II. 1884. pag. 299.

Art. 293. Die flüchtig gewordenen und betrügerischen Bankerotteure können nicht rehabilitiert werden.

Art. 294. Die strafbaren Falliten können nicht rehabilitiert werden, wenn sie die volle Zahlung aller im Fallimentsverfahren liquidierten Forderungen und die Verbüfsung der ihnen etwa auferlegten Konventionalstrafe nachweisen.

Art. 295. Bei den Falliten der ersten und zweiten Klasse genügt es, um die Rehabilitation zu erlangen, dafs sie die vollständige Erfüllung des mit ihren Gläubigern etwa abgeschlossenen und gerichtlich genehmigten Akkordes nachweisen. Falls kein Akkord stattgefunden hat, sind sie verpflichtet, zu beweisen, dafs mit dem Baarbestande des Falliments oder durch spätere Zahlungen, falls ersterer dazu nicht hingereicht hat, alle im Fallimentsverfahren festgestellten Forderungen befriedigt worden sind.

Art. 296. Dem Antrag auf Rehabilitation sind alle Empfangsbescheinigungen oder Originalquittungen, aus welchen die volle Befriedigung der Gläubiger hervorgeht, beizufügen.

Das Gericht hat den Interessenten Gelegenheit zu verschaffen, die Richtigkeit der von dem Falliten angeführten Tatsachen zu prüfen und sich bezüglich derselben zu erklären.

Zu diesem Zwecke ist eine Abschrift des Antrages in der Gerichtsschreiberei und in der Börse, falls eine solche im Gerichtsbezirke vorhanden ist, während einer Dauer von 60 Tagen anzuheften.

Ein gleicher Anschlagezettel ist in dem letzten Wohnorte des Falliten anzubringen, falls derselbe ein anderer ist, als der Ort des Verfahrens.

Art. 297. Der Fallit kann verlangen, dafs die Gläubiger, deren Befriedigung er nicht nachweisen kann, weil es nicht bekannt ist, wo sie sich aufhalten, oder ob sie noch am Leben sind, durch die Anschlagezettel, von welchen im vorhergehenden Artikel die Rede ist, gleichzeitig aufgefordert werden, ihre Ansprüche binnen zwei Monaten bei dem Gericht vorzubringen. Aufserdem ist dieser Aufruf in den von dem Gericht angegebenen Zeitungen zu veröffentlichen.

Die Reklamationen, welche in Folge des Aufrufs erhoben werden, sind dem Falliten mitzuteilen.

Wenn keiner jener Gläubiger erscheint, so darf die Rehabilitation nicht deshalb aufgeschoben werden, weil der Beweis der Befriedigung besagter Gläubiger fehlt.

Art. 298. Jeder Gläubiger, der noch nicht vollständig befriedigt worden ist, kann dem Antrage auf Rehabilitation widersprechen. Das Gericht mufs von amtswegen die nötigen Untersuchungen anstellen, indem ein kontradiktorisches Verfahren nicht zulässig ist.

Art. 299. Nachdem die in den vorhergehenden Artikeln (296—298) angegebenen Mafsnahmen ausgeführt worden sind, hat das Gericht über den Antrag des Falliten, nach vorhergehender Anhörung der Staatsanwaltschaft, zu entscheiden.

Wenn die Rehabilitation bewilligt wird, so ist dies in der im Art. 296 vorhergehenden Weise zu veröffentlichen.

Wird die Rehabilitation verweigert, so kann der Antrag erst nach Ablauf von zwei Jahren seit der Präsentation desselben erneuert werden.

Art. 300. Die Rehabilitation kann selbst nach dem Tode des Falliten beantragt werden.

Art. 301. Wenn das Falliment durch Akkord beendigt worden ist, so kann der Fallit, von dem Momente ab, an welchem der Akkord rechtskräftig genehmigt worden ist, wieder an der Börse erscheinen und alle ihm zustehenden Korporationsrechte ausüben.

Die übrigen Beschränkungen hören erst mit der Rehabilitation des Falliten auf.

Art. 302. Die Kaufleute, welche eine Aufhebung der Fallimentserklärungen in der, in den Art. 99 und 100[1]) vorgeschriebenen Form erlangt haben, bedürfen der Rehabilitation nicht.

---

[1]) **Art. 99.** Der Fallit kann gegen die Fallimentserklärung Einspruch erheben, indem er die Rücknahme derselben innerhalb acht Tagen nach ihrer Veröffentlichung in der Gerichtssitzung beantragt. Dieser Einspruch geschieht vermittelst eines Schriftstückes, welches wie eine Klage abgefafst sein mufs, unbeschadet, dafs die bezüglich der Person und des Vermögens des Falliten beschlossenen und die in Kapitel IV dieses Titels vorgesehenen Mafsregeln vorläufig zur Ausführung gelangen.

Besagter Einspruch ist in summarischem Verfahren zu begründen, wobei gegen das Urteil keine anderen Rechtsmittel zulässig sind, als die der Appellation und der Nullität.

Die Gegenpartei des Falliten in diesem Verfahren bildet der provisorische Konkursverwalter und an seiner Stelle der Gläubiger, welcher die Fallimentserklärung beantragt hat, wobei jeder andere Gläubiger als dritter unterstützender Gegner intervenieren kann.

Art. 100. Wenn die Fallimentserklärung durch die Einstellung des Verfahrens rückgängig gemacht ist, wird dieselbe als nicht geschehen angesehen und bleibt ohne jede gesetzliche Wirkung. Der Kaufmann gegen den sie erlassen wurde, ist berechtigt, Ersatz aller Schäden und Nachteile zu verlangen, falls sie mit betrügerischer Absicht, Falschheit oder offenbarer Ungerechtigkeit herbeigeführt worden war.

Dänemark.

I. Gesetzgebung.

Zivilstrafrecht.

Gesetz vom 3. April 1868 betreffend Rehabilitation.*)

§ 1. Demjenigen, der durch Urteil einer in der öffentlichen Meinung entehrenden Handlung schuldig befunden worden ist, kann, nach ausgestandener Strafe, oder wenn die Strafe durch Begnadigung erlassen ist, unter den im Folgenden angegebenen Bedingungen Rehabilitation erteilt werden. Diese hebt für die Zukunft, und bis der Betreffende wieder einer in der öffentlichen Meinung entehrenden Handlung schuldig befunden wird, alle diejenigen Folgen auf, die nach der Gesetzgebung mit der dem Urteile folgenden Schmälerung seiner Ehrenrechte verknüpft sind.

§ 2. Die Rehabilitation kann nicht erworben werden vor Ablauf von 5 Jahren, von der Zeit an gerechnet, da die Strafe verbüſst oder durch Begnadigung erlassen ist. Wer die Rehabilitation erwerben will, hat darzutun, daſs er die letzten 5 Jahre einen untadelhaften Wandel geführt hat, was durch Zeugnisse von vertrauenswerten Männern, die Gelegenheit gehabt haben, das Leben des Betreffenden genugsam zu beobachten, zu erweisen ist.

§ 3. Das Rehabilitationsgesuch ist durch die Oberbehörde dem Justizministerium einzureichen; und zwar unter Beifügung der Erklärung der zuständigen Behörde und der Kommunalverwaltung, sofern der Gesuchsteller seinen Aufenthalt hier im Lande hat. Dem Gesuche sind die in § 2 erwähnten Zeugnisse beizufügen nebst einer Abschrift des gegen den Gesuchsteller ergangenen Urteils und genauer Auskunft über die Orte, in denen er sich aufgehalten hat nach der Verurteilung. Ist ihm auferlegt, Ersatz für den durch sein Verbrechen verursachten Schaden zu leisten, so soll, soweit möglich, klargelegt

*) Nach freundlicher Übersetzung der Herren Dozent Jon Scheie (Kristiania) und Privatdozent Dr. F. K. Neubecker (Berlin).

werden, inwieweit der Ersatz bezahlt oder erlassen ist. Findet der Justizminister nach eingeholter Erklärung des Gerichtes, von welchem der Betreffende seiner Zeit verurteilt worden ist, oder, wenn dies ein Militärgericht ist, auf Grund der Erklärung des Generalauditors, für angemessen, das Gesuch zu empfehlen, so ist die Sache dem Könige zur Entscheidung vorzulegen. Wird das Gesuch abgelehnt, so darf dasselbe vor Ablauf von 2 Jahren nicht erneuert werden, worauf die oben erwähnten Zeugnisse bezüglich des nach der letzten Ablehnung verstrichenen Zeitraumes vorzulegen sind.

§ 4. Wenn jemand, nach vollendetem 25. Lebensjahr Rehabilitation erlangt hat und nachher einer in der öffentlichen Meinung entehrenden Handlung, die nach der Bewilligung der Rehabilitation begangen wurde, schuldig befunden wird, kann sie ihm nicht aufs neue gewährt werden.

§ 5. Wenn jemand einer in der öffentlichen Meinung entehrenden Handlung angeklagt gewesen und nur für weitere Anklage freigesprochen worden ist*), kann ihm, wenn 5 Jahre seit Fällung des rechtskräftigen Urteils verflossen sind, Rehabilitation bewilligt werden unter den in diesem Gesetze für Verurteilte im übrigen festgesetzten Bedingungen. — Künftig darf kein Urteil auf Freisprechung für weitere Anklage lauten.

§ 6. So wie Strafurteile wegen Handlungen, die von Personen unter 15 Jahren begangen sind, keine Schmälerung derjenigen Rechte bewirken, die durch unbefleckten Ruf bedingt sind, soll auch dasselbe bezüglich derjenigen Strafurteile gelten, die gegen Personen zwischen 15 und 18 Jahren ergehen oder ergangen sind, wenn die darin auferlegten Strafen nicht Prügelstrafe oder Gefängnifs mit gewöhnlicher Gefängnifskost übersteigen, so dafs Rehabilitation bezüglich solcher Urteile nicht notwendig ist.

Vorarbeiten.

Rigsdagstidende 1867: Folkethingstidende S. 27, 389—421, 422, 433, 1161—1223, 1486—1505; 3428, 4226—29. Landsthingstidende S. 1332—43, 1367, 1813—17, 1896—1900; 2305,

---

*) Die Freisprechung für weitere Anklage entspricht der absolutio ab instantia.

2427. Tillaeg St. S. 779—84, 1737—8, 2373—6, 2615—16: Tillaeg B. S. 19—28, 515—20, 797—8, 835—6. Departementstidende f. 1867 S. 1273—7, f. 1868 S. 273—4.

Loi du 13 Avril 1894 sur la réhabilitation de plein droit.[1] *)

Article unique. — Quiconque aura été puni, à raison d'un acte déshonorant, recouvrera, lorsque la condamnation aura été prononcée pour la première fois, à raison d'un acte de cette nature et que la peine ne sera pas supérieure à celle de la prison au pain et à l'eau, la pleine possession de tous les droits résultant de la réhabilitation aux termes de la loi du 3 avril 1868, lorsque 10 ans au moins se seront écoulés après le prononcé du jugement et que l'intéressé aura constamment demeuré en Danemark, pendent cette période, sans avoir été accusé ni condamné, pour un fait de ce genre. L'intéressé aura le droit de demander au commissaire de police du lieu un certificat écrit de la réhabilitation obtenue d'après la présente loi. — Ce certificat sera délivré gratuitement.

II. Literatur.

Auf die Rechtslage in Dänemark verweisen:

Alexander, Konkursgesetze, S. 507.
Chonez, p. 142 A. 1 (Ges. v. 93!)
Guitteau, p. 113 ff. (Ges. 68 u. 94).
Reutenauer, p. 135, 145 f. (Ges. 1868 u. v. 1894).
Strafgesetzgebung der Gegenwart, II. Bd. p. 465 (Ges. 94).

Bezüglich des Casier judiciaire vgl.:

Ducaud, Cap. VIII, p. 147.

---

[1]) Lov om Aeresopreisning uden Bevilling.

*) Aus: Annuaire de législation étrangère en 1894, Paris 1895, p. 708. Siehe auch: Chonez, l. c., p. 184; deutsch von Teichmann in G. S. 55, 1898, p. 152; Text aufserdem in einer Sammlung: København, Forlagt af V. Pio's Boghandel. 1900 p. 78.

Deutschland.

1. Gesetzgebung.

A. Zivilstrafrecht.

Grofsherzogtum Baden.

Entwurf eines Strafgesetzbuchs für das Grofsherzogtum Baden.

Nach den Beratungen der Grofsherzoglichen Gesetzgebungs-Kommission.

(Karlsruhe 1836. Druck von Christ. Theod. Groos.)

Erster Teil.

Von Verbrechen und deren Bestrafung im Allgemeinen.

II. Titel.

Von den Strafen.

§ 21.*) Ferner sind die Gerichte ermächtigt, im besonderen Falle auszusprechen, dafs die im § 19 No. 1, 2, 4 und 6**) bezeichneten Folgen für die bürgerlichen Ehrenrechte nach Ablauf von fünf Jahren, vom Tage der erstandenen Strafe an, oder wo auf Freiheitsstrafe von längerer Dauer erkannt ist, nach Ablauf einer weiteren Zeit von gleicher Dauer, durch gerichtliches Erkenntnis wieder aufgehoben werden, wenn sich der Verurteilte in dieser Zeit keiner neuen von den Gesetzen mit Gefängnis oder einer andern höheren bürgerlichen oder peinlichen Strafe bedrohten Übertretung schuldig gemacht hat.

---

*) Vgl. dazu: Motive, loc. cit. S. 57 ff., spez. u. a. S. 61 und v. Jagemann, Archiv des Krim.-Rechts. N. F. 1838. S. 401.

) **§ 19. Als Folgen der Verurteilung zu lebenslänglicher oder zeitlicher Zuchthausstrafe treffen den Verurteilten kraft Gesetzes folgende Nachteile:

1. der Verlust des Adels, jedoch unbeschadet der Rechte seiner Ehegattin und der vor dem Strafurteile erzeugten Kinder;

2. der Verlust aller Ehrentitel, Würden, Orden und anderer Ehrenzeichen;

4. der Verlust der Fähigkeit zur Erwerbung der bisher genannten Rechte und Vorzüge;

6. der Verlust aller staats- und gemeindebürgerlichen Rechte der Wahl und der Wählbarkeit.

Entwurf eines Strafgesetzbuchs für das Grofsherzogtum Baden.*)

Erster Teil.

Von Verbrechen und deren Bestrafung im Allgemeinen.

II. Titel.

Von den Strafen.

§ 18. (Erlassung der Folgen der Zuchthausstrafe.) Bei dem Dasein der im § 145 No. 1, 2, 4 und 5**) aufgeführten Strafminderungsgründe oder Einzelner derselben können dem Verurteilten, je nachdem sie in gröfserem oder geringerem Mafse vorhanden sind, die im § 17, Nr. 3, 5, 6***) bezeichneten Nachteile oder Einzelne derselben durch das Straferkenntnis erlassen, oder es kann ausgesprochen werden, dafs dieselben nach Ablauf von fünf Jahren, vom Tage der erstandenen Strafe an, oder wo auf Freiheitsstrafe von längerer Dauer er-

---

*) Aus: Verhandlungen der 2. Kammer. 1839. IV. Beilageheft. Beilage No. 1 zum Protokoll der 2. öffentlichen Sitzung vom 9. April 1839. vgl. S. 5, 19. Vgl. auch Entw. eines Strafgesetzbuchs für das Grofsherzogtum Baden. Karlsruhe 1839. Druck von Chr. Theod. Groos.

) **§ 145. (Strafminderungsgründe). Dagegen vermindert sich die Strafbarkeit des einzelnen Falls insbesondere:

1. wenn der Täter den Umfang der Gefährlichkeit und die Gröfse der Strafwürdigkeit seiner Handlung nicht eingesehen hat;

2. wenn er durch Not, oder durch Überredung, Täuschung, Verführung, Befehl oder Drohung zur strafbaren Handlung verleitet worden ist, ohne dafs die Einwirkung von der Art war, dafs dadurch alle Strafbarkeit des Handelnden ausgeschlossen wird;

4. wenn der Täter in einer besonders aufgeregten und an sich zu entschuldigenden Gemütsbewegung gehandelt hat;

5. wenn sein voriger Lebenswandel oder seine Handlungen und sein Benehmen bei oder nach der Tat zeigen, dafs keine Verdorbenheit des Willens vorhanden ist, wie namentlich, wenn er die schädlichen Folgen der strafbaren Handlung selbst zu verhindern, oder den schon verursachten Schaden wieder gut zu machen, aus freiem Antriebe tätig bemüht war.

***) **§ 17.** (Folgen der Zuchthausstrafe.) Als Folgen der Verurteilung zu lebenslänglicher oder zeitlicher Zuchthausstrafe treffen den Verurteilten kraft Gesetzes folgende Nachteile:

3. der Verlust der Fähigkeit zur Erwerbung der bisher genannten Rechte und Vorzüge;

5. der Verlust aller staats- und gemeindebürgerlichen Rechte, der Wahl und der Wählbarkeit, sowie der Fähigkeit, bei öffentlichen Beurkundungen als Zeuge mitzuwirken;

6. der Verlust der ihm erblich zustehenden besonderen politischen Berechtigungen für seine Person.

kannt ist, nach Ablauf einer weiteren Zeit von gleicher Dauer, durch gerichtliches Erkenntnis wieder aufgehoben werden, wenn sich der Verurteilte in dieser Zeit keiner neuen, von den Gesetzen mit Gefängnis oder einer anderen höheren bürgerlichen oder peinlichen Strafe bedrohten, Übertretung schuldig gemacht hat.

Vgl. dazu: Anmerkungen der Gesetzgebungskommission zum Entwurf eines Strafgesetzbuchs für das Grofsherzogtum Baden, loc. cit. S. 92, 93: Motive z. Entwurf des Strafgesetzbuches §§ 18 und 40 und:

Kommissionsbericht (Nr. 1) über die Titel I, II, IX des von der hohen Regierung der II. Kammer der Ständeversammlung vorgelegten Entwurfs eines Strafgesetzbuches und zwar:

. . . .

Titel II. Von den Strafen. Erstattet von dem Abg. v. Rotteck. (Verhandl. der 2. Kammer 1839. VII. Beilageheft, 1. Bericht. vgl. S. 29.)

Entwurf eines Strafgesetzbuchs für das Grofsherzogtum Baden nach den Beschlüssen der Kommission der zweiten Kammer der Landstände.

(Karlsruhe, Buchdruckerei von Malsch u. Vogel, 1840.)*)

Erster Teil.

Von Verbrechen und deren Bestrafung im Allgemeinen.

II. Titel.

Von den Strafen.

§ 18. (Erlassung der Folgen der Zuchthausstrafe.) Bei dem Dasein von Strafminderungsgründen der im § 145*) bezeichneten Art können dem Verurteilten, je nachdem sie in gröfserem oder geringerem Mafse vorhanden sind, die im § 17 Nr. 3, 5 und 6*) bezeichneten Nachteile oder Einzelne derselben durch das Straferkenntnis erlassen, oder es kann ausgesprochen werden, dafs dieselben nach Ablauf einer im

---

*) vergl. p. 175. Bezügl. des teilweise abgeänderten § 17 und des früheren § 145 (jetzt § 137) vgl. ebenda S. 174/175, 207. Diese Paragraphen lauten in den angezogenen Teilen wörtlich wie § 17 und 137 des Kammerentwurfs. s. unten S. 44/45.

Urteile zu bestimmenden Zeit, welche, vom Tage der erstandenen Strafe an gerechnet, nicht weniger als fünf Jahre betragen darf, durch gerichtliches Erkenntnis wieder aufgehoben werden, wenn sich der Verurteilte in dieser Zeit nicht einer neuen, auf Eigennutz oder sonstiger schändlichen Gesinnung beruhenden Übertretung schuldig gemacht hat.

Entwurf eines Strafgesetzbuchs für das Grofsherzogtum Baden.

Nach den Beschlüssen der zweiten Kammer.*)

Erster Teil.

Von den Verbrechen und deren Bestrafung im Allgemeinen.

II. Titel.

Von den Strafen.

§ 18. Bei dem Dasein von Strafminderungsgründen der im § 137**) bezeichneten Art können dem Verurteilten, je nach-

*) Beilage No. 166 [s. l. et a.] S. 3 u. 21. Eine nähere Bezeichnung fehlt in der von uns benutzten Ausgabe.

) **§ 137. (Strafminderungsgründe.) In der nämlichen Rücksicht (d. h. rücksichtlich der Bösartigkeit und Stärke des auf die Hervorbringung des Verbrechens gerichteten Willens. § 136. D. H.) vermindert sich dagegen die Strafbarkeit des einzelnen Falles insbesondere:

1. wenn der Täter den Umfang der Gefährlichkeit und die Gröfse der Strafwürdigkeit seiner Handlung nicht eingesehen hat;

2. wenn er durch Not, oder durch Überredung, Täuschung, Verführung, Befehl oder Drohung zur strafbaren Handlung verleitet worden ist;

3. wenn der Täter in einer besonders aufgeregten und an sich zu entschuldigenden Gemütsbewegung gehandelt hat, ohne dafs er sich in diesen Fällen (No. 1, 2 und 3) in einem Zustand befand, durch welchen die Zurechnung ausgeschlossen, oder eine Strafmilderung (§ 138) begründet ist;

4. wenn eine ungesuchte, unerwartet eingetretene Gelegenheit die Entstehung und gleichzeitige Ausführung des verbrecherischen Entschlusses veranlafst hat;

5. wenn sein voriger Lebenswandel oder seine Handlungen und sein Benehmen bei oder nach der Tat zeigen, dafs keine Verdorbenheit des Willens vorhanden ist, wie namentlich

6. wenn er die schädlichen Folgen der strafbaren Handlung selbst zu verhindern, oder den schon verursachten Schaden wieder gut zu machen, aus freiem Antrieb tätig bemüht war, oder

7. wenn er sich dem Gerichte selbst als den Schuldigen angegeben, oder im Anfange der Untersuchung, und ohne noch überführt zu sein, seine Schuld bekannt hat.

dem sie in gröfserem oder geringerem Mafse vorhanden sind, die im § 17 Nr. 2a, 3, 5 und 6*) bezeichneten Rechte oder einzelne derselben durch das Straferkennsnis vorbehalten, oder es kann ausgesprochen werden, dafs er in dieselben nach Ablauf einer im Urteile zu bestimmenden Zeit, welche, vom Tage der erstandenen Strafe an gerechnet, nicht weniger als fünf Jahre betragen darf, durch gerichtliches Urteil wieder eingesetzt werde, wenn er sich in dieser Zeit nicht einer neuen, auf Eigennutz oder sonstiger schändlicher Gesinnung beruhenden Übertretung schuldig gemacht hat.

Strafgesetzbuch für das Grofsherzogtum Baden vom 6. März 1845.**)

Erster Teil.

Von Verbrechen und deren Bestrafung im Allgemeinen.

II. Titel.

Von den Strafen.

§ 24. Wird dem zu peinlicher Strafe Verurteilten im Wege der Begnadigung die Strafe erlassen, so gelten deren Folgen (§§ 17, 18, 22 und 23) nur insofern ebenfalls für aufgehoben, als dies hiebei ausdrücklich bestimmt wird.

Im Wege der Begnadigung können dieselben auch nach gänzlicher oder teilweiser Vollziehung der Strafe wieder aufgehoben werden.

---

*) **§ 17.** (Folgen der Zuchthausstrafe.) Als Folgen der Verurteilung zu lebenslänglicher oder zeitlicher Zuchthausstrafe treffen den Verurteilten kraft Gesetzes folgende Nachteile:

2a) der Verlust des Rechts der Anwaltschaft und des Schriftverfassungsrechts, wenn der Verurteilte zu den öffentlich aufgestellten Anwälten oder Schriftverfassern gehört;

3. der Verlust der Fähigkeit zur Erwerbung der bisher genannten Rechte und Vorzüge;

5. der Verlust der staats- und gemeindebürgerlichen Rechte der Wahl und der Wählbarkeit, sowie der Fähigkeit, bei öffentlichen Beurkundungen als Zeuge mitzuwirken;

6. der Verlust der ihm erblich zustehenden staatsrechtlichen Befugnisse für seine Person.

**) Aus: Sammlung der deutschen Strafgesetzbücher. Herausgeg. von M. Stenglein. II. Bd., München, Verlag von Chr. Kaiser, 1858. VIII, pg. 27.

Königreich Bayern.

Gesetz vom 10. Juli 1861, die Aufhebung der Straffolgen betreffend. (Ges.-Bl. S. 9). *)

Art. 1. Die Wiedereinsetzung eines wegen Verbrechens oder Vergehens Verurteilten in die bürgerlichen oder politischen Rechte, welche er in Folge der rechtskräftigen Verurteilung gemäſs der hierüber im Strafgesetzbuche oder in andern Gesetzen enthaltenen Bestimmungen verloren hat, kann durch königliche Gnade gewährt werden.

Art. 2. Von dem Tage der Eröffnung des königlichen Begnadigungsreskriptes an tritt der Verurteilte in alle durch die Verurteilung verlornen Rechte wieder ein, soweit nicht das Reskript eine Beschränkung verfügt.

Mit diesem Wiedereintritte ist jedoch ein Rechtsanspruch auf Wiedererlangung der in Folge des Strafurteils verlornen Ämter, Dienste, Würden und Auszeichnungen und der von solchen abhängenden oder aus dem früheren Besitze derselben herrührenden Rechte, ferner auf Wiedererlangung konfiszierter oder zur Unterdrückung oder Vernichtung bestimmter Gegenstände oder eingezogener Gewerbs- und ähnlicher besonderer Rechte, endlich auf Wiedererlangung des Adels und der davon abhängenden Rechte nicht verbunden.

Art. 3. Ein von dem Könige abgewiesenes Gesuch um Wiedereinsetzung kann erst nach Ablauf von drei Jahren, von dem Tage der abweisenden Entschlieſsung an gerechnet, erneuert werden.

Art. 4. Das gegenwärtige Gesetz tritt im ganzen Umfange des Königreichs mit dem Tage seiner Bekanntmachung durch das Gesetzblatt — beziehungsweise durch das Amtsblatt der Pfalz — in Wirksamkeit. Mit dem nämlichen Tage verlieren die Artikel 619—634 der pfälzischen Strafprozeſsordnung**) ihre Geltung.

---

*) Aus: Stenglein, Commentar über das Strafgesetzbuch für das Königreich Bayern. I. Teil. München, 1861, S. 452—453; auch angeführt bei Dollmann-Risch, loc. cit. S. 213 ff.

**) Als solche nicht zugänglich gewesen. Vergl. jedoch unten unter «Rheinisches Strafverfahren».

Königliche Allerhöchste Verordnung, den Vollzug des Gesetzes vom 10. Juli 1861, die Aufhebung der Straffolgen betreffend.*)

Vom 4. September 1861.

§ 1. Gesuche um Wiedereinsetzung eines wegen Verbrechens oder Vergehens Verurteilten in die bürgerlichen oder politischen Rechte, welche er in Folge der rechtskräftigen Verurteilung gemäfs der hierüber im Strafgesetzbuche oder in anderen Gesetzen enthaltenen Bestimmungen verloren hat, sind — insoferne dieselben nicht unmittelbar an Uns vorgelegt werden wollen, — in den Landesteilen diesseits des Rheines bei dem Oberstaatsanwalte, — in dem Regierungsbezirke der Pfalz bei dem Generalstaatsprokurator — des Appellationsgerichtes einzureichen, in dessen Bezirk der Verurteilte seinen Wohnsitz hat.

§ 2. Der Oberstaatsanwalt, beziehungsweise der Generalstaatsprokurator, hat sofort die zur Würdigung des Gesuches erforderlichen Erhebungen, insbesondere bezüglich der von dem Gesuchsteller seit seiner Verurteilung an den Tag gelegten Aufführung zu pflegen und hienach über das Gesuch in geheimer Sitzung eines aus fünf Mitgliedern zusammengesetzten appellationsgerichtlichen Senates Antrag zu stellen.

§ 3. Der Senat hat über das Gesuch — nötigenfalls nach vorgängiger Ergänzung der tatsächlichen Erhebung — ein mit Gründen versehenes Gutachten abzugeben, welches durch den Oberstaatsanwalt, beziehungsweise den Generalstaatsprokurator, dem Staatsminister der Justiz vorzulegen ist.

§ 4. Gesuche um Wiedereinsetzuvg eines Verurteilten in verlorne bürgerliche oder politische Rechte werden von Uns auf Vortrag des Staatsministers der Justiz beschieden.

§ 5. Wenn durch ein von Uns erlassenes Begnadigungsreskript die ganze oder teilweise Wiedereinsetzung ausgesprochen ist, so hat der Oberstaatsanwalt, beziehungsweise der Generalstaatsprokurator, die Eröffnung des Allerhöchsten Reskriptes an den Verurteilten durch das Gericht des Wohnsitzes des-

---

*) Aus: Regierungsblatt für das Königreich Bayern. 1861, No. 38, S. 689 ff.; auch angeführt bei Dollmann-Risch, Das Strafgesetzbuch für das Königreich Bayern vom 10. November 1861. S. 216.

selben ungesäumt zu veranlassen, und gleichzeitig dem Appellationsgerichte und der betreffenden Regierung, Kammer des Innern, eine beglaubigte Abschrift des Allerhöchsten Reskriptes mitzuteilen.

Herzogtum Braunschweig.

Criminalgesetzbuch für das Herzogtum Braunschweig vom 10. Juli 1840.*)

Erstes Buch.

Allgemeine Bestimmungen über Verbrechen und Strafen.

Titel VIII.

Tilgung der Strafbarkeit.

§ 68, Abs. 2. Die ohne Beschränkung zugestandene Begnadigung tilgt die sämtlichen Folgen der erkannten Strafe.

Strafprozefsordnung vom 22. August 1849.**)

§ 188. Die Wiederherstellung politischer und bürgerlicher Rechte, welche infolge einer Verurteilung verloren gegangen sind, kann im Wege der einfachen Begnadigung nicht erfolgen, vielmehr findet zu diesem Behufe folgendes Verfahren statt:

§ 189. Jeder Antrag auf Wiedereinsetzung in politische und bürgerliche Rechte ist erst nach Ablauf von fünf Jahren von der vollendeten Strafvollziehung oder Begnadigung oder ausdrücklichen Anerkennung dieser Rechte an gerechnet, zulässig.

Demselben sind Zeugnisse der Gemeindebehörden des Wohn- oder Aufenthaltsortes, des Bittstellers und der Landespolizeibeamten des betreffenden Kreises über das sittliche Verhalten des Bittstellers beizufügen, das Gesuch selbst aber ist mit diesen Zeugnissen bei dem Oberstaatsanwalte einzureichen.

§ 190. Der Oberstaatsanwalt hat dasselbe zuvörderst an das herzogliche Staatsministerium einzusenden, sodann aber, falls er von diesem zur weiteren Verfolgung der Rechte ermächtigt wird, mit gutachtlichem Bericht und unter Anschlufs

---

*) Aus: Sammlung der deutschen Strafgesetzbücher. Herausgeg. von M. Stenglein. I. München 1858. V, p. 47.

**) Aus Brauer, Rehabilitation, loc. cit. Seite 327/328.

der betreffenden Autorisation des herzoglichen Staatsministeriums an das Obergericht zu befördern, welches, wenn es das Gesuch für begründet erkennt, die Rehabilitation des Antragstellers durch ein in öffentlicher Sitzung zu verkündendes Erkenntnis ausspricht, im entgegengesetzten Falle abschlägig verfügt, und diese Verfügung dem Antragsteller durch den Oberstaatsanwalt mitteilen läfst.

§ 191. Wird der Bittsteller abschlägig beschieden, so kann ein gleichartiges Gesuch erst nach Ablauf einer abermaligen fünfjährigen Frist, von Behändigung der Entscheidung an gerechnet, eingebracht werden.

Neue Redaktion der Strafprozefsordnung.*)

Vom 21. Oktober 1858.

Fünfter Teil.

Titel 7: Von der Wiedereinsetzung Verurteilter in politische und bürgerliche Rechte.

§§ 188 bis **191** lauten übereinstimmend wie vorstehend.

Herzogtümer Coburg und Gotha.

Gesetz über den Verlust der staatsbürgerlichen und Ehrenrechte wegen Verbrechen.**)

Vom 21. September 1857.

§ 11. Ist infolge erkannter Zuchthausstrafe der bleibende Verlust der im § 1 erwähnten Rechte eingetreten, so kann der Verurteilte nach Ablauf von mindestens zehn Jahren nach beendigter Strafzeit auf Wiederherstellung dieser Rechte (vergl. jedoch § 15) antragen. Er hat dann Beweise über seinen zeitherigen Lebenswandel vorzubringen, und es ist . . . . . .

*) Aus: Gesetz und Verordnungssammlung No. 59, Braunschweig, 17. November 1858.

**) Vergl. Gesetzsammlung für das Herzogtum Gotha. X. Bd., Gotha, Druck und Verlag der Engelhard-Reyher'schen Hofbuchdruckerei No. 553 p. 171 und Gesetzsammlung für das Herzogtum Coburg aus den Jahren 1857 und 1858. Druck der Dietz'schen Hofbuchdruckerei in Coburg No. 279 p. 309; endlich: Gemeinschaftliche Gesetzsammlung für die Herzogtümer Coburg und Gotha No. 59.

(weiter übereinstimmend mit dem Weimar'schen Gesetz . . . . vgl. unten S. 62.)

Absatz 2. Im Bejahungsfalle wird der Wiedereintritt in seine staatsbürgerlichen und Ehrenrechte richterlich ausgesprochen. Im Verneinungsfall . . (siehe Weimar pag. 62)

Absatz 3 Die Kosten . . . . (- - - 62)

Absatz 4 Aufserdem . . . . (- - - 62)

. . . .

soweit nicht besondere Vorschriften entgegenstehen, die staatsbürgerlichen Rechte wieder verliehen werden.

§ 13 Absatz 1. Wenn jemand, bevor er zur Ausübung der staatsbürgerlichen und Ehrenrechte gelangt, oder zu einer Zeit, während welcher er diese Rechte temporär nicht ausüben kann, zu Zuchthausstrafe verurteilt wird, so tritt er nach deren Verbüfsung nicht eher in diese Rechte ein, bis aufser den sonstigen Voraussetzungen auch den Erfordernissen im § 11 genügt ist.

§ 15. Durch gegenwärtiges Gesetz werden die einschlägigen Vorschriften des Staatsgrundgesetzes und des Gesetzes über den Zivilstaatsdienst nicht geändert. Insbesondere behalten die §§ 27, 140, 146, 148, 149, 176 des Ersteren und die §§ 22 ff., 46, 49 ff., 43 des Letzteren neben den Bestimmungen des gegenwärtigen Gesetzes ihre Anwendbarkeit.

§ 16. Auf Verbrechen und Vergehen von Militärpersonen erleidet das gegenwärtige Gesetz nur insoweit Anwendung, als solche von der bürgerlichen Obrigkeit untersucht und bestraft werden und eine Verwandlung in Militärstrafe unstatthaft ist.

Kurhessen.*)

Die Rehabilitation hat zum Gegenstande die Aufhebung der Folgen eines Verbrechens, welche aufser einer eigentlichen Strafe eintreten, oder Folgen der Strafe selbst; (Abhdlg. 18)**).

---

*) Aus: H. Kersting, Das Strafrecht in Kurhessen. I. Bd. Rinteln, 1853. Druck u. Verlag von B. Bösendahl. S. 374-75. — Die unten zit. Gesetze wurden uns nicht zugänglich. Wir begnügen uns daher mit diesem Hinweis.

**) »Einzelne gesetzliche Folgen der Vergehen oder der Strafen«. Kersting, S. 377 ff.

In nachstehenden Bestimmungen wird sie teils ausdrücklich, teils der Sache nach erwähnt: Zft. O. 5. März 1816 § 174; M. A. 24. Octbr. 1822 (Kokarde); Verf. Urk. 5. Jan. 1831 § 23. Verf. Urk. 13. April 1852 § 18 (Verlust des Staatsbürgerrechts durch peinliche Strafe); St. D. G. 8. März 1831 § 57 (Entfernung vom Dienste als Folge einer Zuchthaus- usw. Strafe); Gem. O. 23. Octbr. 1834 § 26 (Unfähigkeit zum Ortsbürgerrecht als Folge einer peinlichen Strafe). Vgl. auch V. 30. April 1753 § 9. Auch über diese Fälle hinaus und namentlich hinsichtlich der Folgen verbüfster Strafen wird sie, nachdem die deshalbigen Grundsätze früher geschwankt haben, jetzt für zuläfsig gehalten.

Fürstentum Lippe-Detmold.

Criminalgesetzbuch des Fürstentums Lippe-Detmold vom 18. Juli 1843.*)

Stimmt in § 68 Abs. 2 des 1. Buches (Titel VIII) mit der bezüglichen Bestimmung Braunschweigs überein. S. oben S. 48.

Königreich Preufsen.

Gesetz über die persönliche Fähigkeit zur Ausübung der Standschaft vom 8. Mai 1837**).

§ 11. Nur eine ausdrückliche von Uns Allerhöchstselbst ausgesprochene Wiedereinsetzung in die verloren gegangenen Rechte macht zu deren Wiederausübung fähig. Der blofse Erlafs oder die Verwandlung erkannter Strafen, oder die Wiederverleihung der aberkannten Nationalkokarde hebt die Wirkungen der Unfähigkeit nicht auf.

*) Aus: Sammlung der deutschen Strafgesetzbücher. Herausgeg. von M. Stenglein. Bd. I. München, Verlag v. Chr. Kaiser, 1858. V. p. 1 ff.

**) Aus: Verhandlungen des im Jahre 1848 zusammenberufenen Vereinigten ständischen Ausschusses, zusammengestellt von L. Bleich. Zweiter Band. Berlin 1848. Verlag der Deckerschen Geheimen Ober-Hofbuchdruckerei. pag. 504.

Vgl. über dieses Gesetz ebenda pag. 504 ff.

Gesetz über die Entziehung und Suspension ständischer Rechte wegen bescholtenen oder angefochtenen Rufes vom 23. Juli 1847. (Bescholtenheitsgesetz)*).

§ 12. In den Fällen des § 1 und des § 2 Nr. 1 [1]) bleibt die Wiedereinsetzung in die verlorenen ständischen Rechte nach Vorschrift des § 11 des Gesetzes über die persönliche Fähigkeit zur Ausübung der Standschaft usw. vom 8. Mai 1837 Uns vorbehalten, in den Fällen des § 2 Nr. 2 und § 4 [1]) aber werden Wir die Wiederzulassung zur Ausübung ständischer Rechte nur auf den Antrag einer ständischen Versammlung, zu welcher der Angeschuldigte gehört hat, oder seinen Verhältnissen nach, gehören könnte, genehmigen. Ein solcher Antrag darf nicht vor Ablauf von 5 Jahren und in den Fällen des § 2 Nr. 2 nicht vor Wiedererlangung des verlorenen Gemeinde- oder Bürgerrechts gemacht werden.

Weder die Entwürfe zum preufsischen Strafgesetze noch dieses selbst enthalten irgend eine Bestimmung über Rehabilitation.

Nicht zu übersehen ist jedoch der in mehrfacher Beziehung interessante, nicht in Gesetzesform eingebrachte Vorschlag des Fürsten Wilhelm Radziwill in der neunten

---

*) Aus: Gesetz - Sammlung für die Königlichen Preufsischen Staaten 1847. Berlin, pag. 279. G.Bl. Nr. 30. Ausgegeben zu Berlin, den 5. August 1847.

Vgl. über dieses Gesetz wie * pag. 504 ff.

1) **§ 1.** Des unbescholtenen Rufes ermangeln und sind daher von der Ausübung ständischer Rechte gänzlich ausgeschlossen diejenigen Personen, welche durch ein strafgerichtliches Erkenntnis rechtskräftig

1. der Ehrenrechte für verlustig, oder
2. zur Verwaltung aller öffentlichen Ämter oder zur Ableistung eines notwendigen Eides für unfähig erklärt sind.

§ 2. Ferner sind von der Ausübung ständischer Rechte gänzlich ausgeschlossen, diejenigen, welche:

1. durch ein von Uns bestätigtes militärisches Ehrengericht zu einer der im § 4 lit. c und d Unserer Verordnung vom 20. Juli 1843. bezeichneten Strafen verurteilt; oder
2. im gesetzlichen Wege vom Bürger- oder Gemeinderechte wegen ehrenrührigen Verhaltens ausgeschlossen sind.

§ 4. Endlich sind von der Ausübung ständischer Rechte gänzlich auszuschliefsen diejenigen, welchen in dem durch die §§ 5—11 des gegenwärtigen Gesetzes vorgeschriebenen Verfahren seitens ihrer Standesgenossen das Anerkenntnis unverletzter Ehrenhaftigkeit versagt wird.

Sitzung des Vereinigten ständischen Ausschusses vom 28. Januar 1848. betreffend die Einführung eines Rehabilitationsverfahrens zur Wiedererlangung der auf Zeit verlorenen bürgerlichen Ehrenrechte vor Genossenschaftsgerichten des der Ehrenrechte Entsetzten nach dem Vorbilde des vorzitierten Gesetzes vom 23. Juli 1847 (Bescholtenheitsgesetzes). Dieser Vorschlag wurde vom Ausschusse abgelehnt[1]).

Allerhöchster Erlafs vom 30. Dezember 1852.*)

Auf Ihren Bericht vom 30. November cr. bin Ich damit einverstanden, dafs das bisher beobachtete Verfahren in Betreff der Wiederverleihung der Nationalkokarde — resp. der Kriegsdenkmünze und der Dienstauszeichnung — an nicht in Militärverhältnissen stehende Personen mit Rücksicht auf die veränderte Gesetzgebung für die gegenwärtigen Verhältnisse nicht mehr vollständig anwendbar erscheint. In Betracht dessen setze Ich hierdurch fest:

1. dafs diejenigen Rehabilitationsfälle, in denen die zu Rehabilitierenden auf Grund des Strafgesetzbuchs mit Verlust der bürgerlichen Ehrenrechte bestraft sind, nur ausnahmsweise wie alle anderen Begnadigungsgesuche mittels besonderer von Ihnen gemeinschaftlich zu erstattender Berichte zu Meiner Entscheidung gebracht werden, falls Sie dieselben zur Befürwortung für angetan erachten;

2. dafs alle anderen, auf Verurteilungen nach der früheren Strafgesetzgebung beruhenden Rehabilitationsfälle, insoweit der zu Rehabilitierende wegen Staatsverbrechen, also wegen Hochverrats, Landesverrats oder Beleidigung der Majestät und der

---

1) Verhandlungen des im Jahre 1848 zusammenberufenen Vereinigten ständischen Ausschusses zusammengestellt von L. Bleich. Zweiter Band. Berlin 1848, pag. 493. Vgl. die sehr lehrreichen Verhandlungen, welche sich über die ganze Frage des Verlustes der Ehrenrechte und deren Wiedererlangung erstreckten ebenda pag. 469—599. Speziell über Rehabilitation siehe ebenda pag. 491—515.

Zu vergleichen auch: Dr. E. W. Wahlberg, Die Ehrenfolgen der strafgerichtlichen Verurteilung. Wien 1864, pag. XVIII.

*) Aus: Ministerialblatt für die gesamte innere Verwaltung in den Kgl. Preuss. Staaten. 14. Jahrg. 1853. Berlin 1853).

Mitglieder des Königlichen Hauses bestraft ist, einer abgesonderten Prüfung unterworfen und zum Gegenstande besonderer Separatberichte, in welchen zugleich das politische Verhalten des zu Rehabilitierenden näher erörtert wird, gemacht werden;

3. dafs abgesehen hiervon in allen auf Verurteilungen nach der früheren Strafgesetzgebung beruhenden Rehabilitationsfällen hinsichtlich des Zeitraumes für die Rehabilitation geprüft wird, ob die Bestraften nach dem Strafgesetzbuche mit dem Verlust der bürgerlichen Ehrenrechte, und auf wie lange würden bestraft worden sein, und dafs ferner vor Befürwortung des Rehabilitationsgesuches der Ablauf desjenigen Zeitraums abgewartet wird, welcher nach dem Strafgesetzbuch für den Verlust der bürgerlichen Ehrenrechte wahrscheinlich würde festgesetzt worden sein.

Berlin, den 30. Dez. 1852.

Friedrich Wilhelm.
Simons. v. Westphalen.

An die Minister der Justiz
u. des Innern.

Der Ausführung und Erläuterung dieses Erlasses dienen*):

1. eine «Zirkularverfügung an sämtliche Königl. Regierungen und an das Königl. Polizeipräsidium hierselbst (d. h. Berlin. D. H.), bezüglich auf das künftig zu beobachtende Verfahren bei Rehabilitationen, vom 18. Januar 1853.»

(ad 1, 2, 3 des Königl. Erlasses. Hinweise sind darin auf eine Verfügung vom 3. März 1852 und auf: Minist.-Blatt 1810 S. 18 u. 107; 1845 S. 347);

2. ein «Erlafs an die Königl. Regierung zu N, und abschriftlich zur Kenntnisnahme an sämtliche übrige Königl. Regierungen, das Verfahren bei Rehabilitation betreffend, vom 12. März 1853».

(ad 2 des Königl. Erlasses im Verhältnis zum Reskript vom 3. März 1852).

---

*) Vgl. Ministerialblatt für die ges. innere Verwaltung 1853.

Rheinisches Strafverfahren.*)

(1808.)**)

Rehabilitation.

Die Rehabilitation (Art. 619 bis 634) ist die Wiedereinsetzung für die Zukunft in die bürgerlichen und staatsbürgerlichen einzelnen Rechte (Str.G.B. Art. 28), deren ein Sträfling durch die Verurteilung zu einer Kriminalstrafe verlustig geworden ist (Art. 633). Sie findet nie statt, wenn jemand mit der Strafe des Rückfalles belegt worden ist (Art. 634).

Das Gesuch wird bei dem Gemeindevorstande angebracht. Seine Prüfung gehört vor den Appellationsgerichtshof, in dessen Bezirk sich der Aufenthaltsort des Verurteilten befindet. (Art. 621.)

Die Bedingungen der Wiederherstellung des Rechtsgenusses sind: 1. es müssen zu der Zeit des Gesuches fünf Jahre nach überstandener Strafe verflossen sein (Art. 619 Absatz 2); 2. der Verurteilte mufs volle zwei Jahre seinen Wohnsitz in dem Bezirke der Gemeinde gehabt haben, bei deren Vorstande das Gesuch um Wiederherstellung angebracht wird; 3. der Verurteilte mufs seinen Aufenthaltsort fünf Jahre in einem und dem nämlichen Kreise (»arrondissement communal«) gehabt haben; 4. mit dem Gesuche mufs ein Zeugnis der guten

---

*) Mangels einer Text-Ausgabe des rheinischen Strafprozesses geben wir hier die Darstellung wieder, die sich bei A. v. Daniels, Grundsätze des Rheinischen und Französischen Strafverfahrens. Berlin, Mylius'sche Verlagsbuchhandlung, 1849, Seite 240 ff. in den §§ 464 bis 470 findet. Vergl. dazu den Code d'instruction criminelle [unten zu: Frankreich].

**) Die Annahme des aus 643 Artikeln bestehenden Gesetzbuches erfolgte in acht Stücken vom 17. November bis zum 16. Dezember 1808.

Die Wirksamkeit des Gesetzes hat, nachdem sie mehrmals ausgesetzt worden, in dem Jahre 1811 mit der Einsetzung der auf den Grund des Gerichtsverfassungsgesetzes vom 20. April 1810 gebildeten Kaiserlichen Gerichtshöfe ihren Anfang genommen. Für den rechts-rheinischen Teil des Bezirkes des rheinischen Appellationsgerichtshofes beruht die Wirksamkeit, welche im Februar 1812 angefangen hat, auf dem Dekrete vom 17. Dezember 1811 über die Gerichtsverfassung des Grofsherzogtums Berg.

Die Änderungen des rheinischen Strafverfahrens durch preufsische Gesetze seit 1815 sind durch die . . . . . . neuesten Verordnungen bis auf wenige Ausnahmen zurückgenommen worden. In Frankreich hat das Gesetzbuch . . . . . . bedeutende Abänderungen durch das Gesetz vom 28. April 1832 erlitten.

(Aus v. Daniels, loc. cit. Seite 10/11, §§ 21 a. E., 22, 23.)

Führung beigebracht werden, welches von dem Gemeinderate seines Wohnsitzes auszustellen ist. Bei vorhergegangenen Veränderungen des Aufenthaltes sind gleiche Zeugnisse der Gemeinderäte der früheren Aufenthaltsorte für die ganze dem Gesuche vorhergegangene Zeit beizubringen. Die Zeugnisse können nur in dem Augenblicke der wirklichen Veränderung des Aufenthaltsortes oder Wohnsitzes ausgeliefert werden. 5. Die Führungszeugnisse bedürfen der Bestätigung: a) durch den Landrat des Kreises der ausstellenden Gemeindebehörde; b) durch den Ortsfriedensrichter; c) durch die Staatsanwaltschaft des Landgerichts.

Das Gesuch gelangt an den Appellationsgerichtshof durch eine Bittschrift, welche mit den Führungszeugnissen und einer Ausfertigung des Strafurteils auf der Gerichtsschreiberei des Hofes einzureichen ist.

Zu dem Zwecke der Prüfung wird die Bittschrift nebst Anlagen dem Generalprokurator zu Stellung seines schriftlichen Antrages mitgeteilt, und durch einen Berichterstatter dem Anklagesenate vorgetragen. Die Staatsanwaltschaft und der Gerichtshof können die Einziehung näherer Erkundigungen bewirken. Eine Anzeige des Gesuches mufs durch das öffentliche Blatt zu gerichtlichen Bekanntmachungen für den Bezirk des Appellationsgerichtshofes und den Ort, an welchem die Verurteilung ausgesprochen worden ist, veröffentlicht werden. Der Gerichtshof erteilt sein Gutachten über das Gesuch nach Vernehmung des Generalprokurators, jedoch nicht vor drei Monaten nach der Einreichung der Bittschrift bei der Gerichtsstelle (Art. 622 bis 627).

Wird das Gesuch von dem Gerichtshofe für gerechtfertigt erachtet, so befördert der Generalprokurator die Verhandlungsstücke unverzüglich an den Justizminister, welcher das Gutachten des verurteilenden Gerichtes einholen kann (Art. 629). Die Entscheidung (Art. 630) gebührt dem Könige, auf erstatteten Vortrag in seinem Ministerrate (»conseil privé«).

Wird die Herstellung des Rechtsgenusses bewilligt, so erhält der Appellationsgerichtshof, welcher das Gutachten erstattet hat, eine Ausfertigung, welcher der Inhalt des Gutachtens wörtlich eingerückt werden mufs. Eine amtlich beglaubigte Abschrift wird dem Gerichtshofe zugesendet, welcher die Verurteilung ausgesprochen hat. Dieser veranlafst die Beischreibung an dem Rande der Urschrift des verurteilenden Spruches (Art. 632). Der Wiederhergestellte kann bei dem einen oder anderen der Gerichtshöfe eine Ausfertigung der Wiederherstellungsurkunde erhalten.

Wenn der Appellationsgerichtshof sein Gutachten gegen die Wiederherstellung abgegeben hat, so kann das Gesuch nicht vor einem neuen Zwischenraume von fünf Jahren erneuert werden (Art. 628).

Fürstentum Reufs j. L.

Strafgesetzbuch für das Fürstentum Reufs j. L.*)
(Einführungsgesetz d. d. 14. April 1852.)

Erster Teil:
Allgemeine Vorschriften über Verbrechen und deren Bestrafung.

Zweites Kapitel.
Von den Strafen.

Art. 9 Abs. 2 (vorletzter und letzter Satz):

. . . . Gewerbetreibende, welche einem Innungsverbande angehören und zur Zuchthausstrafe verurteilt sind, können zwar das Gewerbe fortsetzen, auch das Meisterrecht, wenn sie solches noch nicht gehabt, erwerben, dürfen jedoch den Innungsversammlungen nicht beiwohnen; nichtsdestoweniger sind sie verbunden, die üblichen Innungsbeiträge zu entrichten. Hierbei soll es aber den Innungen unbenommen bleiben, die Betroffenen nach Verlauf von zehn Jahren, wenn sich dieselben während dieses Zeitraumes gesetzlich verhalten haben, auch zu den Innungsversammlungen wiederum zuzulassen.

Herzogtum Sachsen-Altenburg.

Kriminalgesetzbuch für das Herzogtum Sachsen-Altenburg vom 3. Mai 1841.**)

Art. 9. Rechtskräftig zuerkannte Zuchthausstrafe zieht als notwendige Folge den Verlust aller politischen Ehrenrechte,

*) Aus: Sammlung der deutschen Strafgesetzbücher. Herausgeg. von Stenglein. III. Bd. X, 59/60. Anm. 24. Müchen 1858.

**) Aus: Sammlung der deutschen Strafgesetzbücher. Herausgegeben von M. Stenglein. II. Bd. III, Seite 23, 24. München 1858.

der Ehrenzeichen, des Ranges oder Titels, der akademischen Würden, des Hof-, Zivil-, Militär-, Kirchen- und Schuldienstes und anderer öffentlicher unmittelbarer oder mittelbarer Ämter, mit Einschlufs der Advokatur, des Notariats und der ärztlichen Praxis, sowie der mit gedachten Ämtern verbundenen Dienst- oder Ruhegehalte, ingleichen der Fähigkeit zur Anstellung in solchen Bedienstungen nach sich, insofern nicht jene Nachteile durch spätere Unschuldausführung oder durch landesherrliche Begnadigung — sofern damit hinsichtlich der staatsbürgerlichen Ehrenrechte die Bestimmungen im § 86 und 87 des Grundgesetzes*) nicht in Widerspruch stehen — ausdrücklich aufgehoben worden sind. Dagegen gehen die nutzbaren Ausflüsse des Ortsbürgerrechts (Grundgesetz § 104)*) durch rechtskräftig zuerkannte oder selbst erlittene Zuchthausstrafe nicht verloren.

---

*) Grundgesetz vom 29. April 1831.

§ 86. Das Staatsbürgerrecht (und folgbar auch das öffentliche, Kirchen- oder Schulamt) geht verloren:

c) Durch rechtskräftige Verurteilung in eine Zuchthaus- oder Prangerstrafe, oder wenn (wegen Verletzung der Staatsbürger- und Untertanenpflichten) auf dessen Verlust besonders erkannt ward, ...

§ 87. Es kann dasselbe, was den Verlust durch Verurteilung und Militärausstofsung betrifft, nur in dem einzigen Falle einer späteren Unschuldausführung wieder hergestellt werden. Die Entscheidung darüber steht, auf gutachtlichen Bericht des Justizkollegiums dem Herzog zu; doch ist hier eine neue Ableistung des Huldigungseides von nöten.

§ 104. Das Ortsbürgerrecht geht verloren im allgemeinen aus denselben Anlässen, aus welchen das Staatsbürgerrecht verloren geht (§ 86), und zwar dergestalt, dafs die Erleidung der Zuchthaus- oder Prangerstrafe, die kriegsgerichtliche Ausstofsung aus dem Militär, ingleichen ein ausdrücklich auf den Verlust des Staatsbürgerrechts gerichtetes Erkenntnis nur die Ehrenvorzüge des Ortsbürgerrechts aufhebt, nicht aber dessen nutzbare Ausflüsse.

Es erwacht wieder in seinem vollen Umfange in dem § 87 gedachten Falle.

(Aus: Sammlung der deutschen Strafgesetzbücher. Herausgegeben von M. Stenglein. II. Bd. III, Seite 24. Anmerkung 15 und 16. München 1858. Vergl. auch: Stoerk, Handbuch der Deutschen Verfassungen. Leipzig, Duncker & Humblot, 1884, Seite 410 und 414.)

Herzogtum Sachsen-Meiningen.

Kriminalgesetzbuch für das Herzogtum Sachsen-Meiningen vom 1. August 1844.*)

Erster Teil.

Allgemeine Vorschriften über Verbrechen und deren Bestrafung.

Zweites Kapitel.

Von den Strafen und deren Vollziehung.

Art. 9. Rechtskräftig zuerkannte Zuchthausstrafe zieht als notwendige Folge den Verlust aller politischen Ehrenrechte, insbesondere des Staatsbürgerrechts (Art. 13 und 14 des Grundgesetzes)**), der Ehrenzeichen, des Ranges oder Titels, der akademischen Würden, des Staatsdienstes und anderer öffentlicher Ämter mit Einschluſs der Advokatur und des Notariates, sowie der mit solchen Ämtern verbundenen Dienst- oder Ruhegehalte nach sich, und ist der Verlust im Erkenntnis ausdrücklich auszusprechen.

---

*) Aus: Sammlung der deutschen Strafgesetzbücher. Herausgegeb. von M. Stenglein. II. Bd. III, S. 23. München 1858.)

**) Grundgesetz für die vereinigte landschaftliche Verfassung des Herzogstums Sachsen-Meiningen, vom 23. August 1829.

Titel II.

Allgemeine Rechte und Pflichten der Untertanen.

§ 13. Das Staatsbürgerrecht besteht in der Fähigkeit

1. Feierlichkeitszeuge und Gerichtsmann zu sein;
2. bei den Wahlen der Gemeinden und zu den Landständen Teil zu nehmen;

letzteres nach den besonderen, diese Gegenstände betreffenden Bestimmungen.

§ 14. Das Staatsbürgerrecht steht jedem groſsjährigen Untertan zu. Der Zeitpunkt der Groſsjährigkeit wird für alle Untertanen hierdurch auf das zurückgelegte einundzwanzigste Jahr festgesetzt.

Es geht verloren durch Auswanderung und durch die rechtskräftige Verurteilung zu einer entehrenden peinlichen Strafe und ist der Verlust im Erkenntnisse ausdrücklich auszusprechen; es kann aber durch spätere Ausführung der Unschuld (Rehabilitation) wieder hergestellt werden. Es kann vorübergehend nicht ausgeübt werden:

a) während einer angeordneten Kuratel;
b) während eines Konkurses der Gläubiger vom Gemeinschuldner;
c) während einer Kriminaluntersuchung von der Versetzung in den Anklagestand an;

tritt aber wieder ein, bei Beendigung der Kuratel, nach voller Bezahlung der Gläubiger und bei Angeschuldigten nach erfolgtem Urteile, wenn dieses ent-

Gewerbetreibende, einem Innungsverbande angehörige Personen können zwar das Gewerbe fortsetzen, usw.

Es kann jedoch dem Verurteilten bei dem Vorhandensein solcher Umstände oder Motive des Verbrechens, wodurch die Annahme eines verdorbenen Willens beseitigt wird, in dem Straferkenntnis nach Verschiedenheit des Falles entweder die Belassung des Staatsbürgerrechts, sowie erblicher politischer Ehrenrechte vorbehalten oder doch ausgesprochen werden, dafs er diese Rechte nach Ablauf einer im Urteil auszudrückenden Frist durch gerichtliches Erkenntnis wieder erlangen kann, wenn er sich während dieser Zeit keiner neuen Übertretung eines Strafgesetzes schuldig macht.

Sämtliche oben bezeichnete Rechte können aber durch eine spätere Ausführung der Unschuld (Rehabilitation), sowie durch eine ausdrücklich dahin gerichtete landesherrliche Begnadigung — soweit in dieser Hinsicht nicht die Bestimmung im Art. 20 des Edikts No. 2 vom 21. Januar 1829***) und im Art. 106 des Grundgesetzes **) entgegensteht — wieder hergestellt werden.

Gesetz vom 2. Mai 1846 über Verlust und Suspension des Staatsbürgerrechts wegen krimineller Verbrechen.*)

Art. 1. In Hinsicht auf den Verlust des Staatsbürgerrechts als Folge der rechtskräftigen Verurteilung zu einer Zuchthaus-

---

weder freisprechend ist, oder doch zu einer entehrenden Strafe nicht verurteilt.

Titel VII.

Allgemeine Bestimmungen.

§ 106. Das Recht der Begnadigung in Strafsachen steht nur dem Landesherrn zu, jedoch mit der Einschränkung, dafs

1. die erteilte Begnadigung niemand hindert, seine aus einer Rechtsverletzung herfliefsende Privatansprüche gerichtlich zu verfolgen;

2. ein auf Anklage der Stände zur Entsetzung verurteilter Beamter zwar hinsichtlich der Strafe begnadigt werden, jedoch nicht im Dienste bleiben, noch darin wieder aufgenommen werden, auch aus keiner Staatskasse Pensionen beziehen kann.

(Aus: Stoerk, Handbuch der Deutschen Verfassungen. Leipzig, Duncker & Humblot, 1884. S. 370/71, 381.)

***) Dieses Edikt ist uns nicht bekannt geworden.

*) Aus: Sammlung der deutschen Strafgesetzbücher. Herausgegeb. von M. Stenglein. III. Bd. X, S. 64/65, Anm. München 1858.

strafe, sowie auf die Wiedererlangung desselben durch gerichtliches Erkenntnis, durch Rehabilitation oder Begnadigung, bewendet es bei den diesfälligen Vorschriften im Art. 9 des Strafgesetzbuchs (damals des Kriminalgesetzbuchs).

Art. 5. Die Vorschriften des Art. 9 des Strafgesetzbuchs über den Vorbehalt der Belassung des Staatsbürgerrechts, und über die Wiederherstellung desselben durch Rehabilitation und Begnadigung kommen auch in den Fällen der Art. 2—4*) gegenwärtigen Gesetzes zur Anwendung. Wird eine erkannte Strafe der in den Art. 2—4 bezeichneten Art im Gnadenwege gänzlich erlassen, so gilt damit auch die aus der Verurteilung abgeleitete Entziehung des Staatsbürgerrechts für beseitigt.

Art. 10. Wird jemand vor erreichter Grofsjährigkeit und erlangtem Staatsbürgerrecht zu einer Strafe verurteilt, welche, wäre er grofsjährig und im Genusse des Staatsbürgerrechts, den gänzlichen oder zeitlichen Verlust des letztern zur Folge haben würde, so erwirbt der Verurteilte das Staatsbürgerrecht erst nach Ablauf desjenigen von beendigter Strafverbüfsung an zu berechnenden Zeitraumes, welcher bei Grofsjährigen, die das Staatsbürgerrecht durch Verurteilung zu Kriminalstrafen verloren haben, für die Wiedererlangung desselben bestimmt ist. (Art. 1—5.*) Es kann jedoch in den Fällen, in welchen für Grofsjährige der im Art. 9 des Strafgesetzbuches und im Art. 5 des gegenwärtigen Gesetzes bestimmte Vorbehalt Anwendung finden würde, in dem Straferkenntnis ausgesprochen werden, dafs der verurteilte Minderjährige das Staatsbürgerrecht früher zu erwerben fähig sein soll.

---

*) **Art. 2.** Die rechtskräftige Verurteilung zur Arbeitshausstrafe auf zwei Jahre oder länger wegen vorsätzlich begangener Verbrechen zieht den Verlust des Staatsbürgerrechts auf die Zeit von Eröffnung des Urteils bis zu beendigter Strafzeit und weiter auf fünf Jahre, vom Tage der überstandenen Strafe an, nach sich.

Art. 3. Wer zur Arbeitshausstrafe auf weniger als zwei Jahre wegen vorsätzlich begangener Verbrechen rechtskräftig verurteilt ist, verliert das Staatsbürgerrecht gleichfalls bis zur Beendigung der Strafzeit und noch auf zwei Jahre nach Ablauf derselben.

Art. 4. Ein gleicher zeitweiliger Verlust des Staatsbürgerrechts (Art. 3) trifft denjenigen, welcher wegen Diebstahls, Veruntreuung, Betrugs oder Fälschung rechtskräftig zu Gefängnisstrafe verurteilt worden ist.

Grofsherzogtum Sachsen-Weimar-Eisenach.

Gesetz vom 27. April 1850 über die Entziehung staatsbürgerlicher Rechte wegen begangener Verbrechen.*)

Art. 7. Ist in Folge erkannter Zuchthausstrafe die Entziehung der staatsbürgerlichen Rechte auf unbestimmte Zeit eingetreten, so kann der Verurteilte nach Ablauf von mindestens 10 Jahren nach beendigter Strafe, auf Wiederherstellung seiner staatsbürgerlichen Rechte antragen. Er hat dann die Beweise über seinen zeitherigen Lebenswandel vorzubringen und es ist, nachdem auch der Staatsanwalt dagegen gehört worden ist, durch das Geschwornengericht darüber zu erkennen, ob der Antragsteller durch sein zeitheriges Betragen die öffentliche Achtung wieder verdient habe. Im Bejahungsfalle wird der Wiedereintritt in seine staatsbürgerlichen Rechte richterlich ausgesprochen. Im Verneinungsfalle kann er vor Ablauf weiterer zehn Jahre den Antrag nicht wiederholen. Die Kosten dieses Verfahrens hat in allen Fällen der Antragsteller zu tragen. Aufserdem können auch durch eine ausdrücklich dahin gerichtete landesherrliche Begnadigung, soweit nicht besondere Vorschriften ein Anderes bestimmen, die staatsbürgerlichen Rechte wieder verliehen werden.

Art. 11, Abs. 1. Wenn jemand vor erlangten staatsbürgerlichen Rechten zu Zuchthausstrafe verurteilt wird, so tritt er nach deren Verbüfsung nicht eher in seine staatsbürgerlichen Rechte ein, bis die Bedingungen des Art 7 erfüllt sind.

Fürstentum Schwarzburg-Rudolstadt.

Gesetz vom 1. Mai 1850 über den Verlust staatsbürgerlicher Rechte.**)

Dasselbe ist in Art 1—11 gleichlautend mit dem Weimarschen Gesetze vom 27. April 1850.

---

*) Aus: Sammlung der deutschen Strafgesetzbücher. Herausgegeb. v. Stenglein. III. Bd. München 1858. X. S. 63 Anm.

**) Aus: Sammlung der deutschen Strafgesetzbücher. Herausgegeb. von Stenglein. III. Bd. X, S. 64, Anm. München 1858.

Fürstentum Schwarzburg-Sondershausen.

Kriminalgesetzbuch für das Fürstentum Schwarzburg-Sondershausen vom 10. Mai 1845.*)

Erster Teil.

Allgemeine Vorschriften über Verbrechen und deren Bestrafung.

Zweites Kapitel.

Von den Strafen und deren Vollziehung.

Art. 9, Abs. 3. Auch können sämtliche oben bezeichnete Rechte (vgl. Abs. 1. D. H.) durch eine ausdrücklich dahin gegerichtete landesherrliche Begnadigung, soweit in Hinsicht der staatsbürgerlichen Ehrenrechte nicht die Bestimmungen in § 110, No. 4 des Landesgrundgesetzes entgegenstehen, wieder hergestellt werden.

Königreich Württemberg.

Gesetz vom 13. Aug. 1849 über die Abänderung einiger Bestimmungen des Strafgesetzbuchs und der Strafprozefsordnung.**)

Art. 18. (Nach Brauer § 18): Wurden die bürgerlichen Ehren- und Dienstrechte durch rechtskräftiges Erkenntnis entweder ausdrücklich oder durch die erkannte Festungsstrafe entzogen, so sind dieselben auf die Bitte des Verurteilten durch das erkennende Gericht wieder herzustellen, wenn sich der Verurteilte in den letzten vier Jahren nach Erstehung der Freiheitsstrafe, oder falls die Entziehung für sich allein erkannt wurde, nach eingetretener Rechtskraft des Erkenntnisses, keines im Strafgesetzbuche oder im Polizeistrafgesetze verpönten, vorsätzlichen, nicht blofs mit Bezirksgefängnis oder Geldbufse zu ahndenden Vergehens schuldig gemacht hat.

Trat ein solcher Verlust infolge der Arbeits- oder Zuchthausstrafe ein, so ist bei ersterer der Ablauf von sieben, bei letzterer von 10 Jahren erforderlich.

Hiernach ist Art. 129 Abs. 2 des Strafgesetzbuches abgeändert.

---

*) Aus: Stenglein, Sammlung der deutschen Strafgesetzbücher. I. Bd. III, S. 23, Anm. 15.

**) vgl. Stenglein, Sammlung der deutschen Strafgesetzbücher. I. Bd. S. 56 Anm. 55; Brauer, Rehabilitation S. 326/27.

B. Militärstrafrecht.

Deutsches Reich.

Heerordnung. *)

Zweiter Teil.

Kontrollwesen.

Abschnitt VII.

Allgemeine Dienstverhältnisse der Personen des Beurlaubtenstandes.

§ 36.

Im allgemeinen.

. . . .

2. . . . .

Die Bestimmungen über die Rückversetzung in die erste Klasse des Soldatenstandes (Rehabilitierung) sind in der Anlage 5 zusammengestellt bezw. betreffs der Marinemannschaften in der Marineordnung enthalten.

Marineordnung. **)

II. Teil.

Beurlaubtenstand.

Abschnitt V.

Allgemeine Dienstverhältnisse der Personen des Beurlaubtenstandes.

§ 48.

Im allgemeinen.

. . . .

5. . . . .

Die Bestimmungen über Rückversetzung in die erste Klasse des Soldatenstandes (Rehabilitierung) sind in der Anlage 11 zusammengestellt. (pag. 268 der Marineordnung)

---

*) Aus: D.V.E. No. 142. Heerordnung. Militärische Ergänzungsbestimmungen zur Deutschen Wehrordnung vom 22. November 1888. Berlin 1904.

**) Aus: Marineordnung. Militärische Ergänzungsbestimmungen zur Deutschen Wehrordnung. Berlin 1904.

Rehabilitierungsvorschriften.*[1])

1. Die Wirkungen der durch militärgerichtliches Erkenntnis gegen einen Soldaten des aktiven Dienst- oder des Beurlaubtenstandes ausgesprochenen oder gemäfs § 42[2]) des Militärstrafgesetzbuches gegen Personen des Beurlaubtenstandes von rechtswegen eintretenden Versetzung in die zweite Klasse des Soldatenstandes dauern fort, bis die Rehabilitierung durch Seine Majestät den Kaiser und König[3]) erfolgt.

2. In Betreff des Zeitpunktes, mit welchem die Rehabilitierung beantragt werden darf, ist Folgendes zu berücksichtigen:

a) Die erste Rehabilitierung darf nachgesucht werden, wenn die Strafe, neben welcher auf Versetzung in die zweite Klasse des Soldatenstandes rechtskräftig erkannt worden ist,

---

*) Aus: Handbuch der Gesetzgebung in Preufsen und dem Deutschen Reiche, herausgegeben von Graf Hue de Grais, Wirkl. Geh. Oberregierungsrat Regierungspräsidenten a. D. III. Heer und Kriegsflotte. Zweiter Band, Militärstrafrecht. Materielles Militärstrafrecht — Militärstrafverfahren — Disziplinarstrafrecht und ehrengerichtliches Verfahren. Von Dr. jur. M. Schlayer, Kriegsgerichtsrat beim Generalkommando des XIII. Armeekorps. Berlin. Verlag von Julius Springer 1904. pag. 169.

[1]) Die im Text abgedruckte Rehab. Vorschr. f. d Heer bildet die amtliche 8 Anlage zur Heer-O. Eine entsprechende Vorschrift enthält für die Kriegsflotte die amtliche Anlage 11 zur Marine-O. 12. Nov 94. Abweichungen bestehen nun insofern, als sich aus den Anmerkungen 1 und 2 S. 66; 1 und 2 S. 67, endlich der Anmerkung 1 S. 68 ergibt. Die eingeklammerten Ziffern bezeichnen die übrigens gleichlautenden Ziffern der Rehab. Vorschr. f. d. Marine (Schlayer a. a O.)

[2]) §42 Milit.St.G.: Wird gegen eine Person des Beurlaubtenstandes während der Beurlaubung auf Zuchthaus, auf Verlust der bürgerlichen Ehrenrechte oder auf Unfähigkeit zur Bekleidung öffentlicher Ämter erkannt, so treten diejenigen militärischen Ehrenstrafen, auf welche bei einer solchen Verurteilung nach den Bestimmungen der §§ 30 bis 40 erkannt werden mufs, von rechtswegen ein. — Erfolgt die Verurteilung einer Person des Beurlaubtenstandes während der Beurlaubung wegen einer strafbaren Handlung der im § 37 Abs. 2 No. 2 (§ 37: Auf Versetzung in die zweite Klasse des Soldatenstandes mufs erkannt werden neben dem Verluste der bürgerlichen Ehrenrechte, wenn die Dauer dieses Verlustes nicht drei Jahre übersteigt. Auf Versetzung in die zweite Klasse des Soldatenstandes kann erkannt werden: 1. in wiederholtem Rückfalle, 2. wenn die Verurteilung wegen Diebstahls, Unterschlagung, Raubes, Erpressung, Hehlerei, Betruges oder Urkundenfälschung erfolgt, auch wenn der Verlust der bürgerlichen Ehrenrechte nicht eintritt) bezeichneten Art, so kann ein besonderes Verfahren des Militärgerichts zur Entscheidung darüber angeordnet werden, ob auf Dienstentlassung oder Degradation zu erkennen ist.

[3]) Ist die Strafe von einem bayer., sächs. oder württemb. Mil. Ger. erkannt, so steht die Rehab. dem betr. Landesherrn zu. Kr. M. Vf. 3. Febr. 83.

bezw. infolge welcher die erwähnte Ehrenstrafe von rechtswegen eingetreten ist, in Geldstrafe besteht, nach Ablauf eines Jahres seit Verbüfsung der Strafe, im übrigen erst nach Ablauf eines der Hälfte der verbüfsten Strafzeit gleichkommenden Zeitabschnitts, jedoch nicht vor Ablauf eines Jahres seit Verbüfsung der Strafe und nicht bevor der Verurteilte die bürgerlichen Ehrenrechte wieder erlangt hat.

b) Die zweite Rehabilitierung darf nie vor dem Ablauf zweier Jahre nach verbüfster Strafe nachgesucht werden, unter Beobachtung der sonstigen unter a) gegebenen Bestimmungen.

c) Die dritte Rehabilitierung darf überhaupt nur ausnahmsweise unter ganz besonders dringenden Umständen und keineswegs vor dem Ablauf dreier Jahre nach verbüfster Strafe beantragt werden.

3.[1] (4). Rehabilitierungsvorschläge für Mannschaften des Beurlaubtenstandes werden von den Bezirkskommandos eventuell mit den Gesuchslisten zum 1. Januar, 1. April, 1. Juli und 1. Oktober nach anliegendem Muster an die Kommandos der vorgesetzten Brigaden bezw. Landwehrinspektionen eingereicht und von diesen auf dem Dienstwege den Generalkommandos vorgelegt.[2]*)

---

[1]) Ziffer 3 der Rehabilitierungs-Vorschriften für die Marine (Anm. 1 S. 65) lautet: »3. Rehabilitierungsvorschläge für Mannschaften des aktiven Dienststandes sind von den Marineteilen am Lande und Schiffen nach dem Muster a aufzustellen und unter Beifügung der Verhandlungen über die Verwendung der Kameraden nach Muster b, sowie der Führungszeugnisse zu den unten festgesetzten vierteljährlichen Terminen an die Stationskommandos einzureichen. Seitens der im Auslande befindlichen Schiffskommandos sind derartige Anträge gleichfalls an das betreffende Stationskommando zu richten.

Die Stationskommandos stellen die eingegangenen Rehabilitierungsvorschläge zusammen (vergl. auch Ziffer 4) und reichen die Zusammenstellung mit den Gesuchslisten für die Monate Januar, April, Juni und Oktober an Seine Majestät den Kaiser ein. Die Verwendungsverhandlungen und Führungszeugnisse gelangen nicht mit zur Vorlage, sondern verbleiben bei den Stationskommandos. Die Letzteren haben unter der von ihnen gefertigten Zusammenstellung jedoch zu bescheinigen, dafs die Papiere, soweit dieselben vorschriftsmäfsig beizubringen, vorhanden sind.«

Für das Heer sind bei Rehabilitierungs-Vorschlägen für Mannschaften des aktiven Dienststandes die Bestimmungen der Anlage 8 zur Heer-Ordnung sinngemäfs anzuwenden.

[2]) Absatz 1 der Ziff. 4 der Rehab. Vorschr. f. d. Marine lautet: »Rehabilitierungsvorschläge für Mannschaften des Beurlaubtenstandes werden von

Den Vorschlägen ist beizufügen:

a. ein Zeugnis der Orts- oder Polizeibehörde, dafs der zu Rehabilitierende die Achtung und das Vertrauen seiner Mitbürger sich vollständig wieder erworben hat;

b. eine Verhandlung darüber, dafs die Kameraden des betreffenden Kontrollbezirkes die Rehabilitierung befürworten.

Diese Verhandlung ist bei Gelegenheit der Kontrollversammlungen oder Übungen aufzunehmen und von dem Bezirks- bezw. Kontrolloffizier oder deren Stellvertreter, einem Bezirksfeldwebel, zwei Unteroffizieren und zwei Reservisten oder Wehrleuten zu unterzeichnen;

e) ein Zeugnis über die dienstliche Führung des Betreffenden, von dem Bezirkskommando ausgestellt.

Diese Vorschläge müssen die Angabe enthalten, ob die erste, zweite oder dritte Rehabilitierung beantragt wird, und wie lange Zeit event. auf Verlust der bürgerlichen Ehrenrechte erkannt worden war.

Die Vorschlagslisten sind von den Generalkommandos mit den Gesuchslisten Allerhöchsten Orts einzureichen, wobei zu melden ist, dafs die unter a bis c genannten Zeugnisse etc. vorhanden sind. [1])

4 (5). Mit der Rückversetzung in die erste Klasse des Soldatenstandes ist die verlorene Befugnis wieder hergestellt, die Militärkokarde [2]) anzulegen.

Das Recht zur Wiedererlangung der in Folge der Versetzung in die zweite Klasse des Soldatenstandes bezw. in Folge gerichtlicher Verurteilung verloren gegangenen diesseitigen und fremden Kriegsdenkmünzen und Dienstauszeichnungen wird durch Rehabilitierung nicht miterlangt.

Es ist dazu vielmehr eine ausdrückliche Wiederverleihung

---

den Bezirkskommandos nach Muster c aufgestellt und zum 20. März, 20. Juni, 20. September und 20. Dezember an das zuständige Stationskommando eingereicht.«

*) Zur Vorlage von Gesuchen, welche die Wiederverleihung des durch Versetzung in die zweite Klasse des Soldatenstandes verloren gegangenen Rechts, die Militärkokarde zu tragen, an Personen betreffen, welche dem Beurlaubtenstande nicht mehr angehören, sind die Militärbehörden nicht zuständig.

[1]) Der entsprechende Absatz der Ziff. 4 der Rehab.-Vorschr. f. d. Marine lautet: »Im übrigen kommen die Festsetzungen der Ziff. 3 zur Anwendung«.

[2]) Rehab.-Vorschr. f. d. Marine: »Die Kokarde bezw. diese und das Mützenband«.

seitens desjenigen Landesherrn erforderlich, welcher die erste Verleihung der in Frage kommenden Auszeichnung auszusprechen berechtigt ist. *)

5 (6). Anträge auf Wiederverleihung dieser Kriegsdenkmünzen und Dienstauszeichnungen dürfen nur dann gestellt werden, wenn die betreffenden Personen während eines Zeitraumes, welcher doppelt so lang ist als die erkannte Freiheitsstrafe mindestens aber während eines Zeitraums von zehn Jahren seit Verbüfsung der Freiheitsstrafe bezw. nach Wiedererlangung der bürgerlichen Ehrenrechte, vorwurfsfrei sich betragen und den Beweis geliefert haben, dafs ihre moralische Besserung Festigkeit gewonnen habe.

Die bezüglichen Anträge sind nach den für Rehabilitierungsgesuche geltenden Bestimmungen abzufassen und zugleich mit diesen, jedoch getrennt davon, einzureichen. Die Überschrift des vorzuschreibenden Musters ist in »Vorschläge des Bezirkskommandos . . . . . zur Wiederverleihung aberkannter bezw. in Folge gerichtlicher Verurteilung verloren gegangener Kriegsdenkmünzen und Dienstauszeichnungen« die Bezeichnung der Spalte 3 in »Namen des Wiederzubeleihenden« abzuändern.

6 (7). Anträge auf Wiederverleihung von Orden und diesen gleichstehenden Ehrenzeichen sind unstatthaft.

7. Die Rehabilitierungsvorschläge für Mannschaften des Beurlaubtenstandes der Garde und der Verkehrstruppen sind von den Bezirkskommandos behufs der weiteren Veranlassung denjenigen Truppenteilen zu übersenden, bei denen die Betreffenden ihrer aktiven Dienstpflicht genügt haben. [1] [2]

Kriegs-Ministerial-Rescript vom 4. Dezember 1872**)

Auf die Frage: Ob einem durch äufsere Dienstbeschädigung invalide gewordenen Soldaten, welcher zur Zeit der Beschädigung sich in der zweiten Klasse des Soldatenstandes befand und demzufolge eine Invalidenpension bisher nicht bezog, nachdem derselbe bei der

*) Das Recht zur Wiedererlangung der Kriegsdenkmünze 1870/71 steht Seiner Majestät dem Kaiser und Könige zu.

[1]) Diese Bestimmung ist in der Rehab.-Vorschr. f. d. Marine nicht enthalten.

[2]) Über die Rehabilitierung der Arbeitssoldaten vgl. Schlayer a. a. O. pag. 524.

**) Aus: Karl Hecker, Das Militärstrafgesetz für das deutsche Reich. Berlin 1877 pag. 68.

Superrevision nach inzwischen erfolgter Rehabilitierung für ein ferneres Jahr als invalide und erwerbsunfähig anerkannt wurde, eine Invalidenversorgung zugestanden werden darf, ist entschieden, dafs, wenngleich nach dem neuen Strafgesetzbuch die Verurteilung zur zweiten Klasse des Soldatenstandes resp. zum Verlust der bürgerlichen Ehrenrechte den Verlust bereits vorher erworbener Invalidenversorgung nicht mehr zur Folge hat, doch daran festzuhalten ist, dafs durch Rehabilitierung von Mannschaften der zweiten Klasse des Soldatenstandes der früher durch die Wirkung der Ehrenstrafen aufgehobene Pensionsanspruch nicht wieder hergestellt wird.

Kriegs-Ministerial-Rescript vom 20. Februar 1874.*)

Der § 80 des Gesetzes vom 27. Juni 1871 kommt bei der Versorgung nur allein dann in Betracht, wenn der betreffende Soldat sich zur Zeit des Eintritts der — die Invalidität begründenden — Dienstbeschädigung resp. zur Zeit der ersten Anerkennung als invalide in der zweiten Klasse des Soldatenstandes befindet.

Hiernach ist einem Soldaten, der nach erfolgter Rehabilitierung Anspruch auf Versorgung erwirbt und einem Invaliden, der nach erfolgter erster Anerkennung als invalide der bürgerlichen Ehrenrechte verlustig geht, der Erwerb einer Versorgung resp. einer höheren Versorgung nicht verschlossen.

Kriegs-Ministerial-Rescript vom 17. Oktober 1874.**)

Wenngleich nach dem mit dem 1. Januar 1871 in Kraft getretenen Strafgesetzbuch für den Norddeutschen Bund vom 31. Mai 1870 die Verurteilung zur zweiten Klasse des Soldatenstandes resp. zum Verlust der bürgerlichen Ehrenrechte den Verlust bereits vorher erworbener Invalidenversorgungen nicht mehr zur Folge hat, so mufs gegenüber der Fassung des § 80 des Gesetzes vom 27. Juni 1871 doch als Grundsatz festgehalten werden, dafs — da nicht vor dem Feinde verwundete Soldaten, welche eine Dienstbeschädigung erleiden zu einer Zeit, während welcher sie sich in der zweiten Klasse des Soldatenstandes befinden, auf Grund dieser Beschädigung einen Anspruch auf Pension überhaupt nicht erwerben — durch Rehabilitierung der vorher durch die Wirkung der Ehrenstrafen aufgehobene Pensionsanspruch nicht wiederhergestellt wird. Derartige Individuen sind eventuell lediglich gemäfs alin. 2 des § 80 zu behandeln.

---

*) Aus: Bestimmungen und Erläuterungen zum Militär-Pensionsgesetz vom 27. Juni 1871 und zur Gesetzesnovelle vom 4. April 1874 unter Benutzung der Akten des Departements für das Invalidenwesen im Königlich Preufsischen Kriegsministerium zusammengestellt von L. Neumann. Zweite vollständig umgearbeitete und vermehrte Auflage. Berlin 1877 prog. 97, 98.

Vergl. auch Hecker a. o. a. O. pag. 69.

**) Aus: Neumann a. a. O. pag. 98.

Königreich Bayern.

Heerordnung*).

vom 22. November 1902.

Zweiter Teil.

Kontrollwesen.

Abschnitt VII.

Allgemeine Dienstverhältnisse der Personen des Beurlaubtenstandes.

§ 36.

Im allgemeinen.

. . . .

2. Die gerichtlichen und Disziplinarverhältnisse der Personen des Beurlaubtenstandes regeln sich nach dem Militärstrafgesetzbuch für das Deutsche Reich, der Militärstrafgerichtsordnung und der Disziplinarstrafordnung für das Heer.

Bei Aufnahme von Mannschaften, welche sich in der zweiten Klasse des Soldatenstandes befinden, in die Kontrolle ist durch die Landwehrbehörden den Polizeibehörden des Aufenthaltsorts Mitteilung zu machen.

Die Bestimmungen über Rückversetzung in die erste Klasse des Soldatenstandes (Rehabilitierung) sind in der Anlage 8 zusammengestellt und für die Marinemannschaften in der Marineordnung enthalten [1]).

Anlage 8 zu § 36**).

Rehabilitierung.

1. Die Wirkungen der durch militärgerichtliches Erkenntnis gegen einen Soldaten des aktiven Dienst- oder des Beurlaubtenstandes ausgesprochenen oder gemäſs § 42 des Militärstrafgesetzbuchs gegen Personen des Beurlaubtenstandes von Rechtswegen eintretenden Versetzung in die zweite Klasse des Sol-

---

*) Aus: D. V. 157. Heerordnung (H. O.) Militärische Ergänzungsbestimmungen zur Wehrordnung für das Königreich Bayern. München 1902.

[1]) Bezüglich der Eintragung in das Überweisungsnationale, siehe H. O. § 34, Z. 10.

**) Aus: wie *) pag. 241.

datenstandes dauern fort, bis die Rehabilitierung durch den Landesherrn erfolgt.

2. In Betreff des Zeitpunktes, mit welchem die Rehabilitierung beantragt werden darf, ist folgendes zu berücksichtigen:

a) Die erste Rehabilitierung darf nachgesucht werden, wenn die Strafe, neben welcher auf Versetzung in die zweite Klasse des Soldatenstandes rechtskräftig erkannt worden ist bezw. infolge welcher die erwähnte Ehrenstrafe von Rechtswegen eingetreten ist, in Geldstrafe besteht, nach Ablauf eines Jahres seit Verbüfsung der Strafe, im übrigen erst nach Ablauf eines der Hälfte der verbüfsten Strafzeit gleichkommenden Zeitabschnitts, jedoch vor Ablauf eines Jahres seit Verbüfsung der Strafe und nicht bevor der Verurteilte die bürgerlichen Ehrenrechte wieder erlangt hat.

b) Die zweite Rehabilitierung darf nie vor dem Ablauf zweier Jahre nach verbüfster Strafe nachgesucht werden, unter Beobachtung der sonstigen unter a gegebenen Bestimmungen.

Die dritte Rehabilitierung darf überhaupt nur ausnahmsweise unter ganz besonders dringenden Umständen und keinesfalls vor dem Ablauf dreier Jahre nach verbüfster Strafe beantragt werden.

3. Rehabilitierungsvorschläge für Mannschaften des Beurlaubtenstandes werden von den Bezirkskommandos eventuell mit den Gesuchslisten zum 1. Januar, 1. April, 1. Juli und 1. Oktober nach anliegendem Muster an die Kommandos der vorgesetzten Infanteriebrigaden eingereicht. Den Vorschlägen ist beizufügen:

a) ein Zeugnis der Orts- oder Polizeibehörde, dafs der zu Rehabilitierende die Achtung und das Vertrauen seiner Mitbürger sich vollständig wieder erworben hat;

b) eine Verhandlung darüber, dafs die Kameraden des betreffenden Kontrollbezirks die Rehabilitierung befürworten.

Diese Verhandlung ist bei Gelegenheit der Kontrollversammlungen oder Übungen aufzunehmen und von dem Bezirks- bezw. Kontrolloffizier oder dessen Stellvertreter, einem Bezirksfeldwebel, 2 Unteroffizieren und 2 Reservisten oder Wehrleuten zu unterzeichnen;

c) ein Zeugnis über die dienstliche Führung des Betreffenden, vom Bezirkskommando ausgestellt.

Diese Vorschläge und Bescheinigungen gehen nur bis zur Division, deren Kommandeur unter den zusammenzustellenden Anträgen zu bescheinigen hat, dafs die Führungszeugnisse usw. vorhanden sind, und die betreffende Zusammenstellung sodann mit kurzer gutachtlicher Äusserung dem Kriegsministerium vorlegt.

Die Vorschläge müssen die Angabe enthalten, ob die 1., 2. oder 3. Rehabilitierung beantragt wird, und für wie lange Zeit event. auf Verlust der bürgerlichen Ehrenrechte erkannt worden war.

4. Mit der Rückversetzung in die erste Klasse des Soldatenstandes ist die verlorene Befugnis wieder hergestellt, die Militärkokarde anzulegen.

Das Recht zur Wiederanlegung der infolge der Versetzung in die 2. Klasse des Soldatenstandes bezw. infolge gerichtlicher Verurteilung verloren gegangenen diesseitigen und fremden Kriegsdenkmünzen und Dienstauszeichnungen wird durch Rehabilitierung nicht miterlangt. Es ist dazu vielmehr eine ausdrückliche Wiederverleihung seitens desjenigen Landesherrn erforderlich, welcher die erste Verleihung der in Frage kommenden Auszeichnung aususprechen berechtigt ist.

5. Anträge auf Wiederverleihung dieser Kriegsdenkmünzen und Dienstauszeichnungen dürfen nur dann gestellt werden, wenn die betreffenden Personen während eines Zeitraumes, welcher doppelt so lang ist, als die erkannte Freiheitsstrafe, mindestens aber während eines Zeitraumes von 10 Jahren seit Verbüfsung der Freiheitsstrafe bezw. nach Wiedererlangung der bürgerlichen Ehrenrechte vorwurfsfrei sich betragen und den Beweis geliefert haben, dafs ihre moralische Besserung Festigkeit gewonnen habe.

Die bezüglichen Anträge nach den für Rehabilitierungsgesuche geltenden Bestimmungen abzufassen und zugleich mit diesen, jedoch getrennt, dann einzureichen. Die Überschrift des vorgeschriebenen Musters ist in «Vorschläge des Bezirkskommandos . . . . . zur Wiederverleihung aberkannter bezw. infolge gerichtlicher Verurteilung verloren gegangener Kriegsdenkmünzen und Dienstauszeichnungen», die Bezeichnung der Spalte 3 «Namen der Wiederzubeleihenden» abzuändern.

In der Spalte «Bemerkungen» sind die Kriegsdenkmünzen etc., deren Wiederverleihung erbeten wird, näher anzugeben.

6. Anträge auf Wiederverleihung von Orden und diesen gleichstehenden Ehrenzeichen ist unstatthaft.

7. Die Rehabilitierungsvorschläge für Mannschaften des Beurlaubtenstandes der K. Preufsischen Garde und der Verkehrstruppen sind von den Bezirkskommandos behufs der weiteren Veranlassung denjenigen Truppenteilen zu übersenden, bei denen die Betreffenden ihrer aktiven Dienstpflicht genügt haben.

Kriegsministerialreskript vom 18. März 1862.*)

No. 2511.

Zur Beseitigung erhobener Zweifel über den Vollzug des Gesetzes vom 10. Juli 1861, den Nachlafs der Straffolgen betreffend, wird im Einvernehmen und mit Zustimmung des Königlichen Staatsministeriums der Justiz zur Darnachachtung beziehungsweise weiteren Eröffnung an die unterhabenden Militärbehörden andurch bekannt gegeben, dafs für die Instruierung und Verbescheidung von Rehabilitationsgesuchen militärgerichtlich Verurteilter, wenn solche Gesuche nicht mit einem Offizialantrage oder einer Bitte um gnadenweise Milderung des Strafurteiles, sondern erst nach erstandener Strafe und bereits vollzogener Entlassung aus dem Heere angebracht werden, lediglich die allerhöchste Verordnung vom 4. September 1861, den Vollzug des Gesetzes vom 10. Juli 1861 betreffend, Regierungsblatt Nr. 38 Seite 689 u. ff. mafsgebend ist und dieselbe daher nicht zur Zuständigkeit der Militärbehörden gehört.*)

München, den 18. März 1862.

Auf
Seiner Königlichen Majestät Allerhöchsten Befehl.
Wegen Beurlaubung des Kriegsministers
[gez.] von Hefs.

*) Aus der lithographierten Abschriftensammlung der Reskripte des k. bayerischen Kriegsministeriums v. J. 1862 in der Bibliothek des Reichsmilitärgerichts in Berlin.

Kriegsministerialerlafs vom 21. September 1883.

No. 12360.

München, 21. September 1883.

Betreff: Heerordnung, hier die Rehabilitierung.

Seine Majestät der König haben inhaltlich Allerhöchster Entschliessung d. d. Linderhof, den 17. September 1883 Allergnädigst zu genehmigen geruht, dafs die Vorschriften unter Lit. A der Ziffer 2 der Anlage 1 zu § 14 des zweiten Teiles der Heerordnung folgende Fassung erhalten:

A. Die Rehabilitierung darf nachgesucht werden, wenn die Strafe, neben welcher auf Versetzung in die zweite Klasse des Soldatenstandes rechtskräftig erkannt worden ist, in Geldstrafe besteht, nach Ablauf eines Jahres seit Verbüfsung der Strafe, im übrigen erst nach Ablauf eines der Hälfte der verbüfsten Strafzeit gleichkommenden Zeitabschnittes, jedoch nicht vor Ablauf eines Jahres seit Verbüfsung der Strafe und nicht bevor der Verurteilte die bürgerlichen Ehrenrechte wieder erlangt hat.*) [1])

Kriegsministerium.
v. Maillinger.

Schleswig-Holstein.

Militärstrafgesetzbuch für die Schleswig-Holsteinische Armee.

Altona, Druck von H. W. Köbner u. Lehmkuhl, 1850.

Anhang.

Litr. B. (l. cit. S. 52/53.)

Von der Rehabilitierung der in die zweite Klasse des Soldatenstandes versetzten Individuen:

1. Die erste Rehabilitierung darf,

a) wenn die Strafe, neben welcher auf Versetzung in die zweite Klasse des Soldatenstandes erkannt worden ist,

*) Aus: Königlich Bayerisches Kriegsministerium. Verordnungsblatt. München, 26. September 1883, No. 38.

[1]) Weigel (Dr. G. Weigel: Der bayerische Militärstrafprozefs pag. 246, Anm.) führt betreffend «Rehabilitierung» noch die bayerischen Kriegsministerialreskripte vom 6. November 1877, No. 13472, und vom 7. Juli 1882, No. 9770, an, die uns trotz aller Bemühungen nicht erhältiich waren.

in zweijähriger oder längerer Festungsstrafe besteht, nur nach einem Jahre nach verbüfster Strafe,

b) wenn bei der Versetzung in die zweite Klasse des Soldatenstandes auf keine Festungsstrafe erkannt worden, nach Ablauf eines Jahres seit der gerichtlich ausgesprochenen Verurteilung

bei dem Generalkommando auf dienstlichem Wege beantragt und von demselben bewilligt werden.

2. Die zweite Rehabilitierung darf nie vor dem Ablauf zweier Jahre nach verbüfster Strafe beantragt und bewilligt werden.

3. Die dritte Rehabilitierung darf überhaupt nur ausnahmsweise, unter ganz besonders dringenden Umständen, und keinen Falls vor dem Ablauf dreier Jahre nach verbüfster Strafe beantragt und bewilligt werden.

4. Rehabilitierungsanträge der beurlaubten oder Reserve-Mannschaften sind von dem Generalkommando nur dann zu bewilligen, wenn die Kommunal- oder Polizeibehörden es bestätigen, dafs der zu Rehabilitierende die Achtung und das Zutrauen seiner Mitbürger sich vollständig wieder erworben hat. Die hierüber sprechenden Bescheinigungen müssen daher jedem Antrage der Art beigefügt werden.

Der kommandierende General ist bei der Rehabilitierung derjenigen Militärpersonen, welche zur Festungsstrafe verurteilt sind, ehe dieser erste Teil des Militärgesetzbuches definitiv in Kraft getreten ist, durch keine Zeit beschränkt.

C. Konkursrecht.

Deutsches Reich.

NB. Der öfters (so z. B. bei Hahn, Kleinfeller loc. cit. Alexander etc.) citierte

erste Entwurf zur Konkursordnung, der die Rehabilitation

geregelt haben soll, wurde uns nicht bekannt.

Antrag des Abgeordneten Rintelen, betreffend die Abänderung der Konkursordnung.*)

(16. November 1893.)

Vorlage.

Gesetz, betreffend die Abänderung der Konkursordnung vom 10. Februar 1877.

Artikel 3.

Hinter § 201 der Konkursordnung werden folgende Bestimmungen eingeschaltet:

§ 201 b. Kaufleute, über deren Vermögen das Konkursverfahren eröffnet worden ist, sind bis zur Erlangung der Wiederbefähigung von dem Genufs folgender Rechte ausgeschlossen:

1. von dem Recht, Handelsgeschäfte unter einer nicht lediglich in der Zeichnung ihres vollen Namens (Ruf- und Familiennamens) bestehenden Firma zu betreiben;
2. von der Wählbarkeit zu kaufmännischen Ehrenämtern, insbesondere zum Mitglied einer Handelskammer oder zum Handelsrichter, sowie von der Teilnahme an kaufmännischen Körperschaften;
3. von dem Recht, auf der Börse zu erscheinen und das Amt eines Handelsmäklers zu bekleiden.

Kaufleuten, über deren Vermögen das Konkursverfahren eröffnet worden ist, nachdem sie schon früher einmal in Konkurs verfallen waren, ist ausserdem bis zur Erlangung der Wiederbefähigung die Befugnis, ein kaufmännisches Geschäft selbständig zu betreiben oder durch Andere für ihren Vorteil betreiben zu lassen, durch Entscheidung des Konkursgerichts abzuerkennen, wenn sie nicht darzutun vermögen, dafs sie lediglich durch unverschuldetes Unglück wieder in diese Lage geraten sind.

§ 201 c. Die Wiederbefähigung ist zu erteilen, wenn der Gemeinschuldner nachweist, dafs sämtliche Forderungen der Konkursgläubiger an Hauptsumme, Zinsen und Kosten durch Zahlung, Erlafs oder in anderer Weise vollständig getilgt sind, die Gläubiger mögen ihre Forderungen im Konkurs angemeldet haben oder nicht.

Zur Erteilung der Wiederbefähigung ist das Konkursgericht zuständig.

§ 201 d. Der Gemeinschuldner hat mit dem Gesuch um Erteilung der Wiederbefähigung die Quittungen der Gläubiger und die sonstigen

*) Wir haben hier zur leichteren Orientierung die einschlägigen Bestimmungen (auch über Ehrenfolgen) ungekürzt wiedergegeben, wie sie bei G. Kleinfeller, Die Beratungen der Reichstagskommission über den Antrag des Abgeordneten Rintelen, betreffend die Abänderung der Konkursordnung (Zeitschrift für deutschen Zivilprozefs, Bd. XX, 1894, Seite 228 ff., vergl. spez. Seite 239 ff.) angeführt sind.

Beweisstücke dem Gericht einzureichen und, soweit er die Befriedigung einzelner seiner Gläubiger nicht nachzuweisen vermag, den Besitz der zur Befriedigung dieser Gläubiger hinreichenden Mittel darzutun.

Das Gesuch ist den Gläubigern, deren Aufenthalt bekannt ist, mitzuteilen und ausserdem öffentlich bekannt zu machen, dafs jeder Gläubiger das Gesuch auf der Gerichtsschreiberei einsehen und, falls er für sein Guthaben noch nicht vollständig befriedigt ist, binnen zwei Monaten Einspruch gegen die Erteilung der Wiederbefähigung erheben kann.

Nach Ablauf der Frist hat das Gericht die erforderlichen Erhebungen durch Vernehmung des Gemeinschuldners und der Einspruch erhebenden Gläubiger vorzunehmen und über das Gesuch durch Beschlufs zu entscheiden. Gegen den Beschluss ist die sofortige Beschwerde unter entsprechender Anwendung des § 174*) zulässig.

Wird dem Gesuch stattgegeben, so ist der Beschluss öffentlich bekannt zu machen.

Beschlüsse der X. Kommission.**)

Gesetz, betreffend die Abänderung der Konkursordnung vom 10. Februar 1877.

Artikel 2.

Hinter den achten Titel des zweiten Buches der Konkursordnung werden folgende Bestimmungen eingeschaltet:

Neunter Titel.

Wiederbefähigung des Gemeinschuldners.

§ 208a. Schuldner, gegen welche die Eröffnung des Konkursverfahrens verfügt ist, sind bis zur Erlangung der Wiederbefähigung von folgenden Rechten ausgeschlossen:

1. von der Wählbarkeit zu Ehrenämtern in wirtschaftlichen Körperschaften, wie Gewerbekammern, Handelskammern, Innungen;

---

*) **§ 174.** Die sofortige Beschwerde gegen den Beschlufs, durch welchen der Vergleich bestätigt oder verworfen ist, steht dem Gemeinschuldner und jedem nicht bevorrechtigten Konkursgläubiger zu, welcher stimmberechtigt war oder seine Forderung glaubhaft macht.

Die Frist zur Einlegung der Beschwerde beginnt mit der Verkündung des Beschlusses.

Eine Anfechtung der Entscheidung des Beschwerdegerichts findet nicht statt.

**) Siehe Anmerkung *) auf Seite 76.

2. von dem Rechte, auf der Börse als selbständige Kaufleute zu erscheinen, und von der Berechtigung, das Amt eines Handelsmäklers zu bekleiden;
3. von dem Rechte, selbständig Handelsgeschäfte unter einer nicht lediglich die Zeichnung ihres vollen Namens (Ruf- und Familiennamens) enthaltenden Firma zu betreiben.

Die Beschränkungen, welche das Konkursverfahren für den Gemeinschuldner nach reichs- oder landesrechtlichen Bestimmungen in der Ausübung der bürgerlichen und politischen Befugnisse sowie der Ehrenrechte zur Folge hat, bestehen bis zur Erlangung der Wiederbefähigung.

§ 208b. Wenn ein zur Führung von Handelsbüchern verpflichteter Kaufmann, welcher schon früher einmal und zwar nicht lediglich durch unverschuldetes Unglück in Konkurs geraten war und inzwischen die Wiederbefähigung noch nicht erlangt hatte, abermals und zwar wieder nicht lediglich durch unverschuldetes Unglück in Konkurs kommt, so hat das Konkursgericht demselben die Befugnis, ein kaufmännisches Geschäft selbständig zu betreiben oder durch Andere für seine Rechnung betreiben zu lassen, für die Zeit bis zur Erlangung der Wiederbefähigung abzuerkennen.

Das Konkursgericht hat die zur Aufklärung des Sachverhaltes erforderlichen Erhebungen von Amtswegen vorzunehmen und in den Gläubigerversammlungen, insbesondere in dem Prüfungs- und Vergleichstermine, dem Gemeinschuldner, dem Konkursverwalter und den Gläubigern Gelegenheit zur Äufserung hierüber zu geben. Die Entscheidung des Gerichts in erster wie in zweiter Instanz erfolgt auf Grund mündlicher Verhandlung.

Die Aberkennung der Befugnis zum Betrieb eines kaufmännischen Geschäfts ist öffentlich bekannt zu machen und der Behörde für die Führung des Handelsregisters mitzuteilen.

§ 208c. Gegen den Gemeinschuldner, welcher den in den §§ 208a und 208b angeführten Beschränkungen zuwiderhandelt, hat das Konkursgericht von Amtswegen mit Ordnungsstrafen bis zu zweihundert Mark einzuschreiten.

§ 208d. Dem Falle der Eröffnung des Konkursverfahrens steht hinsichtlich der Anwendung der in §§ 208a bis 208c angeführten Bestimmungen die Ablehnung der Konkurseröffnung wegen mangelnder Konkursmasse gleich.

§ 208e. Bei Beendigung des Konkursverfahrens ist dem Gemeinschuldner auf seinen Antrag die Wiederbefähigung zu erteilen, wenn die Zahlungsunfähigkeit desselben durch von ihm nicht verschuldete Ereignisse herbeigeführt ist.

Die Entscheidung erfolgt nach Anhörung des Verwalters, des Gläubigerausschusses und der in der Gläubigerversammlung erschienenen Konkursgläubiger. Zur Anhörung der Gläubiger bedarf es nicht der Anberaumung einer besonderen Versammlung.

Gegen die Entscheidung steht dem Gemeinschuldner die sofortige Beschwerde zu, unter entsprechender Anwendung der Bestimmungen von § 174.*)

§ 208f. Nach Beendigung des Konkursverfahrens ist die Wiederbefähigung zu erteilen, wenn der Gemeinschuldner nachweist, dafs sämtliche in dem Konkursverfahren angemeldete Forderungen der Konkursgläubiger an Hauptsumme, Zinsen und Kosten durch Zahlung, Erlass oder in anderer Weise vollständig getilgt sind. Ist in dem Konkursverfahren ein Zwangsvergleich zustande gekommen, so mufs der Nachweis geführt werden, dafs die nach dem Vergleich zu befriedigenden Forderungen der Konkursgläubiger durch Zahlung oder in anderer Weise vollständig getilgt sind.

Für das Verfahren gelten die Bestimmungen in den §§ 208g bis 208i.

§ 208g. Zur Erteilung der Wiederbefähigung ist das Konkursgericht zuständig, welches die Eröffnung des Konkursverfahrens bezw. wegen mangelnder Konkursmasse die Ablehnung der Konkurseröffnung verfügt hat.

Der Gemeinschuldner hat mit dem Gesuch um Erteilung der Wiederbefähigung die Quittungen der Gläubiger und die sonstigen Beweisstücke dem Gericht einzureichen und, soweit er die Befriedigung einzelner seiner Gläubiger nicht nachzuweisen vermag, den Besitz der zur Befriedigung dieser Gläubiger hinreichenden Mittel darzutun.

Das Gesuch ist den Gläubigern, deren Aufenthalt bekannt ist, mitzuteilen, und es ist aufserdem öffentlich bekannt zu machen, dafs jeder Gläubiger das Gesuch auf der Gerichtsschreiberei einsehen und, falls er für sein Guthaben noch nicht vollständig befriedigt ist, binnen zwei Monaten Einspruch gegen die Erteilung der Wiederbefähigung erheben kann.

§ 208h. Nach Ablauf der Frist hat das Gericht die erforderlichen Erhebungen durch Vernehmung des Gemeinschuldners und der Einspruch erhebenden Gläubiger vorzunehmen und über das Gesuch durch Beschluss zu entscheiden. Gegen den Beschluss ist die sofortige Beschwerde unter entsprechender Anwendung des § 174*) zulässig.

Wird dem Gesuche stattgegeben, so ist der Beschluss öffentlich bekannt zu machen und, sofern der Gemeinschuldner ein zur Führung von Handelsbüchern verpflichteter Kaufmann ist bezw. war, der Behörde für die Führung des Handelsregisters mitzuteilen.

Wird das Gesuch verworfen, so kann der Gemeinschuldner dasdelbe nicht vor Ablauf von einem Jahre seit der Abweisung des Antrages wiederholen.

---

*) Vergl. Anmerkung *) auf Seite 77.

§ 208 l. Die Kosten des Verfahrens hat der Gemeinschuldner zu tragen, soweit dieselben nicht durch den unbegründeten Einspruch eines Gläubigers verursacht sind, in welch letzterem Falle die Kosten des Einspruchsverfahrens dem mit seinem Einspruch abgewiesenen Gläubiger zur Last fallen.

§ 208 k. Die Wiederbefähigung tritt kraft Gesetzes ein mit dem Ablaufe von fünf Jahren seit dem Tage der Eröffnung des Konkursverfahrens. Dauert dasselbe länger als drei Jahre, so tritt die Wiederbefähigung erst mit dem Ablaufe von zwei Jahren seit Beendigung des Konkursverfahrens ein.

Im Falle des § 208b tritt an Stelle der fünfjährigen Frist eine Frist von 10 Jahren. Das Gleiche gilt, wenn der Gemeinschuldner wegen betrügerischen Bankerotts rechtskräftig verurteilt worden ist; ist in diesem Falle zugleich auf Verlust der bürgerlichen Ehrenrechte erkannt, so tritt die Wiederbefähigung nicht vor dem Zeitpunkte der Wiedererlangung der bürgerlichen Ehrenrechte ein.

Ist der Gemeinschuldner wegen Verfehlung gegen die Strafbestimmungen der Konkursordnung rechtskräftig zu Freiheitsstrafe verurteilt, so ruht der Lauf der Frist während der Zeit der Strafverbüfsung.

War die Konkurseröffuung wegen mangelnder Konkursmasse abgelehnt, so finden die vorstehenden Bestimmungen mit der Mafsgabe entsprechende Anwendung, dafs an die Stelle des Tages der Konkurseröffnung der Tag des Ablehnungsbeschlusses tritt.*)

---

*) Bezüglich des **Berichts** der X. Kommission wären bei Kleinfeller a. a. O. Seite 247 und Seite 264 ff. hervorzuheben, wo auch die Abänderungsanträge angeführt sind. (Vergl. auch Hahn, Die gesamten Materialien zu den Reichsjustizgesetzen, Bd. VII, Seite 333 und 350 ff.) Wir heben nur noch hervor (nach Kleinfeller l. c):

§ 208k. An Stelle dieses Paragraphen*) wurde folgender Antrag von den Antragstellern eingebracht:

»Die Wiederbefähigung tritt ohne gerichtliche Entscheidung in allen Fällen ein mit dem Ablauf von fünf Jahren, vom Tage der Eröffnung des Konkursverfahrens bezw. vom Tage der Ablehnung der Konkurseröffnung wegen mangelnder Konkursmasse an gerechnet, mit dem Ablauf von zehn Jahren im Falle des § 208b Absatz 1 und wenn der Gemeinschuldner wegen betrügerischen Bankerotts bestraft ist.«

---

*) Derselbe lautete nach dem ursprünglichen Antrage:

»Die Wiederbefähigung tritt ohne gerichtliche Entscheidung in allen Fällen ein mit dem Ablaufe von zehn Jahren, vom Tage der Aufhebung des Konkursverfahrens bezw. vom Tage der Ablehnung der Konkurseröffnung wegen mangelnder Konkursmasse an gerechnet.«

Gesetzentwurf, betreffend Abänderung der Konkursordnung vom 10. Februar 1877.

(1898 eingebracht von den Abg. Rintelen, Bachem, Hitze, Lerno.)*)

Soweit der Entwurf die von uns behandelte Materie berührt, ist er lediglich eine Wiederholung des Antrags Rintelen (Fassung der Beschlüsse d. Kommission) von 1893/94 mit dem er sich in seinen §§ 208a—208k vollkommen deckt, abgesehen von § 208f. Abs. 1 letzter Satz, welcher die Fassung erhalten hat: „...... Die durch den Zwangsvergleich eingetretene Tilgung genügt zur Erteilung der Wiederbefähigung nicht.“

Reichslande Elsafs-Lothringen.

Gesetz, betreffend die Ausführung der Zivilprozefsordnung, der Konkursordnung und der Strafprozefsordnung. Vom 8. Juli 1879.**)

Titel II.

Zur Konkursordnung.

§ 31. Im Falle der Eröffnung des Konkursverfahrens oder der Abweisung des Eröffnungsantrages aus dem im § 99***) der Konkursordnung bezeichneten Grunde treten für den Gemeinschuldner dieselben Einschränkungen der politischen und bürgerlichen Rechte ein, welche nach den bestehenden Gesetzen mit der Falliterklärung verbunden sind.

Diese Einschränkungen können durch Beschlufs des Landgerichts aufgehoben werden:

1. wenn der Gemeinschuldner nachweist, dafs er die Konkursforderungen samt Zinsen und Kosten voll ausbezahlt hat;

2. wenn das Gericht nach Beendigung des Verfahrens die Überzeugung gewinnt, dafs der Gemeinschuldner ohne eigenes Verschulden in Zahlungsunfähigkeit verfallen ist;

3. wenn der Gemeinschuldner während eines Zeitraums von mindestens fünf Jahren nach Beendigung des Verfahrens ein tadelfreies Verhalten beobachtet hat.

Das Gericht entscheidet auf Gesuch des Gemeinschuldners nach Anhörung der Staatsanwaltschaft in nicht öffentlicher Sitzung.

Gegen den Beschlufs des Landgerichts steht sowohl der Staatsanwaltschaft als dem Gemeinschuldner die sofortige Beschwerde zu.

Im Falle No. 3 kann ein abgewiesenes Gesuch vor Ablauf von zwei Jahren nicht erneuert werden.

---

*) Vgl. Hahn, Materialien, Bd. VII.

**) Gesetzblatt für Elsafs-Lothringen 1879. Strafsburg. No. 11, S. 72/73.

***) **§ 99.** Die Abweisung des Eröffnungsantrages kann erfolgen, wenn nach dem Ermessen des Gerichtes eine den Kosten des Verfahrens entsprechende Konkursmasse nicht vorhanden ist.

Königreich Preufsen.

Konkursordnung vom 8. Mai 1855.*)

Zweiter Titel.

Von dem Verfahren im kaufmännischen Konkurse.

Achtzehnter Abschnitt.

Von den Folgen des Konkurses in Beziehung auf die Person des Gemeinschuldners.

§ 310. Der Handelsmann, Schiffsrheder, oder Fabrikbesitzer, über dessen Vermögen der Konkurs eröffnet ist, darf während des Verfahrens und nach Abschlufs desselben nicht auf der Börse erscheinen; er darf nicht Mitglied einer kaufmännischen Korporation sein und er darf weder als Mäkler, noch als Verwalter im Konkurse oder als Vertreter einer Partei in Handelssachen zugelassen werden.

Diese Folgen des Konkurses, sowie die übrigen Nachteile, welche vermöge besondrer Bestimmungen den Gemeinschuldner in seinen persönlichen Verhältnissen treffen, bestehen so lange, als der Gemeinschuldner nicht die Wiedereinsetzung in den vorigen Stand erlangt hat.

§ 311. Zur Erlangung der Wiedereinsetzung in den vorigen Stand mufs der Gemeinschuldner nachweisen, dafs sämtliche Forderungen der Konkursgläubiger an Kapital, Zinsen und Kosten durch Zahlung, Erlafs oder in andrer Weise vollständig getilgt sind, die Gläubiger mögen ihre Forderungen im Konkurse angemeldet haben oder nicht.

§ 312. Der Gemeinschuldner hat das Gesuch um Wiedereinsetzung in den vorigen Stand bei dem Konkursgericht einzureichen und demselben die Quittungen der Gläubiger, sowie die sonstigen Beweisstücke beizufügen.

Das Konkursgericht gibt den Beteiligten Gelegenheit, sich über die Wahrheit der von dem Gemeinschuldner vorgetragenen Tatsachen zu äufsern.

Zu diesem Zweck wird eine Abschrift des Gesuchs an der Gerichtsstelle und auf der Börse, sofern eine solche am Orte des

---

*) Aus: Goltdammer, Kommentar und vollständige Materialien zur Konkurs-Ordnung vom 8. Mai 1855 etc. 2. Ausgabe. Berlin 1858, Verlag der Kgl. Geheimen Oberhofbuchdruckerei. S. 459 ff. und C. F. Koch, Die preufsische Konkursordnung mit Kommentar. 2. Ausgabe. Berlin, Verlag von J. Guttentag, 1867. S. 252 ff., wo die Motive und der Entwurf eingehende Berücksichtigung gefunden haben. Vgl. auch: Ges. Sammlung für die Kgl. Preufs. Staaten. 1855. Berlin. S. 395 ff.

Gerichts vorhanden ist, während eines Zeitraumes von zwei Monaten öffentlich ausgehängt. Der Aushang mufs in jedem Fall auch an dem gegenwärtigen Wohnorte des Gemeinschuldners stattfinden.

§ 313. Bescheinigt der Gemeinschuldner, dafs einzelne Gläubiger, deren Befriedigung nachzuweisen (§ 311) er aufser Stande ist, nach Leben und Aufenthalt unbekannt sind, so sind solche Gläubiger auf sein Verlangen aufzufordern, ihre Ansprüche binnen zwei Monaten beim Gericht anzumelden. Diese Aufforderung ist mit dem Gesuch an der Gerichtsstelle und auf der Börse auszuhängen, sowie in diejenigen öffentlichen Blätter einzurücken, welche das Gericht für angemessen erachtet.

Etwaige Anmeldungen sind dem Gemeinschuldner mitzuteilen.

Melden die Gläubiger sich nicht, so steht der Mangel des Nachweises ihrer Befriedigung der Wiedereinsetzung des Gemeinschuldners in den vorigen Stand nicht entgegen.

§ 314. Jeder Gläubiger, welcher noch nicht vollständig befriedigt ist, kann seine Einwendungen gegen das Gesuch bei dem Gericht anbringen. Das Gericht hat darüber das Nötige von Amtswegen zu ermitteln; ein kontradiktorisches Verfahren findet nicht statt.

An den Orten, wo kaufmännische Korporationen bestehen, müssen die Vorsteher derselben über das Gesuch gehört werden; an anderen Orten sind die zuständigen Handelskammern zur Äufserung über das Gesuch aufzufordern.

§ 315. Nach Ablauf des für den öffentlichen Aushang des Gesuchs bestimmten Zeitraums sind die Verhandlungen dem Staatsanwalte des Bezirks zur Erklärung über das Gesuch vorzulegen.

Das Konkursgericht entscheidet über das Gesuch durch Beschlufs nach Anhörung des Staatsanwalts.

Wird dem Gesuch stattgegeben, so mufs die Entscheidung in derselben Weise öffentlich bekannt gemacht werden, wie dies hinsichtlich des Gesuchs vorgeschrieben ist (§ 312).

Wird das Gesuch verworfen, so kann dasselbe erst nach Ablauf von drei Jahren wiederholt werden.

§ 316. In keinem Falle kann die Wiedereinsetzung in den vorigen Stand einem Gemeinschuldner zu Teil werden, gegen welchen wegen eines Verbrechens oder Vergehens der Verlust der bürgerlichen Ehrenrechte oder die Untersagung ihrer Ausübung auf Zeit durch Erkenntnis ausgesprochen ist.

Ist der Gemeinschuldner wegen einfachen Bankerutts verurteilt worden, so kann seine Wiedereinsetzung in den vorigen Stand erst nach erfolgter Strafverbüfsung oder Begnadigung stattfinden, sofern die übrigen gesetzlichen Erfordernisse vorhanden sind.

§ 317. Die Wiedereinsetzung in den vorigen Stand ist auch nach dem Tode des Gemeinschuldners zulässig.

§ 318. Wenn der Konkurs durch einen Akkord beendigt worden ist, so kann der Gemeinschuldner schon von dem Zeitpunkte der rechtskräftigen gerichtlichen Bestätigung des Akkordes an wieder auf der Börse erscheinen.

Von demselben Zeitpunkte an kann der Gemeinschuldner an den Orten, wo kaufmännische Korporationen bestehen, zur Ausübung der mit der Mitgliedschaft bei der Korporation verbundenen Rechte wieder zugelassen werden, wenn der Betrieb des Geschäfts des Gemeinschuldners von der Ausübung dieser Rechte abhängig ist.

Dagegen kann der Gemeinschuldner auch in dem Falle des Akkordes die übrigen durch den Konkurs verlornen Rechte (§ 310) nur durch die Wiedereinsetzung in den vorigen Stand wieder erlangen; es mufs zu diesem Behuf insbesondere der Nachweis geführt werden, dafs die Ausfälle, welche die Gläubiger durch den Konkurs und durch den Akkord erlitten haben (§ 198)*), vollständig getilgt worden sind. (§ 311.)

Jedoch kann unter besonders geeigneten Umständen schon der Nachweis der vollständigen Tilgung der akkordmäfsigen Verpflichtungen für genügend angenommen werden.

D. Staats- und Verwaltungs-Recht.

Norddeutscher Bund und Deutsches Reich.

Wahlgesetz für den Reichstag des norddeutschen Bundes vom 31. Mai 1869.**)

§ 3. Von der Berechtigung zum Wählen sind ausgeschlossen:

4. Personen, denen in Folge rechtskräftigen Erkenntnisses der Vollgenufs der staatsbürgerlichen Rechte entzogen ist, für die Zeit der Entziehung, sofern sie nicht in diese Rechte wieder eingesetzt sind.

---

*) **§ 198.** Der Akkord befreit den Gemeinschuldner von der Verpflichtung, den Ausfall zu ersetzen, welchen die Gläubiger durch den Konkurs und durch den Akkord erleiden, insoweit nicht das Gegenteil in dem Akkorde festgesetzt wird.

Dagegen werden die Rechte der Gläubiger gegen die solidarischen Mitschuldner des Gemeinschuldners und dessen Bürgen durch den Akkord nicht berührt.

**) Aus: Bundesgesetzblatt des Norddeutschen Bundes. 1869. Berlin. S. 145.

Gewerbeordnung für das Deutsche Reich.*)

Titel II.

Stehender Gewerbebetrieb.

II. Erfordernis besonderer Genehmigung.

2. Gewerbetreibende, welche einer besonderen Genehmigung bedürfen.

§ 35. Abs. 5. Ist die Untersagung erfolgt, so kann die Landes-Zentralbehörde oder eine andere von ihr zu bestimmende Behörde die Wiederaufnahme des Gewerbebetriebs gestatten, sofern seit der Untersagung mindestens ein Jahr verflossen ist.

III. Umfang, Ausübung und Verlust der Gewerbebefugnisse.

§ 53. Abs. 2, letzter Satz: . . . «Ist die Untersagung erfolgt, so kann die Landes-Zentralbehörde oder eine andere von ihr zu bestimmende Behörde die Wiederaufnahme des Gewerbebetriebes gestatten, sofern seit der Untersagung mindestens ein Jahr verflossen ist.

Königreich Preufsen.

Verordnung wegen Einführung von Gesindebüchern. Vom 29. September 1846.**)

§ 8. Der Dienstbote, welchem ein ungünstiges Zeugnis erteilt worden ist, kann auf die Ausfertigung eines neuen Gesindebuchs antragen, wenn er nachweist, dafs er sich während zweier Jahre nachher tadellos und vorwurfsfrei geführt hat.

Städte-Ordnung für die sechs östlichen Provinzen der Preufsischen Monarchie. Vom 30. Mai 1853.***)

Titel I.

Von den Grundlagen der städtischen Verfassung.

§ 7. Abs. 5. Verfällt ein Bürger in Konkurs, so verliert er dadurch das Bürgerrecht; die Befähigung, dasselbe wieder

---

*) Aus: Guttentagsche Sammlung deutscher Reichsgesetze. No. 6. Gewerbeordnung für das deutsche Reich. Ursprüngl. herausgegeb. von T. Ph. Berger und Dr. L. Wilhelmi. 16. Aufl. von H. Spangenberg. Berlin 1902, J. Guttentag.

**) Aus: Gesetz-Sammlung f. d. Kgl. Preufs. Staaten. 1846. Berlin. S. 468.

***) Aus: Gesetz-Sammlung für die Kgl. Preufs. Staaten. 1853. Berlin. S. 266.

zu erlangen, kann ihm, wenn er die Befriedigung seiner Gläubiger nachweist, von den Stadtbehörden verliehen werden.

Bezüglich der Rehabilitationsbestimmungen der früher geltenden

Städteordnung

vgl. Verhandlungen des im Jahre 1848 zusammenberufenen ständischen Ausschusses zusammengestellt von L. Bleich.

Berlin 1848. S. 509.

Gesetz, betreffend Abänderungen der kirchenpolitischen Gesetze. Vom 31. Mai 1882.*)

Art. 2. Abs. 1. Hat der König einen Bischof, gegen welchen auf Grund der §§ 24 ff. des Gesetzes vom 12. Mai 1873 (Ges. Sammi. S. 198) durch gerichtliches Urteil auf Entlassung aus seinem Amte erkannt ist, begnadigt, so gilt derselbe wieder als staatlich anerkannter Bischof seiner Diözese.

2. Literatur.

Abegg J. Fr. H., Lehrbuch der Strafrechts-Wissenschaft. Neustadt a. d. Orla, Druck und Verlag von J. K. G. Wagner, 1836. p. 249 (vergl. Literaturangaben ebenda).

Abgeordnetenhaus, vergl. Berichte.

Alexander, Konkursgesetze aller Länder der Erde.

Berichte, Stenographische, über die Verhandlungen der durch die Allerhöchste Verordnung vom 15. Oktober 1879 einberufenen beiden Häuser des Landtages. Haus der Abgeordneten. 3. Bd. Berlin 1880. Druck und Verlag: W. Moeser, Hofbuchdruckerei. — Sitzung vom 21. Juni 1880: Fortsetzung der 2. Beratung des Entwurfs des Gesetzes, betreffend die Abänderung von kirchenpolitischen Gesetzen. Seite 2233/34: Rede des Justizministers Friedberg.

Berner, Lehrbuch des deutschen Strafrechts. 18. Auflage. Leipzig, Bernhard Tauchnitz, 1898. § 167, § 170.

Brasseur, p. 202 (Deutschland allg.)

Brauer W., Über die Rehabilitation Verurteilter. (Gerichtssaal IX, 1857, Seite 321 bis 339.)

Bregeault Julien, p. 11. (Faillite: Deutschland, Elsafs-Lothringen, Preufsen.)

---

*) Aus: Gesetz-Sammlung für die Kgl. Preufs. Staaten. 1882. S. 307.

v. Daniels, Grundsätze des Rheinischen und Französischen Strafverfahrens. Berlin, Mylius'sche Verlagsbuchhandlung 1849. S. 240 ff.

Davidsohn Sally, Das Begnadigungsrecht. Ein Beitrag zur Lehre von der Berechtigung, von dem Wesen und von den Erscheinungsformen der Gnade. Inaug. Diss. Erlangen. Berlin 1903, Seite 50.

v. Mohl, Staatsrecht, Völkerrecht und Politik — 1862. II, p. 664.

Depeiges, (1898) p. 80. (Deutschland).

Dollmann-Risch, Das Strafgesetzbuch für das Königreich Bayern vom 10. November 1861. S.A. aus der „Gesetzgebung des Königreichs Bayern". 1. Abteilung. Erlangen, Verlag von Palm & Enke, 1868. (Bayern: Ges. v. 1861; Rheinisches Strafverfahren; Ges. v. 1849: Württemberg; Braunschweig St.P.O.) Seite 211, 214.

v. Feuerbach, Lehrbuch des gemeinen in Deutschland gültigen Peinlichen Rechts. 14. Auflage. Herausgegeben v. Mittermaier. Gießen 1847. § 62 und Seite 123 Note VI des Herausgebers.

Goltdammer, Kommentar und vollständige Materialien zur Konkursordnung vom 8. Mai 1855 etc. 2. Ausgabe. Berlin 1858. Verlag der Königlichen Geheimen Oberhofbuchdruckerei.

Guitteau, p. 117. (Deutschland.)

Haelschner, Das gemeine deutsche Strafrecht. I. Bonn, Verlag von A. Marcus, 1881. p. 728.

Hahn C., Die gesamten Materialien zur Konkursordnung vom 1. Februar 1877 etc. Berlin, R. v. Deckers Verlag, 1881. Seite 42, 387/88, 433 ff. (Motive zur Konkurs-Ordnung und Konkursrecht der deutschen Partikularstaaten) vergl. V° Reichstag.

Hahn, Die gesamten Materialien zu den Reichsjustizgesetzen. Bd. VII. Berlin, Decker, 1898. Seite 266/67, 269/70, 273, 278, 283, 326/27 (Antrag Rintelen 1898 und Bericht der VI. Kommission).

Hecker Karl: Das Militär-Strafgesetzbuch für das Deutsche Reich. Berlin 1877. pag. 68, 69.

Heffter August Wilhelm, Lehrbuch des gemeinen deutschen Strafrechts. Braunschweig, C. A. Schwetschke & Sohn, 1857. p. 183 ff.

Heinze, in Holtzendorffs Handbuch des deutschen Strafrechts. II. Bd. Berlin 1871, C. G. Lüderitz'sche Verlagsbuchhandlung: Carl Habel. p. 633/634.

v. Jagemann Ludwig, Die bürgerliche Ehre im Verhältnisse zum Strafgesetze. (Archiv des Kriminalrechts. N. F. 1838. Seite 385, spez. 394 ff.)

Abegg in Demmes fortges. Annalen der Kriminalrechtspflege. Seite 24 bis 28 (bad. Entwurf).

Kleinfeller G., Die Beratungen der Reichstagskommission über den Antrag des Abgeordneten Rintelen, betr. die Abänderung der Konkursordnung. (Zeitschrift für deutschen Zivilprozeß. Bd. XX. 1894. Seite 228 ff.)

Koch C. F., Die preußische Konkursordnung mit Kommentar. 2. Ausgabe. Berlin, Verlag von J. Guttentag, 1867.

v. Koppmann Clemens, Kommentar zum Militär-Strafgesetzbuch für das Deutsche Reich. Dritte Auflage, bearbeitet von Dr. G. Weigel. München 1903. pag. 116 und 128.

Lair, p. 164.

Lecomte, Etude comparée des principales législations européennes en matière de faillite. (Extrait du Bulletin de la Société industrielle du Nord de la France) Paris 1879. p. 92. (Preufsisches Gesetz vom 8. Mai 1855.)

v. Liszt, Lehrbuch des deutschen Strafrechts. 12. und 13. Aufl. Berlin, J. Guttentag, 1903. Seite 272, Anmerkung 6.

Lueder J. C. F. L. Carl, Das Souveränitätsrecht der Begnadigung. Leipzig, Verlag von Wilhelm Engelmann, 1860. § 18, p. 214 bis 218.

Lyon-Caen et Renault, VIII., p. 259. (Deutschland; Elsafs-Lothringen: Gesetz vom 8. Juli 1879.)

Magescas, p. 209 (Deutschland allg.).

Marcuse Oswald, Die Ehrenstrafe. Eine rechtsvergleichende Darstellung nebst Kritik unter besonderer Berücksichtigung des geltenden deutschen Reichsrechts. Breslau, Schletter'sche Buchhandlung. 1899. Heft 19 der strafrechtlichen Abhandlungen. Herausgegeben von Beling. p. 43. (Bayern: Gesetz vom 10. Juli 1861 und Ausführungsverordnung dazu vom 4. September 1861; Königreich Sachsen; Sachsen-Weimar: Gesetz vom 27. April 1850; Schwarzburg-Rudolstadt: Gesetz vom 1. Mai 1850.)

Meyer H., Lehrbuch des deutschen Strafrechts. 5. Auflage. Leipzig, A. Deichert'sche Verlagsbuchhandlung Nachf. 1895. Seite 340 und Anmerkung 33 dazu.

Mittermaier, Die Strafgesetzgebung in ihrer Fortbildung. I. Heidelberg, Karl Winter, 1841. Seite 298, 299.

Plochmann Julius. Das Begnadigungsrecht. Eine Inauguralabhandlung. Erlangen, Verlag von Ferdinand Enke, 1845. S. 5, 76, 77.

Quistorp Johann Christian, Grundsätze des deutschen peinlichen Rechts. II. Th. S. 1767. 4. Aufl. Rostock u. Leipzig, bei Joh. Christ. Koppe, 1789.

Reichstag, Aktenstücke. Justizgesetzgebung Nr. IV. II. Legislaturperiode. 2. Session 1874/75. Zu Nr. 200. Entwurf einer Konkursordnung für das deutsche Reich nebst Einführungsgesetz und Motiven. Besonderer Abdruck der amtl. Vorlage für den Reichstag. Zweiter Teil: Motive. Berlin 1875, Fr. Kortkampf, Verlag der Reichsgesetze. S. 1367, 1553/54.

—, Aktenstücke. II. Legislaturperiode. II. Session. 1874/75. Zu Nr. 200. Anlage I zum Entwurf einer Konkursordnung für das deutsche Reich nebst Einführungsgesetz und Motiven. p. 1577 ff. („Konkursrecht der deutschen Partikularstaaten").

—, II. Legislaturperiode. II. Session 1874. Zu Nr. 200: Motive zu dem Entwurf einer Konkursordnung und dem Entwurf eines Einführungsgesetzes. S. 9/10; S. 438/439.

—, Sitzung vom 14. Febr. 1898. Beratung des Antrag Rintelen. (Redner: Rintelen, Bassermann, Gamp, v. Buchka. Vgl. oben V° „Hahn").

Reutenauer, p. 132 (Deutschland allg.)

Solms W. L., Strafrecht und Strafprozefs für Heer und Marine des Deutschen Reiches. Dritte verbesserte Auflage. Berlin 1892. pag. 52, 53.

Stephan R., Strafgesetzbuch für das Königreich Italien. Berlin, Druck und Verlag von Georg Reimer. 1890. S. 59, Anm. 26.

Wahlberg, Ehrenfolgen. S. XXXI. (Bayr. Ges. v. 10. Novbr. 1861).

Weigel G., Der bayerische Militärstrafprozefs. Nürnberg. Verlag von Hermann Ballhorn. 1889. Seite 246. Anmerkung.

v. Wieck, Zur Gesetzgebung über die Ehrenfolgen der Verbrechen. (Archiv des Kriminalrechts. N. F. 1851. S. 1 ff.)

Über das „casier judiciaire" in Deutschland vgl.:

Ausführungsverfügung vom 12. Juli 1882 zu der vom Bundesrat beschlossenen Verordnung, betr. die Einrichtung von Strafregistern und die wechselseitige Mitteilung der Strafurteile (Justizministerialblatt für die Preufs. Gesetzgebung u. Rechtspflege. 44. Jahrg. Berlin 1882. Nr. 58. p. 200 ff.) Formulare ebda. S. 205 ff.

Bernard, S. 133/134; über Austauschverträge. S. 136.

Dubarle, Code d' organisation judiciaire allemand. t I. Introd. p. 132, note 5.

Formulare, s. V° Ausführungsverfügung und Verordnung.

Justizministerialblatt. 1893. S. 5.

Strafregister, siehe Formulare.

Verordnung des Bundesrates vom 16. Juni 1882, betr. die Einrichtung von Strafregistern und die wechselseitige Mitteilung der Strafurteile. (Centralblatt des deutschen Reichs. S. 309. Justizministerialblatt für die Preufs. Gesetzgebung u. Rechtspflege. 44. Jahrg. Berlin 1882. Nr. 58. S. 207 ff.) Formulare f. Strafregister s. ebenda S. 211 ff.

S. Domingo.[1]

Handelsrecht.

»Nachdem sich San Domingo am 27. Februar 1844 zur unabhängigen Republik erklärt hatte, wurde daselbst — unter

[1]) Das Strafgesetz von S. Domingo ist nur in der Bibliothek des Auswärtigen Amtes vorhanden; es blieb uns leider unzugänglich.

Abschaffung der Haïtinischen Gesetze — der französische Code de commerce durch Dekret vom 4. Juli 1845 eingeführt. Die inzwischen erfolgten Modifikationen des letzeren haben demnächst durch die Dekrete vom 7. August 1865 bezw. 20. Mai 1878 ebenfalls Geltung erlangt.« (Borchardt II. pag. 528).

Ecuador.

Zivilstrafrecht.

1. Gesetzgebung.

Código penal.*)

Strafgesetz.

Libro I.

Capitulo II.

Sección V.

. . . .

§. 48. La rehabilitación de los derechos políticos, concedida con arreglo á la Constitución,[1]) trae consigo la rehabilitación de los derechos civiles.

Código de enjuiciamientos en materia criminal.**)

(Strafprozeſsordnung).

Titulo IV.

Sección IX.

De la revisión.

. . . .

Art. 269. Cuando el reo hubiere muerto, su consorte, sus hijos parientes ó herederos pueden pedir la revisión de la causa para rehabilitar su memoria. En este caso se procederá á otro examen

---

*) Codigo penal y codigo de enjuiciamientos en materia criminal de la Republica del Ecuador. Nueva York: Imprenta de »Las Novedades«, No. 23. Liberty Street. 1889.

[1]) Die Konstitution war uns nicht zugänglich. Auch Darreste F. R. et P.: Les constitutions modernes. Paris 1891, druckt sie nicht ab.

**) Aus: wie *)

en los términos ordinarios; pero el juez no pronunciará sentencia. Se limitirá á informar lo que crea conveniente, y remitirá el proceso al Ministerio de lo Jnterior, para que lo pase al Senado, y éste conceda ó no la rehabilitación.

2. Literatur:

D. Alejandro Groizard y Gómez de la Serna. El código penal de 1870. Tomo II. Madrid 1903. pag. 307.

England.

In England ist die »Rehabilitation« unbekannt.

Bezüglich der Casiers judiciaires vgl.

Bernard, p. 146.
J. Ducaud, p. 144/145.
Mironesco, p. 135.
Theureau, p. 39.

Die handelsrechtlichen Zustände berühren:

Alexander, Konkursgesetze S. 507.
Bregeault Julien, p. 11/12.
Hahn, l. c. IV. p. 484 ff.
Lyon-Caen et Renault, l. c. p. 259 (Loi de 1883, art. 32, § 2.)
Reichstag, Aktenstücke, II. Legislatur-Periode, II. Session 1874/75. Zu No. 200. Anlage II zu Entw. einer Konkurs-Ordnung für das Deutsche Reich nebst Einführungsgesetz und Motiven. S. 1609 ff.: „Das englische Konkursrecht."

Weiter berühren englische Rechtsverhältnisse:

Brasseur, p. 202.
Depeiges (1898), p. 80.
Frézouls, p. 124/125.
Guitteau, p. 117.
Lair, p. 164 (verweist auf Blackstone IV, 31).
Magescas, p. 210.
Reutenauer, p. 132.

Frankreich.

A. Zivilstrafrecht.

1. Gesetzgebung.

Ordonnance criminelle.

Saint-Germain-en-Laye, août 1670.*)[1]

Reg. P. P., 26 août.

Louis, etc. Les grands avantages que nos sujets ont reçus des soins que nous avons employés à réformer la procédure civile par nos ordonnances du mois d'avril 1667, et d'août 1669, nous ont porté à donner une pareille application du règlement de l'instruction criminelle qui est d'autant plus importante, que non seulement elle conserve les particuliers dans la possession paisible de leurs biens, ainsi que la civile, mais encore elle assure le repos public, et contient par la crainte des châtimens ceux qui ne sont pas retenus par la considération de leur devoir. A ces causes, etc., ordonnons, et nous plait, ce qui ensuit.

Titre XVI.

Des Lettres d'abolition, rémission, pardon, pour ester à droit, rappel de ban ou de galères, commutation de peine, réhabilitation et révision de procès.

Art. 1. Enjoignons à nos cours et autres juges, auxquels l'adresse des lettres d'abolition sera faite, de les entériner incessamment, si elles sont conformes aux charges et informations. Pourront néanmoins nos cours nous faire remontrance, et nos

---

*) Aus: Recueil général des anciennes lois françaises, depuis l'an 420, jusqu'à la révolution 1789; par MM. Isambert, Decrusy, Taillandier. Tome XVIII, Août 1661—31 décembre 1671, Paris, Belin-Leprieur, libraire-éditeur, Verdière, libraire 1829. (p. 371 et s.) No. 623.

1) —

Les principaux ouvrages publiés sur l'ordonnance criminelle, sont:

1°. Procès-verbal des conférences tenues pour l'examen des ordonnances de 1667 et 1670. Plusieures éditions, dont la dernière, in 4°, est de 1776.

2°. Code criminel ou commentaires sur l'ordonnance de 1670, par Serpillon, 4 vol. in 4°, Lyon, 1767

3°. Nouveau Commentaire sur l'ordonnance de 1670, par Jousse, 1 vol. in-12, Paris, 1761.

autres juges représenter à notre chancelier ce qu'ils trouveront à propos de l'atrocité du crime.

2. Les lettres de rémission seront accordées pour les homicides involontaires seulement, ou qui seront commis dans la nécessité d'une légitime défense de la vie.

3. Les lettres de pardon seront scellées pour les cas èsquels il n'échoit peine de mort, et qui néanmoins ne peuvent être excusés.

4. Ne seront données aucunes lettres d'abolition pour les duels, ni pour les assassinats prémédités, tant aux principaux auteurs qu'à ceux qui les auront assistés, pour quelque occasion ou prétexte qu'ils puissent avoir été commis, soit pour venger leurs querelles ou autrement; ni à ceux qui, à prix d'argent ou autrement, se louent ou s'engagent pour tuer, outrager, excéder ou recourre des mains de la justice les prisonniers pour crimes; ni à ceux qui les auront loués ou induits pour ce faire, encore qu'il n'y ait eu que la seule machination ou attentat, et que l'effet n'en soit ensuivi: pour crime de rapt commis par violence; ni à ceux qui auront excédé ou outragé aucuns de nos magistrats ou officiers huissiers, et sergens exerçant, faisant ou exécutant quelque acte de justice. Et si aucunes lettres d'abolition ou rémission étoient expédiées pour le cas ci-dessus, nos cours pourront nous en faire leurs remontrances, et nos autres juges représenter à notre chancelier ce qu'ils estimeront à propos.

5. Les lettres d'abolition, celles pour ester à droit après les cinq années de la contumace, de rappel de ban ou de galères, commutation de peine, réhabilitation du condamné en ses biens et bonne renommée, et de révision de procès, ne pourront être scellées qu'en notre grande chancellerie.

6. L'arrêt ou le jugement de condamnation sera attaché sous le contre-scel des lettres de rappel de ban ou de galères, commutation de peine ou de réhabilitation; à faute de quoi les impétrans ne pourront s'en aider, et défendons aux juges d'y avoir égard.

7. Enjoignons à nos juges, même à nos cours, d'entériner les lettres de rappel de ban ou de galères, commutation de peine et de réhabilitation, qui leur seront addressées, sans examiner si elles sont conformes aux charges et informations;

sauf à nous représenter par nos cours ce qu'elles jugeront à propos.

8. Pour obtenir des lettres de révision de procès, le condamné sera tenu d'exposer le fait avec ses circonstances par requête qui sera rapportée en notre conseil, et renvoyée, s'il est jugé à propos, aux maîtres des requêtes de notre hôtel, pour avoir leur avis, que nous voulons être ensuite rapportés en notre conseil. Et si les lettres sont justes, il sera ordonné par arrêt qu'elles seront expédiées et scéllées; et pour cet effet, elles seront signées par un secrétaire de nos commandemens.

9. L'avis des maîtres des requêtes de notre hôtel, et l'arrêt de notre conseil, seront attachés sous le contre-scel des lettres de révision, et l'adresse faite à celles de nos cours, où le procès aura été jugé.

10. Les parties pourront produire devant les juges, auxquels elles seront renvoyées, de nouvelles pièces, qui seront attachées à une requête, de laquelle sera baillé copie à la partie: ensemble des pièces pour y répondre aussi par requête, dont sera pareillement baillé copie dans le délai qui sera ordonné: passé lequel, et après que le tout aura été communiqué à nos procureurs, sera procédé au jugement des lettres sur ce qui se trouve produit.

11. Dans les lettres de rémission, pardon, pour ester à droit, rappel de ban et de galères, commutation de peine, réhabilitation et révision de procès, obtenues par les gentilshommes, ils seront tenus d'exprimer nommément leur qualité, à peine de nullité.

12. Les lettres obtenues par les gentilshommes ne pourront être adressées qu'à nos cours, chacune suivant sa juridiction et la qualité de la matière, qui pourront néanmoins, si la partie civile le requiert, et qu'elles le jugent à propos, renvoyer l'instruction sur les lieux.

13. L'adresse des lettres obtenues par des personnes de qualité roturière, sera faite à nos baillis et sénéchaux des lieux où il y a siége présidial; et dans les provinces où il n'y a point de siége présidial, l'adresse se fera aux juges ressortisans nuement en nos cours et non autres, à peine de nullité des jugemens.

14. Pourront néanmoins les lettres obtenues par les gentilshommes être adressées au présidiaux, si leur compétence y a été jugée.

15. Ne pourront les lettres d'abolition, rémission, pardon, et pour ester à droit, être présentées par ceux qui les auront obtenues, s'ils ne sont effectivement prisonniers et écroués; et seront les écroues attachés aux lettres, et eux contraints de demeurer en prison pendant toute l'instruction et jusqu'au jugement définitif des lettres. Défendons à tous juges de les élargir à caution ou autrement, à peine de suspension de leurs charges, et de payer par eux les condamnations qui interviendront contre les accusés.

16. Les lettres seront présentées dans trois mois, du jour de l'obtention, passé lequel temps, défendons aux juges d'y avoir égard. Et ne pourront les impétrans en obtenir de nouvelles, ni être relevés du laps du temps.

17. L'obtention et la signification des lettres ne pourront empêcher l'exécution des décrets, ni l'instruction, jugement et exécution de la contumace jusqu'à ce que l'accusé soit actuellement en état dans les prisons du juge, auquel l'adresse en aura été faite.

18. Les charges et informations, et toutes les autres pièces du procès, même les procédures faites depuis l'obtention des lettres, seront incessamment portées aux greffes des juges, auxquels l'adresse en sera faite: ce que nous voulons avoir lieu à l'égard des lettres de révision.

19. Les lettres seront signifiées à la partie civile, et copie baillé avec assignation en vertu de l'ordonnance du juge, pour fournir ses moyens d'opposition, et procéder à l'entérinement. Et seront les formes et délais prescrits par notre ordonnance du mois d'avril 1667, observés si ce n'est que la partie civile consente de procéder avant l'échéance des délais, par acte signé et dûment signifié.

20. Ne pourra être procédé au jugement des lettres, qu'elles n'aient été, ensemble le procès, communiquées à nos procureurs.

21. Les demandeurs en lettre d'abolition, et rémission et pardon, seront tenus de les présenter à l'audience tête nue et à genoux, et affirmeront, après qu'elles auront été lues en leur présence, qu'elles contiennent vérité, qu'ils ont donné charge de les obtenir, et qu'ils s'en veulent servir: après quoi ils seront renvoyés en prison.

22. Nos procureurs, et la partie civile, s'il y en a, pourront, nonobstant la présentation des lettres de rémission et pardon, informer par addition, et faire recoler et confronter les témoins.

23. Défendons aux lieutenans criminels et à tous autres juges, aux greffiers et huissiers de prendre ni recevoir aucune chose, encore qu'elle leur fût volontairement offerte, pour l'attache, lecture ou publication des lettres, ou pour conduire et faire entrer l'impétrant à l'audience, et sous quelque autre prétexte que ce soit, à peine de concussion et de restitution du quadruple.

24. Le demandeur en lettres sera interrogé dans la prison par le rapporteur du procès, sur les faits résultans des charges et informations.

25. Défendons à tous juges, même à nos cours de procéder à l'entérinement des lettres, que toutes les informations et charges n'aient été apportées, et communiquées à nos procureurs, vues et examinées par les juges: nonobstant toutes sommations qui pourroient avoir été faites aux greffiers de les apporter, et les diligences dont les demandeurs en lettres pourroient, faire apparoir: sauf à décerner des exécutoires, et ordonner d'autres peines contre les greffiers qui en seront en demeure.

26. Les impétrans seront interrogés dans la chambre, sur la sellette avant le jugement, et l'interrogatoire rédigé par écrit par le greffier, et envoyé avec le procès en nos cours en cas d'appel.

27. Si les lettres de rémission et pardon sont obtenues pour des cas qui ne soient pas rémissibles, ou si elles ne sont pas conformes aux charges, les impétrans en seront déboutés.

28. Les impétrans des lettres de révision qui succomberont, seront condamnés en trois cents livres d'amende envers nous, et cent cinquante livres envers la partie.

Loi

Contenant le Code pénal.*)

Donné à Paris, le **6 octobre 1791.**

Décret de l'Assemblée nationale, du 26 septembre 1791.

Code pénal.

Première partie.

Des condamnations.

Titre IV.

Des effets des condamnations·

Art. 1er. Quiconque aura été condamné à l'une des peines des fers, de la reclusion dans la maison de force, de la gêne, de la détention, de la dégradation civique ou du carcan, sera déchu de tous les droits attachés à la qualité de citoyen actif, et rendu incapable de les acquérir.

Il ne pourra être rétabli dans ses droits, ou rendu habile à les acquérir, que sous les conditions et dans les délais qui seront prescrits au titre de réhabilitation.

. . . .

Titre VII.

De la réhabilitation des condamnés.

Art. 1er. Tout condamné qui aura subi sa peine pourra demander à la municipalité du lieu de son domicile une attestation à l'effet d'être réhabilité;

Savoir: les condamnés aux peines des fers, de la reclusion dans la maison de force, de la gêne, de la détention, dix ans après l'expiration de leurs peines; les condamnés à la peine de la dégradation civique ou du carcan, après dix ans, à compter du jour de leur jugement.

2. Aucun condamné ne pourra demander sa réhabilitation si, depuis deux ans accomplis, il n'est pas domicilié dans le territoire de la municipalité à laquelle sa demande est adressée, et s'il ne joint à ladite demande des certificats et attestations de bonne conduite, qui lui auront été délivrés par les munici-

---

*) Aus: Lois et actes du gouvernement. Tome quatrième. Août à octobre 1791. Paris. Imprimerie royale. 1834. Seite 381 ff.

palités sur le territoire desquelles il a pu avoir son habitation ou son domicile pendant les deux années qui ont précédé sa demande;

Lesquels certificats ou attestations de bonne conduite ne pourront lui être délivrés qu'à l'instant où il quittera lesdits domicile ou habitation.

3. Huit jours au plus après la demande, le conseil général de la commune sera convoqué, et il lui sera donné connaissance de la demande.

4. Le conseil général de la commune sera de nouveau convoqué au bout d'un mois; pendant ce temps, chacun de ses membres pourra prendre sur la conduite du condamné les renseignements qu'il jugera convenables.

5. Les avis seront recueillis par la voie du scrutin, et il sera décidé à la majorité des voix si l'attestation sera ou non accordée.

6. Si la majorité est pour que l'attestation soit accordée, deux officiers municipaux, revêtus de leur écharpe, ou, avec leur procuration, deux officiers municipaux de la ville où siège le tribunal criminel du département dans le territoire duquel le condamné est actuellement domicilié, conduiront le condamné devant ledit tribunal criminel.

Ils y paraîtront avec lui dans l'auditoire, en présence des juges et du public.

Après avoir fait lecture du jugement prononcé contre le condamné, ils diront à haute voix: Un tel a expié son crime en faisant sa peine; maintenant sa conduite est irréprochable: nous demandons, au nom de son pays, que la tache de son crime soit effacée.

7. Le président du tribunal, sans délibération, prononcera ces mots: Sur l'attestation et sur la demande de votre pays, la loi et le tribunal effacent la tache de votre crime.

8. Il sera dressé de tout procès-verbal.

9. Si le tribunal criminel où le jugement de réhabilitation sera prononcé est autre que celui où a été rendu le jugement de condamnation, la copie dudit procès-verbal y sera envoyée pour être transcrite sur le registre, en marge du jugement de condamnation.

10. La réhabilitation fera cesser dans la personne du condamné tous les effets et toutes les incapacités résultant de la condamnation.

11. Toutefois l'exercice des droits de citoyen actif du condamné demeurera suspendu à l'égard du réhabilité, jusqu' à ce qu'il ait satisfait aux dommages et intérêts, ainsi qu' aux autres condamnations pécuniaires qui auront pu être prononcées contre lui.

12. Si la majorité des voix du corps municipal est pour refuser l'attestation, le condamné ne pourra former une nouvelle demande que deux ans après; et ainsi de suite de deux ans en deux ans, tant que l'attestation n'aura pas été accordée.

13. L'usage de tous actes tendant à empêcher ou suspendre l'exercice de la justice criminelle, l'usage des lettres de grâce, de rémission, d'abolition, de pardon et de commutation de peine, sont abolis pour tout crime poursuivi par voie de jurés.

Loi sur le timbre.*)

(13 Brumaire, an VII.)

cfr. titre II.

(Von wörtlicher Anführung des Gesetzes sehen wir wegen dessen Unwichtigkeit ab. D. H.)

Projet du Code d'instruction criminelle.

1.

(Séance du **16 août 1808.**)

1re Rédaction.**)

Chapitre XXVII.

De la Réhabilitation des Condamnés.

Art. 623. Corresp. à l'art. 619 du Code.
Art. 624. - - - 620 - -

*) Enthalten in: Bulletin des lois de la République française. Septième partie. 1er semèstre de l'an VII. Paris. Imprimerie de la République. Germinal an VII. (No. 237. p. 6, 8).

**) Locré, La législation civile, commerciale et criminelle de la France. T. XXVIII. Paris. Treuttel et Würtz, Libraires, 1831. p. 121 et s. V: p. 123 et s.

Art. 625. Huit jours après sa demande, le conseil municipal de la commune sera convoqué, et il lui en sera donné connaissance.

Le conseil municipal sera de nouveau assemblé un mois après, à compter du jour de la première assemblée.

Pendant ce délai, chacun de ses membres pourra prendre, sur la conduite du condamné, les renseignemens qu'il jugera convenables.

Art. 626. Les avis seront recueillis par la voie du scrutin, et il sera décidé, à la majorité des suffrages, si l'attestation sera ou non accordée.

Art. 627. Si, par la majorité des suffrages, l'attestation est refusée, le condamné ne pourra former une nouvelle demande que deux ans après, et ensuite de deux ans en deux ans, tant que l'attestation n'aura pas été accordée.

Le délai ci-dessus fixé sera réduit à un an, toutes les fois qu'il y aura eu partage des voix dans le conseil municipal.

Art. 628. Si l'attestation est accordée par la majorité des voix, et si le condamné justifie qu'il a satisfait aux dommages-intérêts, ainsi qu'aux autres condamnations civiles qui auraient été prononcées contre lui, le maire, ou en son absence l'adjoint, ou, sur la réquisition de l'un ou de l'autre, le maire, ou, en son absence, l'adjoint de la ville où siége la cour impériale, et sur le territoire de laquelle réside actuellement le condamné, le conduira à l'audience de la cour d'assises du ressort.

Après l'exposé du procureur général, le maire, ou en son absence, l'adjoint, dira à haute voix: *Depuis que N. . . a subi sa peine, sa conduite est irréprochable; je demande que la tache de son crime soit effacée.*

Art. 629. La cour délibérera seulement sur la suffisance et la légalité des pièces annexées à la demande.

En cas d'insuffisance ou d'illégalité des pièces, la cour dira qu'il n'y a pas lieu à statuer, et son arrêt sera motivé.

Le condamné pourra se pourvoir de nouveau et sans délai.

Art. 630. En cas d'affirmative, le président prononcera ces mots: *Sur l'attestation de votre bonne conduite, la loi et la cour effacent la tache de votre crime.*

Art. 631. L'arrêt de la réhabilitation sera transmis sans délai au grand-juge ministre de la justice, et n'aura d'effet que du jour où il aura été ratifié par des lettres de l'Empereur, après que les formalités prescrites par l'article 86 du sénatus-consulte organique du 16 thérmidor an X*) auront été observées.

Nota: Ces art. 625, 626, 627, 628, 629, 630 et 631 n'ont point passé dans le Code. Ils n'ont pas été discutés au Conseil, mais renvoyés avec la totalité du chapitre à la section. La section ne les a pas reproduits dans la rédaction suivante. Elle les a remplacés par les art. 628, 629, 630, 631, 632, 633, 634, 635, 636, 637 et 638 de cette dernière rédaction.

Art. 632. Corresp. à l'art. 632 du Code.
Art. 633. - - - 634 - -

2.

(Séance du **24 septembre 1808.**)

2e Rédaction.)**

Chapitre XXVII.

De la Réhabilitation des Condamnés.

Art. 626. Corresp. à l'art. 623 de la 1re rédaction et à l'art. 619 du Code.

Art. 627. Est le même que l'art. 624 de la 1re réd. et corresp. à l'art. 620 du Code.

Art. 628, 629 et **630.** Ces articles sont les mêmes que les art. 621, 622 et 623 du Code.

---

*) Sénatus-consulte organique de la Constitution. Du 16 Thermidor, an X de la République une et indivisible.

Titre X.

Droit de faire grâce.

LXXXVI. Le premier Consul a droit de faire grâce.

Il l'exerce après avoir entendu, dans un conseil privé, le grand-juge, deux ministres, deux sénateurs, deux conseillers d'état et deux juges du tribunal de cassation.

Le présent sénatus-consulte sera transmis. . . . .

(Aus: Bulletin des lois de la République française. 3e Série T. VI, contenant les lois et arrêtés rendus pendant le second semestre de l'an X. No. 171 à 219. A. Paris, de l'Imprimerie de la République. Brumaire, an XI. V: Bulletin. No. 206. p. 535 et s.

**) Locré, loc. cit. p. 144 et s. V. aussi p. 146 et s.

Art. 631. Corresp. à l'art. 624 du Code.
Art. 632. - - - 625 - -
Art. 633. Cet article est le même que l'art. 626 du Code.
Art. 634. Corresp. à l'art. 627 du Code.
Art. 635. - - - 628 - -
Art. 636. - - - 629 - -
Art. 637. - - - 630 - -
Art. 638. - - - 631 - -
Art. 639. Cet article corresp. à l'art. 632 de la 1re rédaction et est le même que l'art. 632 pu Code.

Art. 640. Cet art. est le même que l'art. 633 de la 1re réd. et corresp. à l'art. 633 du Code.

Art. 641. Corresp. à l'art. 634 du Code.

3.

(Séance du **4 octobre 1808.**)

Nouvelle Rédaction.*)

Chapitre IV.

De la réhabilitation des Condamnés.

Art. 618 et **619.** Ces art. corresp. aux art. 626 et 627 de la 2e rédaction et sont les mêmes que les art. 619 et 620 du Code.

Art. 620, 621 et **622.** Ces art. sont les mêmes que les art. 628, 629 et 630 de la 2e rédaction et que les art. 621, 622 et 623 du Code.

Art. 623 et **624.** Ces art. corresp. aux art. 631 et 632 de la 2e rédaction, et sont les mêmes que les art. 624 et 625 du Code.

Art. 625. Cet art. est le même que l'art. 633 de la 2e rédaction et que l'art. 626 du Code.

Art. 626, 627 et **628.** Ces articles corresp. aux art. 634, 635 et 636 de la 2e rédaction, et sont les mêmes que les art. 627, 628 et 629 du Code.

Art. 629. Cet art. est le même que l'art. 637 de la 2e rédaction, et corresp. à l'art. 630 du Code.

Art. 630. Cet art. corresp. à l'art. 638 de la 2e rédaction, et est le même que l'art. 631 du Code.

---

*) Locré, l. c. p. 150.

Art. 631. Cet art. est le même que l'art. 639 de la 2e rédaction, et que l'art. 632 du Code.

Art. 632 et **633.** Ces art. corresp. aux art. 640 et 641 de la 2e rédaction, et sont les mêmes que les art. 633 et 634 du Code.

4.

(Séance du **3 novembre 1808.**)

Dernière Rédaction et Adoption.*)

Loi

Contenant le Titre VII du Livre II du Code d'instruction criminelle.**)

Du 16 décembre 1808.

Napoléon . . . . . etc.

Le Corps législatif a rendu, le 16 décembre 1808, le décret suivant, conformément à la proposition faite au nom de l'Empereur et Roi, et après avoir entendu les orateurs du Conseil d'état et le président de la commission de législation civile et criminelle du Corps législatif, le même jour.

Décret.

Livre II. De la justice.

Titre VII.

De quelques objets d'intérêt public et de sûreté générale.

Chapitre premier.

Du dépôt général de la notice des jugemens.

Art. 600. Les greffiers des tribunaux correctionnels et des cours d'assises et spéciales [1]) seront tenus de consigner,

---

*) Locré, l. c. p. 151. (v. Exposé des motifs: p. 163 et s.; Rapport Louvet: p. 178 et s.).

**) Aus: Bulletin des lois No. 214 bis, p. 141 ff., spez. 146. Siehe: Bulletin des lois de l'Empire français. 4e Série. Tome neuvième. Contenant les lois rendues pendant le deuxième Semestre de l'année 1808. No 197 à 221. A Paris, de l'imprimerie Impériale, Mars 1809. Vergl. auch Locré, loc. cit. XXVIII p. 91 ff. u. 96 ff., wo die durch die Änderung der Staatsform hervorgerufenen textlichen Abweichungen ersichtlich sind (z. B. lautet Art. 630: Il en sera fait rapport à Sa Majesté par le ministre de la justice) und die Materialien angeführt werden.

Dazu Verhandlungen: Locré, loc. cit. p. 102 ff.

[1]) Ancien Art . . . . . et spéciales. — Modifié, Charte 1830 Art. 54.

par ordre alphabétique, sur un registre particulier, les noms, prénoms, profession, âge et résidence de tous les individus condamnés à un emprisonnement correctionnel ou à une plus forte peine: ce registre contiendra une notice sommaire de chaque affaire et de la condamnation, à peine de cinquante francs d'amende pour chaque omission.

Art. 601. Tous les trois mois, les greffiers enverront, sous peine de cent francs d'amende, copie de ces registres au grand-juge ministre de la justice et au ministre de la police générale.

Art. 602. Ces deux ministres feront tenir, dans la même forme, un registre général composé de ses diverses copies.

— — — — — — — — — — — — — — — — — —

Chapitre IV

De la réhabilitation des condamnés.

619. Tout condamné à une peine afflictive ou infamante qui aura subi sa peine, pourra être réhabilité.

La demande en réhabilitation ne pourra être formée, par les condamnés aux travaux forcés à temps où à la reclusion que cinq ans après l'expiration de leur peine; et par les condamnés à la peine du carcan, que cinq ans à compter du jour de l'exécution de l'arrêt.

620. Nul ne sera admis à demander sa réhabilitation, s'il ne demeure depuis cinq ans dans le même arrondissement communal, s'il n'est pas domicilié depuis deux ans accomplis dans le territoire de la municipalité à laquelle sa demande est adressée, et s'il ne joint à sa demande des attestations de bonne conduite qui lui auront été données par les conseils municipaux et par les municipalités dans le territoire desquelles il aura demeuré ou résidé pendant le temps qui aura précédé sa demande.

Ces attestations de bonne conduite ne pourront lui être délivrées qu'à l'instant où il quitterait son domicile ou son habitation.

Les attestations exigées ci-dessus devront être approuvées par le sous-préfet et le procureur impérial ou son substitut, et par les juges de paix des lieux où il aura demeuré ou résidé.

621. La demande en réhabilitation, les attestations exigées par l'article précédent, et l'expédition du jugement de condamnation, seront déposées au greffe de la cour impériale dans le ressort de laquelle résidera le condamné.

622. La requête et les pièces seront communiquées au procureur général impérial: il donnera des conclusions motivées et par écrit.

623. L'affaire sera rapportée à la chambre criminelle.

624. La cour et le ministère public pourront, en tout état de cause, ordonner de nouvelles informations.

625. La notice de la demande en réhabilitation sera insérée au journal judiciaire du lieu où siége la cour qui devra donner son avis, et du lieu où la condamnation aura été prononcée.

626. La cour, le procureur général impérial entendu, donnera son avis.

627. Cet avis ne pourra être donné que trois mois au moins après la présentation de la demande en réhabilitation.

628. Si la cour est d'avis que la demande en réhabilitation ne peut être admise, le condamné pourra se pourvoir de nouveau après un nouvel intervalle de cinq ans.

629. Si la cour pense que la demande en réhabilitation peut être admise, son avis, ensemble les pièces exigées par l'article 620, seront, par le procureur général impérial, et dans le plus bref délai, transmis au grand-juge ministre de la justice, qui pourra consulter le tribunal qui aura prononcé la condamnation.

630. Il en sera fait rapport à sa Majesté par le grand-juge, dans un conseil privé, formé aux termes de l'article 86 de l'acte des constitutions de l'Empire, du 16 thermidor an X.*)

631. Si la réhabilitation est prononcée, il en sera expédié des lettres où l'avis de la cour sera inséré.

632. Les lettres de réhabilitation seront adressées à la cour qui aura délibéré l'avis: il en sera envoyé copie authentique à la cour qui aura prononcé la condamnation; et transcription des lettres sera faite en marge de la minute de l'arrêt de condamnation.

---

*) S. Anm. *) auf S. 101.

633. La réhabilitation fera cesser, pour l'avenir, dans la personne du condamné, toutes les incapacités qui résultaient de la condamnation.

634. Le condamné pour récidive ne sera jamais admis à la réhabilitation.

Donné le 26. Décembre de l'an 1808.

Code pénal.*)

Art. 18. (Texte substitué à l'ancien art. 18 par la loi du **28 avril 1832.** Il se trouve abrogé par la loi du 31 mai 1854, portant abolition de la mort civile).

»Les condamnations aux travaux forcés à perpétuité et à la déportation emporteront mort civile. — Néanmoins le Gouvernement pourra accorder au condamné à la déportation l'exercice des droits civils ou de quelques-uns de ces droits.

Loi contenant des Modifications au Code pénal et au Code d'instruction criminelle.**)

A Paris, au palais des Tuileries, **le 28 Avril 1832.**

Titre Ier

Code d'instruction criminelle.

Article premier.

Les articles — — — — — — — — — — — — — — — — — —, — et 619 du Code d'instruction criminelle sont abrogés; ils seront remplacés par les articles suivans.

Article II.

619. Tout condamné à une peine afflictive ou infamante qui aura subi sa peine, ou qui aura obtenu, soit des lettres de commutation, soit des lettres de grâce, pourra être réhabilité.

La demande en réhabilitation ne pourra être formée par les condamnés aux travaux forcés à temps, à la détention ou

---

*) Aus: Nouveau code général des lois françaises. Edition complétée par M. Em. Durand. Paris, Marchal et Billard, 1896. p. 474.

**) Aus: Bulletin des Lois du royaume de France. IXe Série. Règne de Louis Philippe 1er, roi des Français. 1ère partie, contenant les lois rendues pendant l'année 1832. Tome IV., No. 55 à 81. A Paris, de l'imprimerie royale. Janvier 1833. — Voy: Bulletin No. 78 p. 267 ff.

à la réclusion, que cinq ans après l'expiration de leur peine; et par les condamnés à la dégradation civique, qu'après cinq ans à compter du jour où la condamnation sera devenue irrévocable, et cinq ans après qu'ils auront subi la peine de l'emprisonnement, s'ils y ont été condamnés. En cas de commutation, la demande en réhabilitation ne pourra être formée que cinq ans aprés l'expiration de la nouvelle peine, et, en cas de grâce, que cinq ans après l'enregistrement des lettres de grâce.

Deux fois, sous **la Monarchie de Juillet,** le Gouvernement saisit les Chambres d'un projet, tendant à appliquer la réhabilitation aux condamnations correctionnelles. Une première fois la proposition fut repoussée par la Chambre des Pairs, conformément aux conclusions de son rapporteur.[1])

En **1845,** la même proposition reproduite à la Chambre des Députés, fut retirée après un rapport contraire que fit M. Chaix-d'Est-Ange.[2])

No. 253: — Décret relatif à la Réhabilitation des Condamnés.*)

Du 18 Avril 1848.

Le Gouvernement provisoire décrète:

Art. 1er. Provisoirement le ministre de la justice est autorisé à prononcer la réhabilitation des condamnés, avec les modifications suivantes aux dispositions du Code d'instruction criminelle.

2. La demande en réhabilitation, les attestations exigées par l'article 620 du Code d'instruction criminelle et l'expédition de l'arrêt de condamnation, seront soumises au procureur

---

1) Séance du 20 mai 1843, Moniteur du 21 mai, et séance du 22 mai, Moniteur de 23 mai.

2) Séance du 25 avril 1845. Moniteur du 3 mai.

*) Aus: Bulletin des lois de la République française. Xe Série. Premier semestre de 1848 (2e partie) contenant les lois, décrêts et arrêtés d'intérêt public et général publiés depuis le 24 février jusqu'au 30 juin. — Tome premier. No. 1 à 47. Paris. Imprimerie nationale — Juillet 1848. pag. 274 et s.

général, qui transmettra son avis par écrit au ministre de la justice: le ministre statuera.

3. Si la demande est rejetée, le condamné pourra se pourvoir de nouveau après un intervalle de cinq ans. Il sera procédé sur la nouvelle demande selon qu'il est prescrit au Code d'instruction criminelle.

4. Si, sur la première demande, le ministre prononce la réhabilitation, il en sera expédié des lettres qui seront transcrites en marge de la minute de l'arrêt qui aura prononcé la condamnation.

5. Tout condamné correctionnellement pourra obtenir sa réhabilitation trois ans après l'expiration de sa peine, pourvu qu'il soit domicilié depuis deux ans accomplis dans la même commune. Il devra adresser directement sa demande au procureur général de la cour d'appel dans le ressort de laquelle son arrêt de condamnation aura été rendu. Il y joindra des certificats de bonne conduite délivrés par les maires des communes qu'il a successivement habitées, approuvés par les sous-préfets. Le procureur général donnera son avis au ministre, qui prononcera.

6. Si la demande est accueillie, les lettres accordées seront transcrites en marge de la minute de l'arrêt qui aura prononcé la condamnation.

7. Il n'est point dérogé aux autres dispositions du Code d'instruction criminelle.

Fait à Paris, en séance du Gouvernement, le 18 Arvil 1848.

Loi sur la déportation.*)

(5, 22 avril et **8 juin 1850**).

Art 3. § 1. En aucun cas, la condamnation à la déportation n'emporte la mort civile: elle entraîne la dégradation civique.

§ 3. Néanmoins, hors le cas de déportation dans une enceinte fortifiée, les condamnés auront l'exercice des droits civils dans le lieu de déportation.

---

*) Aus: Nouveau Code général des lois françaises par Durand et Paultre. Ed. compl. par Durand. Paris 1896. p. 538.

Loi sur la Réhabilitation des Condamnés.*)

Du 3 Juillet 1852.

Corps législatif.

Session de 1852.

Le Corps Législatif a adopté le projet de loi dont la teneur suit:

Article unique. Le décret du 18 avril 1848 est abrogé.

Le chapitre IV du titre VII du livre II du Code d'instruction criminelle est pareillement abrogé; il est remplacé par les articles suivants:

»**Art. 619.** Tout condamné à une peine afflictive ou infamante, ou à une peine correctionnelle, qui a subi sa peine, ou qui a obtenu des lettres de grâce, peut être réhabilité.«

»**Art. 620.** La demande en réhabilitation pour les condamnés à une peine afflictive ou infamante ne peut être formée que cinq ans après le jour de leur libération.«

»Néanmoins, ce délai court, au profit des condamnés à la dégradation civique, du jour où la condamnation est devenue irrévocable, ou de celui de l'expiration de la peine de l'emprisonnement, si elle a été prononcée.«

»Il court, au profit du condamné à la surveillance de la haute police prononcée comme peine principale, du jour où la condamnation est devenue irrévocable.«

»Le délai est réduit à trois ans pour les condamnés à une peine correctionnelle.«

»**Art. 621.** Le condamné à une peine afflictive ou infamante ne peut être admis à demander sa réhabilitation s'il n'a résidé dans le même arrondissement depuis cinq années, et pendant les deux dernières dans la même commune.«

»Le condamné à une peine correctionnelle ne peut être admis à demander sa réhabilitation s'il n'a résidé dans le même arrondissement depuis trois années, et pendant les deux dernières dans la même commune.«

---

*) Aus: Bulletin des lois de la République française. Xe Série. Deuxième semestre de 1852, contenant les lois et décrets d'intérêt public et général publiés depuis le 1er juillet jusqu'au 1er décembre inclusivement. Tome dixième, N°s 550 à 598. Paris. Imprimerie impériale. Avril 1853. Vergl. Bulletin No. 550 p. 1 ff.

»**Art. 622.** Le condamné adresse la demande en réhabilitation au procureur de la République de l'arrondissement, en faisant connaître: 1° la date de sa condamnation; 2° les lieux où il a résidé depuis sa libération, s'il s'est écoulé après cette époque un temps plus long que celui fixé par l'article 620.«

»**Art. 623.** Il doit justifier du payement des frais de justice, de l'amende et des dommages-intérêts auxquels il a pu être condamné, ou de la remise qui lui en a été faite.«

»A défaut de cette justification il doit établir qu'il a subi le temps de contrainte par corps déterminé par la loi, ou que la partie lésée a renoncé à ce moyen d'exécution.«

»S'il est condamné pour banqueroute frauduleuse, il doit justifier du payement du passif de la faillite, en capital, intérêts et frais, ou de la remise qui lui en a été faite.«

»**Art. 624.** Le procureur de la République provoque, par l'intermédiaire du sous-préfet, des attestations délibérées par les conseils municipaux des communes où le condamné a résidé, faisant connaître:

1° La durée de sa résidence dans chaque commune, avec indication du jour où elle a commencé, et de celui auquel elle a fini;

2° Sa conduite pendant la durée de son séjour;

3° Ses moyens d'existence pendant le même temps.«

»Ces attestations doivent contenir la mention expresse qu'elles ont été rédigées pour servir à l'appréciation de la demande en réhabilitation.«

»Le procureur de la République prend, en outre, l'avis du maire des communes et du juge de paix des cantons où le condamné a résidé, ainsi que celui du sous-préfet de l'arrondissement.«

»**Art. 625.** Le procureur de la République se fait délivrer: 1° une expédition de l'arrêt de condamnation; 2° un extrait des registres des lieux de détention où la peine a été subie, constatant quelle a été la conduite du condamné.«

»Il transmet les pièces avec son avis au procureur général.«

»**Art. 626.** La cour dans le ressort de laquelle réside le condamné est saisie de la demande.«

»Les pièces sont déposées au greffe de cette cour par les soins du procureur général.«

»**Art. 627.** Dans les deux mois du dépôt, l'affaire est rapportée à la chambre d'accusation; le procureur général donne ses conclusions motivées et par écrit.«

»Il peut requérir en tout état de cause, et la cour peut ordonner, même d'office, de nouvelles informations, sans qu'il puisse en résulter un retard de plus de six mois.«

»**Art. 628.** La cour, le procureur général entendu, donne son avis motivé.«

»**Art. 629.** Si l'avis de la cour n'est pas favorable à la réhabilitation, une nouvelle demande ne peut être formée avant l'expiration d'un délai de deux années.«

»**Art. 630.** Si l'avis est favorable, il est, avec les pièces produites, transmis par le procureur général, et dans le plus bref délai possible, au ministre de la justice, qui peut consulter la cour ou le tribunal qui a prononcé la condamnation.«

»**Art. 631.** Le Président de la République statue sur le rapport du ministre de la justice.«

»**Art. 632.** Des lettres de réhabilitation seront expédiées en cas d'admission de la demande.«

»**Art. 633.** Les lettres de réhabilitation sont adressées à la cour qui a délibéré l'avis.«

»Une copie authentique en est adressée à la cour ou au tribunal qui a prononcé la condamnation. Ces lettres seront transcrites en marge de la minute de l'arrêt ou du jugement de condamnation.«

»**Art. 634.** La réhabilitation fait cesser pour l'avenir, dans la personne du condamné, toutes les incapacités qui résultaient de la condamnation.«

»Les interdictions prononcées par l'article 612 du Code de commeree sont maintenues, nonobstant la réhabilitation obtenue en vertu des dispositions qui précèdent.«

»Aucun individu, condamné pour crime, qui aura commis un second crime et subi une nouvelle condamnation à une peine afflictive ou infamante, ne sera admis à la réhabilitation.«

»Le condamné qui, après avoir obtenu sa réhabilitation, aura encouru une nouvelle condamnation, ne sera plus admis au bénéfice des dispositions qui précèdent.«

Délibéré en séance publique, à Paris, le 18 Mai 1852.

Loi sur l'exécution de la peine des travaux forcés*)**).

(30 mai 1854.)

Art. 12. Abs. 1: Le Gouvernement pourra accorder aux condamnés aux travaux forcés à temps l'exercice, dans la colonie, des droits civils ou de quelques-uns de ces droits, dont ils sont privés par leur état d'interdiction légale.

Abs. 4: Le Gouvernement pourra accorder aux libérés l'exercice, dans la colonie, des droits dont ils sont privés par les troisième et quatrième paragraphes de l'article 34 du Code pénal.

Loi portant abolition de la mort civile.

(31 mai 1854.)***)

Art. 4. Le Gouvernement peut relever le condamné à une peine afflictive perpétuelle de tout ou partie des incapacités prononcées par l'article précédent.

Il peut lui accorder l'exercice, dans le lieu d'exécution de la peine, des droits civils, ou de quelques-uns de ces droits, dont il a été privé par son état d'interdiction légale.

Les actes —

Décret du **7 septembre 1870.******)

En matière de réhabilitation, il sera statué par une décision rendue par le ministre de la justice après communication au conseil des ministres.

---

*) Aus: Nouveau code général des lois françaises. p. 542.

**) V. Décret impérial qui autorise la création, à la Nouvelle-Calédonie, d'établissements pour l'exécution de la peine des travaux forcés. (2 Septembre 1863).

Art. 2. Sont rendues exécutoires dans cette colonie les dispositions de la loi du 30 mai 1854 et du décret du 29 août 1855.

— Décret réglant la condition des transportées concessionnaires des terrains dans les colonies pénitentiaires. (31 août 1878).

— Décret du 27 déc. 1863.

(Aus: Nouveau code général des lois françaises. Ed. complétée par E. Durand. Paris, Marchal et Billard, 1896. p. 542. Anm. 9, p. 545, 546 d.)

***) Aus: Nouveau code général des lois françaises par M. M. Emile Durand et Emile Paultre. Edition complétée par M. Em. Durand. Paris, Marchal et Billard, 1896. p. 204.

****) Aus: Thiriat, De la réhabilitation. p. 51/52.

En matière de grâce, — — — — — — — —
— — — — — — — En conséquence, les départements desquels relèvent des tribunaux de répression transmettront au ministre de la justice les propositions qui leur paraîtraient opportunes et les demandes individuelles qui leur seraient adressées.

En matière de délits ou contraventions relatifs à la pêche fluviale ou maritime ou à la grande voirie, les administrations de la marine ou des ponts et chaussées représentées par les ministres ou les agents par eux désignés auront respectivement le droit de transiger avec les justiciables des tribunaux ordinaires ou des conseils de préfecture, dans les conditions prévues pour les délits forestiers par la loi du 18 juin 1859 et le règlement d'administration publique du 21 décembre 1859.

Loi sur les récidivistes.

(27 mai 1885.)

1. Documents parlementaires.

(Soweit sie über «Rehabilitation» etwas enthalten.)

a) Chambre des députés.

Proposition de loi relative à la transportation des récidivistes présentée par M. M. Waldeck-Rousseau et Martin-Feuillée, députés.

(Uns liegt vor: Chambre des députés, troisième législature. Session de 1882. Annexe au procès-verbal de la **séance du 16 Février 1882,** No. 425. p. 1 et suiv.

Dalloz, P. 4, 45 citiert: Journ. off. de mars 1882, p. 429. annexe No. 425.)

Proposition de loi.

Art. 12. Après cinq années de séjour dans la colonie, le transporté à vie pourra obtenir la remise de la transportation et être autorisé à revenir en France.

Il pourra également obtenir l'exercice de tout ou partie des droits dont il aurait été privé par la condamnation prononcée contre lui.

Rapport fait au nom de la commission chargée d'examiner 1° la proposition de loi de M. Jullien et plusieurs de ses collègues, contre les récidivistes; 2° la proposition de loi de M. M. Waldeck-Rousseau et Martin-Feuillée, relative à la transportation des récidivistes; 3° la proposition de loi de M. Thomson et plusieurs de ses collègues, ayant pour objet de frapper de peines spéciales les récidivistes appartenant aux populations indigènes d'Algérie et d'autoriser l'application du principe de la responsabilité collective aux mêmes populations, présenté par M. Waldeck-Rousseau, député.

(Uns lag vor: No. 1332. Chambre des députés, troisième législature, Session extraordinaire de 1882, annexe au procès-verbal de la **séance du 11 novembre 1882.** p. 1 ff.

Dalloz, P. citiert: J. off. de novembre, p. 2450, annexe No. 1332.)

Proposition de loi.

Art. 12. Après cinq années de séjour dans la colonie, le transporté à vie pourra obtenir l'exercice de tout ou partie des droits dont il aurait été privé par la condamnation prononcée contre lui.

Projet de loi sur la relégation aux colonies des récidivistes et malfaiteurs d'habitude, et sur l'interdiction de séjour dans le département de la Seine (Renvoyé à la Commission des récidivistes) présenté au nom de M. Jules Grévy, Président de la République française par M. Fallières, Ministre de l'Intérieur et des Cultes et par M. Devès, Garde des Sceaux, Ministre de la Justice.

(Uns lag vor: No. 1330. Chambre des députés, troisième législature; Session extraord. de 1882; annexe au procès-verbal de la **séance du 11 novembre 1882,** p. 1 et suiv.

Dalloz citiert: Journ. off de novembre, p. 2406, annexe No. 1330.)

Projet de loi:

Art. 9. Les condamnations qui auront fait l'objet de grâces, commutations et réductions de peines, seront néanmoins comptées en vue de la relégation. Ne le seront pas celles qui auront été effacées par la réhabilitation.

Rapport supplémentaire fait au nom de la comission chargée d'examiner: 1°. la proposition de loi de M. Jullien, et plusiers de ses collègues, contre les récidivistes; 2°. la proposition de loi de MM. Waldeck-Rousseau et Martin-Feuillée, relative à la transportation des récidivistes; 3°. la proposition de loi de M. Thomson et plusieurs de ses collègues, ayant pour objet . . . (wie oben S. 114. D. H.); 4°. le projet de loi sur la rélégation aux colonies des recidivistes et malfaiteurs d'habitude, et sur l'interdiction de séjour dans le département de la Seine, par M. Gerville-Réache, député.

(Uns lag vor: No. 1810, Chambre des députés, 3ème législature; Session de 1883; Annexe au prorès-verbal de la **séance du 17 mars 1883** p 1 et suiv. Dalloz citiert: Journ. off. de mai, p. 569, annexe No. 1810.)

Projet de loi.

Art. 13. Les condamnations qui auront fait l'objet de grâces, commutations et réduction de peine seront néanmoins comptées en vue de la transportation. Ne le seront pas celles qui auront été effacées par la réhabilitation.

Art. 18. Les transportés pourront obtenir, sur le territoire de la transportation, l'exercice de tout ou partie des droits dont ils auraient été privés par l'effet des condamnations encourues.

Art. 23 Abs. 1. La présente loi est applicable à l'Algérie et aux colonies.

Projet de loi sur les récidivistes.
Texte adopté en première delibération.

(8 mai 1883).

(Chambre des députés, 3ème législature, Session de 1883, p 1 et suiv.)

Art. 13. Les condamnations qui auront fait l'objet de grâces, commutations et réduction de peines seront néanmoins comptées en vue de la relégation. Ne le seront pas celles qui auront été effacées par la réhabilitation.

Art. 18. Les relégués pourront obtenir, sur le territoire de la relégation, l'exercice de tout ou partie des droits dont ils auraient été privés par l'effet des condamnations encourues.

Art. 22. La présente loi est applicable à l'Algérie et aux colonies.

Proposition de loi sur les récidivistes, (renvoyée à la Commission des récidivistes) présentée par MM. Delattre et Gatineau, députés.

(Uns lag vor: No. 1894, Chambre des députés; 3ème législature, Session de 1883, Annexe au procès-verbal de la **séance du 12 mai 1883**, p 1 et suiv.

Dalloz, P., citiert: Journ. off. de juin, p. 750, annexe No. 1894.)

Proposition de loi.

Art. 11. La réhabilitation sera toujours possible et gratuite. Elle mettra fin à la caution ou à la tutelle.

Rapport supplémentaire fait au nom de la commission chargée d'examiner: 1°, 2°, 3°, 4° (wie oben. Annexe No. 1810) par M. Gerville-Réache, député.

(Uns lag vor: No. 2002. Chambre des députés, 3ème législature, Session de 1883, Annexe au procès-verbal de la **séance du 16 juin 1883**, p 1 et suiv.

Dalloz, P., 4, 45 citiert: Journ. off. de juillet, p 953, annexe No. 2002.)

Art. 13, 18, 22 Abs. 1 wie beim »Texte adopté en première délibération.« (Siehe oben.)

b. Sénat.

Projet de loi adopté par la chambre des députés sur les récidivistes présenté, au nom de M. Jules Grévy, Président de la Répulique française, par M. Waldeck-Rousseau, Ministre de l'Intérieur.

(Uns lag vor: No. 6. Sénat, Session extraord. 1883, Annexe au procès-verbal de la **Séance du 27 obtobre 1883.**

Dalloz, P., cit.: Journ. off. du 28.

Vgl. Sénat, Doc. 1883, annexe No. 6, Séance du 27 oct. 1883, p 1020).

Projet de loi.

Art. 12. Les condamnations qui auront fait l'objet de grâces, commutations ou réduction de peine seront néanmoins comptées en vue de le relégation. Ne le seront pas celles qui auront été effacées par la réhabilitation.

Art. 17. Les relégués pourront obtenir, sur les territoires de la relégation, l'exercice de tout ou partie des droits dont ils auraient été privés par l'effet des condamnations encourues.

Art. 21 Abs. 1. La présente loi est applicable à l'Algérie et aux colonies.

Rapport fait au nom de la commission chargée d'examiner le projet de loi, adopté par la Chambre des Députés, sur les Récidivistes, par M. de Verninac, Sénateur.

(Uns lag vor: No. 352. Sénat, Session 1884; Annexe au procès-verbal de la **séance du 29 juillet 1884** p 1 et suiv. Paris, P. Mouillot, Imprimeur du Sénat, Palais du Luxembourg, 1884.

Dalloz, P. 4, 45 citiert: J. off. de janvier 1885. p 407, annexe No. 352.)

Art. 12. Les condamnations qui auront fait l'objet de grâce, commutation ou réduction de peine etc. (wie oben das Projet p . . . .)

Art. 16. Le relégué pourra, à partir de la sixième année de sa libération, introduire devant le tribunal de la localité, une demande tendant à se faire relever de la relégation, en justifiant de sa bonne conduite, des services rendus à la colonisation et de moyens d'existence.

Les formes et conditions de cette demande seront déterminées par le règlement d'administration publique prévu par l'article 19 ci-après.

Art. 17. Le gouvernement pourra accorder aux relégués l'exercice dans la colonie de tout ou partie des droits dont ils auraient été privés par l'effet des condamnations encourues.

Art. 21 Abs. 1. La présente loi est applicable à l'Algérie et aux colonies.

Rapport supplémentaire fait au nom de la commission chargée d'examiner le projet de loi, adopté par la Chambre des Députés, sur les Récidivistes par M. de Verninac, Sénateur.

(Uns lag vor: No. 127, Sénat, Sess. extr. 1884, Annexe au procès-verbal de la **séance du 15 dec. 1884,** p. 1 et suiv.

Dalloz, P., 4, 45 citiert: Journ. off., mars 1885, p. 126, annexe No. 127).

Projet de loi.

Art. 6. Les condamnations etc., wie bei No. 352*) Art. 12; s. oben S. 117.

Art. 16. Wie oben bei No. 352.

Art. 17. Le gouvernement pourra accorder aux relégués l'exercice sur les territoires de relégation de tout ou partie des droits civils dont ils auraient été privés par l'effet des condamnations encourues.

Art. 21 Abs. 1. Wie oben bei No. 352.

c) Chambre de députés.

Projet de loi
adopté par la Chambre des Députés,
adopté avec modifications par le Sénat sur les récidivistes,
(Renvoyé à la Commission chargée d'examiner le projet et les propositions de loi concernant les récidivistes.)
Présenté au nom
de M. Jules Grévy
Président de la République française,
par M. Waldeck-Rousseau
Ministre de l'Intérieur.

(Uns lag vor: No. 3616, Chambre des Députés, 3ème législature, Session de 1885, Annexe au procès-verbal de la **séance du 16 mars 1885,** p. 1 et suiv.

Dalloz, P., 4, 45 citiert: Journal. off. de mai, annexe No. 3616).

Art. 5 = No. 352 Art. 12 (siehe oben).

Art. 16 = Art 16 No. 352. Am Ende steht: par l'article 18 ci-après.

Art. 17 = Art. 17 No. 127 (siehe oben).

Art. 20 Abs. 1 = Art. 21 Abs. 1 Nos. 352, 127.

Rapport fait au nom de la commission chargée d'examiner le projet de loi adopté par la Chambre des Députés, adopté avec modifications par le Sénat, sur les récidivistes, par M. Gerville-Réache, Député.

---

*) Soweit im Folgenden lediglich auf ein No. . . . hingewiesen wird, ist darunter das entsprechende weiter oben citierte Annexe No. . . . gemeint.

(Uns lag vor: No. 3653, Chambre des Députés, 3ème législature, Session de 1883, Annexe au procès-verbal de la **séance du 28 mars 1885,** p. 1 et suiv.

Dalloz, P., 4, 45 citiert: Journ. off. de mai, p. 79 No. 3653).

Art. 5 = Art. 5 No. 3616 (siehe oben S. 118).
Art. 16 = Art. 16 No. 3616.
Art. 17 = Art. 17 No. 3616.
Art. 20 = Art. 20 No. 3616.

2. Loi
sur les récidivistes.
(27 mai 1885).*)

Art. 5. Les condamnations qui auront fait l'objet de grâce, commutation ou réduction de peine seront néanmoins comptées en vue de la relégation. Ne le seront pas celles qui auront été éffacées par la réhabilitation.

Art. 17. Le Gouvernement pourra accorder aux relégués l'exercice, sur les territoires de relégation, de tout ou partie des droits civils dont ils auraient été privés par l'effet des condamnations encourues.

Loi du 14 août 1885, relative aux moyens de prévenir la récidive (libération conditionnelle, patronage, réhabilitation.)

1. Documents parlementaires.

a) Sénat.

Proposition de loi sur les moyens préventifs de combattre la récidive (régime des prisons, libération conditionnelle, patronage, réhabilitation) par M. Bérenger, sénateur.

(Sénat, Doc. 1883, annexe No. 235, Séance du **27 déc. 1882,** p. 251 ff.)

---

*) Aus: Nouveau code général des lois françaises par Durand et Paultre. Supplément de 1885. Paris 1885, p. 11. Vgl. auch: Annuaire de législation française en 1885, Paris 1886, p. 50 et suiv; André p. 333 et suiv. (Ausführliche Materialangaben siehe im Annuaire, bei André u. bei Dalloz, Jurisprudence générale, Recueil périodique et critique de jurisprudence, de législation et de doctrine. Année 1885. Paris. 4e Partie, p. 45.

Proposition de loi. (p. 258).

Titre V.

Réhabilitation.

Art. 13. Les articles 621, 623, 624, 628, 630, 631, 632, 633, 634 du code d'instruction criminelle sont modifiés ainsi qu'il suit:

»**Art. 621.** Ajouter le paragraphe suivant:

Les condamnés qui ont passé tout ou partie de ce temps sous les drapeaux, ceux que la nature de leur profession oblige à des déplacements inconciliables avec une résidence fixe, pourront être affranchis de cette condition s'ils justifient les premiers d'attestations satisfaisantes de leur chefs militaires, les seconds de certificats réguliers de leur patrons ou chefs d'administration constatant leur bonne conduite et la nécessité où ils se sont trouvés de changer de lieu pour trouver du travail.«

»**Art. 623.** Aujouter au texte actuel:

Toutefois si le demandeur est dans un état d'indigence reconnu, la cour peut lui accorder, par l'arrêt de réhabilitation, une remise totale ou partielle des frais de justice. La remise partielle est de droit quand l'instruction a compris plusieurs inculpés.

Dans le cas où la partie lésée ne peut être retrouvée, ou refuse de recevoir, il est fait dépôt de la somme due à la caisse des dépôts et consignations.«

»**Art. 624.** Le procureur de la République provoque par l'intermédiaire des sous-préfets des attestations des maires des communes où . . . .

Le procureur de la République prend en outre l'avis des juges de paix.«

»**Art. 628.** La cour, le procureur général entendu, rend un arrêt d'admission ou de rejet.«

»**Art. 630.** Supprimé.«

»**Art. 631.** Supprimé.«

»**Art. 632.** Supprimé.«

»**Art. 633.** En cas d'admission, une expédition authentique de l'arrêt est adressée par le procureur général à la juridiction qui a prononcé la condamnation. Mention en est faite en marge de la minute de l'arrêt ou du jugement.

Le casier judiciaire du lieu d'origine du réhabilité reçoit une mention semblable, et les extraits qui en sont délivrés ne peuvent plus mentionner la condamnation.

Le réhabilité peut se faire délivrer une expédition de l'arrêt de réhabilitation sans frais.«

»**Art. 634.** La réhabilitation efface la condamnation et fait cesser pour l'avenir toutes les incapacités qui résultaient de la condamnation.

Rapport sommaire fait au nom de la 9e commission d'initiative parlementaire chargée d'examiner la proposition de M. Bérenger sur les moyens préventifs de combattre la récidive. (Régime des prisons, libération conditionnelle, patronage, réhabilitation) par M. Le Guen, sénateur.

(Sénat, Doc. 1883, annexe No. 134, **Session du 19 mars 1883,** p. 559 et suiv.)

Am Ende des Rapport (p. 560, 561) wird die Proposition Bérenger vom 27. Dez. 82 (vgl. oben S. 120) wiederholt.

Rapport fait au nom de la commission chargée d'examiner la proposition de loi de M. Bérenger sur les moyens préventifs de combattre la récidive (Régime des prisons, libération conditionnelle, patronage, réhabilitation) par M. Bérenger, Sénateur.

(No. 149, Sénat, Sess. extr. 1883, Annexe au procès-verbal de la Séance du **22 déc. 1883,** p. 1 et suiv. (Reutenauer u. A. A. citieren: J. off. 1884. Annexe No. 149 p. 1187.))

Proposition de loi.

Titre III.

Réhabilitation.

Art. 9. Les articles 620, 621, 623, 624, 628, 629, 630, 631, 632, 633 et 634 sont modifiés ainsi qu'il suit:

Art. 620. La demande en réhabilitation ne peut être formée que cinq ans après le jour de la libération.

Néanmoins ce délai court, etc.

Suppression des derniers mots:

(Le délai est réduit à trois ans pour les condamnés à une peine correctionnelle.)

Art. 621. — *Modifier le paragraphe 1er ainsi:*

Le condamné ne peut être admis à demander sa réhabilitation s'il n'a résidé dans le même arrondissement depuis cinq ans, et, pendant les deux dernières années, dans la même commune.

Supprimer le paragraphe 2.

Ajouter à l'article le paragraphe suivant:

Les condamnés qui ont passé tout ou partie de ce temps sous les drapeaux, ceux que leur profession oblige à des déplacements inconciliables avec une résidence fixe, pourront être affranchis de cette condition s'ils justifient, les premiers d'attestations satisfaisantes de leurs chefs militaires, les seconds de certificats de leurs patrons ou chefs d'administration constatant leur bonne conduite.

Art. 623. — *Ajouter au texte actuel:*

Néanmoins, si le demandeur justifie qu'il est hors d'état de se libérer des frais de justice, la Cour peut accorder la réhabilitation même dans le cas où ils n'auraient pas été payés ou ne l'auraient été qu'en partie.

En cas de condamnation solidaire, la Cour fixe la part des frais de justice, des dommages-intérêts ou du passif qui doit être payé par le demandeur.

Si la partie lésée ne peut être retrouvée ou si elle refuse de recevoir, il est fait dépôt de la somme due à la Caisse des dépôts et consignations dans la forme des articles 812 et suivants du Code de procédure civile; si la partie ne se présente pas dans un délai de cinq ans, pour se faire attribuer la somme consignée, elle est restituée au déposant sur sa simple demande.

Art. 624. *Modifier le commencemcnt du paragraphe 1er et le paragraphe 2 comme il suit:*

Le procureur de la République provoque par l'intermédiaire des sous-préfets des attestations des maires des communes où . . . . . .

Le procureur de la République prend en outre l'avis des juges de paix des cantons et celui des sous-préfets des arrondissements où le condamné a résidé.

Art. 628. La Cour, le procureur général entendu, rend un arrêt d'admission ou de rejet.

Art. 629. — En cas de rejet, une nouvelle demande. . . .

Art. 630, 631 et **632.** — *Supprimés.*

Art. 633. — *Remplacer le texte entier du Code d'instruction criminelle par la disposition suivante:*

En cas d'admission, un extrait de l'arrêt est adressé par le procureur général à la Cour ou au Tribunal qui a prononcé la condamnation pour être transcrit en marge de la minute de l'arrêt ou du jugement. Mention en est faite au casier judiciaire, et les extraits qui en sont délivrés à la demande des tiers ne doivent plus relever la condamnation.

Le réhabilité peut se faire délivrer une expédition de l'arrêt de réhabilitation et un extrait du casier judiciaire rectifié, sans frais.

Art. 634. La réhabilitation efface la condamnation et fait cesser pour l'avenir toutes les incapacités qui résultaient de la condamnation.

Les interdictions prononcées par l'article 612 du Code de commerce sont maintenues nonobstant la réhabilitation obtenue en vertu des dispositions qui précèdent.

Les individus qui sont en état de récidive légale, ceux qui, après avoir obtenu la réhabilitation, auront encouru une nouvelle condamnation, ne seront admis au bénéfice des dispositions qui précèdent, qu'après un délai de dix années écoulées depuis leur libération.

Rapport supplémentaire fait au nom de la commission chargée d'examiner la proposition de loi de M. Bérenger sur les moyens préventifs de combattre la récidive (Régime des prisons, libération conditionnelle, patronage, réhabilitation), par M. Bérenger, sénateur.

(Sénat, Doc. 1884, annexe No. 77, **Séance du 13 mars 1884,** p. 195).

Nouvelle Rédaction de la commission.

Titre III.

Réhabilitation.

Art. 9. Les articles 619, 621, 623, 624, 628, 629, 630,

631, 632, 633 et 634 du code d'instruction criminelle sont modifiés ainsi qu'il suit:

»**Art. 619.** Tout condamné à une peine afflictive ou infamante ou à une peine correctionnelle, qui a subi sa peine, peut-être réhabilité.«

»**Art. 621.** Modifier le paragraphe 1er ainsi conçu:

Le condamné ne peut-être admis à demander sa réhabilitation s'il n'a résidé dans le même arrondissement depuis cinq ans, et, pendant les deux dernières années, dans la même commune.«

Supprimer le paragraphe 2.

Ajouter à l'article le paragraphe suivant:

Die folgenden zwei Absätze entsprechen vollkommen den Absätzen 3 und 4 des Artikels 621 in der Fassung des Gesetzes vom 14. August 1885.

»**Art. 623.** Ajouter au texte actuel«:

Es folgen drei Absätze die im Wortlaut mit dem Absatz 3 und 4 des Gesetzes vom 14. August 1885 übereinstimmen. Mit »En cas de condamnation solidaire« ist jedoch ein eigener Absatz begonnen.*)

»**Art. 624.** Modifier le commencement du paragraphe 1er et le paragraphe 2 comme il suit:

Wörtliche Übereinstimmung mit der Fassung des Absatz 1 und des letzten Satzes (resp. Absatzes) des Artikel 624 vom 14. August 1885. Mit »Le procureur de la République prend en outre l'avis« beginnt der letzte Absatz.«*)

Art. 628. La cour, le procureur général entendu, rend un arrêt d'admission ou de rejet.

Art. 629 = Artikel 629 des Gesetzes vom 14. August 1885.

Als Absatz 2 ist hinzugefügt:

»Ce délai peut-être abrégé par décision du ministre de la justice.«

»**Art. 630, 631, 632.**« — Supprimés.

»**Art. 633.** Remplacer le texte entier du code d'instruction criminelle par la disposition suivante:

Übereinstimmung mit Artikel 633 vom 14. August 1885 bis auf folgende Punkte:

Absatz 1 beginnt abweichend: »En cas d'admission, un extrait« etc.

---

*) Dazu vergl. unsere Bemerkung Seite 129 a. E.

Der letzte Satz dieses Absatzes lautet: »Les extraits qui en sont délivrés à la demande des tiers ne doivent pas relever la condamnation.«

»**Art. 634.** entspricht wörtlich den Absätzen 1, 2 und 3 des Artikels 634 des Gesetzes vom 14. August 1885.«

b) Chambre des députés.

2e Délibération sur la proposition de loi sur les moyens de combattre la récidive.

(Chambre, Débats 1884, **Séance du 1er avril 1884**, p. 875 ff.)

Den Beratungen liegt ein Projekt zugrunde, das demjenigen, welches der Senat am 20. Mai 1884 der Kammer überweist (vergl. unten No. 2794) vollkommen entspricht bis auf folgende Punkte:

1. In **Art. 623** Absatz 1 steht »auxquels il a pu être condamné«, statt wie im Senatsprojekt »auxquels il a été condamné.«

Eine solche Änderung wird beschlossen.

2. In **Art. 634** Absatz 3 steht »en état de récidive.«

3. In **Art. 11** stand: »La présente loi est applicable aux établissements pénitentiaires des colonies, autres que ceux affectés à l'exécution de la peine des travaux forcés.«

Es wird eine Änderung beschlossen, die übereinstimmt mit der Fassung des später übermittelten Senatsprojektes (vergl. unten No. 2794).

Proposition de loi, adoptée par le Sénat, sur les moyens de prévenir la récidive (libération conditionnelle, patronage, réhabilitation), transmise à la Chambre des députés, au nom du Sénat, par M. le président du Sénat.

(Chambre, Doc. 1884, annexe No. 2794, **Séance du 20 mai 1884**, p. 761/762.)

Proposition de loi.

Le Sénat a adopté la proposition de loi dont la teneur suit:

Titre III.

Réhabilitation (p. 762).

Art. 10. Les articles 630, 631 et 632 du code d'instruction criminelle sont supprimés.

Les articles 619, 621, 623, 624, 628, 629, 633 et 634 du même code sont modifiés ainsi qu'il suit:

Art. 619. Tout condamné à une peine afflictive ou infamante, ou à une peine correctionnelle, qui a subi sa peine, peut être réhabilité.

Art. 621 stimmt wörtlich überein mit dem gleichen Artikel des Gesetzes vom 14. August 1885 (siehe daselbst).

Art. 623. Il doit justifier du payement des frais de justice, de l'amende et des dommages-intérêts auxquels il a été condamné, ou de la remise qui lui en a été faite.

Absatz 2 stimmt wörtlich überein mit dem gleichen Absatz des Gesetzes vom 14. August 1885.

Absatz 3 = Absatz 3 des Gesetzes von 1885.

Absatz 4 und Absatz 5 = Absatz 4 des Gesetzes von 1885.

Mit »en cas de condamnation solidaire« beginnt bei der Proposition der Absatz 5*)

Absatz 6 = Absatz 5 vom 14. August 1885.

Art. 624 = Artikel 624 des Gesetzes von 1885.

Bei der Proposition sind jedoch die Worte von »Le procureur de la République prend . . . »bis« où le condamné a résidé« in einem letzten Absatz separat vereinigt.*)

Art. 628 und **Art. 629** = Artikel 628 und 629, Gesetz vom 14. August 1885. Als Absatz 2 ist bei Artikel 629 der Proposition zu lesen:

»Ce délai peut-être abrégé par décision du ministre de la justice.«

Art. 633 zeigt gegenüber der Fassung des gleichen Artikels im Gesetz vom 14. August 1885 den einzigen Unterschied, daſs der letzte Satz des ersten Absatzes des Artikels bei der Proposition lautet:

. . . . . . »Les extraits qui en sont délivrés à la demande des tiers ne doivent pas relever la condamnation.«

Art. 634 sagt im Vergleich zu demselben Artikel des Gesetzes vom 14. August 1885.

Bei Absatz 3: »en cas de récidive légale« statt »en état de récidive légale«

Absatz 4 des Gesetzes 1885 fehlt.

---

*) Dazu vergl. unsere Bemerkung unten Seite 129 a. E.

Art. 11 = Artikel 11 des Gesetzes vom 14. August 1885.

Délibéré en séance publique, à Paris, les 22 mars et 1er avril 1884.

Rapport fait au nom de la commission chargée d'examiner la proposition de loi, adoptée par le Sénat, sur les moyens de prévenir la récidive (libération conditionnelle, patronage, réhabilitation), par M. Gomot, député.

(Chambre, Doc. 1884, Annexe No. 3231, **Séance du 18 novembre 1884**, p. 2106 et suiv; speziell p. 2109.)

Projet de la Commission (p. 2112).

Art. 10. Les articles 630, 631 et 632 du code d'instruction criminelle sont supprimés.

Les articles 621, 623, 624, 628, 633 et 634 du même code sont modifiés ainsi qu'il suit:

Art. 619. — Tout condamné à une peine afflictive ou infamante ou d'une peine correctionnelle, qui a subi sa peine ou qui a obtenu des lettres de grâce peut être réhabilité. (Ancien texte du code.)

Art. 621. . . . .

(Conforme au texte du Sénat.)

Text siehe annexe 2794. 20. Mai 1884.

Art. 623. . . . .

(Conforme au texte du Sénat.)

Art. 624. . . . .

(Conforme au texte du Sénat.)

Art. 628. . . . .

(Conforme au texte du Sénat.)

Art. 629. . . . .

(Comme au texte du Sénat.)

Art. 633. . . . .

(Comme au texte de la loi du 14 août 1885. D. H.)

Art. 634. . . . .

(Conforme au texte de la loi du 14 août 1885. Der Absatz 4 ist hier beigefügt. D. H.)

Art. 11. . . . .

(Comme au texte du Sénat.)

c. Sénat.

Proposition de loi, adoptée par le Sénat, amendée par la chambre des députés, sur les moyens de prévenir la recidive (libération conditionnelle, patronage, réhabilitation), transmise par M. le Président de la Chambre des députés à M. le Président du Sénat. — (Renvoyée à la commission précédemment saisie.)

(Sénat, Doc. 1885/86, annexe No. 157, **Séance du 23 mai 1885,** p. 169.)

Proposition de loi.

Titre III.

Réhabilitation.

Art. 10. — Übereinstimmend mit dem Ges. v. 14. Aug. 1885.

Art. 621. — - - - - - - - - - - - -

Art. 623. — Il doit justifier du payement des frais de justice, de l'amende et des dommages-intérêts aux-quels il a été condamné, ou de la remise qui lui en a été faite, ou établir qu'il était hors d'état de se libérer au moment où la prescription s'est trouvée acquise.

Im übrigen übereinstimmend mit der Fassung des Gesetzes vom 14. August 1885. Es gilt die gleiche Reserve, die beim Senatsbeschluss vom 20. Juni 1885 hervorgehoben. (Siehe unten S. 129.)

Art. 624 = Art. 624, Ges. v. 14. Aug. 1885.

Auch hier ist der Unterschied feststellbar, dafs mit »Le procureur de la République prend, en outre« ein neuer Absatz beginnt.

Art. 629 = Art. 629, Ges. v. 14. Aug. 1885.
Art. 633 = - 633 - - - - -
Art. 634 = - 634 - - - - -
Art. 11 = - 11 - - - - -

Délibéré en séance publique, à Paris, le dix huit mai mil huit cent quatre-vingt-cinq.

Rapport fait au nom de la commission chargée d'examiner la proposition de loi, adoptée par le Sénat, amendée par la Chambre des députés, sur les moyens de prévenir la récidive (libération conditionnelle, patronage, réhabilitation), par M. Bérenger, sénateur.

(Sénat, Doc. 1885/86, annexe No. 171, **Séance du 4 juin 1885**, p. 183 et suiv.)

Proposition de loi (p. 185 et s.).

Titre III.

Réhabilitation (p. 186/187).

Stimmt in den Art. 10 u. 11 vollkommen überein mit der Fassung des Gesetzes vom 14. Aug. 1885.

Auch hier gilt aber bezüglich der Absätze in den Art. 623 u. 624 das beim Senatsbeschlufs vom 20. Juni 1885 (unten p. . . .) Gesagte.

Adoption de la proposition de loi sur les moyens de prévenir la récidive. — Urgence déclarée.

(Sénat, Débats 1885, p. 731. **Séance du 20 juin 1885.**)

Titre III.

Réhabilitation.

Wörtlich das Gesetz vom 14. August 1885, soweit unsere Materie in Betracht kommt.

Nur bei Art. 623 beginnt mit den Worten: »En cas de condamnation solidaire« der 5. Absatz, bis zu den Worten: »payée par le demandeur« reichend.

Bei Art. 624 bilden die Worte: »le procureur de la République« bis »où le condamné a résidé« den 6. und letzten Absatz.

NB. Vorliegende Bemerkungen sind veranlafst durch einen Vergleich mit dem im Annuaire de législation française enthaltenen Text des Gesetzes vom 14. August 1885.

Es will uns scheinen, als ob die Teilung daselbst ungenau wäre. Alle gezogenen Schlufsfolgen würden mit Bestätigung dieser Vermutung in obigem Umfang hinfällig sein. Dazu vgl. Houitte de la Chesnais, loc. cit. und André, loc. cit. S. 345 ff., die auch beim Gesetz vom 14. August 1885 die oben hervorgehobene Absatz-Teilung anführen.

Discussion de la proposition de loi relative aux moyens de prévenir la récidive.

(Chambre, Débats 1885, p. 1517. **Séance du 17 juillet 1885.**)

Das Gesetz 1885 wird angenommen.

Es gilt hierfür das schon oben beim Senat Hervorgehobene. (S. 129 a. E.)

d) Chambre des députés.

Proposition de loi adoptée par le Sénat, amendée par la Chambre des députés, adoptée avec modifications par le Sénat sur les moyens de prévenir la récidive (Libération conditionnelle, patronage, réhabilitation) Transmise à la chambre des députés, au nom du Sénat, par M. le président du Sénat. (Urgence déclarée) — (Renvoyée à la commission relative).

(Chambre, Doc. 1885, annexe No. 3890, **Séance du 23 juin 1885,** p. 1033.)

Titre III.

Réhabilitation.

Der Text stimmt, soweit er unsere Materie betrifft, überein mit jenem des Gesetzes vom 14. Aug. 1885.

Im Übrigen gilt die gleiche Reserve wie sie oben beim Senatsbeschlufs hervorgehoben worden. (S. 129 a. E.)

Rapport fait au nom de la commission chargée d'examiner la proposition de loi adoptée par le Sénat, amendée par la Chambre des députés, adoptée avec modifications par le Sénat, sur les moyens de prévenir la récidive (libération conditionnelle, patronage, réhabilitation) par M. Gomot, député — (Urgence déclarée).

(Chambre, Doc. 1885, annexe No. 3914, **Séance du 29 juin 1885,** p. 1049.)

Proposition de loi.

Titre III.

Réhabilitation,

Der Text stimmt, soweit er uns angeht, überein mit jenem des Gesetzes vom 14. Aug. 1885.

Im Übrigen gilt die gleiche Reserve, wie sie oben beim Senatsbeschlufs hervorgehoben worden ist. (Vergl. S. 129 a. E.)

2. Loi

du 14 août 1885, relative aux moyens de prévenir la récidive (libération conditionnelle, patronage, réhabilitation).*)

Titre III.

Réhabilitation.

Art. 10. — Les articles 630, 631 et 632 du Code d'instruction criminelle sont supprimés.

Les articles 621, 623, 624, 628, 629, 633 et 634 du même Code sont modifiés ainsi qu'il suit:

Art. 621. — Le condamné à une peine afflictive ou infamante ne peut être admis à demander sa réhabilitation s'il n'a résidé dans le même arrondissement depuis cinq années, et pendant les deux dernières dans la même commune.

---

*) Aus: Annuaire de législation française en 1885, tome V, Paris 1886. p 115 ff.

Documents et travaux parlementaires. — Sénat. Proposition de M. Bérenger, J. off., 28 décembre 1882; exposé des motifs, Annexes, avril 1883, p. 251. — Rapport sommaire de M. Le Guen, Annexes, avril 1883, p 559. — Prise en considération, 20 avril 1883, J. off. du 21, — Rapport par M. Bérenger, 22 décembre 1883, Annexes, janvier 1884, p. 1187; rapport supplémentaire, 13 mars 1884, Annexes, juin 1884. p 195. — Discussion de la loi, J. off., 22, 23 mars, 2 avril 1884.

Chambre. Rapport par M. Gomot, 18 novembre 1884, J. off., mai 1885, p 2106. — Discussion de la loi. J. off.. 17 et 19 mai 1885.

Sénat. Rapport par M. Bérenger, 4 juin 1885, Annexes, J. off., janvier 1886, p 183. — Discussion, J. off., 21 juin 1885.

Chambre. Rapport de M. Gomot, 29 juin 1885, Annexes, novembre 1885, p. 1049. — Adoption sans discussion, J. off., 18 juillet 1885.

Promulgation: J. off. du 15 août 1885.

(Das Gesetz ist teilweise auch angeführt bei Victor Nicolas. Commentaire complet du code de justice militaire pour les armées de terre et de mer suivi des principales dispositions du droit public et du droit civil, ainsi que de toutes les lois pénales applicables aux armées de terre et de mer et à la marine marchande. Paris, A. Chevalier-Marescq et Cie, Editeurs, 1898 p 661. Weiter ist das Gesetz auch angeführt bei Houitte de la Chesnais samt den travaux préparatoires. S. 263 ff. siehe bes. S. 271 ff. und bei André, l. c. p 345 ff.).

Le condamné à une peine correctionnelle ne peut être admis à demander sa réhabilitation s'il n'a résidé dans le même arrondissement depuis trois années, et pendant les deux dernières dans la même commune.

Les condamnés qui ont passé tout ou partie de ce temps sous les drapeaux, ceux que leur profession oblige à des déplacements inconciliables avec une résidence fixe, pourront être affranchis de cette condition s'ils justifient, les premiers, d'attestations satisfaisantes de leurs chefs militaires, les seconds, de certificats de leurs patrons ou chefs d'administration constatant leur bonne conduite.

Ces attestations et certificats sont délivrés dans les conditions de l'article 624.

Art. 623. — Il doit, sauf le cas de prescription, justifier du payement des frais de justice, de l'amende et des dommages-intérêts, ou de la remise qui lui en a été faite.

A défaut de cette justification, il doit établir qu'il a subi le temps de contrainte par corps déterminé par la loi, ou que la partie lésée a renoncé à ce moyen d'exécution.

S'il est condamné pour banqueroute frauduleuse, il doit justifier du payement du passif de la faillite en capital, intérêts et frais, ou de la remise qui lui en a été faite.

Néanmoins, si le demandeur justifie qu'il est hors d'état de se libérer des frais de justice, la cour peut accorder la réhabilitation même dans le cas où ces frais n'auraient pas été payés ou ne l'auraient été qu'en partie. — En cas*) de condamnation solidaire, la cour fixe la part des frais de justice, des dommages-intérêts ou du passif qui doit être payée par le demandeur.

Si la partie lésée ne peut être retrouvée, ou si elle refuse de recevoir, il est fait dépôt de la somme due à la Caisse des dépôts et consignations dans la forme des articles 812 et suivants du Code de procédure civile; si la partie ne se présente pas dans un délai de cinq ans, pour ce faire attribuer la somme consignée, cette somme est restituée au déposant sur la simple demande.

---

*) Vergl. unsere Bemerkung bei der Senatsproposition vom 20. Juni 1885. oben S. 129 a. E.

Art. 624. — Le procureur de la République provoque des attestations des maires des communes où le condamné a résidé, faisant connaître:

1°. La durée de sa résidence dans chaque commune avec indication du jour où elle a commencé et de celui où elle a fini;

2°. Sa conduite pendant la durée de son séjour;

3°. Ses moyens d'existence pendant le même temps. Ces attestations doivent contenir la mention expresse qu'elles ont été rédigées pour servir à l'appréciation de la demande en réhabilitation. — Le procureur de la République*) prend, en outre, l'avis des juges de paix des cantons et celui des sous-préfets des arrondissements où le condamné a résidé.

Art. 628. — La cour, le procureur général et la partie ou son conseil entendus, statue sur la demande.

Art. 629. — En cas de rejet, une nouvelle demande ne peut être formée avant l'expiration d'un délai de deux années.

Art. 633. — Si la réhabilitation est prononcée, un extrait de l'arrêt est adressé par le procureur général à la cour ou au tribunal qui a prononcé la condamnation, pour être transcrit en marge de la minute de l'arrêt ou du jugement. Mention en est faite au casier judiciaire. Les extraits délivrés aux parties ne doivent pas relever la condamnation.

Le réhabilité peut se faire délivrer une expédition de la réhabilitation et un extrait du casier judiciaire sans frais.

Art. 634. — La réhabilitation efface la condamnation et fait cesser pour l'avenir toutes les incapacités qui en résultaient.

Les interdictions prononcées par l'article 612 du Code de commerce sont maintenues, nonobstant la réhabilitation obtenue en vertu des dispositions qui précèdent.

Les individus qui sont en état de récidive légale, ceux qui, après avoir obtenu la réhabilitation, auront encouru une nouvelle condamnation, ne seront admis au bénéfice des dispositions qui précèdent qu'après un délai de dix années écoulées depuis leur libération.

Néanmoins, les récidivistes qui n'auront subi aucune peine afflictive ou infamante et les réhabilités qui n'auront encouru qu'une condamnation à une peine correctionnelle seront admis au bénéfice des dispositions qui précèdent, après un délai de six années écoulées depuis leur libération.

Art. 11. — La présente loi est applicable aux colonies, sous réserve des dispositions des lois ou règlements spéciaux relatifs à l'exécution de la peine des travaux forcés.

Loi du **26 mars 1891** sur l'atténuation et l'aggravation des peines.*)

Les dispositions relatives au sursis à l'exécution des peines sont formulés dans les art. 1, 2, 3 et 4 de la loi que nous transcrivons ci-dessous:

Art. premier. En cas de condamnation à l'emprisonnement ou à l'amende, si l'inculpé n'a pas subi de condamnation antérieure à la prison, pour crime et délit de droit commun, les cours ou tribunaux peuvent ordonner, par le même jugement et par décision motivée, qu'il sera sursis à l'exécution de la peine.

Si pendant le délai de 5 ans, à dater du jugement ou de l'arrêt, le condamné n'a encouru aucune poursuite suivie de condamnation à l'emprisonnement ou à une peine plus grave pour crime ou délit de droit commun, la condamnation sera comme non avenue.

Dans le cas contraire, la première peine sera d'abord exécutée, sans qu'elle puisse se confondre avec la seconde.

Art. 2. La suspension de la peine ne comprend pas le paiement des frais du procès et des dommages-intérêts.

Elle ne comprend pas non plus les peines accessoires et les incapacités résultant de la condamnation.

Toutefois ces peines accessoires et les incapacités cesseront d'avoir effet du jour où, par application des dispositions de l'article précédent, la condamnation aura été réputée non avenue.

Art. 3. Le président de la Cour ou du tribunal doit, après avoir prononcé la suspension, avertir le condamné, qu'en cas de nouvelle condamnation, dans les conditions de l'art. 1er,

---

*) Aus: Chonez, p. 187/188, angeführt auch bei André p. 348 ff. unter Beifügung der einschlägigen Parlamentsmaterialien; vgl. auch Magescas, l. c. p. 118 Anm. 3 bezüglich der Vorarbeiten.

la première peine sera exécutée sans confusion possible avec la seconde, et que les peines de la récidive seront encourues dans les termes des art. 57 et 58 du Code pénal.

Art. 4. La condamnation est inscrite au casier judiciaire mais avec la mention expresse de la suspension accordée.

Si aucune poursuite, suivie de condamnation dans les termes de l'art. 1er, § 2, n'est intervenue dans le délai de 5 ans elle ne doit plus être inscrite dans les extraits délivrés aux parties.

Projet du Code pénal français.*)

Le projet de la Commission de revision du Code pénal dans le chapitre VI du titre 2, intitulé: »Du pardon, du sursis à l'exécution et de la libération conditionnelle« adopte à la fois le système du pardon et celui du sursis. Voici les articles de ce projet relatifs à notre sujet.

Art. 67. Le tribunal peut, lorsqu'il prononce une peine inférieure ou égale à 3 mois de prison ou la détention contre un inculpé n'ayant pas encore été condamné pour crime ou délit, ordonner qu'il sera sursis à l'exécution de cette peine.

Art. 68. Le sursis est révoqué de plein droit, si dans le délai de 3 ans, le condamné commet un nouveau crime ou un nouveau délit, passible de l'emprisonnement ou de la détention.

Dans ce cas la première peine sera subie, sans confusion avec la seconde.

Art. 69. La condamnation sera considérée comme exécutée, s'il n'est pas prononcé de nouvelle condamnation, dans les termes du précédent article.

*Réhabilitation.***)

Le projet de Code pénal traite de la réhabilitation, sans edicter aucune disposition nouvelle.

---

*) Aus: Chonez, p. 188/189; vgl. auch Mitteilungen der I.K.V. Bd. IV.

**) Aus: Chonez, p. 145.

Livre premier.*)

Des infractions en général et des peines.

Titre II: Des peines.

Chapitre XI: De la réhabilitation.

Art. 100. Tout condamné à une peine criminelle ou correctionnelle, qui a subi sa peine, ou qui a obtenu des lettres de grâce, peut être réhabilité. Confer C. i. cr. art. 619. (1852).

Art. 101. La demande en réhabilitation pour les condamnés à une peine criminelle ne peut être formée que cinq ans après le jour de leur libération.

Le délai est reduit à trois ans pour les condamnés à une peine correctionnelle. Cfr. C. i. cr. art. 620.

102. = C. i. cr. art. 621 [loi du 14 août 1885 (= 1885)].

103. = C. i. cr. art. 622 (1852).

104. = C. i. cr. art. 623 (1885).

»En cas de condamnation« beginnt einen neuen Absatz.**)

105. = C. i. cr. art. 624 (1885).

»Le procureur« beginnt einen neuen 6. Absatz.**)

106. = C. i. cr. art. 625 (1852).

Die No. 1° u. 2° bilden eigene Alineas.

107. = C. i. cr. art. 626 (1852).

Neuerdings bilden beide alten Alineas einen einheitl. Paragraphen.

108. = C. i. cr. art. 627 (1852).

109. = La cour, le procureur général et la partie ou son conseil entendus, statue sur la demande. Cfr. C. i. cr. art. 628 (1852).

110. = 629 (1885).

111. = 633 (1885).

112. = 634 (1885).

---

*) NB. Statt peine afflictive ou infamante steht allgemein: peine criminelle.

(Aus: Mitteilungen der internationalen kriminalistischen Vereinigung. Bd. IV p. 165 ff. Berlin 1894).

**) Vergl. nnsere Bemerkung zum Senatsbeschlufs vom 20. Juni 1885 (oben S. 129 a. E.)

Loi du 10 mars 1898, ayant pour objet de rendre la réhabilitation applicable aux condamnés qui ont prescrit contre l'exécution de la peine.

1. Documents préparatoires.

a) Chambre de députés.

Proposition de loi ayant pour objet: 1° de rendre la réhabilitation applicable aux condamnés contradictoirement qui ont prescrit contre l'exécution de la peine; 2° de déclarer que la réhabilitation sera de droit après un certain délai, présentée par M. Michelin, député.

(Chambre, doc. 1894, Annexe No. 413. Sess. ord., **Séance de 20 février 1894**, p. 256 ff.) (Reutenauer citiert: J. off. du 15 mars 1894, annexe No. 413, p. 256).

Proposition de loi. (p. 258).

Art. 1er. Le paragraphe suivant est ajouté à l'article 619 du code d'instruction criminelle: »Il en sera de même pour tout condamné contradictoirement qui a prescrit contre l'exécution de la peine.«

Art. 2. L'article 630 du code d'instruction criminelle est rétabli et ainsi rédigé:

»La cour ne peut pas refuser la réhabilitation lorsque, depuis le jour de la libération, il s'est écoulé un délai de dix ans pour les condamnés à une peine afflictive ou infamante et un délai de six ans pour les condamnés à une peine correctionnelle.«

Art. 3. Les mots »ceux qui, condamnés contradictoirement à une peine afflictive ou infamante ont prescrit contre l'exécution de la peine« sont ajoutés aux troisième paragraphe de l'article 634 du code d'instruction criminelle après les mots »auront encouru une nouvelle condamnation« et avant ceux-ci: »ne seront admis au bénéfice des dispositions qui précèdent.«

Les mots »ou après la prescription« sont ajoutés à la fin du même paragraphe.

Art. 4. Les paragraphes suivants sont ajoutés à l'article 634 du code d'instruction criminelle:

»Seront également admis au bénéfice des dispositions qui précèdent, après un délai de six années écoulées depuis la prescription, les condamnés contradictoirement à une peine correctionnelle qui auront prescrit contre l'exécution de la peine.«

»La réhabilitation ne peut pas être refusée lorsqu'il s'est écoulé un délai de vingt ans depuis la libération ou la prescription de la peine pour les condamnés dont il est question dans le paragraphe 3 du présent article, et un délai de dix ans depuis la libération ou la prescription pour les condamnés dont il est question dans les autres paragraphes du présent article.«

»Les condamnés contradictoirement qui on prescrit contre l'exécution de la peine sont tenus, outre les conditions ci-dessus énoncées, de justifier qu'ils n'ont encouru pendant les délais de la prescription aucune autre condamnation pour faits qualifiés crimes ou délits et qu'ils ont eu une conduite irréprochable.

Rapport sommaire fait au nom de la 4e commission d'initiative parlementaire chargée d'examiner la proposition de loi de M. Michelin, ayant pour objet: 1° de rendre la réhabilitation applicable aux condamnés contradictoirement qui ont prescrit contre l'exécution de la peine; 2° de déclarer que la réhabilitation sera de droit après un certain délai, par M. Michelin, député.

(Chambre, Doc. 1894, annexe No. 614, Sess. ord., **Séance du 10 mai 1894**, p. 805 ff.)

Der Rapport enthält eine Wiedergabe der Art. 619, 630, 634 (p. 806/807) des Code d'instruction criminelle mit den Zusätzen der Proposition Michelin.

Rapport fait au nom de la commission chargée d'examiner la proposition de loi de M. Michelin ayant pour objet: 1° de rendre la réhabilitation applicable aux condamnés contradictoirement qui ont prescrit contre l'exécution de la peine, 2° de déclarer que la réhabilitation sera de droit après un certain délai, par M. Michelin, député.

(Chambre, Doc. 1894, annexe No. 977, Sess. extr., **Séance du 13 novembre 1894**. Reutenauer u. AA. citieren: J. off. du 8 déc. 1894, annexe No. 977. p. 1939.)

Proposition de loi.

(Texte proposé.)

Art. 1er. Le paragraphe suivant est ajouté à l'article 619 du code d'instruction criminelle:

Il en sera de même pour tout condamné contradictoirement qui a prescrit contre l'exécution de la peine.

Art. 2. L'article 622 du code d'instruction criminelle est ainsi modifié:

Le condamné adresse la demande en réhabilitation à la chambre des mises en accusation de la cour d'appel dans le ressort de laquelle il est domicilié, en faisant connaître dans cette demande:

1° La date de sa condamnation;

2° Les lieux où il a résidé depuis sa libération, s'il s'est écoulé, après cette époque, un délai plus long que celui qui est fixé par l'article 620.

Art. 3. L'article 624 du code d'instruction criminelle est ainsi modifié:

Le procureur général près la cour d'appel, sur la communication qui lui aura été faite de la requête du condamné, provoque des attestations des maires des communes où le condamné aura résidé, faisant connaître:

1° La durée de sa résidence dans chaque commune, avec indication du jour où elle a commencé et de celui où elle a fini;

2° Sa conduite pendant la durée de son séjour;

3° Ses moyens d'existence pendant le même temps.

Ces attestations doivent contenir la mention expresse qu'elles ont été rédigées pour servir à l'appréciation de la demande en réhabilitation.

Le procureur général prend en outre l'avis des juges de paix des cantons et celui des sous-préfets des arrondissements où le condamné a résidé.

Art. 4. L'article 625 du code d'instruction criminelle est ainsi modifié:

Le procureur général se fera délivrer:

1° Une expédition de l'arrêt de condamnation.

2° Un extrait des registres des lieux de détention où la peine a été subie, constatant quelle a été la conduite du condamné.

Art. 5. L'article 626 du code d'instruction criminelle est supprimé.

Art. 6. L'article 627 du code d'instruction criminelle est ainsi modifié:

Dans les deux mois de la communication au procureur général, l'affaire est rapportée à la chambre des mises en accusation; le procureur général donne ses conclusions motivées et par écrit.

Il peut requérir, en tout état de cause, et la cour peut ordonner, même d'office, de nouvelles informations sans qu'il puisse en résulter un retard de plus de six mois.

La cour pourra accorder un nouveau sursis au procureur général.

Elle pourra également ordonner que la nouvelle information sera faite par un conseiller rapporteur spécialement désigné pour chaque affaire; ce dernier pourra saisir rogatoirement les juges d'instruction et tous officiers de police judiciaire.

Art. 7. Le paragraphe suivant est ajouté à l'article 628 du code d'instruction criminelle:

Lorsque, depuis le jour de la libération, il s'est écoulé un délai de dix ans pour les condamnés à une peine afflictive ou infamante, et un délai de six ans pour les condamnés à une peine correctionnelle, sans que ces condamnés aient subi de condamnation nouvelle, la cour ne pourra refuser la réhabilitation que pour immoralité notoire, dûment constatée dans les motifs de l'arrêt.

L'avis du maire, du juge de paix, du sous-préfet et du procureur de la République devront être mentionnés dans l'arrêt.

Art. 8. L'article 634 du code d'instruction criminelle est ainsi modifié:

La réhabilitation efface la condamnation et fait cesser pour l'avenir toutes les incapacités qui en résultaient.

Les interdictions prononcées par l'article 612 du code de commerce sont maintenues nonobstant la réhabilitation obtenue en vertu des dispositions qui précèdent.

Les individus qui sont en état de récidive légale, ceux qui, après avoir obtenu la réhabilitation auront encouru une nouvelle condamnation, ceux qui, condamnés contradictoirement à une peine afflictive ou infamante, ont prescrit contre l'exécution de la peine, ne seront admis au bénéfice des dispositions qui précèdent qu'après un délai de dix années écoulées depuis leur libération ou après la prescription contre l'exécution de la peine.

Néanmoins les récidivistes qui n'auront subi aucune peine afflictive ou infamante et les réhabilités qui n'auront encouru qu'une condamnation à une peine correctionnelle, seront admis au bénéfice des dispositions qui précèdent après un délai de six années écoulées depuis leur libération.

Seront également admis au bénéfice des dispositions qui précèdent, après un délai de six années écoulées depuis la prescription, les condamnés contradictoirement à une peine correctionnelle qui auront prescrit contre l'exécution de la peine.

Les condamnés contradictoirement qui ont prescrit contre l'exécution de la peine sont tenus, outre les conditions ci-dessus énoncées, de justifier qu'ils n'ont encouru pendant les délais de la prescription aucune condamnation pour faits qualifiés crimes ou délits, et qu'ils ont eu une conduite irréprochable.*)

Rapport supplémentaire fait au nom de la commission chargée d'examiner la proposition de loi de M. Michelin ayant pour objèt: 1° de rendre la réhabilitation applicable aux condamnés contradictoirement qui ont prescrit contre l'exécution de la peine; 2° de déclarer que la réhabilitation sera de droit après un certain délai, par M. Michelin, député.

(Chambre, Doc. 1895, annexe No. 1572, Sess. extr., **Séance du 24 octobre 1895,** p. 1410.

Nach Reutenauer u. A. A.: J. off. du 18 déc. 1895. Annexe No. 1572, p. 1410.)

---

*) 1re Délibération hierüber: Chambre, Débats 1895, p. 1788, Séance du 20 juin.

Proposition de loi.

Art. 1er. L'article 619 du code d'instruction criminelle est ainsi modifié:

Tout condamné à une peine afflictive ou infamante ou à une peine correctionnelle, peut être réhabilité.

Art. 2. L'article 622 du code d'instruction criminelle est ainsi modifié:

Le condamné adresse la demande en réhabilitation au président de la cour d'appel usw. wie beim Rapport 1894 (oben p. 139 f. . .).

Art. 3. gleichlautend wie im Rapport 1894.

Art. 4. - - - - -

Art. 5. - - - - -

Art. 6. In Abs. 1 steht heute »rapportée à la chambre d'accusation«, im Rapport 1894 »rapportée à la chambre des mises en accusation«. Im übrigen gleichlautend wie im Rapport 1894.

Abs. 2 gleichlautend wie im Rapport 1894.

Abs. 3. La cour pourra ordonner que usw. wie Art. 6 Abs. 4 des Rapport 1894. (Abs. 3 des Rapport 1894 ist weggefallen.)

Art. 7. L'article 634 du code d'instruction criminelle est ainsi modifié usw. wie Art. 8 des Rapport 1894. (Art. 7 jenes Rapport ist weggefallen.)

Änderungen:

In Abs. 4 sind nach »ceux qui, condamnés contradictoirement« und vor den Worten »à une peine afflictive« die Worte eingefügt: »ou par contumace«; der Schluss des Absatzes lautet: »depuis leur libération ou depuis la prescription.«

In Abs. 6 sind nach den Worten »les condamnés contradictoirement« und vor jenen: »à une peine correctionnelle« die Worte eingefügt: »ou par défaut«.

In Abs. 7 folgen auf die Worte: »Les condamnés contradictoirement« die Worte: »les condamnés par contumace ou par défaut«; weiter wie Rapport 1894.

Art. 8. La présente loi est applicable à l'Algérie.

La chambre a voté, en première lecture, la proposition de loi de M. Michelin, relative à la réhabilitation.[1])

b) Sénat.

Proposition de loi, adoptée par la Chambre des députés, ayant pour objet de rendre la réhabilitation*) applicable aux condamnés qui ont prescrit contre l'exécution de la peine, transmise par M. le président de la Chambre des députés à M. le président du Sénat.

(Sénat, doc. 1896, Annexe No. 78. Sess. ord., **Séance du 19 mars 1896**, p. 148, 149.)

Proposition de loi.

Art. 1er. — L'article 619 du code d'instruction criminelle est ainsi modifié:

Tout comdamné à une peine afflictive ou infamante ou à une peine correctionnelle peut être réhabilité.

Art. 2. — L'article 622 du code d'instruction criminelle est ainsi modifié:

Le comdamné adresse la demande en réhabilitation au président de la cour d'appel dans le ressort de laquelle il est domicilié, en faisant connaître dans cette demande:

1°. La date de cette condamnation;

2°. Les lieux où il a résidé depuis sa libération, s'il s'est écoulé après cette époque un délai plus long que celui qui est fixé par l'article 620.

Art. 3. — L'article 624 du code d'instruction criminelle est ainsi modifié:

Le procureur général près la cour d'appel, sur la communication qui lui aura été faite de la requête du condamné, provoque des attestations des maires des communes où le condamné aura résidé, faisant connaître:

1°. La durée de sa résidence dans chaque commune, avec indication du jour où elle a commencé et de celui où elle a fini;

---

1) V. Annuaire, tome XIV, p. 13, note 11. — Chambre: première délibération, 20 juin 1895: rapport supplémentaire, doc. 1895, p. 1411. (Aus Annuaire de législation française en 1895, tome XV, Paris 1896.

*) Die Worte »la réhabilitation« fehlen offenbar irrtümlich im Originaltext.

2°. Sa conduite pendant la durée de son séjour;

3°. Ses moyens d'existence pendant le même temps.

Ces attestations doivent contenir la mention expresse qu'elles ont été rédigés pour servir à l'appréciation de la demande en réhabilitation.

Le procureur général prend en outre l'avis des juges de paix des cantons et celui des sous-préfets des arrondissements où le condamné a résidé.

Art. 4. — L'article 625 du code d'instruction criminelle est ainsi modifié:

Le procureur général se fera délivrer:

1°. Une expédition de l'arrêt de condamnation;

2°. Un extrait des registres des lieux de détention où la peine a été subie, constatant quelle a été la conduite du condamné.

Art. 5. — L'article 626*) du code d'instruction criminelle est supprimé.

Art. 6. — L'article 627 du code d'instruction criminelle est ainsi modifié:

Dans les deux mois de la communication au procureur général, l'affaire est rapportée à la chambre d'accusation, le procureur général donne ses conclusions motivées et par écrit.

Il peut requérir, ent tout état de cause, et la cour peut ordonner, même d'office, de nouvelles informations sans qu'il puisse en résulter un retard de plus de six mois.

La cour pourra ordonner que la nouvelle information sera faite par un conseiller rapporteur spécialement désigné pour chaque affaire; ce dernier pourra saisir rogatoirement les juges d'instruction et tous officiers de police judiciare.

Art. 7. — L'article 634 du code d'instruction criminelle est ainsi modifié:

La réhabilitation efface la condamnation et fait cesser pour l'avenir toutes les incapacités qui en résultaient.

Les interdictions prononcées par l'article 612 du code de commerce sont maintenues nonobstant la réhabilitation obtenue en vertu des dispositions qui précèdent.

---

*) Im Originaltext steht fälschlich 625.

Les individus qui sont en état de récidive légale; ceux qui, après avoir obtenu la réhabilitation, auront encouru une nouvelle condamnation; ceux qui, condamnés contradictoirement ou par contumace à une peine afflictive ou infamante ont prescrit contre l'exécution de la peine, ne seront admis au bénéfice des dispositions qui précèdent qu'après un délai de dix années écoulées depuis leur libération ou depuis la prescription.

Néanmoins, les récidivistes qui n'auront subi aucune peine afflictive ou infamante et les réhabilités qui n'auront encouru qu'une condamnation à une peine correctionnelle seront admis au bénéfice des dispositions qui précèdent après un délai de six années écoulées depuis leur libération.

Seront également admis au bénéfice des dispositions qui précèdent, après un délai de six années écoulées depuis la prescription, les condamnés contradictoirement ou par défaut à une peine correctionnelle qui auront prescrit contre l'exécution de la peine.

Les condamnés contradictoirement, les condamnés par contumace ou par défaut qui ont prescrit contre l'exécution de la peine sont tenus, outre les conditions ci-dessus énoncées, de justifier qu'ils n'ont encouru pendant les délais de la prescription aucune condamnation pour faits qualifiés crimes ou délits, et qu'ils ont eu une conduite irréprochable.

Art. 8. — La présente loi est applicable à l'Algérie et aux colonies.

Rapport fait au nom de la commission chargée d'examiner la proposition de loi, adoptée par la Chambre des députés, ayant pour objet: 1° de rendre la réhabilitation applicable aux condamnés qui ont prescrit contre l'exécution de la peine, 2° de modifier la procédure de la réhabilitation, par M. Tillaye, sénateur.

(Sénat, Doc. 1898, annexe No. 3, Sess. ord.; **Séance du 18 janvier 1898,** p. 1 et suiv. Reutenauer citiert: J. off. du 18 mai 1898 etc.)

Le texte voté par la Chambre (vgl. Sénat, Doc. 1896, annexe No. 78, 19 mars 96) est proposé par la commission du Sénat.

c) Chambre.

Proposition de loi adoptée par la Chambre des députés, adoptée avec modifications par le Sénat, ayant pour objet, de rendre la réhabilitation applicable aux condamnés qui ont prescrit contre l'exécution de la peine, transmise à la Chambre des députés, au nom du Sénat, par M. le président du Sénat. — (Renvoyée à la commission précédemment saisie.)

(Chambre, Doc. 1898, annexe No. 3031, Sess. ord., **Séance du 12 février 1898**, p. 678.)

Gleichlautend mit dem Gesetz vom 10. März 1898.

Rapport fait au nom de la commission chargée d'examiner la proposition de loi adoptée par la Chambre des députés, adoptée avec modifications par le Sénat, ayant pour objet de rendre la réhabilitation applicable aux condamnés qui ont prescrit contre l'exécution de la peine, par M. Henri Michelin, député.

(Chambre, Doc. 1898, Annexe No. 3033, Sess. ord., **Séance du 15 février 1898**, p. 679.)

Proposition de loi.

Gleichlautend mit dem Gesetz vom 10. März 1898.

2. Loi

du **10 mars 1898**, ayant pour objet de rendre la réhabilitation applicable aux condamnés qui ont prescrit contre l'exécution de la peine. [1][2]

---

[1]) J. off. du 12 mars 1898.

Travaux préparatoires — Chambre: Proposition de loi de M. Michelin, doc. 1894. p. 256; rapport sommaire p. 805; prise en considération, 2 juin 1894; rapport de M. Michelin 1894 (session extraordinaire), p. 1939; 1re délibération, 20 juin 1895; rapport supplémentaire, doc. 1895, p. 1410; 2e délibération, 16 mars 1896.

Sénat: Texte transmis, doc. 1896, p. 148; rapport de M. Tillaye, doc. 1898, p. 1; 1re délibération, 28 janvier 1898, 2e délibération, 8 février 1898.

Chambre: Texte transmis, doc. 1896, p. 148; *) rapport de M. Michelin, p. 679; déclaration d'urgence et adoption sans discussion. 21 février 1898.

[2]) Aus: Annuaire de législation française en 1898. Paris 1899. p. 76 ff.; speziell 87—89. Auch angeführt bei: Guitteau. p. 36; Chonez. p. 185 ff.

---

*) Offenbar falsch citiert!

Art. 1er. L'articte 619 du code d'instruction criminelle est ainsi modifié:

»Tout condamné à une peine afflictive ou infamante, ou à une peine correctionnelle, peut être réhabilité.«

Art. 2. L'article 634 du code d'instruction criminelle est ainsi modifié:

»La réhabilitation efface la condamnation et fait cesser pour l'avenir toutes les incapacités qui en résultaient.

Les interdictions prononcées par l'article 612 du code de commerce sont maintenues, nonobstant la réhabilitation obtenue en vertu des dispositions qui précèdent.

Les individus qui sont en état de récidive légale, ceux qui, après avoir obtenu la réhabilitation, auront encouru une nouvelle condamnation, ceux qui, condamnés contradictoirement ou par contumace à une peine afflictive ou infamante, ont prescrit contre l'exécution de la peine, ne seront admis au bénéfice des dispositions qui précèdent qu'après un délai de dix années écoulées depuis leur libération ou depuis la prescription.

Néanmoins, les récidivistes qui n'auront subi aucune peine afflictive ou infamante et les rehabilités qui n'auront encouru qu'une condamnation à une peine correctionnelle seront admis au bénéfice de dispositions qui précèdent après un délai de six années écoulées depuis leur libération.

Seront également admis au bénéfice des dispositions qui précèdent, après un délai de six années écoulés depuis la prescription, les condamnés contradictoirement ou par défaut à une peine correctionnelle qui auront prescrit contre l'exécution de la peine.

Les condamnés contradictoirement, les condamnés par contumace ou par défaut, qui ont prescrit contre l'exécution de la peine sont tenus, outre les conditions ci-dessus enoncées, de justifier qu'ils n'ont encouru, pendant les délais de la prescription, aucune condamnation pour faits qualifiés crimes ou délits et qu'ils ont eu une conduite irréprochable.

Art. 3. La présente loi est applicable à l'Algérie et aux colonies.

Loi du 5 août 1899, sur le casier judiciaire et la réhabilitation de droit.

1. Documents préparatoires.

a) Sénat.

Projet de loi sur le casier judiciaire présenté, au nom de M. Carnot, Président de la République française, par M. Fallières, garde des sceaux, ministre de la justice et des cultes.

(Sénat, Doc. 1891, annexe No. 11, Sess. extr., **Séance du 22 octobre 1891**, p. 791 et suiv.)

Projet de loi (p. 792).

Das Projet, welches auch Appleton, loc. cit. p. 125 in extenso wiedergibt, stimmt ziemlich überein mit dem von uns unten p. . . . für 1898 citirten «Projet primitif.»

Abweichungen zeigen.

Art. 1 Ziff. 3, wo die Worte «ou édictent» des P. prim. fehlen.

Art. 9 Ziff. 2. Es fehlen die Worte am Ende «pour outrage public à la pudeur et le délit de l'article 400 du code pénal» (vgl. Projet primitif).

Ziff. 3 fehlt.

Rapport fait au nom de la commission chargée d'examiner le projet de loi sur le casier judiciaire, par M. Jules Godin, sénateur.

(Sénat, Doc. 1898, annexe No. 95, Sess. ord., **Séance du 10 mars 1898**, p. 414 et suiv (vgl. auch Le Poittevin, Traité. p. 45 et suiv.))

Projet de loi (p. 417).

Art. 1er. Abs. 1 u. No. 1, 2, 4 stimmen mit den entsprechenden Stellen des Ges. vom 5. Aug. 1899 überein.

Es lauten dagegen die Nos. 3°: Les décisions disciplinaires prononcées par l'autorité judiciaire et celles qui, prononcées par une autorité administrative, entraînent ou édictent des incapacités;

5° Les déchéances de la puissance paternelle;

6° = 5° Art. 1 d. Gesetzes vom 5. Aug. 1899.

Art. 2 = Art. 2 des Ges. v. 5. Aug. 1899.

Abs. 1 schliefst abweichend: «conformément à l'article 16 de la loi du 27 mai 1885 et des décisions qui rapportent la déchéance de la puissance paternelle ou les arrêtés d'expulsion.

Art. 3. Le bulletin No. 1 doit présenter le signalement anthropométrique du condamné dans tous les cas où il a été relevé.

Art. 4 = Art. 3 des Ges. v. 5. Aug. 1899 mit dem abweichenden Schlufs: »ou dont l'acte de naissance n'a pas été inscrit sur les registres de l'état civil.«

Art. 5. Le bulletin No. 2 est le relevé intégral des bulletins No. 1 applicables au même individu.

Il est délivré aux magistrats du parquet et de l'instruction.

Abs. 3 = Abs. 3 des Art. 4 des Ges. v. 5. Aug. 1899.

Abs. 4: Les bulletins No. 2 réclamés par les administrations publiques de l'Etat, soit pour engagement militaire ou maritime, soit pour l'exercice des droits politiques, ne comprennent que des décisions entraînant des incapacités prévues par les lois militaires, maritimes ou politiques.

Abs. 5 = Abs. 5 des Art. 4 des Ges. v. 5. Aug. 1899.

Art. 6 = Art. 5 des Ges. v. 5. Aug. 1899 mit folgenden Abweichungen: Abs. 1 enthält die späteren Worte «liquidation judiciaire» noch nicht und sagt «d'un officier ministériel». Abs. 2 schliefst in folgender Fassung: «est adressé à l'autorité administrative à l'égard de tout Français ou de tout étranger naturalisé.»

Art. 7. Le bulletin No. 3 est le relevé des bulletins No. 1, établi suivant les règles fixées aux articles 8 à 10.

Il peut être réclamé par la personne qu'il concerne et ne doit, dans aucun cas, être délivré à un tiers.

Art. 8. Ne sont pas inscrites au bulletin No. 3:

1°: übereinstimmend mit dem Gesetz vom 5. Aug. 1899. (Art. 7.)

2° Les condamnations à moins de six jours de prison ou à une amende ne dépassant pas 25 Fr. ou à ces deux peines réunies;

3° = 2° des Gesetzes vom 5. Aug. 1899. (Art. 7.)

4° Les déclarations de faillite ou de liquidation judiciaire et les décisions disciplinaires autres que la destitution;

5° = 4° des Ges. v. 5. Aug. 1899. (Art. 7.)

Beim Projet sind jedoch nach: «Les condamnations» und vor: «pour délits prévus» die Worte eingefügt «pour délits politiques et . . .»

6° = 3° des Ges. v. 5. Aug. 1899. Es steht beim Projet: «à l'étranger» statt «en pays étrangers.» (Ges. 1899.)

7° = 5°, Ges. v. 5. Aug. 1899. (Art. 7.)

8° Une première condamnation avec sursis soit à un mois ou moins d'un mois d'emprisonnement, soit à une amende supérieure à 50 Fr., mais n'excédant pas 500 Fr., prononcée pour un délit autre que le vol, l'escroquerie, l'abus de confiance ou l'attentat aux moeurs, prévu par l'article 334 du code pénal pour outrage public à la pudeur et le délit de l'article 400 du code pénal.

Art. 9. Cessent d'être inscrits au bulletin No. 3:

1° Sept ans après l'expiration de la peine corporelle ou le payement de l'amende, la condamnation unique à deux ans ou moins de de deux ans de prison ou à une amende;

2° Douze ans après l'expiration de la peine, la condamnation à une peine supérieure, sans qu'il soit dérogé à l'article 4 de la loi du 26 mars 1891 sur l'atténuation et l'aggravation des peines.

Art. 10. En cas de condamnation ultérieure, le bulletin No. 3 reproduit intégralement les bulletins No. 1 constatant des décisions autres que celles qui sont énumérées aux six premiers paragraphes de l'article 8.

Art. 11 = Art. 11, Ges v. 5. Aug. 1899.

Art. 12 = Art. 12, Ges. v. 5. Aug. 1899 (Proj.: hier steht »bulletin No. 3«).

Art. 13 = Art. 13, Ges. v. 5. Aug. 1899 (Proj.: hier steht »No. 2 et 3«).

Art. 14 = Art. 14, Ges. v. 5. Aug. 1899.

Als Abs. 5 figuriert jedoch der spätere Abs. 7 (Ges. 1899): »Le ministère public aura le droit d'agir d'office dans la même forme en rectification de casier judiciaire« wodurch sich die Zahl der folgenden Absätze gegenüber dem Gesetz vom 5. Aug. 1899 um eine Nummer verschiebt: Abs. 6 = Abs. 5 (1899).

Bei Abs. 7 fehlen die späteren Worte des Gesetzes 1899 (Abs. 6) »s'il a été appelé à l'instance.«

Abs. 8 ist bei beiden Formulierungen gleich.

Abs. 9 lautet: Les actes et jugements seront dispensés de timbre et enregistrés gratis.

Der gleiche Text wird wiederholt in einem **Annexe No. 1 (Projet rectifié. loc. cit. p. 417 ff.).** Es sind jedoch in demselben einige offenbar unbeabsichtigte Abweichungen feststellbar.

In Art. 6 Abs. 1 steht: »d'un office ministériel.«

In Art. 11 Abs. 3 des Pr. rect. steht: »se sera fait délivrer« statt »se fera délivrer« (Projet).

In Art. 12 steht: »bulletin No. 2« (wie Ges. v. 5. Aug. 1899) statt »bulletin No. 3« (wie im Projet).

In Art. 14 sind die Absätze 6 u. 7 des Projet (nicht P. primitif.) zu *einem* Absatz 6 zusammengezogen. Dadurch verschiebt sich die Zahl der ff. Absätze gegenüber dem obigen Projet.

A. a. O. wird auch ein Projet primitif erwähnt, dem wir in den von uns untersuchten sonstigen Materialien nicht begegneten und das wir daher unten anführen (vgl. die ff. Seiten).

Projet primitif
(de la loi sur le casier judiciaire.)

(Cfr.: Sénat, Doc. 1898, annexe No. 95, sess. ord., **Séance du 10 mars 1898,** p. 414 et suiv.)

Projet primitif (p. 417 ff.)
(vgl. auch Le Poittevin, Traité p. 61 ff.)

Art. 1er. »Le casier judiciaire établi au greffe de chaque tribunal de première instance reçoit, en ce qui concerne les personnes nées dans la circonscription du tribunal et après vérification de leur identité« usw. wörtlich übereinstimmend mit dem Projet rectifié. (Vgl. darüber oben S. 151).

Art. 2. Bei Abs. 1 fehlt der Schlussteil des projet rectifié: »et des décisions qui rapportent la déchéance de la puissance paternelle ou les arrêtés d'expulsion.«

Abs. 2 lautet: »Sont retirés du casier judiciaire: les bulletins No. 1, relatifs à des condamnations effacées par une amnistie, à des déclarations de faillite, de liquidation judiciaire ou de déchéance de la puissance paternelle ultérieurement rapportées.«

Art. 3 = Art. 3 des Projet rectifié.

Art. 4 = Art. 4 des Projet rectifié.

Art. 5 Abs. 1 und 2 stimmen mit dem Projet rectifié überein.

Abs. 3 lautet:

»Il l'est également aux administrations publiques de l'Etat en vue de l'obtention d'emplois publics, de poursuites disciplinaires ou de l'ouverture d'une école privée, conformément à la loi du 30 octobre 1886.«

Abs. 4 lautet:

»Toutefois les décisions prononcées par l'application de l'article 66 du code pénal ne sont jamais mentionnées sur les bulletins No. 2, délivrés aux administrations publiques de l'Etat.«

Abs. 5 schliefst abweichend vom entsprechenden Abs. 4 des Projet rectifié:

»ne comprennent que les décisions visées par les lois militaires, maritimes ou politiques.«

Abs. 6 = Abs. 5 (Projet rectifié).

Art. 6 Abs. 1. »En cas de condamnation, faillite ou destitution d'office prononcée usw.« wie das Pr. rect.

Abs. 2 = Pr. rect. mit dem Zusatz am Ende: »agé de plus de vingt et un ans.«

Art. 7 = Art. 7 des Pr. rectifié.

Es steht jedoch in Abs. 1: «établi suivant les règles fixées aux articles 8 à 12.«

In Abs. 2 steht »par l'individu« statt «par la personne.« (P. rect.)

Art. 8. Ne sont jamais inscrites au bulletin No. 3:

1° = Pr. rect.

2°. Les condamnations à des peines de simple police prononcées, pour délit, par suite de l'admission des circonstances atténuantes;

3°. Les condamnations à une amende seulement, lorsque cette amende ne dépasse pas 25 fr.;

4° = 3° Pr. rect.

5°. Les déclarations de faillite ou de liquidation judiciaire;

6°. Les déchéances de la puissance paternelle;

7°. Les décisions disciplinaires autres que la destitution;

8° = 5° Pr. rect. Es fehlen jedoch die Schlussworte: »ou en vertu des articles 23, 24 et 25 de la loi du 29 juillet 1881;«

9° = 6° Pr. rect.

Art. 9. Ne sont pas inscrites au bulletin No. 3:

1°. Ue première condamnation à un emprisonnement de six mois ou de moins de six mois prononcée par application des articles 67, 68 et 69 du code pénal; (vgl. Art. 8, 7° Pr. rect.)

2°. Une première condamnation soit à un mois ou moins d'un mois d'emprisonnement, soit à une amende supérieure à 25 frs., mais n'excédant pas 500 frs., prononcée pour un délit autre que l'outrage public à la pudeur, le vol .... Weiter wie Pr. rect. Art. 8, 8°.

3°. Les condamnations avec sursis à six mois ou moins de six mois.

Art. 10. Cessent d'être inscrites au bulletin No. 3:

1°. Sept ans après l'expiration de la peine corporelle ou le payement de l'amende, la condamnation unique pour délit;

2°. Quinze ans après l'expiration de la peine, la condamnation unique pour crime;

Le tout sans qu'il soit dérogé à la loi du 26 mars 1891, sur l'atténuation et l'aggravation des peines.

Art. 11 = Art. 10 Pr. rect. Es heifsen jedoch die Endworte »énumérés à l'article 8« statt »aux six premiers etc.«

Art. 12 = Art. 12 Pr. rect. Beim projet primitif steht jedoch »sur le bulletin No. 3.«

Art. 13. Quiconque, en prenant le nom d'un tiers ou un nom supposé, aura amené l'inscription au casier de sa condamnation sous un autre nom que le sien, sera puni de six mois à cinq ans d'emprisonnement, sans préjudice des poursuites à exercer pour le crime de faux, s'il y échet.

Sera puni de la même peine celui qui, par de faux renseignements, relatifs ..... usw. wie Pr. rect. Art. 11 Abs. 2 bis: ..... sur le casier judiciaire d'un individu autre que le véritable condamné.

Quiconque, en prenant un faux nom ou une fausse qualité, se sera fait délivrer ou aura tenté de se faire délivrer par le greffier le bulletin No. 3 d'un tiers, sera puni d'un mois à un an d'emprisonnement.

Abs. 4 = Art. 11 Abs. 4 Pr. rect.

Art. 14 = Art. 13 Pr. rect.

Abweichend steht: »les droits de greffe alloués au greffier« statt »les droits alloués au greffier« (Pr. rect.)

Zu diesem Projet primitif scheint der Rapport présenté par M. Et. Jacquin, conseiller d'Etat, sur un projet de loi relatif au casier judiciaire zu gehören. (Daselbst Annexe No. 10 p. 435 ff.) Auf die Einzelheiten einzugehen, würde zu weit führen.

b) Chambre des députés.

Projet de loi, adopté par le Sénat, sur le casier judiciaire et sur la réhabilitation de droit, présenté au nom de M. Emile Loubet, Président de la République française, par M. Georges Lebret, garde des sceaux, ministre de la justice. — (Renvoyé à la commission de législation criminelle).

(Chambre, Doc. 1899, Annexe No. 880, Sess. ord., **2e Séance du 30 mars 1899**, p. 987 et suiv.)

Projet de loi.

Vollkommene Übereinstimmung mit dem Gesetz vom 5. Aug. 1899; ausgenommen:

Art. 7 Ziff. 4 wo zwischen »mœurs« und »en vertu« das Wort »ou« fehlt.

Und Art. 13, wo »établis et délivrés les bulletins Nos 2 et 3« steht.

Rapport fait au nom de la commission de la législation criminelle, chargée d'examiner le projet de loi, adopté par le Sénat, sur le casier judiciaire et sur la réhabilitation de droit, par M. Bovier-Lapierre, député.

(Chambre, Doc. 1899, Annexe No. 1042, Sess. ord., **Séance du 21 juin 1899**, p. 1690 et suiv.)

Das Projet de loi stimmt voll überein mit jenem vom 30. März 1899, vgl. oben S. 154. Nur in Art. 7 Ziff. 4 steht zwischen »aux bonnes mœurs« und »en vertu« —, »ou«.

2. Loi
du **5 août 1899**, sur le casier judiciaire et sur la réhabilitation de droit.*)**)

Art. 1er. Le greffe de chaque tribunal de première instance reçoit, en ce qui concerne les personnes nées dans la circonscription du tribunal et après vérification de leur identité aux registres de l'état civil, des bulletins, dits bulletins No. 1. constatant:

1° Les condamnations contradictoires ou par contumace et les condamnations par défaut non frappées d'opposition prononcées, pour crime ou délit, par toute juridiction répressive;

2° Les décisions prononcées par application de l'article 66 du Code pénal;

3° Les décisions disciplinaires prononcées par l'autorité judiciaire ou par une autorité administrative, lorsqu'elles entraînent ou édictent des incapacités;

4° Les jugements déclaratifs de faillite ou de liquidation judiciaire;

5° Les arrêtés d'expulsion pris contre les étrangers.

Art. 2. Il est fait mention, sur les bulletins No. 1, des grâces, commutations ou réductions de peines, des décisions

*) J. off. du 7. Août 1899.

Travaux préparatoires. — Sénat: Projet de loi déposé par M. Fallières, garde des sceaux, le 22 octobre 1891; doc. 1892, p. 794; rapport de M. Jules Godin, doc. 1898, p. 414 (en annexe, rapport de M. Jacquin au Conseil d'État sur le projet de loi renvoyé à l'examen de cette assemblée, p. 435); première délibération les 8 juillet, 8 et 9 décembre 1898; 2e délibération, adoption, le 7 mars 1899.

Chambre des députés: Exposé des motifs par M. Lebret, garde des sceaux; doc. 1899, p. 987; rapport de M. Bovier-Lapierre, doc. 1899, p. 1690; déclaration d'urgence et adoption, sans discussion, le 3 juillet 1899. — Voir la proposition Dejeante, doc. 1898, p. 1469, á laquelle s'applique le rapport de M. Bovier-Lapierre.

Siehe diese Proposition unten: Anhang 1.

**) Aus: Annuaire de législation française en 1899, XIX, Paris 1900. p. 130 ff., spez. 146 ff. vgl. auch Bull. off. 1899. No. 96. p. 249 ff. u. Thiriat, loc. cit. p. 39 ff., Margerin du Metz p. 241 ff.

qui suspendent l'exécution d'une première condamnation, des arrêtés de mise en libération conditionnelle et de révocation, des réhabilitations et des jugements relevant de la relégation, conformément à l'article 16 de la loi du 27 mai 1885, et des décisions qui rapportent les arrêtés d'expulsion, ainsi que la date de l'expiration de la peine et du payement de l'amende.

Sont retirés du casier judiciaire les bulletins No. 1 relatifs à des condamnations effacées par une amnistie ou réformées en conformité d'une décision de rectification du casier judiciaire.

Art. 3. Le casier judiciaire central, institué au Ministère de la justice, reçoit les bulletins No. 1 concernant les personnes nées à l'étranger, dans les colonies, ou dont l'acte de naissance n'est pas retrouvé.

Art. 4. Le relevé intégral des bulletins No. 1 applicables à la même personne est porté sur un bulletin appelé bulletin No. 2.

Il est délivré aux magistrats du parquet et de l'instruction, aux autorités militaires et maritimes pour les appelés des classes et de l'inscription maritime, ainsi que pour les jeunes gens qui demandent à contracter un engagement.

Il l'est également aux administrations publiques de l'État, saisies de demandes d'emplois publics, ou en vue de poursuites disciplinaires ou de l'ouverture d'une école privée, conformément à la loi du 30 octobre 1886.

Les bulletins No. 2 réclamés par les administrations publiques de l'État, pour l'exercice des droits politiques, ne comprennent que les décisions entraînant des incapacités prévues par les lois relatives à l'exercice des droits politiques.

Lorsqu'il n'existe pas de bulletin No. 1 au casier judiciaire, le bulletin No. 2 porte la mention Néant.

Art. 5. En cas de condamnation, faillite, liquidation judiciaire ou destitution d'un office ministériel prononcée contre un individu soumis à l'obligation du service militaire ou maritime, il en est donné connaissance aux autorités militaire ou maritime par l'envoi d'un duplicata du bulletin No. 1.

Un duplicata de chaque bulletin No. 1, constatant une décision entraînant la privation des droits électoraux, est adressé à l'autorité administrative du domicile de tout Français ou de tout étranger naturalisé.

Art. 6. Un bulletin No. 3 peut être réclamé par la personne qu'il concerne. Il ne doit, dans aucun cas, être délivré à un tiers.

Art. 7. Ne sont pas inscrites au bulletin No. 3:

1° Les décisions prononcées par application de l'article 66 du Code pénal;

2° Les condamnations effacées par la réhabilitation ou par l'application de l'article 4 de la loi du 26 mars 1891 sur l'atténuation et l'aggravation des peines;

3° Les condamnations prononcées en pays étrangers pour des faits non prévus par les lois pénales françaises;

4° Les condamnations pour délits prévus par les lois sur la presse, à l'exception de celles qui ont été prononcées pour diffamation ou pour outrages aux bonnes mœurs, ou en vertu des articles 23, 24 et 25 de la loi du 29 juillet 1881;

5° Une première condamnation à un emprisonnement de trois mois ou de moins de trois mois prononcée par application des articles 67, 68 et 69 du Code pénal;

6° La condamnation avec sursis à un mois ou moins d'un mois d'emprisonnement, avec ou sans amende;

7° Les déclarations de faillite, si le failli a été déclaré excusable par le tribunal ou a obtenu un concordat homologué et les déclarations de liquidation judiciaire.

Art. 8. Cessent d'être inscrites au bulletin No. 3 délivré au simple particulier.

1° Un an après l'expiration de la peine corporelle ou le payement de l'amende, la condamnation unique à moins de six jours de prison ou à une amende ne dépassant 25 francs, ou à ces deux peines réunies, sauf le cas où ces condamnations entraîneraient une incapacité civile ou politique;

2° Cinq ans après l'expiration de la peine corporelle ou le payement de l'amende, la condamnation unique à six mois ou moins de six mois de prison on à une amende, ainsi qu'à ces deux peines réunies;

3° Dix ans après l'expiration de la peine, la condamnation unique à une peine de deux ans ou moins de deux ans ou les condamnations multiples dont l'ensemble ne dépasse pas un an;

4° Quinze ans après l'expiration de la peine, la condamnation unique supérieure à deux ans de prison.

Le tout sans qu'il soit dérogé à l'article 4 de la loi du 26 mars 1891 sur l'atténuation et l'aggravation des peines.

Dans le cas où une peine corporelle et celle de l'amende auront été prononcées cumulativement, les différents délais prescrits par le présent article commenceront à courir à partir du jour où ces deux peines auront été complètement exécutées.

La remise totale ou partielle, par voie de grâce, de l'une ou de l'autre de ces peines, équivaudra à leur exécution totale on partielle.

L'exécution de la contrainte par corps équivaudra au payement de l'amende.

Art. 9. En cas de condamnation ultérieure, pour crime ou délit, à une peine autre que l'amende, le bulletin No. 3 reproduit intégralement les bulletins No. 1, à l'exception des cas prévus par les paragraphes 1, 2, 3, 4, de l'article 7.

Art. 10. Lorsqu'il se sera écoulé dix ans, dans le cas prévu par l'article 8, § 1° et 2° sans que le condamné ait subi de nouvelles condamnations à une peine autre que l'amende, la réhabilitation lui sera acquise de plein droit.

Le délai sera de quinze ans dans le cas prévu par l'article 8, § 3°, et de vingt ans dans le cas prévu par l'article 8, § 4°.

En cas de contestation sur la réhabilitation, le demandeur pourra s'adresser au tribunal du lieu de son domicile dans les formes et suivant la procédure prescrites à l'article 14. Le jugement rendu sera susceptible d'appel et de pourvoi en cassation.

Art. 11. Quiconque, en prenant le nom d'un tiers, aura déterminé l'inscription au casier de ce tiers d'une condamnation, sera puni de six mois à cinq ans d'emprisonnement, sans préjudice des poursuites à exercer pour le crime de faux, s'il y échet.

Sera puni de la même peine celui qui, par de fausses déclarations relatives à l'état civil d'un inculpé, aura sciemment été la cause de l'inscription d'une condamnation sur le casier judiciaire d'un autre que cet inculpé.

Quiconque, en prenant un faux nom ou une fausse qualité, se fera délivrer le bulletin No. 3 d'un tiers, sera puni d'un mois à un an d'emprisonnement.

L'article 463 du Code pénal sera dans tous les cas applicable.

Art. 12. L'étranger n'aura droit aux dispenses d'inscription sur le bulletin No. 2 (soll heifsen: No. 3. D. H.) que si, dans son pays d'origine, une loi ou un traité réserve aux condamnés français des avantages analogues.

Art. 13. Un règlement d'administration publique déterminera les mesures nécessaires à l'exécution de la présente loi et, notamment, les conditions dans lesquelles doivent être demandés, établis et délivrés les bulletins No. 2, 3, les droits alloués au greffier, ainsi que les conditions d'application de la présente loi aux colonies et aux pays de protectorat.

Art. 14. Celui qui voudra faire rectifier une mention portée à son casier judiciaire présentera requête au président du tribunal ou de la cour qui aura rendu la décision.

Le président communiquera la requête au Ministère public et commettra un juge pour faire le rapport.

Le tribunal ou la cour statuera en audience publique, sur le rapport du juge et les conclusions du ministère public.

Le tribunal ou la cour pourra ordonner d'assigner la personne objet de la condamnation.

Dans le cas où la requête est rejetée, le requérant sera condamné aux frais.

Si la requête est admise, les frais seront supportés par celui qui aura été la cause de l'inscription reconnue erronée, s'il a été appelé dans l'instance.

Le ministère public aura le droit d'agir d'office dans la même forme en rectification du casier judiciaire.

Mention de la décision rendue sera faite en marge du jugement ou de l'arrêt visé par la demande en rectification.

Ces actes, jugements et arrêts seront dispensés du timbre et enregistrés gratis.

Décret du **12 décembre 1899**, portant règlement d'administration publique, pour l'application de la loi du 5 août 1899, sur le casier judiciaire et sur la réhabilitation de droit.*)

(J. off. du 17 déc. 1899.)

* Aus: Annuaire de législation française en 1899. Paris 1900, p. 158 ff. Vgl. auch: Bull. off. 1900, p. 145 et s.)

Art. 1er. Le service du casier judiciaire institué près de chaque tribunal de première instance est dirigé par le greffier du tribunal, sous la surveillance du procureur de la République et du procureur général.

Art. 2. Le service du casier central institué au ministère de la justice est dirigé par un agent spécial, sous la surveillance du directeur des affaires criminelles et des grâces.

Art. 3. Un bulletin No. 1 est établi au nom de toute personne qui a été l'objet d'une des décisions énumérées à l'article 1er de la loi du 5 août 1899.

Le bulletin s'appliquant à une personne pour laquelle doit exister un bulletin No. 1 antérieur porte la mention manuscrite: Récidive.

Art. 4. Les bulletins No. 1 constatant une condamnation pour crime ou délit prononcée par une juridiction répressive, une décision rendue par application de l'article 66 du code pénal, une décision disciplinaire de l'autorité judiciaire, qui entraîne ou édicte des incapacités, une déclaration de faillite ou de liquidation judiciaire, sont dressés par le greffier de la juridiction qui a statué, dans la quinzaine à partir du jour où la décision est devenue définitive.

Le délai de quinzaine pour les décisions par défaut, émanant des juridictions correctionnelles, court du jour où elles ne peuvent plus être attaquées par la voie de l'appel ou du pourvoi en cassation.

Le délai court du jour de l'arrêt, pour les arrêts par contumace.

Art. 5. Les bulletins No. 1 constatant une décision disciplinaire d'une autorité administrative, qui entraîne ou édicte des incapacités, sont dressés soit au greffe de l'arrondissement d'origine de celui qui en est l'objet, soit au service du casier central, dès la réception de l'avis qui est donné dans le plus bref délai au procureur de la République ou au ministre de la justice par l'autorité qui a prononcé la décision.

Les bulletins No. 1 constatant un arrêté d'expulsion sont dressés au service du casier central sur la notification faite par le ministre de l'intérieur au ministre de la justice; si l'expulsé est né en France, le service du casier central transmet une copie du bulletin No. 1 au casier judiciaire du lieu d'origine.

Art. 6. Les bulletins No. 1 et, dans le cas du dernier paragraphe de l'article précédent, les copies des bulletins No. 1 sont classés dans le casier judiciaire d'arrondissement ou dans le casier central par ordre alphabétique et, pour chaque personne, par ordre de date des arrêt, jugement, décision ou arrêté.

Art. 7. Le greffier du lieu d'origine ou l'agent chargé du service du casier central inscrit sur les bulletins No. 1 les mentions prescrites par l'article 2 de la loi du 5 août 1899, dès qu'il est avisé.

L'avis est adressé au procureur de la République ou au ministre de la justice dans le plus bref délai et sur des fiches individuelles:

1° Pour les grâces, commutations ou réductions de peine, par le ministre, sur la proposition duquel la mesure gracieuse a été prise;

2° Pour les arrêtés de mise en libération conditionnelle et de révocation, par le ministre de l'intérieur;

3° Pour les arrêts portant réhabilitation et les arrêts et jugements relevant de la relégation, par le procureur général ou le procureur de la République près la juridiction qui a statué;

4° Pour les décisions rapportant des arrêtés d'expulsion, par le ministre de l'intérieur;

5° Pour les dates de l'expiration des peines corporelles et l'exécution de la contrainte par corps, par les agents chargés de la direction des prisons et établissements pénitentiaires, et par l'intermédiaire du procureur de la République de leur résidence;

6°. Pour le payement intégral des amendes, par les agents chargés du recouvrement et par l'intermédiaire du procureur de la République de leur résidence.

Les déclarations d'excusabilité en matière de faillite, et les homologations de concordat sont également inscrites sur le bulletin No. 1 d'après l'avis qui en est donné par le greffier de la juridiction qui a prononcé.

Art. 8. Lorsque des conventions diplomatiques ont été conclues à cet effet avec des Etats étrangers, les bulletins No. 1 sont transmis par les soins du service du casier central. Les bulletins No. 1 concernant les étrangers appartenant à ces Etats sont adressés à ce service avec un duplicata.[1])

Art. 9. Le bulletin No. 2 est réclamé au greffe du tribunal de l'arrondissement d'origine ou au service du casier central par lettre ou par télégramme indiquant l'état civil de la personne dont le bulletin est demandé et précisant le motiv de la demande.

Art. 10. Le bulletin No. 3 ne peut être réclamé que par lettre signée de la personne qu'il concerne et précisant l'état civil de celle-ci. Si cette personne ne sait ou ne peut signer, cette impossibilité est constatée par le maire ou le commissaire de police, qui atteste, en même temps, que la demande est faite sur l'initiative de l'intéressé.

Art. 11. Lorsqu'il n'existe pas au casier judiciaire de bulletin No. 1 ou lorsque les mentions que portent les bulletins No. 1 ne doivent pas être inscrites sur le bulletin No. 3, ce bulletin est oblitéré par une barre transversale.

Art. 12. Les droits alloués au greffier pour la rédaction des différents bulletins du casier judiciare sont fixés ainsi qu'il suit:

Bulletin No. 1 . . . . 0.40

Duplicata 0.15

Bulletin No. 2 réclamé par les magistrats du parquet et de l'instruction, par les autorités militaires ou maritimes pour les jeunes gens qui demandent à contracter un engagement volontaire, ou par les administrations publiques de l'État 0.25

Bulletin No. 2 réclamé pour l'exercice des droits politiques:

S'il est affirmatif 0.25

S'il est négatif 0.15

Bullelin No. 2 réclamé par les autorités militaires ou maritimes pour les appelés des classes et de l'inscription maritime:

---

1) Actuellement l'échange des bulletins a lieu avec les pays suivants: Autriche, Alsace-Lorraine, grand-duché de Bade, Bavière, Belgique, Italie grand-duché de Luxembourg, Pérou, Portugal, Suisse.

(Ann. de législ. française en 1899. Paris 1900, p. 160, Note 1.)

S'il est affirmatif 0.15

La mention »Néant«, mise en regard des noms portés sur les états transmis par les mêmes autorités, donnera lieu au payement d'un droit de recherches de . 0.05

Bulletin No. 3:

Droit de recherches	0.50	1.00
Droit de rédaction	0.25	
Droit d'inscription au répertoire	0.25	

Art. 13. Les bulletins No. 1, les duplicata des bulletins No. 1, ainsi que les bulletins No. 2 délivrés aux magistrats du parquet et de l'instruction, sont payés sur les crédits affectés aux frais de justice criminelle. Le prix de ces bulletins est compris parmi les frais de justice à recouvrer sur les condamnés.

Les bulletins No. 1 et les duplicata des bulletins No. 1, rédigés par les greffiers des juridictions militaires ou maritimes, sont payés sur ordonnance émise par le garde des sceaux après envoi d'un état recapitulatif adressé au département de la justice et certifié par les ministres de la guerre ou de la marine.

Les bulletins No. 2 que réclament les administrations publiques de l'État et les autorités militaires et maritimes sont payés pas ces administrations ou par ces autorités.

La demande du bulletin No. 3 est accompagnée du montant des droits dus au greffier en vertu de l'article 12 ci-dessus, ainsi que du droit d'enregistrement.

Art. 14. Les bulletins Nos. 1, 2 et 3 et les duplicata des bulletins No. 1 sont établis conformément aux modèles annexés au présent décret.[1])

Art. 15. Le garde des sceaux, ministre de la justice, est chargé de l'exécution du présent décret, qui sera publié au Journal officiel et inséré au Bulletin des lois.

---

[1]) Les modèles des bulletins ont paru au Journal Officiel en annexe à la circulaire. (Voyez aussi: Bull. off. 1899, p. 259 et s.)

Circulaire du Garde des Sceaux, Ministre de la Justice, **du 15 décembre 1899,** relative à l'application de la loi du 5 août 1899.*)

Monsieur le Procureur Général.

1. — La loi du 5 août 1899, complétée par le règlement d'administration publique du 12 décembre 1899, a consacré législativement l'institution du casier judiciaire. Elle a créé, en outre, une réhabilitation de droit qui se produit, sans aucune formalité, par le cours du temps en faveur des condamnés qui, après avoir exécuté leurs peines n'auront point encouru dans certains délais un châtiment corporel.

Les dispositions nouvelles relatives au casier judiciaire sont de nature à apporter des modifications sensibles aux prescriptions actuellement en vigueur. Sur un très grand nombre de points, cependant, les instructions antérieures de ma Chancellerie peuvent et doivent continuer à être observées.

Je ne puis assurément, dès le début de l'application de la loi, prévoir les difficultés qu'elle pourra soulever et sur lesquelles vous devrez, en cas de besoin, me consulter au fur et à mesure qu'elles se présenteront.

Je veux seulement, par la présente circulaire, essayer de faciliter la tâche des magistrats du parquet et des greffiers en appelant leur attention sur certains points qui me semblent devoir leur être spécialement signalés, et en insistant sur l'esprit qui a inspiré quelquesunes des dispositions nouvelles.

Je compte d'ailleurs sur votre zèle et celui de vos collaborateurs, pour assurer l'observation exacte des prescriptions légales qui viennent d'être mises en vigueur.

Il convient, au surplus, de ne pas oublier que, dans les articles 10 *in fine* et 14 de la loi, le législateur a organisé et réglementé une procédure rapide qui permettra de résoudre judiciairement un certain nombre de questions qui viendront à se présenter.

I
Organisation du casier judiciaire.

2. — Les articles 1 et 2 du règlement d'administration publique consacrent, sans la modifier, l'organisation du casier d'arrondissement et du casier central.

---

*) Abgedruckt nach: Le Poittevin, Traité 2e partie, p. 13 ff.

Le premier est dirigé par le greffier sous l'autorité et la surveillance du procureur de la République et du procureur général. Plus que jamais cette surveillance devra s'exercer effectivement et, en raison des difficultés qui peuvent surgir, surtout au début de l'application de la loi, il importe que les magistrats du parquet vérifient minutieusement, avant de les revêtir de leur signature, tous les bulletins qui leur seront présentés.

Lorsque les greffiers éprouveront quelque doute sur la rédaction d'un bulletin, ils ne devront pas hésiter à solliciter l'avis du parquet sur la difficulté qui se présentera.

3. — Après quelques hésitations, j'ai décidé de maintenir, telle qu'elle existe, la transmission des bulletins n° 1 aux parquets généraux. La vérification et la régularité des envois qui sont assurées par cette transmission, m'ont paru plus importantes que la simplification du service résultant de l'expédition directe des bulletins au greffe du lieu d'origine.

4. — Toutefois, je crois pouvoir, sans inconvénient, supprimer la rédaction du procès-verbal de vérification mensuelle qui était dressé par les procureurs de la République, en exécution des cirulaires des 6 novembre 1850, X, et 1er juillet 1856, XXVII, et qui ne constituait, le plus souvent, qu'une formalité purement illusoire. En la faisant disparaître, j'insiste tout particulièrement sur la nécessité d'y substituer un contrôle effectif et incessant, et, le cas échéant, je n'hésiterai pas, lorsqu'un bulletin contiendra des erreurs regrettables qu'un examen un peu attentif aurait permis d'éviter, à rendre responsable le magistrat qui l'aura visé.

II

Des bulletins n° 1 et des duplicata des bulletins n° 1.

I. — Rédaction du bulletin n° 1.

5. — L'article 1 de la loi, ainsi qui les articles 3, 4, 5 et 6, du règlement, indiquent les conditions dans lesquelles doit être rédigé le bulletin n° 1 à la suite de la condamnation ou de la décision qu'il a pour objet de mentionner.

A cet égard, les articles 4 et 5 du règlement font la distinction suivante:

S'il s'agit d'un jugement ou d'une décision disciplinaire entraînant ou édictant des incapacités et émanant de l'autorité judiciaire, le bulletin nº 1 doit être dressé par le greffier de la juridiction qui a statué:

S'il s'agit, au contraire, d'une décision disciplinaire de même nature émanant d'une autorité administrative, le bulletin est rédigé par le greffier du lieu d'origine sur l'avis qui lui est adressé par les soins de cette autorité.

6. — En ce qui concerne les jugements ou arrêts, l'article 1er, nº 1 de la loi oblige à constater par un bulletin nº 1 les condamnations prononcées, pour crime ou délit, par toute juridiction répressive. Cette formule doit être strictement appliquée. Il en résulte que, dorénavant, il devra être établi un bulletin nº 1 en cas de condamnation même à une amende, prononcée par un tribunal correctionnel à la requête d'une administration publique, notamment pour infractions aux lois sur les eaux et forêts, les douanes, les contributions indirectes, les octrois et la poste.

En dehors même du texte impératif de l'article 1er, nº 1, cette solution serait imposée, au moins pour les condamnations à une amende supérieure à 1.000 francs, par le nº 6 de l'article 2 de la loi du 8 décembre 1883, sur les élections des juges consulaires.

Le rapporteur de la loi au Sénat a, d'ailleurs, déclaré formellement que l'article s'appliquait aux délits et contraventions.

En conséquence, il y a lieu de considérer comme abrogées, sur ce point, les prescriptions des cirulaires du 30 décembre 1850, § IV, et du 30 décembre 1873, § XI.

7. — Les juridictions civiles prennent incontestablement le caractère de juridictions répressives lorsqu'elles prononcent des peines pour infractions commises au cours de leurs audiences.

8. — Les décisions disciplinaires ne doivent être constatées par un bulletin nº 1 que si elles entraînent ou édictent des incapacités (Art. 1, nº 3).

Pour celles émanant de l'autorité judiciaire et, par suite, concernant les officiers publics ou ministériels, il n'y a donc plus lieu de suivre à la lettre les prescriptions de la circulaire du 23 mai 1853, § XIV. Seuls doivent être mentionnés les jugements ou arrêts portant destitution, parce que la peine de la destitution est la seule qui, à proprement parler, puisse entraîner une incapacité.

Toutefois, il n'y a pas lieu de s'arrêter à la destinction établie par l'article 3 de la loi du 10 mars 1898, qui a modifié le paragraphe 8 de l'article 15 du décret du 2 février 1852, et de ne dresser un bulletin n° 1 que si le jugement prononce une déchéance formelle des droits de vote, d'élection et d'éligibilité. En effet, cette loi n'a pas touché à l'article 2, n° 7, de la loi du 21 novembre 1872 sur le jury, d'après lequel sont incapables d'être jurés les notaires, greffiers et officiers ministériels destitués. Il on résulte que toujours la destitution entraîne une incapacité.

9. — La déchéance de la puissance paternelle ne doit être mentionnée sur le bulletin n° 1 que lorsqu'elle est l'accessoire d'une condamnation criminelle ou correctionnelle. En dehors de ce cas, lorsqu'elle est prononcée à titre principal, elle ne peut être considérée ni comme une condamnation, ni comme une mesure disciplinaire émanant de l'autorité judiciaire. Toute hésitation disparaît à cet égard, si on se reporte aux travaux préparatoires.

10. — En ce qui concerne les décisions disciplinaires prononcées par une autorité administrative, il y a lieu de se référer aux circulaires antérieures de ma Chancellerie, notamment à celles des 8 décembre 1868, § 11, 30 novembre 1872, § 10, 15 décembre 1888, dont les prescriptions continueront à être observées. Toutefois en ce qui concerne la dernière circulaire, il y a lieu évidemment de considérer comme abrogée l'obligation pour le greffier »2° de délivrer aux intéressés des bulletins n° 2 ne portant pas la mention des dites décisions disciplinaires«.

11. — Le bulletin n° 1 s'appliquant à une personne pour laquelle doit exister un bulletin n° 1 antérieur, porte la mention manuscrite *récidive* (Art. 3 du règlement). Cette disposition ne fait que reproduire les prescriptions contenues dans les circulaires antérieures de la Chancellerie, avec cette seule différence que le mot *récidive* est substitué avec raison à l'expression *récidiviste* qui pouvait amener quelque confusion. Elle était, en effet, de nature à laisser supposer que le condamné était récidiviste au sens précis du mot, alors que la mention inscrite au bulletin n° 1 est simplement destinée à indiquer au greffier qu'il existe déjà, au casier, un ou plusieurs autres bulletins n° 1.

12. — Les délais de rédaction du bulletin n° 1 sont indiqués par l'article 4 du règlement; ce sont des délais maxima qui ne devront jamais être dépassés.

13. — En raison des mentions multiples que doivent porter les bulletins n° 1 et des droits que confèrent aux intéressés l'expiration de certains délais à partir de l'exécution des peines, il importe plus que jamais à la bonne administration de la justice que le casier judiciaire soit régulièrement tenu à jour, et que les bulletins n° 1 n'y parviennent pas, comme il arrive trop souvent, longtemps après que la condamnation est devenue définitive.

14. — L'article 14 du décret impose un modèle unique pour la rédaction des bulletins n° 1, afin de faciliter leur classement dans les casiers et d'assurer, au moyen de l'uniformité des mentions reconnues nécessaires ou imposées par le législateur, la stricte exécution des prescriptions de la loi. Tous les bulletins n° 1 devront être établis conformément à ce modèle et sur papier blanc. Par suite, il n'y aura plus lieu, ainsi que l'exigeait la circulaire du 8 décembre 1868, § XVII, de rédiger sur papier rouge les bulletins relatifs aux décisions prononcées par application de l'article 66 du Code pénal. Cette mesure était destinée à attirer l'attention des greffiers qui ne devraient indiquer ces décisions que sur les bulletins n° 2 destinés au ministère public. Mais, dorénavant, un certain nombre d'autres décisions devant également, en vertu des articles 7 et 8 de la loi, cesser dès l'origine ou après l'expiration d'un certain délai de figurer au bulletin n° 3, il est inutile de maintenir une disposition spéciale qui n'a plus de raison d'être.

15. — Les greffiers sont autorisés provisoirement à utiliser le stock des anciens bulletins qu'ils pourraient posséder, en les complétant par des mentions manuscrites conformément aux modèles prescrits par le règlement. Mais cette tolérance devra cesser au plus tard le 1er avril 1900.

Les fiches de recherches destinées à être classées au casier judiciaire et dont l'emploi ne saurait trop être recommandé pour retrouver les condamnés qui se sont soustraits à l'exécution des condamnations, devront à l'avenir être toujours établies sur des feuilles ayant le format des bulletins n° 1.

16. — L'article 3 de la loi n'a point innové en ce qui concerne la transmission et le classement au casier central des bulletins n° 1 concernant les personnes nées en pays étranger, dans les colonies ou dont l'acte de naissance n'est pas retrouvé.

Je désire que lors de leur envoi à la Chancellerie ces bulletins soient toujours classés par ordre de nationalité.

II. — Mentions à insérer au bulletin n° 1 postérieurement à sa rédaction.

17. — Pour établir exactement la situation pénale des condamnés et aussi pour permettre l'exécution des articles 7, 8 et 10 relatifs à la dispense et la prescription de certaines inscriptions au bulletin n° 3 et à la réhabilitation de droit, le législateur a été amené à énumérer les mentions qui doivent être portées sur le bulletin n° 1, postérieurement à sa rédaction et au fur et à mesure que se produisent les décisions ou les circonstances qui modifient la situation des intéressés.

Tel est l'objet de l'article 2 de la loi complété et précisé par l'article 7 du règlement qui indique comment et par qui seront adressés au casier du lieu d'origine ou au casier central les avis d'après lesquels seront effectuées au bulletin n° 1 les mentions susvisées.

Ces textes n'ont pas besoin d'être commentés. Il suffit de faire remarquer que l'article 7, n° 3, du règlement remplace par un simple avis le bulletin n° 1 qui, aux termes de la circulaire du 5 décembre 1885, devait être dressé à la suite des arrêts prononçant la réhabilitation.

L'avis de réhabilitation pour les individus nés à l'étranger et aux colonies devra être transmis en double exemplaire au casier central.

III. — Duplicata du bulletin n° 1.

18. — Les duplicata appartiennent à des catégories distinctes. Ils doivent être établis sur papier blanc, d'après les modèles annexés au règlement.

A. — *Duplicata pour l'échange international.* — **19.** — L'article 8 du règlement porte que «lorsque des conventions diplomatiques ont été conclues à cet effet avec des Etats étrangers, le bulletin n° 1 est transmis par les soins du service du casier central. Les bulletins n° 1 concernant les étrangers appartenant à ces Etats sont adressés à ce service avec un duplicata».

Cet article ne fait que consacrer le régime antérieur, mais je dois faire observer que l'échange international des bulletins n° 1 a pris une importance d'autant plus grande que les condamnations prononcées dans un pays étranger doivent être, d'après les articles 4, § 1, et 7, n° 3, de la loi, inscrites sur les bulletins n° 2 et le plus souvent aussi sur les bulletins n° 3.

Je crois utile de vous rappeler qu'actuellement l'échange des bulletins a lieu avec les pays suivants: Autriche, Alsace-Lorraine, Grand-Duché de Bade, Bavière, Belgique, Italie, Grand-Duché de Luxembourg, Pérou, Portugal, Suisse.

Vos substituts devront continuer à se conformer aux dispositions des circulaires des 5 mai 1877, § 5, et 3 décembre 1877, § 9, qui prescrivent de transmettre directement à la Chancellerie, et, par conséquent, sans les soumettre à votre visa, les duplicata des bulletins n° 1 destinés à l'échange international.

B. — *Duplicata délivré aux autorités militaires ou maritimes.* — **20.** — L'article 5, § 1, de la loi prescrit d'adresser à l'autorité militaire ou maritime un duplicata du bulletin n° 1 en cas de condamnation, faillite, liquidation judiciaire ou destitution d'un officier ministériel prononcée contre un individu soumis à l'obligation du service militaire ou maritime.

Le sens du mot *condamnation* est précisé par l'article 1, n° 1, de la loi.

Il n'y a rien à modifier aux règles actuellement en vigueur et qui ont été concertées entre les départements de la guerre et de la marine et la Chancellerie.

J'appelle toutefois votre attention sur la nécessité d'adresser désormais aux autorités militaires et maritimes des duplicata relatifs à la mise en liquidation judiciaire.

C. — *Duplicata délivré au casier électoral.* — **21.** — L'article 5, § 2, de la loi consacre également l'institution du casier électoral destiné à permettre la radiation sur les listes électorales des personnes frappées de condamnations entraînant des incapacités politiques.

Toutefois ce texte contient une innovation.

Alors que les circulaires des 18 décembre 1874, 27 août et 8 décembre 1875 prescrivaient la transmission des duplicata à la sous-préfecture de l'arrondissement du lieu d'origine des condamnés, l'article 5, § 2, porte que le duplicata sera adressé à l'autorité administrative du domicile de tout français et de tout étranger naturalisé.

III.

Des bulletins n° 2.

I. — Rédaction du bulletin n° 2.

22. — La dénomination de *bulletin n°* 2 a désormais un sens différent et plus restreint que par le passé.

Cette expression ne désigne plus, d'une façon générale, tout relevé des bulletins n° 1, mais seulement l'extrait qui doit être délivré aux magistrats, aux autorités militaires ou maritimes et aux administrations publiques.

L'extrait délivré aux particuliers est rédigé dans des conditions spéciales et porte le nom de bulletin n° 3.

23. — Pour empêcher toute confusion entre le bulletin n° 2 et le bulletin n° 3, l'article 14 du règlement décide que ces bulletins devront être conformes aux modèles annexés sur papier bulle, pour le premier, et papier gris-bleu, pour le second.

24. — Le bulletin n° 2 (Art. 4 de la loi) contient le relevé intégral des bulletins n° 1 applicables à la même personne. Il doit donc porter, non seulement les indications inscrites sur le bulletin n° 1 au moment de sa rédaction primitive, mais encore toutes les mentions postérieures prescrites par l'article 2 de la loi et l'article 7 du règlement.

25. — Seul le bulletin n° 2 réclamé par les administrations publiques de l'Etat, pour l'exercice des droits électoraux, ne contient pas le relevé intégral de tous les bulletins n° 1, mais seulement, aux termes de l'article 4, § 4 de la loi, les décisions entraînant des incapacités prévues par les lois relatives à l'exercice des droits politiques.

Lorsqu'il n'existe pas de bulletin n° 1 au casier judiciaire, le bulletin n° 2 porte la mention: *Néant* (Art. 4, § 5, de la loi).

II. — A qui sont délivrés les bulletins n° 2.

26. — L'artícte 4 de la loi énumère les personnes qui peuvent réclamer les bulletins n° 2.

Ce sont:

A. — Les magistrats du parquet ou de l'instruction.

27. — B. — Les autorités militaires ou maritimes pour les appelés des classes ou de l'inscription maritime, ainsi que pour les jeunes gens qui demandent à contracter un engagement.

En ce qui touche les appelés des classes et de l'inscription maritime, aucune modification n'est apportée au mode de procéder organisé par la circulaire du 17 avril 1865 et que consacre d'ailleurs implicitement l'article 12 du règlement.

28. — De plus, à la suite d'une entente récemment intervenue entre le département de la guerre et ma Chancellerie, il a été décidé que la deuxième vérification des antécédents judiciaires des jeunes soldats des classes, prescrite par la circulaire du 22 avril 1898, n'aura plus lieu. M. le Ministre de la Guerre a reconnu, en effet, que cette deuxième vérification soulevait, dans la pratique, certaines difficultés, et ne semblait pas devoir donner tous les résultats que son département en avait espérés. Les instructions contenues dans la circulaire du 22 avril 1898 doivent donc être considérées comme annulées.

29. — Vous remarquerez aussi que, d'après l'arlicle 4, § 2, de la loi, les bulletins nécessaires à ceux qui veulent contracter un engagement volontaire sont délivrés désormais, non plus sur la demande des intéressés, mais à la requête des autorités militaires ou maritimes (Circulaire du Ministre de la

Guerre, 18 octobre 1899; — Circulaire de la Chancellerie, 23 octobre 1899).

Cette disposition qui modifie implicitement l'article 59 de la loi du 15 juillet 1889 et l'article 6 du décret du 28 septembre 1889, s'imposait d'ailleurs au législateur.

L'extrait qui eût été délivré aux intéressés, n'eût pu étre, en effet, d'après l'article 6 de la loi, qu'un bulletin n° 3 qui, à raison de la dispense ou de la prescription de certaines mentions (Art. 7 et 8 de la loi), n'eût pas suffisamment renseigné les autorités militaires ou maritimes sur les antécédents judiciaires des jeunes gens qui demandent à contracter un engagement.

Il en résulte que les bulletins relatifs à cet objet et qui ne sont plus considérés comme des extraits délivrés à de simples particuliers, seront dorénavant payés 0,25 par l'autorité qui les réclamera.

La même observation doit être faite en ce qui concerne les bulletins délivrés pour les aspirants aux emplois d'officiers de réserve ou de l'armée territoriale, et qui seront nécessairement considérés comme réclamés par une administration publique saisie d'une demande d'emploi (Art. 4, § 3). A cet égard, les prescriptions des circulaires des 30 décembre 1873 et 30 novembre 1878, § X, qui avaient réduit à 1 franc le prix de ces 2 catégories de bulletins, cessent d'être en vigueur.

30. — C. — Les administrations publiques de l'État, saisies de demandes d'emploi, ou, en vue de poursuites disciplinaires ou de l'ouverture d'une école privée, conformément à la loi du 30 octobre 1886, ou pour l'exercice des droits politiques, et, dans ce dernier cas, ainsi que je l'ai fait déjà remarquer, le bulletin n° 2 ne comprend que les décisions entraînant des incapacités prévues par les lois relatives à l'exercice des droits politiques (art. 4, §§ 3 et 4 de la loi).

31. — Les emplois publics pour l'accès desquels les administrations publiques de l'Etat sont autorisées à vérifier les antécédents des candidats, en se faisant délivrer le bulletin n° 2, ne sont pas seulement les fonctions publiques ressortissant directement à l'Etat, mais aussi toutes les fonctions instituées en vue du maintien de l'ordre public, comme celles notamment des gardes champêtres, des gardes des particuliers, des gardes des compagnies de chemins de fer, des préposés d'octroi. Tous ces agents, quoiqu'ils ne soient pas des fonctionnaires de l'Etat, sont officiers de police judiciaire, et tiennent cette qualité de la puissance publique qui la leur confère, après les avoir nommés ou agréés, par la solennité de la réception et du serment.

Je n'hésite pas à leur assimiler, au point de vue qui nous occupe, les agents de police. Bien qu'ils ne prêtent pas serment et ne soient pas officiers de police judiciaire, ils doivent être agréés par l'administration, et sont, dans l'exercice de la surveillance que leur confient les municipalités, des agents de l'autorité publique, des auxiliaires de la police judiciaire.

Les uns et les autres, prêtant un concours permanent à la Justice pour la recherche et la constatation des crimes, des délits et des contraventions, doivent présenter des garanties particulières d'honorabilité. Aussi n'est-il pas douteux que les candidats à ces emplois publics soient ceux au sujet desquels les administrations publiques de l'Etat ont le droit et le devoir de se renseigner autrement que par l'examen d'un simple bulletin n° 3.

Le bulletin n° 2 devra donc être délivré aux préfets et sous-préfets, lorsqu'ils seront appelés à statuer sur des demandes d'emploi de cette nature.

32. — Par contre, il faut considérer comme abrogées les circulaires qui avaient autorisé certaines sociétés de patronage à se faire délivrer des bulletins n° 2 à titre de renseignement administratif, notamment les circulaires des 25 février 1884, 15 décembre 1895, 31 décembre 1896, et aussi la circulaire du 6 décembre 1876, § XXVII, qui permettait aux préfets et aux maires de réclamer des bulletins n° 2 relativement aux candidats qui sollicitent leur admission dans une société de secours mutuels.

III. — Formes de la demande du bulletin n° 2.

33. — Le bulletin n° 2 est réclamé au greffe du tribunal de l'arrondissement d'origine, ou au casier central, soit par lettre, soit en cas d'urgence, par télégramme qui doivent préciser l'état civil, afin de rendre les recherches aussi rapides que possible, et énoncer le motif de la demande (Art. 9 du règlement).

IV

Des bulletins n° 3.

I. — Rédaction du bulletin n° 3.

34. — Le bulletin n° 3 est une création de la loi du 5 août 1899, il réalise une innovation importante qui doit retenir tout spécialement votre attention et celle de vos collaborateurs.

Le législateur a considéré que, si le casier judiciaire est une institution excellente, en tant qu'il renseigne exactement la justice et les administrations intéressées sur les antécédents, il présente des inconvénients dans le système suivi jusqu'à ce jour par les obstacles qu'il apporte à l'amendement et au reclassement des condamnés. Il est certaines condamnations qui, à raison de la nature du fait incriminé ou de peu d'importance de la peine, n'entachent pas gravement l'honneur et ne révèlent pas une perversité profonde chez celui qui les a encourues.

De plus, quelle qu'ait été la peine prononcée, lorsqu'après un certain délai écoulé depuis son exécution et variable d'ailleurs selon sa gravité, le condamné n'est plus tombé sous le coup de la loi, il a paru que la révélation du châtiment subi constituerait une véritable aggravation de la pénalité.

Enfin, l'expiration d'un délai encore plus long, sans condamnation nouvelle, crée une présomption d'amendement qui permet d'accorder au condamné, de plein droit et sans aucune formalité, le bénéfice et les avantages de la réhabilitation dont une des conséquences est de faire disparaître définitivement la condamnation du bulletin n° 3.

35. — S'inspirant de ces idées, le législateur a été amené à décider: 1° que certaines condamnations ne seront pas, dès le principe, mentionnées au bulletin n° 3 (Art. 7 de la loi); 2° qu'après l'expiration de délais variables, diverses condamnations cesseront d'y être portées, sauf à y être inscrites de nouveau en cas de condamnation ultérieure à une peine corporelle (Art. 8 et 9 de la loi); 3° qu'après l'expiration d'un nouveau délai, la réhabilitation de droit sera acquise, avec cette conséquence implicite qu'elle fera disparaître définitivement les mentions relatives à toutes les condamnations auxquelles elle s'appliquera.

A. — *Condamnations qui, dès l'origine, ne doivent pas être inscrites sur le bulletin n° 3.* — **36.** — Ces condamnations énumérées par l'article 7 de la loi sont les suivantes:

1° Les décisions prononcées par application de l'article 66 du Code pénal;

2° Les condamnations effacées par la réhabilitation ou par l'application de l'articte 4 de la loi du 26 mars 1891, sur l'atténuation et l'aggravation des peines.

Le mot réhabilitation s'applique évidemment à la fois à la réhabilitation prévue par le Code d'instruction criminelle et à la réhabilitation de droit créée par l'article 10 de la loi du 5 août 1899.

3° Les condamnations prononcées en pays étranger pour des faits non prévus par les lois pénales françaises.

L'application de cette règle soulèvera dans la pratique quelques difficultés. La qualification des faits contenus dans les bulletins n° 1 rédigés dans un pays étranger peut ne pas répondre à la définition pénale des mêmes faits, telle qu'elle résulte de notre législation et il ne sera pas toujours facile de reconnaître si l'infraction punie par une juridiction étrangère serait tombée sous le coup de la loi française. Aussi conviendra-t-il d'user d'une grande circonspection, lorsqu'il s'agira de mentionner sur un bulletin n° 3 une condamnation étrangère, et, dans le doute, il sera préférable de ne pas l'inscrire. Si la question offre quelque importance, ma Chancellerie pourra être consultée et provoquera, le cas échéant, par la voie diplomatique l'envoi de renseignements complémentaires.

4° Les condamnations pour délits prévus par les lois sur la presse, à l'exception de celles qui ont été pronocées pour diffamation ou pour outrages aux bonnes mœurs, ou en vertu des articles 23, 24 et 25 de la loi du 29 juillet 1881.

5° Une première condamnation à un emprisonnement de trois mois ou moins de trois mois, prononcée par application des articles 67, 68 et 69 du Code pénal; il en sera de même *à fortiori* d'une condamnation à l'amende.

6° Les condamnations avec sursis à un mois ou moins d'un mois d'emprisonnement, avec ou sans amende.

Bien que le texte ne le dise pas expressément, il me paraît évident que la dispense d'inscription s'applique à toute condamnation avec sursis à une simple amende, quel qu'en soit le montant.

Mais elle est inapplicable à la condamnation à l'emprisonnement et à l'amende, si le sursis n'a été prononcé que pour l'emprisonnement. L'individu condamné dans ces conditions ne saurait, en effet, être traité plus favorablement que celui qui aurait été condamné seulement à l'amende sans sursis.

7° Les déclarations de faillite, si le failli a été déclaré excusable par le tribunal, ou a obtenu un concordat homologué, et les déclarations de liquidation judiciaire.

37. — Au point de vue du caractère de la dispense d'inscription les 7 catégories de décisions qui viennent d'être énumérées doivent aux termes de l'article 9 de la loi être réparties en deux groupes bien distincts.

Pour les 4 premières catégories, la dispense est acquise définitivement, c'est-à-dire qu'une condamnation ultérieure, quelle qu'elle soit n'enlève pas le bénéfice accordé par la loi à l'intéressé, sauf toutefois s'il s'agit d'une condamnation prononcée avec sursis et dont la condamnation nouvelle a effacé le caractère suspensif.

Pour les 3 dernières catégories, la dispense n'est en quelque sorte que conditionnelle et provisoire. L'article 9 dispose, en effet, que, s'il intervient une condamnation ultérieure pour crime ou délit à une peine autre que l'amende, le bulletin n° 3 reproduit intégralement les bulletins n° 1, sans qu'il soit dérogé cependant aux règles de la loi du 26 mars 1791.

B. — *Condamnations qui doivent, à partir d'un certain délai, cesser de figurer au bulletin n° 3.* — **38.** — Ces condamnations sont énumérées par l'article 8 qui fixe en même temps les délais à l'expiration desquels elles ne devront plus être inscrites au bulletin n° 3.

Le texte précise avec détails les conditions nécessaires à son application et je crois inutile de rappeler les dispositions qu'il contient.

Je me borne à appeler votre attention sur quelques points essentiels.

39. — Le délai court du jour où la peine a été exécutée par l'expiration de la peine corporelle ou le paiement de l'amende, la grâce ou l'exécution de la contrainte par corps étant considérées comme équivalentes à l'exécution même de la peine.

Mais la prescription de la peine n'a pas le même effet, à ce point de vue, que la grâce ou l'exécution de la contrainte par corps; le texte ne l'a pas expressément visée et on ne saurait procéder par voie d'assimilation.

Lorsque le condamné a été libéré conditionnellement, le point de départ du délai se place, non pas au jour où intervient la mise en liberté, mais à la date qui correspond à l'expiration réelle de la peine. Jusqu'à ce moment, en effet, on ne peut dire que la peine est véritablement exécutée, puisque le condamné peut être incarcéré de nouveau, s'il ne satisfait pas aux conditions imposées par l'arrêté de libération conditionnelle.

40. — C'est pour permettre de fixer le point de départ du délai que l'article 2 de la loi et l'article 7 du règlement ont prescrit l'inscription au bulletin n° 1 d'un certain nombre de mentions qui doivent faire connaître, pour ainsi dire au jour le jour, la situation des condamnés.

A cet égard, tous ceux qui ont exécuté leurs peines avant la mise en vigueur de la nouvelle loi se trouvent dans une situation particulière. Il ne peut être question, en effet, de compléter d'office pour le passé, conformément aux articles 2 de la loi et 7 du règlement, tous les bulletins n° 1 qui existent actuellement dans les casiers judiciaires. Néanmoins, tous les intéressés ont le droit, dès maintenant, d'invoquer le bénéfice de la loi du 5 août 1899 et notamment de l'article 8.

J'estime qu'en principe, c'est à eux qu'il appartient de justifier qu'ils ont satisfait aux conditions exigées par ce texte.

En ce qui concerne le paiement de l'amende, cette justification sera le plus souvent facile par la production de la quittance; dans les autres hypothèses les parquets devront prêter leur concours aux intéressés en demandant eux-mêmes les renseignements nécessaires sur les indications qui leur seront données. Il sera indispensable de compléter au fur et à mesure, à l'aide de ces renseignements et de ces justifications, les bulletins n° 1 rédigés avant la promulgation de la loi.

41. — Le n° 1 de l'article 8 ne s'applique que lorsque la condamnation unique à moins de 6 jours de prison ou à une amende ne dépassant pas 25 francs ou à ces deux peines réunies, n'entraîne pas une incapacité civile ou politique.

Cette disposition restreint singulièrement la portée du texte; en effet, beaucoup de condamnations de cette catégorie ont pour conséquence une incapacité au moins temporaire. En dehors des incapacités électorales prévues par le décret du 2 février 1852, on peut citer notamment l'article 2, n° 11, de la loi du 20 novembre 1872 qui déclare incapables d'être jurés, pendant cinq ans après l'expiration de leur peine, les condamnés à une peine d'emprisonnement quelconque inférieure à trois mois, pour quelque délit que ce soit.

42. — Lorsqu'il en est ainsi, c'est le n° 2 de l'article 8 qui devient applicable, puisque ni le n° 2 ni les n°s 3 et 4 ne contiennent la même restriction. Il en résulte que souvent les condamnations prévues par les n°s 2, 3 et 4 de l'article 8 cesseront d'être inscrites au bulletin n° 3, alors que les incapacités en résultant n'auront pas encore pris fin, puisque les délais de la réhabilitation de droit créés par l'article 10 diffèrent de ceux de l'article 8.

Il ne paraît pas douteux que l'article 8, n° 3, s'applique à la peine militaire des travaux publics dont le minimum est de deux ans.

43. — Comme pour les trois dernières catégories prévues par l'article 7, toutes les condamnations énumérées par l'article 8 ne cessent d'être inscrites au bulletin n° 3 que s'il n'intervient pas une condamnation ultérieure pour un crime ou délit quelconque à une peine autre que l'amende. Dans ce cas (Art. 9 de la loi), le bulletin n° 3 reproduit intégralement les bulletins n° 1 sauf en ce qui concerne les mentions (Art. 7, n°s 1, 2, 3 et 4) pour lesquelles la dispense d'inscription a un caractère définitif.

C. — *Dispense d'inscription en ce qui concerne les étrangers (Article 12 de la loi).* — **44.** — L'article 12 de la loi décide que «*l'étranger n'aura droit aux dispenses d'inscription sur le bulletin n° 2 que si, dans son pays d'origine, une loi ou un traité réserve aux condamnés français des avantages analogues.*«

Je vous signale immédiatement une erreur matérielle évidente contenue dans ce texte et qui a passé malheureusement inaperçue au cours des travaux préparatoires et du vote par les deux assemblées législatives. Il est certain qu'il faut lire *bulletin n°* 3, au lieu de *bulletin n°* 2; autrement les dispositions de l'article 12 ne se comprendraient pas.

45. — Toutefois, dès maintenant, il y a lieu d'indiquer sur chaque bulletin n°s 1, 2 ou 3 la nationalité de celui qui en est l'objet.

46. — J'ajoute aussi que la condition de réciprocité ne doit être exigée que pour les dispenses prévues par les articles 7 et 8 de la loi.

Lorsque l'absence de toute mention doit résulter de la réhabilitation du Code d'instruction criminelle ou de la réhabilitation de droit il ne peut être fait aucune distinction entre le français et l'étranger vis-à-vis duquel le législateur n'a pas restreint les conséquences de la réhabilitation.

II. — A qui est délivré le bulletin n° 3. — Formes de la demande.

47. — Le législateur ne s'est pas borné à créer en faveur des particuliers un bulletin n° 3 essentiellement différent du bulletin n° 2. Obéissant à un sentiment de généreuse humanité et s'inspirant de ce qu'il a considéré comme un véritable intérêt social, il a prescrit, dans l'article 6 de la loi, de ne délivrer le bulletin n° 3 qu'à la personne qu'il concerne et jamais à un tiers.

L'intéressé sera donc seul maître de faire connaître, s'il le juge convenable, ses antécédents judiciaires, et, à cet égard, la loi et le règlement d'administration publique ont pris les précautions nécessaires pour éviter toute indiscrétion ou toute fraude.

L'article 2, § 3, de la loi punit, en effet, d'un mois à un an d'emprisonnement celui qui, en prenant un faux nom ou une fausse qualité, se fera délivrer le bulletin n° 3 d'un tiers.

48. — D'autre part, l'article 10 du règlement a déterminé les formes de la demande du bulletin n° 3. Cette demande ne peut être faite que par lettre précisant l'état civil et revêtue de la signature de l'intéressé. Si celui-ci ne peut ou ne sait signer, cette impossibilité doit être constatée par le maire ou le commissaire de police qui attestera, en même temps, que la demande est faite sur l'initiative de l'intéressé.

Vous remarquerez que la légalisation de la signature n'est pas exigée. On a pensé que cette formalité, à coup sûr utile, pourrait occasionner des retards et des déplacements assez onéreux et préjudiciables, notamment à ceux qui ont besoin d'obtenir rapidement l'extrait de leur casier judiciaire, pour se procurer à bref délai du travail ou un emploi. La sanction prévue par l'article 2, § 3, de la loi a paru suffisante pour prévenir la plupart des abus.

49. — Lorsqu'il n'existe aucun bulletin n° 1 ou lorsque les condamnations ou décisions constatées par les bulletins n° 1 ne doivent pas être inscrites au bulletin n° 3, l'article 2 du règlement prescrit de délivrer ce bulletin oblitéré par une barre transversale. La formule *Néant*, établie par l'article 4, § 5, de la loi pour les bulletins n° 2, ne pouvait trouver ici son application, puisqu'elle signifie qu'il n'existe pas de bulletin n° 1 au casier judiciaire, et, par suite, aurait été souvent, en ce qui concerne le bulletin n° 3, contraire à la rèalité.

V

Du prix des bulletins Nos 1, 2, 3.

50. -- Les articles 12 et 13 du règlement déterminent les prix des bulletins nos 1, 2, 3, et le mode de paiement de ces prix.

Leurs dispositions sont suffisamment claires et précises, et ne me paraissent nécessiter aucun commentaire. Elles ne font, du reste, que consacrer les règles déjà établies par la législation antérieure ou les circulaires de ma Chancellerie, sauf sur les deux points suivants:

1° Le prix du bulletin n° 1 est porté de 0,25 à 0,40 centimes. Il a paru équitable d'accorder aux greffiers cette légère augmentation destinée à rémunérer, dans une certaine mesure, le surcroît de travail que leur occasionnera l'application de la législation nouvelle.

2° L'article 13, § 2, modifie le mode de paiement des bulletins n° 1 rédigés par les greffiers des juridictions militaires et maritimes.

A part ces deux innovations, les parquets et les greffiers n'auront qu'à se conformer aux prescriptions suivies jusqu'à ce jour et dont les principales sont d'ailleurs rappelées par les deux articles susvisés.

VI

De la réhabilitation de droit.

51. — L'article 10 de la loi crée et organise la réhabilitation de droit, introduite dans le projet au cours de la discussion devant le Sénat.

Le législateur a voulu établir une étroite corrélation entre la prescription des mentions du bulletin n° 3 édictée par l'article 8 et la réhabilitation de droit.

Cette dernière faveur doit être nécessairement précédée de la prescription des mentions; elle est acquise à l'expiration de délais qui varient, comme ceux de l'article 8 et dans les mêmes conditions, mais qui tous ont le même point de départ fixé au jour de l'expiration de la peine corporelle ou du paiement de l'amende.

La remise par voie de grâce doit, d'ailleurs, de même que pour la prescription des mentions, équivaloir à l'exécution des peines; l'exécution de la contrainte par corps équivaut aussi au paiement de l'amende.

Mais la prescription de la peine n'a pas le même effet; la loi du 5 août 1899 ne contient aucune disposition analogue à celle de la loi du 10 mars 1898 qui, en modifiant l'article 634 du Code d'instruction criminelle, a ouvert l'accès de la réhabilitation judiciaire aux condamnés ayant *prescrit contre l'exécution de la peine*.

Sur ce point, d'ailleurs, comme pour la fixation du point de départ du délai en cas de libération conditionnelle, je ne puis que renvoyer aux explications déjà données plus haut (n° 39).

52. — Les termes employés par les articles 8 et 10 ne peuvent s'appliquer ni aux décisions disciplinaires ni aux faillites qui se trouvent, dès lors, nécessairement exclues de la double faveur accordée par la loi du 5 août 1899.

Par suite, la réhabilitation ne peut comme par le passé, être acquise que conformément aux dispositions des articles 604 et suivants du Code de commerce pour les faillis, et de la loi du 19 mars 1864, pour les officiers publics ou ministériels destitués.

53. — Une simple condamnation à l'amende ne met pas obstacle à la réhabilitation de droit (Art. 10, § 1) et par conséquent, ne modifie ni le point de départ ni la durée du délai d'épreuve, si elle intervient dans la période subséquente à celle de la prescription de la mention au bulletin n° 3.

Mais la réhabilitation acquise pour la condamnation antérieure ne s'étend pas à la condamnation à l'amende survenue depuis. Celle-ci pourra disparaître à son tour, à l'expiration d'un délai spécial commençant à courir après le paiement de l'amende.

54. — La réhabilitation de droit a identiquement les mêmes effets que la réhabilitation ordinaire. Il importe donc que, dès qu'elle se révèle, elle soit immédiatement constatée.

Sans doute, les greffiers ne sauraient être astreints à rechercher d'office les personnes qui peuvent dès maintenant en profiter. Mais, lorsque, à l'occasion de la délivrance d'un bulletin n° 2 ou n° 3, ils s'apercevront qu'elle est acquise, ils devront en faire mention sur le bulletin n° 1, l'inscrire également sur le bulletin n° 2 qui est le relevé intégral des bulletins n° 1 ou rédiger en conséquence le bulletin n° 3.

Au point de vue spécial du casier judiciaire, la réhabilitation de droit a pour conséquence de faire disparaître du bulletin n° 3, définitivement et sans qu'elles puissent jamais revivre, les mentions relatives aux condamnations à l'égard desquelles elle est intervenue.

55. — Pour toutes les condamnations exécutées avant la promulgation de la loi du 5 août 1899, la seule inspection du bulletin nº 1 ne permet pas de dire avec certitude si la réhabilitation de droit est acquise, puisque l'exécution des peines n'y est pas mentionée. Mais dès qu'il paraît probable que l'article 10 peut trouver son application, les intéressés qui demandent un bulletin nº 3 doivent être invités à produire les justifications nécessaires et les parquets sont dans l'obligation de leur prêter, à cet effet, le concours le plus actif et le plus bienveillant.

Il convient tout spécialement de vérifier, avant d'instruire une demande de réhabilitation judiciaire, si les conditions de la réhabilitation de droit ne se trouvent pas réalisées.

56. — S'il se produit quelque constestation sur la réhabilitation de droit, la question peut être, aux termes de l'article 10, § 3, portée devant le tribunal du domicile de l'intéressé qui statue dans les formes et suivant les conditions prévues par l'article 14. Cette disposition ne me paraît donner lieu à aucun commentaire.

Je crois devoir vous signaler seulement que, tandis que la juridiction compétente, dans les cas prévus par l'article 14, doit être presque toujours, par la force même des choses, une juridiction répressive, lorsqu'il s'agit spécialement d'une difficulté relative à la réhabilitation, ce sera le tribunal civil qui, en raison de la formule employée par l'article 10, § 3, aura compétence.

VII.

Des infractions prévues par l'article 11 de la loi.

57. — Les infractions prévues par l'article 11 de la loi devront être énergiquement poursuivies, parce qu'elles peuvent causer un préjudice sérieux et quelquefois irréparable à ceux qui en sont les victimes. En réalité, la plupart de ces infractions constituaient des faux qui se trouvent correctionnalisés par la loi nouvelle.

Par suite, la réserve de l'article 11 »*sans préjudice des poursuites exercées pour crime de faux, s'il y échet*« trouvera rarement une application pratique; on peut concevoir cependant une double poursuite, criminelle et correctionnelle, par exemple aux cas où le prévenu aurait appuyé par la production de pièces falsifiées, les fausses déclarations punies par l'article 11.

VIII.

De la rectification du casier judiciaire.

58. — Malgré la généralité des termes employés par le paragraphe 1er de l'article 14, il résulte du contexte même des autres paragraphes et du commentaire de cet article par le rapporteur de la loi au Sénat, que la procédure de cet article s'applique uniquement au cas où la mention erronée portée au casier judiciaire provient de ce qu'une condamnation prononcée sous le nom d'une personne ne lui est, en réalité, pas applicable. La rectification du casier n'est que la conséquence d'une rectification préalable de l'arrêt ou du jugement.

Les parquets ne devront pas perdre de vue que l'article 14 les autorise, concurremment avec les intéressés, à prendre l'initiative de la procédure en rectification. Ils ne devront pas hésiter à user, dans la plus large mesure, d'un droit dont l'exercice intéresse au plus haut point l'ordre public.

59. — Avant de terminer ces instructions, je crois devoir vous faire connaître, Monsieur le Procureur général, qu'à la séance du Sénat du 4 décembre 1899, j'ai déposé un projet de loi tendant à modifier sur certains points la loi du 5 août 1899.

Ce projet n'a d'autre but que de faire disparaître quelques imperfections du détail, sans porter atteinte à l'esprit de la loi.

Ses dispositions peuvent se résumer ainsi qu'il suit:

1° Le droit de demander un bulletin n° 2 serait concédé au préfet de police, aux présidents des tribunaux de commerce, pour être joint aux procédures de faillite, aux administrations publiques pour l'instruction de demandes ou propositions relatives à des distinctions honorifiques.

2° L'autorité administrative du lieu du domicile, après avoir, à l'aide des duplicata des bulletins n° 1 prévus par l'article 5, § 2, rectifié la liste électorale, enverrait ces duplicata à la sous-préfecture du lieu d'origine où sera maintenu, comme par le passé, le casier électoral.

3° Le délai d'épreuve de l'article 8, n° 1, serait porté à 2 ans, mais, par contre, serait supprimée la restriction d'après laquelle ce texte n'est pas applicable au condamnations qui entraînent une incapacité civile ou politique.

4° L'erreur matérielle signalée dans l'article 12 (n° 44, *supra*) disparaîtrait.

5° La procédure, prévue par l'article 14, s'appliquerait à toutes les contestations relatives à la réhabilitation de droit, à l'interprétation des loi d'amnistie, et servirait aussi à résoudre les difficultés auxquelles donneraient lieu les articles 7, 8 et 9 de la loi. Dans tous les cas, la juridiction compétente serait le tribunal correctionnel du domicile de l'intéressé.

60. — Je n'ai pas besoin, Monsieur le Procureur général, de vous signaler l'extrême importance que j'attache à la stricte exécution des instructions qui précèdent.

S'il se présente quelque question dont la solution inspire à vos substituts des doutes sérieux, ils auront a vous en référer et vous n'hésiterez pas, à votre tour, à saisir, le cas échéant, ma Chancellerie. Je désire toutefois que, dans la mesure la plus large, il soit fait appel à l'interprétation judiciaire, et je vous recommande de me signaler les décisions intéressantes qui interviendraient à cet égard.

La tâche qui incombera aux magistrats du Parquet et aux greffiers sera parfois délicate et exigera une application toujours soutenue et une attention sans cesse en éveil. Pour la bien remplir, ils devront se pénétrer des intentions généreuses qui ont guidé le législateur et que j'ai pris soin de préciser à différentes reprises.

Je ne doute pas que tous n'aient à cœur de concourir à une œuvre qui, sous l'apparence d'une réforme limitée à un objet très spécial, a, dans l'esprit de législateur, une haute portée sociale et un but humanitaire nettement déterminé.

Je vous prie de m'accuser réception de cette circulaire qui sera d'ailleurs publiée au *Journal officiel* et dont je vous adresse des exemplaires en nombre suffisant pour vos substituts et pour les greffiers des Cours et des tribunaux civils et de commerce de votre ressort.

Recevez, Monsieur le Procureur général, l'assurance de ma considération très distinguée.

Le Garde de Sceaux, Ministre de la Justice
Monis.

Par le Garde des Sceaux, Ministre de la Justice,
Le Directeur des affaires criminelles et des grâces,
Petitier.

Loi du 11 juillet 1900, portant modifications de la loi du 5 août 1899 sur le casier judiciaire et sur la réhabilitation de droit.

1. Documents préparatoires.

a. Sénat.

Projet de loi tendant à modifier la loi du 5 août 1899 sur le casier judiciaire et sur la réhabilitation de droit, présenté au nom de M. Emile Loubet, Président de la République française par M. Monis, garde des sceaux, ministre de la justice.

(Sénat, doc. 1899, annexe nº 245. Sess. extr. **Séance du 4 déc. 1899,** Annexe, p 460, 461).

Projet de loi.

Art. 1er. Les articles 4, paragraphes 2 et 3; 5, paragraphe 2; 8, nº 1; 10, paragraphe 3; 12; 14, paragraphes 6 et 9 de la loi du 5 août 1899, sont modifiés ainsi qu'il suit:

Art. 4 § 2. — Il est délivré aux magistrats du parquet et de l'instruction, au préfet de police, aux présidents des tribunaux de commerce pour être joints aux procédures de faillite, aux autorités militaires et maritimes pour les appelés des classes et de l'inscription maritime, ainsi que pour les jeunes gens qui demandent à contracter un engagement.

Art. 4 § 3. — Il l'est également aux administrations publiques de l'État saisies de demandes d'emplois publics, ou pour l'instruction de demandes ou propositions relatives à des distinctions honorifiques, ou en vue de poursuites disciplinaires ou de l'ouverture d'une école privée conformément à la loi du 30 octobre 1886.

Art. 5 § 2. — Un duplicata de chaque bulletin nº 1 constatant une décision entraînant la privation des droits électoraux est adressé à l'autorité administrative du domicile de tout Français ou de tout étranger naturalisé. Cette autorité prend les mesures nécessaires en vue de la rectification de la liste électorale et renvoie, si le condamné est né en France, le duplicata à la sous-préfecture de son arrondissement d'origine.

Art. 8 nº 1. — Deux ans après l'expiration de la peine corporelle ou le payement de l'amende, la condamnation unique à moins de six jours de prison ou à une amende ne dépassant 25 fr., ou à ces deux peines réunies.

Art. 10 § 3. — Le praragraphe 3 de l'article 10 est abrogé.

Art. 12. — L'étranger n'aura droit aux dispenses d'inscription sur le bulletin nº 3 que si, dans son pays d'origine, une loi ou un traité réserve aux condamnés français des avantages analogues.

Art. 14 § 6. — Si la requête est admise, les frais seront supportés par celui qui aura été la cause de l'inscription reconnue erronée, s'il a été appelé dans l'instance, et, dans le cas contraire, ils seront supportés par le Trésor.

Art. 14 § 9. — Ces actes, jugements et arrêts seront visés pour timbre et enregistrés en debet.

Art. 2. — Il est ajouté à la loi du 5 août 1899 les dispositions suivantes, qui formeront les articles 15 et 16:

Art. 15. — En cas de contestation sur la réhabilitation de droit, ou de difficultés soulevées par l'application des articles 7, 8 et 9 de la présente loi, ou l'interprétation d'une loi d'amnistie, dans les termes de l'article 2, paragraphe 2, l'intéressé pourra s'adresser au tribunal correctionnel du lieu de son domicile, suivant les formes et la procédure prescrites par l'article précédent.

Art. 16. — Les jugements et arrêts rendus dans les conditions prévues par les articles 14 et 15 peuvent être l'objet des voies de recours établies par le code d'instruction criminelle ou, dans le cas de l'article 14, par la législation spéciale à la juridiction qui aura statué sur la rectification.

Rapport fait au nom de la commission chargée d'examiner le projet de loi tendant à modifier la loi du 5 août 1899 sur le casier judiciaire et sur la réhabilitation de droit, par M. Bérenger, sénateur.

(Sénat, Doc. 1900, Annexe no 164. Sess. ord., **Séance du 10 avril 1900,** p. 540 et suiv.)

Projet de loi. (p. 542).

(vgl. dazu das Projet du gouvernement. oben p. 187 f.)

Art. 1. Les articles 4, 5, 8, 10, 12 et 14 de la loi du 5 août 1899 sont modifiés ainsi qu'il suit.

Art 4 Abs. 1 = Art. 4 Abs. 1, Loi du 5 août 1899.

Art. 4 Abs. 2 erhält den Zusatz am Ende »et aux sociétés de patronage reconnues d'utilité publique ou spécialement autorisées à cet effet, pour les personnes assistées par elles.«

Art. 4 Abs. 3 stimmt überein mit Art. 4 Abs. 3 des Projet du gouvernement.

Als **Art. 4** Abs. 4 kommt neu hinzu der später beibehaltene Art. 4 Abs. 5 des Gesetzes vom 11. Juli 1900 (vgl. S. 194).

Art. 4 Abs. 5 = Art. 4 Abs. 4 } Loi du 5 août 1899.
Art. 4 Abs. 6 = Art. 4 Abs. 5 }
Art. 5 Abs. 1 = Art. 5 Abs. 1 }

Art. 5 Abs. 2 = Art. 5 Abs. 2, Projet du gouvernement.

Art. 8 Abs. 1 = Art. 8 Abs. 1, Gesetz vom 5. Aug. 1899.

Art. 8 No. 1 lautet: Deux ans après l'expiration de la peine corporelle, la condamnation unique à moins de six jours de prison ou à une amende ne dépassant pas 25 fr., ou à ces deux peines réunies.

No. 2: Cinq ans après l'expiration de la peine corporelle, la condamnation unique à six mois de prison ou à une amende, ainsi qu'à . . . . . .

Art. 8 No. 3 und No. 4 sowie Art. 8 Abs. 6 stimmen überein mit den entsprechenden Stellen des Gesetzes vom 5. August 1899.

Als Abs. 7 kommt neu hinzu: »En cas de condamnation à l'amende seule, les délais courent à partir de la date de la condamnation. Mais soit que l'amende ait été prononcée principalement ou accessoirement à une autre peine, l'inscription ne cesse qu'après son payement, à moins que le demandeur ne justifie de son indigence.«

Der frühere Art. 8 Abs. 8 (Ges. v. 5. Aug. 1899) ist bei der neuen Proposition weggefallen.

Art. 8 Abs. 8, 9 sind übereinstimmend mit dem Ges. v. 5. Aug. 1899 gefafst.

Art. 8 Abs. 10 lautet: »En cas de prescription de la peine corporelle ou de l'amende, les délais commenceront à courir du jour où elle sera acquise.

Art. 8 Abs. 11 stimmt überein mit Art. 8 Abs. 11 des Gesetzes vom 11. Juli 1900 (vgl. S. 196).

Art. 10 Abs. 1 und 2 = Art. 10 Abs. 1 und 2, Ges. v. 5. Aug. 1899.

Art. 10 Abs. 3 ist weggefallen (vgl. dazu Projet du gouvernement u. Ges. v. 5. Aug. 1899, sowie diese Proposition Art. 15. D. H.)

Art. 12 = Art. 12, Projet du gouvernement.

Art. 14 Abs. 1 = Art. 14 Abs. 1, Ges. v. 5. Aug. 1899.

Art. 14 Abs. 2, 3 = Art. 14 Abs. 2, 3, Ges. v. 11. Juli 1900.

Art. 14 Abs. 4 = Art. 14 Abs. 4, Ges. v. 5. Aug. 1899.

Der frühere Abs. 3 (Ges. 1899) ist weggefallen (vgl. vorliegende Prop. Art. 16).

Art. 14 Abs. 5 = Art. 14 Abs. 5, Ges. 1899.

Art. 14 Abs. 6 = Art. 14 Abs. 6, Ges. v. 11. Juli 1900.

Die Absätze 7 u. 8 stimmen mit dem Gesetz vom 5. Aug. 1899, der Absatz 9 mit der Fassung des Projet du gouvernement überein.

Art. 2 Abs. 1 = Art. 2 Abs. 1, Projet du gouvernement.

Art. 15 u. **16** = Art. 15 u. 16, Ges. vom 11. Juli 1900.

Rapport supplémentaire fait au nom de la commission chargée d'examiner le projet de loi tendant à modifier la loi du 5 août 1899 sur le casier judiciaire et sur la réhabilitation de droit, par M. Bérenger, sénateur.

(Sénat, Doc. 1900, Annexe No. 192, Sess. ord., **Séance du 1er juin 1900,** p. 585 et suiv.)

Projet de loi (p. 586/587).

Art. 1 Abs. 1 = Art. 1 Abs. 1, Loi du 11 juillet 1900 (Loi 1900). Offenbar aus Versehen ist aber Art. 11 nicht genannt!

Bei **Art. 4** fehlt der Abs. 3 des Gesetzes 1900. Dadurch rücken die folgenden Absätze um eine Nummer vor.

Art. 4 Abs. 3 lautet: »Il l'est également aux administrations publiques de l'État, saisies de demandes d'emplois publics, ou de propositions relatives à des distinctions honorifiques, ou en vue de poursuites disciplinaires, ou de l'ouverture d'une école privée conformément à la loi du 30 octobre 1886.«

Art. 4 Abs. 4, 5, 6 = Art. 4 Abs. 5, 6, 7, Loi 1900.

Art. 5, 7, 8 Abs. 1—4 = Loi 1900.

Art. 8 Abs. 4 sagt aber am Ende: »ou à ces peines jointes à amendes.«

Art. 8 Abs. 5 beginnt: »Dans le cas de concours de condamnations à des peines corporelles et à des peines pécuniaires«; weiter wie Gesetz 1900.

Bei **Art. 8** Abs. 7 fehlen die Worte »ou prescrite« der entsprechenden Bestimmung des Gesetzes 1900.

Art. 8 Abs. 8, 9 = Art. 8 Abs. 8, 9, Loi 1900.

Art. 8 Abs. 10 lautet: »En cas de prescription de la peine corporelle ou de l'amende, les délais commenceront à courir du jour où elle sera acquise.«

Art. 8 Abs. 11 = Art. 8 Abs. 11, Loi 1900.

Art. 10, 11, 12, 14 = Art. 10, 11, 12, 14, Loi 1900.

Art. 2 = Art. 2, Loi 1900.

b) Chambre des députés.

Projet de loi adopté par le Sénat, tendant à modifier la loi du 5 août 1899 sur le casier judiciaire et sur la réhabilitation de droit, présenté au nom de M. Emile Loubet, Président de la République française, par M. Monis, garde des sceaux, ministre de la justice. — (Renvoyé à la commission de législation criminelle.)

(Chambre, Doc. 1900, Annexe No. 1738, Sess. ord., **Séance du 21 juin 1900,** p. 1347 ff.)

Das Projet, welches hier vorgelegt wird, stimmt voll überein mit dem Gesetz vom 11. Juli 1900 bis auf:

Art. 8 Abs. 5, wo »condamnations« immer im Plural gebraucht ist (vgl. Loi 1900);

Art. 8 Abs. 7, wo die Worte »ou prescrite« des Gesetzes 1900 fehlen . . . und

Art. 8 Abs. 10, wo zwischen den Worten »corporelle« und »les délais« des Gesetzes 1900 noch die Worte stehen: »ou de l'amende«.

Rapport fait au nom de la commission de législation criminelle chargée d'examiner le projet de loi, adopté par le Sénat, tendant à modifier la loi du 5 août 1899 sur le casier judiciaire et sur la réhabilitation de droit, par M. Delpech-Cantaloup, député.

(Chambre, Doc. 1900, Annexe No. 1788, Sess. ord., **Séance du 2 juillet 1900**, p. 1666, 1667.)

Das zur Annahme vorgeschlagene

Projet de loi

stimmt vollkommen mit jenem vom 21. Juni 1900 (vgl. oben S. 191/192) überein.

In **Art. 4** Abs. 4 hat sich offenbar ein Druckfehler eingeschlichen. Statt »propositions« steht »provisions«.

Adoption d'un projet de loi relatif au casier judiciaire et à la réhabilitation de droit.

(Chambre, Débats 1900, **Séance du 6 juillet 1900**, p. 1813, 1814.)

Es geht hieraus hervor, dafs das Senatsprojekt vollkommen mit dem Gesetz vom 11. Juli 1900 übereinstimmte, aufser dafs in

Art. 8 Abs. 7 die Worte »ou prescrite« fehlten, dagegen in Art. 8 Abs. 10 zwischen den Worten »de la peine corporelle« und »les délais« eingefügt war: »ou de l'amende«.

c) Sénat.

Projet de loi adopté par le Sénat, adopté avec modifications par la Chambre des députés, tendant à modifier la loi du 5 août 1899 sur le casier judiciaire et sur la réhabilitation de droit, présenté au nom de M. Emile Loubet, Président de la République française, par M. Monis, garde des sceaux, ministre de la justice. — (Renvoyé à la commission précédemment saisie.)

(Sénat, Doc. 1900, annexe No. 308, Sess. ord., **Séance du 9 juillet 1900,** p. 705 et suiv.)

Projet de loi (p. 706).

Vollkommene Übereinstimmung mit dem Gesetz vom 11. Juli 1900.

Rapport fait au nom de la commission chargée d'examiner le projet de loi, adopté par la Chambre des députés, tendant à modifier la loi du 5 août 1899 sur le casier judiciaire et sur la réhabilitation de droit, par M. Bérenger, sénateur. — (Urgence déclarée.)

(Sénat, Doc. 1900, annexe No. 316, Sess. ord., **Séance du 9 juillet 1900,** p. 711, 712.)

Projet de loi.

Stimmt überein mit dem Gesetz vom 11. Juli 1900.

2. Loi

du **11 juillet 1900,** portant modifications de la loi du 5 août 1899 sur le casier judiciaire et sur la réhabilitation de droit.[1]*)

Art. 1er Les articles 3, 4, 5, 7, 8, 10, 11, 12 et 14 de la loi du 5 août 1899 sont modifiés ainsi qu'il suit:

---

[1]) J. off. du 17 juillet 1900.

Travaux préparatoires. — Sénat: projet de loi, exposé des motifs, doc. 1899, p. 460; rapport, doc. 1900, p. 540; rapport supplémentaire, p. 585, déclaration d'urgence et adoption, 15. juin 1900. — Chambre: exposé des motifs, doc. 1900, p. 1347; rapport p. 1666; déclaration d'urgence et adoption, 5 juillet 1900. — Sénat: lecture du rapport de M. Bérenger, déclaration d'urgence et adoption, 9 juillet 1900.

*) Aus: Annuaire de législation française en 1900. Paris 1901, p. 108 ff. speziell 111 ff.)

(Vgl. auch Margerin du Metz, p. 247 ff.)

»**Art. 3.** Le casier judiciaire central, institué au ministère de la justice, reçoit les bulletins nº 1 concernant les personnes nées à l'étranger et dans les colonies ou dont l'acte de naissance n'est pas retrouvé.

Toutefois les bulletins nº 1 concernant les musulmans du Maroc, du Soudan et de la Tripolitaine sont centralisés au greffe de la cour d'Alger.«

»**Art. 4.** Le relevé intégral des bulletins nº 1 applicables à la même personne est porté sur un bulletin appelé bulletin nº 2.

Il est délivré aux magistrats du parquet et de l'instruction, au préfet de police, aux présidents des tribunaux de commerce, pour être joint aux procédures de faillites et de liquidations judiciaires, aux autorités militaires et maritimes pour les appelés des classes et de l'inscription maritime, ainsi que pour les jeunes gens qui demandent à contracter un engagement, et aux sociétés de patronage reconnues d'utilité publique ou spécialement autorisées à cet effet, pour les personnes assistées par elles.

Il est aussi délivré aux juges de paix qui le réclameront pour le jugement d'une contestation en matière d'inscription sur les listes électorales.

Il l'est également aux administrations publiques de l'Etat, saisies de demandes d'emplois publics, de propositions relatives à des distinctions honorifiques, ou de soumission pour des adjudications de travaux ou de marchés publics, ou en vue de poursuites disciplinaires ou de l'ouverture d'une école privée, conformément à la loi du 30 octobre 1886.

Toutefois, la mention des décisions prononcées en vertu de l'article 66 du code pénal n'est faite que sur les bulletins délivrés aux magistrats et au préfet de police.

Les bulletins nº 2 réclamés par les administrations publiques de l'Etat, pour l'exercice des droits politiques, ne comprennent que les décisions entraînant des incapacités prévues par les lois relatives à l'exercice des droits politiques.

Lorsqu'il n'existe pas de bulletin nº 1 au casier judiciaire, le bulletin nº 2 porte la mention: »Néant.«

»**Art. 5.** En cas de condamnation, faillite, liquidation judiciaire ou destitution d'un officier ministériel, prononcée contre un individu soumis à l'obligation du service militaire ou maritime, il en est donné connaissance aux autorités militaires ou maritimes par l'envoi d'un duplicata du bulletin nº 1.

Un duplicata de chaque bulletin nº 1, constatant une décision entraînant la privation des droits électoraux, est adressé à l'autorité administrative du domicile de tout Français ou de tout étranger naturalisé.

Cette autorité prend les mesures nécessaires en vue de la rectification de la liste électorale et renvoie, si le condamné est né en France, le duplicata à la sous-préfecture de son arrondissement d'origine.«

»**Art. 7.** Ne sont pas inscrites au bulletin nº 3:

1° Les décisions prononcées par application de l'article 66 du code pénal;

2° Les condamnations effacées par la réhabilitation ou par l'application de l'article 4 de la loi du 26 mars 1891 sur l'atténuation et sur l'aggravation des peines;

3° Les condamnations prononcées en pays étrangers pour des faits non prévus par les lois pénales françaises;

4° — — — — — — — — — — — — — — — — —.«

»**Art. 8.** Cessent d'être inscrites au bulletin nº 3 délivré au simple particulier:

1° Deux ans après l'expiration de la peine corporelle, la condamnation unique à moins de six jours d'emprisonnement, ou à cette peine jointe à une amende ne dépassant pas vingt-cinq francs (25 fr.); deux ans après qu'elle sera devenue définitive, la condamnation unique à une amende ne dépassant pas cinquante francs (50 fr.);

2° Cinq ans après l'expiration de la peine corporelle, la condamnation unique à six mois ou moins de six mois d'emprisonnement, ou à cette peine jointe à une amende; cinq ans après qu'elles seront devenues définitives, les condamnations à une amende supérieure à cinquante francs (50 fr.);

3° Dix ans après l'expiration des peines corporelles, la condamnation unique à une peine de deux ans ou moins de deux ans, ou les condamnations multiples dont l'ensemble ne dépasse pas un an, ou à des peines jointes à des amendes.

Dans le cas de concours de condamnations à des peines corporelles et de condamnation à des peines pécuniaires, le délai courra du jour où les peines corporelles auront été subies et où les condamnations pécuniaires seront devenues définitives;

4° Quinze ans après l'expiration de la peine corporelle, la condamnation unique supérieure à deux années d'emprisonnement, ou à cette peine jointe à une amende, le tout sans qu'il soit dérogé à l'article 4 de la loi du 26 mars 1891 sur l'atténuation et l'aggravation des peines.

Lorsqu'une amende aura été prononcée principalement ou accessoirement à une autre peine, l'inscription ne cessera qu'après qu'elle aura été acquittée ou prescrite, à moins que le demandeur ne justifie de son indigence dans la forme prescrite par l'article 420 du code d'instruction criminelle.

La remise totale ou partielle d'une peine par voie de grâce équivaudra à son exécution totale ou partielle.

L'exécution de la contrainte par corps équivaudra au payement de l'amende.

En cas de prescription de la peine corporelle, les délais commenceront à courir du jour où elle sera acquise.

La preuve de la non-exécution de la peine sera à la charge du procureur de la République.«

»**Art. 10.** Lorsqu'il se sera écoulé dix ans, dans le cas prévu par l'article 8, §§ 1er et 2, sans que le condamné ait subi de nouvelles condamnations à une peine autre que l'amende, la réhabilitation lui sera acquise de plein droit.

Le délai sera de quinze ans dans les cas prévus par l'article 8, § 3e, et de vingt ans dans le cas prévu par l'article 8, § 4.«

»**Art. 11.** Quiconque aura pris le nom d'un tiers, dans des circonstances qui ont déterminé ou auraient pu déterminer l'inscription d'une condamnation au casier de ce tiers, sera puni de six mois à cinq ans d'emprisonnement, sans préjudice des poursuites à exercer pour le crime de faux, s'il y échet.

Sera puni de la même peine celui qui, par de fausses déclarations relatives à l'état civil d'un inculpé, aura sciemment été la cause de l'inscription d'une condamnation sur le casier judiciaire d'un autre que cet inculpé.«

»**Art. 12.** Quiconque, en prenant un faux nom ou une fausse qualité, se fera délivrer le bulletin n° 3 d'un tiers sera puni d'un mois à un an d'emprisonnement.

L'article 463 du code pénal sera dans tous les cas applicable.«

»**Art. 14.** Celui qui voudra faire rectifier une mention portée à son casier judiciaire présentera requête au président du tribunal ou de la cour qui aura rendu la décision.

Si la décision a été rendue par une cour d'assises, la requête sera remise au premier président de la cour d'appel qui saisira la chambre correctionnelle de la cour.

Le président communiquera la requête au ministère public et commettra un magistrat pour faire le rapport.

Le tribunal ou la cour pourra ordonner d'assigner la personne objet de la condamnation.

Dans le cas où la requête est rejetée, le requérant est condamné aux frais.

Si la requête est admise, les frais seront supportés per celui qui aura été la cause de l'inscription reconnue erronnée, s'il a été appelé dans l'instance. Dans le cas contraire ou dans celui de son insolvabilité, ils seront supportés par le Trésor.

Le ministère public aura le droit d'agir d'office dans la même forme en rectification du casier judiciaire.

Mention de la décision rendue sera faite en marge du jugement ou de l'arrêt visé par la demande en rectification.

Ces actes, jugements et arrêts seront visés pour timbre et enregistrés en débet.«

Art. 2. Les dispositions suivantes sont ajoutées à la loi du 5 août 1899, sous les articles 15 et 16.

»**Art. 15.** En cas de contestation sur la réhabilitation de droit, ou des difficultés soulevées par l'application des articles 7, 8 et 9 de la présente loi, ou par l'interprétation d'une loi d'amnistie dans les termes de l'article 2, § 2, l'interessé pourra s'adresser au tribunal correctionnel du lieu de son domicile ou à celui du lieu de sa naissance, suivant les formes et la procédure prescrites par l'article précédent.«

»**Art. 16.** Les instances prévues par les articles 14 et 15 sont débattues et jugées en chambre du conseil, sur le rapport du magistrat commis et la ministère public entendu.

Les jugements ou arrêts sont susceptibles d'appel ou de pourvoi en cassation suivant les règles ordinaires du droit.«

Da uns das Dekret vom 7. Juni 1900 nicht zugänglich wurde, geben wir an dieser Stelle den

Texte du décret du 12 décembre 1899 portant règlement d'administration publique pour l'application de la loi du 5 août 1899 avec les modifications introduites par les décrets des 7 juin et 13 novembre 1900.*)

Art. 1er (*Décr., 13 novembre 1900*). — Le service du casier judiciaire institué près de chaque tribunal de première instance est dirigé par le greffier du tribunal, sous la surveillance du procureur de la République et du Procureur général.

Le service du casier judiciaire concernant les Musulmans du Maroc, du Soudan, et de la Tripolitaine, institué près de la Cour d'Alger, est dirigé par le greffier de la cour, sous la surveillance du Procureur général.

Art. 2. — Le service du casier central institué au ministère de la justice est dirigé par un agent spécial sous la surveillance du directeur des affaires criminelles et des grâces.

Art. 3. — Un bulletin n° 1 est établi au nom de toute personne qui a été l'objet d'une des décisions énumérées à l'article 1er de la loi du 5 août 1899.

Le bulletin s'appliquant à une personne pour laquelle doit exister un bulletin n° 1 antérieur porte la mention manuscrite: *Récidive*.

Art. 4. — Les bulletins n° 1 constatant une condamnation pour crime ou délit prononcée par une juridiction répressive,

---

*) Abgedruckt nach Le Poittevin, Traité des Casiers judiciaires. 2e partie, p. 170 ff.

Das Dekret vom 13. November 1900 ist abgedruckt im Journal officiel vom 15. November dess. Jahres u. im Annuaire de législation française en 1900, Paris 1901, p. 117 ff.

une décision rendue par application de l'article 66 du Code pénal, une décision disciplinaire de l'autorité judiciaire qui entraîne ou édicte des incapacités, une déclaration de faillite ou de liquidation judiciaire, sont dressés par le greffier de la juridiction qui a statué, dans la quinzaine à partir du jour où la décision est devenue définitive.

Le délai de quinzaine pour les décisions par défaut, émanant des juridictions correctionnelles, court du jour où elles ne peuvent plus être attaquées par la voie de l'appel ou du pourvoi en cassation.

Le délai court du jour de l'arrêt, pour les arrêts par contumace.

Art. 5 (*Décr., 13 novembre 1900*). — Les bulletins n° 1 constatant une décision disciplinaire d'une autorité administrative, qui entraîne ou édicte des incapacités, sont dressés soit au greffe de l'arrondissement d'origine de celui qui en est l'objet, soit au greffe de la Cour d'Alger, s'il s'agit de Musulmans du Maroc, du Soudan ou de la Tripolitaine, soit au service du casier central, dès la réception de l'avis qui est donné dans le plus bref délai, au procureur de la République, au Procureur général d'Alger ou au ministre de la justice, par l'autorité qui a prononcé la décision.

Les bulletins n° 1 constatant un arrêté d'expulsion sont dressés au service du casier central ou au greffe de la Cour d'Alger, sur la notification faite par le ministre de l'intérieur au ministre de la justice; si l'expulsé est né en France, le service du casier central transmet une copie du bulletin n° 1 au casier judiciaire du lieu d'origine.

Art. 6. (*Décr., 13 novembre 1900*). — Les bulletins n° 1 et dans le cas du dernier paragraphe de l'article précédent, les copies des bulletins n° 1 sont classés dans le casier judiciaire d'arrondissement, dans le casier de la Cour d'Alger ou dans le casier central, par ordre alphabétique, et pour chaque personne, par ordre de date des arrêt, jugement, décision ou arrêté.

Art. 7. (*Décr., 13 novembre 1900*). — Le greffier du lieu d'origine, le greffier de la Cour d'Alger ou l'agent chargé du service du casier central inscrit sur les bulletins n° 1 les mentions prescrites par l'article 2 de la loi du 5 août 1899, dès qu'il est avisé.

L'avis est adressé au procureur de la République, au Procureur général d'Alger ou au ministre de la justice dans le plus bref délai et sur des fiches individuelles.

1° Pour les grâces, commutations ou réductions de peine, par le ministre sur la proposition duquel la mesure gracieuse a été prise;

2° Pour les arrêtés de mise en libération conditionnelle et de révocation, par le ministre de l'intérieur;

3° Pour les arrêts portant réhabilitation et les arrêts et les jugements relevant de la relégation, par le Procureur général ou le procureur de la République près la juridiction qui a statué;

4° Pour les décisions rapportant des arrêtés d'expulsion, par le ministre de l'intérieur;

5° Pour les dates de l'expiration des peines corporelles et l'exécution de la contrainte par corps, par les agents chargés de la direction des prisons et établissements pénitentiaires, et par l'intermédiaire du procureur de la République de leur résidence;

6° Pour le payement intégral des amendes, par les agents chargés du recouvrement et par l'intermédiaire du procureur de la République de leur résidence.

Les déclarations d'excusabilité en matière de faillite, et les homologations de concordat sont également inscrites sur le bulletin n° 1, d'après l'avis qui en est donné par le greffier de la juridiction qui a prononcé.

Art. 8. — Lorsque des conventions diplomatiques ont été conclues à cet effet avec des Etats étrangers, les bulletins n° 1 sont transmis par les soins du service du casier central. Les bulletins n° 1 concernant les étrangers appartenant à ces Etats sont adressés à ce service avec un duplicata.

Art. 9 (*Décr., 13 novembre 1900*). — Le bulletin n° 2 est réclamé au greffe du tribunal de l'arrondissement d'origine, au greffe de la Cour d'Alger ou au service du casier central par lettre ou par télégramme indiquant l'état civil de la personne dont le bulletin est demandé et précisant le motif de la demande.

Art. 10. — Le bulletin n° 3 ne peut être réclamé que par lettre signée de la personne qu'il concerne et précisant l'état civil de celle-ci. Si cette personne ne sait ou ne peut signer, cette impossibilité est constatée par le maire ou le commissaire de police, qui atteste, en même temps, que la demande est faite sur l'initiative de l'intéressé.

Art. 11. — Lorsqu'il n'existe pas au casier judiciaire de bulletin n° 1, ou lorsque les mentions que portent les bulletins n° 1 ne doivent pas être inscrites sur le bulletin n° 3, ce bulletin est oblitéré par une barre transversale.

Art. 12 (*Décr., 7 juin 1900; — 13 novembre 1900*). — Les droits alloués au greffier pour la rédaction des différents bulletins du casier judiciaire sont fixés ainsi qu'il suit:

Bulletin n° 1 . . . . 0 fr. 40

Duplicata . . . . 0 fr. 15

Bulletin n° 2 réclamé par les magistrats du parquet et de l'instruction, par les juges de paix, par les autorités militaires ou maritimes pour les jeunes gens qui demandent à contracter un engagement volontaire, par les administrations publiques de l'Etat, par le préfet de police, par les présidents des tribunaux de commerce, par les sociétés de patronage reconnues d'utilité publique ou spécialement autorisées à cet effet . . . . 0 fr. 25

Bulletin n° 2, réclamé pour l'exercice des droits politiques.	S'il est affirmatif	0 fr. 25
	S'il est négatif .	0 fr. 15
Bulletin n° 2 réclamé par les autorités militaires ou maritimes pour les appelés des classes et de l'inscription maritime.	S'il est affirmatif	0 fr. 15
	La mention *néant*, mise en regard des noms portés sur les états transmis par les mêmes autorités, donnera lieu au payement d'un droit de recherches de . . .	0 fr. 05

Bnlletin n° 3.

Droit de recherches	0 fr. 50	1 fr.
Droit de rédaction	0 fr. 25	
Droit d'inscription au répertoire . . .	0 fr. 25	

Bulletin n° 3 délivré pour admission dans un établissement public d'assistance, la demande étant visée par un administrateur de l'établissement qui en certifie le motif et atteste l'indigence . . . . . . 0 fr. 25

Art. 13 (*Décr., 13 novembre 1900*). — Les bulletins n° 1, les duplicata des bulletins n° 1, ainsi que les bulletins n° 2 délivrés aux magistrats du parquet et de l'instruction, aux juges de paix et aux présidents des tribunaux de commerce sont payés sur les crédits affectés aux frais de justice criminelle. Le prix de ces bulletins est compris, s'il y a lieu, parmi les frais de justice à recouvrer sur les condamnés ou dans les frais de faillite et de liquidation judiciaire.

Les bulletins n° 1 et les duplicata des bulletins n° 1, rédigés par les greffiers des juridictions militaires ou maritimes, sont payés sur ordonnance émise par le Garde des sceaux, après envoi d'un état récapitulatif adressé au département de la justice et certifié par les ministres de la guerre ou de la marine.

Les bulletins n° 2 que réclament les administrations publiques de l'Etat, les autorités militaires ou maritimes, le préfet de police et les sociétés de patronage, sont payés par ces administrations, autorités ou sociétés.

Toute demande de bulletin n° 2, formée par une société de patronage, doit être accompagnée du montant des droits alloués au greffier.

La demande du bulletin n° 3 est accompagnée du montant des droits dus au greffier, en vertu de l'article 12 ci-dessus, ainsi que du droit d'enregistrement.

Art. 14. — Les bulletins n° 1, 2 et 3 et les duplicata des bulletins n° 1 sont établis conformément aux modèles annexés au présent décret.

Art. 15. — Le Garde des sceaux, ministre de la justice, est chargé de l'exécution du présent décret qui sera publié au *Journal officiel* et inséré au *Bulletin des Lois.*

Circulaire du Garde des Sceaux, Ministre de la justice aux procureurs généraux.*)

(30 novembre 1900).

Monsieur le Procureur général,

1. La loi du 11 juillet dernier et le règlement d'administration publique du 13 novembre 1900 ont introduit quelques

*) Abgedruckt aus: Le Poittevin, Traité, 2e partie, p. 173 ff.; vgl. auch Bulletin officiel du ministère de la justice, p. 131 ff.

modifications dans la loi du 5 août 1899, ainsi que dans le décret du 12 décembre suivant, déjà complété par celui du 7 juin 1900.

La nouvelle loi n'a porté d'ailleurs aucune atteinte aux principes établis par celle qui l'a précédée et n'a eu d'autre objet que de réaliser certaines améliorations de détail, sur lesquelles je crois devoir appeler votre attention.

2. Les dispositions de l'ancien article 3 de la loi du 5 août étaient exclusivement relatives à l'institution du Casier central de la Chancellerie, où se trouvent réunis les bulletins des condamnations prononcées contre les personnes nées en pays étranger et dans les colonies ou dont l'acte de naissance n'a pas été retrouvé. Le législateur a jugé utile, principalement en vue de simplifier les procédures algériennes, de consacrer par une disposition complémentaire l'existence du casier spécial établi depuis longtemps au greffe de la Cour d'appel d'Alger, où doivent être centralisés tous les bulletins n° 1 concernant les musulmans du Maroc, du Soudan et de la Tripolitaine.

3. La loi du 11 juillet, complétant l'énumération contenue dans l'article 4 de la loi du 5 août 1899, confère à un plus grand nombre d'autorités le droit de se faire délivrer le bulletin n° 2.

Pour assurer l'exacte rédaction des sommiers judiciaires et en faciliter le contrôle, le Préfet de police a été autorisé, au même titre que les magistrats du parquet et de l'instruction, à se procurer ces bulletins dont les indications sont plus complètes que celles qui figurent sur les états dressés en exécution des articles 600, 601 et 602 du Code d'instruction criminelle.

4. Les dispositions des articles 510 et 540 du Code de commerce refusent le bénéfice du concordat ou la faveur de l'excusabilité aux faillis ayant encouru certaines condamnations; celles de l'article 19 de la loi du 4 mars 1889 imposent la déclaration de faillite des débiteurs en état de liquidation judiciaire, lorsqu'ils ont été condamnés pour banqueroute simple ou frauduleuse. Il était par suite indispensable que les tribunaux de commerce fussent exactement renseignés sur les antécédents des personnes déclarées en état de faillite ou admises à la liquidation judiciaire. Aussi la loi nouvelle attribue-t-elle aux présidents de ces tribunaux le droit de réclamer la délivrance directe des bulletins n° 2 destinés à être joints aux dossiers des faillites et des liquidations judiciaires.

5. La même faculté est accordée aux juges de paix statuant en appel sur les décisions des Commissions municipales (art. 22 du décret organique du 2 février 1852 et 3 de la loi du 7 juillet 1874) et des Commissions instituées par l'article 3 de la loi du 8 décembre 1883 (art. 5 de la même loi).

6. Les Administrations publiques de l'Etat sont autorisées, par le nouvel article 4, § 3, de la loi, à obtenir communication des bulletins n° 2, lorsqu'elles ont à instruire des demandes ou propositions relatives à des distinctions honorifiques et lorsqu'elles sont saisies de soumissions pour des adjudications de travaux ou de marchés publics.

7. Enfin, le texte de l'ancien article 4 n'autorisait pas les Sociétés de patronage des libérés à demander aux parquets les bulletins n° 2 intéressant les personnes assistées par elles. La loi nouvelle a comblé cette lacune. En conséquence, les Sociétés de patronage des libérés reconnues d'utilité publique ou spécialement autorisées à cet effet, sont admises à se faire délivrer des extraits complets du casier judiciaire.

Je me réserve de vous faire connaître ultérieurement, par voie d'insertions au bulletin officiel de ma Chancellerie, celles des Sociétés de cette nature, non reconnues d'utilité publique, que j'aurai autorisées à réclamer le bulletin n° 2 des libérés qu'elles assistent.

8. Il est formellement prescrit par la nouvelle loi que les décisions prononcées en vertu de l'article 66 du Code pénal doivent être mentionnées seulement sur les bulletins délivrés aux magistrats et au Préfet de police. Cette disposition a pour but de remettre en vigueur une règle que la pratique avait consacrée et dont la suppression aurait eu les conséquences les plus graves pour les jeunes délinquants qui, ayant agi sans discernement, sont envoyés dans des maisons de correction ou remis soit à leur famille, soit à des tiers. Je rappelle, en conséquence, aux magistrats et aux greffiers que ces décisions ne doivent, à aucun titre, figurer sur les extraits délivrés aux sociétés de patronage et aux autorités civiles ou militaires, qui pourraient, au grand préjudice des intéressés, se méprendre sur leur véritable caractère.

9. L'article 5 de la loi du 5 août 1899 énonce «qu'un duplicata de chaque bulletin n° 1 constatant une décision entraînant la privation des droits électoraux est adressé à l'autorité administrative du domicile de tout Français ou de tout étranger naturalisé.»

Cette prescription aurait eu pour effet de rendre difficiles, dans certains cas, les recherches à opérer au casier administratif, en vue de vérifier la capacité électorale des personnes ayant changé de domicile.

Aux termes de la loi nouvelle, les parquets restent tenus, comme par le passé, d'envoyer les duplicata au Préfet, ou Sous-Préfet, de l'arrondissement du domicile; mais ce fonctionnaire doit, après avoir pris toutes les mesures nécessaires à la rectification des listes électorales, adresser les duplicata à la Préfecture ou à la Sous-Préfecture du lieu d'origine, où ils sont définitivement classés.

Par exception, en ce qui concerne les condamnés qui n'ont pas de domicile connu, c'est à la Préfecture, ou à la Sous-Préfecture du lieu d'origine qu'il sera nécessaire d'adresser des le principe, les duplicata.

La correspondance relative à la transmission des duplicata destinés aux casiers administratifs devra s'opérer de parquet à parquet.

10. Je crois devoir vous faire remarquer qu'aucun changement n'a été apporté aux dispositions primitives de l'article 7. C'est par suite d'une erreur que cet article figure au nombre de ceux qui sont visés par l'article 1er de la loi du 11 juillet dernier comme ayant été l'objet d'une modification.

11. La rédaction nouvelle de l'article 8 précise avec plus de netteté les conditions auxquelles est subordonnée la disparition des mentions du bulletin n° 3, et fixe, pour chaque cas particulier, le point de départ du délai.

Je crois utile, pour faciliter la tâche des magistrats et des greffiers, de tracer dans un tableau les règles qui doivent servir de base à l'examen de la situation spéciale de chaque condamné. Vous trouverez ce tableau à la suite de la présente circulaire.

12. En raison des difficultés qui s'étaient produites dans la pratique, la loi du 11 juillet dernier a introduit dans l'article 8 de la loi du 5 août un paragraphe additionnel, d'après lequel la preuve de la non-exécution des peines est à la charge du Procureur de la République.

Cette disposition vise particulièrement les peines prononcées avant la réglementation légale du casier judiciaire, puisque actuellement l'exécution des peines est mentionnée sur les bulletins n° 1. Elle a pour but de mettre à la charge des magistrats du parquet, quand les intéressés n'apportent pas la preuve de leur libération vis-à-vis du Trésor ou ne peuvent justifier de leur incarcération, toutes les recherches à opérer, toutes les vérifications à effectuer, tant auprès des agents des finances qu'auprès de l'Administration pénitentiaire.

13. L'article 11 nouveau édicte une peine de six mois à cinq ans d'emprisonnement contre celui qui *aura pris* le nom d'un tiers dans des circonstances qui ont déterminé *ou auraient pu déterminer* l'inscription d'une condamnation au casier de ce tiers, tandis que le texte primitif ne permettait d'atteindre que le fait accompli. Désormais, la poursuite pourra être exercée dès que la fraude sera découverte, avant que l'inscription au casier ait été opérée et avant même qu'une condamnation soit intervenue.

14. La loi nouvelle a supprimé à l'égard des étrangers toute restriction relative aux dispenses d'inscription sur le bulletin n° 3. Vous remarquerez qu'en effet l'ancien article 12 a été purement et simplement supprimé; les deux derniers alinéas de l'ancien article 11 constituent le nouvel article 12 de la loi.

15. En cas de contestation sur la réhabilitation de droit ou de difficultés soulevées par l'application des articles 7, 8 et 9 de la loi ou par l'interprétation d'une loi d'amnistie, la question peut être, aux termes de l'article 15, portée devant le tribunal correctionnel du domicile ou devant celui du lieu de naissance du condamné, suivant la procédure prescrite par l'article 14.

Ces dispositions ont pour but de donner aux intéressés, par un recours facile à l'autorité judiciaire, des garanties complètes de la stricte application de la loi.

En conséquence, qu'il s'agisse de la dispense ou de la cessation d'inscription de certaines mentions au bulletin n° 3 ou de l'interprétation parfois très délicate des lois d'amnistie, ou de la réhabilitation de droit, les tribunaux correctionnels seront compétents pour statuer suivant une procédure simple et rapide.

L'article 14 dans lequel a été organisée cette procédure, ne vise que le cas où une mention erronée portée au casier judiciaire provient de ce qu'une condamnation prononcée sous le nom de l'intéressé ne lui est en réalité pas applicable. La rectification du casier n'est, dans cette hypothèse, que la conséquence d'une rectification préalable du jugement ou de l'arrêt. Aussi la requête devra-t-elle être en ce cas, nécessairement portée devant la juridiction de laquelle émane la décision critiquée.

Toutefois, le législateur a voulu, dans un but de célérité et sans faire aucune distinction, que lorsque la décision attaquée émane d'une Cour d'assises, la requête soit remise au premier président de la Cour d'appel qui saisira la Chambre des appels correctionnels.

Les parquets ne doivent pas perdre de vue que l'article 14 les autorise concurremment avec les intéressés, à prendre l'initiative de cette procédure. Ils n'hésiteront pas à user, dans la plus large mesure, d'un droit dont l'exercice intéresse au plus haut point l'ordre public.

16. Les dispositions qui forment l'article 16, établissent, d'une part, que les instances prévues par les articles 14 et 15 seront débattues et jugées en Chambre du conseil et consacrent, d'autre part, la faculté d'user contre les jugements ou arrêts rendus en cette matière des voies de recours de droit commun.

17. Je recommande à toute votre sollicitude, Monsieur le Procureur général, ces différentes mesures destinées à améliorer le régime du casier judiciaire. Je compte sur votre zèle éclairé et sur celui des magistrats et des greffiers de votre ressort pour leur complète observation et celle des prescriptions des circulaires précédentes des 15 décembre 1899, 22 janvier et 3 avril 1900.

Vous voudrez bien m'accuser réception de cette circulaire, dont je vous adresse des exemplaires en nombre suffisant pour vos substituts et pour les greffiers des cours et tribunaux civils et de commerce de votre ressort.

Recevez, Monsieur le Procureur général, l'assurance de ma considération très distinguée.

Le Garde des Sceaux, Ministre de la justice,
Monis.

Par le Garde des Sceaux, Ministre de la justice:
Le Directeur des Affaires criminelles et des Grâces,
Petitier.

Anhang I.

Einzelne »Rapports« und »Propositions«, welche, die Rehabilitation betreffend, nicht als Vorarbeiten eines bestimmten geltenden Gesetzes zu betrachten sind.

Rapport sommaire fait au nom de la 17e commission d'initiative parlementaire chargée d'examiner la proposition*) de loi de M. Monteilhet et plusieurs de ses collègues, tendant à modifier les articles 619, 620 et 635 du code d'instruction criminelle, relatifs à la réhabilitation, par M. Beauquier, député.

(Chambre, Doc. 1884, annexe No. 2691, **Séance du 11 mars 1883,** p. 572.)

Proposition de loi.

Art. 1er. — Les articles 619, 620 et 635 du code d'instruction criminelle, sont modifiés ainsi qu'il suit:

Art. 619. — Tout condamné, même par contumace ou par défaut, à une peine afflictive ou infamante ou à une peine correctionnelle, qui a subi ou prescrit sa peine, ou qui a obtenu des lettres de grâce, peut être réhabilité.

---

*) Diese Proposition war uns nicht zugänglich.

Art. 620. — La demande en réhabilitation, pour les condamnés à une peine afflictive ou infamante ne peut être formée que cinq ans après le jour de leur libération ou de la prescription de leur peine. Néanmoins, ce délai court, au profit des condamnés à la dégradation civique, du jour où la condamnation est devenue irrévocable, ou de celui de l'expiration ou de la prescription de la peine de l'emprisonnement, si elle a été prononcée.

Il court au profit du condamné à la surveillance de la haute police, prononcé comme peine principale, du jour où la condamnation est devenue irrévocable. Le délai est réduit à trois ans pour les condamnés à une peine correctionnelle.

Art. 635. — Les peines portées par les arrêts ou jugements rendus en matière criminelle se prescriront par quinze années révolues, à compter de la date des arrêts ou jugements.

Art. 2. — Les modifications introduites par la présente loi auront leur effet pour les condamnations antérieures à sa promulgation comme pour celles postérieures. La prescription sera acquise par quinze années, à compter des arrêts ou jugements, quelle que soit leur date.

Proposition de loi tendant à modifier les articles 619, 620 et 635 du code d'instruction criminelle, relatifs à la réhabilitation, présentée par M. M. Bauquier, Barodet, Charles Boysset, députés.

(Chambre, Doc., annexe No. 588, **Séance du 29 mars 1886,** p. 1307.)

Proposition de loi.

Art. 1er. — Les articles 619, 620 et 635 du code d'instruction criminelle sont modifiés ainsi qu'il suit:

Art. 619. — Tout condamné même par contumace ou par défaut, à une peine afflictive ou infamante, ou à une peine correctionnelle qui a subi ou prescrit sa peine, ou qui a obtenu des lettres de grâce, peut être réhabilité.

Art. 620. — La demande en réhabilitation pour les condamnés à une peine afflictive ou infamante ne peut être formée que cinq ans après le jour de leur libération ou de la prescription de leur peine. Néanmoins ce délai court, au profit des condamnés à la dégradation civique, du jour où la condamnation est devenue irrévocable ou de celui de l'expiration ou de la prescription de la peine de l'emprisonnement, si elle a été prononcée. Il court au profit des condamnés à la surveillance de la haute police, prononcée comme peine principale, du jour où la condamnation est devenue irrévocable.

Le délai est réduit à trois ans pour les condamnés à une peine correctionnelle.

Art. 635. — Les peines portées par les arrêts ou juge ments rendus en matière criminelle se prescriront par quinze années révolues, à compter de la date des arrêts ou jugements.

Art. 2. — Les modifications introduites par la présente loi auront leur effet par les condamnations antérieures à sa promulgation comme pour celles postérieures.

La prescription sera acquise par quinze années à compter des arrêts ou jugements, quelle que soit leur date.

Proposition de loi, ayant pour objet d'effacer l'inscription des condamnations sur les casiers judiciaires, au bout d'un certain temps et dans certaines conditions présentée par M. M. Albert Chiché, Aimel, Jourde, F. Laur, députés. — (Renvoyée à la commission du code d'instruction criminelle).

(Chambre, Doc. 1890, annexe No. 703, Sess. ord., **Séance de 23 juin 1890**, p. 1263).

Proposition de loi.

Art. 1er. Les condamnations cesseront d'être inscrites sur les casiers judiciaires cinq ans après l'expiration de la peine pour les délits et dix ans après pour les crimes, lorsque, pendant ce laps de temps, le condamné n'aura encouru aucune nouvelle condamnation.

Art. 2. Les délais seront comptés à partir de la date du jugement ou de l'arrêt pour les condamnations à l'amende.

Proposition de loi tendant à décider que les condamnations prononcées pour délits de chasse, de pêche, contraventions à la police du roulage et en général pour toutes les infractions où la bonne foi ne peut être invoquée comme excuse, ne seront pas portées sur le casier judiciaire, présentée par M. Engerand, député.

(Chambre, Doc., Session de 1891, J. off. du 24 janv. 1892, annexe No. 1661, Sess. extr., **Séance du 19 octobre 1891**, p. 2491).

Proposition de loi.

Article unique. Les condamnations prononcées par les tribunaux répressifs (correctionnels ou autres) pour délits de chasse, de pêche, contraventions à la police du roulage et en général pour toutes les infractions où la bonne foi ne peut être invoquée comme excuse ne seront pas portées sur le casier judiciaire du délinquant.

Proposition de loi relative au casier judiciaire et à la réhabilitation, présentée par M. M. Dejeante, Groussier, Vaillant, Chauvière, Walter, Coutant, Bonard, Sembat, Toussaint, Faberot, Renou, députés.

(Chambre, Doc. 1898, annexe No. 3001, Sess. ord., **Séance du 1er février 1898**, p. 628 ff.)

Projet de loi. (p. 630).

Art. 1er. . . übereinstimmend mit der Fassung der späteren Proposition Juli 1898 (vgl. p. 212 f.).

Die einzige Abweichung zeigt der Absatz 3, welcher hier lautet:

Il ne pourra en aucun cas être fait mention au casier judiciaire délivré à la requête des particuliers, des condamnations à l'exécution desquelles il devra être sursis en vertu de la loi du 26 mars 1891.

Damit schliefst Art. 1 dieser Proposition ab.

Art. 2. Gleichlautend wie in der Proposition Juli 1898.

Art. 3. - - - - - - - -

Art. 4. - - - - - - - -

Art. 5. - - - - - - - -

Art. 6 sagt hier »d'une amende de six jours.« Proposition Juli 1898: »d'une peine de six jours.« Im Übrigen = Proposition Juli 1898.

Art. 7 = Proposition Juli 1898.

Art. 8 = - - -

Proposition de loi relative au casier judiciaire et à la réhabilitation de droit, présentée par M. M. Dejeante, Groussier, Allard, Basly, Baulard, Bénézech, Antide Boyer, Bonard, Jules-Louis Breton, Cadenat, Carnaud, Calvinhac, Chassaing, Chauvière, Colliard, Coutant, Defontaine, Desfarges, Marius Devèze, Florent, Fournière, Goujat, Gras, Paschal, Grousset, Clovis Hugues, Jourde, Krauss, Lamendin, Lassalle, Raymond Leygue, Millerand, Mirman, Pajot, Pastre, Poulain, Renou, Rouanet, Sauvanet, Vaillant, Pierre Vaux, Viviani, Zévaès, Fernand Rabier, Lucien Cornet, Emilie Bordier, Albert Gallot, députés. — (Renvoyée à la commission de la réforme judiciaire).

(Chambre, doc. 1898, Annexe No. 255, Sess. ord., **Séance du 12 juillet 1898**, p. 1469 ff.). (Reutenauer citiert: J. off. du 30 oct. 1898).

Projet de loi (p. 1470/71).

Art. 1er. Le casier judiciaire délivré aux particuliers ne pourra faire mention que des peines d'au moins une année d'emprisonnement encourue pour la réparation des délits suivants: abus de confiance, attentat aux mœurs en excitant ou favorisant la débauche, coups et blessures, dénonciation calomnieuse, escroquerie, faux témoignage en matière civile, correctionnelle ou de police, outrage public à la pudeur, séquestration et vol.

Il mentionnera également les condamnations encourues pour crime si elles ne sont pas inférieures à une année d'emprisonnement, et dans les deux cas les amendes qui pourraient être prononcées par les mêmes jugements ou le même arrêt ainsi que les autres peines accessoires.

Il ne pourra en aucun cas être fait mention au casier judiciaire délivré à la requête des particuliers:

1°. Des condamnations à l'exécution desquelles il devra être sursis en vertu de la loi du 26 mars 1891;

2°. Des déclarations de faillites, des liquidations judiciaires ou des décisions disciplinaires autres que la destitution;

3°. Des condamnations prononcées à l'étranger pour des faits non prévus par les lois pénales françaises;

Art. 2. La réhabilitation s'opérera de droit en faveur des condamnés qui n'auront subi aucune nouvelle condamnation depuis leur mise en liberté.

1°. Deux années après la libération si la peine a été inférieure à une année d'emprisonnement;

2°. Cinq années après la libération si la peine a été supérieure à une année d'emprisonnement;

3°. Sept années après la libération s'il s'agit de condamnés pour crimes ayant entraîné la peine de la réclusion ou celle des travaux forcés.

Toutefois, les condamnés appartenant à ces deux catégories pourront demander la réhabilitation avant l'expiration des délais prévus par le présent article en se conformant aux prescriptions des articles 620 et suivants du code d'instruction criminelle.

Art. 3. En cas de nouvelles condamnations pour crimes ou pour délits mentionnés à l'article 1er de la présente loi, le condamné sera déchu du bénéfice de la réhabilitation.

Il ne pourra obtenir de nouveau sa réhabilitation qu'en se conformant à la procédure instituée par les articles 620 et suivants du code d'instruction criminelle.

Art. 4. Les condamnés de toute catégorie qui auront prescrit contre l'exécution de la peine seront admis au bénéfice de la réhabilitation après l'expiration des délais susindiqués, lesquels courront du jour où la prescription leur sera acquise.

Art. 5. Les directeurs de maisons d'arrêt, de justice, de correction et de tous autres établissements pénitentiaires devront, dans la huitaine de la libération de tous condamnés, informer de cette libération le procureur de la République du lieu de naissance du condamné. Le procureur en informera les greffiers chargés de la délivrance du casier judiciaire.

Art. 6. Seront punis d'une peine de six jours à une année d'emprisonnement tous greffiers qui délivreront aux particuliers un casier judiciaire mentionnant une condamnation pour crime ou délit effacé par la réhabilitation, obtenue soit en vertu de la présente loi soit en vertu des articles 620 et suivants du code d'instruction criminelle.

Art. 7. Les casiers destinés aux demandes d'emplois seront délivrés gratuitement aux intéressés.

Art. 8. Sont abrogés tous les articles et dispositions contraires à la présente loi.

Proposition de loi tendant à modifier les lois du 5 août 1899 et 11 juillet 1900, relatives au casier judiciaire, présentée par M. E. Morlot, député. — (Renvoyée à la commission de la réforme judiciaire et de législation civile).

(Chambre, Doc. 1901, annexe nº 2563, Sess. ord., **Séance du 2 juillet 1901**, p. 1470).

Proposition de loi.

Art. 1er. — Les articles 6, 7, 8, 9 et 12 de la loi du 5 août 1899, modifiée par la loi du 11 juillet 1900, sont abrogés. Il ne pourra jamais être délivré d'extraits du casier judiciaire à des particuliers, quels qu'ils soient.

Art. 2. — L'article 10 de la même loi est modifié de la manière suivante:

»La réhabilitation sera acquise de plein droit à l'expiration des délais ci-après, à tout condamné qui, durant lesdits délais, n'aura pas encouru de nouvelles condamnations à une peine autre que l'amende«:

»1° Dix ans après l'expiration de la peine corporelle de la condamnation unique à six mois ou moins de six mois d'emprisonnement ou à cette peine jointe à une amende; dix ans après que les condamnations à une amende supérieure de 50 fr. seront devenues définitives;«

»2° Quinze ans après l'expiration des peines corporelles de la condamnation unique à une peine de deux ans ou moins de deux ans, ou des condamnations multiples dont l'ensemble ne dépasse pas un an, ou à des peines jointes à des amendes.«

»Dans le cas de concours de condamnations à des peines corporelles et de condamnations à des peines pécuniaires, le délai courra du jour où les peines corporelles auront été subies et où les condamnations pécuniaires seront devenues définitives.«

»3° Vingt ans après l'expiration de la peine corporelle de la condamnation unique supérieure à deux années d'emprisonnement ou à cette peine jointe à une amende.«

Anhang II.

Französische Kolonien.

Loi

ayant pour objet de régler la condition des déportés à la Nouvelle-Calédonie adoptée le 25 mars 1873, promulguée le 28 mars 1873.*)

Art. 16. — Les dispositions de la loi du 31 mai 1854 continueront à recevoir leur exécution en ce qui concerne les condamnés à la déportation. Toutefois les condamnés à la déportation simple auront de plein droit l'exercice des droits civils dans le lieu de la déportation. Il pourra leur être remis, avec l'autorisation du Gouvernement, tout ou partie de leurs biens. Sauf l'effet de cette remise, les actes faits par eux dans le lieu de la déportation ne pourront ni engager ni affecter les biens qu'ils possédaient au jour de leur condamnation, ni ceux qui leur seraient échus à titre gratuit depuis cette époque.

Le Gouvernement pourra, en outre, sur l'avis du gouverneur en conseil, accorder aux déportés l'exercice dans la colonie, de tout ou partie des droits dont ils sont privés par l'article 34 du Code pénal.

Der Schrift von Edouard Sauvel:

> Les Codes criminels des établissements de l'Inde. Recueil des décrets portant application du Code d'instruction criminelle et du Code pénal dans cette colonie. (Extrait du Journal du droit criminel) Paris, Marchal, Billard et Cie., Editeurs, 1884

ist bezüglich Französisch-Indiens zu entnehmen:

---

*) Aus: Joseph Reinach, Les Récidivistes. Paris, G. Charpentier Editeur, 1882. p. 258 ff. spez. p. 266.

II.

Code d'instruction criminelle.

Le Code d'instruction criminelle n'a pas été, ..., l'objet d'une mesure de promulgation en quelque sorte unique et s'appliquant simultanément à toutes les colonies, il a été, au contraire, à des époques diverses et par des textes différents, successivement étendu à nos Établissements d'outremer.

A cet égard, nos colonies peuvent se diviser, en quelque sorte, en deux catégories, l'une comprenant les Établissements pour lesquels il n'y a pas eu de promulgation formelle et explicite de ce Code, mais où les dispositions qui le composent sont applicables par ce seul fait que les ordonnances organiques s'y sont référées d'une façon plus ou moins implicite; l'autre, comprenant les colonies où le Code d'instruction criminelle a été rendu applicable par un texte promulgatif spécial.

La situation des colonies où la promulgation du Code d'instruction criminelle n'a été qu'implicite présente de très grands inconvénients à raison de l'incertitude qui peut exister sur la question de savoir si telle ou telle disposition de ce Code est applicable ou si, au contraire, cette disposition est en contradiction avec tel ou tel texte local, par la nécessité, enfin, de se reporter à chaque instant non seulement au Code d'instruction criminelle métropolitain, mais encore aux ordonnances ou aux arrêtés locaux, afin de savoir quelle règle suivre et quel texte appliquer.

Au contraire, les colonies où une promulgation explicite est intervenue se trouvent en présence d'un Code d'instruction criminelle complet, dans lequel, aux lieu et place de certains articles inapplicables dans la colonie, sont venues s'encadrer les dispositions spéciales que la législation locale rendait nécessaires. Ici aucun doute sur la procédure criminelle, puisque l'on se trouve en présence d'un code complet, dans sa majeure partie, au Code métropolitain, différent de ce code seulement sur certains points.

Dans la première catégorie figurent:

Les îles Saint-Pierre et Miquelon où le Code d'instruction criminelle a été, par l'ordonnance du 26 juillet

1833 (art. 4) [1]), déclaré applicable dans toutes les dispositions qui ne sont pas modifiées par cette ordonnance ou qui ne sont pas contraires aux règlements en vigueur dans la colonie;

La Cochinchine où notre Code d'instruction criminelle se trouve en partie applicable, en vertu des dispositions du décret du 25 juillet 1864 (art. 22 et suiv.), de l'arrêté local du 21 décembre suivant et des décrets des 25 juin 1879, 3 avril 1880, 25 mai 1881 et 5 mars 1884 [2]);

La Nouvelle-Calédonie, pour laquelle la procédure correctionnelle et criminelle est réglée par les art. 85 et suiv. du décret du 28 novembre 1866 sur l'organisation de la justice dans cette colonie [3]), et par les dispositions des décrets du 27 mars 1879 et du 28 février 1882 [4]);

Les Établissements français de l'Océanie où cette procédure est réglée par les décrets du 18 août 1868 et du 1er juillet 1880 [5]) portant organisation de la justice.

Nos Établissements français de l'Inde figuraient récemment encore parmi les colonies où la promulgation du Code d'instruction criminelle pouvait faire doute.

— — — — — — — — — — — — — — — — — —

Aujourd'hui le doute a cessé, et, depuis le décret du 12 juin 1883 [6]), déclarant le Code d'instruction criminelle applicable dans la colonie sous certaines modifications, c'est dans la seconde catégorie que nous devons ranger les Établissements français de l'Inde.

---

1) V. l'ordonnance du 26 juillet 1833 sur l'organisation judiciaire à Saint-Pierre et Miquelon (Recueil des lois, etc., I, p. 438).

2) V. le décret du 25 juillet 1864 sur l'organisation de la justice en Cochinchine et l'arrêté local du 25 décembre 1864 sur la promulgation des codes (Recueil des lois, etc., I, p. 341 et 353); — les décrets des 3 avril 1880 et 25 mai 1881 sur la justice en Cochinchine (J. cr., art. 10651 et 10780);
— —

3) V. le décret du 28 novembre 1866 concernant la Nouvelle-Calédonie (Recueil des lois, etc., I, p. 482).

4) V. les décrets des 27 mars 1879 et 28 février 1882 sur l'administration de la justice dans la Nouvelle-Calédonie (S. L. 1879, p. 450, et 1883, p. 418);
— —

5) V. les décrets des 18 août 1868 et 1er juillet 1880 concernant l'Océanie (S. L. 1868, p. 332, et 1881, p. 60); — — — — — — — — — — — — — —

6) V. le décret du 12 juin 1883, J. cr., art. 11074.

On doit y ranger également: la Martinique, où la promulgation a été effectuée, aussi avec modifications, par ordonnance du 12 octobre 1828[1]);

La Guadeloupe et dépendances où la même ordonnance est applicable[2]), et l'île de Saint-Barthélemy, rétrocédée à la France par la Suède, en 1873, et régie, depuis cette rétrocession, par les lois en vigueur à la Guadeloupe;

La Réunion, où le Code d'instruction criminelle a été promulgué avec modifications par l'ordonnance du 19 décembre 1827[3]) et l'arrêté local du 11 novembre 1856[4]), et Sainte-Marie de Madagascar, que le décret du 27 octobre 1876 a rattachée à la Réunion et qui est régie par la même législation.

La promulgation du Code d'instruction criminelle dans les colonies de la Martinique, la Guadeloupe et la Réunion, n'avait pas compris les dispositions spéciales à la procédure devant la Cour d'assises, — — — — — — — — — — —
— — — — — — — — — — — — — — — — — —

Dans la seconde catégorie figurent également: la Guyane, dont le Code d'instruction criminelle date de l'ordonnance du 10 mai 1829[5]);

Le Sénégal, où il à été déclaré applicable par l'ordonnance du 14 février 1838[6]);

Nos Établissements du golfe de Guinée, comprenant nos Établissements de la Côte-d'Or et du Gabon, qui jusqu'aux décrets du 1er novembre 1854 et du 26 février 1859, dépendaient du gouvernement du Sénégal; ces Établisse-

---

1) et 2) V. l'ordonnance du 12 octobre 1828 (Code d'instr. cr. de la Martinique par Alexis Garnier, éd. de 1872) — — — — — — — — — —

3) V. l'ordonnance du 19 décembre 1827 (Ile de la Réunion, organ. jud., 1862, p. 113); — — — — — — — — — — — — — — — — — —

4) V. l'arrêté local du 11 novembre 1856 (Delabarre de Nanteuil, Lég. de la Réunion, I, p. 416) et sur l'historique . . . .: Delabarre, loc. cit., p. 351.

5) V. l'ordonnance du 10 mai 1829 concernant la Guyane (Recueil des lois, etc., II, p. 114); — et les décrets du 16 août 1854, du 3 octobre 1880 et du 15 février 1882 sur l'administration de la justice dans cette colonie (S. L. 1854, p. 149; 1881, p. 160, et 1883, p. 417).

6) V. l'arrêté local du 14 avril 1838 promulguant au Sénégal l'ordonnance du 14 février précédent (Recueil des lois, etc., I, p. 297).

ments, en effet, ont conservé la législation promulguée au Sénégal en vertu de l'ordonnance du 14 février 1838, législation dont l'application ne peut plus faire doute pour eux depuis le décret du 1er juin 1878[1]), mais qui y avait été virtuellement introduite dès 1843, lors de la conquête et de l'occupation des territoires formant ces Établissements, devenus par là des dépendances de la colonie du Sénégal.

Ces différentes promulgations du Code d'instruction criminelle remontant pour la plupart à une époque déjà éloignée, il n'est pas sans intérêt de rechercher quel a été, dans les colonies, le sort des principales lois qui, depuis cette époque, sont venues en modifier, pour la métropole, de nombreuses dispositions; la plupart de ces lois ont été promulguées également aux colonies; parmi elles, nous citerons:

La loi du 28 avril 1832, modificative pour la métropole de certaines dispositions du Code pénal et du Code d'instruction criminelle, déclarée applicable, sous certaines modifications, à la Martinique, la Guadeloupe et dépendances, la Guyane et la Réunion, par la loi du 22 juin 1835[2]), puis au Sénégal et dans les Établissements de l'Inde, par deux ordonnances du 29 mars 1836[3]), et, par suite, dans les Établissement du golfe de Guinée, qui formaient, en 1836, une dépendance du Sénégal; — — — — — — — — — —

— — — — — — — — — — — — — — — — — — — —

La loi du 3 juillet 1852[5]) sur la réhabilitation des condamnés, loi qui a modifié les art. 619 à 634 du même Code, déclarée applicable aux colonies par le décret précité du 15 janvier 1853.[4])

— — — — — — — — — — — — — — — — — — — —

[1]) V. l'art. 14 du décret du 1er juin 1878, qui réorganise la justice dans les Établissements de la Côte-d'Or et du Gabon (S. L. 1878, p. 351).

[2]) V. la loi du 22 juin 1835 (S. L. 2e série, p. 260).

[3]) V. les deux ordonnances du 29 mars 1836 (S. L. 2e série, p. 290 et 291).

— — — — — — — — — — — — — — — — — — — —

[4]) V. le décret du 15 janvier 1853 (S. L. 53, p. 19).

[5]) V. la loi du 3 juillet 1852 (J. cr., art. 5397); — le décret du 18 nov. 1869 sur l'instruction des demandes en réhabilitation aux colonies (S. L. 69, p. 436); — et la circulaire du ministre de la marine (Bull. Inde, 1870. no 4, p. 11).

— — — — — — — — — — — — — — — — — — — —

La loi du 19 mars 1864, qui a étendu aux notaires, greffiers et officiers ministériels destitués le bénéfice de la loi du 3 juillet 1852 sur la réhabilitation, déclarée applicable aux colonies de la Martinique, la Guadeloupe et la Réunion, par décret des 30 octobre — 28 novembre 1867, et aux colonies de la Guyane, du Sénégal, de l'Inde, de la Cochinchine, de Mayotte et de Nossi-Bé, de Sainte-Marie de Madagascar, de la Côte-d'Or et du Gabon, par décret du 18 novembre 1869[1]);

12 Juin 1883.

Décret[2])

Qui rend applicables les dispositions du Code d'instruction criminelle dans les Etablissements français de l'Inde.

Le Président de la République française;

Sur le rapport du Ministre de la marine et des colonies et du Garde des seaux, Ministre de la justice;

Vu l'art. 18 du sénatus-consulte du 3 mai 1854;

Vu l'ordonnance du 7 février 1842 sur l'organisation judiciaire des établissements français dans l'Inde;

Vu le décret du 30 sept. 1874 portant modifications de l'ordonnance du 7 fév. 1842 sur l'organisation judiciaire des établissements français dans l'Inde;

Vu le décret du 9 mai 1878 portant ouverture du pourvoi en annulation et en cassation dans les établissements français de l'Inde;

Vu le décret du 1er mars 1879 portant organisation de la justice à Mahé et Yanaon (établissements français dans l'Inde);

Vu le décret du 18 fév. 1880 portant création d'un emploi de lieutenant de juge à Karikal;

Vu le décret du 14 mars 1882 concernant les juridictions appelées à connaître des délits de presse;

Décrète.

Art. 1er. — Les dispositions du Code d'instruction criminelle actuellement en vigueur dans la métropole sont rendues

---

1) V. le décret des 30 oct.-28 nov. 1867 (S. L. 67, p. 233) et celui du 18 nov. 1869 (Bull. off. marine, 35, no 264).

2) Ce décret a été promulgué par arrêté du 15 janvier 1884. (Mon. off. de l'Inde, 18 janv., p. 43). Vgl. Sauvel, loc. cit., p. 30 ff.

applicables dans les établissements français de l'Inde sous les réserves exprimées à l'art. 2 ci-après.

Art. 2. — Les attributions confiées aux Cours d'assises par le Code d'instruction criminelle sont dévolues aux Cours criminelles siégeant dans chacun des établissements français de l'Inde.

Art. 3. — Les art. — — — — — — — — — — —
— — — — — — — — — — — — — — — — — — — —
621, 622, 624, 625, ... sont modifiés ainsi qu'il suit.
— — — — — — — — — — — — — — — — — — — —

Art. 621. — Le condamné à une peine afflictive ou infamante ne peut être admis à demander sa réhabilitation, s'il n'a résidé dans le même arrondissement depuis cinq années, et, pendant les deux dernières, dans la même commune.

Le condamné à une peine correctionnelle ne peut être admis à demander sa réhabilitation s'il n'a résidé dans le même arrondissement depuis trois années, et, pendant les deux dernières, dans la même commune.

Les déplacements temporaires exigés par les nécessités du commerce ou imposés par l'autorité pour l'ordre ou le service de la colonie ne seront pas considérés comme changement de résidence faisant obstacle à la réhabilitation, et, dans tous les cas, l'autorisation administrative préalable de changer de résidence ne fera pas perdre le bénéfice de la résidence qui aura été acquis dans un autre centre ou établissement.

Art. 622. — Le condamné adresse sa demande en réhabilitation au procureur de la République ou à l'officier chargé du ministère public, en faisant connaître:

1° La date de sa condamnation;

2° Les lieux où il a résidé depuis sa libération, s'il s'est écoulé après cette époque un temps plus long que celui fixé par l'article 620.

Art. 624. — Le procureur de la République ou l'officier chargé du ministère public provoque, par l'intermédiaire du directeur de l'intérieur ou du chef de service, des attestations faisant connaître:

1° La durée de la résidence du condamné dans chaque lieu, avec indication du jour où elle a commencé et de celui auquel elle a fini;

2° Sa conduite pendant la durée de son séjour;

3° Ses moyens d'existence pendant le même temps. Ces attestations sont délivrées par les conseils municipaux ou les commissions municipales, et, à défaut de corps délibérants de cette nature, par une commission composée du maire ou du fonctionnaire qui en tient lieu, et de deux notables habitants appelés spécialement à cet effet par le chef de la colonie.

Elles doivent contenir la mention expresse qu'elles ont été rédigées pour servir à l'appréciation de la demande en réhabilitation.

Le procureur de la République ou l'officier du ministère public prend, en outre, l'avis du maire des communes et du juge de paix des établissements où le condamné a résidé, ainsi que celui du chef de service de ces établissements. Dans tous les cas, l'avis du directeur de l'intérieur ou du chef de service sera joint au dossier et produit à la Cour.

Art. 625. — Le procureur de la République ou l'officier du ministère public se fait délivrer:

1° Une expédition de l'arrêt de condamnation;

2° Un extrait des registres des lieux de détention où la peine a éte subiè, constatant quelle a été la conduite du condamné.

Il transmet les pièces avec son avis au procureur général.

— — — — — — — — — — — — — — — — — —

Un **décret du 12 octobre 1888**[1]) règle la procédure à suivre aux colonies pour les demandes en réhabilitation. Les cours de Saïgon, de Saint-Louis (Sénégal), le consul supérieur des îles Saint-Pierre et Miquelon, les tribunaux supérieurs de Nouméa et de Papeete statuent en chambre du conseil sur ces demandes.*)

Le Président de la République française:

Sur le rapport du ministre de la marine et des colonies et du garde des sceaux, ministre de la justice et des cultes;

Vu l'article 18 du sénatus-consulte du 3 mai 1854;

---

1) J. off., 14 octobre 1888.

*) Aus: Annuaire de législation française en 1888, tome VIII, Paris 1889.

Vu l'ordonnance du 26 juillet 1833 et le décret du 4 avril 1863, relatifs à l'organisation judiciaire de Saint-Pierre et Miquelon;

Vu le décret du 9 août 1854, portant organisation de la justice au Sénégal;

Vu les décrets du 28 novembre 1866 et 27 mars 1879, concernant l'organisation de la justice en Nouvelle-Calédonie;

Vu le décret du 1er juillet 1881, concernant l'organisation de la justice dans les établissements français de l'Océanie;

Vu le décret du 20 février 1886, portant réorganisation de la justice à la Guyane;

Vu les décrets des 15 novembre 1887 et 5 juillet 1888, concernant l'organisation de la justice en Cochinchine;

Vu la loi du 14 août 1885 sur les moyens de prévenir la récidive,

Décrète:

Art. 1er. — Les cours d'appel de Saint-Louis (Sénégal), de Saïgon (Cochinchine), le conseil d'appel de Saint-Pierre et Miquelon, les tribunaux supérieurs de Cayenne (Guyane), de Nouméa (Nouvelle-Calédonie) et de Papeete (établissements français de l'Océanie) statuent en chambre du conseil sur les demandes de réhabilitation.

Art. 2. — Le ministre de la marine et des colonies et le garde des sceaux, ministre de la justice et des cultes, sont chargés, chacun en ce qui le concerne, de l'exécution du présent décret, qui sera inséré au Journal officiel de la République française, au Bulletin des lois et au Bulletin officiel de l'administration des colonies.

Fait à Paris, le 12 octobre 1888. Carnot.

Un **décret du 29 janvier 1900**[1]) réglemente le casier judiciaire et la réhabilitation de droit en Algérie. Ce décret, qui reproduit les dispositions de la loi du 5 août 1900, a été modifié et complété par un **décret du 24 juillet 1900**[2]). D'autre part, un **décret du 13 novembre 1900**[3]) a complété,

---

[1]) Revue algérienne et tunisienne, 1900, 3e part., p. 94.

[2]) Revue algérienne et tunisienne, 1900, 3e part., p. 91.

[3]) idem, 1900, 3e part., p. 135.

tant pour la France que pour l'Algérie, le décret métropolitain du 12 décembre 1899[1]), portant règlement d'administration publique pour l'application de la loi précitée. L'ensemble de ces trois décrets, qu'il serait trop long de reproduire ici, forme, pour l'Algérie, la législation actuellement en vigueur.[2])

Un **arrêté** du ministre de l'intérieur, **du 25 janvier 1901**,[3]) règlemente les conditions d'exécution des décrets des 29 janvier et 24 juillet 1900, sur le casier judiciaire et la réhabilitation de droit en Algérie.[4])

Un **décret** du Président de la République française, **du 5 août 1901**[5]) déclare applicables en Tunisie, sous certaines modifications, la loi du 5 août 1899, sur le casier judiciaire et la réhabilitation de droit, modifiée, par la loi du 11 juillet 1900, ainsi que par les décrets portant règlement d'administration publique du 12 décembre 1899, complétés par ceux des 7 juin et 13 novembre 1900.[6])

Zu A. Disziplinar-Strafrecht.

Loi qui étend aux Notaires, aux Greffiers et aux officiers ministériels destitués, le bénéfice de la loi du 3 juillet 1852, sur la Réhabilitation.[7])

Du 19 mars 1864.

Napoléon, par la grâce de Dieu et la volonté nationale, Empereur des Français, à tous présents et à venir, Salut.

---

[1]) Vgl.: Annuaire de législ. franç. XIX. p. 158.

[2]) Aus: Annuaire de législation française en 1900. Paris 1901, p. 213 et 214).

[3]) Revue algérienne, 1901. 3e partie, p. 21.

[4]) Aus: Annuaire de législation française en 1901. Paris 1902, p. 155.

[5]) Revue algérienne et tunisienne, 1900, 3e part., p. 74.

[6]) Aus: Annuaire de législation française en 1901. Paris 1902, p. 159.

[7]) Aus: Bulletin des lois de l'Empire français. XIe Série. Règne de Napoléon III, Empereur des Français. Premier semestre de 1864 contenant les lois et décrets d'intérêt public et général publiés depuis le 1er janvier jusqu'au 30 juin 1864. Partie principale. Tome XXIII No. 1170 à 1221. Paris, Imprimerie Impériale, 1864. Vgl. spez.: Bull. No. 1189, p. 397. Siehe auch: Chonez, p. 186; Thiriat p. 38).

Avons sanctionné et sanctionnons, promulgué et promulguons ce qui suit:

Loi.

Extrait du procès-verbal du Corps législatif.

Le Corps législatif a adopté le projet de loi dont la teneur suit:

Art. 1er. Les notaires, les greffiers et les officiers ministériels destitués peuvent être relevés des déchéances et incapacités résultant de leur déstitution.

2. Toutes les dispositions du Code d'instruction criminelle relatives à la réhabilitation des condamnés à une peine correctionnelle sont déclarées applicables aux demandes formées en vertu de l'article 1er.

Le délai de trois ans fixé par le dernier paragraphe de l'article 620 du Code d'instruction criminelle court du jour de la cessation des fonctions.

Délibéré en séance publique, à Paris, le 4 mars 1864.

2. Literatur.

Monographien und Aufsätze, die unmittelbar oder mittelbar die **„Rehabilitation"** betreffen (vergl. auch unten Monographien: »Casier judiciaire«).

Wir entnehmen aus, resp. verweisen auf:

André, La récidive. Théorie d'ensemble et commentaire détaillé des lois préventives ou répressives de la récidive. Paris, Chevalier-Marescq, 1892. Vgl. bes. p. 80—83, 186—220, 298.

Bibliographie générale et complète des livres de droit et de jurisprudence publiés jusqu'au 6 novembre 1903. Paris, Marchal et Billard, 1904.

Berlet, Commentaire des lois et règlements sur le casier judiciaire et la réhabilitation de droit. 1 vol. 1900.

Bregeault et Delagarde, Traité théorique et pratique de la réhabilitation des condamnés. Commentaire du titre III de la loi du 14 août 1885, suivi de documents et formules. 1 vol. Paris, Marchal et Billard, 1886.

Depeiges, Etude sur les effets civils des condamnations pénales. 1 vol. 1889 (p. 225 ff: Réhabilitation administrative).

Leloir, De la réhabilitation. 1882.

Le Poittevin, La réhabilitation de droit.

Brasseur Albert, De la réhabilitation en droit romain et en droit français. Thèse Douai. Paris, Arthur Rousseau, 1887.

Lanouvelle, Thèse 1880.

Chonez Maurice, De la réhabilitation des condamnés en matière criminelle, correctionnelle et disciplinaire. Thèse. Paris, Imprimerie d'ouvriers sourds-muets, 1898.

Alianelli Niccola. De la réhabilitation des condamnés. Traduit de l'italien par P. Sarraute. Paris 1882. 1 vol. in 8⁰. (Article extrait de la France judiciaire.)

Brigeault (!) De la réhabilitation. P. 61, Note 3, 58, 119.

Leloir, Etude sur l'art. 623 du Code d'instruction criminelle.

Le Poittevin, Etude sur le projet de réforme du Code pénal français.

Sambuc H., Le délinquant primaire ou les moyens de prévenir la récidive. p. 316, 331.

Depeiges J., Droit romain. De l'infamie. — Droit français. Des effets civils des condamnations pénales. Thèse. Paris, F. Salmon, Libraire-éditeur, 1888. Spéc. p. 215 et suiv.

Depeiges J., Notice et notes. Loi du 10 mars 1898, ayant pour objet de rendre la réhabilitation applicable aux condamnés qui ont prescrit contre l'exécution de la peine. (Annuaire de législation française en 1898. Paris 1899. p. 76 et suiv.)

Depeiges J., Notice et notes. Loi du 5 août 1899, sur le casier judiciaire et la réhabilitation de droit. (Ann. de législ. franç. en 1899. XIX. Paris 1900. p. 130 et s.

Depeiges J., Notice et notes. Loi du 11 juillet 1900, portant modifi cations de la loi du 5 août 1899 sur le casier judiciaire et sur la réhabilitation de droit. (Ann. de législ. franç. en 1900. Paris 1901. p. 108 et suiv.)

Drioux J., Notice et notes. Loi du 14 août 1885, relative aux moyens de prévenir la récidive (libération conditionnelle, patronage, réhabilitation). (Ann. de législ. franç. en 1885. Paris 1886. p. 110 et s.)

de Forcrand Henri, Commentaire de la loi du 11 juillet 1900 sur le casier judiciaire et la réhabilitation de droit. Paris, Impr. et libr. Marchal et Billard, 1901.

Frézouls Gaston, De la réhabilitation en matière pénale. Thèse. Toulouse, Imprimerie Lagarde et Sebille, 2 Rue Romiguières, 1902.

Maulmont, Commentaire de la loi du 5 août 1899. Im Text findet sich auch noch citiert:

Maulmont, Du casier judiciaire et de la réhabilitation de droit. (Die oben citierte **Bibliographie** setzt die Jahreszahl „1900" hinzu.)

Guitteau Alexis, De la réhabilitation des condamnés. Thèse. Poitiers 1901. Imprimerie A. Masson.

Bazenet Edgar, Commentaire de la loi du 5 août 1899. (Bulletin-commentaire des lois nouvelles, février-mars 1900.)

Berlet A., Le casier judiciaire et la réhabilitation de droit. Paris, Chevalier-Marescq, 1900.

Brasseur Albert, De la réhabilitation en matière pénale et disciplinaire. Paris, Rousseau, 1887. (Vgl. denselben oben S. 226.) In der **Bibliographie** ist zitiert: Brasseur, Théorie et pratique de la réh. . . . etc. 1887.

Richaud, Etude de la loi du 5 août sur le casier judiciaire; discours prononcé à l'audience solennelle de rentrée de la Cour d'appel de Bourges le 16 octobre 1899.

Houitte de la Chesnais Edouard, Les réformes pénales de 1885. Loi du 27 mai 1885, sur la Relégation des Récidivistes. Loi du 14 août 1885, sur les moyens de prévenir la récidive: libération conditionnelle, patronage, réhabilitation. Thèse-d'Aix-Marseille. Paris, A. Pedone, Edit., 1898. (mit Literaturangaben spez. über „Récidive").

Billecocq, Traité de la réhabilitation en matière correctionnelle et disciplinaire. Cosse et Marchal. 1868.

Brégeault et Delagarde, Traité théorique et pratique de la réhabilitation. Paris 1887. (!)

Lair Adolphe-Emile, De la réhabilitation des condamnés dans le droit romain et dans le droit français ancien et moderne, comparée dans ses effets avec la grâce, l'amnistie et la révision. Paris, Imprimé par E. Thunot et Cie., 1859.

Lasserre Henry, De la restitutio in integrum quod metus causa. De la réhabilitation des condamnés. Thèse-Toulouse. Paris, Arthur Rousseau, 1889.

Lavollée Louis, Des peines infamantes. Thèse. Paris, Arthur Rousseau, Ed., 1899. p. 73/74, 109 ff., 147, 167, 182, 184, 190.

Magescas F., De la réhabilitation des condamnés. Thèse. Bordeaux, Imprimerie Y. Cadoret, 17 Rue Poquelin-Molière, 1899 (vergl. die Bibliographie in diesem Werke).

Huot, De la réhabilitation des condamnés. Versailles 1847.

Molinier, Rapport à l'Académie de législation sur une monographie de M. Alianelli. Toulouse 1870.

Marcuse Oswald, Die Ehrenstrafe. Eine rechtsvergleichende Darstellung nebst Kritik unter besonderer Berücksichtigung des geltenden deutschen Reichsrechtes. Breslau, Schlettersche Buchhandlung, 1899. (Strafrechtl. Abhandlungen, herausgegeben von Beling, H. 19) vgl. p. 42, 45.

Merle Louis, Des causes de cessation des peines. Thèse. Poitiers. Typographie P. Oudin, 1889.

M . . . ., Conseiller au présidial d'Orléans. Nouveau Commentaire sur l'ordonnance criminelle d'août 1670.

Nivelle L., De la récidivité au point de vue pénitentiaire. Paris, E. Dentu, Libr-édit., 1882 (Réhabilitation s. spez. p. 105 f.).

Reutenauer Paul, De la réhabilitation en matière pénale et disciplinaire. Histoire et droit comparé. Étude théorique et pratique de la réhabilitation judiciaire et de la réhabilitation de plein droit. Paris, Marchal et Billard, 1900.

Billecocq, De la réhabilitation en matière criminelle correctionnelle et disciplinaire. Paris 2e édit. 1886 (so auch: **Frézouls**).

Demante Gabriel, Étude sur la réhabilitation (Revue de droit français et étranger t. XVI).

Lajoye, La réhabilitation au criminel et au correctionnel. (Bull. de la Société des prisons 1880. p. 716 et s.)

Leloir, La réhabilitation. (La France judiciaire 1886, p. 127 et suiv. (Dasselbe cit. **Magescas:** 1882, p. 413.)

Prudhomme Henri, De la réhabilitation des condamnés. (France judiciaire, 1886, p. 249 et s.) (scheint auch separat erschienen zu sein nach Citat bei **Guitteau**).

Molinier, La réhabilitation des condamnés. 1870.

Roux. (S. 1899-2-89) (über Rehabilit., unter einer Entscheidung in Sirey).

Sarraute Pierre, Traité théorique et pratique de la réhabilitation des condamnés en matière criminelle, correctionnelle et disciplinaire. Paris, L. Larose et Forcel, 1884.

Schiller Walter, Die Rehabilitation Verurteilter im schweizerischen Recht. Zürich 1905. S. 3, 4, 5, 7, 10, 19, 36, 40, 42, 44, 61, 82, 83, 84, 85, 103.

Sermet Ernest, Le droit de grâce. Son histoire. Son fonctionnement. Son avenir. Thèse. Toulouse. Librairie V. Rivière. Imprimerie Saint-Cyprien. 1901. (Mit reichen Literaturangaben) spez. Rehabilitation siehe p. 23—27, 85, 262, 267. Casier: p. 259/260 ff.

Sirey et Malepeyre, l. c. (siehe unten: Werke allgemein strafrechtlichen Inhalts).

Prudhomme, Commentaire critique du titre III de la loi du 14 août 1885 (France judiciaire X, 1. 277) vgl. oben unter Reutenauer. Offenbar hier der Untertitel.

Thiriat N., De la réhabilitation des condamnés et des faillis etc. 2e édit. Paris, Henri Charles-Lavauzelle. Edit., 1902 (gibt u. a. den Text des Code d'instr. crim. nach dem Stande 1898/99, ebenso Code de comm. betr. Réhabilitation).

Typaldo-Bassia A., La récidive et la détention préventive. Théorie et commentaire des lois postérieures au Code pénal. Paris, Chevalier-Marescq et Cie., 1896 (Rehabilitation spez. p. 75 ff.), Angeführt sind. u. A. p. 153 die Texte der Gesetze vom 27. Mai 1885, 14. August 1885, 26. März 1891.

Monographien und Aufsätze, die unmittelbar oder mittelbar das **„Casier judiciaire“** betreffen (vgl. auch die Monographien über «Rehabilitation», z. B. unter: **Guitteau.**)

Wir entnehmen aus, bezw. verweisen auf:

Appleton Jean, La réforme des casiers judiciaires. Paris, Librairie L. Larose et Forcel, Edit. 1893. (Rehabilitation s. spez. Cap. VIII u. p. 118 ff.) Appendice: Projet de loi déposé sur le bureau du Sénat le 22 octobre 1891 par M. Fallières, garde des sceaux.

Bonneville de Marsangy, De la localisation au greffe de l'arrondissement natal des renseignements judiciaires concernant chaque condamné. Versailles 1849. (Nach **Bernard** ist dies ein: Discours de rentrée au Tribunal de Versailles du 5 novembre 1848. **Margerin du Metz** erläutert hierzu: reproduit entièrement dans un ouvrage postérieur du même auteur „De l'amélioration de la loi criminelle" (vgl. unten bei **Bernard**) t I., appendice p. 648 à 671.)

Le Poittevin, Traité pratique des casiers judiciaires. Paris 1880. (**Bernard** cit.: 1879.)

Le Poittevin, La réforme du casier judiciaire. Discours prononcé à l'audience solennelle de rentrée de la cour d'appel d'Angers. Angers 1891. (Nach **Bernard** auch in: Gazette des Tribunaux 25./26. octobre 1891.)

Rey, La question du casier judiciaire. Discours prononcé à l'audience solennelle de rentrée de la cour d'appel de Montpellier. Montpellier 1891.

Bernard Benjamin, Le casier judiciaire. Thèse. Toulouse, Vt. Rivière, Libraire-éditeur, 1901 (p. 4/5: Verzeichnis der Circulaires de la chancellerie).

Bonneville de Marsangy, De l'amélioration de la loi criminelle. 1855—1864. 2 vol. (**Gillet** verweist auf t. I p. 647 et s.)

Bonneville de Marsangy, Le casier judiciaire. Rapport à la Société générale des prisons. Bulletin 1887 p. 300—317.

Bibliographie (cit.)

Collardot, Du casier judiciaire et de la loi du 5 août 1899 . . . 1900.

Forcrand (de), La Réforme du casier judiciaire au Sénat. 1899. Paris, Marchal et Billard.

Despatys, Traité théorique et pratique des casiers judiciaires en France et à l'étranger. Paris, Cosse, Marchal et Cie, 1870.

(Vergl. auch Kapitel V: »Institution des Casiers judiciaires dans les législations étrangères.«

»Documents officiels relatifs à l'établissement et au fonctionnement des casiers jud.«

§ 1. Texte des circulaires et lettres du min. de la justice.

§ 2. Sommaire des circulaires et instructions du parquet de la Cour imp. de Paris et du parquet du tribunal de la Seine.

§ 3. Instruct. émanant de l'administration de l'Enregistrement.

§ 4. Instructions émanant de l'autorité militaire.

§ 5. Modèles des bulletins No. 1, 2 et autres états, dont l'emploi est prescrit, en France, par les instructions sur les casiers judiciaires.

§ 6. Instructions émanant de l'autorité maritime.

§ 7. Rapports des statistiques criminelles françaises relatives au casier judiciaire.

§ 8. Index chronologique de tous les documents français et étrangers ayant paru jusqu'en 1870, sur les casiers judiciaires.

Ducaud Joseph, Le casier judiciaire. Thèse. Bordeaux 1900. (Reha bilitation: bes. p. 113 ff.)

Wir verweisen noch besonders auf: Kap. VIII p. 145 ff.: Le casier judiciaire en législation comparée et l'échange international des bulletins.

— p. 167: Circulaires relatives au casier judic. depuis sa création jusqu'à la loi du 5 août 1899.

Le Poittevin, Traité théorique et pratique des casiers judiciaires. 1900.

Gillet L., Du casier judiciaire. Thèse d'Aix-Marseille. Paris, V. Giard et E. Brière, 1900. (Gibt eine gute Übersicht der Parlamentsarbeit z. Gesetz 1899; — vgl. auch p. 150: Tableau des circulaires de la Chancellerie sur le casier judiciaire.)

Gisquet, Mémoires. t. IV. p. 293 et s.

Jouvenet, Étude sur le casier judiciaire. Thèse. Paris 1900.

Magescas:

Desjardins, Les cahiers des États généraux en 1789. Paris 1883.

Marchand, loc. cit., p. 115.

Margerin du Metz, Le casier judiciaire d'après la loi du 5 août 1899. Thèse. Lille. Impr. et librairie Camille Robbe. 1901.

Derausart, Albert, Des moyens de constater et de prouver la récidive. 1 vol. Cambrai 1897, p. 71—96.

Mironesco, Le casier judiciaire. Thèse. Paris 1898.

Le Poittevin Gustave, Traité théorique et pratique des casiers judiciaires. (Lois du 5 août 1899 et du 11 juillet 1900 et décrets du 12 décembre 1899 et du 13 novembre 1900.) 3e édit. Paris, Arthur Rousseau, 1901.

Theureau Louis, Les casiers judiciaires et un projet de casiers civils. Paris 1892. (Rehabilit.: 124, 125.)

Monographien über „Libération conditionnelle."

Wir entnehmen aus und verweisen auf:

André, l. c.:

Laborde, Questions pratiques sur la loi du 26 mars 1891.

Nègre et Gary, La loi Bérenger et ses applications. p. 83 et s., 92.

Chonez, l. c.:

Dopffer Vincent, De la libération conditionnelle. p. 19.

George L., Du sursis conditionnel à l'exécution de la peine (loi du 26 mars 1891) et de la libération conditionnelle (loi du 14 août 1885). Etude de droit français et de droit comparé. Paris, Rousseau, 1895. Bezügl. Rehabilitation vgl. p. 160, 272, 277 ff., Casier: p. 292.

Magescas, l. c.:

Locard, Loi du 26 mars 1891. Paris 1891. Wohl übereinstimmend mit dem Werk, das

Sirey et Malepeyres citieren:

Locard, Commentaire de la loi du 26 mars 1891. p. 87, 89.

Reutenauer, l. c.:

Bourdon (avocat général près la cour d'appel de Lyon), La loi de sursis. Discours de rentrée (1898).

Forcrand (de), Commentaire de la loi du 26 mars 1891. p. 5.

Werke allgemein strafrechtlichen Inhalts (ausgenommen »Répertoires und Sammelwerke«).

Wir verweisen auf, bezw. entnehmen aus:

Blanche, Etudes pratiques sur le Code pénal. 2e édition par Gustave Dutruc. I. Paris, Marchal et Billard, 1888. p. 192 ff., spez. 199; 612 No. 456.

Boitard, Leçons de droit criminel contenant l'explication complète des codes pénal et d'instruction criminelle. Recueillies par Gustave de Linage. 13e édit. par Edmond Villey. Paris, Marchal et Billard, 1889. p. 832 ff., spez. No. 861—863 (vgl. ebda. in: 13e éd. 1890!)

Chauveau Adolphe **et** Faustin **Hélie,** Théorie du code pénal. 6. édit. par Edmond Villey. I. Paris, Marchal et Billard, 1887. p. 341.

Chonez, loc. cit.:

Pradier-Fodé (ré D. H.?): Commentaire du Code de justice militaire. p. 393.

Frézouls, loc. cit.:

Vidal Georges, Cours résumé de Droit pénal. Paris 1894. Dazu aus **Bernard,** loc. cit.: 2e supplément, 1900.

Garraud R., Traité théorique et pratique de Droit pénal français. T. II p. 50; 214 et s. (Réhabilitation administrative dans les colonies); p. 466—486, No. 567—574. 2e édition. Paris, Larose, 1898. Vgl. auch: T. III No. 815.

Bornier, Commentaire de l'ordonnance de 1670; sur l'article 5 titre XVI (Conf. des nouvelles ordonnances de Louis XIV t II) p. 185.

Hélie Faustin, Traité de l'instruction criminelle ou Théorie du code d'instruction criminelle. Paris, Henri Plon, 1867. T VIII, p. 580 à 597.

Laborde, Cours de droit criminel. 2e édit. Paris, Arthur Rousseau, 1898. Abschnitte 606—625. Vgl. u. a. auch No. 378, 523, p. 408 Note 1.

Lasserre, l. c.:

Becquet, Traité des droits de justice. Ch. XVI. No. 4.

Magescas, l. c.:

Brissot de Warville, Théorie des lois criminelles. Paris 1781.

Carnot, De l'instruction criminelle; sur l'art. 619.

Garraud, Précis de droit criminel. 2e édit. Paris 1898. p. 60. No. 268. p. 336.

Rauter, Traité théorique et pratique de droit criminel. Paris 1838. II. 869.

Mittermaier, Strafgesetzgebung. I. 119, 298, 299.

Molinier Victor, Traité théorique et pratique de droit pénal. Annoté par Georges Vidal. Paris, Arthur Rousseau, t. I, 1893. t. II, 1894. vgl. II p. 26 et s.: Texte du projet de code pénal (Réhabilitation); I. p. 531, II. 347/348 ff.; I. 455, II. p. 418/419 (Relégués), I. 383 ff. (Gesetze v. 1854. Réhab.; casier).

Normand, Traité élémentaire de droit criminel. Paris, Pedone, 1896. p. 476—487. Vgl. dann auch die Abschnitte 38 No. 3, 133, 134, 455 No. 5, 606, 663, 666, 675.

Ortolan J., Eléments de droit pénal. 5e édit. par M. A. Desjardins. T II. Paris, E. Plon, Nourrit et Cie., Imprimeurs-éditeurs, 1886. S. 370 ff. No. 1923. (**Magescas** verweist auf No. 1006, **Lair** auf No. 1677, 1678, 1683.)

Reutenauer, l. c.:

Bertauld, Cours de droit criminel. p. 517, 559.

Jousse, Traité de la justice criminelle. T. II, p. 414, 415, (**Chonez** citiert noch titre 20, **Lair** p. 406).

Legraverend (offenbar: Traité de la législation criminelle) II p 609.

Muyart de Vouglans, Institutes de droit criminel. p. 103, 113, 281 (**Chonez** citiert: p. 43).

Muyart de Vouglans, Lois criminelles de France. p. 600.

Pothier, De la procédure criminelle. Section 7.

Rousseau de la Combe, Traité des matières criminelles. p. 282, 388, 520.

Sarraute, l. c.:

Bertauld, Cours de code pénal. XXVI. leçon p. 559 (**Trébutien** citiert: leç. XXIV p. 485—486: Réh. adm.).

Roland, De l'esprit du droit criminel. 3e partie, livre III, chap. III, p. 539.

Sauvel Edouard, Les codes criminels des établissements de l'Inde. Recueil des décrets portant application du Code d'instruction criminelle et du Code pénal dans cette colonie. (Extrait du Journal du Droit criminel.) Paris, Marchal, Billard et Cie., Editeurs, 1884.

Sermet, l. c. citiert:

Jousse, Nouveau commentaire sur l'ordonnance criminelle du mois d'août 1670, avec un abrégé de la justice criminelle. 2 vol. Nouv. édit. Paris 1767.

Rousseaud de la Combe (Guy du), Traité des matières criminelles, suivant l'ordonnance du mois d'août 1670 et les édits, déclarations du Roy, arrêts et règlements intervenus jusqu'àprèsent. 8e édit. Paris 1785.

Serpillon, Code criminel ou commentaire sur l'ordonnance de 1670. 2 vol. Nouv. édit. Lyon 1784. (Weitere ältere strafprozessuale Werke siehe in **Sermets:** Bibliographie l. c.)

Sirey Jean et F. L. **Malepeyre,** Code d'instruction criminelle. 4e édit. Paris, Marchal et Billard, 1903. (Les codes annotés de Sirey et Gilbert). p. 740 et s.

Massabiau et Mesnard . . . . t. II, No. 3424, 3427, 3428, 3429, 3431, 3435 et note, 3438–41, 3446, 3448—49 bis, 3450, 3452, 3456—58 bis.

Strafgesetzgebung der Gegenwart. (Législation pénale comparée.) p. 450, 452—53.

Trébutien E., Cours élémentaire de droit criminel. 2e édition par Laisné-Deshayes et Guillouard. Paris, A. Lahure, 1884. I. No. 749 à 776; Réh. administr. 777—796 p. 846 ff.

Villey Edmond, Précis d'un cours de droit criminel. 5e édit. Paris, Pedone, 1891. P. 533 et suiv.

Répertoires (Sammelwerke).

Wir verweisen auf, bezw. entnehmen aus:

Appleton, l. c. citiert:

Fuzier-Herman, Répertoire général alphabétique du droit français. v°: casier judiciaire. Paris 1892. (Cet ouvrage contient une bibliographie très complète de la matière.)

Bernard:

Pandectes françaises. v°: casier judiciaire.

Le Poittevin, Dictionnaire formulaire des parquets. v°: casier judiciaire.

Bulletin des lois. Paris . . . .

Bulletin officiel du ministère de la justice. Décrets, Arrêtés, Circulaires, Décisions. Paris, Imprimerie nationale. (Seit 1876 erscheinend.)

Chonez:

Dalloz, Supplément au Répertoire. t. XXII, No. 292.

Leloir, Code des Parquets. II. p. 374.

Depeiges:

Dalloz, Jur. gén. v°: réhabilitation, No. 17. v°: peine, No. 268.

Ducaud:

Congrès (3ème) pénitentiaire de Rome. (Casier).

Rivière, Pandectes françaises. t. XIV, p. 515 et s.

Frézouls:

Dalloz, Code d'instruction criminelle annoté. Voir: article 619 et s.

Dalloz, Répertoire v°: Réhabilitation.

Dalloz, Supplément au Répertoire. v°: Réhabilitation.

Gillet, l. c.:

Congrès pénitentiaire de Stockholm (1878) (Casier).

Morni, Répertoire du droit criminel. v°: Réhabilitation, p. 662 No. 6.

Gillet et Demoly, Analyse des circulaires, instructions et décisions émanées du Ministère de la justice (12 janvier 1791—23 juillet 1875) avec table alphabétique et analytique. 3e édit. par M. Demoly. I, II. Paris 1876.

Guitteau:

Labori F., Répertoire encyclopédique du droit français.

Le Poittevin, Dictionnaire formulaire des parquets et de la police judiciaire. (v°: Réhabilitation; — III. p. 395, 594.)
Sirey, Recueil général des lois et arrêts.
Journal officiel de la République française.
Isambert, Decrusy, Taillandier, Recueil général des anciennes lois françaises, depuis l'an 420, jusqu'à la révolution de 1789. Tome XVIII. Août 1661 — 31 décembre 1671. Paris, Belin, Libraire-éditeur; Verdière, Libraire, 1829.
Lair:
Morni, Dictionnaire du droit criminel.
Locré, La législation civile, commerciale et criminelle de la France. t. XXVIII (p. 190: avis du 8 janvier 1823.) (**Reutenauer** verweist noch auf: t. XXIV pp. 104 et suiv.; XXVI, XXVII p. 165 (nach **Frézouls**), XXVIII p. 147, 165, 180 et s.; **Sarraute** auf: t. XXIV p. 12 (105, 106); t. XXVIII p. 166, No. 180, 165, 179; (p. 126, 147); t. XXIX. p. 22, No. 18.)
Lois et actes du gouvernement. Août 1789 — an II, prairial 18. Paris 1834/35.
Magescas:
Bulletin des arrêts de la Cour de cassation rendus en matière criminelle.
Denisart, Collection des décisions ministérielles et des notions relatives à la jurisprudence, mises dans un nouvel ordre et corrigées par Camus et Bazard. Paris 1783—88.
Dutruc, Mémorial du ministère public. v°: Réhabilitation, No. 7, 8.
Reutenauer:
Bourguignon, Jurisprudence criminelle. T. II p. 513.
Dalloz, Répertoire. v°: Droits civils. No. 737, 757.
Du Cange, Glossaire. v°: Réhabilitation.
Collection Isambert . . . .
Farinaccius, Quaest. 6. No. 28, 33 et suiv.
Favard de Langlade, Répertoire de la nouvelle législation. v°: Réhabilitation; v°: Récidive.
Merlin, Répertoire. v°: mort civile. § 1, art. 6, No. 5 et § 2.
v°: réhabilitation, § 2.
Merlin, Questions. v°: grâce, § 1.
Sarraute:
Dalloz, Period. 1854. IV. p. 91. 96.
Morin, Discipl. judic. t. II No. 840 ter.
Sirey, Lois annotées. 5e Série. Lois de 1864. p. 9.
Sermet:
Ferrière, Dictionnaire de droit et de pratique. 2e éd. Paris 1740. v°: Réhabilitation.
Tables alphabétique, analytique et chronologique des instructions et circulaires contenues dans le Recueil officiel (1790—1876) et dans le Bulletin officiel du ministère de la justice (1876—1897) publiées par les ordres du Garde des sceaux. Paris, Impr. nationale, 1898.

Textausgaben.

Ganz besonders zu empfehlen:

Tripier Louis und **Monnier** Henry, Les codes français collationnés sur les textes officiels contenant la conférence des articles entre eux et sous chaque article les textes tant anciens que nouveaux qui les expliquent, les complètent ou les modifient; précédés des lois constitutionnelles; suivis: 1° d'un supplément par ordre chronologique renfermant, outre les lois les plus usuelles avec nombreuses références, les textes anciens encore en vigueur, 2° d'une table alphabétique. 55e édition. Paris, F. Pichon et Durand-Auzias, 1905.

Zeitschriften (inkl. Kongrefsschriften) (vgl. auch einzelne Zeitschriftenaufsätze in den übrigen Rubriken).

Wir verweisen auf und entnehmen folgende Verweise aus:

Annuaire de législation française.
Annuaire de législation étrangère.
Appleton citiert:
Journal du Ministère public et du droit criminel 1891, p. 85. (H. de Forcrand, La réforme du casier judiciaire.)
Archiv des Kriminalrechts. N. F. 1838, p. 394 ff. (**v. Jagemann,** Die bürgerliche Ehre im Verhältnisse zum Strafgesetze.)
Bernard:
Actes du Congrès de St. Pétersbourg (1890) t. III, p. 522 et suiv.
Bulletin de la Société générale des prisons
1887: pp. 263 et s.; 300 et s.; 490 et s.; 626 et s.
1891: pp. 93 et s.; 730 et s.; 925 et s.; 1056—1058, 1062—1063.
2e Congrès du patronage de Lyon, 1894. (Compte rendu du Congrès p. 90: Barthélemy.)
Congrès de l'Union de droit pénal à Anvers 1894.
Congrès pénitentiaire international de Rome. Rapport de M. **Yvernès** au Congrès: L'échange régulier des Casiers judiciaires entre différents Etats (Actes du Congrès. t. I, p. 579).
Gaulois, Le, No. du 22 mars 1899.
Journal des Parquets. 1899. No. 10, 11, 12 (p. 168), 19.
Lois nouvelles. Année 1900. (A. Maulmond(t?), Commentaire de la loi du 5 août 1899, commentaire de la loi du 9(!) juillet 1900.)
Revue des Deux-Mondes. 1er juillet 1869 (Maxime du Camp).
Séances et travaux de l'Académie des sciences morales et politiques: Compte-rendu tome 137. 1er semestre de l'année 1892 P. 681 et s. (citiert auch von: **Appleton**).
Chonez:
Bulletin de la Société générale des prisons. 1888: p. 259.
France judiciaire (La). 1898, p. 187.

Gazette des Tribunaux des 16 et 17 novembre 1891 (Bonneville de Marsangy: La réforme du casier judiciaire).
Lois nouvelles. 1898, p. 207 (Laborde).
Revue de Jurisprudence. t. VII, p. 50 (Faustin Hélie).
Revue de législation. t. VII, p. 37, 38. (Faustin Hélie).

Ducaud:

Journal „la Loi". 5 décembre 1891. (Julien Bregeault, Le casier judiciaire).

Frézouls:

Journal des Parquets. 1899. (Le Poittevin).
Revue pénitentiaire. 1898, p. 205 (Le Poittevin); p. 621.

Garraud:

France judiciaire. t.V, 1ère part., p. 413 et s. (Sarraute, Observations sur l'article 623).

Gillet:

Bulletin de la Société générale des prisons. 1893, p. 37 et s. (Leveillé: Où en est la réforme du casier judiciaire?)
1893, p. 303 et s. (Lacointa: La réforme du casier judiciaire).
Journal du Ministère public. T. XVI, p. 177. (Boyot, De la réforme pénitentiaire.)
Temps (Le), du 3, 27 mars et 1er avril 1891 (Leveillé, La réforme du casier judiciaire).

Guitteau:

Journal des Parquets. 1886, 3, 59.

Jahrbuch der internationalen Vereinigung für vergleichende Rechtswissenschaft und Volkswirtschaftslehre.
V, 1899: p. 649/650 (Gesetz vom 10. März 1898).
— p. 1249/1252 (Gesetz vom 5. August 1899).
VI u. VII, p. 858/859, 912 (Gesetz vom 11. Juli 1900).

Lair:

Revue de législation. IV, p. 453 (Bourdon).

Lasserre:

Bulletin de la Société générale des prisons. Nos. de mai et juin 1887, févr. 1888 (Casier judiciaire [Discussion]).
Bulletin de la Société de législation comparée. 1882, p. 341.

Magescas.

Revue de législation. XIX, p. 540 (Faustin Hélie). 1898, p. 205 (Laborde).
Revue critique de législation et de jurisprudence. t. VII.
Revue pratique de droit français. 1849, 1850.

Margerin du Metz:

Congrès du patronage des libérés de Lyon. 1894. Rapport présenté par M. J. Leveillé: La reforme des règlements sur le casier judiciaire. (Compte-rendu sténographique du Congrès. 1er vol. Lyon 1895. p. 25—29).
Congrès de Stockholm. 1878. Rapport de M. Jg. Robin. (Compte-rendu. I. part. fin. p. 104—107.)

Revue pénitentiaire. t. XXIII, 1899, p. 1290, t. XXIV, 1900, p. 128, 192, 306. (A. Vidal-Naquet: „Le casier judiciaire des mineurs.“)
Temps (Le) du 1 avril 1890 (!).

Reutenauer (z. T. **Chonez**):

Bulletin de l'Union internationale de droit pénal. IV: p. 104 et s. (Projet de code pénal français. 1893).

Bulletin de la Société générale des prisons.

1879: p. 17 et 21 (M. Courteville, rapporteur).
1879: p. 601 et 704.
1880: p. 640 et suiv. (Conférence de M. J. Simon sur le patronage).
1880: p. 716 et suiv. (Lajoye, La réhabilitation au criminel et au correctionnel).
1881: p. 250 et suiv. (Rapport de M. Georges Dubois).
1881: p. 474 et suiv.
1883: p. 326 (La récidive. Communication de M. Yvernès à la Société de statistique le 27 septembre 1882).
1886: p. 288, 406 et 422.
1890: p. 744 et suiv.
1891: p. 717 et suiv.; 745, 836 et suiv.; 1019, 1020; 1045 et suiv. 1070, 1407 et suiv.

Unter dem Stichwort Revue pénitentiaire finden wir aus dem Bulletin noch citiert:

1898: avril et juin.
1898: p. 83—85 (l'opinion de M. Laborde).
1898: p. 482 (Rapport de M. Passez sur les réformes à apporter à la loi du 14 août 1885).
1898: p. 770, 800 et suiv., p. 1263.
1898: p. 796 (Vidal).

France judiciaire (La). 1886: p. 132, 133. (Leloir, La Réhabilitation.) 136, 142.
Journal des Parquets. 1889: p. 163 (Le Poittevin). 1900 — 1—78. (Instruction du procureur général de Paris du 26 février 1900).
Revue de droit français et étranger. t. XVI: (Gabriel Demante, Etude sur la réhabilitaton).
Revue pénitentiaire: s. Bulletin de la Soc. gén. d. prisons.

Sarraute:

Journal du Ministère public. t. VII, p. 103, 130.
Recueil de l'Académie de législation. 1870. (Molinier, Compte-rendu d'une monographie sur la réhabilitation, par M. Alianelli).
Revue de législation. t. IV, p. 449 ff.

Scuola positiva (La). 1898. VIII., p. 77 et suiv. (**Raoul de la Grasserie**, Le droit de grâce).

Es ist noch zu verweisen auf:

Bulletin de la Société des prisons. 1891, p. 862.
Journal des Parquets. 1894. S. 143.
Les lois nouvelles. Revue de législation et de jurisprudence.

Schriften, deren Inhalt und Beziehung uns nicht näher bekannt geworden, die aber von den von uns benutzten Schriftstellern angeführt werden (vergl. auch »Zeitschriften«).

Wir entnehmen aus:

Chonez, l. c.:

Champcommunal, Examen critique du projet de réforme du Code pénal français.

Lasserre, l. c.:

Deshayes. t. I . . . . . No. 755.

Magescas, l. c.:

Bonneville de Marsangy, Traité des diverses institutions complémentaires du régime pénitentiaire. Paris 1847. p. 642 Note, p. 1142 Note 1.

Reutenauer, l. c.:

Desplagnes, Notes pratiques sur l'administration des Parquets. p. 63 ff.

Duhamel, Discours de rentrée (1881).

Lajoye, La loi de Pardon (1882).

Lebon, Notions pratiques concernant l'administration des Parquets. p. 236.

Morin, De la discipline judiciaire. t. II, p. 445. No. 850 ter.

Öfters citierte **Werke nicht strafrechtlichen Inhalts.**

Aubry et Rau, Cours de droit civil. 4e édit., t. I, p. 336, texte et note 6; t. VI, p. 281 ff.; t. VII, p. 45. 5e édit., I, § 30, p. 61; III, p. 400.

Laferrière, Droit administratif. t. I, p. 547.

Serrigny, Traité de droit public. t. I, p. 107.

B. Militärstrafrecht.

(soweit es für sich besonders geregelt).

1. Gesetzgebung.

Les militaires condamnés par les conseils de guerre peuvent obtenir leur réhabilitation en se conformant aux prescriptions de l'article 619 et suivants du Code d'instruction criminelle, modifiés par la loi des 3—6 juillet 1852.

Le condamné ne peut invoquer la prescription pour se soustraire à cette justification (Cour impériale de Paris 5 juillet 1853.)*)

2. Literatur.

(Vergl. auch die übrige Literatur weiter oben.)

Wir verweisen auf und entnehmen aus:

Lair, l. c.:

Foucher Victor, Commentaire sur le Code de justice militaire.

Weisl Ernst Franz, Der neue Gesetzentwurf betreffend die Reform der französischen Militärstrafprozeſsordnung. Verlag der österr.-ungar. Heereszeitung in Wien. 1902. Vgl. S. 31.

C. Handelsrecht.

1. Gesetzgebung.

Code de Commerce.**)

VIe Loi.

Du 12 septembre 1807.

Napoléon, par la grâce de Dieu et les constitutions, Empereur des Français, Roi d'Italie, et Protecteur de la Confédération du Rhin, à tous présens et à venir, Salut.

Le Corps législatif a rendu, le 12 septembre 1807, le décret suivant, conformément à la proposition faite au nom de l'Empereur, et après avoir entendu les orateurs du Conseil d'état et des sections du Tribunat le même jour.

Décret.

Livre III.

Des faillites et banqueroutes.

Titre V.

De la Réhabilitation.

Art. 604. Toute demande en réhabilitation, de la part du failli, sera adressée à la cour d'appel dans le ressort de laquelle il sera domicilié.

605. Le demandeur sera tenu de joindre à sa pétition les quittances et autres pièces justifiant qu'il a acquitté intégralement toutes les sommes par lui dues en principal, intérêts et frais.

---

*) Aus: P. Alla: Manuel Pratique des tribunaux militaires. Paris 1876. Pag. 246.

**) Bulletin des lois: No. 164, p. 161, spez. p. 273 f.

606. Le procureur général de la cour d'appel, sur la communication qui lui aura été faite de la requête, en adressera des expéditions, certifiées de lui, au procureur impérial près le tribunal d'arrondissement, et au président du tribunal de commerce du domicile du petitionnaire; et, s'il a changé de domicile depuis la faillite, au tribunal de commerce dans l'arrondissement duquel elle a eu lieu, en les chargeant de recueillir tous les renseignemens qui seront à leur portée, sur la vérité des faits qui auront été exposés.

607. A cet effet, à la diligence tant du procureur impérial que du président du tribunal de commerce, copie de ladite pétition restera affichée pendant un délai de deux mois, tant dans les salles d'audience de chaque tribunal, qu'à la bourse et à la maison commune, et sera insérée par extrait dans les papiers publics.

608. Tout créancier qui n'aura pas été payé intégralement de sa créance en principal, intérêts et frais, et toute autre partie intéressée, pourront, pendant la durée de l'affiche, former opposition à la réhabilitation, par simple acte au greffe, appuyé de pièces justificatives, s'il y a lieu. Le créancier opposant ne pourra jamais être partie dans la procédure tenue pour la réhabilitation, sans préjudice toutefois de ses autres droits.

609. Après l'expiration des deux mois, le procureur impérial et le président du tribunal de commerce transmettront, chacun séparément, au procureur général de la cour d'appel, les renseignemens qu'ils auront recueillis, les oppositions qui auront pu être formées, et les connaissances particulières qu'ils auraient sur la conduite du failli; ils y joindront leur avis sur sa demande.

610. Le procureur général de la cour d'appel fera rendre, sur le tout, arrêt portant admission ou rejet de la demande en réhabilitation; si la demande est rejetée, elle ne pourra plus être reproduite.

611. L'arrêt portant réhabilitation sera adressé tant au procureur impérial qu'au président des tribunaux auxquels la demande aura été adressée. Ces tribunaux en feront faire la lecture publique et la transcription sur leurs registres.

612. Ne seront point admis à la réhabilitation, les stellionataires, les banqueroutiers frauduleux, les personnes condamnées pour fait de vol ou d'escroquerie, ni les personnes comptables, telles que les tuteurs, administrateurs ou dépositaires, qui n'auront pas rendu ou apuré leurs comptes.

613. Pourra être admis à la réhabilitation le banqueroutier simple qui aura subi le jugement par lequel il aura été condamné.

614. Nul commerçant failli ne pourra se présenter à la bourse à moins qu'il n'ait obtenu sa réhabilitation.

Donné en notre palais impérial de Fontainebleau le 22 septembre 1807.

Signé: Napoléon.

Code de commerce.

Livre troisième.

Des faillites et banqueroutes.

(**Loi du 28 mai 1838,** promulguée le 8 juin.)*)

Titre troisième.

De la réhabilitation.

604. Le failli qui aura intégralement acquitté, en principal, intérêts et frais, toutes les sommes par lui dues, pourra obtenir sa réhabilitation. — Il ne pourra l'obtenir, s'il est l'associé d'une maison de commerce tombée en faillite qu'après avoir justifié que toutes les dettes de la société ont été intégralement acquittées en principal, intérêts et frais, lors même qu'un concordat particulier lui aurait été consenti.

605. Toute demande en réhabilitation sera adressée à la cour royale**) dans le ressort de laquelle le failli sera domicilié. Le demandeur devra joindre à sa requête les quittances et autres pièces justificatives.

606. Le procureur général près la cour royale**), sur la communication qui lui aura été faite de la requête, en adressera des expéditions certifiées de lui au procureur du roi et au président du tribunal de commerce du domicile du demandeur, et si celui-ci a changé de domicile depuis la faillite, au procureur du roi et au président du tribunal de commerce de l'arrondissement où elle a eu lieu, en les chargeant de recueillir tous les renseignements qu'ils pourront se procurer sur la vérité des faits exposés.

607. A cet effet, à la diligence tant du procureur du roi que du président du tribunal de commerce, copie de ladite requête sera affichée pendant un délai de deux mois, tant dans les salles d'audience de chaque tribunal qu'à la bourse et à la maison commune, et sera inséré par extrait dans les papiers publics.

608. Tout créancier qui n'aura pas été payé intégralement de sa créance en principal, intérêts et frais, et toute autre partie intéressée, pourra, pendant la durée de l'affiche, former opposition à la réhabilitation par simple acte au greffe, appuyé des pièces justificatives. Le créancier opposant ne pourra jamais être partie dans la procédure de réhabilitation.

609. Après l'expiration de deux mois le procureur du roi et le président du tribunal de commerce transmettront, chacun séparément, au procureur général près la cour royale**), les renseignements qu'ils auront recueillis et les oppositions qui auront pu être formées. Ils y joindront leurs avis.

---

*) Aus: L. Tripier et Henry Monnier, Les Codes français collationnés sur les textes officiels. Code de Commerce et sociétés. Paris. F. Pichon, Editeur. 1902.

**) Cour d'appel.

610. Le procureur général près la cour royale*) fera rendre arrêt portant admission ou rejet de la demande en réhabilitation. Si la demande est rejetée, elle ne pourra être reproduite qu'après une année d'intervalle.

611. L'arrêt portant réhabilitation sera transmis aux procureurs du roi et aux présidents des tribunaux auxquels la demande aura été adressée. Ces tribunaux en feront faire la lecture publique et la transcription sur leurs registres.

612. Ne seront point admis à la réhabilitation les banqueroutiers frauduleux, les personnes condamnées pour vol, escroquerie ou abus de confiance, les stellionataires, ni les tuteurs, administrateurs ou autres comptables qui n'auront pas rendu et soldé leurs comptes. — Pourra être admis à la réhabilitation le banqueroutier simple qui aura subi la peine à laquelle il aura été condamné.

613. Nul commerçant failli ne pourra se présenter à la bourse, à moins qu'il n'ait obtenu sa réhabilitation.

614. Le failli pourra être réhabilité après sa mort.

Loi du 30 décembre 1903, relative à la réhabilitation des faillis.

1. Documents parlementaires.

a) Sénat.

Proposition de loi relative à la réhabilitation des faillis, présentée par MM. Bérenger, Demôle, Garreau, Edouard Millaud, Velten et Guyot, sénateurs.

(Sénat, doc. 1900, annexe No. 16, Sess. ord., **Séance du 15 février 1900,** p. 10 et suiv.)

Proposition de loi (p. 13).

Art. unique. Les articles 604 à 612 du code de commerce sont modifiés comme il suit:

Art. 604. Est réhabilité de droit le failli qui aura intégralement acquitté en capital et intérêts, sans toutefois que ces derniers puissent être réclamés au delà de cinq ans, toutes les sommes par lui dues.

Celui qui, ayant obtenu un concordat, aura entièrement satisfait à ses conditions.

Celui qui justifiera soit de la remise qui lui a été faite de ses dettes, soit du consentement exprès de ses créanciers.

En cas de disparition d'un créancier, de son absence ou de son refus de recevoir, la somme due est déposée à son nom à la caisse des dépôts et consignations et la justification de ce dépôt vaut quittance.

Art. 605. Pourra obtenir sa réhabilitation le failli qui, après dix années de conduite sans reproches, justifiera qu'il a fait tous ses

---

*) Cour d'appel.

efforts pour s'acquitter et qu'il a été dans l'impossibilité matérielle de le faire.

Art. 606. Toute demande en réhabilitation sera adressée au procureur de la République de l'arrondissement dans lequel la faillite a été prononcée, avec les quittances et pièces qui la justifient.

Ce magistrat en adressera des expéditions certifiées par lui au président du tribunal de commerce qui a déclaré la faillite et au procureur de la République du domicile du demandeur, en les chargeant de recueillir tous les renseignements qu'ils pourront se procurer sur la vérité des faits exposés.

Art. 607. Chacun de ces magistrats transmettra séparément au président du tribunal de commerce saisi le résultat de son enquête avec son avis motivé.

Art. 608. Le tribunal statuera en chambre du conseil et sans frais, après avoir appelé le demandeur et l'avoir entendu dans ses observations.

Art. 609. Dans le cas de l'article 604, il se bornera à constater la sincérité des justifications produites, et si elles sont jugées conformes à la loi, il prononcera la réhabilitation.

Dans celui de l'article 605, il appréciera les circonstances de la cause.

Art. 610. Les jugements de réhabilitation sont susceptibles d'appel.

Art. 611. Si la demande est rejetée, elle ne pourra être reproduite qu'après une année d'intervalle.

Si elle est admise, le jugement sera transcrit sur le registre du tribunal de commerce du lieu de la faillite et de celui du domicile du demandeur.

Il sera, en outre, adressé au procureur de la République qui aura reçu la demande, et par les soins de ce dernier, au procureur de la République du lieu de la naissance du demandeur, qui fera effacer la mention de la faillite sur le casier judiciaire.

Art. 612. Ne sont point admis à la réhabilitation commerciale: les banqueroutiers frauduleux, les personnes condamnées pour vol, escroquerie ou abus de confiance, à moins qu'ils n'aient été réhabilités conformément aux articles 619 et suivants du code d'instruction criminelle.

Le deuxième paragraphe de l'article 634 du code d'instruction criminelle est abrogé.

Rapport sommaire fait au nom de la première commission d'initiative parlementaire chargée d'examiner la proposition de loi de M. Bérenger et plusieurs de ses collègues, relative à la réhabilitation des faillis, par M. Savary, sénateur.

(Sénat, Doc. 1900, Annexe No. 128, Sess. ord., **Séance du 31 mars 1900**, p. 446, 447.)

In fine:

„Au nom de la commission d'initiative, j'ai l'honneur de conclure à la prise en considération de cette proposition.“

Rapport fait au nom de la commission chargée, d'examiner la proposition de loi de M. Bérenger et plusieurs de ses collègues, relative à la réhabilitation des faillis, par M. Bérenger sénateur.

(Sénat, doc. 1900, annexe No. 430, Sess. extr., **Séance du 24 déc. 1900**, p. 855 et suiv.)

Proposition de loi. (p. 858, 859).

Art. 1er. — Les articles 604 à 612 du code de commerce sont modifiés comme il suit:

Art. 604. — Est réhabilité de droit le failli qui aura intégralement acquitté les sommes par lui dues en capital, intérêts et frais, sans toutefois que les intérêts puissent être réclamés au-delà de cinq ans.

Pour être réhabilité de droit, l'associé d'une maison de commerce tombée en faillite doit justifier qu'il a acquitté dans les mêmes conditions toutes les dettes de la société, lors même qu'un concordat particulier lui aurait été consenti.

En cas de disparition, d'absence ou de refus de recevoir d'un ou de plusieurs créanciers, la somme due est déposée à la Caisse des dépôts et consignations, et la justification du dépôt vaut quittance.

Art. 605. — Peut obtenir sa réhabilitation en cas de probité reconnue:

Après cinq années à partir du jugement de la déclaration de la faillite:

Le failli qui, ayant obtenu un concordat, a entièrement satisfait à ses conditions. Cette disposition est applicable à l'associé d'une maison de commerce tombée en faillite, qui a obtenu des créanciers un concordat particulier;

Celui qui justifie de la remise entière de ses dettes par ses créanciers ou de leur consentement unanime à sa réhabilitation;

Après dix années dans les mêmes conditions:

Le failli qui justifie qu'il s'est libéré dans toute la mesure compatible avec l'état de ces ressources et qu'il est, malgré ses efforts persévérants, dans l'impossibilité de s'acquitter entièrement.

Art. 606. — Tout demande en réhabilitation sera adressée au procureur de la République de l'arrondissement dans lequel la faillite a été prononcée, avec les quittances et pièces qui la justifient.

Ce magistrat en adressera des expéditions certifiées par lui au président du tribunal de commerce qui a déclaré la faillite et au procureur de la République du domicile du demandeur, en les chargeant de recueillir tous les renseignements qu'ils pourront se procurer sur la véracité des faits exposés.

Art. 607. — Copie de ladite enquête restera affichée pendant un délai d'un mois dans la salle d'audience du tribunal. Avis en sera donné par lettres recommandées à chacun des créanciers vérifiés à la faillite ou reconnus par décision judiciaire postérieure.

Art. 608. — Tout créancier qui n'aura pas été payé intégralement dans les conditions de l'article 604 pourra, pendant la durée de l'affaire, former opposition à la réhabilitation, par simple acte au greffe appuyé des pièces justificatives. Le créancier opposant ne pourra jamais être partie dans la procédure de réhabilitation.

Art. 609. — Après l'expiration du délai, le résultat des enquêtes prescrites ci-dessus et les oppositions formées par les créanciers seront communiquées au procureur de la République saisi de la demande et transmis par lui avec son avis motivé au président du tribunal de commerce.

Art. 610. — Le tribunal sera composé du président et de quatre juges, pris dans les tribunaux comportant plusieurs sections parmis les plus anciens.

Il appellera, s'il y a lieu, le demandeur et les opposants et les entendra contradictoirement en chambre de conseil. Le demandeur pourra se faire assister d'un conseil.

Dans le cas de l'article 604, il se bornera à constater la sincérité des justifications produites et, si elles sont conformes à la loi, il prononcera la réhabilitation.

Dans celui de l'article 605, il appréciera les circonstances de la cause.

Le jugement sera rendu en audience publique.

Il pourra être frappé d'appel tant par le demandeur que par le procureur de la République dans le délai d'un mois à partir de l'avis qui leur aura été donné par lettres recommandées.

Les créanciers opposants seront également avisés du jugement. Ils pourront exercer leur droit d'opposition devant la cour d'appel.

L'appel sera porté devant la 1re chambre de la cour d'appel, qui statuera après examen et suivant les formes ci-dessus prescrites, en chambre du conseil.

Art. 611. — Si la demande est rejetée, elle ne pourra être reproduite qu'après une année d'intervalle.

Si elle est admise, le jugement ou l'arrêt sera transcrit sur le registre du tribunal de commerce du lieu de la faillite et celui du domicile du demandeur.

Il sera, en outre, adressé au procureur de la République qui aura reçu la demande, et par les soins de ce dernier, au procureur de la République du lieu de naissance du demandeur qui en fera mention en regard de la déclaration de la faillite sur le casier judiciaire.

Art. 612. — Ne sont point admis à la réhabilitation commerciale: les banqueroutiers frauduleux, les personnes condamnées pour vols, escroqueries ou abus de confiance, à moins qu'ils n'aient été réhabilités conformément aux articles 619 et suivants du code d'instruction criminelle.

Le second paragraphe de l'article 634 du code d'instruction criminelle est abrogé.

Art. 2. — Les dispositions ci-dessus et l'article 614 du code de commerce sont applicables aux commerçants qui ont obtenu la liquidation judiciaire.

b. Chambre des députés.

Proposition de loi, adoptée par le Sénat, relative à la réhabilitation des faillis, transmise à la Chambre des députés, au nom du Sénat par M. le Président du Sénat. — (Renvoyée à la commission de réforme judiciaire et de législation civile.

(Chambre, doc. 1901, Annexe No. 2812, Sess. extr., **2e séance du 5 déc. 1901,** p. 200).

Art. 1er. — Les faillis non condamnés pour banqueroute simple ou frauduleuse ne peuvent être inscrits sur la liste électorale pendant dix ans à partir de la déclaration de faillite.

Il ne sont éligibles qu'après réhabilitation.

Art. 2. — Les articles 604 à 612 du code de commerce sont modifiés comme il suit:

Art. 604 stimmt wörtlich überein mit dem Art. 604 der Proposition de loi am Ende des Rapports v. 24 déc. 1900. = Rapp. 1900. [vgl. oben S. 244.]

Art. 605 Abs. 1, 2 = Art. 605 Abs. 1, 2, Rapp. 1900.

Abs. 3 sagt etwas abweichend:

Le failli qui, ayant obtenu un concordat, aura au moment de la demande intégralement payé les dividendes promis. Cette disposition usw. wie 1900.

Abs. 5 u. 6 Art. 605, Rapp. 1900 fehlen.

Art. 606 = Art. 606, Rapp. 1900 statt véracité wie 1900 steht heute vérité am Ende des Art.

Art. 607 sagt abweichend von dem gleichen Art. des Rapp. 1900 am Anfang des Art.:

„Copie de la demande restera“ etc. u. fügt am Ende bei: nach: postérieure „qui n'auront pas été intégralement payés dans les conditions de l'article 604.“

Art. 608 sagt heute „dans les conditions de l'article 605“ (früher: 604) und enthält als zweiten Satz:

„Le créancier opposant pourra, par requête présentée au tribunal et notifiée au débiteur, intervenir dans la procédure de réhabilitation."

Art. 609 = Art. 609, Rapp. 1900.

Art. 610 — Art. 610 Abs. 1 von Rapp. 1900 ist weggefallen.

Der frühere Abs. 2 (jetzt Abs. 1) beginnt:

„Le tribunal appellera" usw. wie Rapp. 1900.

Abs. 5 enthält den Zusatz nach: „par le procureur de la République": „et les créanciers opposants".

Abs. 7 lautet heute:

La cour d'appel statuera après examen et suivant les formes ci-dessus prescrites.

Art. 611 = Art. 611, Rapp. 1900.

Art. 612 sagt „deuxième" statt „second".

Art. 3 = Art. 2, Rapp. 1900.

Art. 4. — Sont abrogés les dispositions du décret organique du 2 février 1852 contraires à la présente loi.

Proposition de loi adoptée par le Sénat, relative à la réhabilitation des faillis, transmise à la Chambre des députés, au nom du Sénat, par M. le Président du Sénat.

(Chambre, Doc. 1902, annexe No. 46, Sess. ord., **Séance du 12 juin 1902**, p. 496).

Proposition de loi.

Art. 1er. Gleichlautend mit der Proposition (5. Dez. 1901) vgl. oben p. 246.

Art. 2 dito.

Art. 3 dito.

Art. 4 dito.

Rapport fait au nom de la commission de réforme judiciaire et de législation civile et criminelle chargée d'examiner la proposition de loi, adoptée par le Sénat, relative à la réhabilitation des faillis, par M. Octave Lauraine, député.

(Chambre, Doc. 1903, Annexe No. 1081, Sess. ord., **Séance du 25 juin 1903**, p. 960).

Proposition de loi (p. 964).

Art. 1er = Art. 1er, loi du 30 déc. 1903.

Art. 2 = Art. 2, loi du 30 déc. 1903.

Art. 607 sagt: Copie de la demande „restera".

Art. 3
Art. 4 } = Art. 3, 4, loi du 30 déc. 1903.

2. Loi
du **30 décembre 1903,** relative à la réhabilitation des faillis. *) **)

Art. 1er. Les faillis non condamnés pour banqueroute simple et frauduleuse ne peuvent être inscrits sur la liste électorale pendant dix ans à partir de la déclaration de faillite.

Ils ne sont éligibles qu'après la réhabilitation.

Art. 2 = Art. 1 der Proposition de loi vom 24. Dezb. 1900. (vgl. oben S. 244ff.) mit folgenden Abweichungen:

Art. 605 Abs. 3 Satz 1 lautet:

Le failli qui, ayant obtenu un concordat, aura, au moment de la demande, intégralement payé les dividendes promis.

Art. 605 Abs. 5 u. 6 v. 24. XII. 1900 (= 1900) sind weggefallen.

Art. 606 Abs. 2 sagt neuerdings „vérité" statt „véracité".

Art. 607 beginnt: „Copie de la demande sera affichée" usw. wie 1900. Der Schlufs wiederum lautet: „ou reconnus par décision judiciaire postérieure, qui n'auront pas été intégralement payés dans les conditions de l'article 604",

Art. 608 sagt: „dans les conditions de l'article 605". Der letzte Satz lautet: „Le créancier opposant pourra, par requête présentée au tribunal et notifiée au débiteur, intervenir dans la procédure de réhabilitation.

Art. 610 Abs. 1 der Proposition vom 24. XII. 1900 ist weggefallen. Der jetzige Abs. 1 entspricht dem früheren Abs. 2, beginnt aber mit den Worten: „Le tribunal appellera".

Der jetzige Abs. 5 entspricht dem früheren Abs. 6, hat aber nach „procureur de la République" und vor „dans le délai" eingefügt: „et les créanciers opposants," ......

Abs. 7 lautet: „La cour d'appel statuera après examen et suivant les formes ci-dessus prescrites".

Art. 611 Abs. 2 „et de celui du domicile".

Art. 612 Abs. 2 sagt: „Le deuxième paragraphe".

Art. 3 = Art 2, Prop. v. 24. XII. 1900.

Art. 4. Sont abrogées les dispositions du décret organique du 2 février 1852 contraires à la présente loi.

---

*) J. Off. du 31. décembre 1903.

Travaux préparatoires: Sénat: proposition de loi de M. Bérenger, 15 février 1900, doc. p. 10; rapport de M. Bérenger, 24 décembre 1900, doc. p. 855; 1re délibération, 3 juillet 1901, 2e délibération, du 15 au 29 novembre 1901. — Chambre: rapport de M. Lauraine, 25 juin 1903, p. 960, déclaration d'urgence et adoption le 15 décembre 1903.

**) Aus: Annuaire de législation française en 1903. XXIIIe année. Paris, Librairie Cotillon, 1904. p. 161 et suiv., vgl. auch: Julien Bregeault, La nouvelle Réhabilitation des faillis p. 13. Anm. 1.

Den Text des Gesetzes siehe auch bei Julien Bregeault, loc. cit. p. 22 ff.

Anhang.

Einzelne »Propositions«, welche, die »Rehabilitation« betreffend, nicht als Vorarbeiten eines bestimmten geltenden Gesetzes zu betrachten sind.

Proposition de loi relative à la réhabilitation des faillis, présentée par M. Georges Berry, député. — (Renvoyée à la commission de réforme judiciaire et de législation civile.)

(Chambre, doc. 1901, annexe No. 2131, Sess. ord., **Séance du 21 janvier 1901,** p. 33.)

Proposition de loi.

Art. unique. Lorsqu'il se sera écoulé dix ans après sa déclaration de faillite, la réhabilitation sera acquise de plein droit au failli qui, depuis cette époque, n'aura subi aucune condamnation.

Rapport fait au nom de la commission de réforme judiciaire et de législation civile, chargée d'examiner la proposition de loi de M. Georges Berry, relative à la réhabilitation des faillis, par M. Octave Lauraine, député.

(Chambre, doc. 1901, annexe No. 2695, Sess. extr., **Séance du 28 octobre 1901,** p. 26 et suiv.)

Proposition de loi (p. 29).

Texte proposé par la commission.

Art. 1er. — Les dispositions de l'article 21 de la loi du 4 mars 1889 sont applicables au failli excusé et concordataire du jour de l'homologation de son concordat.

Art. 2. — Seront réhabilités:

Le failli qui aura intégralement acquitté en capital, frais et intérêts, sans toutefois que ces derniers puissent être réclamés au delà de cinq ans, toutes les sommes par lui dues.

Celui qui, ayant été déclaré excusable, représentera le quitus de tous ses créanciers et leur consentement exprès.

En cas de disparition d'un créancier, de son absence ou de son refus de recevoir, la somme due, intérêts compris, sera déposée à son nom à la Caisse des dépôts et consignations. La justification de ce dépôt vaudra libération.

Art. 3. — Seront réhabilités s'ils n'ont subi de nouvelles condamnations à une peine autre que l'amende depuis le jugement prononçant la faillite:

Le failli déclaré excusable et concordataire l'orsqu'il se sera écoulé cinq ans depuis qu'il aura satisfait intégralement aux conditions de son concordat.

Le failli déclaré excusable lorsqu'il se sera écoulé dix ans après la date où le jugement prononçant la faillite sera devenu définitif.

Le délai sera de quinze ans à dater du jugement prononçant la faillite si le failli n'a pas été déclaré excusable.

De quinze ans, à dater de l'expiration de la peine corporelle et du payement de l'amende, si le failli a été condamné pour banqueroute simple.

Art. 4. — Tout failli qui veut faire valoir ses droits à la réhabilitation doit présenter requête au procureur de la République de l'arrondissement dans lequel la faillite a été déclarée; il doit y joindre toutes pièces justificatives.

Art. 5. — S'il y a lieu, le procureur de la République adressera, dans la huitaine, une expédition de la requête certifiée de lui au parquet de l'arrondissement où le demandeur est domicilié.

Il fera diligence pour recueillir tous les renseignements qu'il pourra se procurer sur la vérité des faits exposés. Par ses soins, copie de la requête du demandeur restera affichée pendant un délai d'un mois tant dans les salles d'audience de chaque tribunal qu'à la Bourse et à la maison commune et sera inserée par extrait dans un journal publié dans l'arrondissement.

Pareille publicité sera assurée dans les mêmes conditions dans l'arrondissement du domicile du failli par les soins du procureur près le tribunal de cet arrondissement.

Art. 6. — Tout créancier qui n'aura pas été intégralement payé de sa créance pourra, pendant toute la durée de l'affiche, former opposition à la réhabilitation par simple acte signifié au procureur de la République, soit du domicile du failli, soit de l'arrondissement où la faillite a été prononcée, et appuyée des pièces justificatives.

Le créancier opposant ne pourra jamais être partie dans la procédure de réhabilitation.

Art. 7. — Dans la huitaine qui suivra l'expiration du délai d'un mois, le procureur de la République transmettra au président du tribunal qui a prononcé la faillite le dossier de la demande, les renseignements qu'il aura recueillis et les oppositions qui auraient été formées. Il y joindra son avis motivé.

Le tribunal saisi devra statuer dans le délai de quinzaine. Sa décision sera en dernier ressort.

Art. 8. — Sont et demeurent abrogées toutes les dispositions contraires à la présente loi.

Proposition de loi relative à la réhabilitation des faillis, présentée par M. Octave Lauraine, député. — (Renvoyée à la commission de la réforme judiciaire et de la législation civile et criminelle.)

(Chambre, Doc. 1902, annexe No. 499, Sess. extr., **Séance du 28 novembre 1902.**)

Proposition de loi.

Stimmt überein mit den gleichen Art. der Prop. vom 21. Januar 1901 (vgl. oben p. 249).

Einzige Abweichung:

Art. 3. Abs. 2 sagt: „Le failli concordataire . . . .“, statt wie früher: „Le failli déclaré excusable et concordataire . . . .“

2. Literatur.

(inkl. spezieller Zeitschriften-Literatur, Répertoires etc. . . . . . vergl. auch die übrige Literatur oben p. 225ff.)

Alexander, Konkursgesetze aller Länder der Erde. Berlin 1892. Puttkammer & Mühlbrecht.

Bibliographie jusqu'au 6 novembre 1903.

Charmolu, Le paria. Etude juridique et critique de la situation du failli en France, suivie du texte et du commentaire de la proposition de loi relative à la réhabilitation des faillis. 1900.

Bibliographie jusqu'au 6 novembre 1904.

Roy C., Réhabilitation des faillis et liquidés judiciaires. 1 vol. 1904.

Bregeault Julien, La nouvelle Réhabilitation des faillis. Commentaire de la loi du 30 décembre 1903. (Extrait des lois nouvelles). Paris, Aux Bureaux des lois nouvelles, 1904.

Alauzet, Commentaire du Code de commerce. T. V, No. 1948 p. 567.

Bédarride, Traité des faillites et banqueroutes. T. III, No. 1312, 1321, 1324, 1330.

Boistel, Cours de droit commercial. p. 811.

Cohendy et Darras, Code de commerce annoté. Art. 614. No. 18.

Dalloz, Jurisprudence générale. v°: Faillite, No. 1546 . . . :

Dalloz, Répertoire. v°: Faillite, No. 1540, 1544, 1547, 1556, 1084.

Dalloz, Supplément au Répertoire. v°: Faillites, etc. No. 1486, 1488, 1490—92, 1495, 1504, 1506, 1507.

Demangeat sur Bravard, Veyrières. Traité de droit commercial. T. II, p. 182, p. 203. T. XI, p. 209.

Fortier Gustave, Commentaire (de la loi du 30 déc. 1903). (Bulletin-commentaire des lois nouvelles. Février-mars 1904. p. 33 et suiv.)

Fuzier-Herman, Répertoire etc. v°: Faillite. No. 4308, 4316, 4318, 4320, 4323, 4324, 4326, 4327, 4331, 4334, 4340, 4348, 4349, 4350, 4354, 4357, 4358.

Journal des faillites. 1882. p. 434 et suiv.
— janvier 1904. p. 46 et suiv.
Lyon-Caen in: Revue critique et de jurisprudence (mars 1904).
Pandectes françaises. v°: Faillites. No. 9619, 9624, 9636, 9637, 9647, 9651, 9652, 9659, 9664, 9676, 9680—82 . . .
Ruben de Couder, Dictionnaire du droit commercial. v°: Réhabilitation. No. 22, 22 bis, 44.
Maillard Louis, De la réhabilitation des faillis. Loi du 30 déc. 1903. 8°. 1904. p. 26.
Renouart, Traité des faillites. p. 484.
Rousseau et Defert, Code annoté des liquidations judiciaires, des faillites et des banqueroutes. Art. 604. Nos. 1 et suiv. No. 9, 11, 12, 16, 17.
Lecomte Maxime, Etude comparée des principales législations européennes en matière de faillite (Extrait du Bulletin de la Société industrielle du Nord de la France). Paris, Pedone-Lauriel. 1879. Vgl. z. B. p. 50/51.
Lyon-Caen Ch. **et** L. **Renault,** Traité de droit commercial. 2e édition. T. VIII. Des faillites, banqueroutes et liquidations judiciaires. Paris, Librairie Cotillon, F. Pichon, Successeur, Editeur 1899. p. 249 et s., 350, 437/438, 466.
Bravard et Demangeat, ... VI, p. 87 et s., 162.
Carle (offenbar [vgl. **Lecomte**] G. Carle, La faillite dans le droit international privé. Traduction par Ernest Dubois). p. 142 et s.
Massé, ... II, No. 313.
Thaller, ... II, p. 378.
Vincens (Législation commerciale). I, p. 566.
Thaller E., Notice et notes. Loi du 30 décembre 1903 relative à la réhabilitation des faillis. (Annuaire de législation française en 1903. Paris 1904. p. 161 et s.)

D.

Chronologisch geordnete
Übersicht der Parlaments-Materialien.

Nach den Stichworten »Réhabilitation«, »Récidive«, »Faillis«, »Casiers judiciaires« zusammengestellt aus dem

Journal officiel de la République française.

Tables alphabétiques et analytiques de . . . .

Avis au lecteurs: La Table du Journal officiel comprend cinq parties: 1° Journal officiel; 2° Débats du Sénat; 3° Annexes du Sénat (documents); 4° Débats de la Chambre des députés; 5° Annexes de la Chambre des députés (documents).

Signes et abbréviations: — Séparation des faits compris dans un même article. = Répétition du mot ou des premiers mots de la phrase précédente.

1882. *Sénat: débats.* Réhabilitation des condamnés — Dépôt, par M. Bérenger, d'une proposition de loi sur la réhabilitation des condamnés, la libération conditionnelle et le patronage des libérés, 1299.

Chambre· débats. Récidivistes, par M. Fallières, ministre de l'intérieur, Dépôt 1559.

1883. *Sénat: débats.* Récidive (moyens de combattre la). — Proposition de loi sur les moyens préventifs de combattre la récidive (régime des prisons, libération conditionnelle, patronage, réhabilitation). — Rapport sommaire de M. Le Guen, 354. — Prise en considération, 371.

— Proposition de loi sur les moyens préventifs de combattre la récidive. (Régime des prisons, libération conditionnelle, patronage, réhabilitation). — Rapport sommaire de M. Le Guen. — Pris en considération — Rapport de M. Bérenger, 1498.

Projet de loi, adopté par la Chambre des députés, sur les récidivistes, déposé par M. Waldeck-Rousseau, ministre de l'intérieur, 1228.

Sénat: documents. Récidive — Rapport sommaire sur la proposition de loi Bérenger sur les moyens préventifs de combattre la récidive (M. Le Guen), 559.

Projet de loi sur les récidivistes (M. Waldeck-Rousseau), 1021.

1884. *Sénat: débats.* Récidive et récidivistes. Voyez loi 9: Proposition de loi de M. Bérenger, sur les moyens préventifs de combattre la récidive (Régime des prisons, libération conditionnelle, patronage, réhabilitation). — Ajournement de la discussion. — Rapport supplémentaire de M. Bérenger 698. — 1re délibération, 749 à 761. — Adoption en 1re délibération de l'ensemble du projet de loi, 761. — 2e délibération. — Adoption de l'ensemble 875. —

Chambre: débats. Récidive (Moyens de prévenir la). — Voy. Loi no 389: Proposition de loi, adoptée par le Sénat, sur les moyens de prévenir la récidive (libération conditionnelle, patronage, réhabilitation). — Rapport de M. Gomot, 2367.

Sénat: documents. Récidive. — Récidivistes. — Rapport supplémentaire fait au nom de la commission chargée d'examiner la proposition de loi de M. Bérenger sur les moyens préventifs de combattre la récidive (Régime des prisons, libération conditionnelle, patronage, réhabilitation), par M. Bérenger, 195.

Chambre: documents. Récidive. — Proposition de loi adoptée par le Sénat, sur les moyens de prévenir la récidive (libération conditionnelle, patronage, réhabilitation), transmise à la Chambre des députés, au nom du Sénat, par M. le président du Sénat. 761 — Rapport par M. Gomot, 2106.

1885. *Sénat: documents.* Récidive. (Moyens de prévenir la). — Proposition de loi, adoptée par le Sénat, amendée par la Chambre des députés, sur les moyens de prévenir la récidive (libération conditionnelle, patronage, réhabilitation), transmise par M. le président de la Chambre des députés, à M. le président, du Sénat, 168. — Rapport de M. Bérenger, 183.

En séance: (*Sénat, débats.* D. H.) transmission de la proposition amendée par la Chambre des députés, 596; rapport, 635; discussion, 730 à 731.

Chambre: documents. Récidivistes — Moyens de prévenir — Proposition de loi, adoptée par le Sénat, amendée par la Chambre des députés, adoptée avec modifications par le Sénat, sur les moyens de prévenir la récidive. (Libération conditionnelle, patronage, réhabilitation). — Transmise à la Chambre des députés, au nom du Sénat, par M. le président du Sénat, 1032. — Rapport par M. Gomot, 1049.

En séance: 1re délibération, rapport, 1243; discussion, adoption, 1517.

1886. *Chambre: documents.* Réhabilitation — Voy. Code d'instruction criminelle. — Proposition de loi tendant à modifier les articles 619, 620 et 635 du code d'instruction criminelle relatifs à la réhabilitation, présentée par M.M. Beauquier, Barodet et Charles Boysset, p. 1307.

1890. *Chambre: documents.* Casiers judiciaires. — Proposition de loi ayant pour objet d'effacer l'inscription des condamnations au bout d'un certain temps et dans certaines conditions, présentée par M.M. Chiché, Aimel, Jourde, Laur, 1263. (sess. ord. 1890).

1892. *Sénat: documents.* Casier judiciaire. — Proj. de loi sur le casier judiciaire, présenté par M. Fallières, garde des sceaux, ministre de la justice et des cultes, 791 (sess. extr. 1891).

Chambre: débats. Casier judiciaire. — Dép. d'un rapp. sommaire sur la propos. de loi tend. à décider que les condamnat. prononcées pour délits de chasse, de pêche, contravent. à la police du roulage et en général pour toutes les infract. où la bonne foi ne peut être invoquée comme excuse, ne seront pas portées sur le casier judiciaire, 3007.

Chambre: documents. Casier judiciaire. — Proposit. de loi tend. à décider que les comdamnat. prononcées pour délits de chasse, de pêche, contravent. à la police du roulage et en général pour toutes les infract. où la bonne foi ne peut être invoquée comme excuse, ne seront pas portées sur le casier judic., présentée par M. Engerand, 2490 (sess. extr. 1891) Rapp. somm. par M. Plichon, 3082 (sess. extr. 1891).

1894. *Chambre: débats.* Réhabilitation. — Dép. d'une propos. de loi ayant pour obj.: 1° de rendre la réhabilitation applicable aux condamnés contradictoir., qui ont prescrit contre l'exécution de la peine; 2° de déclarer que la réhabilit. sera de droit après un certain délai, 229. Dép. d'un rapport somm., 762. Prise en considér., 891. — Dép. d'un rapp. sur la proposit. de loi de M. Michelin, 1857.

Chambre: documents. Réhabilitation. — Propos. de loi ayant pour obj.; 1° de rendre la réhabilitat. applic. aux condamnés contradictoir., qui ont prescrit contre l'exécut. de la peine; 2° de déclarer que la réhabilitat. sera de droit après un certain délai, présentée par M. Michelin, 256. Rapp. somm. par M. Michelin, 805. Rapp. par M. Michelin, 1939.

1895. *Chambre: débats.* Réhabilitation. Adopt. en 1re délib. de la propos. de loi ayant pour objet: 1° de rendre la réhabilitat. applicable aux condamnés contradictoirement qui ont prescrit contre l'exécution de la peine; 2° de déclarer que la réhabilitat. sera de droit après un certain délai, 1788. Dép. d'un rapport supplém., 2204.

Chambre: documents. Réhabilitation — Rapp. supplém. sur la proposit. de loi de M. Michelin ayant pour objet: 1° de rendre la réhabilitat. applicable aux condamnés contradictoirem. qui ont prescrit contre l'exécut. de la peine, 2° de déclarer que la réhabilitat. sera de droit après un certain délai, par M. Michelin, 1410.

1896. *Sénat: débats.* Réhabilitation. — Transmission d'une propos. de loi, adoptée par la Chambre des députés, ayant pour objet de rendre la réhabilitation applicable aux condamnés qui ont prescrit contre l'exécution de la peine, 276.

Sénat: documents. Réhabilitation. — Proposition de loi, adoptée par la Chambre des députés, ayant pour objet de rendre la réhabilitation applicable aux condamnés qui ont prescrit contre l'exécution de la peine, transmise par M. le président de la Chambre des députés à M. le président du Sénat, 148.

Chambre: débats. Réhabilitation. — Adopt. en 2e délib. de la propos. de loi ayant pour objet de rendre la réhabilitation applicable aux condamnés qui ont prescrit contre l'exécution de la peine, 503.

1898. *Sénat: debats.* Casier judiciaire. — Dép. d'un rapp. sur le proj. de loi, adopté par la Chambre des députés, sur le casier judiciaire, 291; ajourn. de la 1re délibérat. 735; discuss., 794; ajourn. 804, 858, 904; suite de la discuss., 965, 982.

Sénat: débats. Réhabilitation. — Dép. d'un rapp. sur une propos. de loi, adoptée par la Chambre des députés, ayant pour objet: 1° de rendre la réhabilitation applicable aux condamnés qui ont prescrit contre l'exécution de la peine; 2° de modifier la procédure de réhabilitation, 10; 1re délibérat., 59; adopt., 60; 2e délibérat., 118; adopt., 119.

Sénat: documents. Casier judiciaire. — Rapport fait sur le projet de loi sur le casier judiciaire, par M. Jules Godin, S. O., 414.

Sénat: documents. Réhabilitation. — Rapport sur la proposition de loi, adoptée par la Chambre des députés, ayant pour objet: 1° de rendre la réhabilitation applicable aux condamnés qui ont prescrit contre l'exécution de la peine; 2° de modifier la procédure de la réhabilitation, par M. Tillaye, S. O., 1.

Chambre: débats. Casier judiciaire. — Dép. d'une proposition de loi relative au casier judiciaire et à la réhabilitation, 353.

Chambre: débats. Réhabilitation. — Transmiss. d'une propos. de loi, précédemment adoptée par la Chambre des députés, adoptée avec modifications par le Sénat, ayant pour objet de rendre la réhabilitation applicable aux condamnés qui ont prescrit contre l'exécution de la peine, 625; dép. du rapp., 685. Adopt. après déclarat. de l'urgence, 804. — Dép. d'une propos. de loi relative au casier judiciaire et à la réhabilitation, 2077.

Chambre: documents. Réhabilitation. — Propos. de loi relative au casier judiciaire et à la réhabilitation, présentée par MM. Dejeante, Groussier, Vaillant et leurs collègues (6e lég., S. O. 1898), 628.

— Propos. de loi, adoptée par la Chambre des députés, adoptée avec modifications par le Sénat, ayant pour objet de rendre la réhabilitation applicable aux condamnés qui ont prescrit contre l'exécution de la peine, transmise à la Chambre des députés, au nom du Sénat, par M. le président du Sénat (6e lég., S. O., 1898), 678; rapport fait par M. Henri Michelin (6e lég., S. O. 1898), 679.

— Propos. de loi relative au casier judiciaire et à la réhabilitation, présentée par MM. Dejeante, Groussier et plusieurs de leurs collègues, S. O. 1469.

1899. *Sénat: débats.* Casier judiciaire. — Dép. d'un proj. de loi, adopté par la Chambre des députés, tendant à modifier la loi du 5 août 1899 sur le casier judiciaire et sur la réhabilitation de droit, 862.

1900. *Sénat: débats.* Casier judiciaire. — V; Réhabilitation. — Dép. d'une propos. de loi relative à la réhabilitation des faillis, 56; prise en considérat., 345; = du rapp., 1055. — = d'un rapp. sur le proj. de loi tendant à modifier la loi du 5 août 1899 sur le casier judiciaire et sur la réhabilitation de plein droit, 433; = du rapp., 503; 1re délibérat., 609; Adopt. après déclarat. de l'urgence, 618. — = d'un projet de loi, adopté par la

Chambre des députés tendant à modifier la loi du 5 août 1899 sur le casier judiciaire et la réhabilitation de droit, 774; = et lecture du rapp., déclarat. de l'urgence, 777. Adopt., 778.

Sénat: documents. Casier judiciaire. — Proj. de loi tendant à modifier la loi du 5 août 1899 sur le casier judiciaire et sur la réhabilitation de droit présenté par M. Monis, garde des sceaux, ministre de la justice (S. E. 1899), 460; rapp. fait par M. Bérenger, 540; rapp. supplémentaire fait par M. Bérenger, 585.

Sénat: documents. Réhabilitation. — Propos. de loi, relative à la réhabilitation des faillis, presentée par MM. Bérenger, Demôle, Garreau et leurs collègues, 10; rapp. fait par M. Savary, 446.

Chambre: débats. Casier judiciaire. — Dép. d'un proj. de loi, adopté par le Sénat, tendant à modifier la loi du 5 août 1899 sur le casier judiciaire et sur la réhabilitation de droit, 1572; = du rapp., 1749; Adopt. aprés déclarat. de l'urgence, 1814.

Chambre: documents. Réhabilitation. — Projet de loi adopté par le Sénat tendant à modifier la loi du 5 août 1899, sur le casier judiciaire et sur la réhabilitation de droit, présenté par M. Monis, garde des sceaux, ministre de la justice, 1347; rapport fait par M. Delpech-Cantaloup, 1666.

1901. *Sénat: documents.* Casier judiciaire. — Projet de loi, adopté par le Sénat, adopté avec modifications par la Chambre des députés, tendant à modifier la loi du 5 août 1899 sur le casier judiciaire et sur la réhabilitation de droit, présenté par M. Monis, garde des sceaux, ministre de la justice (S. O. 1900), 705; rapport fait par M. Bérenger (S. O. 1900), 711.

Chambre: débats. Casier judiciaire. — Dép. d'une propos. de loi tendant à modifier les lois du 5 mai (!!! août? D. H.) 1899 et du 11 juillet 1900, relatives au casier judiciaire, 1756.

Chambre: débats. Réhabilitation des faillis. — Dép. d'une propos. de loi relative à la réhabilitation des faillis, 120; = du rapp., 1997. — Transmiss. d'une propos. de loi (A. S.) relative à la réhabilitation des faillis, 2541.

1902. *Chambre: débats.* Faillis. — Transmiss. d'une propos. de loi (A. S.) relative à la réhabilitation des faillis, 1838. — Dép. d'une propos. de loi relative à la réhabilitation des faillis, 2768.

Chambre: documents. Casier judiciaire. — Proposition de loi tendant à modifier les lois du 5 août 1899 et du 11 juillet 1900, relatives au casier judiciaire, présentée par M. E. Morlot (S. O. 1901), 1471.

Chambre: documents. Réhabililation des faillis. — Proposition de loi adoptée par le Sénat, relative à la réhabilitation des faillis, transmise à la Chambre des députés, au nom du Sénat, par M. le président du Sénat (S. E. 1901), 200; (S. O. 1902), 496.

— Proposition de loi relative à la réhabilitation des faillis, présentee par M. Octave Lauraine (S. E. 1902), 368.

E.

Arrêts, Avis, Circulaires, Décisions, Décrets, Délais, Documents, Echange, Instructions, Lettres, Modèles, Notes, Rapports, Statistique etc.

soweit sie bisher nicht angeführt und in den von uns benutzten Werken citiert werden.

(Die von uns eingesehenen Materialien sind in Kursivschrift gedruckt.)

Arrêt du 11 mai 1838.

— Entscheidungen führen fast sämtliche von uns eingesehene Werke an. So z. B.: *André, Bernard, Brasseur, Julien Bregeault, Chonez, Depeiges, Frézouls, Garraud: Traité, Guitteau, Houitte de la Chesnais, Lair, Lasserre, Lyon-Caen et Renault, Magescas, Margerin du Metz, Le Poittevin: Traité, Reutenauer, Sarraute, Sirey et Malepeyre.*

Vgl. dann auch:

Dalloz . . . . . .

Sirey, Jurisprudence de la cour de cassation ou notices des arrêts les plus importants [depuis 1808 resp. 1810] Recueil général des lois et des arrêts en matière civile, criminelle, commerciale et de droit public, fondé par Sirey . . . . . .

France judiciaire,

Gazette des tribunaux,

Journal des Parquets.

Im Einzelnen vgl.:

Depeiges, Annuaire 1898 p. 82, 84; *Frézouls* p. 21, 25, 27, 31, 32, 35, 40, 43, 46, 47 etc.; *Reutenauer* p. 158, 181 et s., 199, 202, 204, 214, 216, 218, 219, 222, 257, 259, 260, 274, 280, 285, 296, 304, 305/06, 324.

Avis *du Conseil d'Etat, 8 janvier 1823* (im Auszug citiert bei Ortolan, Eléments, p. 370 et s. No. 1923.)

— du 15 janvier 1831.

Bulletins . . . . Voir.: Échange et Modèles.

Circulaires.

1. Tableau des circulaires de la Chancellerie sur le casier judiciaire. Circulaires du ministre de la justice, 6 novembre 1850 (*Rec. off.*, t. II, p. 146; — 30 décembre 1850 (*Rec. off.*, II, 167); — 4 juin 1851 (Gillet, n° 3493); — 1er juillet 1851 (*Rec. off.*, II, 183); — 23 mai 1853 (*Rec. off.*, II, 225); — 30 août 1855 (*Rec. off.*, II, 319); — 26 septembre 1855 (Gillet, n° 3779); — 1er juillet 1856 (*Rec. off.*, II, 338); — 10 décembre

1857 (*Rec. off.*, II, 385); — 25 octobre 1859 (*Rec. off.*, II, 469); — 10 décembre 1859 (*Rec. off.*, II, 479); — 12 décembre 1860 (*Rec. off.*, II, 497); — 1er décembre 1861 (*Rec. off.*, II, 515); — 20 mai 1862 (*Rec. off.*, II, 520); — 1er décembre 1862 (*Rec. off.*, II, 532); — 3 décembre 1863 (*Rec. off.*, III, 32); — 8 août 1867 (Gillet, n° 4237); — 8 décembre 1868 (*Rec. off.*, III, 136); — 29 novembre 1869 (*Rec. off.*, III, 147); — 25 novembre 1871 (*Rec. off.*, III, 176); — 26 février 1872 (*Rec. off.*, III, 194); — 2 septembre 1872 (*Rec. off.*, III, 218); — 30 novembre 1872 (*Rec. off.*, III, 233); — 7 février 1873 (Gillet, n° 4391); — 30 décembre 1873 (*Rec. off.*, III, 268); — 19 février 1874 (*Rec. off.*, III, 282); — 28 novembre 1874 (*Rec. off.*, III, 315); — 15 décembre 1874 (*Rec. off.*, III, 318); — 18 décembre 1874 (*Rec. off.*, III, 321); — 28 avril 1875 (*Rec. off.*, III, 347); — 27 août 1875 (*Rec. off.*, III, 363); — 8 octobre 1875 (*Rec. off.*, III, 407); — 8 décembre 1875 (*Rec. off.*, III, 407); — 14 août 1876, § 8 (*Bull. off.*, 1876, p. 145); — 6 décembre 1876 (*Bull. off.*, 1876, p. 244); — 5 mai 1877 (*Bull. off.*, 1877, p. 53); — 3 décembre 1877 (*Bull. off.*, 1877, p. 140); — 20 février 1878 (*Bull. off.*, 1878, p. 6); — 20 juillet 1878 (*Bull. off.*, 1878, p. 68); — 30 novembre 1878 (*Bull. off.*, 1878, p. 124); — 21 décembre 1878 (*Bull. off.*, 1878, p. 132); — 4 décembre 1879 (*Bull. off.*, 1879, p. 247); — 15 novembre 1880 (*Bull. off.*, 1880, p. 264); — 20 décembre 1880 (*Bull. off.*, 1880, p. 283); — 7 décembre 1881 (*Bull. off.*, 1881, p. 153); — 28 décembre 1881 (*Bull. off.*, 1881, p. 161); — 2 décembre 1882 (*Bull. off.*, 1882, p. 228); — 31 mai 1883 (*Bull. off.*, 1883, p. 53); — 4 décembre 1884 (*Bull. off.*, 1884, p. 221); — 17 avril 1885 (*J. des P.*, 86. 3. 2); — 24 octobre 1885 (*J. des P.*, 86. 3. 22); — 5 décembre 1885 (*J. des P.*, 86. 3. 61); — 10 avril 1886 (*J. des P.*, 86. 3. 76); — 18 mai 1886 (*J. des P.*, 86. 3. 102); — 4 décembre 1886 (*J. des P.*, 87. 3. 20); — 1er août 1887 (*J. des P.*, 87. 3. 81); — 7 décembre 1887 (*J. des P.*, 88. 3. 4); — 7 mai 1888 (*J. des P.*, 88. 3. 75); — 4 juin 1888 (*J. des P.*, 88. 3. 79); — 15 décembre 1888 (*J. des P.*, 89. 3. 15); — 15 mars 1889 (*J. des P.*, 89. 3. 53); — 6 avril 1889 (*J. des P.*, 89. 3. 60); — 8 janvier 1890 (*J. des P.*, 90. 3. 69); — 17 juin 1890 (*J. des P.*, 90. 3. 203); — 13 mars 1891 (*J. des P.*, 91. 3. 88); — 16 avril 1891 (*J. des P.*, 91. 3. 100); — 21 juillet 1891 (*J. des P.*, 91. 3. 125); — 19 décembre 1891 (*J. des P.*, 92. 3. 25); — 31 décembre 1892 (*J. des P.*, 93. 3. 11); — 26 mai 1893 (*J. des P.*, 93. 3. 112); — 28 décembre 1893 (*J. des P.*, 94. 3. 83); — 18 août 1894 (*J. des P.*, 95. 3. 42); — 15 décembre 1895 (*J. des P.*, 96. 3. 38); — 31 décembre 1896 (*J. des P.*, 97. 3. 204); — 31 juillet 1897 (*J. des P.*, 98. 3. 16); – 29 juillet 1899 (*J. des P.*, 99. 3. 171); — 15 décembre 1899 (*Bull. off.*, 1899, No. 96, p. 225 et s.)

Circulaires du ministre de l'intérieur, 7 avril 1856 (Gillet, n° 3808); 5 février 1890 (*J. des P.*, 90. 3. 198).

Circulaires du ministre de la guerre, 30 janvier 1851; — 18 avril 1851; — 10 juillet 1851 (Gillet, n° 3502); — 12 novembre 1881 (*Bull. off.*, 1881, p. 163); — 4 avril 1885 (*Bull. off.*, 1885, p. 187).

Circulaires du ministre de la marine, 23 novembre 1850; — 13 octobre 1862; — 9 juillet 1867.

Circulaires du ministre des finances (Direction de la comptabilité générale), 30 juillet 1851; – 10 mars 1853; — 29 février 1888 (*J. des P.*, 88. 3. 52); — 8 décembre 1891 (*J. des P.*, 92. 3. 30).

(Bis hierher nach Le Poittevin, Traité, p. 33/34 abgedruckt.)

Vergl. auch Bulletin officiel du ministère de la justice. Tables. 1900: p. 169 ff.; 1901: p. 269 ff.; 1902: p. 291 ff.; 1903: p. 307 ff.; v⁰: casier judiciaire.

Darnach sind noch beizufügen:

Circ. 20 décembre 1899 (Bull. off., 1899, p. 267); — 22 janvier 1900 (Bull. off., 1900, p. 3); — 17 février 1900 (Bull. off., 1900, p. 20); — 3 avril 1900 (Bull. off., 1900, p. 58); — 23 juin 1900 (Bull. off., 1900, p. 83); — 21 juillet 1900 (Bull. off., 1900, p. 116); 10 septembre 1900 (Bull. off., 1900, p. 123); — 30 novembre 1900 (Bull. off., 1900, p. 131); — 8 décembre 1900 (Bull. off., 1900, p. 150).

[Vgl. Récidivistes: 10 août 1900 (Bull. off., 1900, p. 117)].

Note (Bull. off., 1901, p. 47, 48, 127, 208, 256, 259).

Circ. 29 mai 1901 (Bull. off., 1901, p. 55); — 13 juin 1901 (Bull. off., 1901, p. 65); — 30 décembre 1901 (Bull. off., 1901, p. 254); — 11 décembre 1901 (Bull. off., 1901, p. 221).

Circ. 31 janvier 1902 (Bull. off., 1902, p. 20); — 15 avril 1902 (Bull. off., 1902, p. 30). Vgl. die gegebenen Verweise.

Note (Bull. off., 1903, p. 30).

2. Circulaires, deren Beziehung auf die Rehabilitation uns bekannt ist.

Circulaires du ministre de la justice. 23 mars 1849 (Gillet et Demoly II, No. 3326); — 27 mars 1849 (G. et D. II, No. 3329); — 1 août 1849 (G. et D. II, No. 3361); — 5 novembre 1850 (G. et D. II, No. 3440); — 15 avril 1851 (G. et D. II, No. 3478); — 17 mars 1853 (G. et D. II, 3614; Rec. off., t. II, p. 218) (fälschlich oft 27 mars citiert, D. H.); — 27 octobre 1853 (G. et D. II, No. 3641); — 11 décembre 1860 (G. et D. II, No. 4076).

Aus den „Tables alphabétique, analytique et chronologique des instructions et circulaires contenues dans le Recueil officiel (1790—1876) et dans le Bulletin officiel du ministère de la justice 1876—1897 publiés par les ordres du Garde des sceaux. Paris, Imprimerie nationale, 1898" entnehmen wir weiterhin: .... Circ. 25 novembre 1871. Insertions sur les seuls bulletins No. 2, délivrés à la requête du Ministère public, des condamnations effacées par la réhabilitation (Rec. off., t. III, p. 176; G. et D. II, p. 402); — 14 octobre 1885. Réhabilitation. Application de la loi du 14 août 1885 (Bull. off., 1885, 196); — 19 décembre 1885. Réhabilitation. Loi du 14 août 1885, Arrêts d'admission. Avis à donner aux préfets (Bull. off., 1885, 214); — 3 août 1887. Réhabilitation. Militaires (Bull. off., 1887, 160); — 23 octobre 1887. Réhabilitation. Privation des droits électoraux, avis aux préfets (Bull. off., 1887, p. 226); — 12 novembre 1887. Réhabilitation. Arrêts.

Notification au préfet de police (Bull. off., 1887, p. 244); — 16 février 1889. Réhabilitation. Payement de l'amende et des frais de justice. Quittance (Bull. off., 1889, p. 9); — Note 78, p. 54. Réhabilitation. Résidence. Appel sous les drapeaux. — Weiter sind noch zu beachten: Circ. 28 juillet 1899. Casier judiciaire. Réhabilitation de droit. Application de la loi du 5 août 1899 (Bull. off., 1899, p. 184); — 15 décembre 1899. Application de la loi du 5 août 1899 sur le casier judiciaire et sur la réhabilitation de droit (Bull. off., 1899, p. 225); — 30 novembre 1900. Casier judiciaire et réhabilitation de droit. Loi du 5 août 1899, modifié par la loi du 11 juillet 1900; règlement d'administration publique du 12 décembre 1899, complété par ceux des 7 juin et 13 novembre 1900 (Bull. off., 1900, p. 331).

3. Circulaires, deren Beziehung und Inhalt uns zumeist unbekannt geblieben.

Circulaire 8 décembre 1849; — *Circ. min. just. 21 juillet 1856. Élections (G. et D. No. 3836);* — Circ. 4 juin 1871; — Circ. 23 janvier 1874; — *Circ. min. just. 23 février 1874. Ivresse. Bulletins. (G. et D. II, No. 4423);* — *Circ. 24 août 1874. Statistique criminelle. (G. et D. No. 4442);* — Circ. 24 août 1876 (14 août ?! D. H.); — Circ. 8 décembre 1876; — Circ. 3 mars 1877; — *Circ. 6 décembre 1878 (Extrait voir: Sénat, doc. 1898, annexe No. 95, Sess. ord., Séance du 10 mars 1898, p. 414 et s., XXVI);* — Circ. 24/25 février 1884; — Circ. chanc. 14 septembre 1885; — *Circ. chanc. 14 octobre 1885 (Bull. off., 1885, p. 196);* — Circ. chanc. 21 novembre 1885 (Bulletins. Elsafs-Lothringen); — Circ. Parquet de la Cour de Paris. 14 décembre 1885, § 4; — Circ. 22 décembre 1885; — *Circ. min. 12 novembre 1887 (Texte: Thiriat p. 49);* — Circ. 11 avril 1891 (Bull. off., 1891, p. 155, recrutement); — Circ. 19 novembre 1891; — Circ. chanc. 17 février 1893; — Circ. chanc. 8 décembre 1893; — Circ. milit. 22 avril et 4 juillet 1898; — Circ. du ministre de la marine 8 août 1899 (J. off. 9 août); — Circ. du ministre de la guerre 18 octobre 1899; — Circ. chanc. 23 octobre 1899; — Circ. du ministre de l'intérieur 13 mars 1900; — Circ. du ministre de la guerre. (J. off. du 14 mars 1900, p. 1559); — Circ. chanc. 10 août 1900. — vgl. auch Documents.

Décision *du ministre de la justice 25 mai 1830. Grâce (G. et D. I, No. 2293); — 2 juillet 1834 (G. et D. II, No. 2536); — 19 mai 1848. Réhabilitation (G. et D. II, No. 3255); — 30 juin 1848 (G. et D. II, No. 3267) Grâce; — 2 août 1848. Réhabilitation (G. et D. II, No. 3275); — 23 mars 1849. Réhabilitation (G. et D. II, No. 3326); — 1 août 1849. Réhabilitation (G. et D. II, No. 3361); — 5 novembre 1850. Réhabilitation (G. et D. II, No. 3440); — 15 avril 1851. Réhabilitation (G. et D. II, No. 3478);* — Décision rapportée en note de la circulaire du 17 mars 1853 (Rec. off. des instructions du ministère de la justice t II, p. 221, Note 11); — *Décision du ministre de la justice du 27 octobre 1853. Réhabilitation (G. et D. II, No. 3641); — 30 octobre 1856. Casier judiciaire (G. et D. II, No. 3848); — 11 décembre 1860. Réhabilitation (G. et D. II, No. 4076);*

— Décision minist. 31 décembre 1878 (Rec. off. t II, p. 221, note 2), (Fristablauf und gute Führung). — Décis. just. 4 déc. 1886 (J. des Parq. 1886. 3. 59).

Décret du 30 mars 1808 (art. 101, 103); — 24 novembre 1852; — 2 février 1853; — 29 avril 1862; — vgl. Bull off. 1899 p. 245.

Délais ...... v.: Tableau.

Discour de M. Bérenger du 28 mars 1890 (D. P., 91, 4, 26. col. 3, No. 2).

Documents. Die Circ. du garde des seaux vom 6. November 1850, 30. Dezember 1850, 4. Juni 1851 sowie ein Auszug aus dem Circ. vom 14. Aug. 1876 sind abgedruckt in: Sénat, documents 1898, Annexe No. 95, Sess. ord., Séance du 10 mars 1898 p. 414 et s. als: Annexe No. 4, (p. 431); Annexe No. 5 (p. 433); Annexe No. 6 (p. 434) u. No. 7 (p. 435).

— Amtliche Materialien bezügl. der Frage des Verlustes der Ehrenrechte gibt: *Frézouls, loc. cit., spez. p. 51 ff.*

Échange *de Bulletins entre la France et .... Voir: Sénat doc. 1898, Annexe No. 95, Sess. ord., Séance du 10 mars 1898, p. 414 et s.: p. 435 Annexe No. 9. (Conventionen angeführt bei: — Magescas p. 76. — Echange des casiers: Ducaud, Cap. VIII, Sect. II p. 154).*

Instruction du 25 novembre 1871; — 6 décembre 1876 (Rec. off. t. III. p. 176; Bull. off. 1876. p. 247).

Lettre *ministerielle du 8 juin 1816. Réhabilitation (G. et. D. I, No. 1087); 20 avril 1820, Etat civil (G. et. I, No. 1407);* lettre du Garde des Sceaux au Procureur général de Paris du 13 mai 1853; *Lettre ministérielle du 7 mai 1860. Réhabilitation (des faillis) (G. et. D. II, No. 4054);* Lettre du garde des sceaux au procureur général de Toulouse du 20 mai 1896 (nach Garraud: 20 mars 1896) (Lois nouvelles. 1896. — 3. — 131).

Modèles *de bulletins: Bulletin officiel 1899 p. 259. Guitteau p. 55, 71/72, 79—81; Sénat, Doc. 1898, annexe No. 95, Sess. ord, Séance du 10 mars 1898, p. 414 et s., Annexe No. 2 p. 420 et s.*

Moniteur du 23 mai 1791; — 31 mai 1791; — 1 juin 1791; — 4 juin 1791; — 21 et 23 mai 1843; — 3 mai 1845; — 17 avril 1852; — 4 et 5 mai 1852; — 10 mai 1857 (Code de just. mil.); —

— voir: Rapport.

Motifs: Motifs Code de 1808.

Exposé des motifs de la loi du 6 juillet 1852.

Exposé des motifs de la loi du 14 août 1885 (J. off. 1883, pag. 251, No. 255. Wir finden auch citiert: J. off. 1882, Annexe du Sénat 1882. No. 255 [offenbar falsch]).

Note de la chancellerie (Rec. off. t. II p. 219).

Rapport de Lepelletier-Saint-Fargeau. (Seánces des 22 et 23 mai 1791.) Procès-verbaux de l'Assemblée constituante. t. 58 No. 672; Rapport de Lepelletier-Saint-Fargeau à l'Assemblée constituante sur le projet de code pénal (Séance du 1er juin); — Rapport de M. Langlois au Corps législatif sur la loi du 3 juillet 1852; — Rapport sur la marche de la justice criminelle de 1826 à 1880; — *Rapport présenté au Président de la République, sur l'administration de la justice criminelle en France pendant l'année 1877, par le garde des sceaux, Ministre de la justice (Bull. off. 1879. No. 15, p. 157 ff., spez. 186/187); — Rapport au Président de la République sur l'administration de la justice criminelle en France et en Algérie pendant l'année 1900. (20. sept. 1902) (Bull. off. 1902, p. 134 ff. Réhabil.: spez. p. 247/248).* — v.: Moniteur (supra).

Statistique. *Statistische Angaben enthalten; André p. 83; Appleton p. 93; Brasseur p. 207; Julien Bregeault p. 10; Chonez p. 173; Depeiges (Ann. franç. 1898. S. 79); Frézouls p. 16/17; Garraud, Traité p. 470/471 Anm.; Lair p. 165; Lyon-Caen-Renault p. 259, Anm. 2; Magescas p. 217 et s.; Mittermaier, Strafgesetzgebung I, S. 299, A. 78; Rapport: de l'administration de la justice criminelle en 1877, en 1900 (vid. supra); Reutenauer; Sarraute p. 9.*

— *französ. Kriminalstatistik.*

Tableau *des délais: B. off. 1900. p. 137 et s.*

Griechenland.

A. Zivilstrafrecht.

Das geltende Strafgesetz[1]) vom Jahre 1834 kennt keinerlei Bestimmung über die Rehabilitation.

B. Handelsrecht.

Gesetzgebung.

Buch III.

Von den Fallimenten und Bankerotten.

(Gesetz vom 15. Dezember 1878.)

Titel III.

Von der Rehabilitation.

Die Artikel 608—618 entsprechen den Art. 604—612 und 614 des französischen Code de commerce.

Art. 619. Dieses Gesetz tritt mit dem 1. Januar 1879 in Kraft. Es werden jedoch die vor diesem Tage erklärten Fallimente nach den bisher geltenden Bestimmungen des Handelsgesetzbuches weitergeführt, mit Ausnahme der Bestimmungen über die Rehabilitation und die wegen Einstellung des Konkursverfahrens wegen Mangels an Aktiven, welche auch für die vor dem 1. Januar erklärten Fallimente gelten.

---

[1]) Siehe: *Ποινικὸς νόμος τοῦ βασιλείου τῆς Ἑλλάδος.* Strafgesetzbuch des Königreiches Griechenland. *εν Ναυπλίῳ.* 1834. (Griechisch und deutsch.)

*) Aus: Borchardt: Die Handelsgesetze des Erdballs. Berlin 1884. Bd. II. pag. 676.

Guatemala.

A. Zivilstrafrecht.

Gesetzgebung.

Código penal.*)

Libro I.

Titulo VI.

De la extinción de la responsabilidad penal.

Art. 107. El indulto non puede concederse sino de pena im puesta en sentencia firme.

Art. 108. Si la pena principal lleva consigo la suspensión de algún derecho ó la inhabilitación, únicamente se entenderán remitidas si especialmente se les comprenden en el indulto.

Art. 109. Siempre que se conceda indulto queda á salvo la responsabilidad civil.

B. Handelsrecht.

Gesetzgebung.

Handelsgesetz**)

vom 20. Juli 1877.

Buch IV.

Vom Falliment.

Titel VIII.

Von der Rehabilitation.

Art. 1313. Die Rehabilitation ist die gerichtliche Erklärung, durch welche der Kaufmann, welcher sich im Falliment befunden hat, wieder in den Stand und in die Lage eingesetzt wird, in welcher er sich vor dem Falliment befunden hat.

Art. 1314. Die Rehabilitation des Falliten steht dem Richter zu, welcher über das Falliment erkannt hat.

Die als betrügerisch bezeichneten Falliten können nicht rehabilitiert werden.

Art. 1315. Um die Rehabilitation zu erlangen, muss der Fallit die vollständige Bezahlung seiner Schulden deutlich beweisen.

Der strafbare Fallit mufs aufserdem nachweisen, dafs er die Strafe, zu welcher er verurteilt worden ist, verbüfst hat.

---

*) Aus: Código penal de la república de Guatemala 1889. Guatemala. Establecimiento tipográfico »La unión«. Octava calle poniente, 6.

**) Aus: Borchardt, Die Handelsgesetze des Erdballs. Bd. II. Berlin 1884. pag. 770.

Art. 1316. Der Antrag auf Rehabilitation ist erst nach definitivem Schluss des Verfahrens behufs Qualifikation des Falliments zulässig.

Der besagte Antrag ist durch Quittungen, Zahlungsscheine und durch sonstige unterstützende Beweisstücke zu begründen, und es mufs darüber unter Anhörung des Konkursverwalters entschieden werden.

Art. 1317. Wenn der Antrag auf Rehabilitation verworfen worden ist, kann er erst nach einem Jahre erneuert werden.

Das Urteil, durch welches die Rehabilitation bewilligt wird, ist in den Zeitungen und, in Ermangelung solcher, durch Anschlagszettel an den gewöhnlichen Orten zu veröffentlichen.

Art. 1318. Die Rehabilitation des Falliten beendet jede Interdiktion, welche die Erklärung des Falliments bewirkt hat.

Haïti.

A. Zivilstrafrecht.

Gesetzgebung.

Code d'instruction criminelle*).

(Chambres des représentants, 14 juillet; sénat, 30 juillet, promulgué le 31 juillet 1835.)

Loi No. 8.

Chapitre IV.

De la réhabilitation des condamnés.

Art. 453. Tout condamné à une peine afflictive ou infamante qui aura subi sa peine, pourra être réhabilité.

La demande en réhabilitation ne pourra être formée, par les condamnés aux travaux forcés ou à la réclusion, que cinq ans après l'expiration de leur peine.

Art. 454. Nul ne sera admis à demander sa réhabilitation, s'il ne demeure depuis cinq ans dans le ressort du tribunal

---

*) Aus: «République d'Haïti. Code pénal et code d'instruction criminelle annotés par Gustave Chaumette. — Chez l'auteur Cap Haïtien Haïti et chez I. V. Giard & E. Brière, Libraires-Editeurs 16, Rue Soufflot, 16 Paris 1901.»

civil qui doit connaître de sa demande, s'il n'est domicilié depuis deux ans au moins dans une même commune et s'il ne joint à sa demande des attestations de bonne conduite qui lui auront été données par les juges de paix de toutes les communes dans lesquelles il aura demeuré ou résidé pendant le temps qui aura précédé sa demande.

Ces attestations de bonne conduite ne pourront lui être délivrées qu'au moment où il quitterait son domicile ou sa résidence. Elles devrout être approuvées par le Commissaire du Gouvernement.

Art. 455. La demande en réhabilitation, les attestations exigées par l'article précédent, et l'expédition du jugement de condamnation, seront déposées au greffe du tribunal civil dans le ressort duquel résidera le condamné.

Art. 456. La requête et les pièces seront communiquées au Commissaire du Gouvernement, qui donnera ses conclusions motivées et par écrit.

Art. 457. Le tribunal et le Ministère public pourront en tout état de cause, ordonner de nouvelles informations.

Art. 458. La notice de la demande en réhabilitation sera publiée par affiche ou par insertion au journal judiciaire du lieu où siège le tribunal qui doit donner son avis. Elle sera publiée par les mêmes voies dans les lieux où la condamnation aura été prononcée.

Art. 459. Le tribunal, le Ministère public entendu, donnera son avis. Cet avis ne pourra être donné que trois mois au moins après la présentation de la demande.

Art. 460. Si le tribunal est d'avis que la demande ne peut être admise, le condamné pourra se pourvoir de nouveau, après un nouvel intervalle de cinq ans.

Si le tribunal pense que la demande peut être admise, son avis, ensemble les pièces exigées par l'article 454, seront, par le Commissaire du Gouvernement, et dans le plus bref délai, transmis au Grand-Juge, qui pourra consulter le tribunal qui aura prononcé la condamnation.

Il en sera fait rapport par le Grand-Juge au Président d'Haïti.

Art. 461. Si la réhabilitation est prononcée, il en sera expédié des lettres où l'avis du tribunal sera inséré.

Les lettres de réhabilitation seront adressées au tribunal qui aura délibéré l'avis: il en sera envoyé copie authentique au tribunal qui aura prononcé la condamnation; et transcription des lettres sera faite en marge de la minute du jugement de condamnation.

Art. 462. La réhabilitation fera cesser, pour l'avenir, dans la personne du condamné, toutes les incapacités qui résultaient de la condamnation.

Art. 463. Le condamné pour récidive ne sera jamais admis à la réhabilitation.

B. Handelsrecht.

Handelsgesetz*).

vom 8. März 1826.

No. 3.

Gesetz über die Fallimente und Bankerotte.

Titel V.

Von der Rehabilitation.

Art. 597. Jeder Rehabilitationsantrag seitens des Falliten ist an das Zivilgericht zu richten, in dessen Bezirk er seinen Wohnsitz hat.

598. Der Antragsteller hat seinem Gesuche die Quittungen und sonstigen Nachweise über die gänzliche Tilgung seiner Schulden an Kapital, Zinsen und Kosten beizufügen.

599. Der Regierungskommissär hat auf die an ihn zur Kenntnisnahme erfolgte Mitteilung des Antrages eine von ihm beglaubigte Abschrift desselben an den Doyen des Handelsgerichts des Antragstellers, und, wenn dieser seinen Wohnsitz nach dem Fallimente geändert hat, an das Handelsgericht, in dessen Bezirk das Falliment stattgehabt hat, mit dem Auftrage zu senden, über die Wahrheit der vorgetragenen Tatsachen alle ihm zu Gebote stehenden Nachrichten einzuziehen.

600. Zu diesem Behufe wird sowohl auf Betreiben des Regierungskommissars, als auch des Doyen des Handelsgerichts eine Abschrift des besagten Antrags in den Verhandlungssälen eines jeden Gerichts, sowie auf der Börse und in der Notabelnkammer während der Dauer von zwei Monaten angeschlagen und ist derselbe auszugsweise in die öffentlichen Blätter einzurücken.

---

*) Aus: Borchardt, Die Handelsgesetze des Erdballes, II. Bd. Berlin 1884, pag. 802.

601. Jeder Gläubiger, dessen Forderung an Kapital, Zinsen und Kosten nicht völlig bezahlt worden ist. und jeder andere Interessent kann während der Dauer des öffentlichen Aushanges des Antrages durch einen einfachen Akt auf der Gerichtsschreiberei, unterstützt durch etwaige Beweisstücke, gegen die Rehabilitation Widerspruch erheben.

Der Widerspruch erhebende Gläubiger kann in dem Verfahren, betreffend die Rehabilitation, niemals als Partei auftreten, unbeschadet jedoch seiner übrigen Rechte.

602. Nach Ablauf der 2 Monate übermittelt der Doyen des Handelsgerichts dem Regierungskommissar beim Zivilgericht die eingezogenen Erkundigungen, die etwa erhobenen Widersprüche und die besonderen Nachrichten über das Verhalten des Falliten, zugleich mit seinem Gutachten über den Antrag.

603. Der Regierungskommissar bei dem Zivilgericht hat auf Grund aller dieser Tatsachen ein Erkenntnis zu extrahieren, welches den Antrag auf Rehabilitierung zuläfst oder verwirft; wird der Antrag verworfen, so kann er nicht erneuert werden. [1])

604. Das die Rehabilitation ausprechende Erkenntnis wird dem Regierungskommissar und dem Doyen des Handelsgerichts übermittelt, welches über das Falliment erkannt hat. Dieses Gericht hat die öffentliche Verkündigung und die Eintragung des Erkenntnisses in seine Register zu bewirken.

Die Artikel 605—607 entsprechen dem Art. 612 und 613 des französischen Code de commerce.

Honduras.

A. Zivilstrafrecht.

Gesetzgebung.

Código penal.

Art. 40. *) . . . . La inhabilitación y suspensión, impuestas como penas accesorias, no quedan comprendidas en el indulto de la pena

---

[1]) Abweichend vom französischen Recht, nach welchem (Art. 610) der Antrag erneuert werden kann. (Borchardt II. pag 803).

*) Diese Bestimmung ist ohne nähere Angabe citirt bei Groizard y Gómez de la Serna: El código penal de 1870. Tomo II. Madrid 1903. pag. 308.

Das Strafgesetz ist wohl in der Bibliothek des Auswärtigen Amtes in Berlin vorhanden, blieb uns jedoch leider unzugänglich.

principal, á menos que se remitan expresamente. — El indulto de la inhabilitación no repone al penado en el ejercicio del cargo de que hubiere estado en posesión.

B. Handelsrecht.

Gesetzgebung.

Handelsgesetz*).

vom 27. August 1880.

Buch IV.

Von den Fallimenten.

Titel XI.

Von der Rehabilitation.

Art. 1523. Jeder Fallit kann rehabilitiert werden, mit Ausnahme derjenigen, denen das Gesetz diese Rechtswohltat verweigert.

1524. Es können nicht rehabilitiert werden: der betrügerische Fallit, die wegen Diebstahls, Stellionats, Betruges oder Vertrauensmifsbrauchs verurteilten Personen und die Vormünder, Kuratoren, Verwalter eines fremden Vermögens, welche die Rechnungen nicht unter Zahlung des Saldos abgelegt haben.

Jedoch können die von der Rehabilitation wegen eines Vergehens ausgeschlossenen Personen 5 Jahre, nachdem sie ihre Strafe verbüfst haben, rehabilitiert werden, sofern sie nachweisen, dafs sie sich während dieser Zeit in untadelhafter Weise geführt, und dafs sie ihre Schulden in der im folgenden Artikel angegebenen Form bezahlt haben.

1525. Um die Rehabilitation zu erlangen, mufs der Fallit vollständig die Bezahlung seiner Schulden an Kapital, Zinsen und Kosten nachweisen.

Der schuldbare Fallit mufs ausser der vollständigen Bezahlung seiner Schulden nachweisen, dafs er die Strafe, zu der er verurteilt ist, verbüfst hat.

1526. Der Antrag auf Rehabilitation mufs bei dem Gericht eingebracht und mit den Quittungen, den Zahlungsscheinen und den übrigen erforderlichen Beweisstücken unterstützt werden.

Der Antrag mufs im Auszuge 2 Monate hindurch in den von dem Gericht bezeichneten zwei Zeitungen veröffentlicht werden, welche an drei der öffentlichsten Punkte anzuheften sind.

1527. Der Antrag auf Rehabilitation ist nach Anhörung der Staatsanwaltschaft in der Form zur Verhandlung zu bringen, welche die Prozefsordnung für die Handelssachen vorschreibt.

---

*) Aus: Borchardt: Die Handelsgesetze des Erdballs. III. Bd. Berlin 1885. pag. 194.

1528. Die Gläubiger, welche nicht vollständig bezahlt worden sind, sowie irgend welche andere Interessenten können schriftlich gegen den Antrag auf Rehabilitation innerhalb der beiden im Art. 1526 bezeichneten Monate Widerspruch erheben.

Der Widerspruchherhebende mufs seinem Schriftsatze alle Urkunden beifügen, welche seinen Widerspruch rechtfertigen, er ist jedoch in keinem Falle als Partei in dem Rehabilitationsverfahren zu betrachten.

1529. Wenn der Antrag auf Rehabilitation abgelehnt worden ist, kann er erst nach Ablauf eines Jahres erneuert werden.

Das Erkenntnis, welches die Rehabilitation bewilligt, mufs in den von dem Falliten bezeichneten Zeitungen veröffentlicht werden und, wo solche nicht vorhanden sind, hat dies durch Anschlagzettel zu erfolgen, welche an drei der öffentlichsten Punkte angeheftet werden müssen.

1530. Die Rehabilitation des Falliten beendigt die durch die Erklärung des Falliments herbeigeführten Interdiktionen.

Japan.

A. Zivilstrafrecht.

1. Gesetzgebung.

Projet de Code de procédure criminelle pour l'Empire du Japon. 1877-1878.*)

Livre V.

De l'exécution des jugements, de la réhabilitation et de la grâce.

Chapitre II.

De la réhabilitation.

Art. 636. Toute demande en réhabilitation, faite en conformité aux délais exigés par l'article 75 du Code pénal,**) pour faire cesser la privation des droits civiques et la sur-

*) Aus: Boissonade Gre, Projet de Code de procédure criminelle pour l'Empire du Japon accompagné d'un commentaire. Tokio 1882, XVe année de Meiji. Imprimerie de la première succursale de la »Kokoubounsha«. Tokio, Takékawatcho, No. 12, p. 930 et suiv.

**) Das Projet de code pénal war uns nicht zugänglich.

veillance de la police, sera adressée, en forme de pétition, au Ministre de la justice, par le condamné.

Elle sera remise, signée de lui, au commissaire du Gouvernement près le Tribunal de département dans la circonsription duquel le demandeur a son domicile actuel. (cfr. C. i. cr. fr. 619 et suiv.). (1852).

637. Le condamné joindra à sa demande:

1°. Une copie authentique du jugement;

2°. Les pièces établissant qu'il a subi la peine principale ou qu'elle a été éteinte par la grâce ou par la prescription;

3°. La quittance de l'amende, des frais dûs au Trésor public et à la partie civile, ainsi que celle des réparations civiles ou toute autre preuve de sa libération desdites obligations;

4°. L'indication des lieux où il la résidé depuis sa libération ou depuis sa condamnation, s'il s'agit d'une condamnation à la surveillance seulement ou d'une condamnation prescrite;

5°. L'indication de ses moyens d'existence passés et présents.

638. Le commissaire du Gouvernement se fera délivrer:

1°. Un certificat du greffier, visé par le Président de chaque tribunal de département dans le ressort duquel le condamné a résidé, portant qu'il n'a subi aucune condamnation criminelle ou correctionnelle à l'emprisonnement pendant qu'il y a résidé;

Si le condamné a résidé en pays étranger, le certificat sera demandé aux agents consulaires du Japon ou aux autorités locales;

2°. Une attestation du commissaire de police des mêmes lieux, portant qu'il est de bonne vie et mœurs et indiquant ses moyens d'existence connus.

Le commissaire du Gouvernement pourra prendre, en outre, tels autres renseignements qu'il jugera à propos.

Il transmettra ensuite la demande et les pièces, avec son avis, au Procureur général à la cour d'appel; sauf le cas où la condition prescrite par le premier alinéa du présent article ne serait pas remplie.

639. Le Procureur général pourra prendre de nouvelles

informations et transmettra lesdites pièces au Ministre de la justice avec son avis.

640. Le Ministre de la justice examinera les pièces et fera prendre de nouvelles informations, s'il le croit nécessaire.

Si les pièces exigées par les articles précédents sont régulières et si l'avis du Ministre est favorable à la réhabilitation, il fera sur la demande un rapport à l'Empereur.

641. Si la demande est écartée, soit par le Ministre de la justice, soit par l'Empereur, il en sera donné avis au Procureur général, lequel le transmettra au commissaire du Gouvernement qui a fait parvenir la demande.

La demande ne pourra être renouvelée qu'après un délai égal à la moitié du délai exigé par l'article 75 du Code pénal (cfr. C. i. cr. franç. 629).

Les mêmes formalités seront observées pour le dépôt et l'examen de la nouvelle demande.

642. Si la réhabilitation est accordée, les lettres impériales de réhabilitation seront transmises par le Ministre de la justice au Procureur général à la Cour d'appel et, par celui-ci, au commissaire du Gouvernement près le tribunal de la résidence du réhabilité.

Lecture sera donnée des lettres impériales à l'audience publique dudit tribunal, sur les réquisitions du commissaire du Gouvernement.

Il sera remis au réhabilité une copie authentique desdites lettres.

Le Commissaire du Gouvernement en transmettra une autre copie au tribunal qui a prononcé la condamnation, pour être transcrite en marge de ladite condamnation. (Cfr. C. instr. crim. franç. 632, 633).

643. Le tribunal de la résidence du réhabilité pourra aussi autoriser celui-ci, sur sa demande, à faire imprimer et afficher les lettres impériales, à ses frais, aux lieux où la condamnation avait été affichée et à celui où il a sa résidence actuelle.

644. L'individu qui, après sa réhabilitation, serait condamné pour un crime ou un délit, ne pourra plus obtenir le bénéfice d'une nouvelle réhabilitation. (Cfr. C. i. cr. franc. 634).

Code pénal

promulgué par le décret No. 36 le 7e mois de la 13e année de Meiji (Traduction).*)

Tokio, Imprimerie Impériale, 3e mois, 14e année de Meiji. S. 16.

Livre premier.

Dispositions générales.

Chapitre II.

Des peines.

Section VIII.

De la réhabilitation.

Art. 63. La réhabilitation peut être accordée d'après les circonstances, aux condamnés qui encourent la privation des droits civiques, après 5 ans depuis la cessation de la peine principale.

Il en est de même pour les condamnés qui ont acquis la prescription de leur peine principale, après 5 ans depuis qu'ils ont été soumis à la surveillance de la police.

Art. 64. L'amnistie opère de plein droit la réhabilitation. La grâce n'opère la réhabilitation que si les lettres de grâce l'accordent expressément.

Le condamné réhabilité par l'amnistie ou par la grâce est mis, de plein droit, hors de la surveillance de la police.

Art. 65. La réhabilitation ne peut être accordée que par l'Empereur.

Code de procédure criminelle promulgué par le décret No. 37 le 7e mois de la 13e année de Meiji (Juillet 1880).**)

Livre VI.

De l'exécution des jugements, de la réhabilitation et de la grâce.

Chapitre II.

De la réhabilitation.

Art. 470. Toute demande en réhabilitation sera adressée

*) Vgl. auch: Penal Code of Japan. Promulgated by decree No. 36 of the 7th Month of the 13th Year of Meiji (July 1880) — — — — — — — —

**) Aus: Code de procédure criminelle etc. Tokio, Imprimerie Impériale, 3e mois, 14e année de Meiji.

par le condamné au Ministre de la justice après l'expiration des délais exigés par l'article 63 du Code pénal.

Elle sera remise, signée par lui, au Commissaire du Gouvernement près le tribunal de première instance où le demandeur a son domicile actuel.

471. Le condamné joindra à sa demande:

1°. = Projet art. 637 n° 1. (D. H.)

2°. = Projet art. 637 n° 2. (D. H.)

3°. Les pièces établissant qu'il a obtenu la mise en liberté provisoire et la libération provisoire de la surveillance;

4°. La quittance des réparations civiles et des frais de justice ou toute autre preuve de sa libération desdites obligations;

5°. Les pièces indiquant le domicile et les moyens d'existence passés et présents.

472. Le Commissaire du gouvernement, après avoir pris des informations sur la conduite du condamné et sur les autres faits nécessaires, transmettra au Procureur général près la cour d'appel les pièces énoncées à l'article précédent avec son avis.

473. Le Procureur général, après avoir pris de nouvelles informations, transmettra . . . . (weiter wie im Projet art. 639).

474. Si le Ministre de la justice, après avoir examiné les pièces, estime que la demande est admissible, il en fera un rapport à l'Empereur.

475. Si la demande est écartée soit par le Ministre de la justice, soit par l'Empereur, il en sera donné avis au Procureur général près la cour d'appel lequel le transmettra au Commissaire du Gouvernement près le tribunal de première instance qui a fait parvenir la demande.

Dans le cas précédent, la demande ne pourra être renouvelée qu'après l'expiration de la moitié du délai exigé par l'article 63 du Code pénal.

Les formalités des articles précédents devront être observées à l'égard de la demande nouvelle.

476. Si la réhabilitation est accordée, la lettre de réhabilitation sera transmise par le Ministre de la justice au Procureur général à la cour d'appel et, par celui-ci, au Commissaire du Gouvernement près le tribunal de première instance qui a fait parvenir la demande.

Il sera remis au réhabilité une copie authentique de ladite lettre.

Abs. 3 = Projet art. 642 Abs. 4.

Bezüglich der späteren Gesetzgebung waren uns die Materialien nicht zugänglich. Statt deren sei die folgende Darstellung aus:

Tomii, Etat de la codification au Japon (Extrait du Bulletin de la société de législation comparée) Paris 1898 p. 4 zitiert:

Pour la législation criminelle, nous possédons, depuis 1880, un Code pénal et un Code de procédure pénale, mis en vigueur depuis le 1er janvier 1882 — — — — — — — — Il est vrai que le Code de procédure pénale a été revisé en 1890. Quant au Code pénal, il est toujours en vigueur; mais — — — — — — — — — — — — — — — — — — le gouvernement a pensé qu'il était d'une grande utilité de reviser ce code, et il a institué, à cet effet, il y a environ deux ans, une commission spéciale, au ministère de la justice. Cette revision vient d'être achevée, et le nouveau projet est actuellement portée à la connaissance du public (siehe unten. D. H.), avec le nouveau projet de Code de procédure pénale, dont la revision est rendue nécessaire comme conséquence.

Vorentwurf zu einem Strafgesetzbuch für das Kaiserlich japanische Reich.*)

(Vorentwurf erster Lesung.)

Erster Teil.
Allgemeine Vorschriften.

Zweiter Abschnitt.
Strafbestimmungen.

Fünftes Kapitel.
Amnestie, Straferlaſs u. -milderung (im Gnadenwege) und Rehabilitation.

Art. 47. Die Rehabilitation verleiht die staatsbürgerlichen

---

*) Aus: Assataro Okada, Vorentwurf zu einem Strafgesetzbuch für das Kais. japanische Reich. Heft XIV der Sammlung auſserdeutscher Strafgesetzbücher in deutscher Übersetzung. Berlin, Guttentag, 1899.

Rechte für die Zukunft zurück und hebt von Rechtswegen die Polizeiaufsicht auf.

2. Literatur.

Hinweise auf das japanische Recht finden sich bei:

Brasseur, p. 204.
Lasserre, p. 220 (Entw. z. St.G.B.).
Magescas, p. 210.
Strafgesetzgebung der Gegenwart. II. p. 362 (Ges. 1882).

B. Handelsrecht:

Handelsgesetz*)
vom 1. Juli 1893.

Buch III.

Vom Falliment.

Kapitel X.

Von den persönlichen Folgen des Falliments.

Art. 1054. Ein als fallit erklärter Schuldner oder ein unbeschränkt haftender Gesellschafter einer falliten Gesellschaft unter Kollektivnamen oder einer Kommanditgesellschaft oder ein Direktor einer anonymen Gesellschaft ist bis zur erlangten Rehabilitation von dem Besuch der Börse, vom Handelsbetriebe als Mäkler, oder als Mitglied einer Gesellschaft unter Kollektivnamen, oder als geschäftsführendes Mitglied einer Kommanditgesellschaft oder als Direktor einer anonymen Gesellschaft von der Ausübung der Funktionen eines Liquidators, Fallimentsverwalters oder Bevollmächtigten (Mandatars) in Handelssachen, von der Mitgliedschaft einer Handelskammer und von andern kaufmännischen Ehrenämtern ausgeschlossen.

Art. 1055. Rehabilitation kann nur durch den Nachweis erlangt werden, dafs alle Gläubiger, gleichviel ob ein Akkord stattgefunden hat oder nicht, voll für Kapital, Zinsen und Kosten befriedigt sind, und dass der Schuldner bereit und in der Lage ist, diejenigen Gläubiger, welche wegen ihres unbekannten Aufenthaltes noch nicht befriedigt sind, voll zu befriedigen.

Dem Antrage sind die Quittungen der Gläubiger sowie alle andern erforderlichen Beweise beizufügen.

---

*) Aus: Borchardt, Die Handelsgesetze des Erdballs. Nachtrag III, Das japanische Handelsgesetzbuch. Berlin 1896. — Vgl. auch Alexander, Konkursgesetze aller Länder der Erde. S. 382.

Im Falle eines Akkordes jedoch ist der Besuch der Börse, und wenn es eine Gesellschaft unter Kollektivnamen oder eine Kommanditgesellschaft oder eine anonyme Gesellschaft betrifft, die Fortsetzung desselben durch unbeschränkt haftende Mitglieder oder durch Direktoren, ohne die Notwendigkeit des in dem vorhergehenden Paragraphen dieses Artikels vorgeschriebenen Beweises gestattet.

Art. 1056. Der Antrag auf Rehabilitation wird durch Anschlag an Gerichtsstelle, auf der Börse, und wenn das Fallimentsgericht es für angemessen erachtet, durch Bekanntmachung in öffentlichen Blättern veröffentlicht, behufs Erhebung etwaiger Widersprüche innerhalb einer Frist von zwei Monaten; Mitteilung davon ist auch dem öffentlichen Prokurator behufs Prüfung und Anstellung von Ermittelungen zu machen.

Das Gericht beschliefst über denselben nach Anhörung des öffentlichen Prokurators. Dieser Beschlufs kann durch sofortige Beschwerde angefochten werden; derselbe ist nach erlangter Rechtskraft öffentlich bekannt zu machen.

Der verworfene Antrag kann vor dem Ablaufe eines Jahres nicht wiederholt werden.

Art. 1057. Rehabilitation ist auch nach dem Tode des Schuldners zulässig.

Art. 1058. Rehabilitation ist demjenigen Falliten, welcher wegen betrügerischen Falliments verurteilt oder durch eine Verurteilung wegen eines Verbrechens oder Vergehens den Genuss der öffentlichen Rechte verloren hat, oder dem die Ausübung derselben zeitweilig untersagt ist, solange der Verlust oder die Untersagung dauert, nicht zu gewähren.

Im Falle des fahrlässigen (schuldbaren) Falliments ist die Rehabilitation nur nach verbüfster Strafe oder gewährter Begnadigung zulässig.[1])

---

[1]) Bemerkungen hierzu siehe Borchardt a. a. O., pag. 28 u. 29.

Italien.

I. Napoleonische Gesetzgebung.

Zivilstrafrecht.

Strafprozefs.*)

Appendice al Codice di procedura penale.

Capo XIV.

Della riabilitazione dei condannati.[1])

Art. 59. Ogni condannato ad una pena afflittiva od infamante, subita che avrà la pena, potrà ottenere la riabilitazione.

60. La domanda di riabilitazione non potrà essere fatta dai condannati ai lavori forzati a tempo od alla reclusione che cinque anni dopo l' espiazione della pena, e dai condannati alla pena della berlina cinque anni dopo il giorno dell' esecuzione della sentenza.

61. Chi intende fare la domanda di riabilitazione, deve aver dimorato per cinque anni nello stesso cantone, e per gli ultimi due nello stesso commune.

62. La petizione debb' essere corredata;

1°. Dell estratto del giudizio di condanna;

2°. Del documento comprovante la seguita espiazione della pena;

3°. Degli attestati di buona fama rilasciati tanto dai consigli comunali, quanto delle numicipalità dei communi nei quali, giusta il precedente articolo, il petente ha avuto domicilio o abitazione.

---

*) Aus: Codice dei delitti e delle pene pel Regno d' Italia. Edizione conforme all' originale del Bolletino delle leggi, colla versione dei Motivi degli Oratori del Consiglio di Stato dell Impero francese e della Commissione del Corpo legislativo, collocati per ordine di materie. Aggiuntovi il confronto colle Leggi romane e con alcune ordinanze, dichiarazioni e leggi della Francia, l' Appendice al Codice di procedura penale con osservazioni, l' indice ragionato del Codice penale. Volume terzo. Milano, dalla Reale Stamperia. 1811.

[1]) Vgl. den interessanten Motivenbericht hierzu ebenda pag. 166.

63. Gli attestati dei consigli e delle municipalità dei comuni ne' quali ha dimorato nei primi tre anni, sono rilasciati nell' istante in cui il petente abbandona il domicilio o l' abitazione avuta ne' comuni rispettivi.

Quelli però del consiglio e delle municipalità del comune ci cui dimora dal 3.° sino al 5.° anno, in conformità del disposto dall'antecedente articolo 61, debbono essere rilasciati al momento in cui s' intende fare la domanda di riabilitazione.

64. Gli attestati soprascritti dovranno essere muniti dell' approvazione del prefetto o viceprefetto, di quella del regio procuratore e del giudice di pace dei luoghi nei quali avrà il petente dimorato o riseduto.

65. La domanda di riabilitazione, gli attestati prescritti negli articoli precedenti, la copia della sentenza di condanna ed il certificato comprovante l'espiazione della pena sono depositati nella cancelleria della corte d' appello, nella giurisdizione della quale risederà il condannato.

66. La petizione ed i documenti relativi sarranno comunicati al regio procuratore generale: esso darà le sue conclusioni motivate o per iscritto; di tutto si fa relazione alla camera criminale.

67. La corte, ed il ministero pubblico potranno, in qualunque stato sia la causa, rispettivamente chiedere ed ordinare nuove informazioni.

68. La notizia della domanda di riabilitazione sarà inserita nel giornale ufficiale del luogo di residenza della corte, ed in difetto, nel giornale ufficiale della capitale del regno.

69. La corte, sentito il regio procuratore generale, darà il suo parere.

Questo parere non potrà esser dato che tre mesi almeno dopo la presentazione della domanda di riabilitazione.

70. Se la corte è di parere che la domanda di riabilitazione non possa essere ammessa, il condannato potrà replicare il ricorso dopo un nuovo intervallo di cinque anni.

71. Se la corte opina che la domanda di riabilitazione possa essere ammessa, il suo parere, unitamente ai documenti prescritti all' art. 62, saranno dal regio procuratore generale trasmessi, entro il più breve termine al gran giudice, ministro della giustizia, il quale potrà eccitare il sentimento del tribunale che avrà pronunciata la condanna.

72. Ne sarà quindi fatto rapporto al Re dal gran giudice in un consiglio privato, composto dalle persone indicate dall' art. 58 del terzo statuto costituzionale.

73. Se viene pronunziata la riabilitazione, ne saranno spedite le lettere nelle quali sarà inscritto il parere della corte.

74. Le lettere di riabilitazione saranno dirette alla corte di appello che avrà dato il suo parere; ne sarà indirizzata una copia autentica alla corte che avrà pronunziata la condanna, e sarà fatta trascrizione delle lettere in margine della minuta della sentenza di condanna.

75. La riabilitazione farà cessare per l' avvenire nella persona del condannato tutte le incapacità che risultassero dalla condanna.

76. Il condannato per recidività non sarà mai ammesso alla riabilitazione.

II. Königreich Beider Sicilien.

A. Zivilstrafrecht.

1. Gesetzgebung.

Procedura penale*).

Titolo XVIII.

Della riabilitazione de' condannati.

Art. 623. Ogni condannato ad una pena temporanea criminale, compiuto il tempo, potrà essere riabilitato. I condannati alla interdizione perpetua da' pubblici ufizi potranno essere riabilitati dopo venti anni di pena.

La riabilitazione fa cessare di diritto tutti gli effetti della condanna precedente; salvi quelli della recidiva.

Art. 624. I condannati a' ferri non potranno formar domanda di riabilitazione, se non cinque anni dopo che abbiano legalmente cessato di essere sottoposti alla pena.

---

*) Aus: Codice per lo Regno delle Due Sicilie. Parte quarta. Leggi della procedura ne' giudizi penali. Seconda adizione uffiziale. Napoli, dalla Real Tipografia del Ministero di Stato della Cancelleria Generale. 1819.

I condannati a pene criminali minori non potranno farla se non dopo tre anni.

Art. 625. La domanda di riabilitazione debbe essere accompagnata da' seguenti documenti:

1°. Da un certificato del sindaco e decurionato, con cui si attesti che il condannato abbia negli ultimi due anni avuto un domicilio stabile comune.

2°. Da uno o più certificati di buona condotta, de' sindaci e decurioni de' comune ove ha fatto dimora, durante tutto il tempo trascorso dopo l' espiazione della pena.

Questi certificati dovranno esser vistati dal giudice di circondario, dal giudice istruttore e dal sottointendante del distretto, e nel distretto capoluogo dall' Intendante.

3°. Da una fede di perquisizione degli archivi giudiziari, che dimostri non aver la pensona che chiede la riabilitazione, commesso nuovi misfatti o delitti.

4°. Dalla copia legale della condanna.

Art. 626. La domanda di riabilitazione co' documenti richiesti dal precedente articolo, verrà depositata nella cancelleria della gran Corte criminale, ove ha il suo domicilio colui che domanda la riabilitazione; qualunque sia stato il giudice che abbia profferita la condanna.

Art. 627. La domanda di riabilitazione dovrà essere pubblicata in tre sattimane consecutive nel giornale della provincia o valle dell' ultimo domicilio del condannato, e nel giornale di quella ove fu pronunziata la condanna.

Art. 628. Dopochè saranno scorsi tre mesi dall' ultima pubblicazione, il procurator generale presso la gran Corte criminale darà sulla domanda le sue conclusioni motivate a iscritto.

Art. 629. La gran Corte ed il ministero pubblico potranno prima della deliberazione ordinare nuove informazioni.

Art. 630. La gran Corte nel numero di sei giudici manifesterà il suo parere sulla domanda, con una deliberazione motivata.

Art. 631. Se la gran Corte è di parere che la domanda di riabilitazione non possa essere ammessa, il condannato potrà ricorrere nuovamente dopo l' intervallo di tre altri anni nel caso di pene di ferri, e di un anno nel caso di pene criminali minori.

Art. 632. Se la gran Corte crede che la domanda di riabilitazione possa essere ammessa, la sua deliberazione e tutte le carte che l' appoggiano, saranno per mezzo del pubblico ministero nel più breve termine trasmesse al Segretario di Stato Ministro di grazia e giustizia.

Se la gran Corte che delibera sulla riabilitazione, non è il tribunale che pronunziò la condanna, questo potrà esser consultato dal Segretario di Stato Ministro di grazia e ginstizia.

Art. 633. In seguito se ne farà dal Segretario di Stato Ministro di grazia e ginstizia rapporto a Sua Maestà.

Se Sua Maestà aderisca alla deliberazione della gran Corte criminale, si spedirà il decreto di grazia, il quale verrà inviato tanto alla gran Corte che avrà deliberato per la riabilitazione, quanto all' autorità che avrà pronunziato la condanna.

La prima gran Corte darà lettura della grazia al riabilitato nelle forme ordinarie di grazia: la seconda la trascriverà nel processo di condanna e nel registro de'condannati.

Perchè la riabilitazione cancelli la interdizione da' pubblici ufizi, sia perpetua, sia temporanea, bisognerà che nel decreto di grazia se ne faccia espressa menzione.

Art. 634. Il condannato par recidiva in misfatti non potrà far dimanda di riabilitazione, se non dopo il triplo del tempo enunciato nell' articolo 624.

2. Literatur.

Lair Adolphe Emile: De la réhabiltation des condamnés etc. a. a. O. Paris 1859, pag. 164.

Sarraute Pierre: Traité théorique et pratique de la réhabilitation des condamnés en matière criminelle, correctionnelle et disciplinaire. Paris 1884, pag. 23, 38, 39, 60.

Brasseur Albert: De la réhabilitation en droit Romain et en droit français. Paris 1887, pag. 204.

Magescas F.: De la réhabilitation des condamnés. Bordeaux 1899, pag. 215.

B. Handelsrecht.

Gesetzgebung.

Handelsgesetz.*)

Libro III.

Titolo V.

Della riabilitazione.

Art. 598. Qualunque istanza di riabilitazione della parte del fallito sarà indrizzata alla gran Corte civile, nella cui giurisdizione egli sarà domiciliato.

Art. 599. Il reclamante sarà obligato ad unire alla sua petizione le quietanze e gli altri documenti giustificanti di aver soddisfato interamente tutte le somme da lui dovute in capitale, interessi e spese.

Art. 600. Il procurator generale presio la gran Corte civile, sulla comunicazione che gli sarà stata fata dell'istanza, ne manderà copie certificate da lui al procuratore regio presso il tribunale civile della provincia o valle ed al presidente del tribunale di commercio del domicilio del reclamante, e se questo ha cangiato domicilio dopo il fallimento, al tribunale di commercio nel cui circondario è accaduto il fallimento; in caricandogli di raccorre tutti i rischiaramenti che potranno, sulla verità de' fatti che saranno stati esposti.

Art. 601. A questo effetto per cura tanto del procuratore regio, quanto del presidente del tribunale di commercio, una copia della detta istanza resterà affissa pel corso di due mesi nelle sale di udienza di ciascun tribunale, alla Borsa ed alla casa comunale, e verrà per estratto ne' fogli pubblici.

Art. 602. Ogni creditore che non sarà stato pagato interamente del suo credito in capitale, interessi o spese, e qualunque altra parte interessata, potranno durante il tempo dell' affisso, fare opposizione alla riabilitazione, per semplice atto alla cancelleria, accompagnato da' documenti giustificativi, se vi è luogo. Il creditore opponente non potra mai essere parte nella procedura tenuta per la riabilitazione, senza pregiudizio però degli altri suoi diritti.

Art. 603. Spirati i due mesi il procuratore regio ed il presidente del tribunale di commercio trasmetterano, ciascuno separatamante, al procurator generale presso la gran Corte civile i rischiaramenti che avranno raccolti, le opposizioni che avranno potuto esser

---

*) Aus: »Codice per lo Regno delle Due Sicilie.« Terza edizione uffiziale. Napoli, della Stamperia Reale 1827. Parte quinta. Leggi di eccezione per gli affari di commercio (vom 19. Mai 1819).

fatte, e le cognizioni particolari che avessero sulla condotta del fallito. Essi vi uniranno il loro parere sulla sua dimanda.

Art. 604. Il procurator generale presso la gran Corte civile farà sopra tutto pronunziare sentenza che ordini ammetersi o non ammettersi la istanza di riabilitazione: se la dimanda è rigettata, essa non potrà più essere riprodotta.

Art. 605. La sentenza che ordina riabilitazione, sarà indirizzata tanto al procurator regio, quanto al presidente de' tribunali a cui la dimanda sarà stata trasmessa.

Questi tribunali ne faranno fare lettura pubblica e la trascrizione su loro registri.

Art. 606. Non saranno ammessi alla riabilitazione i rei de stellionato, i bancarottieri dolosi, gl' individui condannati per fatti di furto o di seroccheria; nè le persone tenute a dar conto, come i tutori, gli amministratori o i depositari i quali non avranno renduto o appurato i loro conti.

Art. 607. Potrà essere amnesso alla riabilitazione il bancarottiere semplice che avrà eseguito la sentenza per cui sarà stato condannato.

Art. 608. Niun commerciante fallito si potrà presentare alla Borsa, se non abbia ottenuto la sua riabilitazione.

III. Königreich Sardinien.

Zivilstrafrecht.

Nach Brasseur (siehe Literatur) sind die Bestimmungen der sardinischen Strafprozessordnung [1]) über Rehabilitation identisch gewesen mit jenen der Strafprozeſsordnung von Beiden Sicilien.

Literatur.

Sarraute Pierre: Traité théorique et pratique de la réhabilitation des condamnés en matière criminelle, correctionnelle et disciplinaire. Paris 1884, pag. 23, 59.

Brasseur Albert: De la réhabilitation des condamnés en droit Romain et en droit français. Paris 1887, pag. 204.

Magescas F.: De la réhabilitation des condamnés. Bordeaux 1899, pag. 215.

---

[1]) Codice di procedura criminale per gli Stati di S. M. il Re di Sardegna. Torino 1847.

IV. Königreich Italien.

A. Zivilstrafrecht.

1. Gesetzgebung.

Strafgesetz (1859).*)

Libro primo.

Titolo III.

Dell' estinzione dei reati e delle pene.

. . . .

Art. 135. Estinguendosi il reato per l' espiazione della pena, il condannato non rientrerà in quei diritti nè riacquisterà quelle capacità di cui sia stato privato colla sofferta condanna, ove alla pena fosse unita l' infamia o l' interdizione dai pubblici uffizi o dall' esercizio di una carica, di un impiego, di una professione, negoziazione, od arte: senza pregiudizio di ciò che è statuito dal Codice di Procedura Penale nei libro III, titolo XII: *Della riabilitazione dei condannati* che hanno scontata la pena.

Art. 136. Estinguendosi il reato e le pene cogli indulti, o con ispeciale grazia sovrana, avrà pur luogo la disposizione dell' articolo precedente: senza pregiudizio di ciò ch' è statuito nel citato titolo del Codice di Procedura Penale per *la riabilitazione dei condannati* che sono stati compresi negli indulti o che hanno attenuto la grazia.

Gli indulti ed il Decreto di grazia lasciano intatta l' azione civile per la riparazione del danno derivato dal reato e per la riscossione delle spese del processo; e non comprendono le pene pecuniarie o le confische spettanti all' Erario dello Stato, salvochè nella parte che non sia stata ancora soddisfatta.

---

*) Aus: Codice penale del 20 novembre 1859 rettificato giusta il decreto del 26 nov. 1865 e con l' aggiunta delle modificazioni arrecatevi per le provincie napolitane e siciliane con le leggi 17. feb. e 30 giugno 1861. Terza edizione. Napoli. Stamperia Governativa 1870.

(Derogiert durch das Strafgesetz vom 30. Juni 1889.)

Procedura penale.*)

(Strafprozeſsordnung vom 26. November 1865).

Libro III.

Titolo XIII.

Della riabilitazione dei condannati.

Art. 834. Ogni condannato ad una pena criminale importante l' interdizione di cui negli articoli 19, 25, 39[1]) del codice penale, che avrà scontata la sua pena, o che avrà ottenuto decreto reale di amnistia, di indulto, di commutazione o di condono per grazia, potrà essere riabilitato.

Potrà pure essere riabilitato il condannato alla sola intedizione dai pubblici uffizi.

835. La domanda di riabilitazione non potrà essere fatta dai condannati ai lavori forzati a tempo alla reclusione od alla relegazione, se non cinque anni dopo che avranno scontata la loro pena; e dai condannati alla sola interdizione dai pubblici uffizi, se non dopo cinque anni a contare dal giorno in cui la condanna sarà divenuta irrevocabile.

---

*) Aus: Codice di procedura penale del Regno d' Italia. Milano. Stamperia Reale in esercizio di A. Molina e Soci. 1865.

[1]) **Art. 19.** La pena dell' interdizione dai pubblici offizi consiste:

Nella esclusione perpetua dal diritto di elettorato e da quello di eligibilità in qualsiasi Comizio elettorale, e in generale da ogni altro diritto politico;

Nella esclusione perpetua da ogni funzione, impiego od offizio pubblico.

Nella decadenza dal benefizio ecclesciastico di cui il condannato forse provisto;

Nella perdita di tutte le decorazioni nazionali od estere, di tutti i distintivi d' onore civili e militari, di tutti i titoli pubblici, di tutti i gradi e di tutte le dignità accademiche;

Nella perdita di essere tutore o curatore o di concorrere negli atti relativi alla tutela, tranne pei propri figli nei casi dalla legge contemplati.

Art. 25. I condannati alle pene infamanti, oltre alle incapacità partate dall' art. 19, non potranno essere assunti come periti, nè fare testimonianza in giudizio, fuorche per somministrare semplici indicazioni: e saranno esclusi dalla facoltà del porto d' armi.

Art. 39. L' interdizione dall' esercizio di una carica od impiego determinato, di una determinata professione, negoziazione od arte rende il condannato incapace di esercitarla per l' avvenire; contravvenendo, sarà punito colla pena del carcere estensibile a due anni: e in caso di recidiva, questa pena potrà essere duplicata.

Nel caso di commutazione, la domanda di riabilitazione non potrà essere fatta se non cinque anni dopo scontata la nuova pena; e nel caso di condono, cinque anni dopo l'annotazione del decreto di grazia, o la declaratoria d' ammissione al godimento dell' amnistia o dell' indulto.

836. La riabilitazione farà cessare per l' avvenire nella persona del condannato tutte le incapacità risultanti dalla condanna, ad eccezione della interdizione dell' essercizio dei diritti politici di cui nel primo alinea dell' articolo 19 del codice penale; salva la disposizione dell' articolo 847 di questo codice di procedura.

837. Nessun condannato sarà ammesso a domandare la sua riabilitazione se non avrà per lo spazio di cinque anni dimorato nel Regno, e tennto, per il due ultimi anni almeno, il suo domicilio in uno stesso comune.

Il condannato dovrà unire alla sua domanda gli attestati di buono condotta delle amministrazioni dei comuni, nel cui territorio egli ebbe la sua residenza durante il tempo che ha preceduto la sua domanda.

Nel caso di cangiamento di residenza, gli attestati di buona condotta non potranno essere rilasciati che nell' istante in cui egli abbandonasse un comune per trasferirsi in un altro.

Questi attestati dovranno essere confermali dai pretori de' luoghi in cui avrà risieduto, e vidimati dal rispettivo procuratore del Re.

838. La domanda di riabilitazione, gli attestati sovra menzionati, e la copia della sentenza di condanna, saranno rimessi alla cancelleria della corte nel cui distretto resiederà il condannato. Il cancelliere presenterà, senza ritardo, la domanda coi documenti uniti al presidente della sezione d' accusa, il quale nominerà un relatore, ed ordinerà che sia comunicata el procuratore generale.

839. La notizia della domanda di riabilitazione, presentata alla corte, sarà inserita a diligenza del ricorrente nel foglio uffiziale del luogo in cui siede la corte indicata nell' art. 838, ed in quello dove siede la corte che ha pronunciata la condanna, e in difetto, nel giornale ufficiale del Regno.

840. Trascorsi tre mesi dall inserzione nel giornale, il procuratore generale darà per iscritto le sue conclusioni motivate; e la causa sarà quindi riferita alla corte (sezione d' accusa).

841. La sezione d' accusa, sulle conclusioni del procuratore generale, darà il suo parere motivato.

Essa potrà ordinare, ed il ministero pubblico richiedere nuove informazioni in qualunque stato di causa.

Il ricorrente non potrà essere presente alla relazione della causa, alle conclusioni del pubblico ministero, nè alla deliberazione.

842. Se la sezione d'accusa è d'avviso che la domanda non può essere ammessa il condannato potrà ricorrere nuovamente dopo altri cinque anni docorribili dal giorno della deliberazione.

Se però la domanda è stata rigettata per irregolarità di qualche documento, le giustificazioni richieste possono presentarsi immediatamente.

843. Nel caso che la sezione d' accusa sia d' avviso che la domanda può essere ammessa, il di lei parere, coi documenti richiesti dall' art. 837, sarà nel più breve termine dal procuratore generale trasmesso al ministro di grazia e giustizia, il quale ne farà relazione al Re.

844. Se il Re accorda la riabilitazione, il decreto reale sarà indirizzato alla corte la cui sezione d' accusa avrà dato il suo parere; ed una copia autentica ne sarà trasmessa alla corte che ha pronunziata la condanna, perchè ne segua la trascrizione in margine dell' originale della sentenza.

Questi corti faranno inoltre dara lettura del decreto in pubblica udienza, e ne ordinerano il deposito nella cancelleria.

845. Il condannato recidivo non può domandare di essere riabilitato, se non trascorso il doppio termine sovra stabilito.

Nel caso di nuova condanna di un riabilitato, la domanda non sarà più ammessa.

846. La riabilitazione produce il suo effetto dal giorno in cui la corte, che pronunziò la sentenza, avrà dato lettura del decreto in pubblica udienza, a' termini dell' capoverso dello art. 844.

La riabilitazione ha luogo senza progiudizio di quanto è stabilito dall' alinea dell' art. 136*) del codice penale.

---

*) Über diesen Artikel vgl. Crivellari (siehe Litteratur) pag. 650.

847. Il condannato ad una pena che non sia criminale e che, per diposizione di legge speziale, porti l' esclusione di lui dall' esercizio dei diritti di elettorato e di eleggibilità nei comizi per l' elezioni amministrative o politiche, o porti un' altra incapacità qualunque, potrà essere riabilitato dopo trascorso il termine prescritto dall' art. 835.

Saranno parimente in tali casi applicabili le altre disposizioni del presente titolo. La domanda di riabilitazione sarà sempre presentata alla corte d' appello (sezione d' accusa), anche se la condanna sia stata pronunziata da un tribunale correzionale o pretore.

Die vorzitierten Artikel 834, 835, 836 und 847 der Procedurapenale erscheinen gegenwärtig durch den Art. 31 der »Disposizioni per l' attuazione del codice penale (autorizzate con l' art. 2 della legge 22. novembre 1888 n. 5801 derogiert wie folgt:

»Art. 31*): Sono abrogati gli articoli . . . . . 834, 835, 836 e 847 del codice di procedura penale.«

Strafgesetzentwürfe.

Entwurf der «Seconda commissione ministeriale» (1870)**).

Art. 95, § 1. Possono essere riabilitati i condannati alla decadenza dai pubblici ufficii, e coloro che, per effetto di condanna, sono incorsi nella decadenza dai diritti politici e civili, o in quella dai pubblici ufficii.

§ 2. La riabilitazione fa cessare, dal giorno in cui è dichiarata, le incapacità prodotte dalla decadenza.

Art. 96. La riabilitazione dalla decadenza dai pubblici ufficii puo essere domandata:

a) quando siano trascorsi cinque anni dal giorno in cui la pena restrittiva della libertà personale o la pena pecuniaria alla quale andava congiunta è stata scontata, oppure è stata estinta per atto d' indulto o di grazia;

b) ed inoltre, se il condannato abbia dato prove di emendamento.

---

*) Aus: Manuali Hoepli. L. Franchi: Codici e leggi usuali d' Italia. Vol. I. Codici. Milano 1901. pag. 934.

**) Aus: Crivellari: Codice penale, vol. IV. pag. 635. Über die diesem Entwurfe vorangehenden Entwürfe siehe Crivellari ibidem.

Art. 97. Il condannato alla pena di morte o della reclusione a vita può domandare la riabilitazione dalla incorsa decadenza dai dilitti politici e civili:

a) quando siano trascorsi cinque anni dal giorno in cui le dette pene fossero state condonate per atto d' indulto o di grazia, o dal giorno in cui è stata scontata od è rimasta estinta per atto d' indulto o di grazia la pena che vi fosse stata surrogata per atto di commutazione, purchè, si nell' uno che nell' altro caso, siano trascorsi dieci anni dalla data della sentenza divenuta irrevocabile;

b) ed inoltre se il condannato abbia dato prove di emendamento.

Art. 98. Non si fa luogo a riabilitazione quando la pena è rimasta estinta per prescrizione.

Art. 99. La riabilitazione è dichiarata con Decreto Reale sul conforme parere dell' Autorità giudiziaria, ed osservate le forme stabilite dal Codice di procedura penale.

Entwurf De Falco (1873.)*).

Art. 101. L' interdizione dai pubblici uffizi cessa per effetto della riabilitazione.

La riabilitazione può essere domandata dal condannato che abbia dato prova di emendamento, scorsi dieci anni dal giorno in cui la pena a cui era congiunta è estinta, se l' interdizione è perpetua; scorsi cinque anni, se l' interdizione è temporanea e congiunta a pena criminale; scorsi tre armi, se l' interdizione è congiunta a pena correzionale.

La riabilitazione è concessa per Decreto Reale con le forme stabilite dal Codice di procedura penale.

Entwurf Vigliani (1874)**).

Art. 114. § 1. La interdizione dai pubblici uffizi cessa per effetto della riabilitazione, salvo la privazione dei diritti politici incorsa per condanna criminale.

---

*) Aus: Crivellari, vol. IV. pag. 636.

**) Aus: Progetto del codice penale del Regno d' Italia presentato al Senato del Regno nella tornata del 24 febbraio 1874 dal ministro di grazia e giustizia (Vigliani). Roma. Stamperia Reale. 1874.

§ 2. La riabilitazione può essere domandata dal condannato che abbia dato prove di emendamento, scorsi cinque anni dal giorno nel quale la pena a cui l' interdizione era congiunta, rimase estinta per espiazione, amnistia, indulto o grazia.

§ 3. I condannati alla sola interdizione non possono essere riabilitati, se non dopo cinque anni dal giorno in cui la condanna è divenuta irrevocabile.

§ 4. Il termine prescritto per la domanda della riabilitazione è doppio pei condannati recidivi.

§ 5. La riabilitazione è concessa per Decreto Reale nelle forme stabilite dal Codice di procedura penale, e produce il suo effeto dal giorno in cui il Decreto Reale è pubblicato dall' Autorità giudiziaria competente.

Entwurf der Ministerialkommission (1876)*)[1].

Art. 114 § 1. La interdizione dai pubblici uffici cessa per effetto della riabilitazione, salvo le dispozioni di leggi speciali.

§ 2, 3, 4, 5 identisch mit den korrespondierenden Paragraphen des Entwurfes Vigliani. (D. H.)

---

*) Aus: Progetto del Codice penale del Regno d' Italia. Lavori della commissione instituita con decreto del 18. maggio 1876 dal ministro guardasigilli (Mancini). Parte prima. Processi verbali ed emendamenti relativi al libro primo del progetto. (Maggio-giugno 1876.) Testo del progetto ed emendamenti della commissione pag 157.

Dazu «Verbali della Commissione» ibidem pag. 130.

---

[1]) «La corte d' Apello» von Venedig machte zu § 1 folgenden Abänderungsvorschlag: «La interdizione dai pubblici uffizi cessa per effetto della riabilitazione, salvo le disposizioni di questo Cordice e di altre leggi speciali.»

«Il consiglio dell' Ordine degli Avvocati» von Messina schlug folgende Fassung des § 2 vor:

«§ 2. La riabilitazione può essere domandata dal condannato che abbia dato prove di emendamento, scorsi cinque anni dal giorno col quale la pena a cui l' interdizione era congiunta, rimase espiata, o la esecuzione della condanna estinta per amnistia, indulto o grazia.»

(Siehe hierüber: »Sunto delle osservazioni e dei pareri della magistratura, delle facoltà di giurisprudenza, dei consigli dell' ordine degli avvocati, delle academie mediche, dei cultori di medicina legale e psichiatria sugli emendamenti al libro primo del progetto proposti dalla commissione instituita con decreto 18. maggio 1876, e presieduta dal ministro guardasigilli (Mancini). Allegato alla Relazione Ministeriale (Mancini) sul libro Primo del Progetto. Roma. Stamperia Reale. 1877. pag. 332 u. 333.«)

Entwurf Mancini (1876).*)

Art. 117 § 1. La interdizione dai pubblici uffici cessa per effetto della riabilitazione, salve le disposizioni di leggi speciali.

§ 2. La riabilitazione può essere domandata dal condannato che abbia dato prove di emendamento, scorsi cinque anni dal giorno nel quale la pena, a cui l' interdizione era congiunta, rimase estinta per espiazione, indulto o grazia.

§ 3. I condannati alla sola interdizione non possono essere riabilitati, se non dopo cinque anni dal giorno in cui la condanna è divenuta irrevocabile.

§ 4. Il termine prescritto per poter domandare la riabilitazione è doppio pei condannati recidivi.

§ 5. La riabilitazione è concessa per Decreto Reale sul parere conforme dell' autorità giudiziaria nei modi stabiliti dal Codice di procedura penale, e produce il suo effetto dal giorno in cui il Decreto Reale è pubblicato dall' Autorità giudiziaria competente.

Kammerkommissionsentwurf zum Entwurf Mancini (1877).**)

Art. 97. Identisch mit Art. 117 des Entwurfes Mancini.

Plenarentwurf der Kammer zum Entwurf Mancini (1877).***)

Art. 99. Identisch mit Art. 97 des obigen Kommissionsentwurfes und mit Art. 117 des Entwurfes Mancini.

---

*) Aus: Progetto del Codice penale del Regno d' Italia presentato alla Camera dei Deputati nella tornata del 25 novembre 1876 dal ministro di grazia e giustizia e dei culti (Mancini) con la relazione ministeriale. Libro primo. Roma. Stamperia Reale. 1877, pag. 292.

»Relazione« hierzu ibidem pag. 258.

**) Aus: Atti parlamentari. Camera dei Deputati. Sessione del 1876-77. — Documenti — Progetti di legge e relazioni. Tornata del 16. febbraio 1877, pag. 39.

Vergleiche hierzu: ibidem »Relazione della commissione composta dei deputati . . . . sul progetto di legge presentato del Ministro di grazia e giustizia e culti nella tornata del 25. novembre 1876. Tornata del 16. febbraio 1877. No. 17 — A. pag. 14 (Relazione Pessina).

***) Aus: Camera dei Deputati. Discussioni sul primo libro del Codice penale. Tornate delli 28. novembre, 2, 6 e 7 dicembre 1877. Roma. Tipografia Eredi Botta. 1877. pag. 88 und 115.

Entwurf Zanardelli (1883).*)

Art. 91. »La interdizione *perpetua* dai pubblici uffici cessa per effetto della riabilitazione, salvo le disposizioni di leggi speciali.«

Die nachfolgenden Bestimmungen sind identisch mit den entsprechenden des Art. 117 des Entwurfes Mancini.

Entwurf Savelli (1883).**)

Art. 91. Identisch mit Art. 91 des Entwurfes Zanardelli (1883).

Gegenentwurf Pessina zum Entwurfe Savelli (1883).

Art. 92.***) Identisch mit Art. 91 des Entwurfes Savelli.

Kommissionsentwurf zum Entwurfe Savelli (1885).****)

Art. 92. La interdizione perpetua dai pubblici uffici cessa per effetto della riabilitazione, salvo le disposizioni di leggi speciali.

La riabilitazione può essere domandata dal condannato che ha dato prove di emendamento, scorsi cinque anni dal giorno nel quale la pena, a cui l' interdizione era congiunta, rimase estinta per espiazione, indulto o grazia.

---

*) Aus: Allegati al progetto del Codice penale del Regno d' Italia presentato alla Camera dei deputati dal Ministro di grazia e giustiza e dei culti. (Savelli) nella tornata del 26. novembre 1883. Allegato 1. — Relazione e Progetto lasciato in corso di studio dal Ministro Zanardelli, con le modificazioni proposte del Ministro Savelli, riportate di fronte al testo. Roma. Stamperia Reale. D. Ripamonti. 1883, pag. 222.

**) Aus: Progetto del Codice penale del Regno d' Italia presentato alla Camera dei Deputati nella tornata del 26. novembre 1883 dal ministro di grazia e giustizia e dei culti (Savelli) con la Relazione Ministeriale. Roma. Stamperia Reale. R. Ripamonti. 1883, pag. 73.

***) Progetto di Codice Penale pel Regno d' Italia. Modificazioni proposte alla commissione eletta dalla Camera dei Deputati nelle tornate del 14. decembre 1883 e 29 gennaio 1885 dal ministro di grazia e giustizia e dei culti (Pessina) Roma. Regia Tipografia. D. Ripamonti 1885, pag. 28.

****) Aus: Atti parlamentari, Camera dei Deputati. Legislatura XV. — 1a sessione 1882-83, -84, -85. — Documenti. — Disegni di legge e relazione. Relazione della commissione composta dai deputati . . . . sul disegno di legge presentato il 26. novembre 1883 dal ministro di grazia e giustizia e dei culti (Savelli). Seduta dell' 8 giugno 1885, pag. 30. (Relazione Tajani).

I condannati alla sola interdizione perpetua non possono essere riabilitati se non dopo cinque anni dal giorno in cui la condanna è divenuta irrevocabile.

Il termine prescritto per poter domandare la riabilitazione è doppio pei condannati recidivi.

La riabilitazione è concessa nei modi stabiliti del Codice di procedura penale, e produce il suo effetto dal giorno in cui il Decreto Reale è pubblicato dall' Autorità gindiziaria competente.

Entwurf Tajani (1886).*)

Art. 107. Identisch mit Art. 92 des Kommissionsentwurfes zum Entwurfe Savelli (1885).

Entwurf Zanardelli (1887).**)

Art. 96 wie Art. 96 des folgenden Entwurfes der Revisionssubkommission nur ohne den gesperrt gedruckten Zusatz im zweiten Absatz.

Entwurf der Revisionssubkommission (1889)***).

Art. 96. La interdizione perpetua dai pubblici ufficii cessa per effetto della riabilitazione, salvo che la legge non disponga altrimenti.

Se la interdizione era congiunta ad altra pena, la riabilitazione non può essere domandata se non dal condannato il quale abbia dato prove di emendamento, e scorsi cinque anni dal giorno nel quale la pena è stata scontata o la condanna è rimasta estinta per indulto o per grazia, ovvero scorsi dieci anni dal giorno in cui la condanna à rimasta prescritta.

Se la interdizione non era congiunta ad altra pena, la riabilitazione non può essere domandata che dopo cinque anni dal giorno in cui la condanna è divenuta irrevocabile.

---

*) Aus: Atti parlamentari. — Camera dei Deputati. — Legislatura XVI. — 1a sessione 1886. — Documenti. — Disegni di legge e relazioni. No. 74. Progetto del Codice penale del Regno d' Italia (Libro primo). Presentato dal ministro di grazia e giustizia e dei culti (Tajani). Seduta del 23. novembre 1886. pag. 41.

**) Aus: Crivellari IV a. a. O. pag. 638.

***) Aus: Progetto del Codice penale, allegato alla legge 22. novembre 1888 con le modificazioni proposte dalla sottocommissione e dalla commissione di Revisione e col testo definitivo. Roma. Stamperia Reale 1889. pag. 71.

Il termine stabilito per domandare la riabilitazione è doppio rispetto ai condannati ricedivi.

La riabilitazione è concessa nei modi stabiliti dalla lagge, e produce il suo effetto secondo le norme in essa determinate.

Entwurf der Revisionskommission (1889).*)

Art. 96. La interdizione perpetua dai pubblici ufficii cessa per effetto della riabilitazione, salvo che la legge disponga altrimenti.

Se la interdizione era congiunta ad altra pena, la riabilitazione non può essere domandata se non dal condannato il quale abbia *tenuto tale condotta da far presumere il suo* emendamento, e scorsi cinque anni dal giorno nel quale la pena è stata scontata o la condanna è rimasta estinta per indulto o per grazia, ovvero scorsi dieci anni dal giorno in cui la condanna è rimasta prescritta.

Se la interdizione non era congiunta ad altra pena, la riabilitazione non può essere domandata che dopo cinque anni dal giorno in cui la condanna e divenuta irrevocabile.

Il termine stabilito par domandare la riabilitazione è doppio rispetto ai condannati recidivi.

La riabilitazione è concessa nei modi stabiliti dalla legge, e produce il suo effetto secondo le norme in essa determinate.

Geltende Bestimmung des Strafgesetzes vom 30. Juni 1889.**)

Art. 100. L' interdizione perpetua dai pubblici ufficii o ogni altra incapacità perpetua derivante da una condanna cessano per effetto della riabilitazione, salvo che la legge non disponga altrimenti.

Se l' interdizione o l' incapacità era congiunta ad altra pena, la riabilitazione non può essere domandata se non dal condannato il quale abbia *tenuto tale condotta da far presumere il suo* ravvedimento, e scorsi cinque anni dal giorno nel quale la pena è stata scontata o la condanna sia rimasta estinta per indulto o per grazia, ovvero scorsi dieci anni dal giorno in cui la condanna *sia* rimasta prescritta.

Se l' interdizione o l' incapacità non era congiunta ad

*) Aus: wie ***) auf Seite 294 pag. 71.
**) Aus: Manuali Hoepli. Vol. I. a. a. O. pag. 871.

altra pena, la riabilitazione non può essere domandata che dopo cinque anni dal giorno in cui la sentenza di condanna sia divenuta irrevocabile.

Il termine stabilito per domandare la riabilitazione è doppio per i condannati recidivi.

La riabilitazione si concede nei modi stabiliti dalla legge, e produce il suo effetto secondo le norme in essa determinate.

Leitsätze des Senators Canonico*[1]).

1°. La riabilitazione, essendo un atto non di grazia, ma di giustizia è al potere giudiziario che spetta il pronunziarla o ricusarla.

2°. La domanda di riabilitazione non deve essere pubblicata.

3°. La riabilitazione fa cessare per l' avvenire le incapacità derivanti da precedenti condanne.

4°. Il recidivo non può chiedere la riabilitazione se non dopo un periodo di residenza nel regno doppio di quello che verrà stabilito pei casi ordinarii.

5°. Il riabilitato che subisca una nuova condanna di qualche gravità non deve più ammettersi a chiedere una nuova riabilitazione.

6°. La domanda di riabilitazione deve farsi alla Corte d' appello del distretto ove il richiedente risiede.

Contro la decisione della Corte è ammesso ricorso in cassazione non sull' apprezzamento della condotta dell' instante, ma sul concorso o meno dei requisiti giuridici per la riabilitazione.

Gesetzentwurf Lucchini (1903)**).

§ 2. — Riabilitazione.

Art. 9. La riabilitazione fa cessare, oltre l' interdizione dai

---

*) Aus: Lavori preparatorii del Codice di procedura penale per il Regno d' Italia. Atti della commissione istituita con decreto 3 ottobre 1898 dal ministro di grazia e giustizia e dei culti (Finochiaro-Aprile) con l' incarico di studiare e proporre le modificazioni da introdurre nel vigente Codice di procedura penale. Volume terzo. Relazioni dei commissari. Roma. Tipografia della Camera dei Deputati 1900. Riabilitazione dei condannati. Relatore: Canonico. pag. 277—280.

1) Materialien hierzu ibidem und «Volume primo» derselben Publikation: Verbali delle sedute. Verbale N. VIII. Seduta del 9 Gennaio 1899. pag 73—83.

**) Aus: Atti parlamentari. Camera dei Deputati Legisl. XXI —

pubblici ufficî e altre incapacità giuridiche, anche ogni altro effetto derivante dalla condanna penale, salvo l' azione e la condanna civile per le restituzioni, il risarcimento dei danni e le spese del procedimento.

Alle disposizioni che ne regolano la concessione contenute negli articoli dall 834 all' 847 del Codice di procedura penale sono sostituite quelle contenute negli articoli seguenti.

Art. 10. L' istanza di riabilitazione è diretta al presidente del tribunale del circondario di nascita, ovvero, se non sia conosciuto il luogo di nascita o se il richiedente sia nato all' estero, al presidente del tribunale di Roma.

Alla domanda sono uniti i documenti comprovanti che l' istante:

1°. abbia scontata la pena cui fu condannato, od ottenutone altrimenti il condono, e adempiuto tutti gli obbligbi dipendenti dalla condanna, giustificandone altrimenti l' inadempienza;

2°. non abbia subíto nuove condanne per delitto successivamente a quella di cui si tratta;

3°. abbia tenuto nel frattempo tale condotta da far presumere il suo ravvedimento.

Art. 11. Il presidente del tribunale, al quale è stata trasmessa una domanda di riabilitazione, ne dà comunicazione al procuratore del Re, che provvede a corredarla di tutte le informazioni valevoli a stabilire la condotta e la moralità del richiedente, a quindi la restituisce con le proprie requisitorie al presidente.

Il presidente vi unisce il proprio voto motivato, e trasmette gli atti alla Corte d' appello.

Art. 12. La decisione definitiva sulle domande di riabilitazione spetta alla Corte d' appello in sede penale e in camera di consiglio, udito il Procuratore generale.

L' istante può presentare documenti e memorie.

Dalla decisione della Corte d' appello è dato soltanto il recorso per cassazione.

Ove la domanda sia respinta, essa non può rinnovarsi se non dopo trascorso, dalla data della deliberazione passata in

---

2° sess. 1902—1903 — Documenti — Disegni di legge e relazioni. No. 367. Proposta di legge d' iniziativa del deputato Lucchini Luigi svolta e presa in considerazione nella seduta del 21. maggio 1903. Provedimenti per la prevenzione della recidiva e per la riparazione degli errori giudiziari. pag. 18. Motivenberichte hierzu ibidem pag. 7 ff.

giudicato, un nuovo termine equivalente a quello richiesto per la prima domanda.

Art. 13. Chiunque sia stato condannato, non recidivo, alla pena della multa o a pena restrittiva della libertà personale, sola o accompagnata da altra pena, che non superi cinque anni di reclusione o dieci di detenzione, dopo trascorsi quindici anni dal giorno in cui la pena fu scontata o la condanna estinta, senza che nel frattempo abbia commesso alcun reato per cui gli sia statta inflitta la pena della reclusione, è riabilitato di pien diritto.

Se la pena non superi cinquemila lire di multa, ovvero trenta mesi reclusione o tre anni di detenzione, il diritto si acquista col decorso di soli otto anni.

Trattandosi di decisioni di proscioglimento dalle quali la legge faccia dipendere il conferimento, la sospensione o la perdita di diritti, uffici o impieghi, gradi, titoli, dignità, qualità o insigne onorifiche, ovvero l' applicazione di determinati provvedimenti dell Antorità giudiziaria, ne cessa ogni effetto, salvo quelli eccettuati pure nell' articolo 9, con la prescrizione dell' azione penale per il reato corrispondente[1]).

2. Literatur.

Brasseur Albert: De la réhabilitation en droit Romain et en droit français. Paris 1887. pag. 204.

Cagliolo Pietro: Completo tratatto teorico e pratico di diritto penale secondo il Codice unico del Regno d'Italia. Volume primo. Parte terza. Milano 1889. pag. 1182—1193.

Chonez Maurice: De la réhabilitation des condamnés. Paris 1898. pag. 43, 63, 95, 99, 102, 122, 184.

Conti Ugo: Contro il delitto (in Rivista di discipline carcerarie. Anno XXVIII, 1903, pag. 353 ff.).

Crivellari Giulio: Il Codice penale per il Regno d'Italia. Interpretato sulla scorta della dottrina, delle fonti, della legislazione comparata e della giurisprudenza. Volume Quarto (Art. 61—103). Torino 1892. pag. 631 ff.

Ademollo: Il giudice criminale in Toscana.

Alianelli: Sulla riabilitazione dei condannati.

---

[1]) Siehe auch Rivista Penale. Vol. LVIII. 1903. pag. 92. Rassegna parlamentare. Per la prevenzione della recidiva e per la riparazione degli errori giudiziari. Discorso del deputato Luigi Lucchini alla Camera nella tornata del 21 maggio 1903, und die Rivista di discipline carcerarie. Anno XXVIII. Roma 1903. pag. 335.

Crivellari: Concetti fondamentali di Diritto penale.

Giacchetti: Dei reati e delle pene in generale secondo il Codice penale italiano.

Giuliani: Della riabilitazione nelle materie correzionali e del cancellamento dell'iscrizione dal casellario giudiziale (nella: Rivista penale, VII, 480).

Impallomeni: Il Codice penale italiano illustrato.

Rapisardi: Osservazioni al Progetto Vigliani.

Roberti: Corso completo di diritto penale.

Serafini: Codice penale per il Regno d'Italia illustrato.

Suman: Il Codice penale italiano brevemente illustrato, ecc.

Tolomei: Diritto e procedura penale spiegati ai miei scuolari.

Frézouls Gaston: De la réhabilitation. Toulouse 1902. pag. 126.

Guitteau Alexis: De la. réhabilitation des condamnés. Poitiers 1901. pag. 117.

Lasserre Henry: De la réhabilitation des condamnés. Paris 1889. pag. 220.

Lucchini-Sestini: Il codice penale Italiano e codice di procedura penale diligentemente collazionato sui testi uffiziali e colle modificazioni del regio decreto 1° dicembre 1889. Illustrati nelle parti generali e articolo per articolo con richiami alle dottrine dei piu chiari scrittori — le decisioni delle Supreme Corti. Note Bibliografiche. A cura della redazione della Rivista Penale diretta da **Luigi Lucchini,** professore onorario dell'Università di Bologna — Consigliere alla Corte di Cassazione — Deputato al Parlamento. E principalmente con la cooperazione dell'avo. **Pietro Sestini,** Segretario della Redazione. Torino. Unione tipografico-editrice Via Carlo Alberto 33, pag. 128.

Besia Dr. G.: Sulla riabilitazione dei condannati im Manuale del funzionario di P. S. XXVIII, 90, No. 3.

Ferri Enrico: La riabilitazione nel diritto penale romano. Nel volume Per il XXV° anno d'insegnamento di Serafini pag. 45. Firenze. Barbèra, 92.

Micela: Se per la riabilitazione del condannato possano imporsi condizioni non richieste nella legge — Giustizia penale, I, 1895, 817.

Magescas F.: De la réhabilitation des condamnés. Bordeaux 1899. pag. 208.

Majno Luigi: Commento al Codice penale Italiano. Verona 1890. pag. 317—326.

Atti del Congresso internazionale di beneficenza in Milano 1880 pag. 131 (Oss. dell'avvocato Rondetti).

Della riabilitazione nelle materie correzionali e del cancellamento dell'iscriz. dal casellario giudiziale[1]) (Riv. pen.VII. pag. 480 e seg.).

---

[1]) Über das casellario giudiziale vgl. auch: Atti parlamentari. — Camera dei Deputati. — Legisl. XXI. — Sess. 1900—1901. — Documenti. — Dissegni di legge e relazioni. N. 270. — Proposta di legge d'iniziativa del deputato Luigi Lucchini svolta e presa in considerazione il 17 maggio 1901. — Riforma del Casellario giudiziale.

Markuse Oswald: Die Ehrenstrafe. Eine rechtsvergleichende Darstellung nebst Kritik unter Berücksichtigung des geltenden deutschen Reichsrechts. Breslau 1899. pag. 44.

Mecacci Ferdinando: Trattato di diritto penale. Volume secondo. Torino 1902. pag. 621 ff.

Pessina Enrico: Manuale nel diritto penale italiano. Parte prima. Napoli 1893. pag. 150.

Saluto Francesco: Commenti al codice di procedura penale per il regno d'Italia. Terza edizione, ampliata dallo stesso autore con illustrazioni alle leggi sopravenute e colla piu recente giurisprudenza delle Corti. Volume VIII. Torino. Fratelli Bocca 1884. pag. 107 ff.

Sarraute Pierre: Traité théorique et pratique de la réhabilitation des condamnés en matière criminelle, correctionelle et disciplinaire. Paris 1884. pag. 23, 31, 38, 52, 53, 54, 59.

Schiller Walter: Die Rehabilitation Verurteilter im schweizerischen Recht. Zürich, 1905. pag. 100—102.

Entscheidungen bei:

Camous Emilio e Giovanni Luschi: Il nuovo codice penale Italiano illustrato colla bibliografia e colla giurisprudenza formatasi dal gennaio 1890 al luglio 1895 coordinate articolo per articolo coll'aggiunta delle leggi eccezionali sui provvedimenti di pubblica sicurezza e del regio decreto d'amnistia 14 marzo 1895 colla relativa bibliografia e giurisprudenza nonche dell'indice alfabetico-analitico. Firenze. Tipografia cooperativa editrice. 1895. pag. 208.

Crivellari a. o. a. O., vol. IV, pag. 649, 650.

Lucchini-Sestini a. a. O. pag. 128.

Majno a. o. O. pag. 320 bis 325.

B. Militärstrafrecht.

Gesetzgebung.

Militärsträfgesetzentwürfe.[1]

Entwurf Pelloux (1891). *)

Art. 68. L'indulto o la grazia, che condona o commuta la pena, fa cessare le incapacità stabilite del Codice penale comune, purchè non siano congiunte per legge alla pena sostituita; ma

---

[1]) Der Codice penale per l'esercito vom 28. November 1869 enthält keine Bestimmung über Rehabilitation. (Siehe Manuali Hoepli a. a. O. Vol. I. pag. 1081.)

*) Aus: Senato del Regno. Progetto di legge presentato dal ministro della guerra (Pelloux) nella tornata del 22 dicembre 1891. Codice penale per il Regio esercito italiano. Roma Forzani, E. C. Tipografia del Senato, 1871.

Vgl. ibidem speziell über Rehabilitation, Motivenbericht pag. 20

non fa cessare gli effetti della degradazione, della destituzione e della rimozione, salvo il caso di espressa disposizione del decreto d'indulto o di grazia.

Entwurf Pelloux (1892). *)

Art. 68. Identisch mit Art. 68 des Entwurfes 1891.

Senatskommissionsentwurf. (1893). **)

Art. 67. Identisch mit Art. 68 des Entwurfes Pelloux vom Jahre 1891 und 1892.

Dazu noch neu:

Art. 83. Gli effetti che, a norma del Codice penale comune, derivano dalla condanna alla pena dell'ergastolo e della reclusione superiore ai cinque anni, inflitta in applicazione del presente Codice e della degradazione inflitta come pena, cessano con la riabilitazione nei casi e nei modi stabiliti del Codice penale comune.

C. Handelsrecht.

1. Gesetzgebung.

Codice di commercio ***)
vom 31. Oktober 1882.

Libro terzo.
Del fallimento.
Titolo V.
Della ripartizione tra i creditori e della chiusura del fallimento.

— — — — — — — — — — — — — — — — — —

Art. 816. Il fallito, qualora provi di aver pagato intieramente in capitale, interessi e spese tutti i crediti ammessi al fallimento,

*) Aus: Senato del Regno. Progetto di legge presentato dal ministro della guerra (Pelloux) di concerto col ministro della marine (Racchia) e col ministro di grazia e giustizia e dei culti (Bonacci) nella tornata del 22 dicembre 1892. Codice penale militare. (Atti parlamentari. Senato del Regno. Legislatura XVIII — 1ª sessione 1892—93. Documenti-Progetti di legge e Relazioni No. 25).

**) Aus: Senato del Regno. Codice penale Militare. Roma. 1893. — Relazione della commissione speciale composta dei Senatori . . . . sull progetto di legge presentato dal ministro della guerra di concerto col ministro della marina e col ministro di grazia e giustizia e dei culti nella tornata del 22 dicembre 1892 per l'approvazione del Codice penale militare. Vgl. »Relazione« pag. 56.

***) Aus: Manuali Hoepli. Codici e leggi del Regno d'Italia. Vol. I. Codici. Seconda edizione riveduta. Ulrico Hoepli, editore-librario della Real Casa, Milano 1901.

può ottenere dal tribunale mediante sentenza (911, 912) [1] la cancellazione del suo nome dall'albo dei falliti (627) [2].

Questa disposizione non si applica ai colpevoli di bancarotta fraudolenta ed ai condannati per falso, furto, appropriazione indebita, truffa o frode, compresi i prevaricatori nella gestione del danaro pubblico. [3]

2. Literatur.

Lecomte Maxime: Étude comparée des principales législations Européennes en matière de faillite. Paris 1879, pag. 59.

Majno Luigi: Commento al Codice penale italiano. Verona 1890. 323 ff.

Vidari E.: Corso di diritto commerciale. Vol. VIII, pag. 219, 869.

---

[1]) **Art. 911.** Tutte le deliberazioni del tribunale in materia di fallimento sono procedute dalla relazione del giudice delegato fatta in pubblica udienza.

Tuttavia la dichiarazione del fallimento nei casi preveduti negli articoli 696, 687 e 688 ed i provvedimenti indicati negli articoli 695, 727 e 746 possono essere pronunciati in camera di consiglio senza relazione del giudice delegato, salva inoltre l'eccezione stabilita nell' art. 720.

912. Le sentenze e le ordinanze pronunciate giusta gli articoli . . . . . 816 . . . . . e le sentenze di condanna a pena criminale per reati preveduti nel titolo VIII del libro terzo sono pubblicate mediante affissione alla porta esterna del tribunale e negli altri luoghi soliti, nel comune ove siede il tribunale, in quello ove siede la corte di appello, nel comune di residenza del fallito, in tutti i luoghi nei quali egli aveva stabilimenti commerciali e nelle sale delle borse e delle camere di commercio che si trovano nei luoghi stessi.

Un estratto delle dette sentenze dev'essere inserito nel giornale degli annunzi giudiziarii dei luoghi medesimi, salvo al giudice delegato di prescrivere l'inserzione in altri giornali, ove le circonstanze del fallimento richiedano una maggiore pubblicità.

La pubblicazione e le inserzioni suddete devono farsi nel più breve termine possibile, e cioè: se sono da eseguirsi nel luogo ove siede il tribunale, al più tardi entro tre giorni dalla data della sentenza; se sono da seguirsi altrove, devono spedirsi per l'immediata esecuzione nello stesso termine.

Il giudice delegato deve aver cura speciale perchè queste disposizioni siano essatamente osservate.

[2]) **Art. 697.** Il nome e il cognome del fallito è scritto in un albo affisso nella sala del tribunale che dichiarò il fallimento, e nelle sale delle borse di commercio.

Coloro il nome dei quali è scrito nell'albo non possono entrare nei locali della borsa. Questa disposizione deve essere scritta nell'albo.

[3]) Nach **Goltdammer**: Kommentar und vollständige Materialien zur Konkursordnung vom 8. Mai 1855. Zweite Ausgabe. Berlin 1858 pag. 459, ist von einer förmlichen Rehabilitation des Falliten bereits im Genueser Statut von 1589 die Rede; sie wird nach der getreuen Erfüllung des Akkordes erteilt.

Marghieri Alberto: Manuale del diritto commerciale italiano. Napoli 1899, pag. 705.

Ch. Lyon-Caen et L. Renault: Traité de droit commercial, 2e edition. Tome huitième. Paris 1899, pag. 259.

V. Eritrea.

Zivilstrafrecht.*)

Art. 89. L'amnistia, l'indulto, la grazia e la remissione non danno diritto alla restituzione delle cose confiscate, nè alle somme pagate al governo, od ai dannegiati, per multe.

Eine spezielle Bestimmung über Rehabilitation oder ein dieser ähnliches Institut findet sich in Eritrea nicht.

---

*) Aus: Tenente Gennaro de Stefano, gia Ufficiale Istruttore del Tribunale Militare di Asmara: Il diritto penale nell' Hamasen (Eritrea) ed il »Fethà Neghest«. — Firenze. R. Bemporad & Figlio. Via del Proconsolo 7. 1897. pag. 22.

Anmerkung: Das italienische »Ordinamento Giudiziario per l'Eritrea« vom 22. Mai 1894 bestimmt die Fortdauer der Wirksamkeit des einheimischen Gewohnheitsstrafrechtes für das italienische Okkupationsgebiet in Eritrea und verordnet im Artikel 32 die Einsetzung einer Eingeborenenkommission, welcher die Aufgabe zufällt, den italienischen Gerichten das einheimische Recht zu weisen. Auf Grund von solchen Weistümern kodifizierte de Stefano in seinem vorcitierten Werke das in Eritrea für die christliche Bevölkerung geltende Strafrecht und versuchte es in ein System genau nach dem Vorbilde des italienischen Strafgesetzes vom 30. Juni 1889 zu bringen, so zwar, dafs er in jedem Artikel die dem gleichziffrigen Artikel des italienischen Gesetzes entsprechende Materie, meist mit einer vorangehenden oder nachfolgenden erläuternden Bemerkung in Gesetzesform brachte.

Finden sich keine einzelnen Artikeln des italienischen Strafgesetzes entsprechende abyssinische Rechtssätze, so wird die Artikelzahl übergangen oder die Bestimmung durch eine Anmerkung ersetzt.

Gesetzeskraft erlangte diese Kodifizierung unseres Wissens nicht. Aufserdem übersetzte de Stefano ein in Abyssinien geltendes sehr interessantes Strafgesetz »Fethà Neghest« (= das Gericht des Königes) aus der Gheezsprache. (Siehe: de Stefano a. o. a. O. pag. 6 bis 9.) D. H.

Kroatien.

Siehe: Österreichisch-Ungarische Monarchie.

Luxemburg.

Zivilstrafrecht.

1. Gesetzgebung.

Code d'instruction criminelle.*)

Livre II.

Titre VII.

Chapitre IV. — De la réhabilitation des condamnés.

Art. 619—634 stimmen vollständig mit den korrespondierenden Artikeln der belgischen Strafprozefsordnung überein.

Sie wurden derogiert durch **Art. 87** des Code pénal:**)

Les incapacités prononcées par les juges ou attachées par la loi à certaines condamnations cessent par la remise que le Roi Grand-Duc peut en faire, en vertu du droit de grâce.

2. Literatur.

Brasseur Albert: De la réhabilitation en droit Romain et en droit français. Paris 1887, pag. 202.

Lasserre Henry: De la réhabilitation des condamnés. Paris 1889, pag. 218.

Magescas J.: De la réhabilitation des condamnés. Bordeaux 1889, pag. 208.

---

*) Aus: Code pénal et Code d'instruction criminelle suivis des lois spéciales et reglements particuliers en matière répressive en vigeur dans le Grand-Duché de Luxembourg, coordonnés et mis à jour jusqu'en 1900 par P. Ruppert, Luxembourg, 1900.

S. Marino.

Zivilstrafrecht.

Gesetzgebung.

Codice penale.*)

Libro secundo.

Titolo VII.

Capitulo IV.

Della riabilitazione.

Art. 137. La riabilitazione fa cessare le incorse interdizioni ed incapacità legali, e rimette il cittadino in quella stessa condizione morale e civile, in cui trovavasi prima della condanna.

Art. 138. Il diritto di riabilitare è una prerogativa spettante esclusivamente al Consiglio Sovrano.

Art. 139. Il decreto di grazia del Consiglio Sovrano non induce la riabilitazione del condannato, salvo il caso di esplicita menzione.

Mexiko.

A. Zivilstrafrecht.

Strafgesetz.**)

Siebenter Abschnitt.

Kapitel I.

Strafaufhebungsgründe.

Art. 280. Die Strafe wird aufgehoben:

I. — — — — — — — — — — — — — — — —

II. — — — — — — — — — — — — — — — —

*) Aus: Codice penale della Republica di S. Marino. Pesaro 1865. Tip. Annesio nobili.

**) Aus: Sammlung aufserdeutscher Strafgesetzbücher in deutscher Übersetzung. Herausgegeben von der Redaktion der Zeitschrift für die gesamte

III. Durch Wiedereinsetzung.

IV. — — — — — — — — — — — — — — — — —

V. — — — — — — — — — — — — — — — — —

Kapitel II.

Tod des Angeklagten. Amnestie. Wiedereinsetzung.

Art. 283. Die Wiedereinsetzung hat zum Zwecke, den Verurteilten wieder in Besitz der bürgerlichen, politischen oder Familienrechte zu setzen, welche er verloren hatte oder deren Ausübung zeitweilig aufgehoben war.

Die Wiedereinsetzung wird in denjenigen Fällen und unter den Erfordernissen gewährt, welche das Strafprozefsgesetzbuch bestimmt.

Codigo de procedimientos penales.*)
(Strafprozefsordnung vom 15. September 1880).

Libro tercero.

Titulo III.

Capitulo III.

De la rehabilitacion.

Art. 587. La rehabilitacion en los derechos políticos se

Strafrechtswissenschaft. VIII. Das mexikanische Strafgesetzbuch vom 7. Dezember 1871, gültig für den Bundesdestrikt und das Territorium Niederkalifornien bezüglich der gemeinen Vergehen und für die ganze Republik bezüglich der Vergehen gegen den Bund. J. Guttentag. 1894.

Anmerkung: Die uns vorliegende mexikanische Ausgabe des Strafgesetzes vom 7. Dezember 1871 (Biblioteca Justicial. Código penal para el distrito de la Baja California y Méjico, y para toda la republica sobre delitos contra la federación con un prólogo del exemo. Sr. D. Antonia Maria de Prida, magistrado del Tribunal Supremo. Madrid 1890) stimmt mit der Übersetzung nicht überein. Doch nimmt der Codigo de procedimientos penales vom 6. Juli 1894, wie aus Note 1) zu Art. 628 unten ersichtlich ist, offenbar Bezug auf die Ausgabe, die der deutschen Übersetzung vorgelegen. Die zitierte mexikanische Ausgabe enthält über Rehabilitation folgende Bestimmungen.

Art. 280. Identisch mit Art. 280 der Übersetzung.

Art. 286. Tampoco podrá otorgarse la pena de inhabilitación para ejercer una profesión ó alguno de los derechos civiles ó politicos, ó para desempeñar determinado cargo ó empleo.

Art. 287. La pena á que se refiere el artículo anterior, sólo se extinguirá por la amnistía ó por la rehabilitación.

*) Aus: »Codigo de procedimientos penales. Mexico. Imprenta del Comercio, de Dublan y Compañia, Calle de Cordobanes Num. 8.«

otorgará en la forma y términos que disponga la ley orgánica del artículo 38 de la Constitucion federal.[1])

La rehabilitacion en los derechos civiles, ó de familia non procede miéntras el reo esté extinguiendo una pena que lo prive de la libertad.

Si extinguió ya esta pena ó no le fué impuesta, pasado el término que señala el artículo seguiente, puede ocurrir el condenado á la 1ª. Sala del Tribunal Superior, solicitando que se le rehabilite en los derechos de que se le privó, ó en cuyo ejercicio estuviere suspenso, y acompañará á su ocurso:

I. El testimonio de la sentencia en que fué condenado irrevocablemente;

II. Un certificado de la autoridad correspondiente, que acredite que sufrió la pena privativa de la libertad que le fué impuesta, ó la commutada ó reducida, ó que se le concedió indulto;

III. Otro certificado de la primera autoridad política del lugar donde hubiere residido desde que comenzó á sufrir la inhabilitacion ó suspension, y una informacion recibida con audiencia del Ministerio público, ó en su defecto del síndico del ayuntamiento, que demuestren que el peticionario ha observado buena conducta contínua desde que comenzó á sufrir su pena, y que ha dado pruebas de haber contraido hábitos de órden, trabajo y moralidad, y muy particularmente de que ha dominado la pasion ó inclinacion que lo indujo al delito.

Art. 588. Cuando la pena impuesta al reo haya sido de inhabilitacion ó de suspension por seis ó más años, no podrá ser rehabilitado ántes de que pasen tres años, contados desde que la comenzó á sufrir. Pero cuando el reo haya sido sus-

---

[1]) »Constitution du 12 février 1867. Titre I. Section IV. — Des citoyens mexicains. Art. 38: La loi déterminera les cas et la forme dans lesquels aura lieu la perte ou la suspension des droits de citoyens, ainsi que les conditions de la réhabilitation.« (Aus: »Les constitutions modernes. Recueil des constitutions actuellement en vigueur dans les divers états d'Europe, d'Amérique et du monde civilisé. Traduites sur les textes et accompagnées de notices historiques et de notes explicatives par F. R. Dareste, Ancien magistrat, Avocat à la Cour d'appel de Lyon avec la collaboration de P. Dareste, Avocat au Conseil d'Etat et à la Cour de Cassation. Tome second. Paris, Challamel ainé, libraire-éditeur, 5 rue Jacob, et rue Fürstenberg 2. 1883. pag. 485.

penso por ménos de seis años, podrá pedir su rehabilitacion cuando haya sufrido la mitad de su pena.

Art. 589. La 1ª. Sala del Tribunal Superior, llamando á la vista, el proceso y con audiencia del Ministerio público, dispondrá que la solicitud se publique por dos meses en el Diario oficial y recibirá á peticion del Ministerio público ó de oficio, si lo creyere necesario, más amplias informaciones para dejar bien aclarada la conducta del reo.

Art. 590. Trascurridos los dos meses de la publicacion, la Sala, oyendo de nuevo al Ministerio público y al peticionario, y teniendo presentes las nuevas diligencias, si algunas se practicaron, declarará si es ó no fundada la solicitud del reo.

En el primer caso, con informe remitirá las diligencias originales al Ministerio de Justitia para que el Ejecutivo otorgue la rehabilitacion y mande publicar la relosucion en el Diario oficial.

En el segundo caso, al denegarse la rehabilitacion, se dejará al reo expedito su derecho para que pasados dos años pueda solicitarla de nuevo, sustanciándose el expediente de la misma manera.

Art. 591. Al que una vez se haya concedido la rehabilitación, nunca se le concederá de nuevo.

Diese Bestimmungen wurden derogiert durch den:

Codigo de procedimientos penales*).

(Strafprozessordnung vom 6. Juli 1894.)

Libro quinto.

Titulo IV.

Capítulo IV.

De la rehabilitación.

Art. 623. La rehabilitación en los derechos políticos se otorgará en la forma y terminos que disponga la Ley Orgánica del art. 38 de la Contitución Federal.

*) Aus: Código de procedimientos penales para el distrito y territorios federales. Expedito por el Ejecutivo en virtud de la autorización que se le concedió por el Congreso de la Unión en 3 de junio de 1891. México. Imp. y. Lit. de F. Diaz de Leon Sucesores, Sociedad Anónima. Esq. de las calles de San Juan de Letrán y Rebeldes. 1894.

La rehabilitación en los derechos civiles ó de familia, no procede mientras el reo esté extinguiendo una pena que lo prive de la libertad.

Extinguida ya esta pena ó pasado el término que señala el artículo seguiente, puede ocurrir el condenado al Tribunal Superior respectivo, solicitando que se le rehabilite en los derechos de que se le privó, ó en cuyo ejercicio estuviere suspenso, y acompañará á su ocurso:

I. El testimonio de la sentencia en que fué condenado irrevocablemente;

II. Un certificado de la autoridad correspondiente, que acredite que sufrió la pena privativa de la libertad, que le fué impuesta, ó la conmutada ó reducida, ó que se le concedió indulto;

III. Otro certificado de la primera autoridad política del lugar donde hubiere residido desde que comenzó á sufrir la inhabilitación ó suspensión, y una información recibida con audiencia del Ministerio público, ó en su defecto, del Síndico del Ayuntamiento, que demuestren que el peticionario ha observado buena conducta continua desde que comenzó á sufrir su pena, y que da pruebas de haber contraído hábitos de orden, trabajo y moralidad, y muy particularmente de que ha dominado la pasión ó inclinación que lo indujo al delito.

Art. 624. Cuando la pena impuesta al reo haya sido de inhabilitación ó de suspensión por seis ó más años, no podrá ser rehabilitado antes de que pasen tres años contados desde que la comenzó á sufrir. Pero cuando el reo haya sido suspenso por menos de seis años, podrá pedir su rehabilitación cuando haya sufrido la mitad de su pena.

Art. 625. El Tribunal Superior, llamando á la vista el proceso y con audiencia del Ministerio público, dispondrá que la solicitud se publique por dos meses en el «Diario Oficial», y recibirá á petición del Ministerio público ó de oficio, si lo creyere necesario, más amplias informaciones para dejar bien aclarado cuál ha sido la conducta del reo.

Art. 626. Transcurridos los dos meses de la publicación, el tribunal, oyendo al Ministerio público y al peticionario, y teniendo presentes las nuevas diligencias, si algunas se practicaron, declarará si es ó no fundada la solicitud del reo.

En el primer caso, con informe, remitirá las diligencias originales á la Secretaría de Justicia, para que el Ejecutivo otorgue la rehabilitación y mande publicar la resolución en el «Diario Oficial».

En el segundo caso, al denegarse la rehabilitación, se dejará al reo expedito su derecho, para que pasados dos años pueda solicitarla de nuevo, sustanciándose el expediente de la misma manera.

Art. 627. Al que una vez se haya concedido la rehabilitación, no se le concederá otra si volvió á ser condenado por nuevo delito.

Art. 628. En los casos del art. 611, si el penado hubiere fallecido antes de haber obtenido el indulto, el cónyuge supérstite, los ascendientes ó descendientes del sentenciado, ya sean legítimos ó naturales reconocidos, podrán solicitar la rehabilitación de su memoria, para que la sentencia no perjudique su honra.

En este caso se seguirá el procedimiento que señalan los artículos del 611 al 616[1]).

---

[1]) **Art. 611.** En el caso previsto en la última parte de la regla 1a del art. 287 del Código Penal (Art. 287, Abs. 1: «Bei der Verleihung von Erlässen von Freiheitsstrafen bei gemeinen Verbrechen sind folgende beide Regeln zu beobachten: 1. Gänzlicher Erlass ohne alle Bedingungen kann gewährt werden, wenn derjenige, der ihn erbittet, der Nation wichtige Dienste geleistet hat; wenn die Regierung dafür hält, dafs es so für die öffentliche Ruhe und Sicherheit gut sei, oder aber wenn es zu Tage tritt, dafs der Verurteilte unschuldig ist«). — Das mexikanische Strafgesetzbuch etc. a. a. O. pag. 52) el condenado que se repute con derecho para pedir el indulto, occurrirá por escrito al Tribunal Superior respectivo, alegando la causa ó causas en que funde el recurso y que no pueden ser más que alguna de las seguientes:

I. Cuando la sentencia se fundare en documentos ó en declaraciones de testigos que después de ella fueren declarados falso en juicio;

II. Cuando después de la sentencia fueren hallados documentos que invaliden la prueba en que descanse aquella ó las que se presentaron al jurado y que fueron base de la acusación y del veredicto;

III. Cuando condenada alguna persona por homicidio de otra que haya desaparecido, se comprobare que ésta vive y se identificare su persona si esto fuere necesario;

IV. Cuando el reo haya sido juzgado por el mismo hecho á que la sentencia se refiere: en otro juicio anterior en que también haya recaído sentencia irrevocable;

V. Cuando dos reos hayan sido condenados por un mismo delito y sea imposible que los dos lo hayan cometido.

La resolución en que se conceda la rehabilitación, se publicará por quince veces en el periódico oficial.

El Tribunal Superior recibirá las pruebas que se soliciten para justificar los hechos á que este articulo se refiere.

Art. 612. Cuando las pruebas no se rindan ante el tribunal, el condenado acompañará á su instancia los justificantes de la causa ó causas en que funde su inocencia, ó prostesterá exhibirlos oportunamente.

Sólo será admisible en estos casos la prueba documental á excepción del caso previsto en la frac. III. del artículo anterior.

Art. 613. Interpuesto el recurso, el tribunal pedirá immediatamente el proceso ó procesos en su caso, al encargado del archivo en que se encuentre, y si se hubiere solicitado prueba, la recibirá dentro del término que prudencialmente se señale, atendidas las circunstancias, citándose en seguida al reo ó reos y sus defensores y al Ministerio público para la vista del recurso, que tendrá lugar dentro de ocho días.

Art. 614. Las citaciones se harán por médio de cédula instructiva que contenga:

I. El día, mes y año en que se introduzca el recurso y en que se haya la citación;

II. El nombre del reo y su domicilio y del representante del Ministerio público y su habitación, así como el de la persona á quien se entregue la cédula;

III. Copia del escritto en que se introduzca el recurso;

IV. Los nombres de los magistrados que han de conocer de él;

V. El día y la hora designados para ver el negocio;

VI. La firma del secretario que debe autorizar el instructivo.

Si faltare alguno de estos requisitos y se reclamare antes de la vista, se declarará nula la citación, que se repetirá, castigando al responsable de la omisión con multa que no exceda veinticinco pesos, con suspensión de un mes en caso de reincidencia, y con destitución si por tercera vez cometiere la falta.

Art. 615. El día designado para la vista, dada cuenta por el secretario, informará el abogado del reo y en seguida el Ministerio público, declarándose visto el recurso.

La vista tendrá también lugar aun cuando no concurran el reo ó su patrono ó el representante de Ministerio público.

Art. 616. Dentro de ocho días el tribunal declarará, si en su concepto es ó no fundada la solicitud del reo.

En el primer caso, con informe, remitirá las diligencias originales á la Secretaría de Justicia, para que se otorgue el indulto por el Ejecutivo.

En el segundo caso mandará archivar la diligencias.[1])

---

[1]) Materialien hierzu: »**Exposicion** de motivos con que fué presentado a la Secretaria de Justicia el proyecto de reformas al codigo de procedimientos penales del distrito y territorios federales. Mexico, Imp. ej. Lit. de F. Diaz de Leon Sucesores. S. A. Esq. de San Juan de Letrán y Rebeldes 1894.«

B. Handelsrecht.

1. Gesetzgebung.

Handelsgesetz.*)
vom 16. Mai 1854.

Buch IV.

Von den Fallimenten.

Titel XI.

Von der Rehabilitation.

Art. 911. Die Rehabilitation des Falliten steht dem Gerichte zu, welches über das Falliment erkannt hat.

912. Bis zum entgiltigen Sehluss des Verfahrens zur Qualifikation des Falliments ist das Gesuch des Falliten um seine Rehabilitation nicht zulässig.

913. Der Fallit, welcher alle seine Schulden voll bezahlt hat, und zwar dem Kapitale, den Zinsen und Kosten nach, kann seine Rehabilitation erhalten. Der Gesellschafter einer in Falliment geratenen Handelsgesellschaft kann seine Rehabilitation erst dann erhalten, nachdem er bewiesen hat, dafs die Schulden der Gesellschaft, sowohl an Kapital als an Zinzen und Kosten vollständig gedeckt worden sind.

914. Seinem Rehabilitationsgesuche mufs der Fallit die Empfangsscheine oder Originalquittungen über geleistete Zahlungen und sonstige Belege, aus denen die volle Befriedigung der Gläubiger hervorgeht, beifügen.

915. Die als böswillig-flüchtige und als betrügerische qualifizierten Bankrottierer können nicht rehabilitiert werden.

916. Die schuldbaren Falliten können rehabilitiert werden, wenn sie nachweisen, dafs sie alle liquiden Schulden im Fallimentsverfahren voll bezahlt und die ihnen etwa auferlegte Strafe verbüfst haben.

917. Die Falliten, welche unter dem Nachweis, dafs sie ein zur Deckung aller ihrer Schulden hinreichendes Vermögen besitzen, zeitweise ihre Zahlungen suspendiert haben, indem sie ihre Gläubiger um eine Frist ersuchen, binnen welcher sie, behufs deren Befriedigung, ihre Waren oder Forderungen realisieren können, und diejenigen, welche durch zufällige oder unvermeidliche Unglücksfälle bei der sonst regelmässigen und umsichtigen Verwaltung ihrer Geschäfte ihr Kapital soweit eingebüfst haben, dafs sie ihre sämtlichen Schulden oder einen Teil derselben nicht decken können, müssen zur Erlangung der Rehabilitation einfach nachweisen, dafs sie den vom

*) Aus: Borchardt: Die Handelsgesetze des Erdballs. III. Bd. Berlin 1885. pag. 495.

Gericht genehmigten Akkord, den sie in Gemäfsheit dieses Gesetzes mit ihren Gläubigern geschlossen, vollständig erfüllt haben. Wenn kein Akkord stattgefunden hat, sind sie verpflichtet, zu beweisen, dafs sie mit dem Bestande des Falliments oder vermittelst späterer Zahlungen, falls ersteres nicht hingereicht hat, alle in dem Verfahren des Falliments festgestellten Verpflichtungen erfüllt haben.

918. Die Kaufleute, welche die Rücknahme des Erkenntnisses über die Erklärung des Falliments in der im dritten Titel dieses Buches vorgesehenen Form erlangt haben, bedürfen der Rehabilitation nicht.

919. Der Fallit, dessen Falliment nach seinem Tode, in Gemäfsheit des Art. 762 erklärt worden ist, kann auf Ansuchen seiner Erben ebenfalls rehabilitiert werden.

920. Das Gericht, bei dem das Rehabilitationsgesuch eingereicht worden ist, hat dasselbe an der Tür des Gerichtssaales während der Dauer eines Monates anschlagen und in den Zeitungen bekannt machen zu lassen, damit es zur Kenntnis aller derjenigen gelangt, welche ein Interesse haben, der Rehabilitation zu widersprechen.

921. Jeder Gläubiger, dessen Forderung nicht voll bezahlt worden ist, sowohl dem Kapital als den Zinsen und Kosten nach, und jede beteiligte Partei können während der Dauer der Veröffentlichung dem Gesuche widersprechen, indem sie dies dem Gerichtsschreiber anzeigen und sich auf ihre Beweisdokumente stützen, sie können sich jedoch nicht als Partei in dem Verfahren der Rehabilitation konstituieren, vorbehaltlich der Rechte, welche sie gegen den Falliten haben.

922. Nach Ablauf der bezeichneten Frist hat das Gericht, auf Grund der von dem Falliten vorgebrachten Dokumente und der etwaigen Widersprüche die Rehabilitation je nach dem Falle zu verfügen oder abzulehnen und dem Faliten seinen etwa eingelegten Rekurs zu gestatten.

923. Das Gericht höherer Instanz hat auf Grund der Akten und des Berichtes des Falliten über den Rekurs zu entscheiden, ohne dafs ein weiterer zulässig ist.

924. Durch die Rehabilitation des Falliten sind alle gesetzlichen Interdiktionen, die durch die Erklärung des Falliments bewirkt worden sind, aufgehoben.

2. Literatur:

Bregeault Julien: La nouvelle réhabilitation des faillis. Paris 1904, pag. 12.

Monaco.

Gesetzgebung.

A. Zivilstrafrecht.

Code d'instruction criminelle 1873 *).

Titre V.

De quelques objets d'intérêt public.

Chapitre III.

De la réhabilitation des condamnés.

Art. 596. — Tout condamné à une peine afflictive ou infamante, qui a subi sa peine, ou qui a obtenu des lettres de grâce, peut être réhabilité.

La demande en réhabilitation ne pourra être formée par lesdits condamnés que cinq ans après l'expiration de leur peine.

En cas de commutation, la demande pourra être formée quatre ans après l'expiration de la nouvelle peine, et, en cas de grâce, quatre ans après l'enregistrement des lettres de grâce.

597. — La demande en réhabilitation des condamnés à une peine correctionnelle, pourra être formée trois ans après l'expiration de la peine, et, en cas de grâce, deux ans après l'enregistrement des lettres de grâce.

598. — Les délais et les formalités prescrits pour la réhabilitation pourront, dans tous les cas, être remis par le Prince.

599. — Nul ne sera admis à demander sa réhabilitation s'il ne demeure depuis trois ans dans la Principauté, et s'il ne joint à sa demande des attestations de bonne conduite délivrées par l'autorité municipale du lieu où il aura résidé depuis l'expiration de sa peine. Ces attestations de bonne conduite devront être approuvées par l'autorité supérieure du lieu où elles auront été délivrées.

---

*) Aus: Code d'instruction criminelle. Nice. Typographie et librairie S. C. Cauvin et Co., Rue de la Préfecture, 6. — 1874.

600. — La demande en réhabilitation, les attestations exigées par l'article précédent, et l'expédition de l'arrêt ou jugement de condamnation seront déposées au Greffe du Tribunal Supérieur.

601. — La notice de la demande en réhabilitation sera affichée à la porte du Tribunal Supérieur et insérée au journal de la Principauté.

602. — La requête et les pièces seront communiquées à l'Avocat Général, qui donnera ses conclusions motivées et par écrit.

603. — L'affaire sera ensuite rapportée au Tribunal Supérieur, en Chambre du Conseil.

604. — Le Tribunal pourra ordonner et le Ministère Public requérir de nouvelles informations en tout état de cause.

605. — Le Tribunal Supérieur, après avoir entendu les conclusions de l'Avocat Général, donnera son avis motivé.

Cet avis ne pourra toutefois être donné qu'un mois après la présentation de la demande en réhabilitation.

606. — L'avis du tribunal, ensemble les pièces sur lesquelles il aura été émis, seront transmis au Prince dans le plus bref délai.

607. — Si la réhabilitation est prononcée, l'ordonnance souveraine, accordant les lettres de réhabilitation est enregistrée au Tribunal Supérieur, sur la présentation de l'Avocat Général, et transcrite en marge de la minute de l'arrêt ou du jugement de condamnation.

608. — Si la demande est rejetée, le condamné pourra se pourvoir de nouveau, après un nouvel intervalle de cinq ans ou de quatre ans, suivant les cas prévus aux articles 596 et suivants.

609. — La réhabilitation pourra être également accordée aux condamnés pour récidive, soit à des peines afflictives ou infamantes, soit à des peines correctionnelles; mais les délais pour l'admission de la demande seront, à leur égard, portés au double.

610. — La réhabilitation fera cesser, pour l'avenir, dans la personne du condamné, toutes les incapacités qui résultaient de la condamnation; elle produira son effet du jour de l'enregistrement par le Tribunal Supérieur des lettres de réhabilitation.

611. — Le condamné qui, après avoir obtenu sa réhabilitation, aura encouru une nouvelle condamnation, ne sera plus admis au bénéfice de la réhabilitation.

Derogiert durch den:

Code de procédure pénale.

Donné le 25 oct. 1904.

Exécutoire à dater du 1er janvier 1905.

Imprimerie de Monaco, 1904.

Livre cinquième.

De l'exécution des condamnations et des causes qui peuvent y mettre obstacle.

Titre II.

Des causes qui peuvent mettre obstacle à l'exécution des condamnations.

Section IV.

De la Réhabilitation des condamnés.

Art. 626. — Tout condamné à une peine criminelle ou correctionnelle peut être réhabilité.

627. — La demande en réhabilitation ne peut être formée, par les condamnés à une peine criminelle, que cinq ans après le jour de leur libération, et par les condamnés à une peine correctionnelle, que trois ans après le même jour.

A l'égard des condamnés à la dégradation civique, le délai court du jour où la condamnation est devenue irrévocable, ou de celui de l'expiration de la peine d'emprisonnement, si elle a été prononcée.

628. — Les délais fixés par l'article précédent sont portés au double pour les condamnés qui sont en état de récidive légale.

Il en est de même pour les individus qui ont prescrit contre l'exécution de la peine.

629. — Le condamné doit, sauf le cas de prescription, justifier du paiement des frais de justice, de l'amende et des dommages-intérêts auxquels il a été condamné, ou de la remise qui lui en a été faite.

Toutefois, en cas de condamnation solidaire, il suffit qu'il paye l'amende, les frais et les dommages-intérêts dont il est tenu personnellement; le Tribunal Supérieur fixe au besoin la part qui lui incombe à ce titre.

Si la partie lésée ne peut être retrouvée ou si elle refuse de recevoir, il est fait dépôt de la somme à la caisse des dépôts et consignations conformément aux dispositions du Code de procédure civile; si la partie ne se présente pas dans un délai de cinq ans pour se faire attribuer la somme consignée, cette somme est restituée au déposant sur sa seule demande.

Si le condamné justifie de son insolvabilité, le réhabilitation peut être accordée, quoiqu'il ne se soit pas libéré du montant des condamnations susdites.

630. — La demande en réhabilitation est formée par requête adressée au Président du Tribunal Supérieur et déposée au greffe dudit tribunal.

Elle doit mentionner la date de la condamnation et les lieux où le condamné a résidé depuis sa libération.

Le condamné y joint des certificats de bonne conduite délivrés par l'autorité municipale des lieux où il a résidé depuis sa libération.

631. — Le président rend, à la suite de la requête, une ordonnance par laquelle il commet un juge pour en faire rapport en chambre du conseil et prescrit la communication des pièces au ministère public.

632. — L'avocat général se procure, si possible, un extrait du casier judiciaire de l'impétrant, et prend, auprès de l'autorité judiciaire des lieux où celui-ci a résidé, toutes informations utiles sur sa conduite en spécifiant l'usage auquel elles doivent servir. Il donne ses conclusions motivées sur la requête même et transmet le dossier au juge-commissaire.

633. — Sur le rapport du juge-commissaire, le tribunal peut ordonner, s'il le juge utile, de nouvelles informations.

634. — Le tribunal, après avoir entendu le ministère public et la partie ou son conseil, statue sur la demande.

635. — Si la réhabilitation est admise, le jugement est prononcé en audience publique.

Il est transcrit en marge du jugement ou de l'arrêt de condamnation.

Mention en est faite au casier judiciaire. La condamnation n'est plus portée sur les extraits délivrés aux parties.

636. — Le réhabilité peut se faire délivrer une expédition de la réhabilitation et un extrait du casier judiciaire sans frais.

637. — Si la demande est rejetée, elle ne peut être renouvelée avant l'expiration d'un délai de deux années.

638. — La réhabilitation fait cesser pour l'avenir tous les effets de la condamnation.

639. — L'individu qui, après avoir obtenu sa réhabilitation, encourt une nouvelle condamnation ne peut être admis au bénéfice des dispositions qui précèdent avant l'expiration d'un délai de dix années depuis sa libération, s'il s'agit d'une condamnation criminelle, ou d'un délai de six années, s'il s'agit d'une condamnation correctionnelle.

B. Handelsrecht.

Handelsgesetz.*)
vom 5. November 1877.

Buch III.

Von den Fallimenten und Bankrotten.

Titel III. [1]

Von der Rehabilitation.

Art. 574. Der Fallit, welcher die von ihm geschuldeten Summen vollständig an Kapital, Zinsen und Kosten bezahlt hat, kann seine Rehabilitation erlangen.

Er kann dieselbe jedoch wenn er der Associé eines in Falliment geratenen Handelsmannes ist, erst erlangen, nachdem er den Nachweis

*) Aus: Borchardt: Die Handelsgesetze des Erdballs. III. Bd. Berlin 1885. pag. 600.

[1]) Entspricht wesentlich dem gleichen Titel des französischen H. G. B (Borchardt a. a. O.).

von der Bezahlung sämtlicher Schulden der Gesellschaft an Kapital, Zinsen und Kosten geführt hat, auch wenn ihm ein besonderer Akkord bewilligt worden ist.

575. Jedes Rehabilitationsgesuch ist an das Obergericht zu richten.

576. Der Generaladvokat hat auf die an ihn zur Kenntnisnahme erfolgte Mitteilung des Gesuches alle Erkundigungen einzuziehen, welche er im Stande ist, sich über die Wahrheit der vorgetragenen Tatsachen zu verschaffen.

577. Zu diesem Behufe wird eine Abschrift des Gesuches, sowohl auf Betreiben des Generaladvokaten, als des Obergerichtspräsidenten zwei Monate lang in dem Verhandlungssaal des Obergerichts, wie im Rathause angeschlagen; auch wird das Gesuch auszugsweise in das Journal de Monaco inseriert.

578. Jeder Gläubiger, dessen Forderung an Kapital, Zinsen und Kosten nicht vollständig bezahlt worden ist, sowie jeder sonstige Beteiligte darf während der Dauer des Aushangs gegen die Rehabilitation durch ein einfaches, durch Beweisstücke unterstütztes Schreiben an die Gerichtsschreiberei Einspruch erheben. Der Einspruch erhebende Gläubiger darf beim Rehabilitationsverfahren niemals als Partei auftreten.

579. Der Generaladvokat beim Obergericht hat eine Entscheidung über Zulassung oder Verwerfung des Gesuches zu veranlassen. Wird dasselbe verworfen, so kann es erst nach einem Jahre erneuert werden.

580. Zur Rehabilitation können nicht zugelassen werden die betrügerischen Bankrottierer, die wegen Diebstahls, Betruges oder Vertrauensbruches Verurteilten, die Stellionotare, sowie die Vormünder, Verwalter oder andere rechnungspflichtige Personen, welche ihre Rechnungen nicht abgelegt und saldiert haben.

Zur Rehabilitation kann der einfache Bankrottierer zugelassen werden, welcher die ihm zuerkannte Strafe verbüfst hat.

581. Der Fallit kann nach seinem Tode rehabilitiert werden.

Neu-Süd-Wales.

Gesetzgebung.

Handelsrecht.

Bankrupty-Act vom 13. Dezember 1887 mit Ergänzungsbestimmungen vom 23. Juli 1888 für Neu-Süd-Wales*).

VIII. Freigabeattest (Rehabilitation).

23. Gleichgültig ob ein Akkord stattgefunden hat oder nicht kann der Schuldner nach Ablauf von drei bis zu zwölf Monaten nach der Konkurseröffnung bei Gericht ein Rehabilitationsattest (Freigabeattest) beantragen. Der Antrag und der zur Verhandlung darüber angesetzte Termin ist durch die Zeitung zu publizieren. In dem Termine wird der Antragsteller gehört und sowohl der Verwalter wie die erschienenen Gläubiger können sich zur Sache äufsern. Hiernach prüft das Gericht die vorliegenden Umstände und verweigert entweder die Erteilung eines Entlastungsattestes oder gewährt ein solches oder spricht eine bedingte Entlastung aus.

24. Eine Verweigerung erfolgt in allen Fällen, wo das Gericht die Überzeugung gewinnt, dafs die Handlungsweise des Schuldners eine unehrenhafte gewesen, insonderheit:

a) wenn der Schuldner in den letzten drei Jahren unterlassen hat, Bücher zu führen, aus welchen seine Geschäfte ersichtlich wären;

b) wenn der Schuldner die Übergabe seines Eigentums an das Gericht verzögert oder vereitelt hat in der Absicht einen oder mehrere Gläubiger zum Nachteil der anderen zu bevorzugen;

c) wenn der Schuldner, obgleich wissend, dafs er zahlungsunfähig sei, Kredit in höherem Umfange als bis zu 50 £ in Anspruch nimmt;

d) wenn der Schuldner Schulden kontrahiert ohne zur betreffenden Zeit zu der Annahme berechtigt zu sein, dafs er zur Fälligkeit würde bezahlen können;

e) wenn der Schuldner den Bankrott durch gewagte Spekulationen oder durch Verschwendung hervorgerufen hat;

*) Aus: Alexander, Konkursgesetze aller Länder, S. 456 ff., 507.

f) wenn der Schuldner einen Gläubiger durch frivole Klagebeantwortung oder durch andere Queruleien zu unnötigen Kosten veranlafst hat;

g) wenn er innerhalb drei Monaten vor der Konkurserklärung, obwohl unfähig seine Gesamtschulden zu bezahlen, einen Gläubiger ungebührlich bevorzugt hat;

h) wenn der Schuldner schon früher bankrott erklärt worden ist oder wenn er mit seinen Gläubigern einen Akkord abgeschlossen hat, der nicht mindestens 10 Sh. pro 1 £ der Forderung ergeben hat, es sei denn, dafs die Stimmen- und Forderungsmajorität der Gläubiger erklärt, dafs nur Unglück den Konkurs herbeigeführt habe;

i) wenn er sich eines betrügerischen Vertrauensbruches schuldig gemacht hat oder wenn er wegen Tätlichkeit, grober Beleidigung oder Verführung verurteilt worden ist;

k) wenn der Schuldner sein Geschäft mit fingiertem Kapital geführt hat;

l) wenn der Schuldner seiner Ehefrau oder seinen Kindern Vermögensvorteile verschrieben hat zu einer Zeit, wo er nicht in der Lage war, mit dem übrigen Vermögen alle seine Schulden zu bezahlen.

25. Gewährt das Gericht das Freigabeattest, so bildet dieses die Rehabilitation des Bankrotteurs und befreit ihn von allen seinen bisherigen Schulden, so dafs die Gläubiger mit Verteilung der Masse kein Zuforderungsrecht mehr besitzen. Ausgenommen hiervon sind Schulden aus unerlaubten Handlungen.

26. Wenn der Schuldner nicht innerhalb neun Monaten vom Tage der Konkurseröffnung bei Gericht die Erteilung eines Freigabeattestes beantragt hat, so mufs das Gericht ihn vorladen, eventuell zwangsweise vorführen lassen, um nach Prüfung der Sachlage zu konstatieren, ob ein Freigabeattest zu gewähren sei oder nicht.

Nioaragua.

Gesetzgebung.[1])

Handelsrecht.

Handelsgesetz*)
vom 13. März 1869.

Buch IV.
Von den Fallimenten.

Titel VI.
Von der Rehabilitation des Falliten.

Art. 580. Die Rehabilitation des Falliten wird auf seinen Antrag von dem Fallimentsgerichte erklärt, nach Beendigung des Verfahrens der Qualifikation des Falliments und nicht früher. Die böswillig flüchtigen und betrügerischen Bankerotteure können niemals rehabilitiert werden, noch auch die schuldbaren Falliten, solange sie die ihnen auferlegte Konventionalstrafe nicht verbüfst und die Bezahlung der im Falliment liquidierten Schulden nicht ausgeführt haben. Zur Rehabilitation der Falliten der ersten und zweiten Klasse genügt der Akkord oder der Beweis, dafs sie ihre Verpflichtungen erfüllt haben.

Art. 581. Der Schuldner, welcher die Aufhebung der Erklärung des Falliments in dem betreffenden Verfahren erlangt hat, ist durch diese Tatsache selbst als rehabilitiert anzusehen. Die Rehabilitation oder das Erkenntnis über die Aufhebung mufs in der amtlichen Zeitung veröffentlicht werden, und auf Grund derselben cessieren alle gesetzlichen Interdiktionen, welche die Erklärung des Falliments erzeugt.

---

[1]) Das Strafgesetz und die Strafprozefsordnung ist nur in der Bibliothek des Auswärtigen Amtes vorhanden. Diese Gesetze wurden uns nicht zugänglich gemacht.

*) Aus: Borchardt; Handelsgesetze des Erdballs. III. Bd. Berlin 1885. pag. 667.

Niederlande.

A. Zivilstrafrecht.

1. Gesetzgebung.

Das niederländische Strafgesetz vom 3. März 1881 [1]) kennt keine hieher gehörende Bestimmung.

2. Literatur.

van Swinderen O. Q.: Esquisse du droit pénal actuel dans les Pays-Bas et à l'Étranger. Tome 1er. P. Noordhoff. Groningue. 1891. pag. 350.

Brasseur Albert: De la réhabilitation en droit Romain et en droit français. Paris 1887 pag. 203.

Lasserre Henry: De la réhabilitation des condamnés. Paris 1889. pag. 219.

Magescas F.: De la réhabilitation des condamnés. Bordeaux 1899 pag. 209.

Mittermaier: Strafgesetzgebung I. pag. 119.

B. Handelsrecht.

1. Gesetzgebung.

Handelsgesetz *)
vom 1. Oktober 1838.

Buch III.

Titel I.

Vom Falliment.

Abschnitt VI.

Von der Rehabilitation.

Art. 892. Der Fallit, welcher nicht bereits sofort bei der Bestätigung des Akkords nach Maſsgabe des Art. 850 [2]) rehabilitiert ist,

---

[1]) Das niederländische Strafgesetzbuch vom 3. März 1881. Berlin und Leipzig 1881.

*) Aus Borchardt: Die Handelsgesetze des Erdballs. III. Bd. Berlin 1885, pag. 788.

[2]) **Art. 850.** Das Gericht ist befugt, auf Antrag des Richterkommissars und nach Vernehmung der Staatsanwaltschaft bei der Erteilung der Bestätigung den unglücklichen Falliten, welcher im guten Glauben gehandelt hat, sofort zu rehabilitieren.

In allen anderen Fällen kann die Rehabilitation nicht anders stattfinden, als durch die im letzten Abschnitte dieses Titels bestimmte Weise.

oder in dem durch Art. 767 bezeichneten Falle dessen Erben sind befugt, ein Gesuch um Rehabilitation bei dem Gericht einzureichen, das die Fallimentserklärung ausgesprochen hat, selbst wenn der Fallit anderswo wohnhaft sein möchte.

893. Zur Rehabilitation werden nicht zugelassen, diejenigen, die des Stellionats schuldig erklärt oder die wegen Bankerotts, Diebstahls, Betrugs oder Mifsbrauchs von in Verwahrung gegebenen Geldern oder Gütern verurteilt sind.

894. Der Fallit oder dessen Erben sind zu diesem Gesuche nur dann berechtigt, wenn sie dem Gesuch den Beweis beigelegt haben, aus welchem hervorgeht, dafs allen Gläubigern zur Zufriedenheit eines jeden Genüge getan ist.

895. Das Gesuch wird auf dieselbe Weise, wie oben durch das zweite Alinea des Art. 891 bezeichnet ist, angeschlagen. Ausserdem wird dasselbe in dem oder in den durch das Gericht zu bestimmenden Tageblättern angekündigt.

896. Jeder Gläubiger ist befugt, innerhalb der Zeit von zwei Monaten nach der vorerwähnten Ankündigung durch eine der Kanzlei des Gerichts behändigte Schrift Widerspruch gegen das Gesuch zu erheben.

Dieser Widerspruch soll allein darauf gegründet sein können, dafs durch den Schuldner der Vorschrift des Art. 894 gehörig genügt ist.

897. Nach Ablauf der vorerwähnten zwei Monate soll das Gericht, gleichviel ob Widerspruch erhoben ist oder nicht, auf den Schlufsantrag der Staatsanwaltschaft das Gesuch zugestehen oder verweigern.

898. Wenn Widerspruch stattfindet, und das Gesuch dessenungeachtet zugestanden wird, oder wenn dasselbe verweigert wird, können im ersten Falle der Opponent und im letzeren der Fallit Berufung einlegen.

899. Sobald das Erkenntnis, durch welches die Rehabilitation zugestanden wird, Rechtskraft erlangt hat, wird dasselbe auf Ansuchen des Rehabilitierten öffentlich im Verhandlungssaale des Gerichts verlesen und in die Register des letzteren eingetragen.

Wenn der Rehabilitierte anderswo wohnhaft ist, kann er fordern, dafs diese Verlesung und Eintragung aufserdem in dem Gericht seines gegenwärtigen Wohnortes stattfinde.

2. Literatur.

Alexander J.: Konkursgesetze aller Länder der Erde. Berlin 1892 pag. 170.

Bregeault Julien: La nouvelle réhabilitation des faillis. Paris 1904 pag. 11.

Lecomte Maxime: Étude comparée des principales législations Européennes en matière de faillite. Paris 1879 pag. 74.

Norwegen.

1. Gesetzgebung.

A. Zivilstrafrecht.

Loi du 9 juin 1883 sur la réhabilitation.[1] *)

Art. 1. Toute personne condamnée pour crime ou à une peine infamante peut, sous les conditions suivantes, obtenir sa réhabilitation. Celle-ci fait disparaître toutes les restrictions apportées par le jugement, conformément au droit privé, à l'exercice par le condamné de ses droits civils et politiques, y compris la privation des droits d'élection et d'éligibilité aux conseils communaux, qui résulte de la loi du 14 janvier 1837 sur les conseils communaux, et de la loi du 4 août 1845, combinés avec le paragraphe 53 de la Constitution.

Art. 2. La réhabilitation ne peut être obtenue que cinq ans après que le condamné a subi sa peine ou obtenu sa grâce; celui-ci doit avoir, dans les cinq dernières années au moins, mené une conduite irréprochable et en apporter la preuve par le témoignage des personnes qui ont eu l'occasion de se rendre un compte exact de sa conduite. Si le jugement a mis à sa charge des dommages-intérêts qu'il ne prouve pas avoir payés ou lui avoir été remis, le condamné doit faire une déclaration satisfaisante des motifs qui l'ont empêché de payer.

Art. 3. La réhabilitation est accordée par le roi. La demande en réhabilitation, accompagnée des pièces mentionnées dans l'article 2 et renfermant l'indication exacte des résidences successives du condamné, depuis l'expiration ou la remise de la peine, est présentée au Fodge (bailli) du lieu de la résidence du demandeur. Le Fodge y joint une déclaration des conseils communaux des lieux où le condamné a résidé et relative à sa vie et à sa profession, pendant le temps qu'il a

---

[1] Lov af 9 juni 1883 om aeresopreisning.

*) Aus: Annuaire de législation étrangère 1883, p. 670. Das Gesetz ist auch angeführt bei Chonez p. 179/180.

habité la commune. Il transmet les pièces au Tribunal de première instance du lieu, en donnant son avis sur la demande. Le Tribunal les transmet à son tour avec son avis motivé au gouvernement, par l'intermédiaire de l'Autmand (préfet).

Art. 4. La demande en réhabilitation ne peut être rejetée, si le condamné prouve que, sa peine expirée ou remise, il a mené une conduite irréprochable pendant les 15 dernières années, ou, au cas où la peine n'a pas été plus grave que la prison, les 10 dernières années, et s'il est établi d'ailleurs que le demandeur a payé ou tout au moins a montré, selon ses moyens, toute sa bonne volonté pour payer les frais et les dommages-intérêts auxquels le jugement l'a condamné.

Art. 5. Celui qui, ayant obtenu sa réhabilitation après avoir accompli sa 25ᵉ année, est condamné pour action infamante commise après la réhabilitation, ne peut être réhabilité de nouveau.

Art. 6. Le jugement de condamnation pour infractions commises par des personnes âgées de moins de 15 ans ne porte, d'après le droit privé, aucune atteinte aux droits civils et politiques du condamné. Il en est de même des jugements prononcés contre des personnes de 15 à 18 ans, si la peine encourue n'est pas plus grave que la prison. Dans ces hypothèses, il n'est donc pas besoin de réhabilitation.

Vorarbeiten:

Odelstingsproposition nr. 23 for 1883, Indstilling O. nr. 24 for 1883, Forhandlinger i Odelstinget 1883 S. 740—54.

Loi du 6 août 1897 sur la réhabilitation.[1]*)

Art. 1er. Tout condamné pour délit infamant ou à une peine infamante, peut, sous les conditions indiquées ci-après, obtenir sa réhabilitation. Celle-ci fait disparaître toutes les restrictions résultant de la condamnation, conformément à la loi, aux droits touchant à l'honneur du condamné, y compris la perte du droit de vote dans les affaires publiques.

---

[1]) Lov af 6 august 1897 om aeresopreisning.

*) Aus: Annuaire de législation étrangère en 1897. Paris 1898. p. 706 f. Deutsch von Teichmann, «Gerichtssaal», Bd. 55, 1898 p. 151/152.

Art. 2. Après dix ans écoulés, et pour les courtes peines de liberté après un délai égal à la durée de la peine prononcée, — sans pouvoir descendre au-dessous de trois ans, — depuis l'époque où la peine a été ou est considérée comme subie, ou a été prescrite, ou a été remise par l'effet de la grâce, le condamné pourra obtenir sa réhabilitation, à la condition de justifier d'une manière suffisante que, pendant les trois dernières années, il a mené une conduite honnête et qu'il a réparé, selon ses moyens, le dommage causé par son délit.

Art. 3. Tout condamné à la prison ou au travail forcé pour trois ans au plus a droit, après cinq ans écoulés depuis l'époque où la peine a été ou est considérée comme subie, ou a été prescrite ou remise par l'effet de la grâce, à la réhabilitation, s'il a résidé en Norvège pendant les trois dernières années est s'il n'apparaît point qu'il se soit rendu coupable pendant cette période d'aucun fait punissable de nature infamante. Il en est de même du condamné au travail forcé pour six ans au plus, après dix ans révolus, et du condamné à une peine plus forte, après quinze ans révolus.

Toute condamné à l'emprisonnement pour un fait punissable commis avant l'accomplissement de sa dix-huitième année a droit à la réhabilitation, dès que la peine a été ou est considérée comme subie, ou a été prescrite ou remise par l'effet de la grâce.

Art. 4. La requête à fin de la réhabilitation est présentée au ministère public, qui y fait droit sur-le-champ, si, après avoir procédé à l'enquête nécessaire, il reconnait que le condamné a droit à la réhabilitation aux termes de l'article 3, et dans tout autre cas instruit l'affaire et l'introduit devant le tribunal du lieu où le condamné demeure ou a eu son dernier domicile en Norvège.

La décision du tribunal est rendue sous forme de jugement, et, s'il est nécessaire, après audition du condamné et de témoins.

Les règles du Code de procédure pénale s'appliquent en ce qui concerne la procédure, le jugement, et les voies de recours.

Lorsque la requête est rejetée, elle ne peut être présentée de nouveau qu'après un délai de deux ans.

Art. 5. La loi du 9 juin 1883 sur la réhabilitation est abrogée.

Vorarbeiten:

Stortingsdokument n° 114 for 1896, Indstilling O. nr. 101 for 1896, Indstilling O. nr. 12 for 1897, Forhandlinger i odelstinget for 1897 S. 632—57, 1243—44, Forhandlinger i lagtinget for 1897 S. 205—23.

Allgemeines bürgerliches Strafgesetz für das Königreich Norwegen vom 22. Mai 1902*)**).

Erster Teil.

Allgemeine Bestimmungen.

Kapitel 6.

Strafaufhebungsgründe.

§ 75. Wenn eine der verhängten Strafe gleiche Zeitdauer und in jedem Falle mindestens 3 Jahre verflossen sind (§ 31)***), so kann derjenige, der zu Verlust der staatsbürgerlichen Rechte (§ 29,2)****) verurteilt ist, in diese wieder eingesetzt werden, sofern hinreichender Nachweis dafür erbracht wird, dafs er in

---

*) Almindelig borgerlig Straffelov af 22 mai 1902.

**) Aus: Allgemeines bürgerl. Strafgesetz für das Königreich Norwegen. Übersetzt v. Rosenfeld u. Urbye. H. XX der Sammlung aufserdeutscher Strafgesetzbücher in deutscher Übersetzung. Berlin, Guttentag, 1904.

***) § 31. Ein aberkanntes Recht geht von dem Tage der Rechtskraft des Urteils verloren. Bei Aberkennung auf bestimmte Zeit wird die Zeit von der Verbüfsung der Hauptstrafe an gerechnet. Wird diese nicht verbüfst, so wird die Frist von deren Erlass durch Begnadigung oder Verjährung gerechnet. Bei Entlassung auf Probe wird sie von dem Tage an gerechnet, an dem die Entlassung endgültig geworden ist. Ist die Vollstreckung der Hauptstrafe ausgesetzt (§ 52), so wird die Zeit vom Tage der Rechtskraft des Urteils an gerechnet, ohne Rücksicht darauf, ob die Hauptstrafe später vollstreckt wird.

****) § 29. Der in § 16 No. 1 behandelte Verlust bestimmter Rechte umfafst: — — — — — —

2. Unfähigkeit, während einer Zeit von 10 Jahren in öffentlichen Angelegenheiten zu stimmen oder ein öffentliches Amt zu erlangen;

3. Unfähigkeit, während einer Zeit von 10 Jahren in der Kriegsmacht des Reiches zu dienen;

— — — — — — — —

den letzten 3 Jahren einen ehrenhaften Lebenswandel geführt und nach Vermögen den durch die strafbare Handlung verursachten Schaden ersetzt hat.

Wer zu Haft oder Gefängnis unter einem Jahr verurteilt ist, hat nach Ablauf von 5 Jahren (§ 31) ein Recht auf Wiedereinsetzung, wenn er in den letzten 3 Jahren sich im Inland aufgehalten hat und es nicht bekannt ist, dafs er in diesem Zeitraum sich eines strafbaren Verhaltens schuldig gemacht habe, das den Verlust der bürgerlichen Achtung mit sich führt.

Die Unwürdigkeit zum Dienen in der Kriegsmacht (§ 29,3)*) fällt weg, wenn der Verurteilte in die staatsbürgerlichen Rechte wieder eingesetzt wird.

§ 76. Der Antrag auf Wiedereinsetzung ist an die Anklagebehörde zu richten, die sofort solche Wiedereinsetzung erteilt, wenn sie nach hinreichender Untersuchung findet, dafs der Verurteilte ein Recht auf Wiedereinsetzung gemäfs § 75, 2. Absatz hat, sonst aber das Verfahren vorbereitet und bei dem Verhörsgericht des Wohnortes oder letzten inländischen Wohnortes des Verurteilten anhängig macht. Die Entscheidung erfolgt durch Urteil nötigenfalls nach Vernehmung des Verurteilten und von Zeugen.

Auf das Verfahren, die Entscheidung und die Beschwerde gegen diese finden die Regeln der StPO. Anwendung.

Wird der Antrag abgelehnt, so kann er erst nach Ablauf von 2 Jahren wiederholt werden.

(Vgl.: Lov af 22 mai 1902 om den almindelige borgerlige straffelovs ikrafttraeden, § 31.)

Vorarbeiten:

Straffelovskommissionens Udkast til almindelig borgerlig straffelov for kongeriget Norge (1896) Motiver S. 130—31, Odelstingsproposition No. 24 for 1898/99 S. 75—6, Forhandlinger i odelstinget 1901/02 S. 514.

---

*) Siehe Anmerkung ****) Seite 328.

B. Militärstrafrecht.

Norwegisches Militärstrafgesetz vom 22. Mai 1902[1].*)

Erster Teil.

Allgemeine Bestimmungen.

2. Kapitel. *Strafen.*

§ 21. Unwürdigkeit zur Leistung von Kriegsdienst entfällt mit Wiedereinsetzung des Verurteilten in seine staatsbürgerlichen Rechte. Das Recht zur Dienstleistung kann auch besonders wiedererworben werden gemäfs § 75 und 76 des allgemeinen Strafgesetzes, doch so, dafs das Begehren der Militäranwaltschaft eingereicht und bezüglich von dieser oder durch Erkenntnis des Militäruntersuchungsgerichtes erledigt wird. Rücksichtlich des Verfahrens und Beschwerde dagegen finden solchenfalls die Vorschriften des Gesetzes über Militärgerichtsverfahren Anwendung.

Vorarbeiten:

Udkast til militær straffelov for kongeriget Norge (1898) S. 75, Odelstingsproposition Nr. 4 for 1899—1900 S. 21.

2. Literatur.

Alexander, Konkursgesetze S. 507.
Brasseur, p. 205 (Ges. 83).
Chonez, p. 40, 43, 51, 94, 122 Anm. 1 (Ges. 83, art. 4).
Depeiges (1898), p. 81 (Ges. 83).
Frézouls, p. 125 (Ges. 83).
Guitteau, p. 116 (Ges. 83 u. 97).
Jahrbuch der internationalen Vereinigung für vergleichende Rechtswissenschaft und Volkswirtschaftslehre. IV. 1898. S. 693.
Lasserre, p. 220 (Ges. 83).
Magescas, p. 214 (Ges. 83).
Marcuse, p. 43/44, 45 (Ges. 83, Norw. Entw. z. StG.)
Merle, p. 204, 207, 211, 219 (Ges. 83).
Reutenauer, p. 135/136 f., 146 f. (Ges. 83, 97).
Schiller, p. 103 ff.
Strafgesetzgebung der Gegenwart. I. p. 230.

Die Casiers judiciaires betreffend siehe:
Ducaud, Cap. VIII, p. 146.
Marchand, p. 117.

[1]) Militaer Straffelov af 22 Mai 1902.

*) Aus: Die Norwegische Strafgesetzgebung des Jahres 1902. Übersetzt von A. Teichmann. H. XVIII der Sammlung aufserdeutscher Strafgesetzbücher in deutscher Übersetzung. Berlin, Guttentag, 1903.

Österreichisch-Ungarische Monarchie.

I. Österreich.

A. Zivilstrafrecht.

1. Gesetzgebung.

Constitutio Criminalis Theresiana.*)

Zehenter Artikel

von der Ehrlosigkeit.

— — — — — — — — — — — — — — — — — — — —

§ 7. Die gesetzliche Wirkungen, welche mit der rechtsförmigen Ehrlosigkeit verknüpeft sind, bestehen in folgenden, erstlich: wenn Jemand um einer unehrlichen That halber mit dem Tod gestraffet wird, oder nach gefällten Urteil sonst mit Tod abgehet, stirbt er als ehrlos, und ist sein Nam aus der Matrikel, oder Einverleibungsbuch desjenigen Mittel, wo er vorhin ein Mitglied gewesen, auszuthun. Wurde aber andertens: ein solcher Thäter nur mit einer Leibsstraffe beleget, so ist er von allen Ehrenstellen, Würden, Diensten Landmannschaft, oder Burgerrechte abzusetzen, weder zur Erlangung solcher Vorzüglichkeiten im gemeinen Wesen fürtershin fähig, auch aus allen Zünften, Bruderschaften, und Zusammenkünften ehrlicher Leute, dann von Abgebung einer glaubwürdigen Zeugenschaft für seine Person von Rechtswegen in allweg auszuschliefsen; und endlichen drittens: kann überhaupt ein ehrloser Mensch, es seye eine Todes- oder Leibstraffe wider denselben erkannt, weder ein Testament machen, weder zu Erben eingesetzet werden. In wie weit selber jegleichwohlen eine minderfeyerliche letztwillige Anordnung errichten,

*) Aus: Constitutio Criminalis Theresiana oder der Römisch-Kaiserl. zu Hungarn und Böheim etc. etc. Königl. Apost. Majestät Mariä Theresiä, Erzherzogin zu Österreich etc. etc. peinliche Gerichtsordnung. Wien, gedruckt bey Johann Thomas Edlen von Trattnern, Kaiserl. Königl. Hofbuchdruckern und Buchhändlern. 1769. pag. 18, 19.

Vergl. hierüber: Dr. Walter Schiller: Die Rehabilitation Verurteilter im schweizerischen Recht. Zürich 1905, der (pag. 6 und 7) hervorhebt, dafs die Rehabilitation in der Theresiana zuerst und früher als in der französischen Gesetzgebung »eine gewisse gesetzliche Regelung gefunden«. Doch geschah dies nicht vierzig Jahre vor der Regelung in der französischen Gesetzgebung, da die Theresiana nicht, wie Schiller anführt, aus dem J. 1751 stammt, sondern vom 31. Dezember 1768 datiert ist.

oder aus eines anderen Testament eine Vermächtnifs beziehen möge, dieserwegen ist sich nach der rechtlichen Ausmessung unseres erbländischen Codicis civilis zu halten.

§ 8. Die Ehrlosigkeit, womit sich jemand durch seine Uebelthat beflecket hat, kann aber wiederum aufgehoben, und ausgelöschet werden. Diese Aufhebung der Ehrenmakel beschieht auf zweyerley Art, entweder durch einen besonderen von Uns ertheilten Ehrenbrief, oder durch die gemeine Ehrlichmachung.

§ 9. Unser Gnaden- oder Ehrenbrief, wodurch einer wiederum zu Ehren gebracht werden solle, ist erforderlich in jenen Fällen, wo Jemand zu Würden, Ehrenstellen, Diensten, vorzüglichen Eigenschaften und Rechten, wovon in vorhergehenden § 7mo Erwähnung beschehen, wiederum fähig gemacht werden wollte. Allsolche Unsere Gnaden- und Ehrenbriefe erstrecken sich jedoch nicht weiter, als in wie weit dieselbe wortdeutlich lauten.

§ 10. Die gemeine Ehrlichmachung hingegen hat überhaupt statt in allen Verbrechen, welcherwegen in dem Urtheil keine Landesverweisung beygerucket ist; dergestalten, dafs die zugezogene Ehrenmackel durch die überstandene Straffe wiederum aus Kraft Rechtens von sich selbst gereiniget wird; wo sodann das Halsgericht, bey welchem der Thäter abgeurtheilet werden, nach verlittener Straffzeit demselben einen gerichtlichen Ehrenschein zu erteilen schuldig ist.

§ 11. Die hauptsächliche Wirkung dieser gemeinen Ehrlichmachung bestehet in deme, dafs der gestraffte Thäter ohne all — mindesten Vorwurf des abgebüfst — und gereinigten Verbrechens in gemeinen Umgang, Handel, und Wandel unbeirret zu gedulden, und seine ehrliche Nahrung zu suchen berechtiget seyn solle.

§ 12. Ausser dieser Wirkung erstrecket sich die gemeine Ehrlichung nicht weiter. Derjenige, so aus einer ehrlosen That abgestraffet worden, bleibt auch nach überstandener Straffe unfähig, in die oben § 7 angeführte besondere Rechten, deren er sich verlustig gemacht, wieder einzutretten, oder dergleichen neuerdings zu erlangen. Ingleichen ist derselbe in Zeugenschaften nicht gleich anderen je- und allzeit wohlverhalten-gewesen Unterthanen für ganz untadelhaft zu achten, sondern dem vernünftigen Ermessen des Richters wird allerdings anheimgestellt, in wie weit beschaffenen Sachen nach seiner Aussag Glauben beygemessen werden könne? Die Fähigmachung zu obbemeldt-vorzüglichen Rechten, dann zur untadelhaften Kundschaftgebung, somit die vollkommene Herstellung in vorigen Ehrenstand bleibet forthin Unserer höchster Gewalt vorbehalten, und kann Unser-besonderen Gnadenbrief nicht wieder erworben werden.

Das gegenwärtig geltende Strafgesetz vom 27. Mai 1852 enthält keine hierher gehörende Bestimmung.

Gesetz vom 15. November 1867 R. G. Bl. 131.*)

§ 6. Vom Tage der Kundmachung dieses Gesetzes soll ferner der nach dem Strafgesetze vom 27. Mai 1852 oder anderen gesetzlichen Vorschriften mit einer Verurteilung zu einer Strafe verbundene Verlust des Adels, der Orden und Ehrenzeichen, öffentlicher Titel, akademischer Grade und Würden, Staats- und anderer öffentlicher Landes- und Gemeinde-Ämter und Dienste, der Advokatur, des Notariats, der öffentlichen Agentie oder der Parteienvertretung an öffentlichen Behörden, der Mitgliedschaft bei Gemeindevertretungen oder anderen zur Besorgung öffentlicher Angelegenheiten berufenen Vertretungen und der Pensionen, Provisionen, Erziehungsbeiträge oder sonstigen Bezüge nur mehr bei Verurteilungen zur Strafe wegen eines Verbrechens oder wegen der Übertretungen des Diebstahls, der Veruntreuung, der Teilnehmung an denselben und des Betruges (§§ 460, 461, 463 und 464 St. G.) eintreten.

Die Unfähigkeit zur Erlangung der vorerwähnten Vorzüge und Berechtigungen hat bei Verurteilungen zur Strafe wegen eines der in den nachfolgend bezogenen Gesetzesstellen bestimmten Verbrechen, nämlich:

1. § 58 St. G. lit. b und c, und Art. I des Gesetzes vom 17. Dezember 1862. Nr. 8 R. G. B. f. 1863;
2. §§ 60 und 61 St. G., insofern sich diese Handlungen nicht auf den Fall des § 58, lit. a, beziehen, und Ministerial-Verordnung vom 27. April 1854 Nr. 107 R. G. B.;
3. § 65 St. G., insofern sich dieses Verbrechen nicht auf die Person des Kaisers bezieht, und Art. II des vorbezeichneten Gesetzes vom 17. Dezember 1862;
4. § 66 St. G.;
5. §§ 68, 69, 73 und 81 St. G., insoferne die darin erwähnten Verbrechen auf politischen Motiven beruhen;
6. §§ 76, 78 und 80;
7. § 143, Satz 2 und § 157, Satz 2;
8. §§ 158, 163 und 165, und
9. §§ 212, 214, 217, insofern das darin bezeichnete Verbrechen der Vorschubleistung mit der Rücksicht auf eines der von 1—8 angeführten Verbrechen begangen wurde, und
10. § 220 St. G.

für die Zukunft mit dem Ende der Strafe aufzuhören.

Dagegen haben die übrigen nachteiligen Folgen, welche noch aufser den Haupt- und den Nebenstrafen und aufser dem durch das Prefsgesetz v. 17. Dezember 1862, Nr. 6 R. G. B. f. 1863, festgesetzten

---

*) Aus: Das Strafgesetzbuch über Verbrechen, Vergehen und Übertretungen, vom 27. Mai 1852, R. G. B. No. 117, samt den dasselbe ergänzenden und erläuternden Gesetzen und Verordnungen unter Anführung einschlägiger Beschlüsse und Entscheidungen des obersten Gerichts- und Kassationshofes. Neunzehnte Auflage. Wien 1902, Manz.

Kautionsverfalle mit strafrechtlichen Erkenntnissen schon aus dem Strafgesetze oder kraft anderer gesetzlichen Vorschriften verbunden und insofern dieselben daher nicht insbesonders von dem Richter zu verhängen sind, für die Zukunft bei den oben aufgezählten Verbrechen, sowie bei Vergehen und bei Übertretungen aufser den Fällen der oben berufenen §§ 460, 461, 463 und 464 St. G. gar nicht mehr einzutreten.

Bei Verurteilungen zur Strafe wegen anderer als der in dem zweiten Absatze dieses Paragraphes bezeichneten Verbrechen hören die Unfähigkeit zur Erlangung der im ersten Absatze dieses Paragraphes erwähnten Vorzüge und Berechtigungen, sowie die übrigen im dritten Absatze dieses Paragraphes gedachten nachteiligen Folgen mit dem Ablaufe von zehn Jahren, wenn der Schuldige zu einer wenigstens fünfjährigen Kerkerstrafe verurteilt wurde und aufserdem mit dem Ablaufe von fünf Jahren, bei Verurteilungen wegen der oben angeführten Übertretungen (§§ 460, 461, 463 und 464 St. G.) jedoch mit dem Ablauf von drei Jahren nach dem Ende der Strafe auf.

§ 7. Es werden daher alle Gesetze und Verordnungen, vermöge welcher die Unfähigkeit zur Erlangung der im vorigen Paragraphen bezeichneten Vorzüge und Berechtigungen, sowie die übrigen daselbst gedachten nachteiligen Folgen bisher lebenslänglich zu dauern hatten, oder auch mit Verurteilungen wegen anderer als der in dem bezogenen Paragraphen aufgezählten strafbaren Handlungen, oder selbst mit solchen Urteilen, Erkenntnissen oder Beschlüssen, wodurch ein Strafverfahren erledigt wurde, ohne dafs der Beschuldigte für schuldig erklärt worden ist, verbunden waren, hiermit aufser Kraft gesetzt.

§ 8. Die im § 6 erwähnten Vorzüge und Berechtigungen, insofern sie nach diesem Paragraphen auch für die Zukunft in Folge strafrechtlicher Verurteilungen verloren gehen, werden weder durch das Ende der Strafe, noch durch den Ablauf der in dem bezogenen Paragraphen, Absatz 4, gedachten Zeiträume wieder erlangt.

§ 10. Es hat daher . . . .

d) diejenigen nachteiligen Folgen, welche in Gemäfsheit der bisherigen gesetzlichen Vorschriften mit früher geschöpften Urteilen, Erkenntnissen oder Beschlüssen, wodurch ein Strafverfahren erledigt wurde, ohne dafs der Beschuldigte für schuldig erklärt worden ist, verbunden waren, mit der beginnenden Wirksamkeit dieses Gesetzes gänzlich, diejenigen aber, welche in Folge früher geschöpfter Verurteilungen zu einer Strafe eintraten, insoweit aufzuhören, als dieselben nach dem gegenwärtigen Gesetze mit einer solcher Verurteilung nicht verbunden sind und insoweit sie auch nach diesem Gesetze eintreten, nach Ablauf der im § 6 bestimmten Zeiträume zu erlöschen; endlich haben

e) die Bestimmungen der §§ 6 und 8 über den Verlust der daselbst erwähnten Vorzüge und Berechtigungen und das Aufhören der Unfähigkeit zur Erlangung derselben auch auf früher geschöpfte strafrechtliche Erkenntnisse Anwendung zu finden.

§ 11. Will sich jemand darüber, dafs ihm die im § 10 lit. d, erwähnten nachteiligen Folgen oder die ebenda lit. e erwähnte Unfähigkeit nicht mehr ankleben, ein Amtszeugnis verschaffen, so steht ihm frei, um Ausfertigung desselben bei demjenigen Gerichte, welches über den Straffall in erster Instanz erkannt hat, oder welches an die Stelle desselben getreten ist, wenn es ihm von diesem verweigert wird, bei dem vorgesetzten Oberlandesgerichte, und wenn es ihm auch von diesem nicht gewährt wird, bei dem obersten Gerichtshofe anzusuchen.

§ 12. Die Bestimmungen der Landtagswahlordnungen und des Grundgesetzes für die Reichsvertretung über die aktive und passive Wahlberechtigung und über den Verlust derselben werden durch dieses Gesetz nicht berührt, sondern bleiben der Abänderung im verfassungsmäfsigen Wege vorbehalten.

Strafgesetzentwürfe.

Strafgesetz-Entwurf 1867. *)

Allgemeiner Teil.

IV. Titel.

Von den Strafen der Verbrechen und Vergehen.

§ 67. Wird jemand zur Strafe des Zuchthauses oder des Arrestes in was immer für einer Dauer verurteilt, so verliert er kraft des Gesetzes:

1. Die Mitgliedschaft bei Gemeindevertretungen und anderen zur Besorgung öffentlicher Angelegenheiten berufenen Vertretungen (Art. VIII).

2. alle Staats- und andere öffentlichen, daher auch alle Landes- und Gemeindeämter und Dienste, ferner die Advokatur, das Notariat und die öffentliche Agentie.

3. alle vom Staate verliehenen oder bestätigten Titel und Würden;

4. für die Dauer der Strafe das Wahlrecht und die Wählbarkeit zu den unter Zahl 1 erwähnten Vertretungen, sowie die Fähigkeit, eine der unter Zahlen 2 und 3 genannten Berechtigungen wieder zu erlangen.

§ 68. Bei den zur Zuchthausstrafe Verurteilten haben die im § 67 unter Zahl 4 bestimmten Folgen noch durch fünf Jahre und bei den zum Arrest Verurteilten noch durch zwei Jahre über das Ende der Strafzeit fortzudauern.

---

*) Aus: Ad $\frac{\text{Nr. LXXIV}}{\text{A. H.}}$ 1868. Einführungsgesetz zum Strafgesetze über Verbrechen und Vergehen nach den Beschlüssen des Strafgesetz-Ausschusses.

Dem erkennenden Gerichte bleibt es überdies vorbehalten, in denjenigen Fällen, in welchen der Verurteilte eine besonders verächtliche (niedrige und boshafte) Gesinnung an den Tag gelegt hat, diesen Termin bei der Zuchthausstrafe bis auf zehn und bei dem Arreste bis auf fünf Jahre zu verlängern.

VI. Titel.

Von der Erlöschung der Strafen.

§ 91. — — — — — — — — — — — — — — — —

Wird durch die landesfürstliche Begnadigung die Nachsicht einer bereits rechtskräftig verhängten Strafe bewilligt, so hat es zwar von jedem weiteren Vollzuge der Hauptstrafe abzukommen, und es erlöschen auch diejenigen Folgen des Strafurteils, deren Wirksamkeit auf die Dauer der Strafe beschränkt ist; die Nebenstrafen aber und die übrigen nachteiligen Folgen der Verurteilung erlöschen nur insoweit, als dies in dem Begnadigungsakte ausdrücklich ausgesprochen ist. . . . .

Strafgesetzentwurf Glaser (1874) *)

(Entwurf I)

II. Hauptstück.

Strafen.

§ 43. Die in den §§ 38—41 bezeichneten Wirkungen eines Strafurteils treten mit der Rechtskraft desselben ein.

Die in § 40 erwähnten Fristen beginnen mit dem Zeitpunkte, in welchem die Freiheitsstrafe verbüſst oder als getilgt anzusehen ist. Durch den blosen Ablauf derselben werden die in Gemäſsheit des § 41 Z. 1—3 [1]) verlorenen Berechtigungen nicht wieder erlangt.

---

*) Aus: Regierungsvorlage. Entwurf eines neuen Strafgesetzes über Verbrechen, Vergehen und Übertretungen. Wien 1874 (221 der Beilagen zu den stenogr. Protokollen des Abgeordnetenhauses. — VIII. Session).

Über den Grund der Nichteinführung der Rehabilitation vgl. ebenda Motivenbericht (Allgemeine Bemerkungen) VI. Ehrenfolge pag. 36.

[1]) **§ 41.** Die Schmälerungen der staatsbürgerlichen Rechte bewirkt:

1. Den Verlust der öffentlichen Ämter und Dienste, der Advokatur, des Notariats und der öffentlichen Agentie;

2. den Verlust der nicht vererblichen vom Staate verliehenen oder bestätigten und sonstigen öffentlichen Titel und Würden, mit Einschlufs der akademischen Grade, sowie den Verlust aller inländischen Orden und Ehrenzeichen und der Befugnis, ausländische Orden oder Ehrenzeichen im Inlande zu tragen;

3. den Verlust der aus öffentlichen Wahlen hervorgegangenen und aller derjenigen Rechte welche in einem Gesetze vom Vollgenufs der bürgerlichen Rechte abhängig gemacht sind.

Strafgesetzentwurf 1874 des Ausschusses des Abgeordnetenhauses.

(Entwurf II). *)

§ 43. Die in § 37—41 bezeichneten Wirkungen eines Strafurteiles treten mit der Rechtskraft desselben ein.

Die im § 40 bezeichneten Fristen beginnen mit dem Zeitpunkte, in welchem die Freiheitsstrafe verbüfst oder als getilgt anzusehen ist. Durch den blosen Ablauf derselben werden die in Gemäfsheit des § 41, Z. 1 und 2, sowie jene verlorenen Berechtigungen, welche sich auf öffentliche Wahlen, eine behördliche Ernennung oder Bestätigung gründen, nicht wieder erlangt.

Strafgesetzentwurf Pražak (1881). **)

(Entwurf III).

§ 44. Wie § 43 des Entwurfes II, nur dafs die darin zitierten §§ die folgende nächst höhere Ziffer aufweisen als die im Entwurfe II angeführten.

Strafgesetzentwurf Schönborn (1889). ***)

(Entwurf IV).

§ 44. Wie Entwurf III.

Strafgesetzentwurf des Ausschusses des Abgeordnetenhauses (1889). ****)

(Entwurf V).

Wie Entwurf IV nur im ersten Absatz ist § 38—42 ersetzt durch § 39-42.

Strafgesetzentwurf Schönborn (1891). †)

(Entwurf VI).

§ 45. Die in den §§ 40 bis 43 bezeichneten Wirkungen eines Strafurteiles treten mit der Rechtskraft desselben ein.

---

*) Aus: 210 der Beilagen zu den stenographischen Protokollen des Abgeordnetenhauses. — XI. Session 1889.

**) Aus: 392 der Beilagen zu den stenographischen Protokollen des Abgeordnetenhauses. — IX. Session.

***) Aus: 822 der Beilagen zu den stenographischen Protokollen des Abgeordnetenhauses. — X. Session 1889.

****) Aus: den Beilagen zu den stenographischen Protokollen des Abgeordnetenhauses X. Session 1889 (ohne Angabe der Nummer der Beilagen).

†) Aus: 210 der Beilagen zu den stenographischen Protokollen des Abgeordnetenhauses. — XI. Session 1891.

Die im § 42 erwähnten Fristen beginnen mit dem Zeitpunkte, in welchem die Freiheitsstrafe verbüſst oder als getilgt anzusehen ist. Durch den blosen Ablauf derselben werden mit Ausnahme der akademischen Grade, die in Gemäſsheit des § 43 Z. 1 und 2 sowie jene verlorenen Berechtigungen, welche sich auf öffentliche Wahlen, eine behördliche Ernennung oder Bestätigung gründen, nicht wieder erlangt.

2. Literatur.

Auf den Rechtszustand in Österreich verweisen:

Brasseur Albert: De la réhabilitation en droit Romain et en droit francais. Paris 1887 pag. 202.

Guitteau Alexis: De la réhabilitation des condamnés. Poitiers 1901 pag. 117.

Magescas F.: De la réhabilitation des condamnés. Bordeaux 1899 pag. 209.

Reutenauer Paul: De la réhabilitation en matière pénale et disciplinaire. Paris 1900 pag. 132.

Schiller Walter: Die Rehabilitation Verurteilter im schweizerischen Recht. Zürich 1905. pag. 100.

B. Konkursrecht.

1. Gesetzgebung.

Konkursordnung *)

vom 25. Dezember 1868.

II. Teil.

2. Hauptstück.

4. Abschnitt.

Von den Folgen des kaufmännischen Konkurses in Betreff der Person des Gemeinschuldners und von der Wiederbefähigung desselben.

§ 246. Ein Kaufmann bleibt, nachdem der Konkurs über sein Vermögen aufgehoben ist, fortan und insolange er die Wiederbefähigung nicht erlangt hat, von dem Genusse der nachbenannten Rechte ausgeschlossen:

a) von dem Rechte, Handelsgeschäfte unter einer nicht lediglich in der Zeichnung seines vollen Namens und Vornamens bestehenden Firma zu betreiben;

b) von der Wählbarkeit zum Mitgliede der Handelskammer und zu sonstigen kaufmännischen Ehrenämtern;

*) Aus: Die Konkursordnung vom 25. Dezember 1868. Mit allen einschlägigen Gesetzen und Verordnungen. Fünfte vermehrte Auflage. Mit einer Übersicht über die konkursrechtliche Spruchpraxis des k. k. Obersten Gerichtshofes verfaſst von Dr. Josef Friedländer k. k. Landesgerichtsrat. Wien 1899. Manz.

c) von der Fähigkeit, das Amt eines Börse- oder Warensensals, eines Börseagenten, dann eines Konkursmasseverwalters zu bekleiden.

S. auch G. v. 23. Mai 1873, RGB. Nr. 121 § 2 Abs. 2 und MV v. 11. Febr. 1896, RGB. Nr. 28 § 3 bis § 25.

§ 247. Die Wiederbefähigung ist dem Gemeinschuldner zu erteilen, wenn er nachweiset, dafs sämtliche Ansprüche der persönlichen Gläubiger, dieselben mögen im Konkurse zur Anmeldung gekommen sein oder nicht, durch Zahlung, durch Erlassung der Schuld, oder durch eine andere Erlöschungsart des allgemeinen bürgerlichen Rechtes an Kapital und Nebengebühren vollständig getilgt sind.

§ 248. Die Wiederbefähigung kann dem Gemeinschuldner unter Beobachtung der im § 251 angeordneten besonderen Vorsichten auch dann erteilt werden, wenn er einzelne seiner Gläubiger oder ihre Rechtsnachfolger wegen unbekannten Aufenthaltes zu befriedigen oder den Nachweis ihrer Befriedigung sich zu verschaffen nicht im Stande war, sofern er diese Umstände und den Besitz hinreichender Mittel, um auch solche Gläubiger zu bezahlen, in glaubwürdiger Art nachweist.

§ 249. Zur Erteilung der Wiederbefähigung ist das Konkursgericht kompetent.

Der Gemeinschuldner hat in seinem Gesuche die Nachweisung über den Erfolg der strafgerichtlichen Untersuchung, über den von den Gläubigern im Konkurse erlittenen Ausfall, über die Tilgung desselben oder über die in Ansetzung einzelner Forderungen bestehenden Hindernisse (§ 248) durch Beibringung der erforderlichen, in glaubwürdiger Form ausgestellten Quittungen, Erklärungen und sonstigen Urkunden zu liefern.

§. 250. Das Konkursgericht hat hierüber durch öffentlichen Anschlag bei Gericht und auf der Börse, wenn eine solche im Orte besteht, dann durch Mitteilung an die Handelskammer und durch Einschaltung einer Anzeige in die Zeitungsblätter kund zu machen, dafs der Gemeinschuldner um die Wiederbefähigung angesucht hat; dafs jedem Gläubiger, dessen Forderung zur Zeit der Konkurseröffnung bestanden hat, freisteht, das Gesuch samt Beilagen in der Gerichtskanzlei einzusehen und in Betreff seiner Forderungen seine Erinnerungen gegen die Richtigkeit der Nachweisung bei dem Konkursgerichte binnen einer längstens auf 3 Monate zu bestimmenden Frist einzubringen, sowie dafs nach Ablauf dieser Frist über das Gesuch werde Beschlufs gefafst werden.

§ 251. Wenn die Befriedigung einzelner Gläubiger wegen unbekannten Aufenthaltes derselben nicht nachgewiesen werden kann (§ 248), mufs die Kundmachung stets in der Form eines Ediktes ausgefertigt, veröffentlicht, und in Betreff der erwähnten Gläubiger die besondere Mahnung hinzugefügt werden, dafs falls der Aufenthalt derselben dem Gerichte bis zur Zeit der Beschlufsfassung über das Gesuch des Gemeinschuldners nicht angezeigt werden sollte, der allfällige Fortbestand ihrer Forderung der Wiederbefähigung des Schuldners nicht im Wege stehen werde.

§ 252. Nach Ablauf der Frist hat das Konkursgericht die etwa noch erforderlichen Erhebungen durch Einvernehmung des Gemeinschuldners, der Gläubiger, welche Erinnerungen eingebracht haben, oder anderer Personen, sowie nach Umständen der Handelskammer und der Staatsanwaltschaft von amtswegen zu pflegen und darüber Beschlufs zu fassen, ob die Wiederbefähigung zu erteilen oder abzuschlagen ist, von diesem Beschlusse aber den Gemeinschuldner, sowie die etwa widersprechenden Gläubiger zu verständigen.

Gegen den Beschlufs ist der Rekurs an den höheren Richter zulässig.

Wird dem Gesuche endgiltig stattgegeben, so ist der Beschlufs dieser in den Zeitungsblättern zu veröffentlichen.

§ 253. Ist der kaufmännische Konkurs durch Zwangsausgleich beendigt worden, so tritt der Gemeinschuldner, soferne die Folgen einer strafrechtlichen Untersuchung nicht im Wege stehen, schon mit dem Zeitpunkte der endgiltigen gerichtlichen Bestätigung des Ausgleiches in den Wiedergenufs des im § 246 unter a bezeichneten Rechtes.

Die Fähigkeit, die im § 246 unter b und c erwähnten Stellen und Ämter zu bekleiden, kann er nur im Wege des Wiederbefähigungsverfahrens, und zwar nur durch den Nachweis wieder erlangen, das auch der Ausfall getilgt ist, auf dessen nachträglichen Ersatz die Konkursgläubiger kraft des Ausgleiches den Anspruch verlieren (§ 233).

2. Literatur:

Alexander J.: Konkursgesetze aller Länder der Erde. Mit vergleichender Übersicht. Berlin 1892. pag. 217.

Bregeault Julien: La nouvelle réhabilitation des faillis. Paris 1904. pag. 11.

Canstein Raban Frhr. von: Lehrbuch des österreichischen Handelsrechtes. Berlin 1895. I. Teil. pag. 217.

Kaserer J.: Kommentar zur österreichischen Konkursordnung mit sämtlichen Materialien, dem Gesetze v. 9. Jänner 1869 nebst Motiven und Formularien. Wien 1869. pag. 278 ff.

Kissling Karl von: Die österreichische Konkursordnung mit Kommentar und Formularien. Zweite durchgesehene und vermehrte Auflage. Wien 1877. pag. 341—346.

Pollak Rudolf: Das Konkursrecht. Erster Teil. Berlin 1896. pag. 130; zweiter Teil. Berlin 1897. pag. 445—451.

Frankl: Zur Revision des österreichischen Konkursrechtes, Wien 1897. pag. 497 ff.

Pollitzer F.: Das österreichische Handelsrecht. Wien 1895. pag. 76.

Riehl Anton: Die Konkursordnung erläutert durch die Spruchpraxis. Wien 1882. pag. 288.

Schwarz Karl: Das österreichische Konkursrecht. Wien 1894. pag. 494—496.

Zugschwerdt Johann Baptist: Praktisches Handbuch zur Konkursordnung für die im österreichischen Reichsrate vertretenen Königreiche und Länder. 2. Ausgabe. Wien 1872. pag. 250.

II. Ungarn.

A. Zivilstrafrecht.

1. Gesetzgebung.

Strafgesetzentwurf 1843*).

II. Hauptstück.

Über die Strafarten, ihre Anwendung und Verwandlung.

§ 15. Durch den als Strafe verhängten Verlust eines öffentlichen Amtes kann niemandem benommen werden, daſs er nach erstandener Strafe wieder zu einem öffentlichen Amte gewählt oder ernannt werden könne. Ausgenommen sind jedoch jene Fälle, hinsichtlich welcher das Gesetz den Täter von der Bekleidung eines besonders bezeichneten öffentlichen Amtes auch für die Zukunft fern zu halten verordnet; doch kann auch in einem solchen Falle der Verurteilte nach erstandener Strafe ein anderartiges öffentliches Amt erlangen.

Strafgesetz von 1878**).

III. Hauptstück.

Strafen.

§ 57. Die Dauer des Amtsverlustes und der Entziehung der politischen Rechte wird durch das Gericht bestimmt. Die Zeit kann bei Vergehen auf ein bis drei Jahre festgesetzt werden und beginnt mit der Beendigung der Freiheitsstrafe, im Falle der Verjährung hingegen mit der Beendigung derselben.

Wenn die Todesstrafe in eine Freiheitsstrafe umgewandelt wird, so muſs die Dauer des Amtsverlustes und der Entziehung der politischen Rechte gleichzeitig mit der Umwandlung ausgesprochen werden.

§ 58. Wer zum Amtsverluste und zur Entziehung der politischen Rechte verurteilt worden ist, kann nach vollstreckter Freiheitsstrafe von der Zeit angefangen, in welcher er seine politischen Rechte

---

*) Aus: Entwurf eines Strafgesetzbuches für das Königreich Ungarn und die damit verbundenen Teile. Durch die Reichstags-Deputation in den Jahren 1841—1843 ausgearbeitet. Aus dem ungarischen Originaltexte übertragen. Erster Teil. Von den Verbrechen und Strafen. Leipzig 1843. Adolf Frohberger.

**) Aus: Das ungarische Strafgesetzbuch über Verbrechen und Vergehen. Budapest 1878.

wieder ausüben darf, öffentliche Ämter oder von behördlicher Bestätigung abhängige Ämter, Stellungen oder Dienste wieder bekleiden.

Jene Eltern, welche ihre Freiheitsstrafe verbüfst haben, werden durch gegenwärtiges Gesetz an der Übernahme der Vormundschaft, beziehungsweise Kuratel über ihre Kinder nicht gehindert.

§. 59. Der Verurteilte wird während der Dauer der Freiheitsstrafe der im § 55 angeführten Ämter, Stellungen und Dienste, sowie der Ausübung der politischen Rechte und des Rechtes zum Gebrauche von Titeln, Ordens- und Ehrenzeichen kraft des Gesetzes verlustig, wenn dies im Urteile auch nicht ausdrücklich ausgesprochen worden wäre.

Während dieser Zeit erlischt auch der Genufs der mit den erwähnten Ämtern, Diensten, Ordens- und Ehrenzeichen verbundenen Bezüge oder anderweitigen Benefizien, sowie der Pensionen und Gnadengehalte.

2. Literatur:

Brasseur Albert: De la réhabilitation en droit Romain et en droit français. Paris 1887. pag. 203.

Dr. Fayer László: A magyar büntetöjog kézikönyve. Budapest 1896. I. pag. 20.

Guitteau Alexis: De la réhabilitation des condamnés. Poitiers 1901. pag. 117.

Lasserre Henry: De la réhabilitation des condamnés. Paris 1889. pag. 219.

Löw Dr.: A magyar büntetötörvénykönyv a büntettekröl és vétségekröl. (1878: 5 tcz). És teljes anyaggyüjteménye.

Reutenauer Paul: De la réhabilitation en matière pénale et disciplinacire. Paris 1900. pag. 134.

Schiller Walter: Die Rehabilitation Verurteilter im schweizerischen Recht. Zürich 1905. pag. 100.

Tobiás: Második kötet, Budapest 1880. 58, § 359.

B. Konkursrecht.

Das ungarische Konkursrecht kennt gleich dem deutschen die im § 246 der österreichischen Konkursordnung angedrohten Rechtsnachteile und mithin auch ein Wiederbefähigungsverfahren nicht. (Pollak: Österreichisches Konkursrecht pag. 446). Vgl.: Zsögöd B.: Ungarisches Konkursgesetz mit Anmerkungen. 2. A. Budapest 1884.

III. Kroatien.

A. Zivilstrafrecht.

Gesetzgebung.

Das in Kroatien geltende österreichische Strafgesetz vom 27. Mai 1852 enthält keine hierher gehörende Bestimmung.

Strafgesetzentwurf vom Jahre 1879.*)

§ 73. Die in den §§ 70 und 71 bezeichneten Folgen des Strafurteiles beginnen mit jenem Tage, mit welchem das Urteil in Rechtskraft erwachsen ist.

Die im § 72[1]) erwähnten Fristen beginnen mit dem Zeitpunkte, in welchem die Freiheitsstrafe verbüfst oder in Folge einer Begnadigung oder Verjährung als getilgt anzusehen ist.

Nach Ablauf dieser Fristen werden die verlorenen Rechte nicht wieder zurückgewonnen, sondern es wird nur die Fähigkeit zu deren Wiedererwerbung erlangt.

Gesetz vom 10. Juni 1890 über die Folgen der strafgerichtlichen Verurteilungen und Strafen.**)

(Sammlung der Gesetze und Verordnungen No. 50 v. J. 1890.)

Art. VIII. Nach Ablauf der in den Art. V und VI angeführten Fristen werden die verlorenen Rechte nicht wieder zurückgewonnen, sondern es wird nur die Fähigkeit zu deren Wiedererwerbung erlangt.

B. Konkursrecht.

Gesetzgebung.

Konkursordnung***) vom 18. Juli 1853.

Neuntes Hauptstück.

Strafrechtliche Folgen des Konkurses.

B. Besondere Bestimmungen für Konkurse der Handelsleute und Fabrikanten.

1. Erlöschung der Protokollierung.

§ 201. — — — — — — — — — — — — — — — — — — —

§ 202. Die Konkursinstanz hat mit Rücksicht auf den Erfolg

---

*) Aus: Emil Tauffer: Gesammelte Wohlmeinungen über den kroatischen Strafgesetzentwurf (samt deutscher Übersetzung des kroatischen Gesetzentwurfes). Wien 1882.

[1]) **§ 72.** Die Dauer des eintretenden Amtsverlustes und der Entziehung der politischen Rechte hat das Gericht zu bestimmen, und zwar: bei Verbrechen von 3 bis 10 Jahren, bei Vergehen von 1 bis 3 Jahren.

Wird die Todesstrafe nachgesehen oder die lebenslängliche Zuchthausstrafe im Wege der Gnade in eine zeitliche umgewandelt, so haben die erwähnten Nebenstrafen 10 Jahre zu dauern.

**) Aus: Kazneni zakon o zločinstvih, prestupcih i prekršajih od 27. svibnja 1852. Drugo izdanje. Uredio Dr. Josip Šilović. 1901. Zagreb. (Strafgesetz über Verbrechen, Vergehen und Übertretungen vom 27. Mai 1852. Zweite Auflage. Besorgt von Dr. Josip Šilović. 1901. Agram.) Pag. 37. (Übersetzt aus dem Kroatischen. D. H.)

***) Aus: Reichs-Gesetz-Blatt für das Kaisertum Österreich. Jahrgang 1853. Wien 1853. XLIII. Stück. Ausgegeben und versendet am 20. Juli 1853.

der strafgerichtlichen Untersuchung und das Ergebnis der Konkursverhandlung über den Fortbestand oder die Erlöschung der Protokollierung zu erkennen.

In der Regel ist die Protokollierung als erloschen zu erklären.

§ 203. Ist der Gemeinschuldner des Betruges oder eines anderen aus Gewinnsucht entspringenden Verbrechens oder Vergehens oder einer Übertretung dieser Art schuldig erkannt worden, hat er sich einer Hintergehung der Behörde hinsichtlich der Ausweisung des Fonds bei Antritt seines Geschäftsbetriebes oder über die Erfordernisse zu seiner Wiederbefähigung, im Falle er schon einmal in Konkurs geraten war, schuldig gemacht, oder fallen ihm die im § 486 des Strafgesetzes, lit. c) und d) erwähnten Vergehen hinsichtlich der Buchführung zur Last, so ist er auch für die Zukunft zur Erlangung der Protokollierung als Handelsmann, Fabrikant oder öffentlicher Gesellschafter von der Konkursinstanz für unfähig zu erklären.

2. Wiederbefähigung zur Protokollierung.

§ 204. Einem Handelsmanne oder Fabrikanten, welcher aus anderen als den angeführten Gründen straffällig befunden worden ist, kann die Fortsetzung seiner protokollierten Handlung oder Fabrik, jedoch nur dann gestattet werden, wenn er sich über die Befriedigung aller seiner Gläubiger mit dem ganzen Betrage ihrer liquidierten Forderungen auszuweisen vermag.

Ist daher der Konkurs durch einen Nachlafsvergleich beigelegt worden, so mufs jeder Gläubiger, sofern es sich um den Fortbestand der Protokollierung handelt, auch mit dem nachgelassenen Betrage seiner Forderung befriedigt oder dessen Erklärung beigebracht werden, dafs er mit Verzichtleistung auf diesen Anspruch in die Wiederbefähigung des Gemeinschuldners willige.

Bei Handelsleuten und Fabrikanten, welche ihre Schuldlosigkeit dargetan haben, genügt es, wenn sie ihre Gläubiger mit dem durch die Ausgleichung festgesetzten Betrage ihrer Forderungen zu befriedigen vermögen.

Diese Bestimmungen wurden derogiert durch das

Konkursgesetz vom 28. März 1897,

das gleich dem ungarischen keinerlei hierher gehörige Regelungen enthält.[1])

---

132. Verordnung des Justizministeriums für die Königreiche Ungarn, Kroatien, Slavonien, die serbische Wojwodschaft mit dem Temeser Banate und das Grofsfürstentum Siebenbürgen, pag. 798.

[1]) Vgl.: Das kroatische Anfechtungs-Gesetz vom 24. März 1897 und das kroatische Konkursgesetz vom 28. März 1897. In die deutsche Sprache übersetzt und mit erläuternden Bemerkungen versehen von Ignatz Wagner, Advokat in Essegg. Druck und Verlag von Karl Laubner, Essegg. (Ohne Angabe des Erscheinungsjahres.) — [Die kroatische Ausgabe des Gesetzes, s. Materialien, wurde vom Redaktor des Gesetzes Dr. J. Mudrovčić besorgt.]

IV. Bosnien und Hercegovina.

A. Zivilstrafrecht.

Gesetzgebung.

Strafgesetz.*)

Erster Teil.

Zweites Hauptstück.

Verlust von Rechten und Befugnissen.

§ 47. Der Verlust von Rechten und Befugnissen wird verhängt gegen graduierte oder andere ein Amt oder eine Beschäftigung unter öffentlicher Beglaubigung ausübende Personen, gegen solche, die ein Handwerk oder Gewerbe betreiben. Diese Bestrafung wird auf bestimmte Zeit oder für beständig zuerkannt.

Eine Bestimmung über die Rehabilitation kennen die in Bosnien und der Hercegovina geltenden Gesetze, die Konkursordnung[1]) inbegriffen, nicht.

V. Gemeinsam für die gesamte Monarchie.

Militärstrafrecht.

1. Gesetzgebung.

Vorschrift für das ehrenrätliche Verfahren im k. u. k. Heer**).

Von dem Verfahren über Gesuche ehemaliger Offiziere und Kadetten um Wiedererlangung ihrer Charge.

§ 37. Offiziere und Kadetten, welche, nachdem sie, um der ehrenrätlichen Behandlung zu entgehen, ihre Charge (Kadettenauszeichnung) abgelegt haben (§ 21) oder derselben infolge eines ehrenrätlichen Beschlusses oder wegen eines keinen Ehrenmakel nach sich ziehenden Verschuldens im strafgerichtlichen Wege verlustig geworden sind, können ausnahmsweise wieder in die Leutnantscharge befördert, beziehungsweise zu Kadetten ernannt werden, wenn sie noch wehrpflichtig sind und durch einen nach Beschaffenheit des Falles zu bemessenden Zeitraum vollständige Proben der Besserung abgelegt, ihr

---

*) Aus: Strafgesetz über Verbrechen und Vergehen für Bosnien und die Hercegovina. Wien 1881.

[1]) Siehe: Konkursordnung für Bosnien und die Hercegovina. Wien. Staatsdruckerei. 1883.

**) Aus: «Normal-Verordnungsblatt für das k. u. k. Heer». 47. Stück. zu Praes. No. 5120 vom Jahre 1884.

früheres Verschulden nach Möglichkeit gutgemacht und ihre sonstige Eignung zur Beförderung erwiesen haben.

Die Truppenkommandanten sind verpflichtet, derlei Bitten im Dienstwege entgegenzunehmen und dem zuständigen ehrenrätlichen Ausschusse für Oberoffiziere und Kadetten zu überweisen. Zuständig ist, wenn der Gesuchsteller aktiv dient, der Ausschuss seines eigenen Truppenkörpers, anderenfalls jener des Truppenkörpers (Dienstzweiges), bei welchem der Gesuchsteller zur Zeit, als er im ehrenrätlichen oder strafgerichtlichen Wege seiner Charge (Kadettenauszeichnung) verlustig wurde oder dieselbe abgelegt hat, im Stande war.

§ 38. Dem ehrenrätlichen Ausschusse liegt ob, die bezüglich des damaligen Sachverhaltes und nach sonstigen Richtungen noch erforderlichen Erhebungen gründlich zu pflegen und dieselben unter Anschlufs aller Akten dem vorgesetzten Kommandanten behufs Einberufung der Offiziersversammlung mit dem schriftlichen Antrage vorzulegen, ob und inwieweit eine Bewilligung des Gesuches mit Rücksicht auf die Beschaffenheit und Wichtigkeit des einstigen Verschuldens, wie der damaligen und der nunmehrigen Verhältnisse des Bittstellers mit der Standesehre vereinbar sei oder nicht.

Über diesen Antrag hat die Offiziersversammlung (§ 17), zu welcher der Bittsteller nicht vorzuladen ist, mittels Stimmzettel (§ 18) Beschlufs zu fassen. Der Vorsitzende leitet die Verhandlung, stimmt aber nicht ab.

§ 39. Der Beschlufs der Offiziersversammlung wird unter Anschlufs der ihm zu Grunde gelegenen Akten vom Vorsitzenden im Dienstwege dem Reichs-Kriegsministerium vorgelegt.

Er wie alle Zwizchenkommandanten haben sich darüber zu äufsern.

Das Reichs-Kriegsministerium wird hierüber, wenn es sich um Rehabilitierung eines ehemaligen Kadetten handelt und hierzu eine Allerhöchste Nachsicht der Rechtsfolgen einer etwaigen strafgerichtlichen Verurteilung nicht erforderlich ist, verfügen, in anderen Fällen aber die Allerhöchste Entschliefsung Seiner k. und k. Apostolischen Majestät einholen.

2. Literatur.

Schmid Ferdinand: Das Heeresrecht der Österreichisch-Ungarischen Monarchie. Wien-Leipzig, 1903. pag. 536, 638, 651.

Panama.

(Cundinamarca.)

A. Zivilstrafrecht.

Gesetzgebung.

Strafgesetz*)
vom 16. Oktober 1858.

Libro primero.

Titulo primero.

Capitulo tercero.

Penas no corporales.

— — — — — — — — — — — — — — — — — —

Art. 53. Cuando el reo sea condenado á la pérdida de los derechos políticos y civiles, sin expresarse cuáles, no podrá, sin obtener rehabilitación, ejercer los seguientes: elegir ni ser elegido; ejercer empleo, función, comisión ó cargo público; ser jurado ni perito; ser empleado como testigo en los actos civiles; ser acusador sino en causa propria; ser albacea, tutor ó curador; ser árbitrio ni arbitrador; adquirir por título de legado ni herencia sino de sus ascendientes ó descendientes.

Capitulo cuarto.

Rehabilitación.

Art. 74. El reo declarado infame, si hubiere de sufrir esta nota sin otra pena, podrá obtener su rehabilitación después de haberla sufrido por espacio de ocho años, si en todo este tiempo ha observado buena conducta. Mas si la pena de infamia se le ha impuesto con otra pena corporal, deberá, además, sufrir ésta antes de obtener la rehabilitación.

---

*) Aus: Codigos de Comercio de Panama, Penal de Cundinamarca, Sancionado en 1858 y de Minas de Antioquia. Edición oficial. Bogotá. Imprenta de Pizano — 1886.

Art. 75. En los mismos términos podrá obtener rehabilitación cuando se le haya impuesto la pena de privación de los derechos políticos y civiles, ó de algunos de ellos.

Art. 76. Los demás reos que por la naturaleza de las penas hayan quedado privados de los derechos políticos podrán obtener rehabilitación para ejercerlos después de cumplidas sus condenas, siempre que hayan observado buena conducta.

Art. 77. Todas las resoluciones de los Tribunales sobre rehabilitación, se publicarán en los lugares en que se hallaren los reos.

Libro segundo.

Titulo primero.

Capitulo cuarto.

Reos que por la fuga ó de cualquier otro modo pretenden eludir la pena.

— — — — — — — — — — — — — — — — — — —

Art. 111. Los que se fuguen perderán el tiempo de pena que habían sufrido anteriormente, y se les comenzará á contar de nuevo; y para obtener rehabilitación será necesario que pasen nueve años después de la nueva condena, observándose lo dispuesto en el artículo 76.

Libro cuarto.

Titulo tercero.

Capitulo segundo.

Disposiciones comunes á los robos y á los hurtos.

— — — — — — — — — — — — — — — — — — —

Art. 632. Todo el que sea condenado por robo ó hurto, sufrirá también la pena de quedar sujeto por uno á cinco años, después de sufrir el castigo corporal, á la vigilancia de las autoridades; y aun cumplido, no podrá ser rehabilitado para ejercer los derechos de ciudadanía si no diere fiador de buena conducta.

Titulo cuarto.

— — — — — — — — — — — — — — — — — —

Art. 700. El artículo anterior[1]) y los artículos 74 á 76 . . . . se fijarán en todos los establecimientos de castigo y en ellos se leerán mensualmente.

Libro quinto.

Titulo cuarto.

Presidiarios.

Art. 728. Luégo que un reo sea entregado en el establecimiento de su destino, hará el Director en sus libros los asientos de que trata el artículo 724,[2]) y antes de filiarlo le leerá los artículos 699 y los citados en el 700 de este Código. Después de extender la filiación, hará asear al reo y reparle la cabeza, operación que se repetirá cada cuatro meses; le dará un vestido del establecimiento que dejará al salir de él; le hará poner un grillete; le prevendrá lo conveniente sobre la conducta que debe observar en el establecimiento, y lo destinará á una sección.

Titulo quinto.

Recluses.

Art. 736. Luégo que un reo destinado á reclusión sea entregado al Director del establecimiento, le leerá los artículos 699 y los citados en el 700 de este Código, y las disposiciones del presente Libro relativas á los reos; le hará las prevenciones verbales que le parezcan convenientes; hará en los libros los asientos prevenidos en el artículo 724; lo hará asear y que se le corte el pelo, y le asignará el oficio en que deba ocuparse.

---

[1]) **Articulo 699.** A los reos condenados à presidio ó reclusión, que hayan tenido buena conducta en el establecimiento y que no hayan tradado de fugarse durante las dos terceras partes del tiempo de su condena, podrá el Poder Ejecutivo en el Departamento en que reside, ó el Prefecto respectivo, disminuirles la tercero del mismo tiempo.

[2]) Art 728 handelt gar nicht von der Rehabilitation.

B. Handelsrecht.

Gesetzgebung.

Handelsgesetz.*)

Titulo quinto.

Capitulo 6.

Rehabilitación.

Art. 174. La rehabilitación del quebrado corresponde al juzgado que hubiere conocido de la quiebra.

Art. 175. Hasta la conclusion definitiva del expediente de calificación de quiebra, no es admisible la demanda del quebrado para su rehabilitación.

Art. 176. Los alzados, y los demás quebrados fraudulentos, no pueden obtener rehabilitación hasta pasados diez años después que se les hubiere calificado.

Art. 177. Los quebrados culpables pueden ser rehabilitados, acreditando el pago íntegro de todas las deudas liquidadas en el procedimiento de quiebra, y el cumplimiento de la pena que se les hubiere impuesto.

Art. 178. A los quebrados de 1ª y de 2ª clase, bastará para que obtengan rehabilitación, que justifiquen el cumplimiento íntegro del convenio aprobado que hubieren hecho con sus acreedores. Si no hubiere mediado convenio, estarán obligados á probar que, con el haber de la quiebra, ó por entregas posteriores si este no hubiere sido suficiente, quedarán satisfechas todas les obligaciones reconocidas en el procedimiento de quiebra.

Art. 179. A la solicitud de habilitación acompañarán los petitionaris las cartas de pago, ó los recibos originales por donde conste el reintegro de los acreedores.

El Juez, en vista de los documentos presentados por el quebrado, y de todos los antecedentes, del procedimiento de quiebra, decretará ó negará la rehabilitación, según lo dispuesto en los artículos anteriores, ó la suspenderá si sólo faltare algún requisito subsanable.

Art. 180. Por la rehabilitación del quebrado, cesan todas las interdicciones legales que produce la declaración de quiebra.

Art. 181. Los commerciantes que obtuvieren reposición del decreto de declaración de quiebra, en la forma que previenen los artículos 148 á 152, no necesitan de rehabilitación.

---

*) Aus: wie das Strafgesetz.

Paraguay.

A. Zivilstrafrecht.

Gesetzgebung.

Codigo penal
vom 21. Juli 1880.*)

Seccion segunda.

Titulo primero.

Capitulo III.

Penas privativas del honor y humillantes.

Art. 118. La pena de la inhabilitacion puede ser absoluta ó especial.

La inhabilitacion absoluta produce:

1° La pérdida del empleo ó cargo público que ejercia el penado, aunque provenga de eleccion popular.

2° La privacion de todos los derechos políticos, activos y pasivos, durante el tiempo de la condena.

3° La incapacidad para obtener los cargos, empleos y derechos mencionados, igualmente por el tiempo de la condena.

Art. 119. La inhabilitacion especial para empleo ó cargo público, produce la privacion del cargo ó empleo sobre que recae, y la incapacidad para obtener otro del mismo género durante la condena. La inhabilitacion especial para derechos políticos produce la incapacidad de ejercer, durante la condena aquellos sobre que recae.

Art. 129. La desticución se cumple privando al penado del empleo ó cargo público que ejercia.

La pena de la pérdida del empleo importa la pérdida de todos los servicios que en él hubiesen prestado los reos.

Los reos que perdiesen sus empleos por sentencia, non pueden ser promovidos por un nuevo nombramiento á otros de la misma ó de diversa naturaleza á no ser que haya declaracion espresa de rehabilitacion.

---

*) Aus: Código penal de la Republica del Paraguay. Publicacion oficial. Asuncion. Imp. de La Reforma. . . . . Calle 25 de Diciembre N. 20, Piaza del Mercado 1880.

Die Strafprozefsordnung war nicht erhältlich.

B. Handelsrecht.

Nach Borchardt (Die Handelsgesetze des Erdballs Bd. III. pag. 1125) ist in Paraguay unterm 14. Januar 1870 das H.G.B. von Argentinien provisorisch eingeführt worden. Doch beschäftigte man sich bereits damals — 1885 — mit dem Entwurfe eines neuen Handelsgesetzbuches.

Peru.

A. Zivilstrafrecht.

Gesetzgebung.

Código penal*)
vom 6. September 1856.

Libro primero.

Seccion tercera.

Titulo 3.

De las penas que llevan consigo otras accesorias.

— — — — — — — — — — — — — —

Art. 39. El indulto de la pena no exime el sentenciado de la vigilancia de la autoridad, ni le rehabilita para ejercer cargos públicos ó derechos políticos, á no ser que expresamente se le otorgue la esencion ó rehabilitacion.

El indulto de la pena de muerte produce inhabilitacion absoluta y sujecion á la vigilancia de la autoridad por diez años.

---

*) Aus: Codigo penal del Perú. Edicion oficial. Lima. Imprenta Calle de la Rifa Num. 58. 1862.

Der: »Codigo de enjuciamientos en materia penal. (St.P.O.) Edicion oficial. Lima. Imprenta Calle de la Rifa, 58. 1862« enthält keine Bestimmung über Rehabilitation.

B. Handelsrecht.

1. Gesetzgebung.

Handelsgesetz*) vom 30. April 1853.

Buch IV.

Vom Falliment.

Titel XI.

Von der Rehabilitation.

Art. 1224. Die Rehabilitation des Falliten steht dem Gerichte oder Richterstuhle zu, welcher über das Falliment erkannt hat.

1225. Bis zur definitiven Beendigung des Qualifikationsverfahrens des Falliments ist das Ansuchen des Falliten behufs seiner Rehabilitation nicht zulässig.

1226. Die als böswillig flüchtigen und die als betrügerisch qualifizierten Falliten können nicht rehabilitiert werden.

1227. Die schuldbaren Falliten können rehabilitiert werden, wenn sie die volle Bezahlung aller im Fallimentsverfahren liquidierten Schulden und die Verbüfsung der ihnen etwa auferlegten Korrektionsstrafe nachweisen.

1228. Bei den Falliten erster und zweiter Klasse genügt es, um rehabilitiert zu werden, dafs sie die genaue Erfüllung des genehmigten Akkordes, der mit ihren Gläubigern etwa getroffen sein mag, nachweisen. Sollte kein Akkord vermittelt worden sein, so sind sie verpflichtet, zu beweisen, dafs mit dem Bestande des Falliments oder durch spätere Zahlungen, wenn ersterer nicht hinreicht, alle in dem Fallimentsverfahren anerkannten Verpflichtungen erfüllt worden sind.

1229. Dem Rehabilitierungsspruche sind die Originalquittungen oder Empfangsscheine beizufügen, aus welchem die Befriedigung der Gläubiger hervorgeht.

1230. Durch die Rehabilitierung des Falliten cessieren alle gesetzlichen Interdiktionen, welche die Fallimentserklärung erzeugt.

1231. Die Kaufleute, welche eine Aufhebung der Verfügung der Falliterklärung in der in den Art. 1080 bis 1084 vorgeschriebenen Weise erlangt haben, bedürfen der Rehabilitierung nicht.

2. Literatur.

J. Alexander: Konkursgesetze aller Länder der Erde. Berlin 1892 pag. 438.

---

*) Aus Borchardt: Die Handelsgesetze des Erdballs. IV. Bd. Berlin 1886 pag. 129.

Portugal.

A. Zivilstrafrecht.

Das portugiesische Strafrecht kennt das Rechtsinstitut der Rehabilitation nicht. Die portugiesische juridische Terminologie bezeichnet jedoch gleich dem brasilianischen Recht die nachträgliche Wiederaufhebung des Strafurteils auf Grund der im Wege des Revisionsverfahrens erwiesenen Unschuld des Verurteilten als Rehabilitation. Lediglich diese findet auch im »Décret du 27 février 1895 sur la revision des procès criminels et sur la réhabilitation« ihre gesetzliche Regelung; bis dahin lag sie ausschliefslich im Ermessen der königlichen Gnade.[1])

Literatur.

Guittenau Alexis: De la réhabilitation des condamnés. Poitiers 1901. pag. 118.

von Liszt Franz und **Crusen Georg:** Die Strafgesetzgebung der Gegenwart in rechtsvergleichender Darstellung. II. Band. Berlin 1899. pag. 532.

Reutenauer Paul: De la réhabilitation en matière pénale et disciplinaire. Paris 1900. pag. 134.

Schiller Walter: Die Rehabilitation Verurteilter im schweizerischen Recht. Zürich 1905. pag. 10.

B. Handelsrecht.

1. Gesetzgebung.

a) Handelsgesetz*)
vom 18. September 1833.

Buch III.

Titel XII.

Von der Rehabilitation des Falliten.

Art. 1263. Die Rehabilitation des Falliten kann nur durch das oberste Handelstribunal bewilligt werden, nachdem das Handelsgericht, welches über das Falliment erkannt hat, gehört worden und in den durch dieses Gesetz bestimmten Fällen.

---

[1]) Siehe: Annuaire de législation étrangère, publié par la Société de législation comparée contenant le texte de principales lois votées dans les pays étrangers en 1895. Paris 1896. pag. 413.

*) Aus: Borchardt: Die Handelsgesetze des Erdballs. IV. Bd. Berlin 1886. pag. 261.

Art. 1264. Der Handelsmann, welcher sich in den Besitz fremder Waren gesetzt hat, oder dessen Falliment als betrügerisch qualifiziert ist, kann nicht mehr als Handelsmann rehabilitiert werden.

Art. 1265. Der Handelsmann, dessen Falliment nur durch höhere Gewalt oder zufälliges Ereignis entstanden ist, kann seine Rehabilitation erlangen, wenn er die vollständige Erfüllung oder Zahlung des Akkordes, oder wenn ein solcher nicht stattgefunden hat, die vollständige Erschöpfung seiner Masse zur Befriedigung der Gläubiger nachweist.

Art. 1266. Der Handelsmann, dessen Falliment als schuldbar qualiffziert ist, kann seine Rehabilitation nur dann erlangen, wenn er die volle Bezahlung aller in dem Fallimentsverfahren liquidierten Forderungen, sowie die Verbüfsung der ihm auferlegten Konventionalstrafe nachweist.

Art. 1267. Findet bei einem schuldbaren Fallimente Akkord statt, so ist der zu Rehabilitierende verpflichtet, auch in diesem Falle die vollständige Zahlung und Tilgung der Gesamtheit seiner liquidierten Schulden zu beweisen, auch wenn sie durch Zahlungen, welche nach Beendigung des Fallimentsverfahrens gebucht wurden, amortisiert worden sind.

Art. 1268. Der zu Rehabilitierende ist verpflichtet, den Beweis, auf den er sein Gesuch stützen mufs, durch Originalurkunden zu erbringen. Dem obersten Handelstribunale und dem informierenden Handelsgerichte ist es gestattet, alle sonstigen Informationen, welche sie für angemessen halten, einzuziehen, um sich von der Wahrheit des Gesuches, sowie von den rechtlichen Gründen, demselben zu willfahren, Gewifsheit zu verschaffen.

Art. 1269. Gegen die Bewilligung oder Verweigerung der Rehabilitation durch das oberste Handelstribunal gibt es keinerlei Rechtsmittel.

Art. 1270. Ist der Fallit durch das Erkenntnis des obersten Handelstribunals rehabilitiert worden, so cessieren alle gesetzlichen Interdiktionen, welche durch die Eröffnung des Falliments veranlafst worden sind.

b) Handelsgesetz*)

vom 23. August 1883.

Viertes Buch.

Von den Fallimenten.

Titel VI.

Von dem Ende der Interdiktion und der Rehabilitation des Falliten [1]).

Art. 743. Die Interdiktion des Falliten ist auf dessen Antrag aufzuheben, wenn er die Gewährung eines Moratoriums oder end-

*) Aus: Borchardt: Die Handelsgesetze des Erdballs, Nachtrag Bd. I. pag. 208.

[1]) Bemerkungen hierzu· Borchardt a. o. a. O. pag. 208.

giltige Bewilligung eines Akorkdes nach gehöriger Bestätigung durch das Gericht erlangt hat, und es ist seine Rehabilitation gleichfalls zu verfügen in Konsequenz der Klassifikation des Falliments als eines zufälligen oder infolge der Tatsache, das der Fallit die Strafe, in welche er etwa wegen schuldbaren oder betrügerischen Falliments verfallen war, verbüfst hat, oder dafs die Strafe erlassen ist.

Einz. §. Wird das Moratorium oder der Akkord wieder annulliert, so wird der Fallit von neuem interdiziert.

Art. 744. Ausser den, in dem ersten Teil des vorhergehenden Artikels erwähnten Fällen kann die Aufhebung der Interdiktion des Falliten nur in folgenden Fällen gewährt werden:

1. Wenn er auf Grund vollständiger Zahlung oder Erlasses mit allen Gläubigern, welche die Zahlung beansprucht haben, quitt ist;
2. Wenn mehr als zehn Jahre verflossen sind, und die Fallitmasse sich als erschöpft erweist, es vollständig an Vermögensstücken mangelt, und mindestens die Zahlung von fünfzig Prozent an alle Gläubiger, welche Zahlung beansprucht haben, erfolgt ist;
3. Wenn das Doppelte dieser Frist verstrichen ist und nachgewiesen wird, das fünfundzwanzig Prozent der Forderungen gezahlt, und die anderen Umstände der vorstehenden Nummer eingetreten sind.

2. Literatur:

Alexander J.: Konkursgesetze aller Länder der Erde. Berlin 1892. pag. 237.

Bregeault Julien: La nouvelle réhabilitation des faillis. Paris 1904. pag. 12.

Lecomte Maxime: Étude comparée des principales législations Européennes en matière de faillite. Paris 1879. pag. 81.

Rumänien.

A. Strafrecht.

Weder das Zivil- noch das Militärstrafrecht enthält irgend eine Bestimmung über Rehabilitation[1]).

[1]) Siehe: Codul penal, codul justiţiei militare, codul justiţiei marine, codul silvic adnotade cu jurisprudenţa motivata a tribunalelor, curtilor de apel si a casatiei precedate de un index alfabeticsi urmate de: convenţiunile de extradare si de dispoziţiunile penale, din legile si regulamentele uzuale de C. Hamangiu şi N. M. Sotir. Bucurescĭ. 1903.

Literatur:

Brasseur Albert: De la réhabilitation en droit Romain et en droit français. Paris 1887. pag. 203.

Lasserre Henry: De la réhabilitation des condamnés. Paris 1889. pag. 219.

Magescas F.: De la réhabilitation des condamnés. Bordeaux 1899. pag. 210.

B. Handelsrecht.

1. Gesetzgebung.

Handelsgesetz*).

vom 10. Dezember 1863.

Buch II.

Von Fallimenten und Bankerotten.

Titel III.

Von der Rehabilitation.

Art. 338. Der Fallit, welcher die ganze Summe, die er schuldet, nebst Zinsen und entstandenen Kosten bezahlt hat, kann seine Rehabilitation erlangen. Aber, wenn er Gesellschafter eines Handelsetablissements ist, welches falliert hat, kann er dieselbe nicht erlangen, bevor er den Beweis beibringt, dafs alle Schulden der Gesellschaft nebst Zinsen und Kosten vollständig bezahlt worden sind, selbst wenn er einen besonderen Akkord auf seine Rechnung geschlossen hat.

Art. 339. Jedes Gesuch wegen Rehabilitation ist an das Justizministerium zu richten, der Antragsteller hat seinem Gesuch alle Dokumente und sonstigen Beweise der vollständigen Tilgung seiner Schulden beizufügen.

Art. 340. Das Justizministerium sendet beglaubigte Kopien des Gesuches und der Beweisstücke an das Handelsgericht des Wohnsitzes des Antragstellers und, wenn dieser nach dem Falliment den Wohnsitz gewechselt hat, an das Handelsgericht des Ortes, wo sich der Fallit niedergelassen hat, mit der Aufforderung, alle tunlichen Erhebungen über die Wahrheit der Angaben des Antragstellers zu veranlassen.

Art. 341. Der Präsident des Gerichts bestimmt, dafs eine Kopie des Gesuches angefertigt werde, welche 2 Monate sowohl im Sitzungssaale des Gerichts und des Magistrats als auch in der Börse, wo solche vorhanden ist, angeschlagen bleibe. Aufserdem wird ein Auszug ins Amtsblatt eingerückt.

---

*) Aus: Borchardt: Die Handelsgesetze des Erdballs, IV. Bd. Berlin 1886. pag. 407.

Art. 342. Jeder Gläubiger, der nicht für seine Forderung an Kapital, Zinsen und Kosten vollständig befriedigt worden ist, und jeder andere Interessent kann während des öffentlichen Aushangs der Kopie mittels Klage an das Gericht, wozu die Beweisstücke beigelegt werden, gegen die Rehabilitation Einspruch erheben. Der Einspruch erhebende Gläubiger kann in dem Verfahren, betreffend die Rehabilitation niemals als Partei auftreten.

Art. 343. Nach Ablauf von zwei Monaten hat der Präsident des Handelsgerichts dem Justizministerium die Nachrichten einzusenden, die er gesammelt hat, und die etwa erhobenen Einwendungen, unter gleichzeitiger Beifügung eines Gutachtens über das Rehabilitationsgesuch.

Art. 344. Das Justizministerium sendet alle diese Aktenstücke dem „hohen Divan" (Appellationsgericht) und extrahiert durch den Prokurator desselben ein Erkenntnis, welches das Gesuch auf Rehabilitation zuläfst oder verwirft. Wird das Gesuch verworfen, so kann es erst nach einem Jahre wieder angebracht werden.

Art. 345. Das Erkenntnis, welches die Rehabilitation ausspricht, ist an das Justizministerium zu richten und von demselben nach gesetzlicher Beglaubigung an das Handelsgericht zu senden, welches die Sache untersucht, um dasselbe in einer öffentlichen Sitzung zu verlesen und in das Register einzutragen. Zugleich ist ein Auszug in das Amtsblatt einzurücken.

Art. 346. Rehabilitationsunfähig sind: die betrügerischen Bankrottierer, die wegen Diebstahls, Schwindels (înselătorie) oder Vertrauensmifsbrauchs und des Stellionats Verurteilten. Gleichfalls unfähig sind die Vormünder, Verwalter oder andere Rechnungspflichtige, die ihre Rechnungen nicht gelegt oder nicht gehörig belegt haben. — Der einfache Bankrottierer, welcher die gegen ihn erkannte Strafe verbüfst hat, kann zur Rehabilitation zugelassen werden.

Art. 347. Kein falliter Kaufmann darf auf der Börse erscheinen, es sei denn, dafs er seine Rehabilitation erlangt hat.

Art. 348. Der Fallit kann auch nach seinem Tode rehabilitiert werden.

2. Literatur:

J. Alexander: Konkursgesetze aller Länder der Erde. Berlin 1892. pag. 245.

Russland.

A. Zivilstrafrecht.

1. Gesetzgebung.

Strafgesetzentwurf der Redaktionskommission.*) (1882).

I. Teil.

Abschnitt III.

Strafen.

Art. 33. Wer eine Freiheitsstrafe verbüfst hat, aber der in Art. 27[1]) bezeichneten Rechte verlustig erklärt oder unter Polizeiaufsicht gestellt ist, kann bei dem seinem Wohnort nächstgelegenen Bezirksgericht um Rehabilitation oder Aufhebung der Polizeiaufsicht einkommen, sofern die gerichtlich festgesetzte Zeit der Entziehung der Rechte oder der Polizei-

---

*) Aus: Strafgesetzbuch für Russland. Entwurf der Redaktionskommission. Aus dem Russischen übersetzt von Dr. R. Gretener. S. Petersburg 1882.

Vgl. hierzu: Strafgesetzbuch für Russland. Allgemeiner Teil. Erläuterungen zum Entwurfe der Redaktionskommission. Aus dem Russischen übersetzt von Dr. R. Gretener. Petersburg 1882. pag. 114.

[1]) **Art. 27.** Die zur Zwangsarbeit, Festungshaft auf die Dauer von mehr als sechs Jahren, zur Deportation oder zu Korrektionshaus Verurteilten werden sowohl während der Verbüfsung der Strafe, wie nach der Verbüfsung derselben, und zwar die zu Zwangsarbeit oder Korrektionshaus Verurteilten auf die Dauer von zehn Jahren, die zu Festungshaft oder Deportation Verurteilten auf die Dauer von fünf Jahren, des Rechtes verlustig erklärt:

1. in Landschafts-, Stadt- oder Ständeversammlungen zu wählen oder gewählt zu werden;
2. in den Staatsdienst zu treten;
3. in den Heeres- oder Marinedienst zu treten;
4. sich in Zünfte einschreiben zu lassen;
5. Vormund oder Kurator zu sein;
6. in einer öffentlichen oder Privatlehranstalt Vorsteher, Erzieher oder Lehrer zu sein;
7. Schiedsrichter, Geschworener, vereidigter Rechtsanwalt oder Bevollmächtigter in Angelegenheiten zu sein, welche vor Regierungs- oder Wahlbehörden verhandelt werden;
8. Zeuge zu sein bei Verträgen oder irgend welchen anderen Bekräftigung durch Zeugen erfordernden Rechtshandlungen.

(Aus: wie *)

aufsicht zur Hälfte verflossen ist und der Bittsteller dabei mindestens zwei Jahre am letzten Wohnorte zugebracht, auch von der Ortspolizei und von der betreffenden Stadt- oder Dorfverwaltung ein Zeugnis über gute Aufführung vorzuweisen hat.

Strafgesetzentwurf.*)
(1895).

Art. 28. Wer der im Art. 24 [1]) bezeichneten Rechte verlustig erklärt worden ist, kann bei dem Bezirksgerichte seines Wohnortes um Rehabilitation einkommen, sofern die Hälfte des Zeitraumes, für welche er der Rechte für verlustig erklärt wurde, abgelaufen ist und der Bittsteller dabei mindestens zwei Jahre am letzten Wohnorte zugebracht, auch von dem zuständigen Ortsgerichte ein Zeugnis über gute Aufführung vorzuweisen hat.

Die Regelung des Rehabilitationsverfahrens wird einem besonderen Gesetze vorbehalten. [2])

Strafgesetz.**) [3])
vom 22. März 1903
(allerhöchst genehmigt; noch nicht in Geltung).

I. Hauptstück.

III. Kapitel.

Von den Strafen.

Art. 31. Die Rechte, deren man auf Grund des vorhergehenden Artikels (30) [4]) verlustig gehen kann, mit Ausnahme

---

*) Aus: Ugolovnoe uloschenie. Obbjasnenija kb proektu redakcionnoj kommisii. Tomb. I. Glava 1—ja. S. Peterburgb 1895. (Strafrecht. Motivenbericht zum Redaktionskommissionsentwurfe. Band I. Erster Teil. Petersburg 1895).

Motivenbericht zu Artikel 28 ebendort pag. 292 ff.

[1]) **Art. 24** stimmt wesentlich mit dem oben zitierten Art. 27 des Entwurfes 1882 überein.

[2]) Aus dem Russischen übersetzt d. H.

**) Aus: Ugolovnoe uloschenie, visotschajsche, utverdschennoe 22. Marta 1903 goda. Jsdanie gosudarstvennuoi kanceljarii. S. Peterburgb 1903. (Strafgesetzbuch, Allerhöchst genehmigt am 22. März 1903. Ausgabe der Staatskanzlei. S. Petersburg 1903.)

[3]) Aus dem Russischen übersetzt d. H.

[4]) Der Artikel 30 stimmt mit dem vorzitierten Artikel 27 des Redaktionskommissionsentwurfes vom J. 1882 wesentlich überein.

jener Fälle, wo die Rehabilitation nach Ablauf einer bestimmten Zeitperiode den besonderen gesetzlichen Vorschriften zuwiderliefe, werden wiedererlangt nach Ablauf folgender Zeitläufe und zwar: bei den zur Zuchthausstrafe oder Verschickung Verurteilten zehn Jahre nach der Entlassung aus dem Verschickungsorte, nach der gleichen Zeitperiode bei den zum Korrektionshause Verurteilten; bei den zur Gefängnisstrafe Verurteilten fünf Jahre nach der Entlassung aus der Haft.

Die angeführten Fristen können im Falle einer guten Aufführung der Verurteilten auf ihr Ansuchen eine Abkürzung erfahren, sofern die Hälfte eines solchen Zeitraumes abgelaufen ist und der Bittsteller dabei mindestens zwei Jahre am letzten Wohnorte zugebracht hat.

Art. 34. Den zur Zwangsarbeit, Verschickung, Korrektionshaus oder zu der mit dem Verluste der Standesrechte verbundenen Gefängnisstrafe Verurteilten werden nach Entlassung aus dem Verschickungsorte oder aus der Haft folgende Beschränkungen auferlegt:

1. Wird ihnen der Wohnsitz und Aufenthaltsort in den gesetzlich bestimmten Gouvernements, Bezirken, Städten oder anderen Ortschaften verboten; 2. falls sie nach Verbüfsung der Strafe keinen Wohnsitz ausgewählt haben, wird ihnen der Aufenthaltsort seitens der betreffenden Gouvernementsregierung angewiesen; 3. es wird ihnen verboten, ohne besondere Erlaubnis der Ortspolizei den gewählten oder angewiesenen Wohnsitz vor Ablauf eines halben Jahres nach ihrer Niederlassung zu verlassen und 4. nach Ablauf eines halben Jahres, nachdem sie ihren Aufenthalt in dem selbstgewählten oder von der Behörde bestimmten Ort genommen haben, wird ihnen erlaubt, denselben zu wechseln, jedoch nur mit Wissen der Ortspolizei.

Art. 35. Für die im vorhergehenden Artikel (34) angeführten Beschränkungen des Rechtes den Aufenthaltsort zu wählen oder zu wechseln, werden folgende Fristen bestimmt: für die zur Zwangsarbeit oder Verschickung Verurteilten ein Zeitraum von fünf Jahren nach Entlassung aus dem Verschickungsorte; für die zur Korrektionsstrafe Verurteilten ein solcher von drei Jahren; für die zu Gefängnisstrafe Verurteilten hingegen ein Jahr nach der Entlassung aus der Haft.

Die angegebenen Fristen können im Falle guter Aufführung abgekürzt werden und zwar: die fünfjährige bis zu drei Jahren, die dreijährige bis zu einem Jahr, und die einjährige kann überhaupt ganz nachgelassen werden.

Gutachten des Senates.*)[1]

I. 2. Die Rehabilitierungsgesuche (Art. 31 des Strafgesetzes) werden erledigt durch die Bezirksgerichte des Wohnsitzes der Gesuchsteller nach dem festzusetzenden Verfahren.

2. Literatur.

Lasserre Henry: De la réhabilitation des condamnés. Paris 1889. pag. 220.

Miroljubov N. J.: Reabilitacija kakъ specialьnii pravovoi institut. (Die Rehabilitation als spezielles Rechtsinstitut). 1902. Erscheinungsort ?).

(Vergl. darüber: die russische juridische Zeitschrift „Pravo" vom 28. Oktober 1901. pag. 1927, wo dieser im Kasaner Juristenvereine gehaltene Vortrag eine kurze Besprechung findet.)

Taganzeff N. S.: Russkoe ugolovnoe pravo. Tomъ II. S. Petersburg 1902. pag. 1385.

B. Militärstrafrecht.

Gesetzgebung.

Militärstrafgesetz.**)

Erstes Buch.

Dritter Teil.

Bessernde Strafen.

I. Für Offiziere und die der Militärverwaltung unterstehenden Beamten.)

Kapitel VI.

Art. 40. Die aus dem Dienste, sei es mit, sei es ohne Verlust ihrer militärischen Rangverhältnisse Ausgeschlossenen

*) Aus: wie die vorzitierten Artikel des Strafgesetzes vom 22. März 1903. pag. 282. (Mnenie gosudarstvennago soveta.)

[1]) Das »Gutachten des Senates« ist die in Russland gebräuchliche Publikationsform der Gesetze.

**) Aus: »Svodъ voenihъ postanovlenij 1869 goda. S. Peterburgъ 1900. Častъ schestaja. Ustavie voenougolovnie. Knjiga XXII. Voinskij

verlieren das Recht von neuem in den Staatsdienst zu treten, das aktive und passive Wahlrecht in den Adelskorporationen, den städitschen Kommunen und in den Selbstverwaltungskörpern der Dörfer.

Allein die aus dem Dienste wegen spezieller dienstlichen keinem gewinnsüchtigen oder anderen schlechten Motiven entsprungenen Vergehen Ausgeschlossenen können nach dem Gutdünken der Militärverwaltung von neuem wieder aufgenommen werden, doch nicht anders wie als Gemeine und nur nach Verlauf von drei Jahren nach dem Ausschlufs aus dem Dienste, sobald die Bescheinigung der Ortsbehörde über ihr gutes Verhalten vorliegt.

Art. 43. Die Degradierten mit Ausnahme derjenigen, die eine militärische Heldentat begangen, können den Offiziersrang nicht anders erlangen, als nach vorhergehender Allerhöchster Erlaubnis, welche die der Belohnung entgegenstehenden Strafen nicht in Anrechnung zu bringen gestattet.

Es ist jedoch nicht erlaubt mit dem Gesuche um Nichtanrechnung der Strafe, welche der Belohnung entgegensteht, früher vorstellig zu werden, als wenn nach der Degradation schon drei Jahre tadellosen und eifrigen Dienstes verflossen sind.

Art. 44. Die Verabschiedung aus dem Dienste wird begleitet, weder vom Verlust der Rangverhältnisse, der Orden und anderer Auszeichnungen, welche nicht mit den Rangverhältnissen verbunden sind, noch solcher Orden und Auszeichnungen, mit welchen Rechte und Vorteile verknüpft sind, sondern sie zieht nach sich: den Verlust der übrigen Rechte und Vorrechte, die mit dem Dienste erworben sind, wie den Verlust des Rechtes vor Ablauf von drei Jahren nach der Verabschiedung in den Staats- oder Kommunaldienst zu treten.

In Kriegszeiten wird der vorgesetzten Behörde das Recht erteilt, die verabschiedeten Offiziere von neuem in die aktiven Armeekorps einzureihen, auch vor Ablauf der dreijährigen Frist.

Art. 46. Die Enthebung von der Dienststelle nach einem Gerichtsspruch hat nicht zur Folge eine Beschränkung der

---

ustav*b* o nakazanijah*b*. Izdanie tret*b*e (Po 1. oktjabrja 1900 goda). (Militärstatuten aus dem Jahre 1869. Petersburg 1900. VI. Teil. Militärstrafgesetz. Buch XXII. Dritte Auflage. Nach dem Stand am 1. Oktober 1900.)

Rechte und Vorrechte, die in Artikel 27 [1]) dieses Statutes aufgezählt sind. Der seiner Stelle Enthobene kann jedoch nicht anders zu dieser oder einer anderen Amtsstellung zugelassen werden, als nach erfolgter Allerhöchster Erlaubnis auf Vorstellung der vorgesetzten Behörde über ausgezeichnete, eifrige Dienste.

San Salvador.

Gesetzgebung.

A. Zivilstrafrecht.

Codigo penal.*)

a) (Strafgesetz 1859.)

Seccion segunda.

Efecto de las penas segun su naturaleza respectiva.

Art. 44. Los sentenciados á las penas de inhabilitacion para cargos públicos, derechos políticos, profesion ú oficio, perpetua ó temporalmente, pueden ser rehabilitados en la forma que determine la ley.

Art. 45. La gracia de indulto no produce la rehabilitacion para el ejercicio de los cargos públicos, derechos políticos, patria potestad y autoridad marital, ni exime de la sujecion á la vigilancia de la autoridad, si en el indulto no se concediere especialmente la rehabilitacion ó exencion en la forma que se prescriba en el Código de procedimientos.

---

[1]) **Art. 27.** Die Festungsstrafe verbunden mit der Beschränkung einiger dienstlicher Rechte und Vorrechte hat nicht zur Folge einen Ausschluss aus dem Dienste, sondern 1) das Verbot der Ausübung des Dienstes in der Linie sowie vor Ablauf von 3 Jahren bis zur besonderen Bescheinigung der Obrigkeit über eine Heldentat oder über ausgezeichnete eifrige Dienste und nach Erlaubnis der Nichtanrechnung der erlittenen Strafe, irgendwelche Belohnungen oder Diensterhöhungen zu erhalten; 2) die Beschränkung Orden zu erhalten und andere Auszeichnungen, welche gemäfs den Statuten der Orden und Auszeichnungen für tadellose Verrichtung des Dienstes verliehen werden.

*) Aus: Código penal de la República del Salvador. Nueva York. Impuenta de Esteban Hallet. No. 107. Calle de Fulton. 1860.

Derogiert durch den

Codigo penal.*)

b) (Strafgesetz 1881.)

Seccion 2ª.

Efecto de las penas segun su naturaleza respectiva.

Art. 37. La gracia de indulto no produce la rehabilitacion para el ejercicio de los cargos ú oficios públicos, derechos políticos, profesion titular, patria potestad y demas derechos expresados en el artículo 35, cuando la inhabilitacion ó suspension de los mismos se haya impuesto como pena accesoria, si en el indulto no se concediere especialmente la rehabilitacion ó exencion en la forma que se prescriba en el J.

Código de instruccion criminal.**)

(Strafprozeſsordnung.)

Libro 2.

Titulo 3.

Del cumplimiento de las penas y de la rehabilitacion.

— — — — — — — — — — — — — — — — — —

Art. 440. — Los reos que hayan incurrido en las penas de inhabilitacion para cargos públicos, derechos políticos, profesion ú oficio, perpetua ó temporalmente, pueden ser rehabilitados, conforme al artículo 44 del Código Penal.

Art. 441. La solicitud se hará por escrito ante la Corte Plena de Justicia quien la accordará, si por la copia certificada de los asientos y por el informe de los jefes de los establecimientos, en que se hubiere sufrido la condena, ó por la exposicion de las autoridades de los pueblos en que hubiere

*) Aus: Código penal de la República del Salvador. Redactado en virtud del comision del Supremo Gobierno. Por los señores Doctor Don Jose Trigueros, Licenciados Don Antonio Ruiz y Don Jacinto Castellanos. Año de 1880. San Salvador. Imprenta de »El Correta«. Calle de Comercio. Octubre 1881.

**) Aus: Códigos de procedimientos civiles y de Instruccion criminal de la República del Salvador. Redactados con arreglo a las disposiciones de los codigos civil y penal. Por los licenciados Don Angel Quiroz y Don Tomas Ayon. Segunda edicion. Arregladas de Orden Suprema. Por el licenciado Don Balbino Rivas. San Salvador. Imprenta de «El Comercio«. Calle de la Aurora. 1878.

residido el reo ó por las noticias que tenga por oportuno tomar, resultare la enmienda del reo y su constante buena conducta despues de la sentencia.

Art. 442. — No podrá pedirse la rehabilitacion sino un año despues del cumplimiento de la condena y de haberse indemnizado cumplidamente á la parte perjudicada, si alguna hubiere.

Art. 443. — Para las resoluciones sobre rehabilitacion de delincuentes, es necesaria la conformidad de la mayoría absoluta de los vocales del tribunal.

Art. 444. — Tambien puede acordarse la rehabilitacion al concederse al penado la gracia de indulto por la autoridad á quien compete por la ley conceder éste, pero para ello deberá acompañarse constancia en forma fehaciente de estar indemnizada cumplidamente la parte agraviada, si alguna hubiere.

Art. 445. — La rehabilitacion no podrá concederse dos veces á una misma persona.

B. Handelsrecht.

Handelsgetz*)
vom 1. Mai 1882.

Buch IV.

Von den Fallimenten.

Titel VIII.

Von der Rehabilitation.

Art. 1356. Die Rehabilitation ist die gerichtliche Erklärung, durch welche der Kaufmann, der sich im Falliment befunden hat, wieder in den Stand und in die Lage gesetzt ist, in welcher er sich vor dem Falliment befunden hat.

1357. Die Rehabilitation des Falliten steht dem Richter zu, welcher über das Falliment erkannt hat.

Die als betrügerisch qualifizierten Falliten können nicht rehabilitiert werden.

1358. Um die Rehabilitation zu erlangen, mufs der Fallit die vollständige Bezahlung seiner Schulden genügend nachweisen.

---

*) Aus: Borchardt: Die Handelsgesetze des Erdballs. IV. Bd. Berlin 1886. pag. 461.

Der schuldbare Fallit mufs ausserdem beweisen, dafs er die Strafe, zu welcher er verurteilt worden ist, verbüfst hat.

1359. Der Antrag auf Erlangung der Rehabilitation ist erst zulässig, nachdem das Verfahren behufs Qualifikation des Falliments definitiv beendet worden ist.

Dieser Antrag ist mit den Quittungen, Zahlungsscheinen und sonstigen erforderlichen Beweisstücken zu begründen, und es ist darüber nach Vernehmung des Verwalters des Falliments zu entscheiden.

1360. Wenn der Antrag auf Rehabilitation abgelehnt worden ist, kann er erst nach einem Jahre erneuert werden.

Das Erkenntnis, welches die Rehabilitation bewilliget, ist in den Zeitungen zu publizieren und wo solche nicht vorhanden sind, vermittelst Anschlagzettel, welche an den gebräuchlichen Orten anzuschlagen sind.

1361. Die Rehabilitation des Falliten beendigt alle Interdiktionen, welche die Erklärung des Falliments herbeiführt.

— — — — — — — — — — — — — — — — — —

Art. 1408. Der Antrag des Falliten auf seine Rehabilitation ist nach Beendigung des Verfahrens behufs Qualifikation in demselben Aktenstück, in welchem das letztere erörtert worden ist, zu instruieren, indem gemäfs den Bestimmungen in Titel 8 des Buches IV zu verfahren ist.

Schweden.

1. Gesetzgebung.

Constitution du 6 juin 1809.[1] *)

§ 25. Le Roi a le droit de faire grâce en matière pénale, de commuer la peine de mort, de réhabiliter et de restituer les biens confisqués; toutefois, les requêtes à ce sujet doivent être examinées par la Cour suprême, et la décision du Roi doit être prise en Conseil d'État. Il sera désormais loisible au coupable d'accepter la grâce que le Roi lui accorde, ou de se soumettre à la peine à laquelle il aura été condamné.**)

---

[1]) Regeringsform.

*) Aus: Dareste, Les constitutions modernes. II., pag. 43 et s.

**) Bezüglich des Verlustes der Ehrenrechte sei verwiesen auf das:

Strafgesetz vom 16. Februar 1866***)

(mit späteren Abänderungen).

2. Kapitel.

§ 19. Bestimmte im Gesetz erwähnte Verbrechen haben für den Ver-

2. Literatur.***)

(nicht erschöpfend.)

Aschehoug in: Nordisk Retsencyklopaedi, Statsretten, S. 226—228.

Marquardsen, Handbuch des öffentlichen Rechts. IV. Bd., 2. Halbband, 2. Abteilung, S. 73.

van Swinderen, Esquisse de droit pénal actuel. T. I. pag. 350.

Hagströmer, Svensk Straffrätt. S. 440—463.

Naumann, Sveriges Statsforfatningsrätt. II. Bd. S. 168—186.

Bezüglich der handelsrechtlichen Rechtsverhältnisse vergl.:

Alexander, Konkursgesetze. S. 507.

Bezüglich der Casiers judiciaires vergl.:

Ducaud, l. c., Kapitel VIII. pag. 146.

Marchand, loc. cit., S. 118.

d'Olivecrona, Des causes de la récidive et des moyens d'en restreindre les effets. Traduction. Paris, Stockholm, Berlin, Bruxelles. Stockholm 1873. Impr. Norman. S. 124 ff.

---

urteilten den Verlust des mitbürgerlichen Vertrauens (»medborgerligt förtroende«) zur Folge.

Hat derjenige, der solche Verbrechen begangen hat, die Todesstrafe oder lebenslängliche Strafarbeit verwirkt, so soll ihm das mitbürgerliche Vertrauen für immer abgesprochen werden; hat er Strafarbeit auf bestimmte Zeit verwirkt, so soll er, wenn es sich nicht um ein Verbrechen gegen Kapitel 13, § 1 oder 2 handelt, bis zum Ablauf einer bestimmten Zeit von mindestens einem und höchstens zehn Jahren seit er, nach erstandener Strafe, freigelassen worden ist, des mitbürgerlichen Vertrauens für verlustig erklärt werden.

Derjenige, der zum Verlust des mitbürgerlichen Vertrauens verurteilt ist, hat Amt, Dienst oder andere öffentliche Stellung, die er bekleidet, verwirkt; er soll auch, solange er des mitbürgerlichen Vertrauens verlustig ist, von allen denjenigen Rechten und Vorteilen ausgeschlossen sein, zu deren Genufs guter Ruf erfordert wird.

(NB.: Ein Strafurteil hat in Schweden nur dann eine rechtswirkende Infamie (vanfrejd) zur Folge, wenn diese Wirkung im Urteile ausdrücklich ausgesprochen ist. D. H.)

***) Nach freundlicher Mitteilung bezw. Übersetzung des Herrn Dozenten Jon Scheie (Kristiania). Urtext des Strafgesetzes siehe bei: Uppström W., Sveriges Rikes Lag. 22. Auflage. Stockholm. 1904.

Schweiz.

1. Gesetzgebung.

A. Zivilstrafrecht.

Bund.

Helvetisches Peinliches Gesetzbuch (1799)
[mit den dasselbe in einzelnen Paragraphen und ganzen Titeln aufhebenden, modifizierenden und ergänzenden spätern Gesetzen für die Republik Bern].

1839. Bei C. Langlois in Burgdorf.

Erster Teil.

Von den Verurteilungen.

Siebenter Titel.

Von der Wiedereinsetzung der Verurteilten in ihren vorigen Zustand.

§ 56. Jeder Verurteilte, welcher seine Strafe ausgestanden hat, kann von der Munizipalität seines Wohnorts ein Zeugnis begehren, um wieder in seinen vorigen Zustand eingesetzt zu werden.

Nämlich: die zur Ketten-, Zucht- oder Stockhausstrafe oder zur Einsperrung Verurteilten können sich zehn Jahre von Beendigung ihrer Strafen an gerechnet, die zur Bürgerrechtsentsetzung oder zum Pranger Verurteilten aber, nach zehn Jahren, vom Tag des gefällten Urteils an gerechnet, dafür melden.

§ 57. Kein Verurteilter kann seine Wiedereinsetzung begehren, wenn er nicht zwei volle Jahre innert dem Bezirke derjenigen Munizipalität gewohnt hat, an welche er deswegen seine Bitte einlegt, und nicht überdies noch Zeugnisse seiner guten Aufführung von denjenigen Munizipalitäten aufweist, in deren Bezirk er während den zehn Jahren vor Eingebung seiner Bitte gewohnt, oder sich aufgehalten hat.

Solche Zeugnisse seiner guten Aufführung können erst im Augenblicke ausgefertigt werden, in welchem er seinen Wohnort oder Aufenthaltsort verläfst.

§ 58. Spätestens acht Tage nach eingelegter Bitte werden die Munizipalbeamteten zusammenberufen, und ihnen von dem Begehren Anzeige gemacht.

§ 59. Nach Verlauf eines Monats werden die Munizipalbeamteten aufs Neue zusammenberufen; während dieser Zeit kann jeder derselben über die Aufführung des Verurteilten diejenigen Erkundigungen einziehen, welche er für dienlich finden wird.

§ 60. Die Meinungen werden durch Stimmzettel gesammelt, und die Mehrheit der Stimmen wird entscheiden, ob das Zeugnis bewilligt werde, oder nicht.

§ 61. Wenn die Mehrheit dafür ist, dafs das Zeugnis bewilligt werde, so werden zwei Munizipalbeamtete in Amtskleidung, oder mit ihrer Vollmacht zwei Munizipalbeamtete der Gemeinde, in welcher das peinliche Gericht, in dessen Bezirk der Verurteilte dermalen angesessen ist, seine Sitzungen hält, den Verurteilten vor das besagte peinliche Gericht führen.

Sie werden mit ihm im Verhörzimmer in Gegenwart der Richter bei offener Türe erscheinen.

Nach Verlesung des gegen den Verurteilten ausgesprochenen Urteils werden sie mit lauter Stimme sagen: »Der . . . . hat durch Ausstehung seiner Strafe sein Verbrechen ausgetilgt, jetzt ist seine Aufführung untadelhaft, wir begehren im Namen seines Landes, dafs die Schande seines Verbrechens ausgelöscht werde.«

§ 62. Der Präsident dieses Gerichts wird ohne weitere Beratschlagung darauf antworten: »Auf das Zeugnis und das Begehren Eures Landes hebt das Gesetz und das Gericht die Schande Eures Verbrechens von Euch.«

§ 63. Über Alles wird das Protokoll aufgenommen.

§ 64. Wenn das peinliche Gericht, vor welchem die Wiedereinsetzung ausgesprochen wird, nicht dasjenige ist, welches die Verurteilung aussprach, so wird eine Abschrift des besagten Protokolls diesem letztern zugeschickt, und bei dem Urteilsspruch angemerkt, um im Register eingeschrieben zu werden.

§ 65. Durch die Wiedereinsetzung hören in Rücksicht der Person des Verurteilten alle aus der Verurteilung entstandenen Folgen und Unfähigkeiten auf.

§ 66. Doch bleibt die Ausübung der Aktiv-Bürgerrechte des Verurteilten auch nach der Wiedereinsetzung so lange verschoben, bis er den Schadensersatz, Interesse und andere Geldstrafen, in die er verfällt worden wäre, wird erlegt haben.

§ 67. Wenn ein solches Zeugnis durch die Mehrheit der Stimmen von den Munizipalbeamteten verweigert wird, so darf der Verurteilte vor Verlauf von zwei Jahren seine Bitte deswegen nicht wiederholen, und so von zwei zu zwei Jahren, so lange das Zeugnis nicht bewilligt sein wird.

Bundesgesetz über die Bundesstrafrechtspflege vom 27. August 1851.*)

Zehnter Titel.

Von der Rehabilitation (Wiedereinsetzung in die bürgerlichen Rechte).

Art. 175. Jeder, der zu einer Strafe verurteilt worden ist, durch welche ihm die bürgerlichen Rechte ganz oder teilweise entzogen wurden, kann in dieselben wieder eingesetzt werden.

Die Wiedereinsetzung hebt die Unfähigkeit auf, welche aus dieser Entziehung entstand, sowie diejenige, die aus der Entsetzung von einer öffentlichen Anstellung und Beamtung, oder aus dem Verbot eines Handwerkes, eines Gewerbes oder eines Geschäftes erfolgte.

Art. 176. Die Wiedereinsetzung wird nur dann gewährt, wenn der Verurteilte, seit der Überstehung seiner Hauptstrafe, sich auf eine befriedigende Weise aufgeführt hat.

Art. 177. Das Gesuch um Wiedereinsetzung in die bürgerlichen Rechte kann nicht vor Verfluſs von drei Jahren, von der überstandenen Strafe an, gestellt werden.

Art. 178. Das Wiedereinsetzungsgesuch wird in der Form einer Bittschrift abgefaſst und an den Präsidenten des Kassationshofes eingesendet, mit dem Urteile und den Zeugnissen, welche die gute Aufführung des Bittstellers bescheinigen. Die Bitt-

---

*) Aus: Stooſs, Die schweizerischen Strafgesetzbücher. Basel und Gent 1890, p. 265 und Kocher, Die Straforganisation und Strafprozeſsgesetzgebung der Schweiz. Zürich, Orell Füssli, 1894, p. 23. Siehe auch Gesetz-Sammlung für den Kanton St. Gallen. V. Bd., S. 143 und O. Kronauer, Kompendium des Bundesstrafrechts der Schweiz. Eidgenossenschaft. Zürich, Verlag: Art. Institut Orell Füssli, 1903, S. 126/127.

schrift mit den Akten wird dem Bundesanwalte zur Begutachtung mitgeteilt.

Der Präsident zieht die nötigen Erkundigungen ein.

Art. 179. Der Kassationshof entscheidet über das Gesuch bei seiner ersten Versammlung.

Art. 180. Wenn er das Gesuch abweist, so kann der Bittsteller nicht vor Verflufs von zwei Jahren ein neues einreichen.

Art. 181. Spricht der Hof die Wiedereinsetzung aus, so wird eine Abschrift des Erlasses der Regierung des Kantons, in welchem der Rehabilitierte wohnt, übersendet.

Der Rehabilitierte erhält ebenfalls eine Abschrift davon. Er kann diesen Erlafs in öffentlichen Blättern bekannt machen und an den Orten, wo er will, anschlagen lassen.

Art. 182. Die Kosten fallen dem Bittsteller zur Last. Der Hof kann sie ihm jedoch, wenn seine Armut bescheinigt ist, erlassen.

Ein oft zitiertes Gesetz

vom 25. April 1880

ist uns nicht erhältlich gewesen. D. H.

Bundesgesetz über die Organisation der Bundesrechtspflege

(vom 22. März 1893).*)

III. Strafrechtspflege.

3. Kassationshof.

Art. 145. Der Kassationshof entscheidet:

3. Über Revisions- und Rehabilitationsgesuche in den Fällen, in welchen die Beurteilung durch ein eidgenössisches Gericht (Assisen oder Bundesstrafgericht) stattgefunden hat;

4. Über Rehabilitationsgesuche in den Fällen, wo den kantonalen Gerichten die Rechtsprechung durch einen Beschlufs des Bundesrates übertragen worden ist.

---

*) Aus: Neue Gesetzsammlung für den Kanton Thurgau. VI. Bd. Frauenfeld, Huber & Co., 1894. S. 598/599.

Vorentwurf zu einem Schweizerischen Strafgesetzbuch und zu einem Bundesgesetz betreffend Einführung des schweizerischen Strafgesetzbuches. Nach den Beschlüssen der von dem eidgenössischen Justizdepartement mit der Durchsicht des Vorentwurfes von 1896 beauftragten Expertenkommission. Juni 1903.

Bern, A. Francke, vormals Schmid und Francke, 1903 (S. 24).

Erstes Buch.

Von den Verbrechen.

Allgemeiner Teil.

Vierter Abschnitt.

Wegfall der Strafe.

Art. 58 § 1. Ist ein Verurteilter auf mehr als drei Jahre in der bürgerlichen Ehrenfähigkeit eingestellt worden (Art. 40), so kann ihn der Richter nach Ablauf von drei Jahren vom Tage der Erstehung der Strafe an in die bürgerliche Ehrenfähigkeit wieder einsetzen, wenn der Verurteilte sich durch sein seitheriges Verhalten der bürgerlichen Ehrenfähigkeit würdig erwiesen und den Schaden, den er durch das Verbrechen verursachte, soweit seine Mittel dazu ausreichten, ersetzt hat.

§ 2. Hat der Richter einem Verurteilten die Ausübung eines Berufes, Gewerbes oder Handelsgeschäftes auf länger als drei Jahre untersagt (Art. 43), so kann er ihn nach Ablauf von drei Jahren vom Tage der Erstehung der Strafe an zu der Ausübung wieder zulassen, wenn er sich überzeugt, dafs ein weiterer Mifsbrauch nicht zu besorgen ist, und der Verurteilte den Schaden, den er durch das Verbrechen verursachte, soweit seine Mittel dazu ausreichten, ersetzt hat.

§ 3. Ist ein Gesuch um Wiedereinsetzung in die bürgerliche Ehrenfähigkeit oder um Wiederzulassung zu einem Beruf, Gewerbe oder Handelsgeschäft als unbegründet abgewiesen worden, so kann es nicht vor Ablauf von drei Jahren erneuert werden.

Aargau.

Gesetz über Rehabilitation peinlich Verurteilter.*)

Vom 15. März 1854.

Der Grofse Rat des Kantons Aaargau,

nach Anleitung des § 44 lit. c. der Staatsverfassung,

beschliefst:

§ 1. Die Wiedereinsetzung eines peinlich Verurteilten in die politische und bürgerliche Rechtsfähigkeit steht dem Grofsen Rate zu.

§ 2. Das Gesuch um Wiedereinsetzung ist dem Regierungsrate einzureichen, welcher dasselbe zu prüfen und mit gutächtlichem Vorschlage dem Grofsen Rate einzureichen hat.

§ 3. Die Wiedereinsetzung wird nur dann gewährt, wenn:

a) seit der Strafüberstehung oder Begnadigung mindestens drei Jahre verstrichen sind;

b) der Bittsteller nicht zum zweiten Mal peinlich verurteilt worden ist;

c) der Verurteilte durch seine Aufführung während und seit der Ueberstehung der Strafe Beweise der Besserung gegeben hat.

§ 4. Weist der Grofse Rat das Gesuch ab, so kann der Bittsteller ein neues vor Ablauf von zwei Jahren nicht einreichen.

§ 5. Der Wiedereinsetzungsbeschlufs wird dem Betreffenden urkundlich zugestellt und veröffentlicht.

§ 6. Der Regierungsrat ist mit der Bekanntmachung und Vollziehung dieses Gesetzes beauftragt.

---

*) Aus: Aargauische Strafgesetze. Herausgegeben von Dr. Hermann Huber. Wohlen, Druck u. Verlag von Kasimir Meyer. 1904. p. 151, 152; z. T. angeführt bei Stoofs, Strafgesetzbücher. S. 267.

Peinliches Strafgesetz für den Kanton Aargau nebst Einführungsgesetz.*) **)

Vom 11. Hornung 1857.

A. Allgemeiner Teil.

VIII. Titel.

Von der Sühne der Verbrechen.

§ 51. Das Verbrechen wird gesühnt:

c) durch Begnadigung und Rehabilitation.

§ 54. Durch Begnadigung kann die Strafe, durch die Rehabilitation aber der an die Strafe geknüpfte Verlust der staatsbürgerlichen und bürgerlichen Rechte nachgelassen werden.

Strafgesetzbuch für den Kanton Aargau. Entwurf von Jakob Heuberger.

Brugg, Buchdruckerei «Effingerhof«, 1892 (S. 34).

A. Erster Teil.

Allgemeine Vorschriften über Verbrechen und deren Bestrafung.

Achtes Kapitel.

Straflosigkeit trotz der Zurechnungsfähigkeit des Täters zur Zeit der Begehung der Handlung und zwar: wegen des Todes, der Begnadigung und Rehabilitation des Täters, wegen Verjährung der Verbrechen oder Vergehen und wegen Verjährung der Strafen.

Begnadigung und Rehabilitation.

§ 140. Durch Begnadigung kann die Strafe und durch

---

*) Aus: Zuchtpolizeigesetz und Peinliches Strafgesetz für den Kanton Aargau. Herausgegeben von G. L. Stierli. Aarau, Druck und Verlag von H. R. Sauerländer. 1887. p. 42/43.

**) Chronologisch ist hier einzufügen, die

Staats-Verfassung für den Kanton Aargau.

Vom 23. April 1885.

(Brugg, 1885. Gedruckt bei Fisch, Wild & Comp.)

Das aargauische Volk gibt sich nachstehende Staatsverfassung:

IV. Gesetzgebung.

2. Der Grofse Rat.

Art. 33. Dem Grofsen Rat werden nachstehende Pflichten und Befugnisse übertragen:

t) Die Gewährung von Amnestie bei politischen Verbrechen und Vergehen, sowie das Recht der Rehabilitation in peinlichen und zuchtdie Rehabilitation kann der an die Strafe geknüpfte Verlust der Ehrenrechte (§ 12) erlassen werden.

Appenzell. A. Rh.

Strafgesetzbuch.

Vom 16. Oktober 1859.*)

Erster Abschnitt.

Allgemeiner Teil.

Erster Titel.

Von den Strafen und ihren Wirkungen.

Von dem Verluste der bürgerlichen Ehren und Rechte.

Art. 10. Der Verlust der bürgerlichen Ehren und Rechte besteht darin, dafs — — — — — — — — — —

Diese Strafe kann nur — — — — — — — — — — — — — — — Sie dauert bis zur erhaltenen Rehabilitation.

Von der Herabsetzung in den bürgerlichen Ehren und Rechten (Verlust der besonderen Ehrenrechte.)

Art. 11. Die Strafe der Herabsetzung in den bürgerlichen Ehren und Rechten kann . . . . . Der hierzu Verurteilte wird auf eine bestimmte Zeit, oder wenn diese im Urteile nicht bezeichnet ist, bis zu seiner Rehabilitation unfähig, — — — — — — — — — — — — — — — —

Von der Abänderung der Strafen.

Art. 18. Die Strafen können abgeändert werden:

c) durch Rehabilitation.

C. Von der Rehabilitation.

Art. 24. Jeder, welchem infolge einer Strafe die bürgerlichen Ehren und Rechte ganz oder teilweise entzogen worden

---

polizeilichen Fällen und der Begnadigung in Straffällen. Über die Ausübung des Begnadigungsrechts sollen entsprechende Vorschriften erlassen werden.

*) Aus: Gesetzbuch für den Kanton Appenzell. A. Rh. I. Bd. Amtliche Ausgabe. Herisau, Schnellpressendruck der M. Schläpferschen Buchdruckerei. 1864. S. 30 ff.

sind, kann durch Beschlufs des Obergerichts in dieselben wieder eingesetzt werden.

Die Wiedereinsetzung (Rehabilitation) wird aber nur dann gewährt, wenn der Verurteilte seit der Überstehung seiner Hauptstrafe sich eines ordentlichen Lebenswandels beflissen hat.

Gesetz betreffend das Strafverfahren. Vom 16. Oktober 1859.*)

Zwölfter Titel.

Von der Rehabilitation.

Art. 91. Jeder, der zu einer Strafe verurteilt worden ist, durch welche ihm die bürgerlichen Ehren und Rechte ganz oder teilweise entzogen wurden, kann durch Beschlufs des Obergerichtes in dieselben wieder eingesetzt werden.

Das Gesuch um Wiedereinsetzung (Rehabilitation) in die bürgerlichen Ehren und Rechte hat der Bittsteller vor dem Obergericht persönlich zu stellen, unter vorausgängiger Einsendung des Urteils und der Zeugnisse über sein bisheriges Wohlverhalten an den Präsidenten oder Vizepräsidenten des Obergerichtes.

Art. 92. Die Rehabilitation wird nur dann gewährt, wenn der Verurteilte seit der Überstehung der Hauptstrafe sich auf eine befriedigende Weise aufgeführt hat. Solche, deren Strafurteil mit gänzlichem Verluste der bürgerlichen Ehren und Rechte verbunden ist, sollen nicht vor Verflufs von wenigstens fünf Jahren und solche, die nur mit Herabsetzung in den bürgerlichen Ehren und Rechten bestraft wurden, nicht vor wenigstens zwei Jahren ein Rehabilitationsgesuch eingeben dürfen.

Bei politischen Verbrechern kann ein Rehabilitationsgesuch auch vor Verflufs dieses Termins eingegeben und gewährt werden.

Übergangsbestimmung.

Diejenigen Personen, welche vor Erlafs dieses Gesetzes Vergehen begangen haben, auf welche dasselbe die Einstellung

*) Aus: Gesetzbuch für den Kanton Appenzell A. Rh. I. Bd. Amtl. Ausgabe. Herisau 1864, S. 141/142.

in den bürgerlichen Ehren und Rechten nur auf bestimmte Zeit festsetzt, sind, wenn diese Zeit bereits schon vor Erlaſs desselben verstrichen ist und das in seinen Folgen für die Ehre aufzuhebende Strafurteil zu seiner Zeit von den Strafgerichten unseres Kantons ausgesprochen worden ist, kraft dieses Gesetzes und mit dem Eintritte des Augenblicks seiner Annahme, in ihren ehevorigen Ehren und Rechten wieder hergestellt und bedürfen sie hiezu keiner Rehabilitationserklärung durch das Obergericht.

Strafgesetzbuch für den Kanton Appenzell A. Rh. Von der Landsgemeinde angenommen den 28. April 1878. (Art. 153, 156 und 157 von der Landsgemeinde am 29. April 1894 revidiert.)*)

Erster Abschnitt:

Allgemeiner Teil.

Erster Titel:

Von den Strafen und ihren Wirkungen.

Entziehung der bürgerlichen Ehren und Rechte.

Art. 11. Abs. 2. Die Entziehung der bürgerlichen Ehren und Rechte durch Strafurteil wird nur in Verbindung mit Zuchthaus ausgesprochen und dauert bis zur Rehabilitation.

Herabsetzung in den bürgerlichen Ehren und Rechten.

Art. 13. Durch die Herabsetzung in den bürgerlichen Ehren und Rechten wird der dazu Verurteilte für bestimmte Zeit oder bis zur Rehabilitation unfähig, ...

Rehabilitation.

Art. 24. Jeder, welchem infolge einer Strafe die bürgerlichen Ehren und Rechte oder das Stimmrecht entzogen worden sind, oder welcher in den bürgerlichen Ehren und

---

*) Aus: Gesetzbuch für den Kanton Appenzell A. Rh. Enthaltend sämtliche gegenwärtig in Kraft stehenden kantonalen Gesetze nebst Bundes- und Kantonsverfassung. I. Bd. Amtl. Ausgabe. Trogen, Druck von U. Kübler, vorm. Schläpfersche Buchdruckerei. 1898, S. 103 ff. — In der Ausgabe: Herisau, Druck von M. Schläpfers Buchdruckerei, 1883, S. 90 ff. steht statt »Art.« »§«. Vgl. auch Stoofs, Strafgesetzbücher, S. 270.

Rechten herabgesetzt worden ist, kann durch Beschlufs des Obergerichtes in dieselben wieder eingesetzt werden.

Die Wiedereinsetzung (Rehabilitation) wird aber nur dann gewährt, wenn der Verurteilte seit Erstehung der Hauptstrafe weder eines neuen Verbrechens noch Vergehens schuldig erklärt worden ist, und wenn über seinen seitherigen Lebenswandel befriedigende Zeugnisse voıliegen.

Gesetz betreffend die Strafprozefsordnung.

Vom 25. April 1880.*)

Erster Abschnitt.

Verfahren bei Verfolgung von Verbrechen und Vergehen.

XIII. Rehabilitation.

Art. 97. Wer zu einer Strafe verurteilt worden ist, durch welche ihm seine bürgerlichen Ehren und Rechte oder das Stimmrecht entzogen, oder durch welche er in ersteren auf unbestimmte Zeit herabgesetzt worden, kann nach Mafsgabe der Bestimmungen des Art. 98 bei dem Obergerichte mit dem Gesuche um seine Rehabilitation einkommen.

Art. 98. Das Gesuch um Rehabilitation kann gestellt werden:

a) zu jeder Zeit:
   1. von solchen, die wegen eines politischen Verbrechens oder Vergehens bestraft worden sind,
   2. von Falliten, Akkorditen und ausgeschätzten Schuldnern, sofern sie den Nachweis leisten, dafs sie ihre Gläubiger vollständig, d. h. mit 100 Rappen für den Franken, bezahlt haben;

b) nach einem Jahre: von Akkorditen und Falliten, wenn sie den Nachweis leisten, dafs sie ihre Gläubiger zufriedengestellt haben;

---

*) Aus: Gesetzbuch für den Kanton Appenzell A. Rh. I. Bd. Amtl. Ausgabe. Trogen, 1898. S. 211 ff. In der Ausgabe Herisau, 1883 steht »§« statt »Art.« wie oben.

c) nach zwei Jahren: von solchen, die mit Herabsetzung in den bürgerlichen Ehren und Rechten oder mit Entziehung des Stimmrechtes, oder mit beiden Strafarten zusammen, sei es in Verbindung mit Geldbufse oder Gefängnisstrafe oder ohne solche, bestraft worden;

d) nach fünf Jahren seit Erstehung der Hauptstrafe: von solchen, deren Strafurteil mit gänzlicher Entziehung der bürgerlichen Ehren und Rechte verbunden gewesen ist.

Die Rechtskosten müssen bezahlt und die Geldbufsen entweder durch Zahlung oder Erstehung der Umwandlungsstrafe getilgt sein.

Wo das Urteil eine bestimmte Dauer der Stimmrechtsentziehung oder der Herabsetzung in den bürgerlichen Ehren und Rechten ausgesprochen hatte, tritt nach Ablauf dieser Frist die Rehabilitation ein, ohne dafs dieselbe nachgesucht werden müfste.

Art. 99. Das Gesuch um Rehabilitation mufs vom Petenten unter vorheriger Einsendung des Strafurteils und der Leumundszeugnisse persönlich vor dem Obergericht gestellt werden. Ausnahmsweise kann der persönliche Vorstand vom Präsidenten erlassen werden, wenn Krankheit, hohes Alter oder grofse Entfernung hindernd im Wege stehen.

Art. 100. Die Rehabilitation kann ausgesprochen werden, wenn der Gesuchsteller seit Erstehung der Strafe nicht eines neuen Verbrechens oder Vergehens schuldig erklärt worden ist, und wenn über seinen seitherigen Lebenswandel befriedigende Zeugnisse vorliegen.

Dem Obergerichte steht es frei, die Rehabilitation auszusprechen oder nicht; ebenso kann es, mit Ausnahme der in Art. 98 a 2. bezeichneten Fälle, solche Gesuche unbedingt oder auf bestimmte Zeit zurückweisen.

Art. 101. Rehabilitationen solcher Falliten, welche ihre Schulden vollständig nachbezahlt haben, sind auf deren Verlangen und auf ihre Kosten durch das Amtsblatt zu veröffentlichen.

Von

Appenzell J. Rh.*)

ist uns nichts Einschlägiges in der Strafgesetzgebung bekannt geworden. Das von Schiller, loc. cit., p. V im Hinblick auf die Rehabilitation angeführte Strafgesetz vom 30. IV. 1899 (§ 18) war uns nicht erhältlich.

Vgl. auch Stooss, Grundzüge, S. 80.

Basel-Land.**) ***)

Strafgesetz für den Kanton Basel-Landschaft.****)
(Vom 3. Februar 1873.)
Ges. S. IX. 683.

Erster Teil.

Allgemeine Bestimmungen.

Zweiter Abschnitt.

Strafen.

§ 22. Wenn der Verlust des Aktivbürgerrechtes auf mehr als 3 Jahre ausgesprochen ist, kann durch Beschlufs des

---

*) Vergl. die:

Verfassung für den eidg. Stand Appenzell Inner-Rhoden.

Angenommen von der aufserordentlichen Landsgemeinde, Sonntags, den 24. Wintermonat 1872.

Fünfter Abschnitt.

Verwaltende Behörden.

1. Kantonsbehörden.

A.) Grofser Rat.

Art. 27. Der Grofse Rat übt nach einem ergangenen Todesstrafurteile das Begnadigungsrecht aus; er entscheidet im Weitern über Strafnachlasse nach den Bestimmungen des Gesetzes und erledigt Rehabilitationsgesuche auf Bericht der Gerichte hin, welche das Entsetzungsurteil ausgesprochen haben.

(Aus: Sammlung der Bundesverfassung und der auf 1. Jänner 1880 in Kraft bestehenden Kantonsverfassungen. Amtliche Ausgabe. Bern, Buchdruckerei Stämpfli, Lack & Scheim, 1880. p. 682.)

**) Vergl. auch die

Staatsverfassung des Kantons Basel-Landschaft.

(Vom 6. März 1863.) [1])

Das souveräne Volk des Kantons Basel-Landschaft gibt sich folgende Verfassung:

Dritter Abschnitt.

Gesetzgebende und aufsehende Gewalt.

§ 48. Der Landrat behandelt aufser Gesetzgebung und Beaufsichtigung der Behörden noch folgende Gegenstände:

Landrates der Verurteilte nach Verflufs von wenigstens drei Jahren rehabilitiert, d. h. in den Genufs des Aktivbürgerrechts wieder eingesetzt werden, wenn er die ihm durch das Urteil auferlegten Entschädigungen und Kosten bezahlt hat und sich über gute Aufführung seit Erstehung seiner Freiheitsstrafe ausweisen kann.

Die Rehabilitationsgesuche sind dem Regierungsrate einzureichen, der dieselben prüft und mit seinem gutächtlichen Antrage an den Landrat übermittelt.

§ 23. Alle Urteile, welche auf Zuchthausstrafe lauten, ebenso Strafkürzungen, Begnadigungen und Rehabilitationen nach §§ 20—22 sind durch das Amtsblatt zu veröffentlichen; andere Urteile nur, wenn das Gericht es ausdrücklich beschliefst.

Basel-Stadt.

Gesetz über die Umwandlung der Todesstrafe, die Begnadigung und Rehabilitation.

(1. Oktober 1849).

(Ohne Druckort-Angabe).

Wir Präsident und Grofser Rat des Kantons Basel-Stadt, in Erwägung,

dafs das *am 2. August 1825 erlassene Gesetz über Begnadigung und Wiedereinsetzung eines Verurteilten* in seinen bürgerlichen Stand einer Abänderung bedürfe, — haben gutgefunden, unter

---

h) Die Wiedereinsetzung der Kriminalisierten in ihre politischen Ehren und Rechte.

(Aus Sammlung der Bundesverfassung und der . . . . Kantonsverfassungen. Amtliche Ausgabe. Bern, Stämpfli, Lack & Scheim, 1880. p. 610.)

***) Basel soll schon in einem

Gesetz von 1825

die Rehabilitation geregelt haben. Dieses Gesetz war uns nicht erhältlich. (Vergl. Schiller, loc. cit. p. 8.)

****) Aus: Sammlung der Gesetze, Verordnungen und sonstigen Erlasse des Kantons Basellandschaft, soweit sie auf 1. März 1893 in Kraft stehen, nach Materien geordnet. II. Bd. Sissach, Buchdruckerei von J. Schaub, 1894 S. 127; eine weitere Ausgabe bei A. Brodbeck, Liestal 1873; vgl. auch Stoofs, Strafgesetzbücher, S. 269).

---

[1]) Schiller datiert die Verfassung vom 3. März 1863 (l. c., p. V.).

Aufhebung des gedachten Gesetzes (Gesetz-Sammlung VI, 124) und des Gesetzes über Begnadigung der durch Kriegsgerichte Beurteilten vom 5. Januar 1835 (s. Gesetzes-Sammlung VIII, 374) Folgendes zu verordnen:

III. Rehabilitation.

§ 10. Die Wiedereinsetzung eines beurteilten Verbrechers in den vollen Genufs seiner bürgerlichen und politischen Rechte wird in gleicher Form nachgesucht und bewilligt, wie die Begnadigung.

§ 11. Es sollen aber mindestens drei Jahre seit beendeter Strafzeit verflossen sein und genügende Zeugnisse über die seitherige gute Aufführung des Nachsuchenden vorliegen, und es mufs auch der von dem Gericht ihm auferlegte Schadenersatz vollständig geleistet worden sein.

§ 12. Der Kleine Rat kann jedoch in aufserordentlichen Fällen auch vor Verflufs der festgesetzten drei Jahre eine Rehabilitation vorschlagen und mit den besonderen Gründen, die ihn dazu veranlassen, zum Entscheid vor den Grofsen Rat bringen.

IV. Allgemeine Bestimmung.

§ 13. Die Begnadigung und Rehabilitation erstreckt sich nie auf das Recht eines Dritten in Hinsicht auf Schadenersatz, Kosten und andre Genugtuung.

Strafgesetz für den Kanton Basel-Stadt.*)

(17. Juni 1872).

Erster Teil.

Allgemeine Bestimmungen.

Zweiter Abschnitt.

Strafen.

§ 22. Wenn der Verlust des Aktivbürgerrechts auf mehr als drei Jahre ausgesprochen ist, kann durch Beschlufs des

*) Aus: Strafgesetzgebung für den Kanton Baselstadt. (Juni und September 1872). Basel, Schweighauserische Buchdruckerei, 1872, S. 8; vgl. auch: Gesamtausgabe der Baseler Gesetzsammlung, Bd. I—XX, enthaltend die in Kraft stehenden Bestimmungen bis zum Ende des Jahres 1881. Herausgeg. vom Justizdepartement des Kantons Basel-Stadt. Basel, Schweighauserische

Kleinen Rats der Verurteilte nach Verflufs von wenigstens drei Jahren rehabilitiert, d. h. in den Genufs des Aktivbürgerrechts wieder eingesetzt werden, wenn er die ihm durch das Urteil auferlegten Entschädigungen und Kosten bezahlt hat und sich über gute Aufführung seit Erstehung seiner Freiheitsstrafe ausweisen kann. Der Kleine Rat holt vor seinem Beschlufs den Bericht des Gerichts ein, welches das Strafurteil erlassen hat.

§ 23. Alle Urteile, welche auf Zuchthausstrafe lauten, ebenso Strafkürzungen, Begnadigungen und Rehabilitationen nach den §§ 20—22, sind durch das Kantonsblatt zu veröffentlichen; andere Urteile nur, wenn das Gericht es ausdrücklich beschliefst.

Bern.

Gesetzbuch über das Verfahren in Strafsachen für den Kanton Bern.*)

(1850/54).

Sechstes Buch.

Von einigen besonderen Arten des Verfahrens.

Titel II.

Von der Wiedereinsetzung der Verurteilten in ihre bürgerlichen Rechte.

Art. 566. Jeder zum ersten mal zu einer entehrenden Strafe Verurteilte kann nach Überstehung der Strafe oder nach

---

Buchdruckerei, 1901, S. 308; Gesetze betreffend die Strafrechtspflege für den Kanton Basel-Stadt. Basel, Benno Schwabe, Verlagsbuchhdlg., 1887, S. 6/7 und Gesetze betreffend die Strafrechtspflege für den Kanton Basel-Stadt. Herausgegeben vom Justizdepartement des Kantons Basel-Stadt. Basel, Benno Schwabe, 1901, S. 6; vgl. auch Stoofs, Strafgesetzbücher p. 269.

*) Aus: Rud. Kocher, Strafgerichtsorganisation und -Prozefsgesetzgebung des Kantons Bern. Textausgabe mit Verweisungen. Bern, Buchdruckerei Karl Stämpfli & Cie., 1894, S. 155/156; vgl. auch: Karl Schärer, Sammlung der Strafgesetze des Kantons Bern. Bern, Druck und Verlag von Rudolf Jenni, 1867, S. 171/172; z. T. Stoofs, Strafgesetzbücher, S. 268.

erlangter Strafumwandlung oder Begnadigung in seine bürgerlichen Rechte wieder eingesetzt werden.

567. Das Gesuch um Wiedereinsetzung kann sogleich nach der Strafüberstehung oder der Begnadigung eingegeben werden. Im Falle einer Strafumwandlung kann es nach Überstehung der neuen Strafe gestellt werden.

568. Das Gesuch wird mit dem Urteil dem Appellations- und Kassationshofe eingereicht. Der Verurteilte fügt ihm die Leumundszeugnisse der Gemeindsbehörde seines Wohnortes bei, welche von dem Regierungsstatthalter und dem Gerichtspräsidenten bestätigt sind, und dieser letztere bescheinigt zugleich, ob irgend ein Strafurteil gegen den Bittsteller seit der Überstehung seiner Strafe ausgefällt worden sei.

569. Das Gesuch und die Akten werden dem Generalprokurator mitgeteilt, welcher seine motivierten Anträge schriftlich oder mündlich in der Sitzung stellt.

570. Der Gerichtshof kann von sich aus oder aus Auftrag der Staatsanwaltschaft die Einziehung weiterer Nachrichten verfügen.

571. Der Gerichtshof entscheidet nach seiner moralischen Überzeugung.

572. Weist der Gerichtshof das Gesuch ab, so kann der Bittsteller dasselbe erst nach Verfluſs von zwei Jahren erneuern.

573. Entspricht der Gerichtshof hingegen dem Gesuche, so wird dieser Entscheid dem Gerichtsschreiber des Wohnortes des Wiedereingesetzten zugesandt und dort in dem Audienzzimmer während drei Monaten angeschlagen. Derselbe erhält eine Abschrift des Entscheides, den er in das amtliche Blatt einrücken und an allen Hauptorten der Amtsbezirke des Kantons mit Bewilligung des Gerichtspräsidenten anschlagen lassen kann.

574. Der Bittsteller trägt alle Kosten seines Gesuches.

Freiburg.

Strafgesetzbuch des Kantons Freiburg.

(Mai 1849).

(Freiburg, gedruckt bei Joh. Koch-Aibischer, 1849, S. 16/17.)

Erster Abschnitt.

Allgemeiner Teil.

Neunter Titel.

Von der Wiedereinsetzung (Rehabilitation) in den bürgerlichen Zustand.

82.*) Die Wiedereinsetzung hat die Wirkung, einen Verurteilten, welcher seine Strafe ausgehalten hat, wieder in den Genufs seiner bürgerlichen und politischen Rechte einzusetzen.

Sie hebt alle durch das Strafurteil bewirkten Unfähigkeiten auf.

83. Die Wiedereinsetzung kann nicht begehrt werden, bevor seit Vollendung der Hauptstrafe ein der Hälfte dieser Strafdauer gleichkommender Zeitraum verflossen ist.

Dieser Zeitraum darf jedoch nicht kürzer als von zwei Jahren sein.

In allen Fällen kann die Wiedereinsetzung begehrt werden, wenn seit Erlöschung der Hauptstrafe fünf Jahre verflossen sind.

84. Wer um die Wiedereinsetzung ansucht, mufs dem Kantonsgerichte:

a) genügende Zeugnisse seines Wohlverhaltens seit seiner Verurteilung vorlegen.

Alles Nachforschen über seine frühere Aufführung vor seiner Verurteilung ist untersagt.

b) Er mufs auch den Beweis beilegen, dafs er den durch das Verbrechen zugefügten Schaden ersetzt hat.

85. Das Kantonsgericht prüft die ihm vorgelegten Akten, erwährt die Tatsachen und zieht nötigenfalls noch fernere Erkundigungen ein. Es gestattet oder verweigert die Wiedereinsetzung. Im ersteren Fall wird dem Ansuchenden eine

---

*) Ohne Artikelbezeichnung.

Urkunde über seine Wiedereinsetzung zugestellt, welche derselbe auskündigen lassen kann; im andern Fall kann derselbe sein Ansuchen nach zwei Jahren wieder erneuern.

86. War das Verbrechen ein anderes als Brandstiftung, Mord oder Raub, so hat die Wiedereinsetzung von selbst statt, wenn seit Vollendung der Hauptstrafe zwanzig Jahre verflossen sind.

Diejenigen, welche unter der Herrschaft der früheren Gesetze verurteilt worden sind, geniefsen ebenfalls die Wohltat dieser Verfügung.

Strafgesetzbuch für den Kanton Freiburg.

(Freiburg, Buchdruckerei v. Ph. Häsler & Comp. 1873. S. 31 ff.)*)

(Von dem Grofsen Rat beraten und beschlossen in der Februar- und Maisitzung des Jahres 1868, in Kraft getreten am 1. Januar 1874. D. H.)

Allgemeiner Teil.

Erstes Buch.

Titel IX.

Von der Rehabilitation (Wiedereinsetzuug.)

Art. 86. Durch die Rehabilitation wird ein Verurteilter, welcher seine Strafe ausgestanden hat, in den Genufs seiner bürgerlichen und politischen Rechte wieder eingesetzt.

Sie hebt alle durch das Strafurteil erfolgten Unfähigkeiten auf.

Art. 87. Die Rehabilitation kann nicht verlangt werden bevor, von der Vollendung der Hauptstrafe an, ein der Hälfte der Strafdauer gleichkommender Zeitraum verflossen ist. Dieser Zeitraum kann jedoch nicht kürzer als zwei Jahre sein. —

In allen Fällen kann die Wiedereinsetzung verlangt werden, wenn, von der Erlassung der Hauptstrafe an, fünf Jahre verflossen sind.

---

*) Vgl. auch Stoofs, Strafgesetzbücher. S. 268/69, wo der Text in französischer Sprache gegeben wird.

Art. 88. Wer um die Wiedereinsetzung ansucht, mufs dem Kantonsgerichte:

a) Genügende Zeugnisse seiner guten Aufführung seit seiner Verurteilung unterlegen;

Die Nachforschung über seine Aufführung vor der Verurteilung ist untersagt;

b) Den Beweis liefern, dafs er den, durch sein Verbrechen zugefügten Schaden, ersetzt hat;

c) Den Beweis beilegen, dafs er die Kosten der Strafuntersuchung, worauf seine Verurteilung erfolgt ist, bezahlt hat.

Ist er nur zu einem Teile der Kosten, aber solidarisch mit anderen Verurteilten, verfällt worden, so wird er, zwar dem Gesetze nach, den Beweis der gänzlichen Bezahlung dieser Kosten erbringen müssen. Es kann jedoch das Kantonsgericht, je nach Umständen, ihm die gänzliche oder teilweise Entrichtung der ihn nicht persönlich treffenden Kosten erlassen.

Art. 89. Das Kantonsgericht prüft die ihm vorgelegten Schriften, erwahrt die Tatsachen, und zieht nötigenfalls noch weitere Erkundigungen ein.

Es gestattet oder verweigert die Wiedereinsetzung.

Im ersten Falle wird dem Ansuchenden eine Urkunde seiner Rehabilitation zugestellt, welche derselbe veröffentlichen lassen kann. Im anderen Falle darf derselbe sein Ansuchen erst nach einem Jahre wieder anbringen.

Art. 90. Die Rehabilitation tritt von Rechtswegen ein, wenn seit Vollendung der Hauptstrafe zwanzig Jahre verflossen sind.

Es findet jedoch eine Ausnahme statt beim Mord oder bei Brandstiftung und dem, mit den in den Artikeln 221, 222 erwähnten Umständen, verübten Raube. In diesen Fällen ist keine Rehabilitation zulässig.

Dieser Artikel ist anwendbar auf diejenigen, welche, nach der vor 1849 bestehenden Gesetzgebung, verurteilt worden sind.

St. Gallen.

Strafgesetzbuch über Verbrechen und Vergehen für den Kanton St. Gallen.*) **)

Erlassen am 4. April 1857.
In Kraft getreten am 11. Brachmonat 1857.

Erster Teil.
Allgemeine Vorschriften.
Zweiter Titel.
Von den Strafen.

Art. 25. Mit den in Art. 7, 8 u. 10 bezeichneten Kriminalstrafen***) ist der Verlust der bürgerlichen Ehre bis zur Rehabilitation verbunden.

Die bürgerlichen Folgen der Amtsentsetzung sind in Art. 17 bezeichnet****).

Gesetz über den Kriminalprozefs.†)

Erlassen am 31. März 1865.
In Kraft getreten den 2. Brachmonat 1865.
Zur Anwendung gekommen mit dem 1. Heumonat 1865.

Zweite Abteilung.
Verfahren.
Zweiundzwanzigster Titel.
Von der Rehabilitation.

Art. 214. Ein Verurteilter, der in die bürgerlichen Ehren und Rechte wieder eingesetzt zu werden verlangt, hat sein

---

*) Aus: Gesetzessammlung für den Kanton St. Gallen. V. Bd. Achte Hauptabteilung: Über Strafrecht und Strafrechtspflege. St. Gallen, Druck der Buchdruckerei von Joh. Buff, 1868. S. 166; vgl. auch die Ausgabe der Zollikoferschen Offizin, St. Gallen 1857, S. 9

**) Das st. gallische Gesetz über das rechtliche Verfahren bei Verbrechen vom 14. V. 1807 welches (nach Schiller, loc. cit., p. 8) in seinen §§ 360—362 die Rehabilitation regelte, wurde uns nicht zugänglich.

***) **Art. 7.** Zuchthausstrafe.
Art. 8. Leibesstrafe.
Art. 10. Landesverweisung.

****) **Art. 17** Abs. 3. Wo sie als selbständige Strafe oder in Verbindung mit einer anderen Korrektionalstrafe ausgesprochen wird, mufs die Einstellung im bürgerlichen Aktivrechte auf bestimmte Dauer damit verbunden werden.

†) Aus: Gesetzessammlung für den Kanton St. Gallen. V. Bd. St. Gallen. Druck von Joh. Buff, 1868. S. 267; vgl. auch Stoofs, Strafgesetzbücher. S. 271.

diesfälliges Gesuch mit den Belegen über sein bisheriges Wohlverhalten an den Regierungsrat einzugeben, welcher befugt ist, dasselbe mit einem bestimmten Antrage an den Grofsen Rat zu leiten oder von der Hand zu weisen. Im letzteren Falle kann das Gesuch direkt beim Grofsen Rat eingelegt werden.

Art. 215. Die Rehabilitation wird vom Grofsen Rate nur dann gewährt, wenn sich der Beurteilte seit Überstehung seiner Hauptstrafe auf befriedigende Weise aufgeführt hat und seit dem angegebenen Zeitpunkte wenigstens zwei Jahre verflossen sind. Bei politischen Verbrechen kann die Rehabilitation auch vor Verflufs dieses Termines erteilt werden.

Art. 216. Der Rehabilitierte tritt in seine früheren bürgerlichen Ehren und Rechte. Hinsichtlich der Wählbarkeit in Behörden und zu Beamtungen bestimmt der Grofse Rat auf Antrag des Regierungsrates, ob er überhaupt und ob für eine bestimmte oder unbestimmte Zeitdauer von derselben auszuschliefsen sei. Im letzteren Falle kann der Rehabilitierte nach Ablauf von fünf Jahren wieder einkommen.

Strafgesetz über Verbrechen und Vergehen.*)**)

Erlassen am 25. November 1885.
In Kraft getreten am 4. Januar 1886.
In Anwendung mit dem 1. Mai 1886.

Erster Teil.

Allgemeine Vorschriften.

Fünfter Titel.

Von der Begnadigung und Rehabilitation.

Art. 49. Dem Grofsen Rate steht in allen Fällen, in welchen auf eine Kriminalstrafe erkannt wird, das Begnadigungs-

---

*) Aus: Kanton St. Gallen. Gesetzessammlung. Neue Folge. V. Bd. 1886—1890. Amtliche Ausgabe. St. Gallen, Druck der Zollikoferschen Buchdruckerei. S. 21. Vgl. auch dasselbe, St. Gallen, Zollikofersche Buchdruckerei, 1886. S. 23; Stooss, Strafgesetzbücher, p. 271.

**) Hier ist noch hinzuweisen auf die

Verfassung des Kantons St. Gallen.
Vom 16. November 1890.

Der Kanton St. Gallen, als demokratischer Freistaat und Bundesglied der schweizerischen Eidgenossenschaft gibt sich nachstehende Verfassung:

recht zu und das Recht der Wiedereinsetzung in die bürgerlichen Ehren. Das Verfahren dabei richtet sich nach den Bestimmungen des Kriminalprozesses.

Genf.

Projet de Code pénal pour la République et canton de Genève.

Présenté par le comité préparatoire, à la commission établie par le Conseil d'État, en 1817.

Genève, Imprimerie de Lador, 1829. (S. 11.)

Livre premier.

Titres généraux.

Titre IV.

Des Peines.

41.*) Les effets civils ci-dessus cesseront par la réhabilitation obtenue suivant les formes qui seront prescrites par le Code d'instruction criminelle.

Code pénal du canton de Genève du 21 octobre 1874.

Genève, Imprimerie J.-D. Jarrys, 1874.

Keine Bestimmung über Rehabilitation.

IV. Abschnitt.

Bestand, Wahl und Befugnisse der Behörden.

A. Grofser Rat.

Art. 55. Der Grofse Rat übt alle andern Hoheitsrechte des Staates aus; er ordnet und beaufsichtigt die gesamte Landesverwaltung und trifft die darauf bezüglichen Verfügungen. Es stehen ihm namentlich auch folgende Befugnisse zu:

13. Ihm kommt in Kriminalfällen das Begnadigungsrecht zu, ebenso das Recht der Wiedereinsetzung in die bürgerlichen Ehren.

(Aus: Kanton St. Gallen. Gesetzessammlung. N. F. VI. Bd. 1890 bis 1893. Amtliche Ausgabe. St. Gallen, Druck der Zollikoferschen Buchdruckerei. Seite 11/12.)

*) Ohne Artikelbezeichnung.

Code d'instruction pénale.*)

(25 octobre 1884.)

(Genève, Imprimerie centrale genevoise, 1884. S. 138/139.)

Livre second.

La justice.

Titre VIII.

La réhabilitation des condamnés.

Art. 516. Tout condamné à la réclusion, qui a subi sa peine entière ou diminuée par la grâce, peut être réhabilité, s'il n'est pas un récidiviste.

Art. 517. La demande ne doit être formée que cinq ans au moins après sa sortie régulière de prison.

Art. 518. La requête en réhabilitation est adressée à la Cour de Justice, avec une expédition de l'arrêt.

Le demandeur y joint des certificats de bonne conduite délivrés par le maire ou les adjoints des communes où il a résidé, au moment où il a changé d'habitation.

Art. 519. La requête et les pièces sont transmises au Procureur général pour qu'il donne des conclusions motivées et par écrit.

Art. 520. La Cour de Justice siège au nombre de cinq membres, et ne se décide que d'après sa conviction morale.

Art. 521. Elle peut, sur la réquisition du ministère public, ou même d'office, ordonner une plus ample information.

Art. 522. Si la Cour statue, en définitive, qu'il n'y a pas lieu d'accorder la réhabilitation, le demandeur ne peut se pourvoir de nouveau qu'après un intervalle de deux ans.

Art. 523. Lorsque la Cour prononce la réhabilitation, son arrêt est transcrit en marge du jugement qui a infligé la peine.

La réhabilitation met fin à toutes les incapacités résultant de la condamnation.

Art. 524. Une expédition de l'arrêt est donnée au réhabilité, pour qu'il le fasse insérer dans la Feuille d'Avis officielle.

Art. 525. Tous les frais sont supportés par le demandeur en réhabilitation.

---

*) Vergl. auch Stooss, Strafgesetzbücher. S. 270.

Loi modifiant l'article 483*) du Code d'instruction pénale du 25 octobre 1884.**)

Du 1er juin 1895.

Art. unique. L'article 483 du Code d'Instruction pénale est abrogé et remplacé par le suivant:

Art. 483. Tout condamné à la réclusion ou à une peine correctionnelle, qui a subi sa peine entière ou diminuée par la grâce, peut être réhabilité s'il n'est pas un récidiviste.

Glarus.

Strafgesetzbuch für den Kanton Glarus.***)

Erlassen von der Landsgemeinde 1867.

Glarus, Schnellpressendruck von Fr. Luchsinger, 1867.

Allgemeiner Teil.

Erster Titel.

Von den Strafen.

§ 18. Ein entlassener Zuchthaussträfling kann beim dreifachen Landrate um Wiedereinsetzung in die bürgerlichen Ehrenrechte einkommen, wenn seit seiner Entlassung aus dem Zuchthause

a) bei mehr als fünfjähriger Strafe zehn Jahre, und

b) bei einer kürzeren Strafe fünf Jahre

verflossen sind und er sich während dieser Zeit zufolge amtlichen Zeugnissen wohl verhalten hat.

Der dreifache Landrat wird, nach angehörtem Gutachten einer hiefür niederzusetzenden Spezialkommission, je nach der Beschaffenheit des Falles darüber erkennen, ob dem Gesuche zu entsprechen sei.

---

*) Das Gesetz, welches dieser Änderung zu Grunde liegt, war uns leider nicht zugänglich.

**) Aus: Recueil authentique des lois et actes du gouvernement de la République et canton de Genève. Tome LXXXI. Année 1895. Genève, Imprimerie Paul Richter, 1895, p. 313.

***) Vgl. auch: Amtl. Sammlung der Gesetze und Verordnungen des Kantons Glarus, als Fortsetzung der revidierten Ausgabe des Landbuchs. 2. Heft. 2. Aufl. Glarus, Druck von J. Vogel, 1872. S. 15.

Beschlufs betreffend Wiedereinsetzung in die bürgerlichen Ehrenrechte.

(Erlassen von der Landsgemeinde 1870.)*)

1. Die Litt. b und Litt. e des § 177 der Civilprozefsordnung werden für kraftlos erklärt.

2. Personen, welche vor der Landsgemeinde des Jahres 1867 entweder

a) wegen Diebstahl, aber nicht zu Zuchthausstrafe, oder
b) wegen irgend eines Verbrechens zu einer andern entehrenden Strafe als der Zuchthausstrafe verurteilt worden sind,

können beim dreifachen Landrate um Wiedereinsetzung in die bürgerlichen Ehrenrechte einkommen, wenn seit der Entstehung ihrer Strafe zehn Jahre verflossen sind und sie sich während dieser Zeit zufolge amtlichen Zeugnissen wohl verhalten haben.

Der dreifache Landrat wird, nach angehörtem Gutachten einer hiefür niederzusetzenden Spezialkommission, je nach der Beschaffenheit des Falles darüber erkennen, ob dem Gesuche zu entsprechen sei.

Strafgesetzbuch für den Kanton Glarus.

(Ursprünglich erlassen von der Landsgemeinde 1867 und revidiert von der Landsgemeinde 1887.)

(Schwanden, Buchdruckerei von D. Tschudy-Aebly, 1887. S. 6.)**)

Allgemeiner Teil.

I. Titel.

Von den Strafen.

§ 17. Ein entlassener Zuchthaussträfling kann beim Landrate um Wiedereinsetzung in die bürgerlichen Ehrenrechte einkommen, wenn seit seiner Entlassung aus dem Zuchthause:

a) bei mehr als fünfjähriger Strafe zehn Jahre und

*) Aus: Amtl. Sammlung der Gesetze und Verordnungen des Kantons Glarus, als Fortsetzung der revidierten Ausgabe des Landbuchs. Drittes Heft. Glarus, Schnellpressendruck von F. Luchsinger, 1869. S. 94.

**) Vgl. auch: Stoofs, Strafgesetzbücher, S. 268, S. XXVI Anm. 2. Eine weitere Ausgabe: Strafrecht und Strafprozefs für den Kanton Glarus nebst Sportelntarif in Kriminalfällen erschien Glarus 1892, Buchdruckerei Glarus.

b) bei einer kürzeren Strafe fünf Jahre verflossen sind und er sich während dieser Zeit zufolge amtlichen Zeugnissen wohl verhalten hat.

Der Landrat wird, nach angehörtem Gutachten einer hiefür niederzusetzenden Spezialkommission, je nach der Beschaffenheit des Falles, darüber erkennen, ob dem Gesuche zu entsprechen sei.

Das Strafgesetzbuch vom 7. Mai 1899 enthält keine Bestimmungen über Rehabilitation.

Graubünden.

Strafgesetzbuch für den Kanton Graubünden.*)

Promulgiert mit Abschied vom 8. Juli 1851 und gleichzeitig in Kraft getreten.

Allgemeiner Teil.

Titel II.

Strafarten und deren gesetzliche Folgen.

§ 17. Gesetzliche Folgen eines Strafurteils.

Mit der Kettenstrafe ist von selbst stets auch der lebenslängliche Verlust der bürgerlichen Ehren verbunden, und es kann daher der Verurteilte auch nach erstandener Strafe nur mittelst Rehabilitation durch die gleiche Gerichtsstelle, welche das erste Strafurteil erlassen hat, in den vollständigen oder teilweisen Besitz seiner bürgerlichen Rechte wieder eintreten. Mit dem einfachen Zuchthaus und anderen Strafen ist der Verlust oder die Schmälerung der bürgerlichen Ehren nur dann und nur in so weit verknüpft, als es im Urteil ausdrücklich bestimmt ist.

Das Verbrechen sowohl, als die Strafe sollen für die unschuldigen Anverwandten und Angehörigen des Verbrechers unaufheblich und unnachzüglich sein. Es sind demnach dieselben, wenn sie ihrerseits keine Veranlassung dazu gegeben haben, berechtigt, über diesfällige Vorwürfe gerichtliche Klage zu erheben.

---

*) Aus: Stoofs, Strafgesetzbücher p. 266 und Amtliche Gesetzsammlung des Kantons Graubünden. II. Bd.: Strafrechtspflege. Chur 1864, Druck der Offizin von J. A. Pradella.

Luzern.*)

Strafgesetzbuch für den Kanton Luzern,

nebst einer systematisch-geordneten Zusammenstellung der in Verbindung mit dem Strafgesetzbuche noch zur Anwendung kommenden besonderen Strafgesetze, Dekrete und Polizeiverordnungen.

Schwyz, 1854. In Kommission bei A. Wiget, Buchbinder.

Erster Abschnitt.

Allgemeiner Teil.

IX. Titel.

Von der Wiedereinsetzung der Verurteilten in die bürgerlichen Ehren. (Rehabilitation.)

§ 95. (I. Begriff.) Der zur Kettenstrafe Verurteilte kann sich zehn Jahre nach ausgestandener Strafe oder erhaltener Begnadigung, und jeder zu einer anderen Kriminalstrafe Verurteilte, kann sich fünf Jahre nach ausgehaltener Strafe oder nach erhaltener Begnadigung um die Wiedereinsetzung in die bürgerlichen Ehren (Rehabilitation) bewerben.

§ 96. (II. Bedingungen der Rehabilitation.) Um die Rehabilitation erhalten zu können, mufs der Verurteilte dem Appellationsgerichte

a) genügende Zeugnisse seines Wohlverhaltens,
b) den Beweis, dafs der Ersatz des durch das Verbrechen zugefügten Schadens stattgefunden habe, vorlegen.

§ 97. (III. Verfahren.) Das Appellationsgericht wird diese Akten sorgfältig prüfen, und nötigen Falls weitere Erkundigungen einziehen.

Hierauf wird es erkennen: ob dem Gesuche um Rehabilitation zu entsprechen sei oder nicht.

§ 98. (Fortsetzung.) Wird dem Gesuche entsprochen, so wird dem Verurteilten eine Urkunde über seine Wiedereinsetzung in die bürgerlichen Ehren, wodurch die im Art. 21 bezeichneten Folgen des Strafurteils aufgehoben werden, zugestellt.

---

*) Luzern soll schon 1827 die Rehabilitation gesetzlich geregelt haben. Vgl. Schiller, loc. cit., p. 8. Dies Gesetz war uns jedoch nicht erhältlich.

§ 99. (IV. Wiederholung des Gesuchs.) Wird hingegen dem Gesuche nicht entsprochen, so kann der Verurteilte nach einem abermaligen Ablauf von drei Jahren dasselbe erneuern.

Kriminalstrafgesetz für den Kanton Luzern,

von dem Grofsen Rate beschlossen am 29. Wintermonat 1860, in Kraft getreten am 28. Januar 1861.*)

Allgemeiner Teil.

VII. Titel.

Von der Wiedereinsetzung in die bürgerliche Ehre. (Rehabilitation.)

§ 84. Die Wiedereinsetzung (Rehabilitation) in die durch § 20 entzogenen Ehrenrechte hebt alle daselbst bezeichneten Folgen des Kriminalstrafurteils auf.

§ 85. Die Wiedereinsetzung kann unter folgenden Bedingungen gewährt werden:

a) wenn von überstandener Strafe oder erhaltener Begnadigung bei Kettenstrafen zehn Jahre, in allen übrigen Fällen fünf Jahre verflossen sind;

Bei Strafen wegen Körperverletzuug kann eine Wiedereinsetzung auch nach drei Jahren erfolgen.

Bei sogenannten politischen Verbrechen ist die Rehabilitation an keine Zeitfrist gebunden.

b) auf befriedigende Zeugnisse des Wohlverhaltens seit Erstehung der Strafe, und

c) nach geleistetem Ausweis über Ersatz des durch das Verbrechen gestifteten Schadens und der verursachten Kosten.

§ 86. Die Wiedereinsetzung in den Genufs der bürgerlichen Ehre ist beim Obergerichte nachzusuchen.

Das Obergericht wird nach sorgfältiger Prüfung der Umstände und Akten entscheiden, ob dem Gesuche zu entsprechen ist.

Wird entsprochen, so ist dem Verurteilten eine Urkunde über seine Wiedereinsetzung in die bürgerlichen Ehrenrechte zuzustellen.

---

*) Aus: Gesetze, Dekrete und Verordnungen für den Kanton Luzern. III. Bd. Luzern. S. 346. vgl. auch Stoofs, Strafgesetzbücher S. 267.

Neuenburg.

Code de procédure pénale
(du 7 avril 1875).*)

Titre IX:
De la réhabilitation des condamnés.

Art. 450. Tout condamné à la peine de la détention avec travail forcé ou à celle de la dégradation civique, qui aura subi sa peine, pourra être réhabilité.

La demande en réhabilitation ne pourra être formée que cinq ans après l'expiration de la peine.

Elle ne pourra l'être qu'après dix ans par un condamné en état de récidive. Les peines de police ne constituent point une récidive.

451. Si le condamné avait obtenu avant la fin de sa peine un décret de grâce, il ne pourra présenter sa demande que cinq ans après l'époque où sa peine aurait dû se terminer.

452. Nul ne sera admis à présenter une demande en réhabilitation, s'il ne produit à l'appui de sa demande des certificats de bonne conduite délivrés par les autorités municipales des lieux où il a résidé: ces certificats seront spéciaux et constateront que l'autorité qui les a délivrés avait connaissance de l'usage que le requérant se proposait d'en faire.

Ils devront en outre être approuvés dans leur contenu par les autorités supérieures du lieu ou du district.

Indépendamment de l'attestation de la bonne conduite du requérant, les certificats devront indiquer de quelle manière il a vécu, et à quelles occupations il s'est livré.

453. La demande et les pièces à l'appui seront adressées à la Chambre d'accusation, qui les transmettra successivement au Juge d'instruction, au Ministère public et au Tribunal qui a prononcé le jugement.

---

*) Aus: Recueil des lois, décrets et autres actes du gouvernement de la République et Canton de Neuchâtel. T. XIII. Neuchâtel, Imprimerie de James Attinger, 1875.

Chacun d'eux transmettra séparément son rapport motivé à la Chambre d'accusation et les informations qu'il aura pu recueillir sur le requérant.

454. La Chambre se fera également transmettre tous les actes de l'instruction et du procès; elle fera attester par le pouvoir exécutif que le requérant a effectivement subi sa peine, et l'époque où cette peine a été terminée.

455. Trois mois au plus tôt après le dépôt de la demande, la Chambre d'accusation pourra la remettre à la Cour de cassation, seule compétente pour l'écarter ou l'admettre.

456. La Chambre d'accusation et ensuite la Cour peuvent ordonner, en tout état de cause, de nouvelles informations et les faire recueillir par telle autorité et sous telles formes qu'elles jugeront convenables.

457. Quand la cour estimera qu'elle possède les éléments nécessaires, elle procèdera au jugement, prononcera ou rejettera la réhabilitation.

458. Si la réhabilitation est prononcée, elle sera publiée en la forme ordinaire et fera cesser pour le condamné toutes les incapacités qui résultaient de la condamnation.

459. Si la demande est rejettée, elle ne pourra être reproduite avant cinq ans, à dater du jugement de rejet.

460. Le jugement de réhabilitation sera mentionné en marge du jugement de condamnation, à la diligence de la Chambre d'accusation. Il en sera également donné avis au pouvoir exécutif.

461. Le failli qui aura été condamné pour banqeroute frauduleuse est mis au bénéfice des dispositions précédentes, si, indépendamment des conditions prescrites, il peut justifier qu'il est en mesure de demander aux Tribunaux civils sa réhabilitation.

462. Dans toute demande en réhabilitation d'un condamné, la Cour de cassation n'est point liée par l'accomplissement des formalités prescrites au requérant, ni par les informations et attestations produites. Elle prononce comme le feraient des Jurés, selon sa conviction morale et sa conscience.

Projet de Code pénal.*)

5 mars 1889.

Chaux-de-Fonds, Imprimerie du National Suisse, 1889.

Livre premier.

Dispositions générales.

Titre IX.

De l'extinction de l'action pénale et de celle des peines.

Art. 100. La peine s'éteint:

6° Par la réhabilitation.

Art. 110. Les dispositions concernant la réhabilitation sont contenues dans le code de procédure pénale.

Avant-Projet.

Code de procédure pénale pour le Canton de Neuchâtel

10 avril 1893.

Chaux-de-Fonds, Imprimerie du National Suisse, 1893.

Titre dixième.

De la réhabilitation des condamnés.

Art. 501. — Tout condamné à la réclusion ou à la privation des droits civiques qui a subi sa peine peut être réhabilité.

La demande en réhabilitation ne peut être formée que trois ans après l'expiration de la peine.

Elle ne peut l'être qu'après cinq ans par un condamné en état de récidive. Les peines de police ne constituent point une récidive.

Art. 502. — Si le condamné a obtenu avant la fin de sa peine un décret de grâce, ou s'il a été mis au bénéfice de la libération conditionnelle, il ne peut présenter sa demande que cinq ans après l'époque où sa peine aurait dû se terminer.

Art. 503. — La demande n'est pas admise si le condamné ne produit à l'appui des certificats de bonne conduite délivrés par les autorités communales des lieux où il a résidé: ces

---

*) Vgl. auch: Bulletin de la République et du Canton de Neuchâtel, concernant le code pénal. 51ème vol. Grand Conseil. Société d'imprimerie de Cernier. 1891.

certificats seront spéciaux et constateront que l'autorité qui les a délivrés avait connaissance de l'usage que le condamné se proposait d'en faire.

Ils devront en outre être approuvés dans leur contenu par le préfet du district.

Indépendamment de l'attestation de la bonne conduite du condamné, les certificats devront indiquer de quelle manière il a vécu, et à quelles occupations il s'est livré.

Art. 504. — La demande et les pièces à l'appui sont adressées à la chambre d'accusation, qui les transmet successivement au juge d'instruction, au procureur général et au tribunal qui a prononcé le jugement.

Chacun d'eux transmet séparément son rapport motivé à la chambre d'accusation, accompagné des informations qu'il a pu recueillir sur le condamné.

Art. 505. — La chambre se fait également transmettre tous les actes de l'instruction et du procès; elle fait attester par le pouvoir exécutif que le condamné a effectivement subi sa peine, et l'époque où cette peine a été terminée.

Art. 506. — Trois mois au plus tôt après le dépôt de la demande, la chambre d'accusation peut la remettre à la cour de cassation, seule compétente pour l'écarter ou l'admettre.

Art. 507. — La chambre d'accusation et ensuite la cour peuvent ordonner, en tout état de cause, de nouvelles informations et les faire recueillir par telle autorité et sous telles formes qu'elles jugeront convenables.

Art. 508. — Lorsque la cour estimera posséder les éléments nécessaires, elle procédera au jugement, prononcera ou rejettera la réhabilitation.

Art. 509. — Si la réhabilitation est prononcée, elle est publiée en la forme ordinaire et fait cesser pour le condamné toutes les incapacités qui résultaient de la condamnation.

Art. 510. — Si la demande est rejetée, elle ne pourra être reproduite avant deux ans, à dater du jugement de rejet.

Art. 511. — Le jugement de réhabilitation est mentionné en marge du jugement de condamnation, à la diligence de la chambre d'accusation. Il en est également donné avis au pouvoir exécutif.

Art. 512. — Le failli qui a été condamné pour banqueroute frauduleuse peut obtenir sa réhabilitation.

Outre les autres conditions prescrites au présent titre, la demande en réhabilitation doit être appuyée de quittances et autres pièces justifiant que tous les créanciers inscrits dans la faillite ont été désintéressés.

Art. 513. — Le failli qui a été condamné pour banqueroute simple peut obtenir sa réhabilitation, en s'adressant par requête au juge de la faillite, qui prononce définitivement.

La demande doit être appuyée de quittances et autres pièces justifiant que tous les créanciers inscrits dans la faillite ont été désintéressés.

Art. 514. — En cas de réhabilitation d'un failli, le jugement est publié dans la *Feuille officielle.*

Art. 515. — La réhabilitation du banqueroutier simple ou du banqueroutier frauduleux peut être prononcée même après sa mort.

Art. 516. — Les dispositions qui précèdent sont applicables même au simple failli, s'il est constaté officiellement que tous les créanciers ont été désintéressés.

Projet. Code de procédure pénale pour le Canton de Neuchâtel.

18 août 1893.*)

Chaux-de-Fonds, Imprimerie du National Suisse, 1893.

Titre dixième.

De la réhabilitation des condamnés.

Art. 529 = Art. 501 des Avant-Projet vom 10. April 1893 (= A-P. 1893).

---

*) Dazu: Exposé des motifs à l'appui du Code de procédure pénale, Août 1893. Chaux-de-Fonds, Imprimerie du National Suisse, 1893, p. 95, 96.

Projet u. Exposé des motifs sind auch enthalten im »Bulletin de la République et Canton de Neuchâtel concernant le Code de procédure pénale«. 55ème volume. Société d'imprimerie de Cernier, 1893 (p. 141, 249).

Art. 530 = Art. 502, A-P. 1893.

Der Schlufs des Artikels lautet jedoch abweichend vom A-P. 1893: «il ne peut présenter sa demande que trois (A-P.: cinq. D. H.) ans après l'époque où sa peine aurait dû se terminer.»

Art. 531 = Art. 503, A-P. 1893.

Art. 532 = Art. 504, A-P. 1893.

Art. 533 = Art. 505, A-P. 1893.

Art. 534 = Art. 506, A-P. 1893.

Art. 535 = Art. 507, A-P. 1893.

Art. 536 = Art. 508, A-P. 1893.

Art. 537. Si la réhabilitation est prononcée, elle est publiée en la forme ordinaire. Elle efface la condamnation et fait cesser pour l'avenir toutes les incapacités qui en résultaient.

Art. 538 = Art. 510, A-P. 1893.

Art. 539 Abs. 1 = Art. 511, A-P. 1893.

Es folgen die Absätze:

Mention en est faite au casier judiciaire.

Les extraits délivrés aux parties ne doivent pas relever la condamnation.

Le réhabilité peut se faire délivrer une expédition de la réhabilitation et un extrait du casier judiciaire, sans frais.

Art. 540 = Art. 512, A-P. 1893.

Art. 541 = Art. 513, A-P. 1893.

Art. 542 = Art. 514, A-P. 1893.

Art 543 = Art. 515, A-P. 1893.

Art. 544. — Dans toute demande en réhabilitation d'un condamné, la cour de cassation n'est point liée par l'accomplissement des formalités prescrites au requérant, ni par les informations et attestations produites. Elle prononce comme le feraient des jurés, selon sa conviction morale et sa conscience.

Schaffhausen.

Strafgesetz für den Kanton Schaffhausen.
(Vom 3. April 1859).*)

Erster Teil.

Allgemeine Bestimmungen.

Siebenter Titel.

Von der Wiedereinsetzung in den vorigen Stand und der Begnadigung.

Art. 86. Die Wiedereinsetzung in den vorigen Stand (Rehabilitation) hat die Wirkung, einen Verurteilten, welcher infolge eines Strafurteils seiner bürgerlichen Ehre verlustig geworden ist, wieder in den Genufs seiner bürgerlichen und politischen Rechte einzusetzen.

Die Wiedereinsetzung kann nicht begehrt werden, bevor seit Vollendung oder Verjährung der Hauptstrafe ein Zeitraum von wenigstens vier Jahren verflossen ist.

Rehabilitationsgesuche gelangen an den Regierungsrat, welcher dieselben in Begleit eines Gutachtens des verurteilenden Gerichtes an den Grofsen Rat zum definitiven Entscheide überweist.

Strafgesetz für den Kanton Schaffhausen.
III. Entwurf.

Vorlage der Grofsratskommission.**)

(1889).

Allgemeiner Teil.

Siebenter Titel.

Von der Begnadigung und der Wiedereinsetzung in den vorigen Stand.

Art. 80. Die Wiedereinsetzung in den vorigen Stand (Rehabilitation) hat die Wirkung, einen Verurteilten, welcher

---

*) Aus: Offizielle Sammlung der für den eidgenössischen Stand Schaffhausen bestehenden Gesetze, Verordnungen und Verträge. N. F.: III. Bd. Schaffhausen 1866; vgl. Stoofs, Strafgesetzbücher S. 267.

**) Vgl. dazu »Bericht der Kommission für Revision des Strafgesetzes« vom 12. Aug. 1889. S. 7. Berichterstatter: G. Walter.

infolge Strafurteiles seiner bürgerlichen Ehre verlustig geworden ist, wieder in den Genufs seiner bürgerlichen und politischen Rechte einzusetzen. Mit der Rehabilitation können gleichzeitig andere Nebenstrafen erlassen werden.

Die Wiedereinsetzung kann nicht begehrt werden, bevor seit Vollendung oder Verjährung der Hauptstrafe ein Zeitraum von wenigstens vier Jahren verflossen ist.

Rehabilitationsgesuche gelangen an den Regierungsrat, welcher dieselben in Begleit eines Gutachtens des verurteilenden Gerichtes an den Grofsen Rat zum definitiven Entscheide überweist.

Schwyz.

Instruktion für den Staatsanwalt.

Vom 14. März 1857.*)

§ 20. Der Staatsanwalt hat dem Kantonsgericht ein schriftliches Gutachten abzugeben:

a) Bei Rehabilitationsgesuchen im Strafprozefs.

Criminalstrafgesetz.

Vom 31. Januar 1869.**)

A. Allgemeiner Teil.

IV. Wiedereinsetzung in die bürgerlichen Ehren und Rechte.

§ 23. Ein der Ehren Entsetzter kann vom Kantonsgericht nach eingeholtem Gutachten der Staatsanwaltschaft wieder in seine bürgerlichen Ehren und Rechte eingesetzt werden:

a) Wenn seit der Ehrenentsetzung drei Vierteile der diesfalls festgesetzten Dauer, oder bei einer Zuchthausstrafe seit der Entlassung aus der Strafanstalt, und seit einer schon früher erfolgten Abweisung ein Jahr verflossen ist;

---

*) Aus: Amtliche Sammlung aller noch geltenden Gesetze etc. des Kantons Schwyz bis Ende 1893. Neue revid. Ausgabe. I. Bd. Schwyz, 1892. S. 176.

**) Aus: Gesetzessammlung des Kantons Schwyz. VI. Bd. Aus den Jahren 1868 bis und mit 1872. Schwyz, 1873. Im Verlage der Kantonskanzlei. S. 8/9.

b) wenn der Ausweis geleistet wird, dafs eine allfällige Geldstrafe und die Prozefskosten und der durch das Verbrechen entstandene Schaden getilgt worden, oder dafs unverschuldete Armut die vollständige Tilgung unmöglich macht;

c) wenn seit dem erlassenen Strafurteil befriedigende Zeugnisse über sittliche Aufführung vorgewiesen werden.

Criminalstrafgesetz.

Vom 20. Mai 1881.*)

A. Allgemeiner Teil.

4. Wiedereinsetzung in die bürgerlichen Ehren und Rechte.

§ 23. Ein der Ehren Entsetzter kann vom Kantonsgericht nach eingeholtem Gutachten der Staatsanwaltschaft wieder in seine bürgerlichen Ehren und Rechte eingesetzt werden:

a) wenn seit der Ehrenentsetzung drei Vierteile der diesfalls festgesetzten Dauer, oder bei Zuchthausstrafe seit der Entlassung aus der Strafanstalt zwei Jahre verflossen sind.

Ein abgewiesenes Gesuch darf erst nach Verflufs eines Jahres wieder gestellt werden;

b) u. c) stimmen überein mit der Fassung der entsprechenden Stellen im Criminalstrafgesetz vom 31. Januar 1869 (vgl. oben S. 406. D. H.)

Solothurn.

Das von Schiller, loc. cit., p. 8 zitierte Spezialgesetz über Rehabilitation vom 17. V. 1834 wurde uns nicht zugänglich.

---

*) Aus: Amtliche Sammlung der Gesetze und Verordnungen des Kantons Schwyz. VIII. Bd. umfassend die Jahre 1876 bis 1881. Schwyz, 1881. Im Verlage der Kantonskanzlei. S. 300; auch in Separatdruck: Schwyz, 1881, siehe S. 9; weiter vgl.: Amtliche Sammlung aller noch geltenden Gesetze und Verordnungen des Kantons Schwyz bis Ende 1889. Neue revidierte Ausgabe in zwei Bänden. I. Bd. Schwyz, 1892. Im Verlag der Kantonskanzlei. S. 479; Stoofs, Strafgesetzbücher p. 270.

Von späteren Gesetzen enthalten weder die Strafgesetzbücher vom 8. März 1855 und 3. Juni 1859 einerseits, vom 18. Juli 1874 andrerseits, noch die Strafprozeſsordnung von demselben Tage 1874 Bestimmungen über Rehabilitation.

Das gleiche gilt vom Strafgesetzbuch vom 29. Aug. 1885 und der Strafprozeſsordnung vom 28. August gleichen Jahres.

Tessin.

Codice penale della Repubblica e cantone del Ticino.

(in Lugano, presso Francesco Veladini e Comp. 1816. S. 33/34.)

Parte prima.

Disposizioni generali.

Titolo IX.

Della riabilitazione.

Art. 82. Ogni cittadino condannato a pena di alto criminale temporanea, dopo di averla espiata, può essere ammesso al beneficio della riabilitazione.

83. La riabilitazione fa cessare per l' avvenire ogni incapacità prodotta dalla condanna.

84. La domanda di riabilitazione non ha luogo che due anni compiuti dopo che è stata espiata la pena, e nelle forme stabilite dal Codice di Procedura.

85. Se la domanda è dichiarata inammissibile, non può essere riprodotta che dopo il lasso di due anni.

86. Il condannato per recidività non è mai ammesso a dimandare la riabilitazione.

Codice di procedura penale pella Repubblica e cantone del Ticino.

(in Lugano, presso Francesco Veladini e Comp. 1816. S. 194 ff.)

Libro terzo.

Di alcuni speciali giudizj.

Titolo XIV.

Della riabilitazione dei condannati.

Art. 456. Ogni condannato ad una pena temporanea

d' atto criminale, dopo averla espiata, potrà ottenere la riabilitazione.

457. La domanda di riabilitazione non potrà essere fatta, che due anni dopo l' espiazione della pena o l' ottenuto rescritto di grazia del Gran Consiglio.

458. Chi intende fare la domanda di riabilitazione, deve avere dimorato per due anni nello stesso comune.

459. La petizione dev' essere corredata,

1° Dell' estratto del giudizio di condanna;

2° Del docummento comprovante la seguita espiazione della pena o del rescritto di grazia accordata dal Gran Consiglio;

3° Dell' attestato di buona condotta rilasciato dalla municipalità e dal parroco del domicilio avuto dopo l' espiazione della pena o l' ottenuta grazia. Quest' attestato dovrà rilasciarsi al momento in cui s' intende fare la domanda di riabilitazione.

460. La domanda di riabilitazione, gli attestati prescritti nell' articolo precedente, la copia della sentenza di condanna, ed il certificato comprovante l' espiazione della pena o l' ottenuto rescritto di grazia, sono depositati nella segreteria criminale del tribunale di prima istanza, nella giurisdizione del quale risiederà il condannato.

461. La petizione e i documenti relativi saranno comunicati al giudice istruttore: esso darà le sue conclusioni motivate e per iscritto, e quindi ritornerà il rotolo degli atti al tribunale di prima istanza.

462. Il tribunale potrà, prima di ammettere o rigettare la domanda di riabilitazione, ordinare nuove informazioni, e pronunciare quindi per l' accettazione o pel rigetto della domanda stessa. Questo giudicato non potrà essere proferto che un mese dopo la presentazione della domanda di riabilitazione, e sarà sempre appellabile dal richiedente e dal fisco.

463. Se il tribunale d' appello rigetta la domanda di riabilitazione, questa sentenza è definitiva, e la stessa domanda non potrà essere riprodotta dal richiedente, che ne' modi sopra indicati, e dopo il lasso di altri due anni decorribili dal giorno del giudizio d' appello.

Codice di procedura penale.

Stoofs, Strafprozefsbücher führt p. 269/270 ohne Jahresangabe folgende Bestimmungen an:

210. Ogni condannato a una pena portante privazione totale o parziale de' diritti civili, potrà essere riabilitato.

La riabilitazione fa cessare ogni incapacità risultante da siffatta privazione, egualmente che quella derivata dalla destituzione da una pubblica carica o impiego, o dalla interdizione di una professione, d' una industria o d' un affare.

211. La riabilitazione è solo accordata quando il condannato, dopo espiata la pena principale, ha tenuto una condotta soddisfacente.

212. La domanda di riabilitazione non ha luogo che tre anni compiuti dopo che è stata espiata la pena.

214. Nella sua prima radunanza la Camera di cassazione decide sulla domanda.

215. Se la domanda è dichiarata inammissibile, non può essere riprodotta prima che siano decorsi due anni.

Codice di procedura penale.*)

(3. maggio 1895.)

Titulo XXVII.

Della riabilitazione.

Art. 280. Ogni condannato alla pena della degradazione civica o della interdizione può essere riabilitato.

La riabilitazione fa cessare per l' avvenire le incapacità inerenti a dette pene.

Art. 281. La riabilitazione è accordata solo quando il condannate, espiata la pena principale, abbia tenuto una buona condotta.

Art. 282. La domanda di riabilitazione non può essere presentata che tre anni compiuti dopo espiata la pena.

Art. 283. La domanda di riabilitazione viene inoltrata al presidente della Corte di cassazione unitamente alla sentenza ed agli attestati di buona condotta del petente. La

---

*) Aus: Codice di procedura penale e leggi e decreti legislativi al medesimo riferentisi. Bellinzona. Tipografia e Litografia Cantonale. 1902.

Über das »casellario giudiziario« siehe ebenda pag. 96 bis 99.

domanda cogli atti è comunicata al procuratore pubblico per preavviso.

Il presidente assume d'officio le necessarie informazioni.

La Corte di cassazione decide sulla domanda nella sua prima riunione.

Art. 284. Se la domanda è respinta, non può essere riprodotta prima che siano decorsi due anni.

Art. 285. Se la corte pronuncia la riabilitazione, una copia della decisione è comunicata alla Municipalità del Comune di domicilio del riabilitato.

Anche questi ne riceve una copia che può far pubblicare e sue spese nel *Foglio Officiale.*

Art. 286. Le spese sono al carico del richiedente.

La Corte può tuttavia esonerarnelo quando consti della sua povertà.

Art. 287. Chi fu privato dei diritti politici pei delitti contemplati dal titolo V della legge 27 maggio 1891 di attuazione della legge federale 11 aprile 1889 sull' esecuzione e sul fallimento dovrà, per ottenere la sua riabilitazione, produrre inoltre i documenti i quali giustificano che i suoi creditori furono tacitati.

Art. 288. La riabilitazione di colui che venne condannato per uno dei delitti contemplati dagli articoli 53, 54, 55, 56, 57, 58, 59 e 60 della legge citata puo essere chiesta dai suoi eredi, auche dopo la morte del condannato.

Legge concernente l'esercizio del diritto di grazia e di amnistia.*)

(27 maggio 1898.)

Sezione I. — *Della grazia.*

Art. 3. Se alla pena privativa alla libertà fossero state aggiunte come accessorie o conseguenti, la degradazione civica e la interdizione, queste s' intenderranno escluse dalla grazia. Restano per ciò fermi i dispositivi del Titolo XVII del Codice di procedura penale risguardanti la riabilitazione.

---

*) Aus: Codice di procedura penale e leggi e decreti legislativi al medesimo riferentisi. Bellinzona. Tipografia e litografia Cantonale 1902. pag. 91.

Thurgau.

Gesetz, betreffend die Begnadigung, Rehabilitation und gerichtliche Strafverwandlung.*)

(d. d. 30. Mai 1866.)

II. Von der Rehabilitation.

§ 12. Die Wiedereinsetzung eines zu entehrender Strafe Verurteilten in die bürgerlichen Rechte kommt dem Grofsen Rate zu.

§ 13. Die Wiedereinsetzung kann nur dann stattfinden, wenn:

a) seit dem Zeitpunkte, als der Petent, obwohl in Freiheit, sein Aktivbürgerrecht nicht mehr ausüben konnte, wenigstens zwei Jahre verstrichen sind;

b) der Bittsteller überhaupt nicht mehr als einmal kriminell verurteilt worden ist, oder nicht vor der kriminellen Beurteilung eine korrektionell-gerichtliche Strafe erlitten hat;

c) derselbe über einen sittlichen Lebenswandel während seiner Bürgerrechtseinstellung befriedigend sich auszuweisen vermag.

§ 14. Das Gesuch um Wiedereinsetzung wird dem Regierungsrate zu Handen des Grofsen Rates eingereicht. Erstere Behörde hat nach Einholung des Strafurteils, der Zeugnisse des Aufsehers, unter welchem der Petent allfällig seine Freiheitsstrafe zu erstehen hatte, und der verfügbaren Leumundsberichte das Gesuch zu prüfen, und es wird sodann, sei es, dafs dasselbe als unzulässig oder als statthaft erscheine, nach den Vorschriften des § 8,**) bezw. § 4, lit. b und c**) verfahren.

---

*) Aus: Thurg. Rechtsbuch. Gerichtl. Abt., Frauenfeld. 1902. S. 613 bis 615. Vgl. auch: Gesetzessammlung für den Kanton Thurgau. III. Bd. Frauenfeld, Huber, 1866. S. 139/140. Vgl. Stooss, Strafgesetzbücher. S. 265. — Nach freundlichen Mitteilungen des Herrn Privatdozenten Dr. Hafter (Zürich).

) **§ 8 eiusd. leg.: Regierungsrat weist Begehren von sich aus ab, wenn die Voraussetzungen nicht zutreffen; andernfalls gemäfs

§ 4 lit. b: Prüfung des Gesuches auf Grundlage der Akten durch die »Petitionskommission« des Grofsen Rates.

§ 4 lit. c: Im Rat selbst: Verlesen des Strafurteils, darauf des Rehabilitationsgesuches. Entscheidung durch geheimes Skrutinium — offenbar nachdem Petitionskommission einen Antrag gestellt hat, was im Gesetz nicht ausdrücklich gesagt ist.

§ 15. Wird durch den Grofsen Rat ein Gesuch um Wiedereinsetzung abgewiesen, so kann der Bittsteller nur noch einmal ein solches zur Geltung bringen.

§ 16. Der Beschlufs der Wiedereinsetzung wird durch den Regierungsrat im Amtsblatte veröffentlicht und dem Beteiligten schriftlich zur Kenntnis gebracht.*)

Unterwalden nid dem Wald.

Strafprozefsordnung.**) ***)

(Regierungsrat in Vollmacht des Landrates vom 28. April 1885.)

Enthält keine Bestimmung über Rehabilitation.

---

*) Hinzuweisen ist noch auf die:

Verfassung des eidgenössischen Standes Thurgau.

Vom 28. Februar 1869.

Sechster Abschnitt.

Gesetzgebende und aufsehende Behörde.

§ 36. Dem Grofsen Rate, als der gesetzgebenden und aufsehenden Behörde, sind unter Vorbehalt der Volksrechte insbesondere folgende Befugnisse übertragen:

c) die Gewährung von Amnestie bei politischen Vergehen, die Begnadigung und Rehabilitation von gemeinen Verbrechern.

(Aus: Sammlung der Bundesverfassung und der ... Kantonsverfassungen. Amtliche Ausgabe. Bern, Stämpfli, Lack und Scheim, 1880. p. 789.)

**) Aus: Gesetzbuch des Kantons Unterwalden nid dem Wald. II. Bd. Stans 1892. Buchdruckerei von Paul von Matt. S. 240 ff.

***) Hinzuweisen ist auf die:

Verfassung des Kantons Unterwalden nid dem Wald.

1877.

III. Titel.

Öffentliche Gewalten.

Richterliche Behörden.

C. Kantonsgericht.

Art. 62. Gesuche um Rehabilitation in die ehevorigen bürgerlichen Rechte und um Strafumwandlung werden von jener Behörde behandelt, welche das in Rechtskraft erwachsene Urteil ausgefällt hat.

(Aus: Sammlung der Bundesverfassung und der ... Kantonsverfassungen. Amtliche Ausgabe. Bern 1880. p. 428.)

Unterwalden ob dem Wald.

Kriminalstrafgesetz für den Kanton Unterwalden ob dem Wald, vom dreifachen Rate beschlossen den 20. Weinmonat 1864, in Kraft getreten am 1. Januar 1865.*)**)

Allgemeiner Teil.

Sechster Titel.

Ausschliefsung und Tilgung der Strafbarkeit.

Art. 44. Die Rehabilitation (Wiedereinsetzung in die bürgerlichen Ehren und Rechte) wird ausschliefslich vom Kantonsgerichte und zwar nur dann gewährt:

1. wenn der Verurteilte bei dem Regierungsrate sein Begehren stellt;
2. wenn er sich seit ergangenem Strafurteil auf befriedigende Weise aufgeführt hat;
3. wenn er allen durch sein Verbrechen entstandenen Vermögensschaden, soweit ihn das Urteil zum Ersatz desselben verfällt, gut gemacht, und sofern ihn notorische Armut nicht hindert, auch die Prozefskosten und eine allfällige Geldstrafe bezahlt hat;
4. wenn seit der Ehrenentsetzung oder Ehreneinstellung zwei Dritteile der diesfalls festgesetzten Dauer vorüber und, falls ein Rehabilitationsgesuch früher abgewiesen worden war, zwei Jahre seit dieser Abweisung verflossen sind.

---

*) Aus: Kriminalstrafgesetz für den Kanton Unterwalden ob dem Wald. Sarnen 1864. Druck von K. Baumann. S. 23. Vgl. auch Stooss, Strafgesetzbücher. S. 268.

**) Chronologisch ist hier hinzuweisen auf die:

Verfassung des Kantons Unterwalden ob dem Wald von 1867.

Dritter Titel.

Öffentliche Behörden.

I. Kantonsbehörden.

2. Richterliche Behörden.

D. Obergericht.

Art. 64. Dem Obergerichte kömmt die Wiedereinsetzung in die bürgerlichen Ehren und Rechte und die Befugnis der Strafumwandlung zu, wofern für letztere gewichtige Gründe vorliegen.

Es erstattet am Ende jeder Amtsdauer einen Amtsbericht.

(Aus: Sammlung der Bundesverfassung und der . . . . Kantonsverfassungen. Amtliche Ausgabe. Bern, 1880. p. 392.)

Polizeistrafgesetz.*)
(Vom 20. April 1870.)

I. Teil.

Allgemeine Bestimmungen.

Art. 22. Gegen Geld- und Leibesstrafen ist keine Begnadigung statthaft, aufser und insoweit das Gericht den Bestraften zur Begnadigung anempfiehlt. Gegen Freiheitsstrafen jeder Art ist sie innert den in Art. 43 des K. St. G. analog vorgezeichneten Rahmen und nach dort gegebenen Normen verstattet. Wo Trinkverbot, Landesverweisung und Gewerbeeinstellung auf unbestimmte Zeit ausgesprochen werden, da darf kein Begnadigungsgesuch vor Abflufs von drei Jahren zur Rücksichtnahme kommen. Bei allen zeitig bestimmten Strafen mufs die Hälfte der Strafzeit vorüber sein. Bei Einstellung im Aktivbürgerrecht kann von Rehabilitation nur im Wege und unter den Bedingungen von Art. 44 des K. St. G. die Rede sein. Dieser Artikel wird hier jedoch dergestalt beschränkt, dafs, wenn Ehrenverlust auf zeitlebens ausgesprochen worden, Rehabilitation unter den dort weiter gebotenen Bedingungen eintreten kann, aber erst zwölf Jahre nach der Verurteilung und fünf Jahre nach Vollendung der Zuchthausstrafe.

Uri.

Gesetz über die Ehrenstrafe der Kriminalisierten.**)
(Landsgemeinde-Erkenntnis vom 1. Mai 1842.)

Die Landsgemeinde des Kantons Uri.

In teilweiser Abänderung des bisherigen Verfahrens gegen die Sträflinge des Malefizlandrates, in Hinsicht des Ehrverlursts.

Nach vernommenem Antrage des Landrates und in Abweichung von demselben,

beschliefst:

---

*) Aus: Sammlung der Gesetze und Verordnungen des Kantons Unterwalden ob dem Wald. III. Bd. Herausgegeben im Juni 1873 von der Standeskanzlei. Buchdruckerei Müller in Sarnen. S. 279. Vgl. auch Stooss, Strafgesetzbücher. S. 268.

**) Aus: Amtliche Sammlung der Gesetze und Verordnungen des Landes Uri. Erlassen seit 1. Januar 1842 bis 5. Mai 1850 . . . . Altdorf, Buchdruckerei von J. J. Högger, 1856. Seite 9. Vergl. Pfenninger, Entwurf Seite 86; Stoofs, Grundzüge, Seite 110.

Die Art. Landb. 254 und 256 sollen in Kraft fortbestehen, jedoch mit dem Beisatze, dafs dem Malefiz-Landrate das Recht vorbehalten bleiben soll, bei den ihm zur Beurteilung vorkommenden Straffällen, jedes Mal nach Verhältnis des Verbrechens, zu bestimmen, nach wie viel Jahren ein solcher Sträfling wieder vor gleiche Behörde zurückkehren dürfe, um die Rehabilitation nachzusuchen, welche ihm dann unter der Bedingnis erteilt werden mag, wenn der Bestrafte durch Zeugnisse von seiner Ortsbehörde und seinem Seelsorger beweisen kann, dafs er sich gebessert und seine Bürger- und Christenpflichten während dieser Zeit getreu erfüllt habe.

Reglement für die Justizbehörden des Kantons Uri.*)

(Erlassen den 12. März 1886.)

(Seit 1. Juli 1886 in Kraft.)

(Mit Abänderungen vom 10. April 1890)

Anhang zum Justizreglement.

I. Besondere Grundsätze über das Strafrechtsverfahren.

F. Von der Urteilsvollstreckung.

Art. 40. Das Vermögen derjenigen, welche durch das Kriminalgericht in Kontumaciam oder sonst verurteilt worden sind, soll unter Vormundschaft gestellt werden und es hört die Handlungsfähigkeit der Verurteilten bis zur Rehabilitation auf.

Art. 41. Die Rehabilitation von entehrenden Strafen hat vom Obergericht zu geschehen, nach Ablauf der gerichtlichen Frist und auf Ansuchen des Bestraften. Die Rehabilitation ist im Amtsblatt zu publizieren.**)

---

*) Aus: Landbuch des Kantons Uri, enthaltend die in Kraft bestehenden Gesetze, Verordnungen und Beschlüsse von bleibender Bedeutung bis zum 31. Dezember 1891. I. Bd. Altdorf, Buchdruckerei Gisler, 1892. Seite 160.

**) Vergl. auch die

Verfassung des Kantons Uri.
Vom 6 Mai 1888.
Siebenter Abschnitt.
Richterliche Behörden.
I. Das Obergericht.

Art. 66. Das Obergericht ist die höchste richterliche Behörde und entscheidet:

c) ohne Instanzenzug:

4. über Wiedereinsetzung in die bürgerlichen Rechte und Ehren.

(Landbuch . . . . . . [wie oben]. I. Bd. p. 29.)

Waadt.

Code pénal du canton de Vaud*)

18. Febr. 1843; in Kraft getreten 1. Jan. 1844.

Partie générale.

Titre VII.

De l'extinction de l'action pénale et de celle des peines.

Chapitre IV.

De la réhabilitation.

86. La réhabilitation a pour effet de réintégrer un condamné qui a subi sa peine dans la jouissance des droits civiques ou des droits de la puissance paternelle, dont il a été privé par suite de sa condamnation.

Elle fait également cesser, pour l'avenir, les incapacités résultant de la destitution d'un emploi ou office public, ou de l'interdiction d'une profession, d'une industrie ou d'un négoce.

87. La réhabilitation n'est accordée que lorsque celui qui la demande s'est conduit d'une manière satisfaisante, depuis l'expiration de sa peine principale.

Toute investigation sur sa conduite antérieurement à la condamnation, est interdite.

88. La réhabilitation peut être demandée, lorsqu'il s'est écoulé, depuis l'expiration de la peine principale, un temps égal à la moitié de la durée de cette peine. Ce temps ne peut toutefois être moindre de deux ans.

Dans tous les cas, la réhabilitation peut être demandée, lorsqu'il s'est écoulé cinq ans depuis l'expiration de la peine principale.

---

*) Aus: Stoofs, Die schweizerischen Strafgesetzbücher. p. 265/266; vgl. auch Code pénal du Canton de Vaud. Lausanne, Imprimerie Georges Bridel, 1867 u. Recueil des lois, décrets et autres actes du gouvernement du canton de Vaud, et des actes de la diète helvétique qui concernent le canton. Tome XL. 1843. Lausanne. Imp. d'Emm. Vincent fils.

Vgl. zu dem diesem Gesetz vorausgehenden Entwurf den

Rapport de la commission du grand conseil du canton de Vaud sur le projet de code pénal. Session d'automne 1842. Lausanne, Imprimerie d'Emmanuel Vincent fils, 1842, S. 104 zu Art. 86 und den

Rapport de la commission du grand conseil du canton de Vaud sur le projet de code pénal, pour le complément du premier débat sur ce projet. Session d'automme 1842. Lausanne, Imp. d'Emm. Vincent fils, 1842, S. 25 zu Art. 86.

Code de procédure pénale du Canton de Vaud. du 1er février 1850.

(Lausanne, Imprimerie de Coraz et Robellaz, 1850.)

Titre VIII.

De la réhabilitation.

Art. 570. Le condamné qui veut obtenir sa réhabilitation s'adresse, par mémoire, au Tribunal de District dans lequel il réside.

Art. 571. Le Tribunal examine si la demande est admissible. Le Substitut du Procureur-général donne son préavis par écrit.

Si la demande est reconnue admissible, le Tribunal prend des renseignements sur la conduite du petitionnaire, auprès des Préfets, des Tribunaux de District, des Justices de paix et des Municipalités des lieux où le petitionnaire a résidé depuis l'accomplissement de sa peine, ainsi qu'auprès de la Municipalité du lieu de sa bourgeoisie.

Art. 572. Si, depuis l'expiration de sa peine, le condamné a résidé hors du Canton, il est tenu de fournir des témoignages authentiques de sa conduite, délivrés par les autorités des lieux où il a résidé.

Art. 573. Le Tribunal examine les renseignements reçus et les fait compléter, s'il y a lieu. Puis il transmet la demande en réhabilitation et toutes les pièces qui y sont relatives à la Cour de cassation, en y joignant son préavis.

Art. 574. La demande et les pièces sont communiquées au Procureur-général, qui donne son préavis motivé et par écrit.

Art. 575. La Cour de cassation prononce sur la réhabilitation. Elle peut toutefois, auparavant, ordonner de nouvelles informations.

Si la réhabilitation est accordée, l'arrêt en est expédié par copie au Greffe du District où la minute du jugement de condamnation est déposée. Mention en est faite en marge de cette minute, et il est transcrit sur le registre criminel ou correctionnel.

Le réhabilité obtient une copie de l'arrêt. Il peut à ses frais le faire insérer dans la feuille des Avis officiels et le faire afficher dans tous les chefs-lieux de District du Canton, sous l'autorité du Président du Tribunal de District.

Art. 576. Si la réhabilitation est refusée, elle ne peut être demandée de nouveau qu'après l'expiration d'un délai de deux années dès l'arrêt rejetant la demande.

Art. 577. L'instant à la réhabilitation paie tous les frais résultant de sa demande. Le Tribunal peut l'en dispenser pour cause de pauvreté constatée.

Avant-Projet de Code pénal
présenté au Conseil d'Etat du Canton de Vaud par la Commission législative chargée de réviser le Code pénal du 18 février 1843.

Précédé du Résumé des Procès-verbaux des séances de la Commission et d'une Notice sur le dévellopement historique du droit pénal dans le Canton de Vaud.
Publié par autorisation du Conseil d'Etat.

Lausanne, Imprimerie Lucien Vincent, 1879.

(S. 177). Avant-Projet du Code pénal vaudois tel qu'il résulte des délibérations de la Commission chargée par le Conseil d'Etat de la révision du Code pénal du 18 février 1843 . . . . Lausanne, 14 février 1877.

Partie générale.

Titre VII.

De l'extinction de l'action pénale et de celle des peines.

Chapitre IV.

*De la réhabilitation.**)

Art. 87—89. Es herrscht vollkommene Übereinstimmung mit den Artikeln 86—88 des Code von 1843.

Lediglich **Art. 88** Abs. 2 sagt im neuen Text: »antérieurement« statt wie der Code 1843 (Art. 87 Abs. 2) »antérieure« (vgl. den dem Entwurf gegenübergestellten Text des Code 1843. loc. cit).

---

*) Vgl. dazu: S. 99 des Résumé des Procès-verbaux des séances de la commission législative.

Loi du 15 mai 1901
modifiant le code pénal et le code de procédure pénale en ce qui concerne la grâce et la réhabilitation.*)

Art. 3. Les articles 570 à 573 du code de procédure pénale sont abrogés et remplacés par les dispositions suivantes.

Art. 570. Le condamné qui veut obtenir sa réhabilitation s'adresse, par mémoire, au président du tribunal de sa résidence, ou, s'il n'a pas de résidence dans le canton, au président du tribunal qui a jugé.

Art. 571. Le président prend tous les renseignements qu'il estime utiles sur la conduite du requérant, notamment auprès des autorités des lieux où il a résidé. Il joint au dossier le casier judiciaire de l'intéressé.

Art. 572. Si, depuis l'expiration de sa peine, le condamné a résidé hors du canton, le président s'assure qu'il n'a pas encouru de condamnation dans les lieux où il a résidé.

Art. 573. Le président transmet la demande en réhabilitation et toutes les pièces qui y sont relatives à la cour de cassation pénale, en y joignant son préavis.

Wallis.

Gesetzbuch über die peinliche Prozefs-Ordnung des Kantons Wallis.

(Offizielle Original-Ausgabe. Sitten, Buchdruckerei von Calpini-Albertazzi. 1849. S. 178 ff.)

Sechstes Hauptstück.

Von der Wiedereinsetzung in den vorigen Stand.

Art. 430. Jeder Verurteilte, welcher seine Strafe ausgehalten hat, oder welcher begnadigt worden ist, oder eine Strafenabänderung erhalten hat, kann in den vorigen Stand wieder eingesetzt werden.

*) Aus: Recueil des lois, décrets, arrêtés et autres actes du Gouvernement du canton de Vaud. Tome XCVIII — 1901. Lausanne, Imp. Constant Pache-Varidel. 1901, p. 159.

Das Gesuch um Wiedereinsetzung in den vorigen Stand kann von dem Verurteilten erst nach Verlauf von drei Jahren, nachdem er seine Strafe ausgehalten hat oder begnadigt worden ist, angestellt werden, und, im Falle der Strafenabänderung, erst drei Jahre nach Abflufs der neuen Strafe.

Art. 431. Niemand wird in seinem Wiedereinsetzungsgesuche angehört, wenn er nicht seit wenigstens drei Jahren in der nämlichen Gemeinde wohnt, und seinem Gesuche Zeugnisse guter Aufführung von den Räten der Gemeinden beilegt, in denen er während der dem Gesuche vorangegangenen Zeit gewohnt oder sich aufgehalten hat.

Art. 432. Das Wiedereinsetzungsgesuch wird an den Staatsrat gerichtet, welcher dasselbe mit den darauf bezüglichen Schriften und mit seinem Vorantrage dem Grofsen Rate übermacht.

Der Grofse Rat entscheidet über dieses Gesuch.

Art. 433. Wird die Wiedereinsetzung bewilligt, so erhält der Wiedereingesetzte Abschrift des Dekretes. Er kann begehren, dafs dessen am Rande des Urteils erwähnt und selbes in das Gerichtsprotokoll überschrieben werde. Er kann überdies selbes in der Gemeinde, wo er sich aufhält, verkünden und ins wöchentliche Amtsblatt einrücken lassen.

Art. 434. Wird die Wiedereinsetzung verweigert, so kann sie nur nach einem Zwischenraume von drei Jahren wieder begehrt werden.

Art. 435. Durch die Wiedereinsetzung hört für die Zukunft in der Person des Verurteilten jede Unfähigkeit auf, die aus einer Verurteilung hervorgegangen war.

Art. 436. Dem wegen Rückfall Verurteilten wird die Wiedereinsetzung nie gestattet.

Der

Code pénal du canton du Valais.
Exécutoire dès le 1er janvier 1859

(II. Edition. Sion, Imprimerie L. Schmid, 1880)

enthält keinerlei Bestimmung über Rehabilitation.

Code de procédure pénale.*)

430. Tout condamné qui aura subi sa peine, ou qui aura obtenu sa grâce, ou une commutation de peine, pourra être réhabilité.

La demande en réhabilitation ne pourra être formée par le condamné, que trois ans après qu'il aura subi sa peine ou obtenu sa grâce; et en cas de commutation de peine, trois ans après l'expiration de la nouvelle peine.

432. . . . Le Grand-Conseil prononce sur cette demande.

434. Si la réhabilitation est refusée, elle ne pourra être demandée de nouveau qu'après un nouvel intervalle de trois ans.

435. La réhabilitation fera cesser, pour l'avenir, dans la personne du condamné, toutes les incapacités qui résultaient de la condamnation.

436. Le condamné pour récidive ne sera jamais admis à la réhabilitation.

Zürich.**)

Gesetz betreffend das Strafverfahren.***)

(16. November 1851.)

Besonderer Teil.

Neunzehnter Titel.

Von der Rehabilitation.

§ 275. Jeder, der zu einer Strafe verurteilt worden ist, durch welche ihm die bürgerlichen Rechte ganz oder teilweise entzogen wurden, kann in dieselben wieder eingesetzt werden.

Die Wiedereinsetzung hebt die Unfähigkeit auf, welche aus dieser Entziehung entstand, so wie diejenige, die aus der

*) Aus: Stooss, Strafgesetzbücher, S. 267. Eine Textausgabe war uns nicht zugänglich.

**) Der Entwurf einer Kriminalprozefsordnung vom Jahre 1806, der auch die Rehabilitation regelte (vergl. Schiller, loc. cit. p. 8), wurde uns nicht zugänglich.

***) Aus: Die Zürcherischen Gesetze betr. die Organisation der Rechtspflege und das Strafverfahren v. Dr. J. Rüttimann. Zürich, Friedr. Schulthefs, 1853. S. 217 ff.

Entsetzung von einer öffentlichen Anstellung und Beamtung, oder aus dem Verbot eines Handwerks, eines Gewerbes oder eines Geschäftes erfolgte.

§ 276. Die Wiedereinsetzung wird nur dann gewährt, wenn der Verurteilte seit der Überstehung seiner Hauptstrafe sich auf eine befriedigende Weise aufgeführt hat.

§ 277. Das Gesuch um Wiedereinsetzung in die bürgerlichen Rechte kann nicht vor Verflufs von drei Jahren, von der überstandenen Strafe an, gestellt werden.

§ 278. Das Wiedereinsetzungsgesuch wird in der Form einer Bittschrift abgefafst und an den Präsidenten der Kriminalabteilung des Obergerichtes mit dem Urteile und den Zeugnissen eingesendet, welche die gute Aufführung des Bittstellers bescheinigen. Die Bittschrift mit den Akten wird dem Staatsanwalte zur Begutachtung mitgeteilt.

Der Präsident der Kriminalabteilung des Obergerichts zieht die nötigen Erkundigungen ein.

§ 279. Wenn die Kriminalabteilung das Gesuch abweist, so kann der Bittsteller nicht vor Verflufs von zwei Jahren ein neues einreichen.

§ 280. Spricht die Kriminalabteilung die Wiedereinsetzung aus, so wird der Erlafs im Amtsblatt veröffentlicht.

Der Rehabilitierte erhält eine Abschrift davon. Er kann diesen Erlafs in öffentlichen Blättern bekannt machen und an den Orten, wo er will, anschlagen lassen.

§ 281. Die Kosten fallen dem Bittsteller zur Last.

Die Kriminalabteilung kann sie ihm jedoch, wenn seine Armut bescheinigt ist, erlassen.

Entwurf eines Strafgesetzbuches für den Kanton Zürich.

(Von Ib. Dubs. Zürich, Orell, Füssli & Co., 1855. S. 70 f.*))

Allgemeiner Teil.

Erster Titel.

Von den Strafen.

§ 26. Strafen, welche durch rechtskräftiges Urteil festgestellt sind, können eine Abänderung erleiden:

b) durch Rehabilitation.

*) Vgl. loc. cit. auch p. 14/15 ff.

§ 29. Jeder, welcher zu einer Strafe verurteilt worden ist, durch welche ihm die Ehren-Rechte oder die Berechtigung zu gewissen Berufsarten ganz oder teilweise entzogen worden ist, kann durch Beschlufs des Obergerichts in dieselben wieder eingesetzt werden.

Die Wiedereinsetzung (Rehabilitation) hebt die Unfähigkeit auf, welche aus dieser Entziehung entstand, sowie diejenige, die aus der Entsetzung von einer öffentlichen Anstellung oder Beamtung, oder aus dem Verbot eines Handwerks, eines Gewerbes oder eines Geschäftes erfolgte.

§ 30. Die Wiedereinsetzung wird nur dann gewährt, wenn der Verurteilte seit der Überstehung seiner Hauptstrafe sich auf eine befriedigende Weise aufgeführt hat.

§ 31. Das Gesuch um Wiedereinsetzung in die Ehrenrechte kann nicht vor Verflufs von drei Jahren, von der überstandenen Strafe an, gestellt werden.

Wenn das Gericht ein Rehabilitationsgesuch abgewiesen hat, so kann der Bittsteller nicht vor Verflufs von zwei Jahren ein neues einreichen.

Entwurf eines Strafgesetzbuches für den Kanton Zürich.

(Von Rud. Benz. Zürich, Druck von Orell, Füssli & Comp., 1866.)

Strafgesetzbuch (S. 1 ff.).

Erste Abteilung.

Allgemeine Bestimmungen.

Erster Titel.

Von den Strafen.

§ 25. Die Rehabilitation in Bezug auf die in § 15 Ziffer 1 und 3 und § 20 Ziffer 3 bezeichneten Strafen[1]) kann durch Beschlufs des Obergerichtes erfolgen.

---

[1]) **§ 15.** Als Ehrenstrafen sind gesetzlich aufgestellt:
1. Verlust des Aktivbürgerrechts;
3. Unfähigkeits-Erklärung, Vormund, Kurator oder Geschworener zu sein.

Es soll oben offenbar weiter heifsen: § 19 Z. 3. Dieser lautet

§ 19. Die Vermögensstrafen bestehen in:
3. Untersagung der Betreibung eines bestimmten Berufes oder Gewerbes.

§ 26. Über das Verfahren bei der Begnadigung und der Rehabilitation enthält das Gesetz über das Strafverfahren die weiteren Bestimmungen.

Gesetz betreffend die Zürcherische Rechtspflege vom 2. Christmonat 1874, in Kraft getreten am 1. Januar 1875.*)

Drittes Buch.

Strafprozefsordnung.

IX. Abschnitt.

Rehabilitation.

§ 1127. Wer auf eine Dauer von mehr als zwei Jahren mit Entzug des Aktivbürgerrechtes oder Amts- und Dienstentsetzung oder mit Entzug des Rechtes, einen bestimmten Beruf oder ein Gewerbe zu betreiben, bestraft worden ist, kann in die ihm entzogenen Rechte nach Ablauf von zwei Jahren, sofern dieselben zugleich wenigstens die Hälfte der im Urteil festgesetzten Entzugszeit betragen, und bei lebenslänglichem Entzuge nach Ablauf von 10 Jahren der Entzugszeit, wieder eingesetzt werden, wenn er sich über völlig untadelhafte Aufführung seit Erlafs des Urteils ausweist.

§ 1128. Das Wiedereinsetzungsgesuch wird in der Form einer Bittschrift abgefafst und an den Präsidenten des Obergerichtes mit dem Urteile und den Zeugnissen eingesendet, welche die gute Aufführung des Bittstellers bescheinigen.

§ 1129. Der Präsident des Obergerichtes übermacht die Bittschrift mit den Akten der Staatsanwaltschaft zur Begutachtung und zieht nötigenfalls von Amtes wegen weitere Erkundigungen ein.

§ 1130. Wenn das Obergericht das Gesuch abweist, so kann der Bittsteller nicht vor Verflufs von zwei Jahren ein neues einreichen.

---

*) Aus: E. Sträuli, Kommentar zum Gesetze betreffend die zürcherische Rechtspflege. Winterthur, Druck und Verlag von Bleuler-Hausheer & Cie., 1883. S. 517/518.

Vgl. auch die daselbst angeführten Zeitschriften, sowie Stoofs, Strafgesetzbücher S. 269.

§ 1131. Spricht das Obergericht die Wiedereinsetzung aus, so wird der Beschlufs auf Verlangen des Petenten durch das Amtsblatt veröffentlicht.

Dem Rehabilitierten steht frei, denselben auch durch andere öffentliche Blätter bekannt zu machen.

§ 1132. Die Kosten fallen dem Bittsteller zur Last; sie können ihm jedoch, wenn seine Armut bescheinigt ist, erlassen werden.

Die Gesetzentwürfe betreffend die Rechtspflege.

Vorlage des Regierungsrates an den Kantonsrat
vom 21. November 1901.

IV. Gesetz betreffend den Strafprozefs.

X. Abschnitt.

Begnadigung und Wiedereinsetzung in entzogene Rechte.

B. Wiedereinsetzung in entzogene Rechte (Rehabilitation).

(S. 225/226, vgl. auch S. 372.)

§ 454 = § 1127 des Gesetzes von 1874.

Es steht hier jedoch «Amts- oder Dienstentsetzung» statt «Amts- und Dienstentsetzung».

§ 455. Das Wiedereinsetzungsgesuch wird in der Form einer Bittschrift abgefafst und mit dem Urteile und den Zeugnissen, welche die gute Aufführung des Bittstellers bescheinigen, dem Präsidenten des Obergerichtes eingereicht.

§ 456 = § 1129, Ges. 1874.

§ 457. Wenn das Obergericht das Gesuch wegen Unwürdigkeit des Bittstellers abweist, so kann derselbe nicht vor Verflufs von zwei Jahren ein neues einreichen.

§ 458 Abs. 1 = § 1131 Abs. 1, Ges. 1874. Statt »des Petenten« steht jetzt «des Bittstellers».

Abs. 2: »dem Wiedereingesetzten steht frei, den Beschlufs« u. s. f. wie § 1131 Abs. 2, Ges. 1874.

§ 459. Unter den nämlichen Voraussetzungen kann, wer bei Anlafs seiner Begnadigung für die Dauer von mehr als zwei Jahren unter Polizeiaufsicht gestellt wurde, wieder von dieser Aufsicht entlassen werden, wenn er sich über völlig untadelhaften Lebenswandel ausweist.

Das bezügliche Gesuch ist bei der Justizdirektion einzureichen und wird nach Anhörung der Staatsanwaltschaft und des Obergerichtes vom Regierungsrat entschieden.

§ 460. »Die Kosten fallen überall« u.s.w. wie § 1132, Ges. 1874.

Zug.

Gesetz über bedingte Freilassung, Begnadigung und Rehabilitation in Straffällen.*)

Vom 27. Christmonat 1871.

D. Rehabilitation.

§ 14. Die Wiedereinsetzung eines kriminell Verurteilten in die politische und bürgerliche Rechtsfähigkeit kann vom Obergerichte gewährt werden, wenn:

a) seit der Strafüberstehung oder vollständigen Begnadigung mindestens drei Jahre verflossen sind;

b) derselbe durch seine Aufführung während und seit Überstehung der Strafe Beweise der Besserung gegeben hat.

§ 15. Das Rehabilitationsgesuch ist mit dem Strafurteil und allfälligen Beweisen der Besserung dem Präsidenten des Obergerichts einzureichen.

§ 16. Das Obergericht entscheidet in seiner nächsten Sitzung entweder sofort oder nach Prüfung des Gesuches durch eine Kommission in freier Würdigung der Verhältnisse über die Zulässigkeit der Rehabilitation.

Dasselbe bezieht für die Rehabilitationsverhandlung keine Gebühren.

Die Rehabilitation ist durch das Amtsblatt bekannt zu machen.

§ 17. Wird ein Rehabilitationsgesuch abgewiesen, so kann der Bittsteller ein neues erst nach Ablauf von zwei Jahren einreichen.

---

*) Aus: Sammlung der Gesetze u. Verordnungen des Kantons Zug umfassend den Zeitraum vom 1. Januar 1868 bis 31. Dezember 1876. V. Bd. Buchdruckerei Elsener in Zug. No. 11. S. 125.

Strafgesetz für den Kanton Zug.

(Vom 20. Wintermonat 1876.) *)

Allgemeiner Teil.

I. Titel.

Strafen.

§ 16. Durch rechtskräftiges Urteil festgesetzte Strafen erleiden eine Abänderung:

b) durch Rehabilitation.

Über die in lit. a, b und c benannten Fälle bestimmt ein besonderes Gesetz.**)

B. Militärstrafrecht.

Bund.

Militärstrafgesetz.***)

Fünfter Abschnitt.

Von der Begnadigung und der Rehabilitation.

. . . .

Art. 429. Jeder zum ersten Male zur Zuchthausstrafe Verurteilte kann, nachdem er die Strafe, soweit ihm dieselbe nicht auf dem Wege der Begnadigung erlassen worden ist,

---

*) Aus: Sammlung der Gesetze u. Verordnungen des Kantons Zug umfassend den Zeitraum vom 1. Januar 1877 bis 31. Dezember 1883. VI. Bd. No. 2. S. 11/12.

**) Hinzuweisen ist auch noch auf die

Verfassung des Kantons Zug.

Vom 22. Dezember 1873, 15. Mai 1876 und 21. November 1881.

III. Titel.

Öffentliche Gewalten.

IV. Abschnitt.

Richterliche Gewalt.

D. Obergericht.

§ 70. Dem Obergericht kömmt die Wiedereinsetzung in die bürgerlichen Rechte und Ehren zu.

(Aus: Sammlung der Gesetze und Verordnungen des Kantons Zug. 1. Januar 1877 bis 31. Dezember 1883. VI. Bd. (s. l. et a.)

***) Aus: Bundesgesetz über die Strafrechtspflege für die eidgenössischen Truppen. (Vom 27. August 1851.) Bern, Buchdruckerei der »Berner Boten«, 1886.

erstanden hat, durch die Bundesversammlung in den Genuss des Aktivbürgerrechts wieder eingesetzt werden.

Art. 430. Das diesfällige Gesuch darf frühestens drei Jahre nach gänzlicher Erstehung der Zuchthausstrafe bei der Bundesversammlung eingereicht werden.

Es sind demselben neben dem Urteil auch gehörig beglaubigte amtliche Leumundszeugnisse über die seitherige gute Aufführung des Gesuchstellers beizulegen.

Art. 431. Ein abgewiesenes Rehabilitationsgesuch kann erst nach Verflufs von zwei Jahren wieder erneuert werden.

Art. 432. Durch Beschlufs der Bundesversammlung kann auch die Wiederanstellung eines entsetzten Offiziers (Art. 10) [1]) gestattet werden.

Art. 433. Die Begnadigung der Rehabilitation der durch die Kantonalkriegsgerichte verurteilten Personen ist Sache der Kantone.

Militärstrafgesetzentwürfe.

Entwurf 1878.*)

IV. Von dem militärgerichtlichen Verfahren.

Art. 58. Begnadigung. Rehabilitation.

Ein zu Gefängnis oder einer noch schwereren Strafe Verurteilter kann jederzeit, in der Regel bei dem schweizerischen Bundesrat, im Kriegsfalle bei dem Oberstkommandierenden, um Begnadigung einkommen, hat jedoch dessenungeachtet seine Strafe, sofern sie nicht auf Tod lautet, anzutreten.

Eine gänzliche oder teilweise Begnadigung kann sich niemals auf eine Abänderung des Urteils über Zivilansprüche Beschädigter erstrecken.

---

[1]) **Art. 10.** Die Entsetzung eines Offiziers, Unteroffiziers, Korporals, Gemeinen oder Feuerwerkers besteht darin, dafs ihm die bekleidete Ehrenstelle entzogen wird und er die Zeichen derselben nicht mehr tragen darf.

Einem entsetzten Offizier kann nie mehr ein Grad verliehen werden, so lange er nicht rehabilitiert worden ist. (Art. 432.)

Ein entsetzter Unteroffizier, Korporal, Gefreiter oder Feuerwerker mufs als Gemeiner fortdienen, wenn das Urteil nicht eine andere Strafe gegen ihn verhängt, welche ihn unfähig macht, Militärdienste zu tun.

*) Aus: »Entwurf eines Schweizerischen Militär-Strafgesetzes.« Bern, Stämpflische Buchdruckerei, 1878.

Mit der Begnadigung ist stets eo ipso Rehabilitation verbunden.

Um Rehabilitation kann auch selbständig nach Verbüfsung dcr Strafe bei den nämlichen Behörden eingekommen werden.

»Zweiter Entwurf« (1881).*)

Erster Teil.

Allgemeine Bestimmungen.

Art. 10. Mit der Zuchthausstrafe ist immer der Verlust der bürgerlichen Ehrenrechte sowie eines jeden militärischen Grades und die Versetzung in die Klasse der Militärsteuerpflichtigen wegen moralischer Unfähigkeit zum Wehrdienst verbunden.

Die nämlichen Folgen können durch das Urteil auch an eine Gefängnisstrafe geknüpft werden, welche mehr als ein Jahr dauert.

Die Wiedereinsetzung solcher Personen in ihren früheren Ehrenstand kann nach abgebüfster Strafe durch den Bundesrat erfolgen.

Vierter Teil.

Von dem militärgerichtlichen Verfahren.

Art. 101. Um Begnadigung kann ein militärgerichtlich Verurteilter sofort nach Eröffnung des Urteils durch Übermittelung seines Gesuches von seiten des urteilenden Gerichtes (Art. 99) oder auch jederzeit später selbständig bei dem Bundesrate (im Falle des aktiven Dienstes bei dem Höchstkommandierenden) einkommen.

Die Einreichung eines Begnadigungsgesuches sistiert jedoch den Vollzug der Strafe (mit Ausnahme der Todesstrafe) nicht. Mit gänzlicher Begnadigung ist vollständige Rehabilitation verbunden. Um eine solche kann auch jederzeit nach Abbüfsung der Strafe eingekommen werden. (Art. 10.)

Die Zivilfolgen eines Strafurteils und das Kostenerkenntnis werden durch eine Begnadigung nicht berührt.

---

*) Aus: Militärstrafgesetzbuch für die schweizerische Eidgenossenschaft. Zweiter Entwurf. Bern, Stämpflische Buchdruckerei, 1881.

Entwurf vom 30. Mai 1884.*)

Art. 10 und **101** identisch mit den gleichziffrigen Artikeln des vorhergehenden »zweiten Entwurfes«.

Kommissionsentwurf des Nationalrats.**)
(24. September 1885.)

Art. 10. Mit der Zuchthausstrafe ist immer der Verlust der bürgerlichen Ehrenrechte auf eine vom Richter zu bestimmende Zeitdauer (Absatz 2) sowie der Verlust jedes militärischen Grades und die Versetzung in die Klasse der Militärsteuerpflichtigen wegen moralischer Unfähigkeit zum Wehrdienste verbunden.

Der Verlust der bürgerlichen Ehrenrechte kann auf die doppelte Dauer der Freiheitsstrafe, von deren Verbüfsung an gerechnet, ausgesprochen werden.

Der Bundesrat ist berechtigt, Verurteilte nach Verbüfsung der Hauptstrafe in ihre bürgerlichen Ehrenrechte wiedereinzusetzen, bevor die im gerichtlichen Urteil festgesetzte Zeit des Verlustes des letzteren abgelaufen ist (bürgerliche Rehabilitation).

Art. 107c identisch mit Art. 101 der vorangehenden beiden Entwürfe.

Entwurf Müller.***)
(1886.)

III. Buch.
Militärstrafverfahren.
V. Abschnitt.
Begnadigung.

Art. 176. Nach Verbüfsung der Hauptstrafe kann der

---

*) Aus: Botschaft des Bundesrates betreffend das Militär-Strafgesetzbuch für die schweizerische Eidgenossenschaft. Vom 30. Mai 1884.

**) Aus: Militärstrafgesetzbuch für die schweizerische Eidgenossenschaft. I. Entwurf des Bundesrates vom 30. Mai 1884. Beschlufs des Ständerates vom 26. Juni 1885. Anträge der Kommission des Nationalrates vom 24. September 1885. Anlage: Zwei vergleichende Tabellen. (s. l. et a.)

***) Aus: Anträge und Bericht betreffend Abänderung des IV. Titels des Militärstrafgesetz-Entwurfes von Hrn. Nationalrat Ed. Müller in Bern zuhanden des Vorstehers des eidgenössischen Justizdepartements und der Kommissions-Mitglieder der Nationalrats zur Vorberatung des Militärstrafgesetz-Entwurfes. Vom 31. Juli 1886. (s. l. et a.)

zum Verluste der bürgerlichen Rechte und Ehren Verurteilte jederzeit beim Bundesrate die Wiedereinsetzung in seinen früheren bürgerlichen Ehrenstand nachsuchen.

Entwurf Schneider.*)
(1887.)

I. Teil.

Titel II.

Die Strafen.

Art. 6. Die Zuchthausstrafe hat zur Folge:

a) . . . .

b) Verlust der bürgerlichen Ehrenrechte auf eine vom Richter zu bestimmende, die doppelte Dauer der Freiheitsstrafe von dem Ablauf an nicht übersteigende Zeitdauer, vorbehaltlich einer allfälligen Wiedereinsetzung nach Art. 107 c.

Militärstrafgerichtsordnung.**)
(Bundesgesetz vom 28. Juni 1889.)

II. Teil.

Das Militärstrafverfahren.

V. Abschnitt.

Begnadiguug

215.***) Nach Verbüfsung der Hauptstrafe kann der zum Verlust der bürgerlichen Rechte und Ehren Verurteilte beim Bundesrat die Wiedereinsetzung in den bürgerlichen Ehrenstand nachsuchen.

---

*) Aus: Bundesgesetz betreffend die Rechtspflege bei den eidgenössischen Truppen. Entwurf des Herrn Prof. Dr. Schneider in Zürich. Dem Eidg. Justiz- und Polizeidepartement eingereicht am 7. Mai 1887. (s. l. et a.)

**) Vgl. Kocher, Strafgerichtsorganisation und Strafprozefsgesetzgebung der Schweiz. Zürich 1894, p. 204. Siehe auch: Gesetze, Dekrete und Verordnungen des Kantons Bern. Jahrg. 1889, N. F. XXVIII. Bd. Bern, Stämpflische Buchdruckerei, 1889, S. 313.

***) Ohne Artikelbezeichnung.

Luzern.

Gesetz über die Militärorganisation.*)
(Vom 7. Jänner 1854.)

XVIII. Titel.

Strafrecht.

§ 173. Das Begnadigungsrecht übt der Grofse Rat ausschliefslich aus. Rehabilitationen sind bei dem Obergerichte auszuführen.

C. Handelsrecht.

Bund.

Bundesratsbeschlufs betreffend die in Konkurs geratenen eidg. Beamten u. Angestellten
(vom 11. März 1879).**)

3. In Bezug auf die zum 1. April nächsthin stattfindenden Bestätigungswahlen werden Beamte und Angestellte, die in Konkurs gefallen sind, nur provisorisch bestätigt. Der Bundesrat wird hinsichtlich derselben die Frist bestimmen, binnen welcher bei Verlust der Anstellung die Rehabilitation stattzufinden hat.

Bundesratsbeschlufs betreffend die in Konkurs gefallenen eidg. Beamten u. Angestellten
(vom 27. März 1879).**)

1. Die Bestätigung solcher Beamten u. Angestellten, welche in Konkurs gefallen und nicht rehabilitiert sind, geschieht nur provisorisch. Es wird den Betreffenden eine Frist von einem Jahre angesetzt, binnen welcher die Rehabilitation bei Verlust der Anstellung zu erfolgen hat.

2. Sollten unter den definitiv bestätigten Beamten und Angestellten sich solche befinden, von denen sich nachträglich herausstellt, dafs sie Konkursiten und nicht rehabilitiert sind, so wird die Anstellung der Betreffenden von Konstatierung dieser Tatsache an provisorisch. — — — —

---

*) Aus: Strafgesetzbuch für den Kanton Luzern usw. Schwyz 1854. In Kommission bei A. Wiget, Buchbinder. Seite 617.

**) Aus: Amtliche Sammlung der Bundesgesetze und Verordnungen der schweiz. Eidgenossenschaft. Vierter Band. N. F. Bern, Stämpflische Buchdruckerei. 1880. S. 337, 338.

Bundesgesetz über Schuldbetreibung u. Konkurs (vom 11. April 1889).*)

Erster Titel.

Allgemeine Bestimmungen.

I. Organisation.

Art. 26. Die Kantone können unter Vorbehalt bundesgesetzlicher Bestimmungen über die politischen Rechte der Schweizerbürger (Art. 66 der Bundesverfassung) die öffentlich-rechtlichen Folgen der fruchtlosen Pfändung und des Konkurses feststellen.

Die Aufhebung dieser Rechtsfolgen (Rehabilitation) hat jedoch einzutreten, wenn der Konkurs widerrufen wird oder wenn sämtliche zu Verlust gekommene Gläubiger befriedigt sind oder der Rehabilitation beistimmen.

Aargau.

Gesetz betreffend die Folgen des Konkurses und der fruchtlosen Pfändung (vom 28. Mai 1894).**)

II. Ausschlufs vom Stimmrecht.

1. Die Konkursiten.

§ 3. Jeder im Kanton wohnhafte Konkursit, der den Nachweis anerbietet, dafs ihn in Bezug auf seinen Konkurs kein Verschulden trifft, kann beim Gericht seines Wohnortes das Begehren um Aufhebung der öffentlich-rechtlichen Folgen des Konkurses stellen und es entscheidet der Richter nach freiem Ermessen. Die Konkursgläubiger, denen das Begehren durch das Amtsblatt bekannt zu geben ist, haben ein Einspruchsrecht.

Das Verfahren ist mündlich und gebührenfrei. Über die Parteikosten entscheidet der Richter nach freiem Ermessen. Der Entscheid des Bezirksgerichtes kann von den Parteien auf dem Wege des Rekurses an das Obergericht gezogen werden.

---

*) Aus: Neue Gesetzsammlung für den Kanton Thurgau. VI. Bd. Frauenfeld, Huber & Co., 1894, S. 266.

**) Aus: Gesetzes-Sammlung für den eidgenössischen Kanton Aargau. N. F. Bd. IV. Brugg, Buchdruckerei »Effingerhof«, 1896 S. 149 ff.

NB. Im Einführungsgesetz zum Bundesgesetz über Schuldbetreibung und Konkurs sind keinerlei Rehabilitationsbestimmungen.

2. Die fruchtlos Gepfändeten.

§ 5 Abs. 2. Jeder im Kanton wohnhafte ganz oder teilweise fruchtlos Gepfändete, der den Nachweis anerbietet, dafs ihn in Bezug auf seine Amtspfändung kein Verschulden trifft, kann beim Gericht seines Wohnortes das Begehren um Aufhebung der öffentlich-rechtlichen Folgen der fruchtlosen Pfändung stellen und es entscheidet der Richter nach freiem Ermessen. Die bei der fruchtlosen Pfändung verlustig gewordenen Gläubiger, welchen das Begehren bekannt zu geben ist, haben ein Einspruchsrecht.

Abs. 3. Das Verfahren ist mündlich und gebührenfrei. Über die Parteikosten entscheidet der Richter nach freiem Ermessen. Der Entscheid des Bezirksgerichts kann von den Parteien auf dem Wege des Rekurses an das Obergericht gezogen werden.

III. Die zivilrechtlichen Folgen des Konkurses und der fruchtlosen Pfändung.

§ 6 Abs. 2. Der Widerruf des Konkurses und der fruchtlosen Pfändung hebt die in den Ziffern 1—5 hiervor angegebenen Wirkungen (zivilrechtl. Folgen. D. H.) auf. Dagegen kann der Ehemann nach Aufhebung des Konkurses bezw. der fruchtlosen Pfändung die früheren Rechte über das Vermögen der Ehefrau nur dann wieder erwerben, wenn er für die Hälfte des sämtlichen vor dem Konkurse bezw. der fruchtlosen Pfändung eingekehrten, sowie des der Ehefrau seit dem Konkurs bezw. der fruchtlosen Pfändung angefallenen Gutes genügende besondere Sicherheit leistet.

IV. Allgemeine Bestimmungen.

§ 8. Der Ausschlufs vom Stimmrecht fällt dahin, wenn sich der Konkursit (Vergeldstagte) über den Widerruf des Konkurses (Geldstages) und der fruchtlos Gepfändete über die Befriedigung derjenigen Gläubiger ausweist, welche den Schuldner ausgepfändet haben, in welchem Falle die fruchtlose Pfändung vom Betreibungsamte im Amtsblatt zu widerrufen ist.

Der Widerruf und die Befriedigung der Gläubiger wird auf Kosten des Schuldners im Amtsblatt bekannt gemacht.

V. Übergangsbestimmungen.

§ 10. Für diejenigen Kantonseinwohner, welche infolge eines vor dem 1. Januar 1892 über sie durchgeführten Geldstages das Stimmrecht verloren haben, wird der Ausschlufs des Stimmrechts beschränkt auf die Dauer von 6 Jahren von der Geldstagserkenntnis an gerechnet.

Für dieselben bleiben in zivilrechtlicher Beziehung die bisherigen gesetzlichen Bestimmungen bis zur Rehabilitation in Kraft.

Appenzell A. Rh.

Gesetz betreffend das Konkursverfahren. Vom 29. April 1860 und 28. April 1861.*)

Von der Rehabilitation der Falliten und Akkorditen.

Art. 18.**) Die Wiedereinsetzung eines Falliten oder Akkorditen in seine ehevorigen bürgerlichen Ehren und Rechte geschieht durch das Obergericht. Sie erfolgt, wenn der Schuldner den rechtsgenügenden Ausweis zu leisten im Stande ist, dafs er alle seine Gläubiger vollständig, d. h. mit 100 Rappen für den Franken, bezahlt habe. Die Rehabilitation kann vom Obergerichte aber auch, wenn dieser Fall nicht vorliegt, ausgesprochen werden, wenn

a) ein Fallit oder Akkordit nachzuweisen im Stande ist, dafs seine Gläubiger von ihm gänzlich zufrieden gestellt worden seien, — oder wenn

b) bei Falliten und Akkorditen, die ohne Bufse entlassen wurden, 2 Jahre, und bei solchen, die gebüfst worden, 4 Jahre umflossen sind, und von ihnen rechtsgenügende Zeugnisse über ihre durchaus unklagbare häusliche Lebensweise und Arbeitsamkeit seit der Zeit der eingetretenen Zahlungsunfähigkeit beigebracht werden können.

Es steht der richterlichen Behörde frei, gebüfste Falliten oder Akkorditen auch wiederholt für je die nämliche vorhin bezeichnete Zeitdauer von 2 oder 4 Jahren oder auch auf eine kürzere Zeit mit ihrem Gesuche zurückzuweisen. In der Zwischenzeit dürfen sie mit einem erneuerten Rehabilitationsgesuche nur sofern einkommen, als sie an alle Gläubiger eine Abschlagszahlung geleistet oder dieselben insgesamt befriedigt haben.

Die Zahlungspflicht erlischt durch die Rehabilitation nicht.

Vollziehungsgesetz zum Bundesgesetz betreffend Schuldbetreibung und Konkurs für den Kanton Appenzell A. Rh.

Von der Landsgemeinde am 26. April 1891 angenommen und vom schweizerischen Bundesrate am 12. Mai 1891 genehmigt.***)

VIII. Strafbestimmungen.

§ 47 Abs. 3. Bezüglich der Strafeinleitung — Klageführung —

*) Aus: Gesetzbuch für den Kanton Appenzell A. Rh. I. Bd. Amtl. Ausgabe. Herisau 1864. S. 207–208.

**) Die Ausgabe des »Gesetzbuchs« Herisau, 1883, S. 327 schreibt »§ 18«. D. H.

***) Aus: Amtliche Sammlung der Gesetze, Verordnungen und sonstigen

und der Rehabilitation ist nach den Bestimmungen unserer Strafprozefsordnung und Art. 26 B.-G. zu verfahren.

X. Schlufsbestimmungen.

§ 59. Durch das Bundesgesetz über Schuldbetreibung und Konkurs und das vorstehende Vollziehungsgesetz werden, vorbehältlich die Übergangsbestimmungen dieses letzteren, mit dem 1. Januar 1892 aufser Kraft gesetzt:

a) das Gesetz über Schuldbetreibung vom 29. April 1860;
b) das Gesetz über das Konkursverfahren vom 29. April 1860 und 28. April 1861.

— — — — —
— — — — —
— — — — —

Vollziehungsgesetz zum Bundesgesetz über Schuldbetreibung und Konkurs für den Kanton Appenzell-Ausserrhoden.

Von der Landsgemeinde angenommen am 28. April 1895 und vom schweizer. Bundesrate genehmigt am 21. Mai 1895.*)

VIII. Strafbestimmungen.

Art 55 Abs. 4. Für die Rehabilitation gelten die Bestimmungen von Art. 26 des Bundesgesetzes und die Rehabilitationsbestimmungen der kantonalen Strafprozefsordnung, soweit letztere mit den bundesgesetzlichen Vorschriften nicht im Widerspruch stehen.

XI. Schlufsbestimmungen.

Art. 63. Durch das Bundesgesetz über Schuldbetreibung und Konkurs und das vorstehende Vollziehungsgesetz sind, vorbehältlich die Übergangsbestimmungen des letzteren, aufser Kraft:

a) das Gesetz über Schuldbetreibung vom 29. April 1860;
b) das Gesetz über das Konkursverfahren vom 29. April 1860 und 28. April 1861.

— — — — —
— — — — —
— — — — —

Erlasse des Kantons Appenzell A. Rh. III. Bd. Amtl. Ausgabe. Herisau, Druck von Schläpfer & Cie. (M. Schläpfers Nachfolger). Im Juli 1893. S. 59 ff.

*) Aus: Gesetzbuch für den Kanton Appenzell A. Rh. I. Bd. Amtl. Ausgabe. Trogen 1898, S. 389 ff.

Von

Appenzell I. Rh.

ist uns kein Gesetz zugänglich gewesen.

Basel-Land.

Gesetz betreffend Einführung des Bundesgesetzes über Schuldbetreibung und Konkurs.*)

Vom 31. August 1891.

Amtsblatt 1891, II. 187.

VI. Öffentlich-rechtliche Folgen der fruchtlosen Pfändung und des Konkurses.

§ 35 Abs. 2. Wegen der gleichen Forderung kann ein Schuldner nur einmal das Aktivbürgerrecht verlieren und, so lange er nicht rehabilitiert ist, kann er überhaupt des Aktivbürgerrechts nicht neuerdings verlustig erklärt werden.

§ 37. Die mit der fruchtlosen Pfändung und dem Konkurs verbundene Stillstellung der Schuldner im Aktivbürgerrecht fällt dahin und es tritt für den Schuldner Wiedereinsetzung in den Genufs des Aktivbürgerrechts (Rehabilitation) ein:

a) wenn der Konkurs widerrufen wird;
b) wenn der Schuldner seine Gläubiger befriedigt hat oder wenn diese der Rehabilitation beistimmen;
c) wenn seit der Publikation der Einstellung im Aktivbürgerrecht fünf Jahre abgelaufen sind;
d) wenn die Rehabilitation vom Obergericht ausgesprochen wird.

§ 38. Die Rehabilitation im Falle von litt. a des § 37 wird gleichzeitig mit dem Widerruf des Konkurses von der Präsidentenverhör-Abteilung des Bezirksgerichtes (siehe § 14 litt. b) ausgesprochen.

§ 39. Die Rehabilitation in Folge Befriedigung bezw. Zustimmung der Gläubiger zur Rehabilitation wird vom Regierungsrate ausgesprochen. Dem bezüglichen Gesuche sind die erforderlichen Bescheinigungen der Gläubiger beizufügen.

§ 40. Die Landeskanzlei ist verpflichtet, über die in Folge von Auspfändung und Konkurs eingetretenen Einstellungen im Aktivbürgerrecht eine Kontrolle zu führen und die durch Ablauf von 5 Jahren (§ 37 litt. c) eintretenden Rehabilitationen jeweilen von Amtes wegen zu publizieren.

---

*) Aus: Sammlung der Gesetze, Verordnungen und sonstigen Erlasse des Kantons Basel-Landschaft. II. Bd. Sissach, Buchdruckerei von J. Schaub, 1894. S. 316 ff.

§ 41. Ist der fallite Schuldner nicht lediglich durch eigene Schuld in Konkurs geraten bezw. ausgepfändet worden, so kann das Obergericht auf gestelltes Gesuch hin eine Verkürzung der fünfjährigen Einstellung eintreten lassen oder es kann den Schuldner sofort in den Genuſs des Aktivbürgerrechts einsetzen.

Das Obergericht hat in solchen Fällen das Gutachten des Betreibungsbeamten bezw. der Konkursverwaltung einzuholen und über bestrittene erhebliche Tatsachen von Amtes wegen die erforderlichen Erhebungen zu machen. Über die Frage, ob lediglich eigenes Verschulden des Konkursiten bezw. des Ausgepfändeten vorliege, entscheidet der Richter nach freiem Ermessen.

Das Verfahren ist unentgeltlich.

§ 42. Die Einstellungen im Aktivbürgerrecht, sowie die Wiedereinsetzung in dasselbe sind im Amtsblatt zu publizieren und werden mit dem Tage der Publikation wirksam. Die Publikation der Einstellungen hat monatlich zu erfolgen.

VIII. Übergangs- und Schluſsbestimmungen.

§ 60. Mit dem 1. Januar 1892 treten — auſser Kraft, insbesondere (siehe loc. cit. S. 324).

Basel-Stadt.

Gesetz betreffend Einführung des Bundesgesetzes über Schuldbetreibung und Konkurs.*)

(Vom 22. Juni 1891.)

IV. Bürgerliche Stellung der Falliten und Gepfändeten.

§ 41. Ein im Aktivbürgerrecht Stillgestellter ist auf seinen Antrag vor Ablauf der festgesetzten Frist durch den Regierungsrat wieder ins Aktivbürgerrecht einzusetzen (Rehabilitation), wenn er den Nachweis leistet, daſs die laut der Kollokation zu Verlust gekommenen Gläubiger entweder befriedigt worden sind oder der Rehabilitation beistimmen.

Dieser Nachweis ist vermittelst schriftlicher, von den beteiligten Gläubigern persönlich auf der Gerichtsschreiberei abgegebener oder amtlich beglaubigter Erklärungen zu erbringen.

Personen, welche auſserdem durch Strafurteil im Aktivbürgerrecht stillgestellt sind, können nur rehabilitiert werden, wenn zu-

*) Aus: Sammlung der Gesetze und Beschlüsse wie auch der Polizei-Verordnungen, welche vom 1. Januar 1888 bis 31. Dezember 1893 für den Kanton Basel-Stadt erlassen worden. XV. Bd. Als Fortsetzung der früheren Gesetzessammlung für den Kanton Basel XXII. Bd. Basel, Schweighauserische Buchdruckerei, 1893, S. 248 ff.

gleich auch die strafgerichtliche Stillstellung im Aktivbürgerrecht aufgehoben wird. (Strafgesetz § 22).

Die Wiedereinsetzung in das Aktivbürgerrecht wird im Kantonsblatt veröffentlicht.

V. Übergangsbestimmungen.

§ 47. Mit Inkrafttreten des Bundesgesetzes über Schuldbetreibung und Konkurs (Art. 318 und 319 des Bundesgesetzes) werden alle mit demselben oder mit diesem Gesetz in Widerspruch stehenden Bestimmungen kantonaler Gesetze und Verordnungen aufgehoben, insbesondere:

2. Das Gesetz über die bürgerliche Stellung der Falliten vom 13. März 1867.

4. Das Gesetz über Betreibung und Konkurs vom 8. Febr. 1875.

Wir verweisen auch noch auf den:

Grofsratsbeschlufs betreffend die bürgerliche Stellung der Falliten vom 11. Januar 1894.*)

Bern.

Das Einführungsgesetz für den Kanton Bern zum Bundesgesetz vom 11. April 1889 über Schuldbetreibung und Konkurs.**)

Vom 18. Oktober 1891.

enthält keine Bestimmung über Rehabilitation.

Gesetz über die öffentlich-rechtlichen Folgen (Ehrenfolgen) des Konkurses und der fruchtlosen Pfändung.***)

Vom 1. Mai 1898.

Der Grofse Rat des Kantons Bern,
gestützt auf Art. 26 des Bundesgesetzes über Schuldbetreibung und Konkurs vom 11. April 1889,
auf den Antrag des Regierungsrates,
beschliefst:

§ 4. Leistet ein Schuldner den Nachweis, dafs seine Zahlungsunfähigkeit ohne eigenes Verschulden eingetreten ist, so soll die

---

*) Vergl.: Sammlung der Gesetze und Beschlüsse wie auch der Polizei-Verordnungen, welche vom 1. Januar 1894 bis 31. Dezember 1896 für den Kanton Basel-Stadt erlassen worden. XVI. Bd. Als Fortsetzung der früheren Gesetzessammlung für den Kanton Basel XXIII. Bd. Basel, Schweighauserische Buchdruckerei, 1896, S. 1.

**) Vgl.: Gesetze, Dekrete und Verordnungen des Kantons Bern. Jahrgg. 1891. N. F. XXX. Bd. Bern, Buchdruckerei Karl Stämpfli u. Cie., 1891. S. 227 ff.

***) Aus: Gesetze, Dekrete und Verordnungen des Kantons Bern. Jahr-

Einstellung (in der bürgerlichen Ehrenfähigkeit etc., vergl. z. B. § 12. D. H.) aufgehoben werden.

§ 5. Der Schuldner, welcher diesen Nachweis antreten will, hat dem Gerichtspräsidenten des Amtsbezirkes, in welchem der Konkurs erkannt oder der Verlustschein ausgestellt wurde, ein schriftliches Gesuch nebst allfälligen urkundlichen Belegen einzureichen. Sind weitere Erhebungen oder Nachforschungen erforderlich, so soll der Gerichtspräsident dieselben von Amtes wegen vornehmen.

§ 6. Der Gerichtspräsident entscheidet erstinstanzlich nach Einholung eines eingehenden schriftlichen Berichtes des Gemeinderates in freier Würdigung des Beweismaterials. Es sind ihm zu diesem Zweck vom Betreibungs- und Konkursamt die nötigen Aufschlüsse zu geben. Zu der Verhandlung sind aufser dem Schuldner die verlustigen Gläubiger brieflich einzuladen.

Gegen den Entscheid des Gerichtspräsidenten steht sowohl dem Schuldner, als jedem verlustigen Gläubiger das Recht der Weiterziehung an den Appellations- und Kassationshof zu. Derselbe ist berechtigt, die Beurteilung dieser Fälle einer schon bestehenden oder einer besondern Abteilung des Gerichtshofes zu übertragen.

Die Erklärung der Weiterziehung mufs innerhalb zehn Tagen mündlich oder schriftlich beim Gerichtspräsidenten abgegeben werden. Derselbe hat nach deren Empfang ohne Verzug die Akten samt Urteil an die obere Instanz einzusenden, und ebenso ist der Rekkurent berechtigt, ein Memorial einzureichen. Die Behörde kann weitere Erhebungen über den Tatbestand von Amtes wegen anordnen. Sie entscheidet ohne Parteivorträge und in freier Würdigung des Beweismaterials. Das Urteil ist dem erstinstanzlichen Richter zur Eröffnung mitzuteilen.

Alle bezüglichen Urteile sind dem Betreibungsamt zu übermitteln.

§ 8. Die Aufhebung der Einstellung tritt auch dann ein, wenn der Konkurs widerrufen (Art. 195 B.-G.) oder dem Gerichtspräsidenten der Nachweis geleistet wird, dafs sämtliche zu Verlust gekommene Gläubiger befriedigt sind oder der Rehabilitation beistimmen. (Art. 26, Al. 2, B.-G.)

§ 9. Die Aufhebung der Einstellung ist durch das Betreibungsamt einmal im Amtsblatt und in den betreffenden Amtsanzeigern, beziehungsweise in sonst ortsüblicher Weise bekannt zu machen.

Die Einstellung, sowie die Aufhebung derselben sind den Stimmregisterführern von Amtes wegen mitzuteilen, welche gehalten sind, die Stimmregister entsprechend zu berichtigen.

§ 11. Die Kosten des gerichtlichen Verfahrens, sowie diejenigen des Betreibungs- und Konkursamtes (Publikationskosten usw.) trägt der Staat mit Rückgriffsrecht gegenüber dem Schuldner.

---

gang 1898. N. F. XXXVII Bd. Bern, Buchdruckerei Stämpfli & Cie., 1898. Seite 225 ff.

§ 13. Personen, welche vor dem Inkrafttreten dieses Gesetzes infolge von Geltstag (Güterabtretung), Konkurs oder Falliment in der bürgerlichen Ehrenfähigkeit eingestellt worden sind, erlangen dieselbe wieder, sofern seit Beginn der Einstellung sechs Jahre verflossen sind. Auf dieselben finden die §§ 4, 5 u. ff. ebenfalls Anwendung.

Die Publikation der Aufhebung des Konkurses derjenigen, die bereits vor sechs Jahren in Konkurs (Geltstag) gefallen sind, findet nur auf Verlangen des Schuldners statt.

Freiburg.

Code de commerce.*)

Livre II.

Des faillites et des banqueroutes.

Titre III.

De la réhabilitation.

358. Tout commerçant failli, qui n'est pas banqueroutier frauduleux, peut être réhabilité, même après sa mort.

359. Pour obtenir la réhabilitation, le failli s'adresse par mémoire au tribunal cantonal; il doit justifier qu'il a acquitté intégralement, en principal, intérêts et frais, toutes les sommes par lui dues; s'il est l'associé d'une maison de commerce tombée en faillite, il doit justifier que toutes les dettes de la société ont été intégralement acquittées en principal, intérêts et frais.

360. La réhabilitation ne peut être refusée au failli qui a été déclaré excusable et qui a rempli les conditions prescrites par les deux Articles précédents; elle peut être accordée au failli qui n'a pas été déclaré excusable, s'il a rempli les dites conditions.

Gesetz vom 11. Mai 1891, betreffend Einführung des Bundesgesetzes über Schuldbetreibung und Konkurs.**)

III. Besondere Regeln.

Öffentlich-rechtliche Folgen der fruchtlosen Pfändung und des Konkurses.

(Bundesgesetz, Art. 26).

Art. 52. Der Schuldner, welcher seine Gläubiger befriedigt hat, reicht, behufs Wiedereinsetzung in den Genufs seiner politischen

*) Aus: Lois civiles du canton de Fribourg. Fribourg en Suisse, Imprimerie de Ch. Marchand, 1868, p. 767/768.

**) Aus: Amtliche Sammlung der Gesetze, Dekrete, Beschlüsse und anderer öffentlichen Akten der Regierung des Kantons Freiburg. Jahr 1891. 60. Bd. Freiburg, Buchdruckerei und Buchhandlung des Werkes vom heiligen Paulus, 1891, S. 157.

Rechte, dem Gerichte, welches den Entzug derselben ausgesprochen hat, eine Denkschrift nebst den dazu gehörenden Belegstücken ein.

Die Bestimmungen des Gesetzes vom 11. Hornung 1884 sind anwendbar.*)

Das Urteil, kraft dessen der Schuldner wieder in den Genufs seiner politischen Rechte tritt, wird im „Amtsblatt“ veröffentlicht.

St. Gallen.

Gesetz über den Konkurs.

Erlassen am 22. Wintermonat 1844.
In Kraft getreten am 23. Jänner 1845.**)

Eilfter Titel.

Von der Wiedereinsetzung in die bürgerlichen Ehren und Rechte.

Art. 104. Sucht ein Fallit oder Akkordit vor Umflufs der gemäfs Art. 97 gerichtlich festgesetzten Frist wieder in den Besitz der bürgerlichen Ehren und Rechte zu gelangen, so hat er sich über vollständige Befriedigung seiner sämtlichen Gläubiger vor dem Bezirksgerichte genügend auszuweisen, worauf dasselbe diese Wiedereinsetzung förmlich aussprechen wird.

Art. 105. Ist die im Art. 104 bezeichnete Voraussetzung nicht vorhanden, so kann die Wiedereinsetzung eines Falliten oder Akkorditen in seine bürgerlichen Ehren und Rechte nur beim Zusammentreffen nachstehender Bedingungen von dem Bezirksgerichte ausgesprochen werden:

1. Wenn seit Eröffnung des Konkurses wenigstens die Hälfte jener Frist abgelaufen ist, für welche der Bewerber, gemäfs Art. 97 b, in der Ausübung des Rechtes der Niederlassung und des Aufenthaltes eingestellt worden ist.
2. Wenn derselbe sich ausweisen kann, den Gläubigern aus hiesigem Kantone und aus vergegenrechteten Kantonen und Staaten an den im Konkurse oder Akkorde unbezahlt gebliebenen Forderungen wenigstens fünfzig, den übrigen Gläubigern hingegen mindestens 25 Rappen vom Franken nachbezahlt, oder sämtliche Gläubiger zufrieden gestellt zu haben.
3. Wenn er glaubwürdige Zeugnisse, nicht blofs über seitheriges unklagbares Betragen im Allgemeinen, sondern

---

*) Dies Gesetz war uns nicht erhältlich. D. H.

**) Aus: Gesetzessammlung für den Kanton St. Gallen. IV. Bd. Siebente Hauptabteilung. St. Gallen, Druck der Zollikofer'schen Buchdruckerei, 1868, S. 513.

namentlich auch über häusliche Lebensart und redliches Benehmen im täglichen Verkehre beizubringen im Stande ist.

Art. 106. Jede nach Mafsgabe der Art. 104 und 105 ausgesprochene Wiedereinsetzung in die bürgerlichen Ehren und Rechte soll von dem Bezirksgerichte öffentlich bekannt gemacht werden.

Gesetz betreffend die Einführung des Bundesgesetzes über Schuldbetreibung und Konkurs.*)

Erlassen am 3. März 1891.

In Kraft getreten am 13. April 1891.

Beim Bundesrate genehmigt am 1. Mai 1891.

XI. Strafbestimmungen betreffend Schuldbetreibung und Konkurs.

C. Konkursstrafrecht.

2. Leichtsinniger Konkurs.

Art. 67. Im Falle des Widerrufes eines Konkurses (Art. 159 B.-G.) wird der Schuldner in den in Art. 63, 64 und 68 vorgesehenen Fällen wieder in seine bürgerlichen Rechte eingesetzt und tritt eine Strafverfolgung nicht ein.

XII. Übergangsbestimmungen.

Art. 84 letzter Absatz. Der Entzug der Stimm- und Wahlfähigkeit, welcher vor dem 1. Januar 1892 bis zur Wiedereinsetzung in die bürgerlichen Ehren und Rechte gerichtlich verhängt wurde, erreicht mit Ablauf von drei Jahren, vom Tage des gerichtlichen Urteils an, sein Ende.

XIII. Schlufsbestimmungen.

Art. 94. Durch das Bundesgesetz über Betreibung und Konkurs und gegenwärtiges Gesetz werden — mit dem 1. Januar 1892 aufser Kraft gesetzt:

4. Das Gesetz über den Konkurs vom 23. Januar 1845.

---

*) Aus: Gesetzessammlung. Neue Folge. Sechster Band. 1890—1893. Amtliche Ausgabe. St. Gallen, Druck der Zollikoferschen Buchdruckerei. S. 86, 89, 91.

Genf.

Loi pour l'application dans le Canton de Genève de la loi fédérale sur la poursuite pour dettes et la faillite.*)

Du 15 Juin 1891.

IV. Des faillis et de leur réhabilitation.

Art. 24. En prononçant la suspension ou la clôture d'une faillite, le Tribunal, sur le rapport de l'administration de la faillite, prononcera sur l'excusabilité du failli. Celui-ci sera préalablement entendu ou dûment appelé.

Art. 25. Le failli déclaré non excusable et qui n'aura pas obtenu sa réhabilitation sera incapable de remplir les fonctions de tuteur, de subrogé-tuteur, de membre d'un conseil de famille, de conseil judiciaire, de curateur et de juré.

Art. 26. La réhabilitation du failli sera prononcée:

1° Si la faillite est révoquée;

2° Si tous les créanciers perdants ont été payés, ou consentent à la réhabilitation.

Art. 27. Dans le cas prévu à l'article précédent sous le n° 1, la réhabilitation sera prononcée par le même jugement que la révocation de la faillite.

Art. 28. Dans le cas prévu à l'art. 26 n° 2, la demande en réhabilitation sera adressée à la Cour de Justice. Le demandeur devra joindre à sa requête les pièces justificatives.

Art. 29. Un extrait de cette requête sera publié dans la Feuille d'Avis officielle avec invitation à tout créancier qui n'aurait pas été payé intégralement, à faire opposition à la réhabilitation par acte mis au greffe de la Cour, appuyé des pièces justificatives.

Art. 30. A l'expiration du délai d'un mois dès la publication de la requête, la Cour, après avoir reçu le préavis du président du Tribunal et avoir entendu le procureur général en ses conclusions, prononcera en audience publique l'admission ou le rejet de la demande en réhabilitation.

Art. 31. Le failli pourra être réhabilité après sa mort.

---

*) Aus: Recueil authentique des lois et actes du Gouvernement de la République et Canton de Genève. Tome LXXVII. — Année 1891. Genève, Imprimerie Schira, 1892, p. 288/289.

Glarus.

Anhang ad § 25 a der Verfassung. *)

Gesetz betreffend die Wirkung des Auffalls auf die Person des Falliten und die Bedingungen der Rehabilitation.**)

§ 1. Jeder Landmann und Einwohner unseres Landes, der in Auffall gekommen und der nicht Franken für Franken und Rappen für Rappen bezahlt, auch wenn er seine Kreditoren durch einen Traktat befriedigt, ist Fallit und Verauffalter.

Der Fallit ist ehrlos und hat keinen Zutritt zu den Landsgemeinden, Gemeinds- und Tagwensversammlungen; er ist von jeder ehrbaren Gesellschaft ausgeschlossen und zur Kundschaft untauglich.

Falliten und Akkorditen, welche zuwider obiger Bestimmung an Landsgemeinden, Tagwens- und Gemeindsversammlungen erscheinen, verfallen in 14 Frkn. unnachläfslicher Bufse, wovon dem Kläger die Hälfte gehört (a. Ldbch. § 152 a)

§ 2. Wenn indessen ein Fallit oder Akkordit glaubt, klar und bestimmt dartun zu können, dafs er durch höhere Gewalt und unverschuldete Unglücksfälle und Verluste um eine ebenso grofse Summe zu Schaden gekommen sei, als er seine Gläubiger nicht befriedigen konnte, so ist er berechtigt, bei der Standeskommission die Rehabilitation nachzusuchen. Findet die Standeskommission die hiefür vorgelegten Beweise vollständig und genügend, so wird sie den Betreffenden rehabilitieren und in seine bürgerlichen Ehren und Rechte wieder einsetzen (Gesetz von 1851).

§ 3. Wenn ein Fallit nach der Liquidation der Masse oder ein Akkordit nach der Erfüllung des Akkomodements sämtliche Kreditoren später befriedigt und dafür den Beweis durch die unterschriebenen Konti leistet, so soll er ebenfalls rehabilitiert werden (Ges. von 1858).

---

*) Kantons-Verfassung.**)

§ 25. Aktivbürger ist jeder Landmann, nachdem er das 18. Altersjahr zurückgelegt hat und in bürgerlichen Ehren steht.

Von der Ausübung des Aktivbürgerrechts sind ausgeschlossen:

a) Falliten und Akkorditen, so lange sie nicht rehabilitiert sind.

**) Aus: Landsbuch des Kantons Glarus. Dritter Teil. Glarus, Schnellpressendruck von J. Vogel, 1861. S. 58 resp. 36.

Revidiertes Gesetz betreffend die Rehabilitation der Falliten und Akkorditen.

Erlassen von der Landsgemeinde 1868. *)

§ 1. Der Ausbruch des Konkurses hat für den Gemeinschuldner den Verlust des Aktivbürgerrechts zur Folge für so lange, als er nicht nach Maſsgabe des gegenwärtigen Gesetzes rehabilitiert ist. (Verfassung § 25).

Auſseramtliche Nachlaſs- oder Gestündungsverträge ziehen keine Schmälerung der bürgerlichen Ehrenrechte nach sich.

§ 2. Die Rehabilitation kann bei der Standeskommission verlangt werden, wenn der Beweis geleistet wird:

1. daſs sämtliche im Konkurse beteiligte Gläubiger vollständig befriedigt worden sind,
2. oder daſs die Zahlungsunfähigkeit lediglich durch unverschuldete Unglücksfälle herbeigeführt worden,
3. oder daſs, auch wenn die Bedingungen unter Ziffer 1 und 2 nicht erfüllt sind, sämtliche Kreditoren ausdrücklich ihre Zustimmung zur Rehabilitation erteilt haben. — Doch bleibt in diesem Falle der Standeskommission die Würdigung der Verhältnisse in dem Sinne vorbehalten, daſs sie die Rehabilitation verweigern kann, wenn sie sich überzeugt, daſs die Insolvenz nach Maſsgabe der §§ 135 und 136 des Strafgesetzbuches als betrügerischer oder leichtsinniger Bankerott zu betrachten ist.

§ 3. Wenn seit dem Ausbruche des Konkurses 10 volle Jahre abgelaufen sind und der Fallit oder Akkordit erweislich seither sich unklagbar betragen hat, so genügt zur Begründung des Rehabilitationsbegehrens, daſs zwei Dritteile der im Konkurse beteiligt gewesenen Gläubiger, die zugleich zwei Dritteile der Forderungen repräsentieren, sich mit dem Begehren einverstanden erklären.

§ 4. Durch die Rehabilitation wird die durch den Ausbruch des Konkurses eingetretene Schmälerung der bürgerlichen Ehrenrechte aufgehoben.

In denjenigen Fällen, wo weder eine vollständige Befriedigung der Gläubiger, noch auch ein Nachlaſsvertrag (Akkomodement) vorliegt, bleibt auch der rehabilitierte Fallit im Sinne der §§ 214 und 215 des Landsbuchs I. Teil den frühern Konkursgläubigern gegenüber für den nicht gedeckten Teil ihrer Forderungen haftbar. Die ausdrückliche Zustimmung zur Rehabilitation von Seite eines Gläubigers

---

*) Aus: Amtliche Sammlung der Gesetze und Verordnungen des Kantons Glarus, als Fortsetzung der revidierten Ausgabe des Landbuchs. Zweites Heft. Zweite Auflage. Glarus, Druck von I. Vogel, 1872, S. 78 ff.

(§ 2, Ziffer 3, und § 3) gilt jedoch (sofern nicht ausdrücklich etwas anderes vereinbart worden), als Verzicht auf das daherige Forderungsrecht.

Schlufsbestimmung. Mit Annahme gegenwärtigen Gesetzes treten die bisherigen Bestimmungen betreffend die Wirkung des Auffalls auf die Person des Falliten und die Bedingungen der Rehabilitation (Landsbuch III, S. 58) aufser Kraft.

Kantonales Einführungsgesetz zum Bundesgesetz über Schuldbetreibung und Konkurs vom 11. April 1889.

Erlassen von der Landsgemeinde am 7. Mai 1891, genehmigt vom Bundesrat 29. Mai 1891.*)

IV. Bürgerliche Stellung des Falliten und des Gepfändeten.

§ 56. Personen, über welche der Konkurs erkannt worden ist, verlieren mit diesem Zeitpunkt das Aktivbürgerrecht und bleiben von da an in demselben 10 Jahre eingestellt, falls sie nicht inzwischen nach den nachfolgenden Bestimmungen rehabilitiert worden sind.

Die gleiche Rechtsfolge tritt auch über die Mitglieder einer Kollektivgesellschaft und die unbeschränkt haftenden Mitglieder einer Kommanditgesellschaft, Kommanditaktiengesellschaft, oder Genossenschaft ein, wenn die Gesellschaft oder Genossenschaft in Konkurs geraten ist.

§ 57. Die Rehabilitation (Wiedereinsetzung in die bürgerlichen Ehrenrechte) hat sofort einzutreten:

a) Wenn der Konkurs widerrufen wird (Art 195 des BG.) oder wenn sämtliche zu Verlust gekommene Gläubiger befriedigt sind oder der Rehabilitation beistimmen (Art. 26, lemma 2 des BG.);

b) wenn der Nachweis geleistet wird, dafs die Zahlungsunfähigkeit lediglich durch unverschuldete Unglücksfälle herbeigeführt worden ist.

§ 58. Wenn seit dem Konkursausbruche 5 Jahre verflossen sind und der Fallit sich seither unklagbar betragen hat, so genügt zur Begründung des Rehabilitationsbegehrens, dafs die Hälfte der im Konkurs beteiligt gewesenen Gläubiger, die zugleich die Hälfte der Forderungen repräsentieren, sich mit dem Begehren einverstanden erklären.

---

*) Aus: Landsbuch des Kantons Glarus. III. Teil. Glarus, Buchdruckerei Glarus, 1892. S. 597, 600.

§ 59. Über alle Rehabilitationsgesuche entscheidet der Regierungsrat nach Vorlage der Akten, eingeholter schriftlicher Vernehmlassung des Konkursbeamten und auf Bericht und Antrag der Direktion des Innern.

VI. Übergangs- und Schlufsbestimmungen.
(Art. 333 des BG.)

§ 71 Abs. 2. Insbesondere werden vollständig aufgehoben:

a) Gesetz betreffend Rehabilitation der Falliten und Akkorditen, erlassen von der Landsgemeinde 1868 (1878 er Landbuch, I. Teil, S. 72 und 73). — (Nicht erhältlich. D. H.)

Graubünden.

Bündnerisches Privatrecht.
(Civilgesetzbuch).

(Chur, Buchdruckerei von Joh. Ant. Pradella, 1859, S. 71.)

§ 172.*)

Rehabilitation.

Nach Beendigung des Konkursverfahrens kann der Fallit in die durch den Konkurs untergegangenen Ehrenrechte (Art. 37 der Verfassung und Art. 170 der Zivil-Prozefsordnung) von dem Kreisgerichte in folgenden Fällen wieder eingesetzt (rehabilitiert) werden:

1. Wenn er beweist, dafs er sämtliche, in seinem Konkurs zur Deckung berechtigt gewesenen Gläubiger, sei es durch Zahlung, sei es mittelst eines Nachlafsvertrages, befriedigt habe; worüber er eine schriftliche Bescheinigung derselben beizubringen hat.

2. Wenn er beweist, dafs sein Konkurs Folge eines unverschuldeten Unglücks war.

Weiter wäre auf

§ 171 (bei Planta: 168. D. H.) letzter Absatz hinzuweisen:

Aufhebung des Konkursverfahrens.

Die Aufhebung des Konkurses hat von Rechtswegen auch die Rehabilitation (§ 172 [Planta: § 169. D. H.]) zur Folge.

---

*) Bei P. C. Planta, Bündnerisches Civilgesetzbuch. Mit Erläuterungen. Chur 1863, Druck u. Verlag von Leonh. Hitz — trägt dieselbe Bestimmung die Paragraphenzahl 169. Vergl. l. c., p. 113/114.

Ausführungsbestimmungen zum Bundesgesetz über Schuldbetreibung und Konkurs.

Erlassen vom Grofsen Rathe des Kantons Graubünden am 27. Mai 1891, vom Bundesrate genehmigt am 5. Aug. 1891.[1])

III. Bestimmungen, welche dem kantonalen Rechte vorbehalten sind.

§ 37.

Öffentlich-rechtliche Folgen des Konkurses und der fruchtlosen Pfändung.

Abs. 3. Die Rechtsfolgen sind aufgehoben durch die Rehabilitation des Schuldners, welche ebenfalls im Amtsblatt zu publizieren ist. (BG, Art. 26 *) und bündn. Pr.-R. § 169). **)

V. Schlufs- und Übergangsbestimmungen.

§ 50. Die Rehabilitation eines vor dem 1. Januar 1892 in Konkurs geratenen Schuldners kann erfolgen nach Mafsgabe von § 169 **) des Bündner Pr.-R., vorbehältlich der Bestimmungen des B.G., Art. 330 und 305. ***)

---

[1]) Aus: Amtliche Gesetzessammlung des Kantons Graubünden. V. Bd. Chur 1897. Druck der Offizin Akt.-Ges. Bündner Tagblatt. S. 371 und 374.

*) Siehe oben S. 433.

**) Siehe oben S. 446.

***) **Art. 330.** Die Bestimmungen dieses Gesetzes über den Nachlafsvertrag finden nur auf solche Nachlafsbegehren Anwendung, welche nach dem 31. Dezember 1891 eingereicht werden Vor diesem Zeitpunkte eingereichte Begehren sind nach Mafsgabe des bisherigen kantonalen Rechts zu erledigen; die für die Annahme des Nachlafsvertrages erforderliche Mehrheit indessen ist vom 1. Januar 1892 an nach der Bestimmung des Artikels 305 dieses Gesetzes zu berechnen.

Für die Aufhebung oder den Widerruf eines Nachlafsvertrages sind, auch wenn derselbe unter der Herrschaft des kantonalen Rechts zu stande gekommen ist, ausschliefslich die Artikel 315 und 316 dieses Gesetzes mafsgebend.

Schuldner, deren Vermögen am 1. Januar 1892 einer Konkursliquidation unterworfen oder ganz oder teilweise gepfändet oder mit Arrest belegt ist, können ein Nachlafsbegehren nur einreichen, wenn das bisherige kantonale Recht ihnen dies gestattete.

Art. 305. Der Nachlafsvertrag gilt als angenommen, wenn zwei Dritteile der Gläubiger demselben zugestimmt haben und die von ihnen vertretene Forderungssumme zwei Dritteile des Gesamtbetrages der Forderungen ausmacht.

Die privilegierten Gläubiger und die Ehefrau des Schuldners werden hiebei weder für ihre Person noch für ihre Forderung mitgerechnet; pfandversicherte Forderungen zählen nur zu demjenigen Betrage mit, welcher nach der Schätzung des Sachwalters ungedeckt ist.

Die Nachlafsbehörde entscheidet, ob und zu welchem Betrage bedingte

Gesetz betreffend die öffentlich-rechtlichen Folgen des Konkurses und der fruchtlosen Pfändung und die Bestrafung betrügerischer und mutwilliger Konkursiten, Akkorditen und Gepfändeter.

In Kraft getreten am 1. Januar 1895.*)

B. Besondere Bestimmungen.

2. Die Wiedereinsetzung in die bürgerlichen Ehrenrechte, soweit die Einstellung in denselben nicht auf einem Strafurteil beruht.

Art. 12. Die Wiedereinsetzung in die bürgerlichen Ehrenrechte vor Ablauf von 6 Jahren hat zu erfolgen:

a) Wenn der Konkurs widerrufen wird;

b) Wenn sämtliche zu Verlust gekommenen Gläubiger befriedigt sind oder der Rehabilitation zustimmen;

c) Wenn ein von der Nachlafsbehörde bestätigter Nachlafsvertrag zu Gunsten des fruchtlos Gepfändeten vorliegt;

d) Wenn der Schuldner den Nachweis leistet, dafs die Zahlungsunfähigkeit, welche zum Konkurse oder zu fruchtloser Pfändung geführt hat, ohne eigenes Verschulden eingetreten ist.

Art. 13. Gesuche um Wiedereinsetzung in die bürgerlichen Ehrenrechte sind, mit den erforderlichen Beweismitteln, einer Baarvertröstung von Fr. 20 oder einem gesetzlichen Armutszeugnis, begleitet, dem Präsidenten des Kreisgerichts, in dessen Sprengel die Betreibung oder der Konkurs stattgefunden hat, schriftlich einzureichen.

Im Falle des Art. 5 litt. d kann der Kreispräsident überdies von Amtswegen die nötigen Erhebungen über die in Betracht fallenden Tatumstände machen.

Über die eingegangenen Gesuche entscheidet der Kreisgerichtsausschufs innert Monatsfrist seit dem Eingang derselben.

Im Falle des Art. 5 litt. d ist der Gesuchsteller zur Verhandlung vorzuladen.

Art. 14. Jede Wiedereinsetzung in die bürgerlichen Ehrenrechte ist vom Kreisamt im Kantonsamtsblatte bekannt zu machen.

Über die Wiedererlangung der bürgerlichen Ehrenrechte nach Ablauf der 6 Jahre hat das Kreisamt dem Betreffenden unentgeltlich eine schriftliche Bescheinigung zu erteilen.

Forderungen und solche mit ungewisser Verfallzeit, sowie bestrittene Forderungen mitzuzählen sind. Dem gerichtlichen Entscheide über den Rechtsbestand der Forderungen wird dadurch nicht vorgegriffen.

(Aus: Neue Gesetzsammlung für den Kanton Thurgau. VI. Bd. Frauenfeld, Huber & Co., 1894, S. 337, 330.)

*) Aus: Amtliche Gesetzes-Sammlung des Kantons Graubünden. V. Bd. Chur 1897. S. 496, 497.

Art. 15. Wegen der gleichen Forderung oder eines Teiles derselben oder während der Dauer einer Einstellung in den bürgerlichen Ehrenrechten darf eine weitere Einstellung nicht erfolgen.

C. Übergangs- und Schlufsbestimmungen.

Art. 16. Die Bestimmungen dieses Gesetzes betreffend Rehabilitation finden auch Anwendung auf die Falliten und die denselben Gleichgestellten, welche nach bisherigem Rechte der bürgerlichen Ehrenrechte verlustig gingen. Trifft kein anderer Wiedereinsetzungsgrund zu, so können Schuldner rehabilitiert werden, wenn sie den Nachweis leisten, dafs seit ihrer Einstellung in den bürgerlichen Ehrenrechten 6 Jahre verflossen sind.

Luzern.

Gesetz über das Konkurs-Verfahren.
In Kraft getreten den 17. Brachmonat 1849.*)

Sechster Abschnitt.

Von der Falliterklärung und ihren Folgen.

§ 69. (Aufhebung des Falliments). Wenn ein Fallit bei dem Gerichte, vor welchem der Konkurs verführt wurde, sich ausweist, dafs er seine Gläubiger befriedigt habe, so dafs sämtliche Schulden als getilgt angesehen werden können, so wird durch Ausspruch des Gerichts die Falliterklärung aufgehoben, der Betreffende wieder in seine bürgerlichen Rechte eingesetzt und dies durch das Kantonsblatt öffentlich bekannt gemacht.

Das kantonale Einführungsgesetz zum Bundesgesetz über Schuldbetreibung und Konkurs war uns nicht zugänglich.

Neuenburg.

Loi pour l'exécution de la loi fédérale sur la poursuite pour dettes et la faillite.
Du 21 mai 1891.**)

Chapitre III.

Dispositions diverses.

Art. 44. Le failli qui aura été condamné pour banqueroute frauduleuse pourra obtenir sa réhabilitation en se conformant aux dispositions des art. 450 et suivants du code de procédure pénale.

*) Aus: Miniatur-Ausgabe des bürgerlichen Gesetzbuches, der Gesetze über Schuldbetreibung, das Konkurs- und Civil-Rechtsverfahren des Kantons Luzern. 3. revidierte Auflage. Luzern, Verlag von C. F. Prells Buchhandlung, 1879. S. 309.

**) Aus: Nouveau Recueil officiel des lois, décrets et autres actes du gouvernement de la République et Canton de Neuchâtel. Tome VIII. Imp. de Paul Seiler, Neuchâtel 1894, p. 25 et suiv.

La demande en réhabilitation devra être appuyée de quittances et autres pièces justifiant que tous les créanciers inscrits dans la faillite ont été désintéressés.

L'art. 461 du code de procédure pénale est abrogé.

Art. 45. Le failli qui aura été condamné pour banqueroute simple pourra obtenir sa réhabilitation après avoir subi sa peine, en s'adressant par requête au juge de la faillite.

La demande devra être appuyée de quittances et autres pièces justifiant que tous les créanciers inscrits dans la faillite ont été désintéressés.

Art. 46. En cas d'admission, le jugement sera publié dans la Feuille officielle.

La réhabilitation du banqueroutier simple, ou frauduleux peut être prononcée même après sa mort.

Les dispositions qui précèdent sont applicables même au simple failli, s'il est constaté officiellement que tous les créanciers ont été désintéressés.

Schaffhausen.

Bürgerliche Prozefsordnung für den Kanton Schaffhausen.

Beschlossen am 25. Juni 1869.

In Kraft getreten am 1. November 1869.*)

Erster Teil

Das Civilgerichtswesen im Allgemeinen.

Zweiter Abschnitt.

Von der Competenz der Gerichte.

§ 26. Die Bezirksgerichte behandeln diejenigen Geschäfte der freiwilligen Gerichtsbarkeit, welche ihnen durch die Gesetze zugewiesen sind; namentlich kommt den Bezirksgerichten zu:

9. Die Rehabilitation von Falliten.

Gesetz betreffend die Einführung des Bundesgesetzes vom 11. April 1889 über Schuldbetreibung und Konkurs.**)

IV. Uebergangs- und Schlufsbestimmungen.

Art. 51 Abs. 2. Auf diesen Zeitpunkt hin (1. Jan. 1892. D. H.) werden insbesondere aufgehoben:

---

*) Siehe: Offizielle Sammlung der für den eidg. Stand Schaffhausen bestehenden Gesetze, Verordnungen u. Verträge. N. F. Bd. IV. Schaffhausen, Buchdruckerei von Alexander Gelzer, 1873. S. 441/442; vgl. auch die Ausgabe: Schaffhausen, Buchdruckerei von H. Meier, 1880. S. 5.

**) Aus: Offizielle Sammlung der für den eidgenössischen Stand Schaffhausen bestehenden Gesetze, Verordnungen und Verträge. 1891—1896. N. F. IX. Bd. Schaffhausen, Buchdruckerei von H. Meier & Cie., 1897. S. 20 ff.

1. das Konkordat über die gerichtliche Betreibung und Konkurse vom 15. Juni 1804, bestätigt den 8. Juli 1818. (G. H. IV 83);
2. das Schuldbetreibungsgesetz vom 22. Febr. 1850. (III a. S. 1035 ff.);
3. das Konkursgesetz vom 14. März 1850 nebst Anhang. (III a. S. 1070 ff.);

u.s.w. (vgl. z. B. No. 14, 18, 23, 24 bezügl. Abänderungen des Gesetzes unter No. 3).

Schwyz.

Verordnung über die Rehabilitation der Falliten.

Vom 14. März 1857.*)

§ 1. Ein Fallit, welcher wieder in den Besitz der bürgerlichen Ehren und Rechte eingesetzt zu werden verlangt, hat sein diesfälliges Gesuch dem Kantonsgericht schriftlich einzugeben und sich auszuweisen:

a) Dafs sämtliche in seinem Falliment zu Verlust gekommenen Gläubiger bezahlt oder sonst mit der Rehabilitation einverstanden seien;

b) dafs der Petent dem Zuständer die im Falliment bestrittenen gesetzlichen Baarauslagen vergütet habe;

c) dafs seinem Gesuche kein strafrichterliches Urteil im Wege stehe;

d) dafs er sich seit dem Falliment redlich benommen und im bürgerlichen Verkehr unklagbar betragen habe.

§ 2. Der daherige Beweis ist von den Petenten zu leisten:

a) Durch Einlegung des Fallimentsaktes (Geldrufes);

b) durch gehörig begläubigte Zeugnisse der betreffenden Kreditoren, mit Inbegriff des Zuständers:

c) durch eine Bescheinigung des zuständigen Bezirksammannamtes, dafs er nicht wegen betrüglichen Bankerotts oder sonst an Ehren bestraft worden sei;

d) durch ein Leumundszeugnis des betreffenden Gemeinderates.

§ 3. Ein Gläubiger, welcher mit seiner Forderung die Liegenschaften des Falliten gezogen, kann, wenn er auch durch diesen Zug erwiesenermafsen seine Forderung ganz oder teilweise verloren hat, gegen die Rehabilitation keine Einsprache machen, mit Ausnahme des Falles, wo der Züger vom Rehabilitationspetenten für die dritten Zinsen, deren Zahlung ihm beim Zuge obgelegen ist, noch nicht befriedigt wäre, oder wo der Petent das Unterpfand erweislich geschleizt hat.

*) Aus: Gesetze und Verordnungen des Kantons Schwyz, erlassen in den Jahren 1856 bis und mit 1862. IV. Bd. Schwyz, 1863. Im Verlag der Kantonskanzlei. S. 71 ff.

In streitigen Fällen ist der diesfällige Schaden gerichtlich zu ermitteln.

Eben so wenig kann eine solche Einsprache durch den Eigentümer einer grundversicherten Forderung gemacht werden, welche dieser in Folge von Verzichtleistung auf den Zug der Liegenschaften im Falliment verloren hat.

§ 4. Die Zustimmung eines Gläubigers zur Rehabilitation hat, wenn er auch für seine Forderung nicht bezahlt ist, den Untergang des Schuldverhältnisses den Falliten gegenüber zur Folge.

§ 5. Ein Gläubiger, dessen Person oder Aufenthalt sich nicht leicht ausmitteln läfst, kann durch das Kantonsgericht öffentlich aufgefordert werden, sich binnen einer ihm anzusetzenden Frist darüber zu erklären, ob er mit der Rehabilitation einverstanden sei oder nicht.

§ 6. Bestreitet der Petent eine im Falliment gegen ihn angemeldete und unbezahlt gebliebene Forderung, so hat er dem angeblichen Gläubiger eine peremptorische Frist ansetzen zu lassen, innerhalb welcher dieser dieselbe geltend zu machen hat.

Forderungen, welche beim Falliment nicht bestritten werden, sind rechtsgültig.

§ 7. Wenn der Petent hinreichende Real- und Personalkaution leistet, dafs er eine von ihm bestrittene und im Fallimentsakt enthaltene Forderung entrichten werde, wenn ihn das Gericht binnen der angesetzten Frist dazu verurteile, oder dafs er Gläubiger, deren Person oder Aufenthalt sich nicht leicht ausmitteln läfst, bezahlen werde, wenn sie sich binnen der peremptorischen Frist hiefür melden, steht das streitige Schuldverhältnis oder die noch unbezahlte Forderung der Rehabilitation nicht mehr entgegen. Nach Ablauf dieser peremptorischen Frist wird die Kaution jedenfalls frei.

§ 8. Die Wiedereinsetzung eines Falliten in die bürgerlichen Ehren und Rechte ist durch das Amtsblatt bekannt zu machen, und es kann zudem der Rehabilitierte das daherige Erkenntnis auf seine Kosten in öffentlichen Blättern oder auf anderem Wege zur allgemeinen Kenntnis bringen lassen.

Einführungsgesetz zum Bundesgesetz über Schuldbetreibung und Konkurs.

Vom 4. Oktober 1891.*)

Erster Abschnitt.

Schuldbetreibung.

C. Folgen des Konkurses und der fruchtlosen Pfändung.

§ 70. Ein im Aktivbürgerrecht eingestellter Schuldner wird rehabilitiert, wenn er den Nachweis führt, dafs der Konkurs widerrufen

*) Aus: Gesetzessammlung des Kantons Schwyz. N. F. I. Bd., die Jahre 1890 und 1891 umfassend. Schwyz 1892. Im Verlage der Kantonskanzlei. S. 412, 421.

ist, oder wenn sämtliche zu Verlust gekommenen Gläubiger befriedigt sind oder der Rehabilitation beistimmen.

Die Rehabilitation ist beim Kantonsgericht nachzusuchen.

§ 71. Auf Antrag des Bezirksgerichts kann das Kantonsgericht auf statthafte Gründe hin, nach Ablauf von fünf Jahren seit der Einstellung im Aktivbürgerrecht, die Rehabilitation aussprechen.

§ 72. Die Rehabilitation ist im Amtsblatt zu veröffentlichen.

Zweiter Abschnitt.
Übergangsbestimmungen.

§ 109. Es werden demnach aufgehoben bezw. abgeändert:

8. die Verordnung über die Rehabilitation der Falliten, vom 14. März 1857.

Solothurn.

Gesetz betreffend die Einführung des Bundesgesetzes vom 11. April 1889 über Schuldbetreibung und Konkurs (vom 27. Mai 1891).*)

Enthält keinerlei Bestimmungen über Rehabilitation.

Gesetz betreffend die öffentlich-rechtlichen Folgen der fruchtlosen Pfändung und des Konkurses. Vom 20. August 1893.**)

§ 3. Personen, welche unverschuldet der fruchtlosen Pfändung oder dem Konkurse verfallen, können durch gerichtliches Urteil wieder in das Aktivbürgerrecht eingesetzt werden.

Zuständig hierzu ist das Obergericht.

§ 4. Durch den Konkurs und die fruchtlose Pfändung erlöschen auch sämtliche vom Staate erteilten Patente und dürfen vor geschehener Rehabilitation nicht wieder erneuert werden.

Die civilrechtliche Rehabilitation tritt ein, wenn der Konkurs widerrufen wird oder wenn sämtliche zu Verlust gekommenen Gläubiger befriedigt sind oder der Rehabilitation beistimmen. Sie bewirkt den Wegfall der öffentlich-rechtlichen Folgen. (Art. 26, Lemma 2, des Bundesgesetzes über Schuldbetreibung und Konkurs vom 11. April 1889).

§ 5 betrifft Rückwirkung dieses Gesetzes auf fruchtlos Gepfändete und in Konkurs Gefallene seit 1. Jan. 1892. (D. H.)

---

*) Siehe: Gesetze und Verordnungen des Kantons Solothurn. 61. Bd. 1891—1895. Solothurn, Druck der Zepfelschen Buchdruckerei, 1896. S. 46 ff.

**) Aus: Gesetze und Verordnungen des Kantons Solothurn. 61. Bd. 1891—1895. Solothurn, Druck der Zepfelschen Buchdruckerei, 1896, S. 256.

Öffentlich-rechtliche Folgen der fruchtlosen Pfändung und des Konkurses.

Verordnung vom 26. August 1893.*)

§ 2 Abs. 2. Auf gleiche Weise (durch Auskündung von Namen, Beruf und Wohnort des Schuldners, sowie Art der Zwangsvollstreckung im Amtsblatt. D. H.) ist jede civilrechtliche Rehabilitation (Art. 26, Lemma 2, des Betreibungs- und Konkursgesetzes und § 4 des kantonalen Gesetzes) bekannt zu machen. In diesem Falle hat der Schuldner dem Betreibungs- und Konkursbeamten Fr. 1 zu erlegen.

Tessin.

Legge sull'esecuzione e sul fallimento.**)

Il Gran Consiglio della Repubblica e cantone del Ticino,
Vista la legge federale 11 aprile 1889 sulla esecuzione e sul fallimento:
Sulla proposta del Consiglio di Stato,
decreta:

Titolo quarto.

Delle disposizioni riservate al diritto cantonale.

1. Effetti di diritto pubblico del fallimento.
(Legge federale, art. 26.)

Art. 28 § 1 Abs. 1. Nel decreto che dichiara la chiusura del fallimento il Tribunale, ove risulti che le perdite subite dai creditori appajono giustificate da altre sofferte dal fallito, senza sua colpa, ordinerà la cessazione della privazione dell'esercizio dei diritti politici.

§ 2. Il disposto del presente articolo si applica anche ai membri di una società in nome collettivo ed ai membri illimitatamente responsabili di una società in accomandita, di una società in accomandita per azioni o di una associazione, se la società o l'associazione è dichiarata in fallimento.

Art. 30. La riabilitazione del debitore privato dell'esercizio dei diritti politici dev' essere pronunciata dal Tribunale, quando ricorrano le condizioni previste d'al 2° lemma dell'art. 26 della legge federale sulla esecuzione e sul fallimento.

§ 1. Quando sia trascorsa la metà del periodo di tempo per il quale fu pronunciata la privazione dell'esercizio dei diritti politici ed il debitore abbia tenuto una condotta irreprensibile, basterà, per giustificare la domanda di riabilitazione, che la metà dei creditori partecipanti al fallimento e rappresentanti insieme la metà dei crediti rimasti impagati consentano alla riabilitazione.

---

*) Aus: Gesetze und Verordnungen . . . . (wie oben) . . . . S. 258.

**) Aus: Raccolta officiale delle leggi e degli atti esecutivi della Repubblica e cantone del Ticino. Nuova seria. vol. XVII. Anno 1891. Bellinzona, Tipografia e Litografia cantonale, 1891, p. 40, 51.

§ 2. La riabilitazione può essere chiesta anche dagli eredi del fallito o del debitore in cui confronto fu rilasciato un attestato di carenza di beni.

Titolo sesto.

Disposizioni finali e transitorie.

Art. 74. Sotto riserva delle disposizioni transitorie, tanto della legge federale che della presente, sono abrogate, a datare dal primo gennajo 1892, tutte in genere le disposizioni della vigente legislazione cantonale incompatibili con quelle suesposte, segnatamente quelle:

a) del Codice di procedura civile — — — — — — — — — — —
b) della legge 23 maggio 1878 — — — — — — — — — — — —
c) della legge 16 novembre 1881 — — — — — — — — — — —
d) del Codice civile e del Codice penale in quanto — — — —
e) dei Concordati $\frac{\text{15 luglio 1804}}{\text{8 luglio 1818}}$ e $\frac{\text{7 giugno 1810}}{\text{8 luglio 1818}}$ sul diritto di concorso nei fallimenti e sugli effetti di un fallito dati in pegno ad un creditore in altro Cantone.

Thurgau.

Gesetz betreffend die Einführung des Bundesgesetzes über Schuldbetreibung und Konkurs vom 11. April 1889 in den Kanton Thurgau.

(Vom 3. Mai 1891.)*)

IV. Oeffentlich-rechtliche Folgen der fruchtlosen Pfändung und des Konkurses.

§ 86. Auf das Gesuch des Schuldners tritt die Aufhebung der Einstellung im Aktivbürgerrechte (Rehabilitation) ein, wenn der Konkurs widerrufen wird, oder wenn sämtliche zu Verlust gekommenen Gläubiger befriedigt sind oder der Rehabilitation zustimmen (B.-G. 26).

§ 87. Gegenüber dem Entscheide des Bezirksgerichtes steht gegen Sicherstellung der Kosten dem Schuldner und jedem in Verlust gekommenen Gläubiger nach § 243 der B.-P.-O. das Recht der Beschwerdeführung beim Obergericht zu.

§ 88. Jede Einstellung im Aktivbürgerrechte und jede Rehabilitation ist im Amtsblatte zu veröffentlichen und überdies der Gemeindebehörde des Wohnortes und des Bürgerortes des Schuldners durch Formular mitzuteilen.

§ 89. Bezüglich der Rehabilitation von Schuldnern, welche unter der Herrschaft des thurgauischen Konkursgesetzes das Aktivbürgerrecht verloren haben, gelten bis zum 31. Dezember 1896 die Bestimmungen des Gesetzes betreffend die Rehabilitation von Konkursiten vom 31. Oktober 1869; erst vom 1. Januar 1897 an kommt auch für die Rehabilitation dieser Schuldner der § 86 dieses Gesetzes zur Anwendung.

*) Aus: Neue Gesetzsammlung für den Kanton Thurgau. VI. Bd. Frauenfeld, Huber & Co., 1894. S. 366.

Unterwalden nid dem Wald.

Fallitenstrafgesetz.

Dreifacher Rat Kraft Nachgemeinde vom 28. Juni 1830, teilweise revidiert vom Landrat den 16. Aug. 1865.*)

§ 2. Der Fallit erster Klasse oder der unverschuldete Fallit hat sich vor dem geschwornen Gerichte zu stellen und ist so lange des Aktivbürgerrechts beraubt, nämlich von den Gemeinden, Freundschaften und Eidesfähigkeit ausgeschlossen, bis er seine Schulden bezahlt hat und vom hohen Landrate wieder in die ehevorigen bürgerlichen Rechte rehabilitiert ist — — — — —

§ 3. Der Fallit zweiter Klasse oder mit gründlicher Verschuldung wird nebst den vorberührten Strafen —

§ 4. Der Fallit dritter Klasse oder mit höherer Verschuldung trägt alle vorbenannten Strafen und —

§ 5. Wenn ein Accomodement vor öffentlicher Creditoren-Versammlung im Beisein der Liquidationskommission geschlossen und Namens dem Falliten dritter Klasse auf den Franken gemeine Ansprachen drei Vierteile und Namens dem Falliten zweiter Klasse aber auf den Franken zwei Dritteil bezahlt werden, so fällt ein solcher Fallit unter die gesetzliche Strafbestimmung erster Klasse. Nur jener Fallit kann aber in das Aktivbürgerrecht rehabilitiert werden, der seine Schulden des gänzlichen bezahlt hat.

Fallitenstrafgesetz. (Siehe Gesetzbuch . . . . . S. 587.)

Anmerkung: In § 2 benannten Gesetzes zu bemerken, dafs Rehabilitationen nicht vom geschwornen Gerichte ausgehen.**)

Einführungsverordnung zum Bundesgesetz über Schuldbetreibung und Konkurs vom 11. April 1889. (Vom 22. Juni 1891.)***)

Enthält keine weitere Bestimmung über Rehabilitation aufser:

§ 55 Abs. 1: „Jeder Fallit ist wenigstens mit Einstellung im Aktivbürgerrecht bis zur Rehabilitation zu bestrafen“.

---

*) Aus: Gesetzbuch für den Kanton Unterwalden nid dem Wald. Erster Band. Stans, 1867. Buchdruckerei von Caspar von Matt, Buchhändler. S. 587/588.

**) Aus: Gesetzbuch . . . . (wie oben) . . . . S. 711.

***) Aus: Gesetzbuch des Kantons Unterwalden nid dem Wald. II. Bd. Stans 1892. Buchdruckerei von Paul von Matt. S. 351.

Unterwalden ob dem Wald.

Vollziehungsverordnung zum Bundesgesetze über Schuldbetreibung und Konkurs.

(Vom 23. April 1891.)*)

III. Strafrechtliche Bestimmungen.

E. Bürgerliche Folgen des Konkurses und der fruchtlosen Pfändung.

Art. 83 Abs. 7. Die Aufhebung dieser Rechtsfolgen (die Rehabilitation) erfolgt durch das Obergericht, wenn der Konkurs widerrufen wird, oder wenn sämtliche zu Verlust gekommene Gläubiger gedeckt sind oder der Rehabilitation beistimmen. (Art. 26 des eidgenössischen Gesetzes.)

Die Rehabilitation wird durch das Amtsblatt veröffentlicht.

Uri.

Einführungsgesetz zum Bundesgesetz über Schuldbeitreibung und Konkurs.

(Vom 3. Mai 1891.)**)

E. Bürgerliche Folgen des Verlustscheines und Konkurses.

Art. 99 Abs. 3. Die Namen der im Aktivbürgerrechte Eingestellten und deren Rehabilitation sind der Standeskanzlei und den Gemeinderäten der Heimat und des Wohnortes amtlich mitzuteilen.

Art. 100. Der Schuldner erlangt das Aktivbürgerrecht wieder:

a) sobald der Konkurs widerrufen oder die zu Verlust gekommenen Gläubiger befriedigt sind;

b) nach Mafsgabe der Bestimmung des Art. 23,***) letzer Absatz, der Verfassung;

---

*) Aus: Sammlung der Gesetze und Verordnungen des Kantons Unterwalden ob dem Wald. V. Bd. Amtlich zusammengestellt durch die Standeskanzlei. Buchdruckerei von Josef Müller in Sarnen. S. 421.

**) Aus: Landbuch des Kantons Uri enthaltend die in Kraft bestehenden Gesetze, Verordnungen und Beschlüsse von bleibender Bedeutung bis zum 31. Dezember 1891. III. Bd. Altdorf, Buchruckerei Huber, 1902. S. 199, 200, 201.

***) Verfassung des Kantons Uri.
Vom 6. Mai 1888.

Art. 23 letzter Absatz: Falliten, welche durch Mifsgeschick, ohne direktes Verschulden und ohne im Verdachte betrügerischer Handlungen zu stehen, ins Falliment gekommen sind, können nach Verflufs von sechs Jahren durch Urteil des Obergerichts wieder in das Aktivbürgerrecht eingesetzt werden.

c) sofern seine Unzahlbarkeit sich als eine direkte Folge ganz unverschuldeter Unglücksfälle erweist.

In letzterem Falle steht dem Schuldner die Befugnis zu, jederzeit nach Einstellung im Aktivbürgerrecht dem Obergericht ein schriftliches Gesuch um Rehabilitation einzureichen. Das Gericht wird demselben entsprechen, wenn aus den die Eingabe begleitenden Belegen uud den Betreibungsakten sich ergibt, dafs die Bedingungen von litt. c vorhanden sind.

Der Zahlungsunfähige bleibt aber gleichwohl auf die Dauer von sechs Jahren von der Wählbarkeit und dem Rechte zur Vertretung dritter (Art. 33 der Verfassung)***) ausgeschlossen.

V. Übergangsbestimmungen.

Art. 106 Abs. 2. Die kantonale Fallimentsordnung und deren Nachträge, sowie die Fallimentskommissionen werden aufgehoben.

Waadt.

Loi du 16 mai 1891 concernant la mise en vigueur dans le canton de Vaud de la loi fédérale sur la poursuite pour dettes et la faillite.*)

Titre III.

Dispositions réservées au droit cantonal.

Chapitre XV.

Réhabilitation.

Art. 65. La réhabilitation peut être prononcée par le président après la clôture de la faillite, si le failli prouve l'extinction de toutes les dettes qui ont été admises dans la faillite.

Le failli s'adresse, à cet effet, au président par requête accompagnée des pièces justificatives.

Il peut y avoir recours au Tribunal cantonal.

Art. 66. L'ordonnance qui accorde la réhabilitation, dans le cas prévu à l'article précédent, est publiée dans la Feuille des avis officiels à la diligence et aux frais du failli réhabilité.

Art. 67. Le failli pourra être réhabilité après sa mort.

Art. 33. Jeder Bürger, der eigenen Rechtes ist, kann seine Rechtssachen oder diejenigen seiner Mündel selbst vertreten, oder durch Andere, die eigenen Rechts sind, vertreten lassen.

(Aus: Landbuch des Kantons Uri enthaltend die in Kraft bestehenden Gesetze, Verordnungen und Beschlüsse von bleibender Bedeutung bis zum 31. Dezember 1891. I. Bd. Altdorf, Buchdruckerei Gisler, 1892. Seite 11, 14.)

*) Aus: Recueil des lois, décrets, arrêtés et autres actes du gouvernement du canton de Vaud. Tome LXXXVIII—1891. Lausanne, Imp. Victor Fatio, Cité-devant 1891. p. 274/275.

Wallis.

Loi du 26 Mai 1891 concernant l'exécution de la loi fédérale du 11 avril 1889, sur la poursuite pour dettes et la faillite.

Enthält keinerlei Bestimmung über Rehabilitation.

Zürich.

Gesetz betreffend die Einführung des Bundesgesetzes über Schuldbetreibung und Konkurs vom 11. April 1889.*)

(Vom 5. Juli 1891).

Erster Titel.

Organisation.

4. Behörden für Nachlass und Rehabilitation.

§ 18. Die Bezirksgerichte sind die Nachlafsbehörden erster Instanz (Art. 293 ff. des Bundesgesetzes). Sie entscheiden auch über Gesuche um Rehabilitation im Sinne des Art. 26 des Bundesgesetzes und der §§ 112 und 143 des gegenwärtigen Gesetzes.

Soweit nach dem Bundesgesetze ein Weiterzug ihrer Beschlüsse zuläfsig ist, geht derselbe an die Appellationskammer des Obergerichtes.

Sechster Titel.

Strafbestimmungen.

3. Gemeinsame Bestimmungen.

(NB. Zum Konkurs- und Betreibungsverfahren. D. H.)

§ 112. Die Strafverfolgung wegen leichtsinnigen Bankerottes und leichtsinnigen Schuldenmachens fällt dahin, wenn der Konkurs widerrufen wird, oder wenn sämtliche zu Verlust gekommene Gläubiger befriedigt sind oder der Rehabilitation beistimmen (Art. 26 des Bundesgesetzes). Unter denselben Voraussetzungen fällt auch eine bereits ausgesprochene Strafe, soweit sie noch nicht vollstreckt ist, dahin.

---

*) Aus: Offizielle Sammlung der seit 10. März 1831 erlassenen Gesetze, Beschlüsse und Verordnungen des eidgenössischen Standes Zürich. XXII. Bd. 2e Aufl. Zürich, Druck von J. Schabelitz, 1898, S. 351, 377, 381, 387.

Achter Titel.
Aufhebung und Abänderung kantonaler Bestimmungen.

§ 126. Mit dem 1. Januar 1892, —, werden alle widersprechenden Bestimmungen kantonaler Gesetze und Verordnungen aufgehoben, insbesondere:*)

a) das Gesetz betreffend die Schuldbeitreibung vom 29. Wein monat 1871;

e) das Gesetz betreffend das Konkursverfahren vom 29. Weinmonat 1871.

Neunter Titel.
Übergangs- und Vollziehungsbestimmungen.

§ 143. Schuldner, welche unter der bisherigen Gesetzgebung wegen verschuldeten Konkurses im Aktivbürgerrecht eingestellt worden sind, können die Rehabilitation verlangen, wenn sie den Voraussetzungen des Art. 26 Absatz 2 des Bundesgesetzes Genüge leisten.

Zug.

Verordnung über die Fertigung der Auffälle im Kanton Zug.**)
Vom 18. Mai 1818.

V. Rehabilitation des Falliten.

§ 57. Der Fallit kann seine Rehabilitation begehren, wenn er beweiset, dafs er sämtliche Gläubiger, die bei seinem Fallimente zu Verlust gekommen, befriediget habe.

Dieser Beweis wird vor dem Kantonsgericht durch persönliche Anlobung der Beteiligten, oder durch ihr schriftliches Zeugnis, das entweder von der Standeskanzlei oder dem betreffenden Gemeindeschreiber beglaubigt sein mufs, geleistet.

§ 58. Wenn dieser Beweis richtig erfunden ist, wird das Kantonsgericht dem Kantonsrate hierüber Anzeige machen, der dann die Rehabilitation des Falliten, das heifst, die Wiedereinsetzung in die vorherigen bürgerlichen Rechte und Ehren aussprechen und deren Kundmachung anbefehlen wird.

*) Die folgenden Gesetze waren uns nicht erhältlich.

**) Das Gesetz lag uns ohne Ort- und Zeitangabe im Einzeldruck vor.

Der seine Rehabilitation Anverlangende hat alle diesfälligen Kosten zu tragen und zum Voraus zu erlegen.

§ 59. Ein Fallit, auf den der Auffallsruf wegen Vernachlässigung, Schwächung oder Schädigung des Unterpfandes ergangen, so wie jener, der wegen eines betrügerischen Fallimentes bestraft oder von der daher gegen ihn ergangenen Klage nicht befreit ist, kann nie rehabilitiert werden.

Einführungsbestimmungen zum Bundesgesetze über Schuldbetreibung und Konkurs für den Kanton Zug.

Vom 5. Oktober 1891.*)

E. Abänderungen der kantonalen Gesetzgebung.

§ 57.

I. Personenrecht.

§ 39 letzter Absatz, letzter Satz: „Wenn die Frau mit andern Gläubigern die Insolvenz des Mannes herbeiführt, so mufs dem Mann, sofern die übrigen Gläubiger einverstanden sind, auch ohne Zustimmung der Frau die Rehabilitation gewährt werden.“

§ 56 letzter Absatz, letzter Satz: „Wenn das Kind mit andern Gläubigern die Insolvenz des Vaters herbeiführt, so mufs dem Vater, sofern die übrigen Gläubiger beistimmen — auch wenn das Kind seine Zustimmung nicht erteilt — die Rehabilitation gewährt werden.“

G. Übergangs-Bestimmungen.

§ 69. Die bürgerlichen Folgen des Konkurses und der fruchtlosen oder ungenügenden Pfändung werden übergangsweise bis zur verfassungsmäfsigen Neuregelung, wie folgt bestimmt:

§ 72. Aufser durch Ablauf der gerichtlich festgesetzten Frist ist ein in Folge Konkurs oder fruchtloser Pfändung im Aktivbürgerrecht Eingestellter durch das Obergericht in seine bürgerlichen Ehren und Rechte wieder einzusetzen (Rehabilitation), wenn er durch amtlich beglaubigte Bescheinigung den Nachweis leistet, dafs die in Folge Konkurs oder fruchtloser und ungenügender Pfändung zu Verlust gekommenen Gläubiger entweder befriedigt worden sind oder der Rehabilitation beistimmen.

§ 73. Die Gerichtskanzlei veröffentlicht alle gerichtlichen Aktivbürgerrechts-Einstellungen und alle durch das Obergericht ausgesprochenen Rehabilitationen durch das Amtsblatt.

---

*) Aus: Sammlung der Gesetze und Verordnungen des Kantons Zug umfassend den Zeitraum vom 1. Januar 1884 bis 31. Dezember 1896. VII. Bd. No. 37, S. 215 ff, 233 ff.

H. Schlufs-Bestimmungen.

§ 75 Abs. 2. Gleichzeitig treten aufser Kraft und Wirkamkeit das Gesetz über den Rechtsbetrieb vom 25. Weinmonat 1815, die Verordnung über die Fertigung der Auffälle vom 18. Mai 1818, sowie alle übrigen mit vorstehenden Bestimmungen im Widerspruch stehenden Vorschriften der Gesetzgebung.

2. Literatur.

Alexander, Konkursgesetze, S. 507.

André, p. 81 (Schweiz).

Brasseur, p. 206 (Neuchâtel).

Bregeault Julien, p. 11 (Eidg. Ges. v. 1889. Schuldbetreibung).

Chonez, p. 39, 44, 95, 99, 122 Anm. 1, 142 Anm. 1 (Neuchâtel: C. proc. pén. art. 529 et s., 544; — loi fédérale: 25 avril 1880; — Genève: C. proc. pén. 25 oct. 1884; — Valais: C. proc. pén. art. 436; — Bern: St.P.O. art. 566; — Freiburg: St.G.B. art. 87, 90 . . . . .).

Depeiges (1898), p. 81 (Neuchâtel: Ges. v. 7. April 1875).

Ducaud, Cap. VIII. p. 150 (Casiers jud. in den einzelnen Kantonen).

v. Feuerbach, Lehrbuch. S. 133 Note VI (Waadt: Code Art. 86; Luzern: Gesetzbuch Tit. IX. Art. 95).

Frézouls, p. 126 (Eidg. Ges. v. 25. April 1880 art. 97—101; Genf: C. instr. pén. 1884).

Gautier Alfred, A propos du casier judiciaire. (Schweizerische Zeitschrift für Strafrecht. XVIII. Jahrg. Heft 1 u. 2. Bern, 1905.)

Guitteau, p. 117 (Eidg. Ges.: 25. April 1880; Genf: Ges. 25. Oct. 1884, 1. Juni 1895).

Jahrbuch der internationalen Vereinigung für vergleichende Rechtswissenschaft und Volkswirtschaftslehre. Bd. V, 1899. S. 1063 (Bern: Ges. v. 22. Febr./1. Mai 1898); VI u. VII, 1904. S. 1540, 1551 (Waadt: Ges. v. 15. Mai 1901; — Genf: Ges. v. 17. März 1900 [Casier judiciaire]).

Lasserre, p. 220 (Neuchâtel: Ges. v. 7. April 1875).

Magescas, p. 215 (Eidg. Ges. v. 25. April [fälschlich Februar] 1880; — Neuchâtel: St.P.O. 7. April 1875; — Genf: St.P.O. 25. Oct. 1884).

Marcuse, p. 44 (Bern, Luzern, St. Gallen, Freiburg).

Mentha F. H., De la privation des droits civiques selon les codes pénaux de la plupart des cantons suisses. Dissert. inaug. de Berne. Neuchâtel, Imprimerie de H. Wolfrath et Metzner, 1880, p. 16, 19, 23, 31, 35, 36 (Luzern, Freiburg, Waadt, Schwyz, Basel, St. Gallen, Aargau, Appenzell A. Rh.).

Merle, p. 205.

Pfenninger, Entwurf eines Strafgesetzbuchs für den Kanton Uri. Im Auftrage der Regierung ausgearbeitet. Frauenfeld, Verlag von J. Huber, 1894. Motive zum Entwurf S. 86/87. (Landsgemeinde-Erkenntnis S. 86; Helvet. Gesetzbuch S. 87).

Pfenninger, Das Strafrecht der Schweiz. Berlin 1890, Puttkammer u. Mühlbrecht. (vergl. z. B. p. 149: peinl. Gesetzbuch d. helvet. Republik; — 614 ff.: schweiz. Militärstrafges.; — p. 729; — p. 498/499 — bei Pfenninger ist eine gute Übersicht der alten schweiz. Gesetzbücher).

Schiller Walter, Die Rehabilitation Verurteilter im schweizerischen Recht. Zürich, Druck und Verlag von Schulthefs & Co., 1905. Heft IV der Zürcher Beiträge zur Rechtswissenschaft. Herausgegeben von Egger, Hafter, Hitzig und Huber.

Jagemann, Kriminallexikon. Erlangen 1851. Artikel: Rehabilitation.

Kürschner, Lexikon des deutschen Rechtes. II. Bd. Artikel: Wiedereinsetzung oder Rehabilitation.

v. Wick, Über Ehrenstrafen und Ehrenfolgen der Verbrechen und Strafen. Rostock 1853.

Zeitschrift für Kunde und Fortbildung der zürcherischen Rechtspflege. VIII p. 282, XII p. 422.

La Serna, de, D. Alejandro Groizard y Gomez. El codigo penal de 1870. 2ª edición. Madrid 1903. S. 306, 307 (verweist auf Neuchâtel art. 110 St.P.O.; — Vaud. art. 86—88).

Stooss, Die Grundzüge des schweizerischen Strafrechts. I. Bd. Basel u. Genf, H. Georg, 1892. S. 3, 5, 80, 110, 462 ff.

Stooss, Die schweizerischen Strafgesetzbücher zur Vergleichung zusammengestellt und im Auftrage des Bundesrates herausgegeben. Basel u. Genf, H. Georg, 1890, S. 265 ff.

Strafgesetzgebung der Gegenwart. I. S. 380 (Ges. üb. Bundesstrafrechtspflege 1851); S. 406 (Kt. Freiburg).

Temme, Lehrbuch des Schweizerischen Strafrechts nach den Strafgesetzbüchern der Schweiz. Aarau, Druck u. Verlag von H. R. Sauerländer, 1855 (p. 258 Anm. § 106, spez. S. 312/313).

Serbien.

A. Zivilstrafrecht.

1. Gesetzgebung.

Strafprozefsordnung vom 10. April 1865.*)

Kapitel XXVI.

Verfahren bei Wiederverleihung der durch Verurteilung wegen Verbrechens verlorenen Rechte.

§ 349. Wer durch ein Urteil wegen Verbrechens[1]) der im § 18[2]) des Strafgesetzes bezeichneten Rechte verlustig erklärt worden ist, kann bei jedem Gerichte erster Instanz, welches die Untersuchung über seine Tat geführt und geurteilt hat, die Wiederverleihung dieser begehren; dies kann er nur tun nach Ablauf von fünf Jahren seit der Verbüfsung der Strafe oder Erlassung derselben im Gnadenwege.

Wenn bei jemandem neben der Strafe auf Stellung unter Polizeiaufsicht für eine bestimmte Zeitdauer erkannt worden ist, dann fünf Jahre nach Ablauf dieser Zeit.

---

*) Aus: Kazneni zakonik i kazneni postupak sudski za kneževinu Srbiju Drugo popravljeno izdanje. V Beogradu. 1882. (Strafgesetz).
Übersetzt von d. H.

[1]) Das serbische Stragesetz teilt in der ersten Alinea des § 1 die strafbaren Handlungen ein: in Verbrechen, Vergehen und Übertretungen.

[2]) § 18 des Strafgesetzes· »Wer zur Todes- oder Zuchthaus-, oder Gefängnisstrafe verurteilt wird, verliert schon Kraft des Gesetzes mit Rechtskraft des Urteiles:

1) das Recht zu allen Staats-, Kirchen-, Gemeinde-, oder sonstigen öffentlichen oder Ehrenämtern, sowie das Recht zu allen Nationaldiensten und Geschäften, zu welchen die Ehrenhaftigkeit des Namens erfordert wird, wie das aktive und passive Wahlrecht in die nationale Skupschtina und in andre öffentliche Versammlungen, das Recht als Richter gewählt zu werden, Zeuge, Sachverständiger, Bevollmächtigter, Vormund zu sein;

2) alle Karaktere, Titel und Würden und das Recht zum Tragen von Ehrenzeichen oder Auszeichnungen;

3) das Recht auf jede Pension, Stiftung und Unterstützung aus dem Staatschatze oder aus den öffentlichen Fonden.

§ 350. Wer die Wiederverleihung der Rechte begehrt, mufs mindestens fünf Jahre nach Ablauf der für die Wiederverleihung bestimmten Zeit (§ 349) in Serbien und zwar durch ein Jahr an einem Orte ständig gelebt haben.

Seinem an das Gericht gerichteten Gesuche mufs er ein Zeugnifs über sein moralisches Verhalten in den letzten fünf Jahren beilegen. Diese müssen von den Friedensgerichten jener Gemeinden, in welchen er gelebt hat, ausgestellt und von dem Bezirksvorsteher, falls die Gemeinde zu einem Bezirke gehört, von dem Kreisvorsteher, wenn die Gemeinde eine Kreisstadt ist, und vom Stadthauptmann in Belgrad, wenn das Friedensgericht dieser Gemeinde das Zeugnis ausgestellt hat, bestätigt werden.

§ 351. Die Bezirks- und Kreisbehörden müssen, bevor sie gemäfs der Bestimmung des vorhergehenden Paragraphen die Bestätigung erteilen, wohl erwägen, ob nicht gegen denjenigen, dem das Zeugnis ausgestellt wird, etwas vorliege, was dem Inhalte des Zeugnisses entgegenstünde.

§ 352. Gegen eine unbegründete Verweigerung des Zeugnisses ist die Beschwerde an die Bezirksbehörde, gegen diese an die Kreisbehörde, und endlich gegen die Kreisbehörde und den Stadtmagistrat von Belgrad an den Minister des Innern gestattet.

§ 353. Das Gericht mufs sich vorerst über die Echtheit der Zeugnisse Gewifsheit verschaffen und entscheidet sodann in Berücksichtigung dieser, ob dem Gesuchsteller die Rechte verliehen werden könnten oder nicht.

Nur gegen eine die Wiederverleihung der Rechte verweigernde Erledigung ist die Beschwerde gestattet.

§ 354. Bestätigt das Obergericht die abweisende Erledigung des erstinstanzlichen Gerichtes, so kann sich der Gesuchsteller nach Ablauf von drei Jahren, von dieser Zeit an gerechnet, an das Gericht in der im § 350 angegebenen Weise wenden; wird er jedoch abermals abgewiesen, so kann er um die Wiederverleihung der Rechte niemehr bittlich werden, es wäre denn mit besonderer Bewilligung des Landesfürsten.

§ 355. Politischen Verbrechern kann der Herrscher im Gnadenwege jedesmal die zufolge der Verurteilung verlorenen Rechte wieder verleihen.

2. Literatur.

Leitmaier Victor: Der serbische Strafprozefs in Vergleichung mit der österreichischen Strafprozefsordnung und der Strafprozefsordnung des Deutschen Reiches. Wien 1884. pag. 152—154.

B. Handelsrecht.

Die serbische Konkursordnung kennt keine Bestimmung über Rehabilitation. (Vgl. Leitmaier Victor: Der serbische Zivilprozefs nebst Konkursordnung und einem Anhange über den Rechtshilfevertrag zwischen Österreich-Ungarn und dem Königreiche Serbien vom 6. Mai 1881. Wien 1885).

Spanien.

A. Zivilstrafrecht.

1. Gesetzgebung.

Codigo penal (1822).*)

Titulo preliminar.

Capitulo IX.

De la rebaja de penas à los delincuentes que se arrepientan y enmienden, y de la rehabilitacion de los mismos despues de cumplir sus condenas.

Art. 144. Por medio del arrepentimiento y de la enmienda el condenado á trabajos perpetuos, podrá, despues de estar en ellos diez años, pasar á la deportacion. Por el mismo medio el deportado podrá obtener en su deportacion, despues de estar en ella diez años, algunos ó todos los derechos civiles, y los empleos ó cargos públicos que el Gobierno quiera conferirle. Por el proprio medio el condenado á otra pena

*) Aus: Código penal Español, decretado por las Córtes en 8 de junio, sancionado por el Rey, y mandado promulgar en 9 de julio de 1822. Madrid en la Imprenta Nacional. Año de 1822.

corporal ó no corporal de un número determinado de años que pase de dos, podrá, despues que sufra la mitad de su condena, obtener una rebaja de la cuarta á la tercera parte de todo el tiempo que se le hubiere impuesto.

Art. 145. El condenado á pena de infamia, sin otra de un número determinado de años que pase de dos, podrá igualmente, despues de sufrir por espacio de cinco su condena, obtener la rehabilitacion si se arrepintiere y enmendare. Si la infamia se le hubiere impuesto con otra pena temporal de mas de dos años, deberá tambien sufrir esta antes de pedir la rehabilitacion.

Art. 146. Las rebajas y rehabilitaciones prescritas en los dos artículos precedentes serán determinadas y concedidas en los casos respectivos por el juez ó tribunal que hubiere pronunciado la sentencia ejecutada, sin perjuicio de lo que se prevendrá en el artículo 149.

Art. 147. Cuando llegue el tiempo en que el reo pueda pedir la rebaja de su condena conforme al artículo 144, hará la súplica por escrito como de pura gracia al juez ó tribunal respectivo por medio del gefe de la casa de reclusion, carcel, fortaleza, presidio, lugar de la deportacion ó establecimiento de obras públicas ó trabajos perpetuos en que se halle.

Art. 148. Los gefes inmediatos des todos estos establecimientos estan obligados, sopena de privacion de empleo, á llevar un libro de registro, formando á cada uno de los reos de su cargo un asiento en que se exprese su nombre y apellido, domicilio antiguo, último estado, señas personales, delito de su condena, juez ó tribunal que se la hubiere impuesto, época en que hubiere empezado á cumplirla, y ocupacion que se le dé en el establecimiento, anotándose puntualmente la conducta que observe, asi por lo relativo á su aplicacion al trabajo como en cuanto á sus costumbres y demas acciones. Con copia certificada de estos asientos, y con el informe de los gefes, remitirán estos la súplica del reo al juez ó tribunal respectivo, el cual, tomando los demas informes y noticias que tenga por convenientes para asegurarse del arrepentimiento y enmienda del suplicante, y con presencia de la causa primitiva, declarará si ha lugar á la rebaja de la pena con arreglo á la ley. Si lo hubiere, concederá precisamente al reo la gracia de la ley, bajo su responsabilidad; pero si no lo hubiere, suspenderá la resolucion hasta que aquel dé mayores pruebas de su buena conducta; y en ambos casos se comunicará la determinacion al gefe del establecimiento, para que lo tenga entendido, y lo haga saber al reo.

Art. 149. Sin embargo de la regla general establecida en el articulo 146, los deportados podrán solicitar y obtener á su tiempo de la audiencia mas inmediata al lugar de su deportacion la gracia de ejercer en él todos los derechos civiles ó algunos de ellos; observándose en todo lo demas lo que queda prevenido, y debiendo tambien la misma audiencia dar noticia de la gracia que concediere, con testimonio de los fundamentos, al juez ó tribunal que hubiere condenado al reo.

Art. 150. El delincuente á quien se hubiere impuesto pena de infamia, y que con arreglo al artículo 145 pueda pedir la rehabilitacion, hará tambien la súplica por escrito, como de pura gracia, al juez ó tribunal que le hubiere condenado, y la obtendrá si resultare su enmienda, y constante buena conducta despues de la sentencia, por la copia certificada de los asientos, y por el informe de los gefes del establecimiento en que hubiere sufrido la condena, por la esposicion de las autoridades de los pueblos en que despues hubiere residido, y por las demas noticias que tenga por oportuno pedir el juez ó tribunal, con presencia de la causa primitiva.

Art. 151. Los demas reos que despues de haber cumplido sus condenas corporales ó infamatorias soliciten la rehabilitación para volver á ejercer los derechos de ciudadano, la pedirán y obtendrán en los mismos casos y términos espresados en el artículo precedente.

Art. 152. Si no hubiere méritos para conceder la rehabilitacion de que tratan los dos últimos artículos, se suspenderá la resolucion, hasta que el reo dé mejores pruebas de merecerla.

Art. 153. La rehabilitacion en los casos de los artículos 150 y 151 estará sujeta al pago de las costas y derechos de arancel que en ella se causen; pero las gracias de rebaja de pena y todas las diligencias para ello serán sin coste alguno: encargándose, como se encarga la conciencia, ademas de la responsabilidad impuesta por las leyes, á los jueces, tribunales, gefes de los establecimientos de castigo ó correccion, y cualesquiera otras autoridades ó empleados que tengan intervencion en estos asuntos, para que procedan en ellos con la mayor pureza, actividad y justificacion, combinando los sentimientos de la humanidad con el interes de la causa pública.

Art. 154. Los diez artículos precedentes, y los que en el capitulo tercero de este título prescriben las penas contra los reos que se fuguen del lugar de sus condenas, y vuelvan á delinquir, estarán impresos y puestos á la vista en los sitios oportunos de los respectivos establecimientos, donde puedan leerlos los delincuentes que allí se hallen; y ademas se les leerán cada mes, sopena de una multa de cinco á veinte duros al gefe inmediato del establecimiento que descuidare alguna de estas cosas.

Art. 155. Todas las resoluciones de los jueces ó tribunales concediendo rebajas de penas en los casos espresados, se publicarán en los establecimientos donde se hallaren los reos respectivos. Todas las de rehabilitacion se publicarán tambien en el pueblo en que residan los rehabilitados, y el juez ó el tribunal que las concediere dará cuenta al Gobierno.

Codigo penal (reformado)*)
(de 30 de Agosto de 1870).

(Gegenwärtig geltendes Strafgesetz.)

Libro primero.

Titulo III.

Capitulo III.

Sección segunda.

Efectos de las penas segun su naturaleza respectiva.

— — — — — — — — — — — — — — — — — — —

Art. 45. Los sentenciados á las penas de inhabilitación para cargos públicos, derecho de sufragio, profesión ú oficio, perpetua ó temporalmente podrán ser rehabilitados en la forma que detérmine la Ley.

---

*) Aus: «Código penal de 1870.» Copiosamente anotado con los extractos de las más interesantes y recientes sentencias del Tribunal Supremo: corregido según las posteriores disposiciones publicadas hasta el día, que modifican sus preceptos y ampliado con varias leyes y disposiciones complementarias. Por D. Manuel Gutiérrez y Jiménez. Madrid 1902.

Art. 46. La gracia de indulto no producirá la rehabilitación para el ejercicio de los cargos públicos y el derecho de sufragio, si en el indulto no se concediere especialmente la rehabilitación.

Das Rehabilitationsverfahren findet in der Strafprozefsordnung (Ley), wie der Artikel 45 dies in Aussicht stellt, keine Regelung. Für dieses wurde das Gesetz über das Verfahren in Gnadensachen vom 18. Juni 1870 mafsgebend:

Ley de 18 de Junio de 1870.*)

Capítulo primero.

De los que pueden ser indultados.

Artículo 1.° Los reos de toda clase de delitos podrán ser indultados, con arreglo á las disposiciones de esta ley, de toda ó parte de la pena en que por aquéllos hubiesen incurrido.

Art. 2.° Se exceptúan de lo establecido en el artículo anterior:

1.° Los procesados criminalmente que no hubieren sido aún condenados por sentencia firme;

2.° Los que no estuvieren á disposición del Tribunal sentenciador para el cumplimiento de la condena;

3.° Los reincidentes en el mismo ó en otro cualquiera delito por el cual hubiesen sido condenados por sentencia firme. Se exceptúa, sin embargo, el caso en que á juicio del Tribunal sentenciador, ó del Consejo de Estado, hubiese razones suficientes de justicia, equidad ó conveniencia pública para otorgarles la gracia.

Art. 3.° Lo dispuesto en el artículo anterior no será aplicable á los penados por delitos comprendidos en los capítulos I y II, tít. II, lib. II y capítulos I, II y III, tít. III, del mismo libro del Código penal, últimamente reformado.

Capítulo II

De las clases y efectos del indulto.

Art. 4.° El indulto podrá ser total ó parcial,

Será indulto total la remisión de todas las penas á que hubiese sido condenado y que todavía no hubiese complido el delincuente.

Será indulto parcial la remisión de alguna ó algunas de las penas impuestas, ó de parte de todas las en que hubiese incurrido y no hubiese cumplido todavía el delincuente.

Se reputará también indulto parcial la conmutación de la pena ó penas impuestas al delincuente en otras menos graves.

---

*) Aus: wie * Apéndice pag. 391 ff.

Art. 5.° Será nula, y no producirá efecto ni deberá ejecutarse por el Tribunal á quien corresponda, la concesión del indulto en que no se hiciere mención expresa, á lo menos de la pena principal, sobre que recaiga la gracia.

Art. 6.° El indulto de la pena principal llevará consigo el de las accesorias que con ella se hubiesen impuesto al penado, á excepción de las de inhabilitación para cargos públicos y derechos políticos y sujeción á la vigilancia de la Autoridad, las cuales no se tendrán por comprendidas, si de ellas no se hubiese hecho mención especial en la concesión.

Tampoco se comprenderá nunca en ésta la indemnización civil.

Art. 7.° Podrá concederse indulto de las penas accesorias, con exclusión de las principales y viceversa, á no ser de aquellas que sean inseparables por su naturaleza y efectos.

Art. 8.° El indulto de pena pecuniaria eximirá al indultado del pago de la cantidad que aun no hubiese satisfecho; pero no comprenderá la devolución de la ya pagada, á no ser que así se determinare expresamente.

Art. 9.° No se podrá conceder indulto del pago de los gastos del juicio y costas procesales que no correspondieren al Estado; pero sí de la pena subsidiaria que el penado insolvente hubiere de sufrir por este concepto.

Art. 10. Si el penado hubiere fallecido al tiempo ó después de existir causas bastantes para la concesión de su indulto, podrá relevarse á sus herederos de la pena accesoria de multa, con arreglo á lo dispuesto en los artículos 8.° y 9.°

Art. 11. El indulto total se otorgará á los penados, tan solo en el caso de existir á su favor razones de justicia, equidad ó utilidad pública, á juicio del Tribunal sentenciador y del Consejo de Estado.

Art. 12. En los demás casos se concederá tan solo el parcial, y con preferencia la commutation de la pena impuesta en otra menos grave dentro de la misma escala gradual.

Sin embargo de lo dispuesto en el párrafo anterior, podrá también conmutarse la pena en otra de distinta escala, cuando haya méritos suficientes para ello, á juicio del Tribunal sentenciador ó del Consejo de Estado, y el penado además se conformare con la conmutación.

Art. 13. Conmutado la pena principal, se entenderán también conmutadas las accesorias por las que correspondan, según las prescripciones del Código, á la que hubiere de sufrir el indultado.

Se exceptúa, sin embargo, el caso en que se hubiere dispuesto otra cosa en la concesión de la gracia.

Art. 14. La conmutación de la pena quedará sin efecto desde el día en que el indultado deje de cumplir por cualquier causa dependiente de su voluntad, la pena á que por la conmutación hubiere quedado sometido.

Art. 15. Serán condiciones tácitas de todo indulto:

1.ª Que no cause perjuicio á tercera persona ó no lastime sus derechos.

2.ª Que el penado haya de obtener, antes de gozar de la gracia, el perdón de la parte ofendida cuando el delito por que hubiese sido condenado, fuere de los que solamente se persiguen á instancia de parte.

Art. 16. Podrán además imponerse al penado en la concesión de la gracia, las demás condiciones que la justicia, la equidad ó la utilidad pública aconsejen.

Art. 17. El Tribunal sentenciador no dará cumplimiento á ninguna concesión de indulto cuyas condiciones no hayan sido previamente cumplidas por el penado, salvas las que por su naturaleza no lo permitan.

Art. 18. La concesión del indulto es por su naturaleza irrevocable con arreglo á las cláusulas con que hubiere sido otorgada.

Capítulo III

Del procedimiento para solicitar y conceder la gracia de indulto.

Art. 19. Pueden solicitar el indulto los penados, sus parientes ó cualquiera otra persona en su nombre sin necesidad de poder escrito que acredite su representación.

Art. 20. Puede también proponer el indulto el Tribunal sentenciador, ó el Tribunal Supremo ó el Fiscal de qualquiera de ellos, con arreglo á lo que se dispone en el párrafo 3.° art. 2.° del Código penal, y se disponga además en las leyes de procedimiento y casación criminal.

La propuesta será reservada hasta que el Ministro de Gracia y Justicia, con su vista, decrete la formación del oportuna expediente.

Art. 21. Podrá también el Gobierno mandar formar el oportuno expediente, con arreglo á las disposiciones de esta ley, para la concesión de indultos que no hubiesen sido solicitados por los particulares ni propuestos por los Tribunales de justicia.

Art. 22. Las solicitudes de indulto se dirigirán al Ministro de Gracia y Justicia por conducto del Tribunal sentenciador, del Jefe del Establecimiento ó del Gobernador de la provincia en que el penado se halle cumpliendo la condena, según los respectivos casos.

Art. 23. Las solicitudes de indulto, inclusas las que directamente se presentaren al Ministro de Gracia y Justicia, se remitirán á informe del Tribunal sentenciador.

Art. 24. Este pedirá á su vez informe sobre la conducta del penado al Jefe del Establecimiento en que aquél se halle cumpliendo la condena, ó al Gobernador de la provincia de su residencia, si la pena no consistiese en la privación de la libertad, y oirá después al Fiscal y á la parte agraviada, si la hubiere.

Art. 25. El Tribunal sentenciador hará constar en su informe, siendo posible, la edad, estado y profesión del penado, su fortuna, si fuere conocida, sus méritos y antecedentes, si el penado fué con anterioridad procesado y condenado por otro delito, y si cumplió la pena impuesta ó fué de ella indultado, por qué causa y en que forma, las circunstancias agravantes ó atenuantes que hubiesen concurrido en la ejecución del delito, el tiempo de prisión preventiva que hubiese sufrido durante la causa, la parte de la condena que hubiere cumplido, su conducta posterior á la ejecutoria, y especialmente las pruebas ó indicios de su arrepentimiento que se hubiesen observado, si hay ó no parte ofendida, y si el indulto perjudica el derecho de tercero y cualesquiera otros datos que puedan servir para el mejor esclarecimiento de los hechos, concluyendo por consignar su dictamen sobre la justicia ó conveniencia y forma de la concesión de la gracia.

Art. 26. El Tribunal sentenciador remitirá con su informe al Ministro de Gracia y Justicia la hoja histórico-penal y el testimonia de la sentencia ejecutoria del penado, con los demás documentos que considere necesarios para la justificación de los hechos.

Art. 27. Los Tribunales Supremo ó sentenciador que de oficio propongan al Gobierno el indulto de un penado, acompañarán, desde luego, con la propuesta, el informe y documentos á que se refieren los artículos anteriores.

Art. 28. El Ministro de Gracia y Justicia remitirá después el expediente al Consejo de Estado para que la sección de Gracia y Justicia del mismo informe á su vez sobre la justicia, equidad ó conveniencia de la concesión del indulto.

Art. 29. Sin embargo de lo dispuesto en los artículos anteriores, podrá concederse la conmutación de la pena de muerte y de las impuestas por los delitos comprendidos en los capítulos I y II, título II, libro II, y capítulos I, II y III, título III, del mismo libro del Código penal últimamente reformado, sin oir previamente al Tribunal sentenciador y al Consejo de Estado.

A los expedientes de indulto de pena capital se agregarán un extracto de las resultancias del proceso, hecho bajo la responsabilidad del Secretario de Sala y visado por el Presidente del Tribunal respectivo, para que así se completen los antecedentes y el Gobierno pueda resolver con más acierto. (*Ordencircular de 17 de Feb. de 1874.*)

Art. 30. La concesión de los indultos, cualquiera que sea su clase, se hará en Decreto motivado y acordado en Consejo de Ministros, que se insertará en la *Gaceta.*

Art. 31. La aplicación de la gracia habrá de encomendarse, indispensablemente, al Tribunal sentenciador.

Art. 32. La solicitud ó propuesta de indulto no suspenderá el cumplimiento de la sentencia ejecutoria, salvo el caso en que la pena impuesta fuese la de muerte, la cual no se ejecutará hasta que el Gobierno haya acusado el recibo de la solicitud ó propuesta al Tribunal sentenciador.

El Tribunal sentenciador, à quien el Gobierno haya de acusar el recibo de la solicitud ó propuesta de indulto tratándose de la pena de muerte, y que hasta que así lo haya hecho no debe ejecutarse ésta, es la Sala del Supremo que conoce de los recursos de casación criminal, los cuales deben ser admitidos de derecho, en esta clase de causas, debiendo ejecutarse las sentencias tan luego como la mencionada Sala devuelva los autos à la Audiencia para ese efecto. *(Orden de 12 ae Diciembre de 1870.)*

Proyecto de Código penal 1880.*)

Libro I.

Título III.

Capítulo III.

Seccion segunda.

Efectos de las penas segun su naturaleza respectiva.

Art. 45. Los sentenciados á las penas de inhabilitacion para cargos públicos, derecho de sufragio, profesion ú oficio, perpétua ó temporalmente, podrán ser rehabilitados en la forma que determine la ley.

Art. 46. La gracia de indulto no producirá la rehabilitacion para el ejercicio de los cargos públicos y el derecho de sufragio, si en el indulto no se concediere especialmente la rehabilitacion.

Proyecto de Código penal 1882.**)

(Entwurf Martinez.)

Libro I.

Titulo III.

Capitulo II.

Seccion segunda.

Efectos de las penas segun su naturaleza respectiva.

Art. 53. Los sentenciados á la pena de inhabilitacion para cargos públicos, derecho de sufragio y de eligibilidad,

---

*) Aus: Proyecto de Código penal redactado por la comision de códigos y presentado á las Córtes por el señor Ministro de Gracia y justicia. Madrid. Imprenta de Fortanet. Calle de la libertad, num. 29. 1880.

**) Aus der nicht betitelten Gesetzesvorlage des Justizministers Manuel Alfonso Martinez de dato Madrid den 11. April 1882.

profesion ú oficio, perpétua ó temporalmente, podrán ser rehabilitados en la forma que determine la ley.

Art. 54. La gracia de indulto me producirá la rehabilitacion para el ejercicio de los cargos públicos y del derecho de sufragio y de elegibilidad, si en el indulto no se concediere especialmente.

Proyecto de Código penal 1884.*)

(Entwurf Silvela.)

Libro I.

Titulo IV.

Extincion de la responsabilidad penal.

Art. 124. El indulto total de la pena la estingue por completo, pero no en sus efectos en cuanto se refiere á la reincidencia. El indultado, aunque lo sea totalmente, no podiá habitar en la misma poblacion ó término municipal que el ofendido, su cónyuge, sus ascendientes o descendientes, por el tiempo que, á no mediar el indulto, deberia durar la condena, sin el consentimento expreso de las mismas personas, quedando en otro caso sin efecto el indulto concedido.

Si la pena principal lleva consigo, como accesoria, la de interdiccion ó alguna de inhabilitacion, no se entenderán remitidas por el indulto, aunque sea total, dichas penas accesorias, á no ser que especialmente sean comprendidas en el indulto.

Proyecto de Código penal 1885**)

enthält im Artikel 121 die nämliche Bestimmung wie Artikel 124 des vorhergehenden Entwurfes. Eine Bestimmung speziell über Rehabilitation findet sich auch in diesem nicht.

2. Literatur.

Brasseur Albert: De la réhabilitation en droit Romain et en droit français. Paris 1887. pag. 204.

Chonez Maurice: De la réhabilitation des condamnés. Paris 1898. pag. 44, 45.

---

*) Aus: Proyecto de Código penal. Madrid. Imprenta de los hijos de I. A. Garcia. Calle de Campomanes, número 6. 1885. (Datiert vom 29. Dezember 1884 und den Cortes vorgelegt vom Justizminister Francisco Silvela.)

**) Aus dem nicht betitelten Entwurfe der Kongrefskommission vom 18. April 1885. Amtliche Materialien.

Laget et Laget-Valdeson Luis: Theorie du code penal espagnol comparée avec la législation française. 2° édition. Paris. Marchal et Billard, Libraires-éditeurs 27 Place Dauphine 1881. pag. 166.

De la Serna D. Alejandro Groizard y Gómez: El Código penal de 1870. Tomo II. Segunda edición. Madrid 1903. pag. 308.

Lasserre Henry: De la réhabilitation des condamnés. Paris 1889. pag. 218.

Magescas F.: De la réhabilitation des condamnés. Bordeaux 1899. pag. 208.

Pacheco Don Joaquin Francisco: El Código penal concordado y comentado. Sexta edicion, corregida y aumentada. Tomo I. Madrid. Imprenta y funcion de Manuel Tello, Don Evaristo, 8. 1888, pag. 350 ff.

Reutenauer Paul: De la réhabilitation en matière pénale et disciplinaire. Paris 1900. pag. 134.

Rubio D. José Valdés: Programa Razonado de un curso de derecho penal segun, los principios y la legislacion. Segunda edición corregida y aumentada. Tomo primero. Madrid 1892. pag. 570.

Sarraute Pierre: Traité théorique et pratique de la réhabilitation des condamnés en matière criminelle, correctionelle et disciplinaire. Paris 1884. pag. 52.

Viada y Vilaseca Salvador D.: Código penal reformado de 1870 con la variaciones introducidas en el mismo por la ley de 17 de julio de 1876 concordado y comentado para su mejor inteligencia y fácil aplicación, con una multitud de ejemplos y cuestiones prácticas extractadas de la jurisprudencia establecida por el Tribunal Supremo en más de cinco mil sentencias dictadas en materia de casación criminal desde 1870 á 1889, y de la jurisprudencia francesa etc. — Cuarta edición. Tomo I. Madrid. 1890. pag. 426 ff.

B. Militärstrafrecht.

Gesetzgebung.

Código de Justicia militar*).

Art. 199. Los efectos de las penas no serán materia de indulto, una vez extinguidas las principales de que se deriven.

Art. 201. Las penas de la ley común que á continuación se expresan, cuando fueren impuestas á oficiales, producirán los efectos seguientes:

Las perpetuas de relegación, extrañamiento é inhabilitación absoluta, y la de confinamiento, la separación del servicio.

Las de inhabilitación especial perpetua ó temporal para cargos públicos, profesión ú oficio, la separación del servicio, en caso que la

*) Código de Justicia militar. Aprobado por real decreto de 27 de septiembre de 1890. Madrid-Imprenta y Litografia del Depósito de la guerra. 1890.

inhabilitación recaiga sobre cargo militar ú ocasione imcompatibilidad con los deberes del servicio.

La de destierro la cumplirá el penado, conforme á la sentencia, en el punto que se le designe, en situacion de cuartel ó de reemplazo, segun su clase, no siéndole de abono para el servicio ni antigüedad el tiempo que dure la condena.

La de suspensión de cargo público, profesión ú oficio producirá la suspension del empleo militar por todo el tiempo que dure la condena.

Art. 202. Para los individuos de las clases de tropa los efectos de las penas designadas en el articulo anterior serán los seguientes:

Las de relegación y extrañamiento, la obligación de volver al Ejército á cumplir el tiempo que les reste de su empeño, extinguida que sea la condena.

Las de confinamiento, inhabilitación, destierro y suspensión de cargo público, profesión ú oficio, el destino á un cuerpo de disciplina por el tiempo que al penado le reste de servicio, y si la pena tuta tuviese más duración extinguirá el que le falte como los reos extraños al Ejércio.

C. Handelsrecht.

1. Gesetzgebung.

Handelsgesetz*) vom 22. August 1885.

Buch IV.

Von der Zahlungssuspension, den Fallimenten und den Verjährungen.

Abschnitt VI.

Von der Rehabilitation des Falliten.

Art. 920. Die betrügerischen Falliten können nicht rehabilitiert werden.

Art. 921. Die in dem vorhergehenden Artikel nicht einbegriffenen Falliten können ihre Rehabilitation erlangen, wenn sie die gänzliche Erfüllung des genehmigten Akkordes, den sie mit ihren Gläubigern geschlossen haben, nachweisen.

Wenn kein Akkord stattgefunden hat, so sind sie verpflichtet, zu beweisen, dafs mit dem Bestande des Fallimentes oder durch spätere Leistungen alle Verbindlichkeiten, welche in dem Fallimentsverfahren anerkannt wurden, beglichen worden sind.

Art. 922. Infolge der Rehabilitation des Falliten zessieren alle gesetzlichen Interdiktionen, welche die Erklärung des Falliments erzeugt.

---

*) Aus: Borchardt: Die Handelsgesetze des Erdballs. Bd. V. Berlin 1887. pag. 172.

2. Literatur.

Alexander J.: Konkursgesetze aller Länder der Erde. Mit vergleichender Übersicht. Berlin 1892. pag. 325.

Bregeault Julien: La nouvelle réhabilitation des faillis. Paris 1904. pag. 11.

Lecomte Maxime: Étude comparée des principales législations Européennes en matière de faillite. Paris 1879. pag. 78.

Lyon-Caen Ch. et Renault L.: Traité de droit commercial. 2e édition. Tome huitième. Paris 1899. pag. 259.

Türkei.

Gesetzgebung.

A. Zivilstrafrecht.

Code Ottoman d'instruction criminelle.

(Loi provisoire mise en vigueur en vertu d'un décret impérial promulgué le 5 Redjeb 1296, sous réserve de l'approbation de la Chambre des députés à laquelle cette loi sera soumise lors de sa convocation.) *)

Titre VI.

De quelques objets d'intérêt public et de sûreté générale.

Chapitre 1er.

Du dépôt général de la notice des jugements.

Art. 445. — Les greffiers des tribunaux criminels, correctionnels et de simple police seront tenus de soussigner, par ordre alphabétique, sur un registre particulier, les noms, prénoms, professions, âge et résidences de tous les individus condamnés à une peine. Ce registre contiendra une notice sommaire de chaque affaire et de la condamnation, à peine

---

*) Traduction de Yanco Vithynos, Directeur des affaires criminelles au Ministère de la Justice. Avec autorisation du Ministère de l'Instruction Publique en date du 25 Avril 1300 (1884). Constantinople, Typographie et lithographie J. Pallamary. 1884. Ins Deutsche übersetzt von W. Padel: Die Ottomanische Strafprozefsordnung, veröffentlicht auf Jrade vom 5. Redscheb 1296 (25. Juni 1879). Heft XXI der Sammlung aufserdeutscher Strafgesetzbücher in deutscher Übersetzung. Berlin 1905, J. Guttentag.

de deux livres turques d'amende pour chaque erreur ou omission.

Art. 446. — Tous les trois mois, les greffiers enverront, sous peine de quatre livres turques d'amende, copie de ces registres au Ministre de la justice et à celui de la police.

Art. 447. — Ces deux ministres feront tenir un registre général où seront consignées les copies mentionnées à l'article précédent.

— — — — — — — — — — — — — — — — — —

— — — — — — — — — — — — — — — — — —

Chapitre IV.

De la réhabilitation des condamnés.

Art. 463. — Tout condamné à une peine afflictive, ou à une peine correctionnelle, qui a subi sa peine, ou qui a obtenu sa grâce, peut être réhabilité.

Art. 464. — La demande en réhabilitation pour les condamnés à une peine afflictive ne peut être formée que cinq ans après le jour de leur libération. — Néanmoins, ce délai court, au profit des condamnés à la dégradation civique, du jour où la condamnation est devenue irrévocable, ou de celui de l'expiration de la peine de l'emprisonnement si elle a été prononcée. — Il court, au profit du condamné à la surveillance de la haute police, prononcée comme peine principale, du jour où la condamnation est devenue irrévocable. — Le délai est réduit à trois ans pour les condamnés à une peine correctionnelle.

Art. 465. — Le condamné à une peine afflictive ne peut être admis à demander sa réhabilitation s'il n'a résidé dans le même district (Caza) depuis cinq ans, et pendant les deux dernières années dans le même village ou ses environs. — Le condamné à une peine correctionnelle ne peut être admis à demander sa réhabilitation s'il n'a résidé dans le même district pendant trois années, et pendant les deux dernières dans le même village ou ses environs.

Art. 466. — Le condamné adresse la demande en réhabilitation au Procureur impérial du district où il réside, en faisant connaître: la date de sa condamnation; les lieux où il a résidé depuis sa libération; et s'il s'est écoulé, après cette époque, un temps plus long que celui fixé par l'article 464.

Art. 467. — Il doit justifier du paiement des frais de justice, de l'amende et des dommages-intérêts auxquels il a pu être condamné, ou de la remise qui lui en a été faite. — A défaut de cette justification, il doit établir qu'il a subi le temps de contrainte par corps déterminé par la loi, ou que la partie lésée a renoncé à ce moyen d'exécution. — S'il est condamné pour banqueroute frauduleuse, il doit justifier du paiement du passif de la faillite, en capital, intérêts et frais, ou de la remise qui lui en a été faite.

Art. 468. — Le Procureur impérial du district provoque, par l'intermédiaire de l'autorité, des attestations délibérées par la Municipalité de la circonscription où le condamné a résidé, faisant connaître: — 1° La durée de la résidence dans chaque village ou ses environs, avec indication du jour où elle a commencé, et de celui auquel elle a fini; — 2° Sa conduite pendant la durée de son séjour; — 3° Ses moyens d'existence pendant le même temps. — Ces attestations doivent contenir la mention expresse qu'elles ont été rédigées pour servir à l'appréciation de la demande en réhabilitation. — Le Procureur impérial prend, en outre, l'avis du conseil des anciens de la localité où le condamné a résidé.

Art. 469. — Le Procureur impérial du district se fait en outre délivrer une expédition de l'arrêt de condamnation, et un extrait des registres des lieux de détention, où la peine a été subie, constatant quelle a été la conduite du condamné. — Il transmet les pièces avec son avis au Procureur impérial de l'arrondissement (Sandjak).

Art. 470. — La demande en réhabilitation et les pièces y relatives, sont déposées, par les soins du Procureur impérial de l'arrondissement au greffe du tribunal dans le ressort duquel réside le condamné.

Art. 471. — Dans les deux mois du dépôt, l'affaire est rapportée à la chambre d'accusation; le Procureur impérial donne ses conclusions motivées et par écrit. — Il peut requérir en tout état de cause, et le tribunal peut ordonner, même d'office, de nouvelles informations, sans qu'il puisse en résulter un retard de plus de six mois.

Art. 472. — Le tribunal, le Procureur impérial entendu, donne son avis motivé.

Art. 473. — Si l'avis du tribunal n'est pas favorable à la réhabilitation, une nouvelle demande ne peut être formée avant l'expiration d'un délai de deux années.

Art. 474. — Si l'avis est favorable, il est, avec les pièces produites, transmis immédiatement au Ministre de la justice, qui peut consulter la Cour ou le tribunal qui a prononcé la condamnation.

Art. 475. — Après les formalités établies dans l'article précédent, S. M. I. le Sultan statue sur le rapport du Ministre de la justice.

Art. 476. — Des lettres (buyurldi) de réhabilitation seront expédiées en cas d'admission de la demande.

Art. 477. — Les lettres de réhabilitation sont adressées au tribunal qui a délibéré l'avis ainsi qu'il est dit à l'article 470. — Copie authentique en est adressée à la Cour ou au tribunal qui a prononcé la condamnation. Ces lettres seront transcrites en marge de la minute de l'arrêt ou du jugement de condamnation.

Art. 478. — La réhabilitation fait cesser pour l'avenir, dans la personne du condamné, toutes les incapacités qui résultaient de la condamnation. — Les interdictions prononcées par l'article 313 du Code de commerce sont maintenues, nonobstant la réhabilitation obtenue en vertu des dispositions des articles qui précèdent. — Aucun individu, condamné pour crime, qui aura commis un second crime et subi une nouvelle condamnation à une peine afflictive, ne sera admis à la réhabilitation.

B. Handelsrecht.

Handelsgesetz*).

(1850.)

Buch II.

Von den Fallimenten und Bankerotten.

Titel III.

Von der Rehabilitation.

Art. 305. Der Fallit, welcher vollständig an Kapital, Zinsen und Kosten die von ihm geschuldeten Summen bezahlt hat, kann seine

*) Aus: Borchardt: Die Handelsgesetze des Erdballs. V. Bd. Berlin 1887. pag. 218.

Rehabilitation erlangen. Er kann dieselbe jedoch, wenn er der Anteilhaber eines im Falliment geratenen Handelshauses ist, erst erlangen, nachdem er den Nachweis erbracht hat, dafs sämtliche Schulden der Gesellschaft an Kapital, Zinsen und Kosten bezahlt sind, auch wenn ihm ein persönlicher Akkord bewilligt worden ist.

Art. 306. Jeder Antrag auf Rehabilitation ist an das Handelsministerium zu richten. Der Antragsteller mufs seinem Gesuche die Quittungen und die sonstigen Beweisstücke beifügen.

Art. 307. Das Gesuch nebst beigefügten Belägen ist vom Handelsministerium den betreffenden Beamten zu übersenden, welche Abschriften desselben an die Handelsdeputierten des Wohnsitzes des Antragstellers und, falls dieser nach dem Falliment seinen Wohnsitz gewechselt hat, an die Handelsdeputierten des Bezirks, wo das Falliment stattgefunden hat, zustellt, mit dem Auftrage, alle Erkundigungen einzuziehen, welche sie sich verschaffen können über die Wahrheit der vorgebrachten Tatsachen. Wenn das Falliment in Konstantinopel stattgefunden hat, so sind durch das Handelsgericht die Erkundigungen einzuziehen.

Art. 308. Die Abschrift des besagten Gesuches bleibt während einer Zeit von zwei Monaten sowohl am Eingang des Handelsgerichts, als an der Börse und an sonstigen passenden Orten angeschlagen, und ist in die Zeitungen einzurücken.

Art. 309. Jeder Gläubiger, der wegen seiner Forderung an Kapital, Zinsen und Kosten nicht vollständig bezahlt worden ist, sowie jede andere interessierte Partei, kann gegen die Rehabilitation durch eine an das Handelsgericht gesandte, mit Beweisstücken unterstützte Eingabe Widerspruch erheben.

Art. 310. Nach Ablauf der zwei Monate hat das Handelsgericht, falls das Falliment in Konstantinopel stattgefunden hat, oder haben die obenerwähnten Handelsdeputierten, wenn das Falliment in einer Provinzialstadt stattgefunden hat, dem Handelsministerium die eingezogenen Erkundigungen und etwa erhobenen Widersprüche einzusenden. Sie haben auch ihr Gutachten beizufügen.

Art. 311. Das Handelsministerium hat über Zulassung oder Abweisung des Antrages auf Rehabilitation einen Beschlufs zu fassen. Wenn der Antrag abgewiesen wird, so kann er erst nach Ablauf eines Jahres erneuert werden.

Art. 312. Der Beschlufs über Rehabilitation ist den Beamten des Handelsgerichts, falls das Falliment in Konstantinopel stattgefunden hat, oder den Handelsdeputierten, falls derselbe in einer Provinzialstadt stattgefunden hat, zu übermitteln. Die besagten öffentlichen Beamten haben eine öffentliche Verlesung desselben, sowie dessen Eintragung in die betreffenden Register, zu veranlassen.

Art. 313. Rehabilitationsunfähig sind die betrügerischen Bankerottierer, die wegen Diebstahls, Betruges oder Vertrauensbruchs Verurteilten, die Stellionatare, sowie die Vormünder und Verwalter oder andere rechnungspflichtige Personen, welche ihre Rechnungen nicht abgelegt und nicht abgeschlossen haben. Rehabilitationsunfähig ist der einfache Bankerottierer, welcher die Strafe, zu welcher er verurteilt war, verbüfst hat.

Art. 314. Ein fallitor Kaufmann darf an der Börse nicht erscheinen, es sei denn dafs er seine Rehabilitation erlangt hat.

Art. 315. Der Fallit kann nach seinem Tode rehabilitiert werden.

Ungarn.

Siehe: Österreichisch-Ungarische Monarchie.

Uraguay.

Gesetzgebung.

A. Zivilstrafrecht.

Código penal*)

vom 18. Jänner 1889.

Libro primero.

Titulo IV.

Sección III.

De los limites, naturaleza y efectos de la penas,

41.[1]) La pena de inhabilitación absoluta para cargos, empleos públicos y derechos politicos produce:

1° Perdida de los cargos y empleos públicos de que estuviere en posesión el penado, aun cuando provengan de elección popular;

2° Privación, durante la condena, de todos los derechos politicos, activos y pasivos, y de la capacidad para ser jurado;

3° Incapacidad para obtener los cargos y empleos mencionados durante el tiempo de la condena.

*) Aus: Códigos y leyes usuales de la República Oriental del Uraguay, coleccionados esmeradamente corregidos y anotados por el Dr. Justino J. De Aréchaga. Código penal y código de instrucción criminal. 2ª edición, corregida y aumentada. Montevideo. A. Barreiro y Ramos, editor. Libreria nacional, 1900.

[1]) Ohne Artikelbezeichnung.

42. La pena de inhabilitación especial produce:

1° Pérdida del cargo ó empleo sobre que recae;

2° Incapacidad para obtener otros del mismo género por el tiempo de la condena.

43. La pena de inhabilitación especial para determinado oficio público ó profesion titular, produce la incapacidad para ejercer el oficio ó la profesión por el tiempo de la condena.

44. La suspensión de cargo ó empleo público, inhabilita para su ejercicio durante el tiempo de la condena.

La suspensión decretada durante el juicio, trae como consecuencia immediata la privación de la mitad del sueldo al presunto reo, la cual se devolverá en el caso de pronunciarse sentencia absolutoria.

La suspensión decretada por vía de pena, priva de todo sueldo al suspensa mientras ella dure.

49. La pena de penitenciaría lleva consigo las siguientes:

1ª. Inhabilitación absoluta para cargos, empleos públicos y derechos politicos, por el tiempo que dure la condena;

2ª. Inhabilitación especial para el ejercicio de oficios públicos y profesiones titulares, durante el mismo término.

50. La pena de prisión lleva consigo la suspensión de cargo ó empleo, y la inhabilitacion especial para oficio público durante el tiempo de la condena.

B. Handelsrecht.

Handelsgesetz.*)

(1878.)

Buch IV.

Von den Fallimenten.

Titel XVII.

Von der Rehabilitation.

Art. 1745. Die Rehabilitation mufs bei dem Richter, welcher das Erkenntnis der Fallimentserklärung gefällt hat, nachgesucht werden. (Art. 1526).

1746. Das Rehabilitationserkenntnis kann zur Zeit der Bestätigung des Akkordes ausgesprochen werden (Art. 1648), sofern das Falliment nicht als ein schuldbares oder betrügerisches qualifiziert worden ist.

Falls der Bestand der Masse zur vollen Deckung der Forderungen hinreicht, kann die Rehabilitation von Amtswegen verfügt werden.

---

*) Aus: Borchardt: Die Handelsgesetze des Erdballs. Bd. V. Berlin 1887, pag. 257.

1747. Der Fallit, dessen Falliment als ein schuldbares erklärt worden ist, kann erst dann rehabilitiert werden, nachdem er die Strafe, zu welcher er verurteilt ist, verbüſst hat.

1748. Nicht rehabilitiert können die Falliten werden, deren Falliment als ein betrügerisches erklärt worden ist, die wegen Unterschlagung, Betrug oder Vertrauensbruch verurteilten Personen, die Stellionatare und die Vormünder und andere Verwalter fremder Sachen, welche keine Rechnung bei Zahlung des betreffenden Saldos vorgelegt haben.

Sie können jedoch die Rehabilitation erlangen nach 5 Jahren, nachdem sie die ihnen auferlegte Strafe verbüſst haben, wenn sich ergiebt, daſs sie sich während dieser Zeit in würdiger und ehrenhafter Weise geführt haben.

1749. Das Gesuch um Rehabilitation muſs von der Quittung der Zahlung und den Originaldokumenten begleitet sein, welche die volle Zahlung an die Gläubiger oder die Erfüllung aller durch den Akkord auferlegten Verpflichtungen beweisen.

Wenn die Quittungen irgend welcher Gläubiger fehlen, kann dieser Mangel durch eine gerichtliche Aufforderung oder eine öffentliche Vorladung, daſs jene Gläubiger sich zum Zwecke ihrer Bezahlung melden mögen, ersetzt werden.

1750. Das Gesuch um Rehabilitation muſs zur öffentlichen Kenntnis durch die in Art. 1571 festgesetzten Mittel gebracht werden.

1751. Jeder der Gläubiger hat die Befugnis sich der Rehabilitation zu widersetzen, innerhalb zweier Monate, von dem Datum der Veröffentlichung der Erlässe an gerechnet.

Der Widerspruch muſs schriftlich vorgebracht werden und kann sich nur auf die Vorschriften der Art. 1747 und 1748 oder auf den Mangel der Erfüllung der Vorschriften des Art. 1749 seitens des Falliten gründen.

1752. Nach Ablauf der im vorhergehenden Artikel bezeichneten Frist von 2 Monaten hat das Gericht, ohne daſs ein Einwand erhoben ist, nach vorgängiger Anhörung des Zivilfiskals oder an seiner Stelle des Fiskalagenten, die Rehabilitation zu bewilligen oder abzulehnen.

1753. Gegen das Urteil, welches die Rehabilitation bewilligt oder ablehnt, kann an die unmittelbar höhere Instanz appelliert werden, welche mit Devolutiveffekt zu erkennen hat.

1754. Nachdem das Rehabilitierungs-Urteil die Rechtskraft beschritten hat, hat das Gericht zu verfügen, daſs dasselbe in der in Art. 1571 festgesetzten Form veröffentlicht werde.

1755. In Folge der Rehabilitation des Falliten cessieren alle durch die Fallimentserklärung erzeugten gesetzlichen Interdiktionen.

Venezuela.

A. Zivilstrafrecht.

1. Gesetzgebung.*)

Código penal.**)

(Strafgesetz vom 20. Februar 1873.)

Titulo II.

Lei IV.

De la duracion y efecto de las penas.

. . . .

Art. 76. La inhabilitacion produce, como efecto, la privacion durante la condena, de los cargos ó empleos públicos ó políticos que tenga el penado, ó de la profesion que ejerza, ó la incapacidad,

---

*) Constitucion del Estado de Venezuela.

(1830).

Titulo V.

De los derechos políticos de los Venezolanos.

Art. 15. Los derechos de ciudadano se pierden:

. . . .

4. Por condenacion à pena corporal ó infamante, miéntras no se obtenga inhabilitacion.

(Aus: Recopilacion de leyes y decretos de Venezuela formada de orden del ilustre Americano, General Guzman Blanco. Tomo I. Edicion oficial. Caracas. Imprenta de »La opinion nacional«. — Piaza Bolívar. pag. 1.)

Derogiert durch die:

Constitucion de 18 Abril de 1857 derogando la de 1830.

Titulo IV.

De la ciudadanía.

Art. 14. Los que por algunas de las causas mencionadas en el artículo anterior[1]) tengan en suspenso los derechos de ciudadano, podrán impetrar su rehabilitacion conforme à la lei.

(Aus: Recopilacion a. a. O. Tomo III, pag. 458.)

Derogiert durch die:

»Constitucion de 31 de Diciembre de 1858 que deroga la de 1857.«[2])

Diese, annulliert durch das »Decreto de 10 de Setiembre de 1861 haciéndose cargo del Gobierno el general José Antonio Páez come Jefe Supremo y que anula la Constitucion de 1858,«[3]) enthält keinerlei Bestimmung über Rehabilitation, wie auch nicht die »Constitucion de los estados Unidos de Venezuela de 22 de Abril de 1864.«[4])

durante la misma condena para obtener otros ó ejercer otra, ó para el uso y goce del derecho activo y pasivo de sufragio popular, segun lo determine la lei en cada casa.

Art. 77. La destitucion de empleo produce como efecto la separacion de él, del penado, sin poderlo ejercer otra vez sino por nueva elecion ó nombramiento.

Art. 78. La suspension de empleo inhabilita al empleado penado para su desempeño durante el tiempo de la condena, con derecho, terminada esta, de continuar en él.

Art. 80. Cuando la pena de inhabilitacion y la de suspension recaen sobre personas eclesiásticas, se limitan sus efectos á los cargos, derechos y honores que no ha sido obtenidos por la Iglesia. Los eclesiásticos que incurran en dichas penas, quedan impedidos, por el tiempo de su duracion, par ejercer en la República la jurisdicion eclesiastica, la cura de almas y el ministerio de la predicacion.

Anmerkung: Groizard y Gomez de la Serna führt in seinem oft angeführten in Bezug auf dle ausländische Gesetzgebung nicht ganz zuverlässigen »El Código penal de 1870. Tomo II. Segunda edición. Madrid 1903, pag. 307. (Siehe besonders Belgien!) bei Venezuela ohne nähere Angabe folgende Bestimmungen an:

»Codigo di Venezuela«:

Art. 86. El indulto ó gracia, que tiene por objeto remitir ó conmutar la pena hace cesar la interdicción legal del condenado y las diversas incapacidades especificadas en el art. 32 (privación de la patria potestad, de la autoridad marital, de la administración de bienes, del derecho de disponer de los propios por acto entre vivos, del de ejercer la tutela y curatela, de pertenecer al consejo de tutela y de poder testar á favor de los coautores ó cómplices) á menos que se hayan impuesto en virtud de la ley como necesariamente accesorias de la nueva pena establecida por la conmutación para el ejercicio de funciones públicas, la suspensión del ejercicio de una profesión.

---

[1]) **Art. 13.** Los derechos de ciudadano se suspenden:

1°. Por naturalisazion en pais extranjero.

2°. Por comprometerse á servir contra Venezuela.

3°. Por condenacion á pena corporal, á consencencia de delitos comunes.

4°. Por admitir empleo de otro Gobierno sin permiso del Congreso.

5°. Por quiebra fraudulenta declarada así por sentencia judicial.

6°. Por se dendor de plazo cumplido á fondos públicos, declarado así por sentencia ejecutoriada en juicio contradictorio.

[2]) Aus: Recopilacion a. a. O. Tomo III, pag. 617.

[3]) Recopilacion a. a. O. Tomo IV, pag. 81.

[4]) Ibidem pag. 295. Die darauf folgenden Konstitutionen (Dareste a. a. O. Tome second, pag. 515) waren uns nicht zugänglich.

**) Recopilacion a. a. O. Tomo V, pag. 444. In der Strafprozefsordnung (Codigo de procedimiento criminal) vom 20. Februar 1873 (Recopilacion V, pag. 776) findet sich keine Bestimmung über Rehabilitation.

arte ó industria y la vigilancia especial de la autoridad pública, á no ser que el decreto de indulto ó gracia exceptúe estas penas por una disposición expresa.

Art. 99. Si la inhabilitación ó la incapacidad no son accesorias, la rehabilitación no podrá ser solicitada sino treinta meses después del dia en que la sentencia se haya hecho irrevocabile. Los lapsos fijados para introducir la solicitud de la rehabilitación serán dobles cuando se trate de condenas en caso de reincidencia. La ley determinarà la manera de acordar la rehabilitación y los efectos que produce en favor del condenado.

2. Literatur.

Ochra Francisco: Exposición del Código penal Venezolano. Maracaibo. Imprenta Bolívar — Alvarado & Co. 1888.

Groizard y Gomez de La Serna a. a. O., pag. 307 ff.

B. Handelsrecht.

1. Gesetzgebung.

Handelsgesetz.*)

(1873.)

Buch III.

Von den Fallimenten.

Titel XII.

Von der Rehabilitatiou.

Art. 897. Der Fallit, welcher seine Schulden vollständig oder wenigstens in dem Verhältnis, auf welches sie durch den Akkord reduziert sind, nebst den Zinsen und Kosten, welche zu seinen Lasten sind, bezahlt hat, hat Anspruch rehabilitiert zu werden.

Wenn das Falliment eine Handelsgesellschaft betroffen hat, kann keiner der Gesellschafter vor Tilgung aller Gesellschaftsschulden in Gemäfsheit dieses Artikels rehabilitiert werden. Diese Bestimmung erstreckt sich jedoch nicht auf den Gesellschafter, mit welchem die Versammlung der Gläubiger einen besonderen Akkord geschlossen hat.

898. In Folge der Rehabilitation hören alle gesetzlichen Verbote auf, denen der Fallit auf Grund des Falliments unterworfen war.

899. Die Rehabilitation ist bei dem Handelsgericht des Gerichtsbezirks zu beantragen, in welchem das Verfahren des Falliments betrieben wird.

Der Antragsteller hat die Belege über seine Zahlungsfähigkeit zu präsentieren.

Der Richter hat den Antrag durch Bekanntmachungen und, falls es möglich ist, durch die Presse publizieren zu lassen, und die Mafs-

*) Aus: Borchardt Otto, Die geltenden Handelsgesetze des Erdballes, gesammelt und in das Deutsche übertragen sowie mit Anmerkungen versehen. Abt. 1. Die kodifizierten Handelsgesetze, Bd. V. Berlin 1887, pag. 402.

nahmen der Prüfung und die übrigen zur Feststellung der Wahrheit der Tatsachen notwendigen auszuführen. Nach Ablauf von 2 Monaten nach der Anheftung der Bekanntmachungen hat er das Handelsgericht zur Beschlufsfassung einzuberufen.

Der Beschlufs, welcher die Rehabilitation gewährt, ist in den offiziellen Zeitungen, die der Interessent verlangt, zu publizieren.

900. Es ist die Rehabilitation denjenigen, welche nach Art. 890 nicht für entschuldbar erklärt werden können, erst 5 Jahre, nachdem sie ihre Strafe verbüfst haben, zu gewähren, wenn sie nachweisen, dafs sie in dieser Zeit ein untadelhaftes Benehmen beobachtet, und dafs sie ihre Schulden in der in diesem Titel vorgeschriebenen Art bezahlt haben.

901. Der einfach schuldbare Fallit kann in Gemäfsheit der vorhergehenden Bestimmungen rehabilitiert werden, nachdem er seine Strafe verbüfst hat.

902. Der Fallit kann nach seinem Tode rehabilitiert werden.

2. Literatur.

J. Alexander: Konkursgesetze aller Länder der Erde, Berlin 1892, pag. 442.

Vereinigte Staaten von Nordamerika.

Die Rehabilitation ist in den Vereinigten Staaten unbekannt. Nur eine politische Rehabilitation existierte, deren Inhalt uns nicht näher bekannt wurde.*)

Literatur.

Bregeault Julien, loc. cit. p. 12.

Hahn, loc. cit. IV., S. 492. (vergl. unten: Reichstag).

Kenny Courtney Stanhope, Outlines of criminal law. Cambridge, at the university press, 1902. Chap. VII., p. 97 § 4.

Merle, loc. cit. (Loi des 20 mai, 14, 17 et 18 juin 1879).

Sarraute, l. c. (Loi des 20 mai, 14, 17 et 18 juin 1879).

Reichstag, Aktenstücke. II. Legislatur-Periode. II. Session 1874/75. Zu No. 200. Anlage III zum Entwurf einer Konkursordnung für das deutsche Reich nebst Einführungsgesetz und Motiven, p. 1614 ff.: „Das Konkursrecht der Vereinigten Staaten von Nordamerika".

---

*) Vgl. darüber: Annuaire de législation étrangère en 1879. Paris 1880. S. 792.

Verzeichnis der Schriftsteller.

C.

D.

K.

L.

M.

N.

O.

P.

T.

U.

V.

W.

Y.

Z.

Druck von Leonhard Simion Nf. in Berlin SW.

Druck von Leonhard Simion Nf. in Berlin SW.

FSC
www.fsc.org
MIX
Papier | Fördert gute Waldnutzung
FSC® C083411

Kolibri 360 GmbH
Ferdinand-Jühlke-Straße 7
99095 Erfurt, Deutschland
produktsicherheit@kolibri360.de